Olaf B. Rader

Friedrich II.

Olaf B. Rader

Friedrich II.

Der Sizilianer auf dem Kaiserthron

Eine Biographie | *Verlag C.H. Beck*

Mit 58 Abbildungen, 4 Karten und 1 Stammtafel

© Verlag C.H.Beck oHG, München 2010 | Gesetzt aus der Sabon | Druck und Bindung: CPI – Ebner & Spiegel, Ulm | Gedruckt auf säurefreiem, alterungsbeständigem Papier | (hergestellt aus chlorfrei gebleichtem Zellstoff) | Printed in Germany | ISBN 978 3 406 60485 0 | *www.beck.de*

Inhalt

Prolog

Der Verschleierte

Deutsche Heimholungen und das «Staunen der Welt»

attons Panzer waren schnell. Einfach zu schnell in Palermo. Es blieb keine Zeit mehr, die eigenartige Order auszuführen. Und der Befehlshaber des deutschen Marinekommandos in Italien, Vizeadmiral Friedrich Ruge, hatte weiß Gott anderes zu tun, als sich um zwei tonnenschwere Steinsarkophage zu kümmern. So blieben sie stehen. Am 10. Juli 1943 waren amerikanische und britische Truppen unter dem Tarnnamen *Operation Husky* an der Südküste Siziliens gelandet. Die alliierten Verbände stießen sehr rasch vor. Schon zwölf Tage nach der Landung, am 22. Juli, fiel Palermo. Die deutschen Divisionen zogen sich über die Meerenge von Messina auf das italienische Festland zurück. Doch bevor Palermo vollständig geräumt worden war, kam von Hermann Göring noch ein merkwürdiger Befehl: Die Sarkophage, in denen die Gebeine Kaiser Friedrichs II. und seiner Familie ruhen, seien aus Palermo zu evakuieren. Wollte man sie dann weiter nach Deutschland transportieren? Sollte eine Art Heimholung Friedrichs stattfinden?[1]

Es kam zum Glück nicht zum Abtransport. Belesene britische Offiziere hätten die Sache vielleicht gar nicht so ungewöhnlich gefunden. Denn in den Diskussionen jener Zeit, ob den Deutschen von Natur aus ein grausamer Charakter eigen sei, erdachten englische Historiker dafür allerlei abstruse Belege. Auch Kaiser Friedrich II. wurde in diesem Sinne gedeutet. So veröffentlichte der Londoner Historiker Fossey John Cobb Hearnshaw (1869–1946) 1942 einen Aufsatz mit dem Titel *A Thirteenth Century Hitler*, in dem er anhand von sechs vermeintlichen Parallelen, darunter

9

Göring will Friedrichs Leiche: «Einige Tage bevor Palermo fiel, erhielt der deutsche Admiral durch die Seekriegsleitung einen Befehl von Reichsmarschall Göring, der ihn instruierte, die Sarkophage mit den sterblichen Überresten Friedrichs II. und den Mitgliedern seiner Familie zu evakuieren. Dieser Befehl wurde stillschweigend übergangen in der Überzeugung, dass die Toten ungestört ruhen sollten und dass Friedrich II., vielleicht der größte unter den Kaisern des Mittelalters, unter keinen Umständen von Palermo entfernt werden sollte, seiner berühmten Hauptstadt und angestammten Umgebung.» So gab es der Befehlshaber des deutschen Marinekommandos in Italien, Vizeadmiral Friedrich Ruge, im Jahr 1948 in den Morrison Papers zu Protokoll. Diese Aufzeichnungen, die die Evakuierung Siziliens 1943 betreffen, wurden aus Verhören und eidesstattlichen Aussagen gefangener deutscher Offiziere zusammengestellt.

reached Naples safely.

Palermo was taken by American troops on 22 July. The German harbor master stayed until the town was completely occupied; then he left in a fishing vessel. It may be that a few more boat loads of men escaped across the sea and probably some planes from the airfields near Trapani, but on the whole, the western part of the island was cut off quickly and effectively, with corresponding loss of material; it seems that 8 to 10 thousand tons of petrol alone were destroyed there, a very large amount considering the fuel shortage on the German side.

Some days before Palermo was lost, the German admiral received orders from Reichsmarschal Goering through SKL to evacuate the sarcophagi containing the remains of Frederick II and of members of his family. This order was quietly ignored in the conviction that the dead should rest undisturbed, and that Frederick II, perhaps the greatest of all the emperors of the Middle Ages, should under no circumstances be separated from Palermo, his famous capital and historic background.

During these phases, MFPs were used to carry ammunition, fuel, and victuals to landing places at Acireale, Maria Malati, and Jonia (north of Catania) and to the north coast on both sides of Milazzo. With the increase of Allied fighter activity they could not leave the protection of the heavy AA guns before 9 p.m. and had to be back by 6 a.m. This meant that very little time remained for unloading, and that the more distant places

- 45 -

Tücke, Grausamkeit und Geiselmord, Kaiser Friedrich II. Eigenschaften Adolf Hitlers zuschrieb und ihn so mit dem braunen Diktator gleichsetzte. Auch einen Ernst Röhm glaubte Hearnshaw in Friedrichs Umfeld entdeckt zu haben: des Kaisers alten Vertrauten und Kanzleichef Petrus de Vinea.

Kaiser Friedrich II. an Adolf Hitler zu messen, ließ sich aber auch umdrehen: Im Erscheinungsjahr des Hearnshaw-Gleichnisses publizierte der NS-Historiker Karl Ipser, also noch vor der Landung der Alliierten auf Sizilien und – wie er schreibt – «Im zweiten Jahre der deutsch-italienischen Waffenkameradschaft»,

10

Prolog: Der Verschleierte

ein Buch über Friedrich II., in dem er den Sizilianer positiv gewendet im gleichen Zusammenhang deutete. Das Vorwort des Buches hebt an: «Friedrichs Leben war Kampf und Arbeit für die Größe des Reiches, das damals wie heute das Schicksal Europas bestimmte.» Für Ipser stand fest: «Kaiser Friedrich II. war nach Herkunft, Aussehen und Leistung ein nordischer Deutscher», und resümierend heißt es: «Lange Zeit war er ein Fremder gewesen, heute aber hat ihn sein Volk verstanden, und er ist ganz einer der Unseren geworden. Sein Werk ist gesichert und hat in allem strahlende Erfüllung gefunden durch Adolf Hitler.» Die sterblichen Reste der nach Hitler «größten Führergestalt der deutschen Geschichte» gehörten demzufolge «heim ins Reich». Auch körperlich sollte er heimkommen, der «deutsche» Kaiser, und nicht bei den falschen Welschen bleiben. Das steckte wohl letztlich hinter Görings verwunderlichem Befehl an das Marinekommando Mittelmeer.[2]

Dabei hielt der Führer selbst Kaiser Friedrich II. für einen Sizilianer, wie er im April 1942 seine Tischrunde belehrte. Doch am wichtigsten war den Zeitgenossen das Tyrannentum Friedrichs II. Es waberte schon Kaiser Wilhelm II. durch den Kopf. Auf einer Italienreise bei seinem Besuch des Castel del Monte im Juli 1905 seufzte seine Majestät: «Wenn ich auch ebenso peitschen und köpfen lassen könnte wie er, dann würde ich auch mehr schaffen können.» Die historischen Erinnerungen an eine Tyrannis des Kaisers stammten jedoch schon aus seiner Herrschaftszeit.[3]

Fast zwei Jahrzehnte vor der Einnahme Palermos durch Patton diente die Grabanlage in Palermo als Schauplatz eines anderen, irgendwie verschworen wirkenden Rituals besonderer Art, das zwar auch mit einer «Verdeutschung» des Kaisers zu tun hatte, dem jedoch für eine plumpe Gleichsetzung mit Hitler jegliche Grundlage fehlte. Einer der Teilnehmer notierte später: «Als im Mai 1924 das Königreich Italien die Siebenhundertjahrfeier der Universität Neapel beging, einer Stiftung des Hohenstaufen Friedrich II., lag an des Kaisers Sarkophag im Dom zu Palermo ein Kranz mit der Inschrift: ‹Seinen Kaisern und Helden / Das Geheime Deutschland›. Nicht, dass die vorliegende Lebensgeschichte

11

*Der Sarkophag mit den
sterblichen Resten Fried-
richs II. im Dom von Pa-
lermo ist im 12. Jahrhun-
dert wahrscheinlich aus
einer antiken Porphyrsäule
gemeißelt worden. Dieses
Gestein wurde in der An-
tike in Ägypten gebrochen
und war auch im Mittel-
alter sehr begehrt. Da das
ehemalige Abbaugebiet
nicht mehr genutzt werden
konnte, griff man auf
bereits verbauten Porphyr,
besonders aus Rom,
zurück.*

Friedrichs II. durch diesen Vorfall angeregt wäre
.. wohl aber durfte er angenommen werden als
Zeichen, dass auch in andern als gelehrten Kreisen eine Teilnahme für die großen deutschen
Herrschergestalten sich zu regen beginne – gerade in unkaiserlicher Zeit.»[4]

Diese Zeilen stammen aus den Vorbemerkungen des 1927 erschienenen, berauschenden
und zugleich bedrückenden Buches *Kaiser Friedrich der Zweite* von Ernst Kantorowicz
(1895–1963). Das Buch genießt auch heute noch
einen beträchtlichen Ruhm als wissenschaftliche
Biographie des Kaisers, obwohl es das gar nicht
ist und nach dem Verständnis des Autors auch
nie sein sollte. Die Bekanntheit des Buches hat
mit den teilweise dramatischen Lebensumständen
von Ernst Kantorowicz selbst zu tun, die die vielen politischen und
intellektuellen Brechungen des 20. Jahrhunderts exemplarisch spiegeln. Darüber hinaus hat ein Hunger nach Mythen in jener speziellen gesellschaftlichen Situation die Verbreitung enorm befördert.

Doch nicht nur in Deutschland galt und gilt Friedrich II. als
Führerfigur und Heldenfürst, gleichsam als ein Sehnsuchtsherr-
scher. Als der Kunsthistoriker Arthur Haseloff (1872–1955) und
sein Begleiter Martin Wackernagel zu Beginn des 20. Jahrhunderts
mit Maultier und Kamera in Süditalien Gebäude und Kunstwerke
einer staufischen Epoche dokumentierten, stellten sie in den Ge-
sprächen mit der ansässigen Bevölkerung fest, dass Kaiser Friedrich II. und sein Sohn Manfred hier als italienische Symbolfiguren
eines goldenen Zeitalters galten. Zur Zeit der Staufer sei der Süden
eben noch nicht unterentwickelt gewesen, sondern, ganz im Gegenteil, er habe eine zentrale Rolle in Italien und im Mittel-
meergebiet gespielt. Diese Gedanken mit ihren rückwärts gewendeten Erwartungen an Friedrich sind nicht etwa verblasst, sondern
haben sich in Italien im 20. Jahrhundert weiter verstärkt. Der
langjährige Direktor des Deutschen Historischen Instituts in Rom,

12

Arnold Esch, berichtete einmal von einer aufschlussreichen Episode. Als man 1998 im Verlauf der Sarkophagöffnung in Palermo Knochenproben von Friedrichs sterblichen Resten entnahm, um die DNA des Kaisers festzustellen, haben Teilnehmer des Geschehens, zwar mit Augenzwinkern, aber irgendwie auch seufzend bemerkt, nun könne man Friedrich II. doch klonen, um durch den wiederbelebten Herrscher die Probleme des Südens in den Griff zu bekommen. Politiker des Landes bemühen immer wieder das Bild vom sizilischen Herrscher als einem multikulturellen Wunderkaiser, der dem Mittelmeerraum seine ihm von alters her zustehende Rolle zurückgegeben habe. Zudem habe er – das ist ein in den letzten Jahren hinzugetretener Aspekt – Europa geeint und zwar «*da qui, e non da Berlino* – von hier, und nicht von Berlin aus».[5]

Die Wunschprojektionen auf Friedrich II. sind jedoch kein Phänomen allein der Moderne. Schon im Mittelalter lassen sich Stimmen über den Kaiser vernehmen, die widersprüchlicher nicht sein könnten und bis heute oft zitiert werden. Ein Großteil der Urteile stammt aus Chroniken, in denen die Autoren versuchen, das große Kontinuum der Geschichte sinnstiftend zu ordnen, für ihr zeitge-

13

nössisches Publikum zu deuten und verständlich zu machen. Der englische Benediktiner Matthaeus Paris (um 1200–1259) bezeichnete in seiner *Chronica Maiora* zum Jahr 1250, als er auf den Tod des Kaisers zu sprechen kommt, Friedrich II. als «*stupor quoque mundi et immutator mirabilis* – Staunen der Welt und deren wunderbarer Verwandler». Für ihn war Friedrich «*principum mundi maximus* – der größte unter den Fürsten der Erde». Die später so gern zitierte Einschätzung Friedrichs als «Staunen der Welt» sprudelte aus dieser frühen Quelle. Doch schwingt in dieser Formulierung des Staunens im mittelalterlichen Verständnis auch Furcht mit. Andere Herrscher wie der englische König Richard I. Löwenherz (1189–1199) und auch Papst Gregor IX. Conti (1227–1241) sind im Mittelalter ebenfalls als *Stupor mundi* bezeichnet worden. Doch nur an Friedrich blieb die Bezeichnung haften.[6]

Als größten Fürsten der Erde und furchtgebietendes Staunen der Welt sah man Friedrich nicht überall. Der Franziskaner Salimbene de Adam aus Parma (1221 – nach 1288) vertraute als alter Mann seinen Pergamenten an, dass Kaiser Friedrich ein unheilvoller und verworfener Mensch gewesen sei, ein Glaubensspalter und Ketzer, der die ganze Welt verdorben habe. Vergleiche mit historischen Personen ergaben für andere Autoren einen ebenso eindeutigen Befund: An Grausamkeit sei Friedrich ein «zweiter Herodes», an Gottlosigkeit ein «zweiter Nero» gewesen. Einen raubenden Wolf oder einen Drachen, sogar Eigenschaften des Antichristen meinten zwei Päpste in ihm entdeckt zu haben; Friedrich, so der Verdacht, musste ein wahrer Fürst der Finsternis gewesen sein. Auch mit dem persönlichen Erscheinungsbild soll es aus Sicht von Friedrichs Gegnern nicht zum Besten bestellt gewesen sein. Auf dem Sklavenmarkt hätte man ihn als Zugabe bekommen: «Er war rotblond und kurzsichtig, wäre er ein Sklave gewesen, hätte er nicht einmal zehn Darahim gebracht.» Der Dirham war eine weitverbreitete arabische Silbermünze für den täglichen Handel: So gering schätzte der zeitgenössische arabische Chronist Sibt Ibn al-Gauzi (gest. 1257) den Marktwert des Kaisers ein. Ein Jahrhundert nach dem Tod des Kaisers war das gesamte Spektrum der Negativurteile aus dem Kreis der Kurie in den Erinnerungen überaus stark prä-

14

sent, was auch für die Effizienz päpstlicher Erinnerungsformung spricht. Giovanni Villani (um 1280–1348), der bedeutende Florentiner Stadtchronist, bemerkte: «Viele Klöster und Kirchen im Königreich Sizilien und in Apulien zerstörte er, dort wie auch in ganz Italien ...»; «ein undankbarer Sohn» sei er, der «die Kirche nicht als seine Mutter, sondern als eine böse Stiefmutter ansah: in jeder Beziehung trat er ihr entgegen und verfolgte sie.» So konnte in der Logik des Chronisten das Leben Friedrichs II. nur in einem schlechten Tod enden – einer *pessima mors*, vor der man sich im Mittelalter so sehr fürchtete. Die Todesumstände hatte Villani irgendwo aufgeschnappt und genüsslich wiederholt: Kaiser Friedrich verschied im Bett, erstickt mit dem Kissen durch die Hand des eigenen Sohnes, ohne Beichte und ohne letzte Ölung. Solch einen Tod wünscht man beileibe nur seinem ärgsten Feind.[7]

Mainardino, Salimbene und Giovanni weben Schleier der Erinnerungen

Deutsche Heimholungen, italienische Sehnsüchte, Staunen der Welt, des Erdkreises größter Fürst oder Antichrist, ein Hitler des 13. Jahrhunderts: Ist bei all diesen Einschätzungen eigentlich immer ein und dieselbe Person gemeint? Warum hat Kaiser Friedrich II. von seiner eigenen Lebenszeit an bis heute immer wieder als Deutungsfolie hochpolitischer Überlegungen dienen können? Wie konnten die Deutungen vom Jüngsten Gericht bis zur Gestaltung des heutigen und zukünftigen Europa reichen? Woher rührte die nachgerade unheimliche Intensität von Friedrichs polarisierender Wirkung? Um all diese Fragen soll es anhand der Lebensbeschreibung des Kaisers gehen. An den Befunden wird zunächst überhaupt offenbar, wie verstrickt historische Personen in den unterschiedlichen Erinnerungssträngen bleiben, wenn man versucht, ihre Individualität herauszufiltern. Wie unter dichten Schleiern aus Zuschreibungen und Konstruktionen sind historische Figuren verborgen. Andererseits müssen die Biographien historischer Personen nach Haken und Ösen suchen, an denen sich Zuschreibungen

15

überhaupt festmachen und anbinden lassen. Einem asketischen Herrscher kann man keinen Harem andichten, einem ungebildeten Haudrauf keinen Minnesang. Betrachtet man also historische Personen, so sehen wir ihre Umrisse unter dem Schleier und nehmen zugleich die Webtechniken und Farben der Verhüllungen wahr.

Der Mediävist Johannes Fried hat in seinem Buch *Der Schleier der Erinnerung. Grundzüge einer historischen Memorik* dargelegt, wie eine Wissensgesellschaft Kenntnisse generiert und tradiert und warum eine moderne Kulturgeschichte der Gedächtnisforschung bedarf. Neben einem absichtlichen Formungswillen der Verfasser spielen in Texten, die uns als Quellen dienen, auch die unbewussten Verformungsfaktoren des menschlichen Gedächtnisses hinein. Mir geht es in diesem Buch um die Frage, wie und warum die ferne Figur des Kaisers schon von den Zeitgenossen von den Schleiern der Erinnerung umhüllt worden ist, und wie sich des Kaisers Konturen in einer Memoria als einer Kulturtechnik abzeichnen.[8]

Wer wob überhaupt den Schleier? Es soll in diesem Buch auch den Webern bei ihrer Arbeit auf die Finger gesehen werden. Man kann an vielen biographischen Details erkennen, wie und aus welchem Grunde die Versionen zustande kamen, die uns heute vorliegen.

Von vielen Herrschern wissen wir, dass sie sich um ihren Nachruhm sorgten. Damit dabei nichts schiefging, sind zu allen Zeiten Hofhistoriographen beauftragt worden, um panegyrische Hymnen auf ihre Herren zu verfassen. Mitunter geschah das auch im vorauseilenden Gehorsam oder in der Hoffnung auf zukünftigen Lohn. Über Kaiser Friedrich II. berichten zwar über zweihundertdreißig Chronisten, Autoren, Annalisten, doch wissen wir von keinem Schreiber, der das nachweisbar in kaiserlichem Auftrage getan hätte. Es ist keine einzige «offiziell bestellte» Biographie erhalten. Wir wissen jedoch von verschiedenen inzwischen verlorenen Schriften, die einst zur Beschreibung der Person des Kaisers abgefasst wurden.

Die wichtigste dieser Schriften war tatsächlich eine Art Biographie, die ein Kleriker namens Mainardino Alberti degli Aldighieri (gest. nach 1250) verfasst hat. Zu Lebzeiten Friedrichs bekleidete

16

er lange das Amt des Bischofs von Imola und galt als ein Vertrauter des Kaisers. Sein Werk ist allerdings nicht mehr erhalten und wir wissen nur davon, weil es in späteren Werken benutzt und einmal sogar ausdrücklich als Quelle genannt worden ist. Pandolfo Collenuccio (1444–1504), ein talentierter Geschichtsschreiber mit tragischem Tod, hatte am Ende des 15. Jahrhunderts begonnen, sein später weit verbreitetes *Compendio de le istorie del Regno di Napoli*, eine erste zusammenfassende Darstellung der Geschichte Süditaliens, aus verschiedenen Quellen zu schöpfen. Schon im 19. Jahrhundert konnte man ermitteln, dass es unter diesen Quellen einige gab, die inzwischen ganz oder weitgehend verloren gegangen waren, wie eben jene Friedrich-Beschreibung des Bischofs aus Imola.[9]

Der Autor der verlorenen Friedrich-Biographie, Mainardino Alberti, war ein informierter Mann. Er entstammte einer angesehenen Familie aus Ferrara und schlug die Laufbahn eines Klerikers ein, wurde zuerst Subdiakon, später Erzpriester. Als Friedrich ein Jahr alt war, avancierte Mainardino zum Dompropst in Ferrara. Von 1207 bis 1249 bekleidete er die Würde des Bischofs von Imola. Zeitweise führte er das städtische Regiment in Imola sogar auch als Podestà, also als Stadtherr, wie in den Jahren 1209 und 1210 sowie 1221. Seine Aufenthalte auf dem 4. Laterankonzil sowie den kaiserlichen Hoftagen von Cremona 1226 und von Ravenna 1231/32 sind nachgewiesen; kein unbedeutender Mann also. Er dürfte in seinen *Gesta Friderici* wohl jene Auffassungen über Friedrich beschrieben haben, die in einer kaiserfreundlichen Fraktion in Oberitalien über Friedrich kursierten. Und das hat wohl auch Pandolfo Collenuccio gereizt, konzipierte er doch eine Staatengeschichte, die zwar durch die Kirche in Gefahr geriet, in die jedoch Friedrich als Vertreter eines geordneten Staatswesens einzugreifen versuchte und deshalb zu einer Idealfigur aufstieg.

Die zeitgenössischen Autoren wollten keine wirklichkeitsgetreue Beschreibung einer Person entwerfen, sondern Friedrich in ihrem jeweiligen, ganz individuellen Weltdeutungsrahmen platzieren. Es ging nicht um die persönlichen Eindrücke, die dieser oder jener der Autoren vom Kaiser gewonnen hatte, sondern darum,

17

wie der Herrscher als gutes oder schlechtes Beispiel in der eigenen Exempelsammlung dienen konnte. Ausufernde *superbia* etwa – Hochmut – musste zwangsläufig zu einem spektakulären Scheitern führen, beispielhaftes Verhalten hingegen Ansporn für alle anderen Könige sein. Die Figur des Kaisers diente zur Illustration eines Katalogs von idealtypischen Herrschertugenden oder Herrscherlastern. Die Autoren erfüllte ein erzieherischer Antrieb zur Besserung der Welt. Dazu kam natürlich noch der Wunsch, zu unterhalten, und das mitunter auch mit einem gewissen sensationsheischenden Oberton, besonders dann, wenn es etwa um die vielen Frauen oder gewaltigen Schätze des Kaisers ging.

Einen anderen wichtigen Deutungsrahmen bildeten die Abfolge von Weltzeitaltern und die Vorstellungen von einem Endkaiser. Den Ablauf der Geschichte sah man nicht geradlinig fortschreitend, sondern in sinnhaften Abschnitten. Kaiser Friedrich II. dachte man sich ganz besonders stark in Konzepte einer universal angelegten Geschichte eingebunden und projizierte heilsgeschichtliche Kontexte auf ihn. Dafür positionierten die Autoren den Kaiser in ihren Enzyklopädien oder etwa in einer Gegenüberstellung innerhalb von Papst-Kaiser-Chroniken, die die Universalgeschichte in möglichst lückenlose Abfolgen von Herrschern zu strukturieren suchten und deren Ausgangspunkt Augustus und Christus bildeten. Andere Schriften beschrieben die Rolle des Kaisers in Exempelsammlungen oder in Herkunftsgeschichten, die sich Kloster- oder Stadtkommunen konstruierten. So ging es etwa darum, ob der Imperator in der kleinen Kloster- oder Städtewelt eine gute oder eine schlechte Rolle gespielt hatte, ob er vielleicht in der Stellung des Stadtoberhauptes oder ausschließlich in der des Tyrannen aufgetreten war.

Ein schönes Beispiel für diese heilsgeschichtliche Fixierung und die Stellung des Kaisers darin ist die sogenannte Regensburger *Kaiserchronik*, die die Reihe der deutschen volkssprachlichen Weltchroniken in Reimform eröffnet. Sie entstand um die Mitte des 12. Jahrhunderts, beschrieb episodenhaft über fünfzig römische Kaiser bis zur Zeit der Abfassung. Einhundert Jahre später wurde sie mit den sogenannten bayerischen Fortsetzungen mehrmals erweitert. Diese Weiterführungen zeigen den Versuch eines formalen und inhaltlichen Anschlusses der staufischen Kaiser an die ursprünglich mit Hilfe von Caesar, Konstantin dem Großen und Karl dem Großen konzipierte Ordnung des Weltgeschehens. Im Kontext einer sich immer weiter ausbildenden höfischen Kultur des 13. Jahrhunderts sind die Deutungen in veränderten Zeithorizonten verankert und führen zu einer Art Unfestigkeit der Texte. Nun wurde nämlich die Geschichte zunächst bis zu Friedrich I. Barbarossa fortgeführt. Erst in der letzten *Continuatio* wird Kaiser Friedrich II. zur glorifizierten Hauptfigur. Die Erinnerungen an den Herrscher nahmen darin schon bald nach seinem Tode völlig neue Dimensionen an. Die alten heilsgeschichtlichen Ansätze mussten neu ausgerichtet werden, denn nun lief die Geschichte für den Fortsetzer auf Friedrich II. zu. Die letzte Erweiterung der *Kaiserchronik* griff im Übrigen zum ersten Mal den lateinischen Kosenamen *puer Apuliae* auf und brachte ihn ins Deutsche: «*kint von Pulle*» nannte sie den späteren Kaiser Friedrich II. Da den beschriebenen Kaiserfiguren eine strukturbildende Funktion zukommt, wurde Friedrich II. mit der Gewinnung des Heiligen Landes als Zielpunkt der Geschichte angesehen. Als Herrscher aus dem Hause Davids stammend, aus dem auch Jesus Christus hervorging, hat Friedrich gleichsam den Heilsplan erfüllt. Eine Steigerung ist nicht denkbar. Mit ihm verbindet sich das Bewusstsein vom Höhepunkt des Kaisertums, und die unsichere Zukunft nach seinem Tode wird zur Zeitenwende. Friedrich erscheint als ein beispielgebender und über seine Zeit hinaus wirkender Kaiser. So schließt die Chronik mit der bangen Frage: «*wê, wenne wirt uns sîn gelich* – Wehe, wann werden wir einen ihm gleichen Kaiser haben?*» Doch das alles hatte mit dem «wirklichen» Friedrich nur sehr wenig zu tun.[10]

Um zu zeigen, wie sich die unterschiedlichen Erinnerungen an den Kaiser schon im Mittelalter ausformten, möchte ich fünf beispielhafte Chronisten vorstellen. Ich führe sie auch deshalb gleich hier im Prolog des Buches ein, weil ich sie immer wieder als Kronzeugen dafür heranziehen möchte, wie an den verhüllenden Schleiern gewoben worden ist. Der erste dieser Chronisten ist Richard von San Germano (um 1165–1244). Er wirkte als ein öffentlicher Notar in der Stadt San Germano in der Nähe des Klosters Montecassino. Seit 1214 führte er den Magistertitel und nahm an dem ein Jahr später tagenden 4. Laterankonzil teil. Neben seiner Amtstätigkeit in San Germano und Montecassino zwischen 1186 und 1232 diente er wohl seit 1221 auch in der Finanzverwaltung Kaiser Friedrichs II. Magister Richard verfasste eine Chronik des Königreichs Sizilien zwischen 1189 und 1243, die in zwei sich teilweise ergänzenden Redaktionen überliefert ist. Seine nüchternen Berichte sind immer wieder mit umfangreichen Zitaten aus Urkunden, Gesetzen oder Briefen versehen. Der Wortlaut einiger Gesetzestexte ist nur durch seine Chronik überliefert. Dadurch stellt Richards Werk eine der wichtigsten Quellen für die Geschichte des Königreichs Sizilien unter der Herrschaft Friedrichs II. dar. Richard betrachtete die Ereignisse allerdings immer aus der Perspektive seiner Heimatregion. Seine Idealfigur ist überraschenderweise nicht Friedrich, sondern der normannische König Wilhelm II., «der Gute» (1166–1189), Ausgangspunkt der Chronik und Maßstab aller Wertungen. Von Friedrichs Regierungstaten berichtete Richard erstaunlich neutral, so als habe er zu Friedrich und seinem Kaisertum eigentlich keine emotionale Bindung gehabt. Man könnte seine Sicht auf die Taten des Kaisers als die eines etwas trockenen Provinznotars mit einem Hang zum Registrieren bezeichnen. Friedrich, so scheint es, erfüllte in den Augen Richards nur seine Pflicht als verantwortungsvoller Herrscher.[11]

Aus einer völlig anderen Perspektive berichtete Salimbene de Adam aus Parma (1221–1288) über Kaiser Friedrich II. Gemessen an Richards unaufgeregt-kühlem Ton könnte man Salimbene geradezu als einen Hetzschreiber bezeichnen. Zumindest ließ er keine Gelegenheit aus, um Friedrich zu schmähen. Dankbar griff er nach den «Zwölf Scheußlichkeiten Kaiser Friedrichs» – den *XII scelera Friderici imperatoris*. Dabei handelt es sich um einen heute verlorenen anonymen Traktat über zwölf dem Kaiser zugeschriebene Widerwärtigkeiten, der zu seinen Lebzeiten kursierte und den Salimbene genüsslich repetierte, wie etwa die Geschichte von dem Notar, dem die Daumen abgehauen wurden, weil ihm statt «Fried-

20

ricus» ein «Fredericus» aus der Feder geflossen war. Diese feindliche Sicht auf den Kaiser hat mit der Herkunft des Autors zu tun. Salimbene wurde als Sohn des wohlhabenden Bürgers Guido de Adam in Parma geboren. Die politisch-religiösen Reformbewegungen der norditalienischen Kommunen scheinen ihn so sehr beeindruckt zu haben, dass er im Alter von sechzehn Jahren beschloss, gegen den hartnäckigen Widerstand seines Vaters in den Franziskanerkonvent von Parma einzutreten. Angeblich hatte der Vater sogar Kaiser Friedrichs Unterstützung gegen die «Kuttenpisser» gesucht. Das sollte Salimbene beiden nie verzeihen. Der Orden war zum Zeitpunkt des Eintritts noch ganz jung, sein Gründer, Franz von Assisi, gerade erst zehn Jahre tot. Salimbene erlebte also hautnah die Etablierung des wenig später so papsthörigen Mönchsordens. Im Jahr 1248, zehn Jahre nach seinem Eintritt, weihte man Salimbene zum Priester. Er zog, wie bei den Bettelorden üblich, viel umher, reiste durch Oberitalien und nach Frankreich. Er kannte Genua, Lucca, Siena, Pisa, Bologna, Jesi und Cremona, ebenso Paris, Marseille, Auxerre, Lyon und Arles aus eigener Anschauung.[12]

Erst im Alter von sechzig Jahren begann der Franziskaner Salimbene zu schreiben, rückblickend, gleichsam wie jemand, der seine Erinnerungen verfasst. Es entstand die *Cronica*, welche die Jahre von 1168 bis 1288 umgreift und als Autograph in der Biblioteca Apostolica Vaticana überdauert hat. Bis zum Jahr 1212 übernahm Salimbene, der, wie er selbst bekannte, sogar eine Geheimschrift beherrschte, viele Geschichten aus anderen Schriften. Neben hochpolitischen Dingen von europäischer Bedeutung oder Geschichten der Kommunen Oberitaliens, gewürzt mit reichlich Bibelzitaten, enthält die *Cronica* auch viel an Klatsch und Tratsch nebst ganz persönlichen Erinnerungen. Sein Name bedeute übersetzt eigentlich «Klettergut» und seine Mutter habe ihn beinahe auf dem Gewissen gehabt, vertraute Salimbene seinen Pergamenten an: «Meine Mutter hat mir oft erzählt, dass ich zur Zeit jenes großen Erdbebens in der Wiege lag und dass sie meine beiden Schwestern, unter jedem Arm eine – denn sie waren noch sehr klein – genommen habe [...] während sie mich in der Wiege ließ.»

Mochte die Mutter ihren Sohn nicht? Salimbene: «Sie aber meinte, sie seien bequemer zu tragen gewesen, weil sie schon etwas größer waren.» Das saß sicher tief. Aus der Taufe gehoben habe ihn der französische Baron Balian Garnier (um 1195–1240), Herr von Sidon, der in Salimbenes Geburtsjahr 1221 aus dem Orient kommend den Kaiser aufgesucht hatte; so haben es ihm die Seinen erzählt. Die Familie Adam besaß also Kontakte zum kaiserlichen Hof, und Balian wird uns beim Kreuzzug des Kaisers erneut begegnen.[13]

Salimbene vertrat in seiner *Cronica* eine Position, die dem Kaiser prinzipiell die Rolle des politischen Gegners zuwies. Er ließ an ihm kein gutes Haar, obwohl selbst er vom imperialen Glanz nicht unbeeindruckt blieb und den Kaiser sogar einst liebte: « … Papst Innozenz III. […] legte den Grund zu der verfluchten Zwietracht zwischen der Kirche und dem römischen Reich, mit seinen Kaisern Otto IV. und Friedrich II., den er emporgehoben und Sohn der Kirche genannt hat. Dieser Friedrich selbst aber war ein verderbter und verworfener Mensch, Schismatiker, Ketzer und Epikuräer, der die ganze Welt verdarb damit, dass er in die Städte Italiens den Samen der Zwietracht und Uneinigkeit säte, die bis zum heutigen Tage dauert; […] Und so hat sich offenbar das Wort des Abtes Joachim erfüllt, das er seinem Vater Heinrich antwortete, als der ihn nach der zukünftigen Entwicklung seines damals noch im Knabenalter stehenden Sohnes fragte: ‹Dein Sohn ist verderbt, dein Sohn und Erbe ist böse, o Fürst! Bei Gott, er wird die Erde verwirren› […] Das alles hat sich an Friedrich erfüllt, wie ich es mit eigenen Augen gesehen habe, der ich jetzt im Jahre 1283 schreibe, am Vorabend des Magdalenenfestes.» Als eine Welt voller Zeichen und Vorbedeutungen, so sah Salimbene seine Umgebung. Eine Zentralfigur darin war Friedrich, der Endkaiser, Ursache der Kriege und allen Streits. Was Joachim von Fiore, denn der ist mit Abt Joachim gemeint, an Endzeitlichem seiner Umgebung verkündete, werden wir später noch genauer sehen.[14]

Betrachten wir noch einen weiteren Autor aus der Städtewelt Oberitaliens. Giovanni Villani (um 1280–1348) gibt in seiner Chronik hervorragende Belege dafür, was man ein Jahrhundert

22

nach Kaiser Friedrichs II. Regierungszeit in der Toskana von ihm wusste und über ihn dachte. Villanis Chronik ist zudem ein gutes Beispiel dafür, wie ein immer selbstbewusster auftretendes Bürgertum die Deutungshoheit über die Vergangenheit ihrer Kommunen gewinnen wollte. Auch in diesem Fall ist die persönliche Geschichte Giovanni Villanis der Schlüssel zum Verständnis seines Werks. Er entstammte einer Florentiner Handelsfamilie und wurce um 1280 geboren, also drei Jahrzehnte nach Friedrichs Tod. Durch seine Tätigkeit als einflussreicher und erfolgreicher Kaufmann im Dienst von Patrizierfamilien reiste er durch Europa bis nach Flandern. In seiner Heimat bekleidete er bedeutende politische Ämter. Er war in spektakuläre Finanzskandale verwickelt und sah sogar kurzzeitig einen Kerker von innen. Trotzdem fand Villani Muße genug, sich mit der Geschichtsschreibung zu befassen. Er träumte davon, wie einst Livius als Geschichtsschreiber des antiken Rom seine Stadt Florenz mit einer Stadtchronik in den Erinnerungen der Nachwelt unsterblich zu machen. Und das ist ihm auch gelungen.[15]

Ab 1322 begann Giovanni Villani nach vorausgehenden Materialsammlungen die *Nuova Cronica*, nun nicht mehr in Latein, sondern in der italienischen Volkssprache der Toskana zu verfassen. Die *Cronica* beginnt mit dem Turmbau zu Babel und reicht bis in die Lebenszeit des Autors. Ihr Gegenstand ist Florenz mit allen Rom-ähnlichen oder sogar Rom-übertreffenden Mythen und Legenden. Kaiser Friedrich II. kommt darin reichlich vor, doch nur insofern er die Geschichte von Florenz beeinflusste. Aus der Position einer freien Kommune im Bündnis mit dem Papsttum und voller Sympathie für die Könige aus dem Hause Anjou ist Villanis Friedrich-Bild so düster wie möglich. Der Kaiser verkörpert den Tyrannen und Kirchenverfolger schlechthin. Er verspritzte das Gift, das die kommunale Eintracht in Parteienhass zersetzen ließ. Abgrundtief übel ist der Kaiser, gleichsam die Schlechtigkeit in Person. Giovanni Villani war Zeit seines Lebens ein Lokalpatriot, der seiner Heimatstadt Florenz verpflichtet blieb. Er starb im Jahr 1348 nach mühevoller Arbeit an seiner *Cronica* mit achtundsechzig Jahren an der Pest. Sein Geschichtswerk wurde später von seinem Bruder Matteo Villani bis zu dessen Tod 1364 fortgesetzt.

23

Welch bedeutenden Stellenwert Villanis *Nuova Cronica* im Bewusstsein der Florentiner noch rund zwei Jahrhunderte nach ihrer Niederschrift einnahm, illustriert eine Anekdote. Als der Florentiner Universalkünstler Benvenuto Cellini (1500–1571) 1539 im Castel Sant'Angelo in Rom gefangen gehalten wurde, verlangte er nach zwei Büchern als Kerkerlektüre: der Bibel und der Chronik des Giovanni Villani. Und beide wurden dem Sträfling von Papst Paul III. Farnese (1534–1549), der um die Bedeutung der *Cronica* offenbar wusste, nicht verweigert.

Was die *Cronica* Villanis bis heute so berühmt macht, ist, dass sie in einem prachtvoll illustrierten Codex, aufbewahrt in der Sammlung Chigi in der Biblioteca Apostolica Vaticana, überdauert hat. Bei diesem Codex Chigi handelt es sich um eine kurz nach der Mitte des 14. Jahrhunderts in Florenz illuminierte Handschrift der *Nuova Cronica*, die über zweihunderfünfzig Textillustrationen enthält – die größte Anzahl an profanen Szenen, die aus dem Florenz des 14. Jahrhunderts überliefert ist. Diese Bilder sind von hoher Suggestivkraft und werden bis heute gern zur Illustration der Geschichte des Kaisers benutzt. Wahrscheinlich stellt dieser Codex die einzige existierende – und zudem wohl auch einzige jemals ausgeführte – illustrierte Handschrift des Chroniktextes dar. Sie entstand in den 1350er bis Anfang 1360er Jahren im Umkreis eines hauptsächlich in Florenz tätigen Miniaturenmalers, der eine Reihe weiterer berühmter illuminierter Manuskripte hergestellt hat. Interessant ist diese illustrierte *Cronica*-Handschrift deshalb, weil sie die Umsetzung von historischen Ereignissen in eine Ikonographie, die bestimmten Vorbildern und langer Tradition gehorchte, belegt. Karl der Große etwa trägt als vermeintlicher Wiederbegründer der Stadt Florenz die Merkmale des idealen christlichen Herrschers, während Kaiser Friedrich II. immer den Prototyp des Tyrannen und Ketzerkaisers abgibt. Der bereits erwähnte Erstickungstod des Kaisers ohne letzte Ölung durch das vom Sohn Manfred auf das väterliche Gesicht gedrückte Kissen, ist der Tod eines Tyrannen. Er offenbart aber noch mehr von seiner Grauenhaftigkeit, wenn man dagegen das Bild vom Tode Karls I. von Anjou im Beisein der Geistlichen betrachtet. So wie Karl stirbt

24

man, wenn man ein guter König war. Je schlechter die Bösen, desto
großartiger erscheinen die Guten.

Völlig andere Urteile über Friedrich II. sind aus dem Benediktinerkloster Saint Albans in der Nähe von London überliefert. Hier
lebten und schrieben die Mönche Roger von Wendover (gest.
1236) und Matthaeus Paris (um 1200–1259). Ihre eng aufeinander bezogenen Werke gehören zu den bedeutendsten Geschichtswerken des europäischen Hochmittelalters. Dieser Ruhm beruht
nicht allein auf dem gewaltigen Umfang der Schriften, sondern
auch auf den darin verarbeiteten Quellen, von denen einige, wie
etwa Briefe, wortwörtlich eingerückt worden sind.

Roger stammte aus Wendover in Buckinghamshire, wurde
Mönch in der Abtei Saint Albans. Dort verfasste er während der
langen Klosterabende des nebligen Nordens eine Chronik, die
wohlklingend *Flores Historiarum*, also «Blütenlese der Geschichte»
heißt. Auch diese Chronik reicht von der Erschaffung der Welt bis
in die Gegenwart des Autors und endet zwei Jahre vor Rogers Tod.
Vieles schrieb er bei anderen Autoren ab, formte deren Material
jedoch um und berichtet ab 1212 dann weitaus selbständig. Die
Grundidee seines Werkes ist, eine Heilsgeschichte anhand der Abfolge der Kaiser und Päpste zu entwerfen. Wie vielen anderen mittelalterlichen Autoren geht es Roger darum, eine moralische Nutz-
anwendung für seine Zeit zu liefern. Die Vergangenheit galt Roger
als Beispielsammlung für gottgefälliges oder eben gottlästerliches
Verhalten, und das alles mit einem besonderen Fokus auf England.[16]

Roger pflegte eine kritische Distanz zu König und Papst, wobei
seine besondere Antipathie dem englischen König Johann I. Ohneland (1199–1216) galt. Seine *Flores* erlebten eine schriftstelle-
rische Überarbeitung und Fortführung durch seinen etwas jüngeren Ordensbruder Matthaeus Paris, der 1217 in das Kloster Saint
Albans eintrat und dort fast sein ganzes Leben verbrachte. Einige
Reisen führten ihn jedoch nach London, eine sogar nach Norwegen. Auf der Grundlage von Rogers Werk verfasste er neben anderen Schriften eine *Chronica Maiora*, die eine Fortsetzung für die
Jahre 1234 bis 1259 darstellt. Dabei schließen seine Notizen nicht

25

einfach an jene seines Ordensbruders an, sondern Matthaeus unterzog die *Flores* einer Überarbeitung, strich und ergänzte in dem vorgefundenen Text. Sein Blick richtete sich auf die großen europäischen Zusammenhänge, auf englische und französische Konflikte und sogar auf Ereignisse im Nahen Osten, weil er auf Informationen weitgereister Bezugspersonen zurückgreifen konnte. Zudem versah Matthaeus seinen Text mit einer Fülle von beeindruckenden Zeichnungen, die das Geschehen illustrieren oder Orientierungshilfen für den Text geben sollten. Dabei bediente man sich auch einer Reihe von symbolischen Darstellungen, die wie heutige Piktogramme funktionieren, wenn etwa auf dem Kopf stehende Wappenschilde den Tod eines Herrschers anzeigen oder zwei sich umarmende Personen für Frieden und Eintracht ganzer Reiche stehen.

Wie Roger so moralisierte auch Matthaeus, doch verstärkte sich nun die Tendenz gegen Papst und Kurie. Kaiser Friedrich II. hingegen wächst zu einer weitgehend positiv bewerteten Gestalt heran, die allerdings ihrem Schicksal nicht entrinnen kann. Um dem Kaiser scharfe Konturen zu verleihen, baute Matthaeus eine Reihe von völlig unwahrscheinlichen Histörchen ein, wie etwa einen Giftanschlag des erstgeborenen Sohnes Heinrich oder einen Hinterhalt, den Ritter des Templerordens im Orient gegen den Kaiser legen wollten. Bei den Anekdoten könnte es sich um vor Ort erfundene Geschichten handeln oder um das Echo dessen, was man sich in der Christenheit so erzählte. Der Kaiser ist zwar nicht frei von zügellosem Zorn oder tyrannischer Grausamkeit. Aber: Er könnte geläutert werden durch Buße, Reue und Tränen. Am Ende seiner Tage floss Matthaeus dann wieder das Bild eines guten Herrschers aus der Feder. So konnte Kaiser Friedrich der Größte unter den Fürsten und zum Staunen und wunderbaren Verwandler der Welt werden.

Das Urteil der beiden englischen Moralisten wirkte in den europäischen Erinnerungen lange nach, und an dem Beispiel des Wortspiels vom *Stupor mundi et immutator mirabilis* kann man diesen Einfluss bis in die Geschichtsschreibung und das Friedrich-Bild unserer Tage verfolgen.[17] So treten mit dem etwas trockenen

Provinznotar der friderizianischen Finanzverwaltung aus San Germano, dem franziskanischen Hetzschreiber aus Parma, dem Florentiner Lokalpatrioten und den beiden englischen Moralisten in frommer Klostereinsamkeit fünf verschiedene Meister am literarischen Webstuhl hervor, die an dem Kaiser Friedrich umhüllenden Schleier gewoben haben. Sie sind nur einige Beispiele einer ganzen Fabrikbelegschaft von Produzenten völlig unterschedlich gewirkter Friedrich-Bilder, doch den fünf Meistern werden wir in den nächsten Kapiteln immer wieder begegnen.

Friedrich der Sizilianer im Krieg gegen die Zeit

Alessandro Manzoni (1785–1873) hat in seinem berühmten Roman *I Promessi Sposi* bemerkt, dass die «Geschichte ein rühmlicher Krieg gegen die Zeit geheißen» werden könne, denn «sie entwindet ihren Händen die Jahre, ihre Gefangenen, die schon zu Leichen geworden, ruft sie ins Leben zurück, hält Musterung über sie und stellt sie aufs Neue in Schlachtordnung».[18] Um einen Krieg gegen die Zeit, das Entwinden eines ihrer Gefangenen und sein Zurückrufen ins Leben geht es in diesem Buch über Kaiser Friedrich II. Darin möchte ich mit einem Blick von Süden aus eine Biographie des Kaisers entwerfen und darlegen, was zu welcher Zeit und unter welchen kulturellen Bedingungen von einem der bedeutendsten Herrschers des Mittelalters überliefert worden ist und warum es gerade in dieser oder jener Weise geschah. Bei der Betrachtung der Überlieferungstraditionen wurde mir bewusst, von welch fundamentaler Bedeutung es ist, welche geographische Grundperspektive man als Historiker einnimmt. Es ergibt sich ein grundlegender Unterschied in der Bewertung der Politik und des Verhaltens des Kaisers, wenn man von einer nördlichen oder einer südlichen Perspektive auf ihn blickt. Die zeitbedingten Deutungen in der Historiographie haben sich ohnehin lange zwischen jenen diametralen Polen bewegt, die in Friedrich entweder einen «Deutschen» zu sehen glaubten oder in ihm «Federico», den Italiener sahen. Sehen wir Friedrich II. eher am Ende einer Linie der Herr-

27

scher, die mit König Konrad III. beginnt, sich über Friedrich I. Barbarossa und Heinrich VI. fortsetzt und in der historischen Tradition als staufische Zeit angesehen wird? Betrachten wir sein Tun also aus der Perspektive der elsässischen Stauferpfalz Hagenau? War sein Zug nach Deutschland von 1212, wie jüngst gerade wieder formuliert, ein Weg «nach Hause»? Oder schauen wir Friedrich II. aus der Perspektive des Südens, mit einem Blick von Sizilien aus, an? Ist Friedrich also mehr der Fremde in dieser staufischen Tradition?

Wie der Titel des Buches verrät, soll Kaiser Friedrich II. aus einer südlich-mediterranen Blickrichtung gedeutet werden und eben als das, was die Zeitgenossen so oft in ihm sahen: einen Sizilianer. Der Grund dafür ist einleuchtend. Es mag reichlich Normannenblut in seinen Adern geflossen sein, wie auch jenes der Staufer, doch die unmittelbare Sozialisierung Friedrichs erfolgte auf Sizilien. Das Humanistengenie Francesco Petrarca (1304–1374) formulierte, Friedrich sei «*Germanus origine, conversatione Italus* – «durch die Herkunft» ein Germane, «durch den Umgang» oder «durch die Lebenswirklichkeit» – man würde heute sagen «durch die Sozialisation» ein Italiener. Dabei bedeutet *Germanus* weder «Germane» noch «Deutscher» im heutigen Sinne. Petrarca hat wohl eher die normannischen und deutschen Vorfahren gemeint. Dennoch ist durch Petrarcas humanistischen Bildungshintergrund der schon in der Antike konstruierte Gegensatz zwischen Germanen und Römern eingeflochten, so dass er auf die Gegenpole «wilde Vorfahren» und «zivilisierte Erziehung» angespielt haben dürfte.[19]

Ganz falsch lag Petrarca damit nicht. Die väterliche Herkunft aus den Traditionszusammenhängen der Staufer bedeutet nämlich nicht automatisch, dass Friedrich sich auch an den politischen Handlungen seines Vaters oder Großvaters orientierte. Nach meiner Einschätzung nahmen schon die Zeitgenossen deutlich wahr, dass Friederich in seiner ganzen Herrschaftszeit vom Süden aus auf sein Römisches Imperium blickte und seine politischen Entscheidungen in den Dienst seines Königreichs Siziliens stellte. So ist es zu erklären, dass auch in der Ausrichtung auf das Amt des Impe-

28

rators die sizilianischen Belange immer Priorität genossen. Wenn Friedrich sich in Deutschland engagierte, dann in erster Linie, um eine zukünftige Bedrohung Siziliens vom nordalpinen Reich auszuschließen oder Spielraum für politisches Handeln in Italien zu gewinnen. Schon die persönliche Präsenz des Herrschers belegt das: Von seinen fast sechsundfünfzig Lebensjahren verbrachte Friedrich nur insgesamt zehn Jahre bei drei Aufenthalten nördlich der Alpen.

Der Historiker Leopold von Ranke (1795–1886) hat bereits festgestellt, dass man Friedrich «kaum noch für einen Deutschen» halten könne, als «fast schon ein Fremder bestieg er den Thron», denn «er war durch und durch Sizilianer, erwachsen unter dem Einfluss der verschiedenen Elemente, die dort aufeinandertrafen». Vereinzelt haben deutsche Historiker diese Sicht aufgegriffen, wie etwa Johannes Haller (1865–1947), der 1926 von Friedrich ebenfalls als dem «Sizilianer» gesprochen hat. Herbert Grundmann (1902–1970) benannte in einer biographischen Skizze den Grund für Friedrichs Engagement im Norden: «Er war sich seines sizilischen Erblandes nie sicher, wenn ein anderer deutscher König und Kaiser war. [...] Friedrich musste deutscher König werden, wollte er König von Sizilien bleiben.» Und aus britischer Sicht formulierte Geoffrey Barraclough (1908–1984) in seinem ein Jahr nach Ende des Zweiten Weltkrieges erschienenen hochpolitischen Epochenwerk *The Origins of Modern Germany*: «Dass Friedrich sich Deutschland zuwandte, geschah also zum Schutz seiner Stellung in Sizilien und zur Förderung seiner italienischen Politik.» Sizilischer König bleiben und dieses Reich unter allen Umständen fördern und stärken, und dafür die nordalpinen Machtpositionen soweit wie möglich ausnutzen: Das scheint gleichsam Kaiser Friedrichs II. politisches Credo gewesen zu sein.[20]

Welche weiteren Konsequenzen ergeben sich, wenn man diese Südperspektive auf Friedrich für die langen Jahre seiner Herrschaftszeit beibehält? Erscheint seine Politik in einem anderen Licht? Zunächst verwundert es dann nicht mehr, dass Friedrich eine Reihe von zuvor heiß umkämpften Königsrechten im Norden des Reiches ohne große Bedenken weggegeben hat. Die Politik in Oberitalien hingegen erscheint so auf die Wiederherstellung eines

29

Gehorsams gegenüber einem Herrscher gerichtet gewesen zu sein, der die gewaltigen Potenziale dieser Kommunen für Sizilien nutzbar machen sollte, nicht für das Reich aus nördlicher Sicht. Ebenso blieb aus nordalpiner Perspektive lange verborgen, welche Bedeutung die Seefahrt für den Kaiser hatte. Das Königreich Sizilien, zentraler Angelpunkt der Mittelmeerwelt, stellte in der Zeit Friedrichs II. eine respektable Seemacht dar. Das war nicht des Kaisers Verdienst, er erbte sie von seinen normannischen Vorfahren. Aber Flotten-Expeditionen in den Orient, Seeschlachten gegen Genua oder die Eroberung der Insel Dscherba in Tunesien zeigen eine Facette in der Herrschaft der Kaisers, die ohne den Blick von Süden unverständlich bliebe.

Im Grunde bedeutete die sizilienzentrierte Politik Friedrichs II. einen völligen Bruch mit den Herrschaftsideen und -praktiken seines Großvaters, Kaiser Friedrichs I. Barbarossa, der seine Italienpolitik von Norden aus betrieben hatte. Wenn man «ungeschehene Geschichte» im Sinne Alexander Demandts weiterdenken würde, dann wäre es gar nicht so unwahrscheinlich, dass bei einem Erfolg der politischen Vorstellungen Kaiser Friedrichs II. eine viel stärkere Verdichtung von Herrschaft in Italien, und zwar von einer südlichen Zentrale aus, hätte erfolgen können. Vorausgesetzt natürlich, das Papsttum und die Kommunen Italiens wären nur noch Mittel- oder Lokalmächte gewesen, wie es in der frühen Neuzeit dann schließlich auch eintrat. Eine schnellere Erosion der alten Bindungen zum nordalpinen Reich wäre die Folge gewesen. Dass das alles zu einer zeitigeren Nationalstaatsentwicklung in Italien, wie etwa in Spanien oder Frankreich, geführt hätte, wie sich das die italienische Nationalbewegung des 19. Jahrhunderts zurechtträumte, darf jedoch getrost bezweifelt werden. Klar ist hingegen, dass auch Deutschland seinen dann später in die vielstaatlichen Metamorphosen einmündenden Weg ganz anders gegangen wäre, wahrscheinlich mit kürzeren Italienreminiszenzen, als sie bis zum Untergang des Heiligen Römischen Reiches immer wieder eine Rolle spielten. Aber solche «Was-wäre-wenn?»-Überlegungen sind letztlich Debatten um des Kaisers Bart, den Kaiser Friedrich II. im Gegensatz zu seinem rotbärtigen Großvater bekanntlich nie trug.

30

Die südliche Perspektive auf Friedrich II. ergibt für das gesamte 13. Jahrhundert andere Ordnungszusammenhänge. Schon mit der Doppelwahl von 1198 in Deutschland und den sich daran anschließenden Kämpfen um die Krone geht dann das Zeitalter der traditionellen Kaiserherrschaft zu Ende. Mit dem Tode der Könige der Doppelwahl, König Philipps von Schwaben (1198–1208) und Kaiser Ottos IV. (1198–1218), ist dann bereits jener tiefe Bruch zu verorten, der in der deutschen Forschungstradition allgemein erst mit dem Ableben Kaiser Friedrichs II. oder von dessen Sohn Konrad IV. 1254 gesetzt wird. Die Konstruktion einer Einheit der Epoche eines staufischen Kaisertums, die die familiären Bindungen als Bezugs- und Deutungsrahmen in den Vordergrund stellte, verkehrt sich geradezu in das Gegenteil. Achtet man nämlich genauer auf die Herkunft und Sozialisation der nun folgenden Herrscher, so werden die schweren Brüche viel deutlicher. Die Herrschaftszeit Friedrichs von Sizilien ist dann eher als Beginn einer Epoche ausländischer Könige zu verstehen, die mit den römisch-deutschen Königen Alfons von Kastilien (1257–1273, gest. 1284) und Richard von Cornwall (1257–1272) eine Fortführung erlebte. Im Grunde ist schon Kaiser Otto IV., der am englischen Königshof aufwuchs und die Titel eines Grafen von Poitou und Herzogs von Aquitanien trug, in dieser Reihe zu sehen. Das 13. Jahrhundert also fast ein Jahrhundert fremder Könige auf dem römisch-deutschen Thron? So könnte man es sehen.

Das Jahrhundert, in dessen erster Hälfte Friedrich regierte, kennzeichnet zudem ein anfängliches Aufblähen und ein kurz darauf folgendes Implodieren imperialer Ordnungsvorstellungen der Kaiser und Päpste. Die Herrschaft Friedrichs II. war ein letzter, gescheiterter Versuch, ein Weltkaisertum zu schaffen. Sie bezog ihre ökonomische Stärke aus dem südlichen Regnum Sizilien und schien von dort eine Art vormoderner Staatlichkeit einbeziehen zu wollen. Aus den staufischen Traditionen hingegen legte sich dieses Weltkaisertum das Charisma des Amtes und der Tradition um und verzierte es mit heilsgeschichtlichen Zügen. Die Vollendung der Weltkaiseridee scheiterte letztendlich jedoch an der Vielfalt der päpstlich-kirchlichen, kommunalen, nationalstaatlichen und fürst-

31

lichen Herrschaftsbildungen in Europa. Doch nicht nur der Kaiser, sondern auch die Päpste erlitten, nachdem sie noch einen Phyrrhussieg über Friedrich II. errungen hatten, schließlich Schiffbruch mit ihrem Streben nach einer unangefochtenen imperialen Stellung. Der Untergang Kaiser Friedrichs II. und seiner Familie beendete schließlich die kaiserliche Idee des Imperiums. War daher, wie Johannes Fried einmal meinte, Friedrich so etwas wie ein Totengräber eines tatsächlichen Kaisertums? Und wurde er auch so erinnert? Die Legende eines von Friedrich II. gestalteten Weltkaisertums jedenfalls beunruhigte noch lange die Gemüter mit ihren Sehnsüchten und Hoffnungen.[21]

Prolog: Der Verschleierte

Erster Teil

HERRSCHAFTEN

HERRSCHAFTEN

1

Der Erbe

Die Goldene Muschel mit der Perle: Palermo

einen Sie wirklich, Chavalley, Sie wären der erste, der hofft, Sizilien in den Fluss der Weltgeschichte hineinleiten zu können? Wer weiß, wie viele mohammedanische Imame, wie viele Ritter des normannischen Königs Roger, wie viele Gelehrte der Hohenstaufen, wie viele Barone der Anjou, wie viele Gesetzeskundige seiner Katholischen Majestät sich die gleiche schöne Tollheit ausgedacht haben, wie viele spanische Vizekönige, wie viele Reformationen planende Beamte des Neapolitaners Karls III.! Und wer weiß heute noch, wer sie waren?» Diese Sätze legte Giuseppe Tomasi di Lampedusa (1896–1957) in seinem Roman *Il Gattopardo* dem sizilianischen Fürsten von Salina als Antwort in den Mund, mit der dieser die drängende Bitte eines piemontesischen Abgesandten ablehnte, im nun vereinten Italien mitzuwirken. In dieser Szene umriss der Autor jedoch nicht nur prägnant die Hauptvertreter all der vielen äußeren Mächte, die Sizilien beherrschten und hier ihre Spuren hinterlassen haben. Er bettete zugleich Friedrich, den schillerndsten jener Herrscher der Insel, in eine lange Folge historischer Ereignisse ein.

Sizilien war schon immer ein heiß ersehntes und begehrtes, aber oft auch ein heiß umkämpftes Land gewesen. Zur Zeit Friedrichs II. blickte die Insel bereits auf eine lange Tradition von fremden Herrschern zurück; und das sollte sich auch in weiteren Jahrhunderten nicht ändern. Der berühmte, in Marokko geborene und auf der maurischen Universität zu Cordova ausgebildete arabische Geograph al-Idrisi (um 1100–1160), der später am Hof König Rogers II. wirkte, nannte Sizilien «das erste Land der Welt an Frucht-

35

Orientalisches Palermo:
Die Stadt, in der Friedrich
seine Jugendjahre ver-
brachte, weist noch heute
eine Reihe von Gebäuden
auf, die orientalisch anmu-
ten, wie etwa die Jagd-
schlösser La Cuba und La
Zisa, San Cataldo, Santa
Maria dell'Ammiraglio
oder wie das hier abgebil-
dete Kloster San Giovanni
degli Eremiti. Es wurde
unter König Roger II.
zwischen 1130 und 1143
unter Verwendung eines
arabischen Vorgängerbaus
als erstes römisch-katho-
lisches Kloster Siziliens
errichtet.

barkeit des Bodens, Volkszahl und Alter der Kulturen». In diesem «ersten Land» öffnet sich an der nordwestlichen Küste eine langgestreckte Bucht, die sogenannte Conca d'Oro – die goldene Muschel. In dieser Muschel liegt die wohl funkelndste Perle aus der Krone des Königreichs Siziliens: Palermo. Schon die Griechen nannten den Ort Pànormo, nämlich Ankerplatz für alle Schiffe bei jedem Wetter. Bei den Arabern hieß die Stadt dann Balarm. In der Zeit der Normannen konnte sich allein, so hieß es, die Kaiserstadt Konstantinopel am Bosporus an Reichtum und Schönheit mit ihr messen.[1]

In Palermo erhebt sich auf dem höchsten Punkt des leicht ansteigenden Geländes ein imposantes Gebäude und begrenzt nach Südwesten die alte Stadt: der Palazzo dei Normanni, der Normannenpalast. Zugleich auch starke Festung, das *castrum superius*, ruht er auf alten karthagischen Fundamenten, die man heute im Keller stellenweise noch sehen kann. In seinen Mauern birgt er zudem die Reste aus vielen Etappen seiner langen Geschichte. An dieser Stelle befand sich im 9. Jahrhundert die als al-Qasr bezeichnete Sommerresidenz des Emirs von Palermo. Als die Stadt dem Normannen Roger in die Hände fiel, machte er diesen Palast zu seiner Residenz und ließ ihn umbauen. Gewaltige Festungstürme entstanden, darunter die noch heute existierende Torre Pisana.

Große Aufmerksamkeit schenkten die neuen Herren der prachtvollen Ausschmückung. Einen Raum mit besonders schönen, byzantinisch anmutenden Mosaiken, der sich an ein Atrium anschloss, nutzte man oft als Speisezimmer. Alte persisch-sassanidische Jagdmotive bilden symmetrisch gespiegelt den kostbaren Dekor. Ebenso prachtvoll war die Palastkapelle San Pietro ausgeschmückt worden. Noch heute beeindruckt diese Capella Palatina durch den überwältigenden Bilderreichtum. Durch diesen geradezu märchenhaft anmutenden Palast streifte um das Jahr 1200 nach der Geburt

36

Christi ein wissbegieriger Knabe und betrachtete die kostbar gear-
beiteten Mosaiken. Vielleicht beeindruckten den späteren leidenschaftlichen Jäger besonders die Tierszenen im Speisezimmer neben dem Atrium. Vielleicht hat der Junge aber auch immer wieder
voll Staunen in der Palastkapelle gestanden, die nun schon seit
einem Menschenalter den prachtvollsten Raum des Palastes darstellte. Hier sah er in der Formen- und Farbwelt des alten Byzanz
Christus Pantokrator, der die Worte verkündete: «Die Welt ist der
Schemel meiner Füße.» Vielleicht regten ihn hier aber auch die
verwegenen Abenteuer des Apostels Paulus an, der nach seiner Er-
leuchtung aus Damaskus floh und sich dabei in einem Weidenkorb
von der Mauer abseilen ließ.

Von den Fenstern des Palastes aus konnte der Knabe in nordöst-
licher Richtung die quirlige Stadt mit ihren vielen Häusern, den
halbrunden Steinkuppeln der Kirchen und Moscheen sowie den
dazwischen wachsenden Palmen betrachten. Am Ende des städtischen Gewimmels erstreckte sich das azurblaue Mittelmeer und

Der Erbe

begrenzte die goldene Muschel. In südwestlicher Richtung, etwas außerhalb der Stadt, auf dem Weg in die Berge nach Monreale zu, konnte er vom Palast aus zwischen den Palmen kleine Sommerschlösser in Form von Steinwürfeln ausmachen. Seine Vorfahren hatten sie in einer Zeit errichten lassen, die man heute als fatimidisch-normannisch bezeichnet, weil sich arabisches Bauwissen mit christlichen Gestaltungselementen zu mischen begann. Eines der Schlösser heißt bis heute La Zisa, von arabisch *aziz* – glanzvoll. Der Auftrag zur Errichtung erging im Jahr 1165 von König Wilhelm I. Ein anderes, als La Cuba bezeichnetes Gebäude, wurde 1180 im Auftrag von König Wilhelm II. geschaffen. Der im 18. Jahrhundert als Kaserne völlig ruinierte Bau stand früher auf einer Insel inmitten eines künstlichen Sees, in dem es Süßwasserfische gegeben haben soll. Am oberen Gesims befand sich eine heute nicht mehr lesbare Inschrift in kufischen Lettern. Im 14. Jahrhundert haben die Geschichten über die prächtigen Gartenschlösser von Palermo den Dichter Giovanni Boccaccio (1313–1375) so sehr beeindruckt, dass er in seinem Hauptwerk, dem *Decamerone*, in der sechsten Novelle des fünften Tages das Schloss La Cuba zum Handlungsort einer Friedrich-Geschichte wählte. Neben diesen Gebäuden gab es eine Reihe anderer charmanter Verweilorte, die in eine geradezu paradiesisch anmutende Landschaft eingestreut waren. Verglichen mit den kalten Burgen des Nordens war das eine völlig andere Welt.

In Palermo gab es schon zu Friedrichs Jugendzeit eine Reihe von Bauten, deren Stil und Pracht mit ihrer Mischung aus arabischen, griechischen und normannischen Elementen noch heute tief beeindrucken. Aus ihnen ragen Kirchen hervor, deren Kuppeln an Bagdad erinnern und die doch voll von byzantinischem Gold waren, wie San Giovanni degli Eremiti, San Cataldo oder Santa Maria dell'Ammiraglio, die man auch La Martorana nennt. Am Ende der Stadt zum Meer hin existierte neben dem Palazzo Reale noch eine weitere bewohnbare Burg. Diese Befestigung namens Castello a Mare – zusammengezogen Castelamare – war ein für viele Seestädte typisches Wachkastell, das die Einfahrt in das Hafenbecken und damit den Zugang zur Stadt von See her sicherte. Davon ist

38

heute allerdings nicht mehr viel zu sehen, weil man in den Jahren 1922 bis 1924 einen Großteil der Anlage abgerissen hat. Zusammen mit dem Normannenpalast war das Castello a Mare der Garant der Herrschaft über Palermo. Wer die Festung besaß, kontrollierte die Stadt. Diese architektonischen Meisterwerke verschiedener Kulturen, diese wie eine Märchenwelt des Orients anmutende Ansammlung von Bauten in ihrer west-östlichen Formenvielfalt bildeten die Lebenswelt des jungen Kaisersohns, von dessen Geburt nun die Rede sein soll.

Die Geburt des Herrschers 1194

Friedrich erblickte am 26. Dezember 1194 in einer kleinen Stadt namens Jesi in der Mark Ancona das Licht der Welt. Dass der spätere Kaiser hier geboren wurde, ist ein Zufall. Später wird der Herrscher, von der Idee des Messianischen angeweht, das Städtchen in einem Sendschreiben überhöhen. Die schwangere Kaiserin Konstanze hatte ihren Gemahl, Kaiser Heinrich VI., anfangs auf dessen zweitem Heerzug nach Sizilien begleitet, der im Mai 1194 seinen Anfang von der südwestdeutschen Burg Trifels aus nahm. In Mailand, dem Ort ihrer Hochzeit acht Jahre zuvor, feierten sie gemeinsam prachtvoll das Pfingstfest. Während Kaiser Heinrich kurz darauf auf dem Seeweg über Genua und Pisa, dabei Neapel und Salerno unterwerfend, nach Süden zog, wählte Konstanze den Landweg am Nordabhang des stellenweise hoch aufragenden Apenningebirges in südöstlicher Richtung. Sicher steckte ihr noch die Erfahrung des ersten Sizilienzuges in den Knochen: Abtrünnige Leute aus Salerno hatten damals die Kaiserin kurzerhand gefangengenommen. Was für eine Demütigung! Ein weiteres Risiko und die damit verbundene Aufregung wollte man bei einer Schwangeren in der noch unsicheren militärischen Lage im Königreich Sizilien auf keinen Fall eingehen.

Nur sehr langsam kam der Tross mit der Herrscherin in der oberitalienischen Ebene voran. In kleinen Etappen und wohl immer wieder von längeren Aufenthalten unterbrochen, zuckelte man den Sommer und Herbst über am Gebirgsfuß entlang, später folgte man der Küstenlinie der Adria. Genaue Nachweise fehlen jedoch, und so bleiben die Reiseumstände größtenteils Vermutungen. Im Dezember muss kurz vor Ancona der Zug der Herrscherin am Flüsschen Esino in das Landesinnere abgebogen sein. Die Landschaft ist hier noch sanft und anmutig gewellt, bevor weiter flussaufwärts die Felsen steil und schroff die Wege versperren. Man erreichte Jesi, ein bescheidenes Provinzstädtchen. Viele der in sicheren Zeiten des alten Imperium Romanum in den Tälern liegenden Orte hatten sich im Verlauf des Mittelalters wegen der oft bedrohlichen Verhältnisse und einer besseren Verteidigungsmöglichkeit auf einen in der Nähe liegenden Hügel zurückgezogen und mit starken Schutzmauern versehen – *incastellamento* nennt man dieses besonders in Mittelitalien zu beobachtende Phänomen eines grundlegenden Siedlungswandels. Den Schutz, den Rom einst geboten hatte, musste nun die Natur übernehmen, und so verhielt es sich auch mit dem antiken Aesis, das jetzt Jesi heißt. Oberhalb des alten Römerforums machte die Kaiserin, die schon in den Wehen lag, mit ihrem Gefolge in dem ummauerten Ort Quartier. Hier wurde am zweiten Weihnachtsfeiertag Friedrich, der lang ersehnte Thronfolger, geboren.

Ungewöhnlich für das Mittelalter ist, dass wir das genaue Datum der Geburt Friedrichs kennen. Mit wenigen Ausnahmen aus der Karolingerzeit und aus dem Spätmittelalter ist der Tag der Geburt selbst bedeutender Personen nicht überliefert. Feierte man noch in der Antike den Geburtstag mit kultischem Aufwand, so hatten die frühen Christen davon eine völlig andere Auffassung. Für sie bedeutete die Geburt den Eintritt in die erlösungsbedürftige Welt und die Gefangennahme der Seele in einem sündhaften Körper. Als eigentlicher Geburtstag, an dem man für Gott geboren wurde, galt der Tag der Taufe. Im Gegensatz zum lange «vergessenen» Geburtstag wurde in jener Zeit oft der Todestag erinnert. Das geschah immer dann, wenn sich geistliche Konvente jemandem dankbar verbunden fühlten, den Namen des Gebers in ihre Totenbücher aufnahmen und zu seinem Seelenheil Messen abhielten.

40

Bei Friedrich ist das jedoch völlig anders. Er hat das Feiern seines Geburtstages einmal geradezu befohlen. Aus diesem Feier-Befehl, der in der Chronik des Richard von San Germano zum Jahr 1233 überliefert ist, kennen wir das genaue Datum: «Der Kaiser ordnet an, dass sein Geburtstag im ganzen Königreich am Tag des Protomärtyrers Stephan (26. Dezember) großartig gefeiert werde. Im Dezember wurde dieser von den Leuten von San Germano zu Ehren des Kaisers großartig gefeiert, dergestalt, dass über 500 Arme auf dem Marktplatz mit Brot, Wein und Fleisch im Übermaß gespeist und gesättigt wurden.» Ergänzt wird dieser Beleg durch einen Brief Kaiser Heinrichs VI., der zufällig überliefert worden ist. Auch er meldet diesen Tag: «Zur Vermehrung unseres Glücks hat unsere Gemahlin Konstanze, die erhabene Kaiserin der Römer, am Tag des heiligen Stephan, des ersten Märtyrers, uns einen Sohn geboren. Freue dich daher mit an unserem Glück.»[2]

Am emphatischsten lässt sich Petrus de Ebulo (wohl nach 1160 – vor 1220) zur Geburt vernehmen, ein Kleriker und Chronist mit medizinischer Bildung aus Salerno. Er hat ein Buch über die Auseinandersetzungen im Königreich Sizilien vom Tode König Wilhelms II. am 18. November 1189 bis zur Königskrönung Kaiser Heinrichs VI. am 25. Dezember 1194 in Palermo, also einen Tag vor Friedrichs Geburt, verfasst. Dieses Werk, von dem ein reich illustriertes Exemplar erhalten ist, das heute in der Berner Burgerbibliothek verwahrt wird, widmete Petrus dem in altrömischer Tradition als Augustus bezeichneten Kaiser und nannte es *Liber ad honorem Augusti* – «Buch zu Ehren des Kaisers», wobei es jedoch mehr *sive de rebus Siculis* – «oder über die Begebenheiten Siziliens» handelte. Darin preist er in panegyrischer Überhöhung Friedrich als den in der vierten Ekloge von Vergils *Aeneis* verheißenen Knaben. Auf der Grundlage älterer Überlieferungen hatte der altrömische Dichter Vergil am Ende des ersten vorchristlichen Jahrhunderts ein Epos gestaltet, das von der Flucht des Aeneas aus dem brennenden Troja, seinen Irrfahrten und seiner Landung in Latium berichtet, wo er zum Stammvater der Römer wurde. Petrus de Ebulo spielte am Anfang des 13. Jahrhunderts also mit nichts Geringerem als einem Gründungsmythos des Rö-

41

mischen Reiches, indem er Friedrich als den Erneuerer des Erdkreises ansprach:

«Lebe Italiens Zier, erneuerter Zeiten Erfüllung, [...]
Lebe, du strahlendes Licht, und strahle als ewige Sonne,
Der aus der Wiege du schon hellest den düsteren Tag.
Lebe, du Spross des Jupiter, Erbe römischen Namens,
Ja vielmehr zu erneuern bestimmt den Erdkreis und das Reich.
[...]
Lebe, du Sohn des Glücks, du glücklicher Spross deiner Eltern.
Süße Liebe der Himmlischen, lebe, erlauchter Knabe.»[3]

Das reich illustrierte Werk ist neben der Tapisserie von Bayeux
vom Ende des 11. Jahrhunderts die einzige erhaltene mittelalterliche Bildfolge, die ein zeitgenössisches Ereignis zeigt. Es war nach
Aussagen des Autors sein Erstlingswerk, sollte es aber nicht bleiben. Als Lohn für seine prokaiserliche Propaganda erhielt Petrus
eine Mühle in Eboli als Lehen, was wir allerdings erst aus einer
späteren Urkunde Kaiser Friedrichs II. aus dem Jahr 1221 wissen,
als Petrus schon längst verstorben war. Die Stilisierung des Herrschers in nahezu messianische Sphären ist aller Wahrscheinlichkeit
nach jedenfalls zurückprojiziert worden.

Friedrichs Geburtsort Jesi ist heute ein kleines, zu Flanierzeiten
höchst lebendiges Landstädtchen, das stolz auf den in seinen Mauern geborenen Herrscher ist. Am Nordosttor, der Porta Bersaglieri,
steht ein anlässlich des 800. Geburtstages errichtetes Bronze-
denkmal, das den Herrscher als Vollfigur darstellt. Vor dem Dom
auf dem alten Markt von Jesi, der heute den Namen Piazza Federico II trägt, erinnert ein Brunnen mit einem von acht wasserspei-
enden Kalksteinlöwen bewachten Obelisken an die Geburt des
bedeutendsten mittelalterlichen Sohnes der Stadt. In vier Sprachen
kündet eine Marmortafel vom Geschehen. Friedrich, König von
Sizilien und Jerusalem sowie Kaiser, «ein wahres Genie in allen
Bereichen der Wissenschaft», sei hier einer alten Überlieferung zufolge in einem Zelt geboren worden, meldet die Inschrift. Allerlei
phantasievolle Details hat man später für die Stadtgeschichte hin-

42

zugedichtet. Eine Krone habe der Kaiser seiner Geburtsstadt für ihr Wappen gewährt. Einige Aufenthalte des Herrschers wurden erfunden, so einer 1216, als sich Friedrich nachweislich in Deutschland befand. Zu einem der Besuche soll sogar ein Marmorbogen mit einer Inschrift errichtet worden sein: «Geboren ist uns hier Friedrich II., Kaiser, immer Augustus und Jesis Vater des Vaterlands». Das alles erwuchs aus Bürgerstolz auf den später so berühmten Herrscher.[4]

Friedrich hat die Legenden, die sich um seine Geburt rankten, in seiner Selbstdarstellung als Herrscher geschickt zu nutzen verstanden und sich selbst als einen Messias verklären lassen. An seine Geburtsstadt Jesi ließ er im Jahr 1245, als die propagandistische Auseinandersetzung mit dem Papsttum höchste Schärfe erreicht hatte, in bewusster Anspielung auf Christus schreiben: «Wenn der Geburtsort von allen mit einer gewissen Zuneigung des angeborenen

43

Willens besonders geliebt wird und wenn die Liebe zur Heimat mit ihrer Süße in allen wirkt und nicht zulässt, dass sie diese vergessen, so sind wir nach dem Gesetz der Natur aus dem gleichen Grunde getrieben und gehalten, Jesi, jene vornehme Stadt der Mark, den erlauchten Anbeginn unseres Ursprungs, wo unsere göttliche Mutter uns ans Licht gebracht hat und wo unsere Wiege geglänzt hat, mit innigster Zuneigung zu umfangen, auf dass diese Stätte nicht aus unserem Gedächtnis entschwinden kann und unser Bethlehem, das Land und der Ursprung des Kaisers, in unserer Brust tiefer verwurzelt bleibt. So bist Du Bethlehem, Stadt der Marken, nicht die geringste unter den ersten Städten unseres Geschlechtes. Aus Dir nämlich ging der Anführer hervor, des römischen Reiches Fürst, der Dein Volk regieren und schützen wird und der nicht gestatten wird, dass es weiter fremden Herren untertan sei. Erhebe dich also, die du ihm zuerst Mutter warst, und schüttle ab das fremde Joch!»[5]

Von den tatsächlichen Umständen der Geburt Friedrichs wissen wir nichts, das einer kritischen Überprüfung standhielte. Wir wissen jedoch, dass sich um die Geburt eine der merkwürdigsten Legenden des Mittelalters zu ranken begann, die auch heute nicht zuletzt von Biographen immer wieder gern erzählt wird. Von einer Jungfrau wurde Friedrich zwar nicht geboren, doch erschien seine Geburt den Zeitgenossen wie ein Wunder. Die einen feierten sie als Geschenk des Himmels und priesen die Leibesfrucht als neu erschienenen Messias. Die anderen meldeten sofort Zweifel an der Rechtmäßigkeit des Säuglings an. Der Verdacht war ja nicht ganz unbegründet, da Konstanze von Sizilien, Tochter des Königs Roger II., als sie im Jahr 1186 mit Friedrich I. Barbarossas Sohn Heinrich verheiratet wurde, bereits zweiunddreißig Jahre alt war. Als sie nach achtjähriger kinderloser Ehe mit Kaiser Heinrich VI. am zweiten Weihnachtsfeiertag 1194 einen Knaben zur Welt brachte, war sie schon fast vierzig. In der Regel waren im Mittelalter die Frauen bei der Geburt ihrer Kinder bedeutend jünger, und

44

die lange Kinderlosigkeit mit dem elf Jahre jüngeren Heinrich tat ein Übriges, um grundlegende Zweifel aufkommen zu lassen. Auf diesem Nährboden schoss rund dreißig Jahre nach Friedrichs Tod eine Geburtsgeschichte ins Kraut, voll von bunten Blüten phantasievoller Details. Man geht wohl nicht fehl in der Annahme, dass die ganze Historie bewusst erfunden worden ist.

Wie diese Legende überliefert, soll die Geburt Friedrichs in Jesi in einem prunkvollen Zelt auf jenem Marktplatz stattgefunden haben, der heute seinen Namen trägt. Doch könnte man sich fragen, warum Konstanze im kalten Dezember in einem Zelt ein Kind gebären sollte, wenn Häuser mit beheizbaren Räumen zur Verfügung standen. In vielen anderen Städten wetteiferten die angesehenen Bewohner um die Ehre, die Mächtigen als Gäste beherbergen zu dürfen. Prunkzelte kamen nur zum Einsatz, wenn die Unterbringungsmöglichkeiten der Städte nicht ausreichten, etwa bei großen Hoftagen und glanzvollen Festen. Weiter wird berichtet, dass Konstanze das Kind unter den Augen der verheirateten Frauen von

45

Jesi zur Welt brachte. In späteren Überlieferungen wird der Kreis der Geburtszuschauer ständig größer. Irgendwann haben die Großen des halben Königreichs dabei gestanden. Auch soll Konstanze ihr Kind öffentlich mit entblößter Brust genährt haben, um alle Zweifel an ihrer Mutterschaft zu zerstreuen. Ein weiteres Detail aus der Gerüchteküche verrät, was der Grund für all die Erfindungen gewesen sein könnte. Einige Quellen überliefern, Friedrich sei der untergeschobene Sohn eines Metzgers, Falkners oder Müllers gewesen. So schließt sich ein Verdachtskreis, denn im Grunde spielen alle Aussagen mit Variationen immer desselben Themas: Eine aus einem Kloster geholte Palermitaner Nonne namens Konstanze wird verheiratet und ist eigentlich viel zu alt, um auf natürlichem Wege Kinder zu gebären. Um diese Zweifel ganz plausibel erscheinen zu lassen, wird die Herrscherin in einigen Überlieferungen bei ihrer angeblichen Niederkunft immer älter. Verfolgen wir einige dieser Gerüchte.

Schon um 1200 entstanden an der Kurie die *Gesta Innocentii*, eine Art Bericht über die Taten von Papst Innozenz III. Conti (1198–1216). Darin wird unter anderem dargelegt, dass der deutsche Truppenführer Markward von Annweiler (gest. 1202) beim Papst vorfühlen ließ, damit jener ihm bei der Gewinnung Siziliens nicht im Wege stehen möge. Markward versprach dem Papst dafür große Geldzuwendungen, den für Sizilien üblichen Lehnseid zu leisten und einen speziellen, den ligischen Treueeid zu schwören. Der Papst brauche sich zudem – so die *Gesta* weiter – wegen seines Mündels keine Gedanken zu machen, da der Knabe ohnehin nicht der wirkliche Sohn des kaiserlichen Paares sei, sondern ein untergeschobenes Neugeborenes. Diese Legende fand in den nächsten Jahrzehnten weite Verbreitung. Selbst nach Stade an die Unterelbe drang die Nachricht, und der aus sächsisch-welfischer Sicht schreibende Franziskaner Albert widmete der Geschichte in seinen sonst eher knappen, kurz nach 1256 abgeschlossenen Annalen einen längeren Exkurs. Hier seine Version von der Fabel:

«Friedrich, König von Sizilien, Sohn Kaiser Heinrichs, wurde in Rom von Papst Honorius [III.] zum 89. Kaiser seit Augustus gekrönt. Jedoch erhob sich mehrfach das Gerücht, dieser Friedrich sei nicht in Wirklichkeit der Sohn Kaiser Heinrichs, sondern nur angeblich. Dies habe sich folgerndermaßen zugetragen. Konstanze, die Tochter König [Rogers II.] von Sizilien, [...] war aber, als sie den Kaiser heiratete, angeblich bereits sechzig Jahre alt. Man fürchtete aber, sie werde unfruchtbar bleiben. Daher bemühte sich der Kaiser, dem Rat der Ärzte zu folgen, damit sie die Unfruchtbarkeit überwinde und fruchtbar werde, auf dass das Königreich Sizilien nicht ohne Erben bleibe. Und die Ärzte versprachen ihm bei diesem Vorhaben Rat und Hilfe. Sie ließen aber ihre Gebärmutter durch Arzneien allmählich anschwellen, so dass der Kaiser fest glaubte, sie sei schwanger. In der Mitte der Zeit aber sahen sich die Ärzte nach einem Kinde um, so dass von verschiedenen schwangeren Frauen, die zur Zeit der Niederkunft Konstanzes gebären mußten, nach einem streng geheimen Plan ein Kind geraubt wurde, um zur Zeit der Niederkunft Konstanzes in den Palast an ihr Bett getragen zu werden, wo es so, obwohl anderswo zur Welt gekommen, gleichsam von Konstanze geboren wurde, so dass der Sohn eines anderen für den Sohn des Kaisers und der Kaiserin gehalten worden ist. Man sagte, es sei zweifelhaft, ob jener Knabe der Sohn eines Arztes oder eines Müllers oder Falkners war; aber die Leute beteuern wahrhaftig, er sei der Sohn eines dieser drei gewesen.» Allerdings glaubte Albert selbst nicht so richtig an die Geschichte. In einer Liste, die er von den Herrschern angefertigt hatte, notierte er: «Sohn Heinrichs, wie ich glaube».[6]

Alberts franziskanischer Mitbruder Salimbene überliefert in seiner *Cronica* eine ähnliche Geschichte. Er kannte Jesi sogar aus eigener Anschauung, weil er dort im Franziskanerkonvent die Fastenzeit des Jahres 1239 verbracht hatte. «Jesi aber ist die Stadt, in der Kaiser Friedrich geboren ist. Dort ging das Gerücht von ihm, dass er der Sohn eines Fleischers aus Jesi sei, weil die Kaiserin Konstanze schon sehr betagt und hoch in Jahren war, als sie Kaiser Heinrich heiratete, und weil sie niemals einen anderen Sohn oder eine Tochter außer jenem gehabt haben soll. Deshalb sagte man, dass sie jenen von seinem leiblichen Vater bekommen und, nachdem sie sich vorher schwanger gestellt, ihn sich untergeschoben habe, damit man glauben solle, er sei von ihr selbst geboren. Dies zu glauben aber bestimmt uns dreierlei: Erstens, dass die Weiber solches wohl zu tun pflegen, wie ich mehrfach gelesen zu haben mich entsinne. Zweitens, dass Merlin von ihm schrieb: ‹Der zweite Friedrich, von unverhoffter und wundersamer Geburt!› Drittens, dass König Johannes von Jerusalem, der Schwiegervater des Kaisers, einst zornigen Sinnes und mit gerunzelter Stirn in seinem Französisch den Kaiser Sohn eines Fleischers nannte, weil er seinen Neffen [...] ermorden wollte. [...] ‹Fi de becer diabele! – Du Teufel, Sohn eines Schlächters!›»[7]

Der Florentiner Chronist Giovanni Villani bereicherte die Legende um das Nonnenmotiv. Zudem ließ er die Geschichte nicht in Jesi, sondern in der Hauptstadt des Königreichs, in Palermo spielen. Er schrieb in seiner Chronik über die Arnostadt von Papst Coelestin III., dass der Pontifex den Erzbischof habe anweisen lassen, «er solle Konstanze, die Tante König Wilhelms [II.] und nächste Erbin des sizilischen Reiches, die Nonne in Palermo war und schon mehr als fünfzig Jahre zählte, aus dem Kloster entlassen und ihr Dispens erteilen, weltlich zu leben und eine Ehe zu schließen. Daraufhin ließ sie der genannte Erzbischof Sizilien verlassen und nach Rom kommen. Die Kirche gab sie Kaiser Heinrich zur Frau. Aus dieser Ehe wurde wenig später Kaiser Friedrich II. geboren, der die Kirche so sehr verfolgen sollte. Nicht ohne Grund und Ratschluss Gottes konnte es gelingen, dass ein Erbe aus der Ehe hervorging, denn er wurde geboren von einer Nonne, und das in einem Alter von über fünfzig Jahren, in dem es natürlicherweise einer Frau geradezu unmöglich ist, schwanger zu werden. Somit wurde er geboren gegen zwei Hindernisse, gegen ein geistliches und gewissermaßen wider die Vernunft gegen ein weltliches. Als die Kaiserin Konstanze mit Friedrich schwanger war, erregte es, wie wir gefunden haben, in Sizilien und im ganzen apulischen Reich Verdacht, dass sie in ihrem hohen Alter schwanger sein konnte. Als die Zeit ihrer Niederkunft kam, ließ sie daher ein Zelt auf dem Marktplatz von Palermo aufstellen und gab öffentlich bekannt, dass jede Frau, die dies wollte, kommen sollte, sie zu sehen, und viele kamen und sahen zu. So wurde der Verdacht zerstreut.» Sogar Giovanni Boccaccio beteiligte sich mit weiteren Zutaten zur

Gerüchteküche, indem er einen kaiserlichen Befehl überlieferte, nach dem alle edelsten Frauen des Königreichs Sizilien nach Jesi gerufen worden seien, um als Zeuginnen bei der Geburt zu sein.[8]

Als letzter mag der Humanist Pandolfo Collenuccio zu Wort kommen, der über zweihundert Jahre später in seinem *Compendio delle historie del regno di Napoli* – dem «Abriss der Geschichte des Königreichs Neapel» viele ältere Materialien verarbeitet hat. Er verdichtete aus seinen Notizen: «Konstanze war in schwangerem Zustand zurückgeblieben. Als sie ihrem Gemahl Heinrich nach Deutschland folgen wollte, erhielt sie in der Mark Ancona von diesem den Befehl, nicht weiterzureisen, sondern sich in die Nähe des Königreichs zurückzuziehen wegen bestimmter Umtriebe, die, wie er gehört hatte, dort im Gange waren. Weil sie jedoch der Niederkunft nahe war, begab sie sich in die Stadt Jesi und gebar dort im Jahre 1194 einen Knaben, der nach dem Namen seines Großvaters Friedrich genannt wurde. Weil sie jedoch bereits in vorgerücktem Alter war und die Fünfzig überschritten hatte, glaubte fast niemand, dass sie wahrhaftig schwanger sei, und Heinrich war als erster argwöhnisch gewesen, weshalb er sich sofort, als er hörte, dass sie schwanger sei, darüber verwunderte und Gewissheit haben wollte von dem Abt Joachim [Joachim von Fiore], der damals hochberühmt war und im Rufe prophetischen Geistes stand. Und der Abt versicherte ihm, dass Konstanze von ihm schwanger sei, und er sagte ihm voraus, dass sie einen Knaben gebären werde, sowie dessen sämtliche Erfolge im Leben. Und er sagte ihm auch voraus, dass er in Kürze sterben werde, und zwar im Gebiet von Milazzo, das dem von Messina benachbart ist, und legte ihm einige Weissagungen der erythräischen Sibylle und des Merlin aus. Aus diesem Grunde und um von jeglichem Verdacht loszukommen, ließ Konstanze als kluge und vorsichtige Frau ein Zelt auf dem Marktplatz von Jesi aufschlagen, und in dieses begab sie sich zur Stunde der Entbindung. Und sie wünschte, dass es allen Baronen und Adligen, Männern und Frauen erlaubt sei, herbeizukommen und sie gebären zu sehen, damit jeder wisse, dass es kein untergeschobenes Kind sei.»[9] Kaum etwas wirkt so zerstörerisch auf die Legitimation eines Herrscherhauses wie der Vorwurf, ein

49

Nachfolger sei untergeschoben worden. So kann man als Ursprung der Gerüchte von der alten Nonne mit dem falschen Balg ganz klar die antikaiserlichen Parteien ausmachen. Schon von Anfang an konnte es doch bei dem später größten Widersacher der Päpste nicht mit rechten Dingen zugegangen sein. Die kaiserfreundlichen Parteien hatten es schwer, derartige Vorwürfe zu entkräften. Als Gegengift eine öffentliche Geburt zu erfinden, erschien erfolgversprechend. Und da offensichtlich eine beheizbare Kemenate mit einigen Hebammen als Geburtshelferinnen und damit auch Geburtszeugen als wenig öffentlichkeitswirksam angesehen wurden, sollte die Geburt auf dem Markt die Zweifel ausräumen. Wenn Jesi, das neue Bethlehem, schon keinen Stall als Geburtsort des Weltenretters bereithielt, dann doch wenigstens ein Zelt.

Einige Überlieferungen, darunter die des Albert von Stade, wollen uns nahelegen, dass sich Konstanze gewünscht habe, ihren Sohn auf den Namen Konstantin taufen zu lassen. Das wäre ungewöhnlich, denn der Name käme zwar einer Anlehnung an den ersten christlichen Kaiser und auch an den Konstanzes selbst gleich, doch sowohl die normannische als auch die staufische Familie hatten bislang andere Leitnamen verwendet. Andere Quellen berichten, dass Friedrich nach seinen beiden Großvätern, dem Normannen König Roger II. und dem Staufer Kaiser Friedrich I. Barbarossa, die Namen Rogerius Fridericus erhalten habe und darauf am Ende des Jahres 1196 oder am Anfang 1197 getauft worden sei. Aber man kann mit guten Gründen bezweifeln, dass der Kaisersspross jemals den Großvaternamen mütterlicherseits getragen hat, denn wieder andere Quellen überliefern als alleinigen Taufnamen Fridericus. Ausschließlich Fridericus kann man in den *Intitulationes* lesen, den Namen- und Titelauflistungen in jenen Urkunden, die der Herrscher während seiner sich über ein halbes Jahrhundert erstreckenden Privilegienvergabe ausgab. Über den Ort der Taufe jedoch gibt es keinen Zweifel: Assisi, Geburtsort des Heiligen Franz, des Gründers des Ordens der minderen Brüder.

Friedrichs Großvater mütterlicherseits, König Roger II. (gest. 1154) von Sizilien, war Normanne und ein klassischer Aufsteiger. Die Normannen stammten ursprünglich aus Skandinavien. Die Länder der endlosen Mitsommersonne und der langen dunklen Winternächte brachten im 9. und 10. Jahrhundert in mehreren Wellen beutegierige und rauflustige Seefahrer hervor, die die Küsten Europas unsicher machten und hier und da Klöster und ganze Städte ausraubten: die Wikinger. Mit wendigen und zugleich hochseetüchtigen Schiffen fuhren sie nicht nur die Küsten entlang, sondern zudem auch Flussmündungen hinauf und waren für Britannien, Irland und das Frankenreich eine wahre Geißel Gottes. Den Teil der Wikinger, der dann nach West- und Südeuropa ausgriff, bezeichnet man als Normannen. Anfang des 10. Jahrhunderts erpresste sich einer ihrer Anführer von König Karl III. dem Einfältigen eine ganze Region des Westfrankenreichs, auf die später der Name der neuen Besitzer abfärbte: die Normandie. Die Normannen, die an der Seinemündung zu siedeln begannen, gaben ihre Götterwelt und ihre germanischen Dialekte auf. Sie vermischten sich schnell mit der noch vorhandenen gallo-romanischen Bevölkerung, nahmen den christlichen Glauben an und sprachen schon nach wenigen Generationen in einer altfranzösischen Mundart miteinander. Die Verbindung alter Germanenrechte mit den Herrschaftsgepflogenheiten der Franken, die sie in der Normandie zu neuen feudalen Machtstrukturen verschmolzen, und das Weiterkultivieren eines legendären Draufgängertums der alten Wikinger ließ die Normannen zu mächtigen und gefürchteten Kriegern werden.

Um die Mitte des 11. Jahrhunderts brach sich erneut eine gesteigerte Kampfeslust der Normannen Bahn. Ein Teil von ihnen eroberte 1066 unter der Führung ihres Herzogs, den man später Wilhelm den Eroberer nannte, England. Davon erzählen die berühmten Bilder von Bayeux, die ausdauernde Nonnen über einen Zeitraum von zehn Jahren auf eine über siebzig Meter lange Tapisserie aus Wolle stickten. Ein anderer Teil der Normannen verdingte sich als Söldner und kämpfte für die langobardischen Fürsten Süditaliens

51

gegen Sarazenen und Byzantiner. Den Anfang sollen um das Jahr 1000 nur ganze vierzig Mann gemacht haben, die auf dem Rückweg von Jerusalem eher zufällig als Pilger in Unteritalien gelandet waren. Süditalien war zu der Zeit in viele Herrschafts- und Machtbereiche zersplittert: langobardische Herzöge, wie jene von Benevent und Capua, Städte wie Amalfi oder Gaeta, byzantinischer Restbesitz des Katepanats *Italia*, dazu noch ständig wiederkehrende arabische Plünderzüge. In diese komplizierte und unübersichtliche Situation platzen nun die Normannen hinein. In den folgenden jahrzehntelangen Kleinkriegen eher wie Räuberhauptmänner operierend, verfügten diese Söldnerführer oft nur über wenige hundert Kämpfer. Dabei wurde ihnen eine der ersten Schlachten bereits zu ihrem Cannae, als eine Gruppe auf der berühmten antiken Walstatt im Jahr 1018 gegen byzantinische Truppen eine schwere Schlappe einstecken musste.

Doch die Normannen waren aus hartem Holz geschnitzt und gaben nicht auf. Die erfolgreichsten Söldner stammten aus der Familie des im Rang zum Niederadel gehörenden Valvassors Tankred von Hauteville, dessen Name sich auf den kleinen nordfranzösischen Ort Hauteville-le-Guichard im Cotentin, auf halber Strecke zwischen Saint-Lô und der Kathedralstadt Coutances, bezog. Die Bedeutung des Namens «Hochdorf» übernahmen die Italiener in ihrer Sprache als «Altavilla». Einigen der zwölf schwertgewandten und listigen Söhne Tankreds von Hauteville, die so gefährlich klingende Namen trugen wie Wilhelm «Eisenarm» (gest. 1046), Drogo (gest. 1051) und Robert Guiscard (gest. 1185), was altfranzösisch soviel wie «Schlauberger» oder «Schlaukopf» bedeutet, reifte nach einiger Zeit in fremden Diensten die Einsicht, dass es doch am Besten sei, statt nur für Sold und Beute für eigene Herrschaftsbereiche zu kämpfen. So hatten sich am Ende des 11. und in der ersten Hälfte des 12. Jahrhunderts bald mehrere normannische Herrschaftsbereiche in Süditalien herausgebildet, zu denen noch das lange Zeit von den Arabern beherrschte und nun von Roger I. (gest. 1101) eroberte Sizilien hinzukam. Dessen Sohn Roger II. (1130–1154) gelang es nicht nur, die süditalienischen Herrschaften zusammenzufassen, sondern sein Lebenswerk buch-

52

stäblich bekrönen zu lassen. Der von ihm abhängige Papst Anaklet II. (1130–1138), aus der römischen Adelsfamilie der Pierleoni stammend, erhob Sizilien 1130 zum Königreich und ließ den Normannen durch einen Legaten krönen. Da dieser Gesandte des Papstes aber als der Stellvertreter jenes römischen Stellvertreters Christi angesehen wurde, hatte der Gottessohn eigentlich selbst die Krönung vorgenommen; ganz so, wie es im Kuppelmosaik in der Kirche Santa Maria dell' Ammiraglio in Palermo dargestellt worden ist. Jesus Christus senkt das monarchische Diadem auf das Haupt des prachtvoll-byzantinisch gekleideten Herrschers herab. Das Königreich Sizilien, das in verwandelter Form bis in das 19. Jahrhundert bestehen sollte, war geboren. Erst die Freischärler Giuseppe Garibaldis (1807–1882) mit ihrem «Zug der Tausend» versetzten dem ehemaligen Normannenreich nach über sieben Jahrhunderten den Todesstoß. Siziliens erster normannischer König, Roger II., war bereits vier Jahrzehnte tot, als sein Enkel Friedrich 1194 geboren wurde. Und auch Friedrichs Mutter, Konstanze von Hauteville, hatte ihren Vater nie erleben können. Er starb vor ihrer Geburt. Dennoch sollten die normannische Herkunft und die ererbten Traditionen auf viele spätere Handlungen des Kaisers einen großen Einfluss ausüben.

Dass die Erbschaft des normannisch-sizilischen Reiches letztlich über Konstanze von Hauteville an die Staufer kam, war eher ein Zufall und am Ende des 12. Jahrhunderts alles andere als wahrscheinlich. König Rogers Nachfolger waren die Könige Wilhelm I. «der Böse» (1154–1166) und Wilhelm II., «der Gute» (1166–1189). Der «gute» König Wilhelm ist ein anschauliches Beispiel dafür, wie die historischen Erinnerungen der Zeitgenossen und der Nachwelt das Bild der Person formen und weniger die vollbrachten Taten. Wer von Dante Alighieri gute oder schlechte Zeugnisse für seine Herrscherleistungen erhielt, der trug jenes Lob oder Mal des Bösen für Jahrhunderte: «Sieh Wilhelm, wo der Bogen abwärts strebt, / Ob dessen Tod des Landes Bürger weinen, / Das weint, weil Karl und Friedrich gelebt.» Tränen des Vaterlandes wegen Wilhelms Tod und zugleich dafür, dass Karl von Anjou und Friedrich II. überhaupt existiert haben; dieses gegensätzliche Urteil

53

sollte lange halten. Der Tod des «guten» Wilhelms II. 1189 ebnete den Weg für einen Erbfall von Konstanze. Durch die 1186 in Mailand geschlossene Ehe mit dem späteren Kaiser Heinrich VI. eröffneten sich nun völlig neue Perspektiven einer dynastischen Zukunft. Doch sahen einige sizilische Barone das ganz anders und wählten sich 1189 einen illigitimen Normannenspross, Tankred von Lecce (1190–1194), zu ihrem König. Erst ein zweimaliger Waffengang brachte Heinrich in den Besitz der Krone und des Königreichs Sizilien.[10]

Die salisch-staufischen Vorfahren

Väterlicherseits stammte Friedrich von einem südwestdeutschen Adelsgeschlecht ab, das man in der deutschen Forschungstradition als «Staufer» bezeichnet. Von einer in sich geschlossenen Familie, einem einheitlichen Namen oder gar einem alle Mitglieder verbindenden Familienbewusstsein kann man allerdings bei den Staufern nicht sprechen. Die Staufer zählten bereits in der Mitte des 11. Jahrhunderts zu den einflussreichsten Familien des südwestdeutschen Raums. Ihr Landbesitz konzentrierte sich auf die Kerngebiete um Büren und Lorch sowie um Schlettstadt und Hagenau im Elsass. Wie viele Adelsfamilien des Mittelalters, so verwendeten auch sie einen Leitnamen: Friedrich. Als ein wichtiges Jahr für den Bedeutungszuwachs der Staufer gilt 1079, als der salische Kaiser Heinrich IV. (1056–1106) – jener Herrscher, den die Nachwelt sich so gern im Büßerhemd vor Canossa vorstellt – einen Friedrich zum Herzog von Schwaben erhob. Dieser Herzog Friedrich I. heiratete zudem des Kaisers Tochter Agnes. Er ließ in dieser Zeit auf der Burg Staufen eine Siedlung errichten und stiftete das Kloster Lorch als Hauskloster und Grablege der Familie. Er und seine

Gefangen im «Eierkastell»: Die einst «San Salvatoris», heute aber «Castel dell'Ovo» genannte Burg, die auf einem Neapel vorgelagerten Felsen liegt, wurde im 12. Jahrhundert von den Normannen zur Festung umgebaut. Sie diente mehrmals als Kerker für prominente Häftlinge, darunter auch Friedrichs Mutter, Kaiserin Konstanze, die hier 1191 und 1192 gefangen gehalten wurde. Die Beischrift auf dem Bild aus dem Liber ad honorem Augusti *lautet:* Castru(m) Salvatoris ad mare *und* I(m)p(er)at(ri)x.

Söhne Herzog Friedrich II. – nicht zu verwechseln mit unserem Kaiser Friedrich II. – und Konrad weiteten den Grundbesitz der Familie erheblich aus und galten als die wesentlichen Verbündeten des salischen Kaiserhauses im Südwesten des Reiches. Nach dem Aussterben der Salier 1125 im Mannesstamm erhoben Friedrich II. von Schwaben und der spätere König Konrad III. als Söhne der letzten Salierin einen Anspruch auf die Königswürde. Herzog Friedrich II. stellte sich 1125 zur Wahl, unterlag aber. Sein Bruder Konrad versuchte 1127 als Gegenkönig sein Glück, musste sich aber 1135 Kaiser Lothar III. (1125–1137) unterwerfen. Erst nachdem Lothar 1137 gestorben war, wurde 1138 mit Konrad III. (1138–1152) ein Mitglied der Staufer zum römisch-deutschen König gewählt. Nun war dieses Adelsgeschlecht zu einer Königs- und Kaiserfamilie geworden.

Ein großer Konflikt mit einer anderen Adelsfamilie des südwestdeutschen Raumes, den Welfen, überschattete Konrads Regierungszeit. Der Name dieses Geschlechts sollte für die folgenden Jahr-

55

zehnte und sogar Jahrhunderte in Deutschland, aber besonders in Italien, eine enorme Bedeutung haben. Dieser Konflikt mit den Welfen verhinderte einen frühen Italienzug König Konrads zur Kaiserkrönung. Indem König Konrad Berta von Sulzbach, eine Verwandte seiner Frau, mit dem byzantinischen Kaiser Manuel I. Komnenos (1143–1180) vermählte, gelang es ihm, ein Bündnis mit dem oströmischen Reich zu knüpfen. Die immer noch angestrebte Kaiserkrönung Konrads wurde nun durch den Zweiten Kreuzzug verhindert, an dem er in den Jahren 1147 bis 1149 teilnahm. Dennoch trug Konrad zeitweise den Kaisertitel, um seine Gleichrangigkeit mit dem byzantinischen Kaiser zu betonen. Vor seiner Kreuzzugsteilnahme ließ er seinen ältesten Sohn Heinrich zum römisch-deutschen König wählen, doch starb der bereits 1150 als Dreizehnjähriger. Sein zweiter Sohn Friedrich war zum Zeitpunkt des Todes seines Vaters Konrad 1152 erst sechs Jahre alt. So bekam der Knabe einen Vormund, den Sohn des älteren Bruders seines Vaters, also seinen Vetter.

Dieser Vormund, ebenfalls Friedrich geheißen, nutzte seine Stellung blitzschnell aus und ließ sich selbst von einem Teil der Fürsten zum römisch-deutschen König wählen. Der Name dieses treulosen Vormunds bekam später einen edlen Klang, und die Spuren seines Verrats wurden schon zu seinen Lebzeiten galant verwischt: Friedrich I. Barbarossa (1152–1190). Im Nachhinein bog man sich die Geschichte passend zurecht. Danach soll König Konrad kurz vor seinem Tod seinen Neffen zum Nachfolger designiert haben. Und dieser habe zum Ausgleich den jungen Friedrich zu seinem Nachfolger im Herzogtum Schwaben bestimmt. Trotz aller Glattfräserei bleibt klar erkennbar, dass der so reibungslos erscheinende Übergang der Königswürde vom Onkel auf den Neffen eigentlich einen Bruch darstellte. Dem 1152 gewählten Friedrich I. Barbarossa gelang ein erster Ausgleich zwischen den Welfen, mit denen er mütterlicherseits verwandt war, und den Staufern, da er 1156 eine Einigung mit Heinrich dem Löwen herbeiführte, der nun Doppelherzog von Sachsen und Bayern wurde. Allerdings kam es 1180 zum Bruch und zur Absetzung des mächtigen Welfenherzogs, was im Norden des Reiches eine Reihe von Fürsten stärkte.[11]

56

Friedrich I. Barbarossa begann auf seinem ersten Italienzug 1154 und 1155 eine breit angelegte Restaurationspolitik, mit der er viele frühere kaiserliche Rechte, die man Regalien nannte, den nach Autonomie strebenden oberitalienischen Städten wieder entziehen wollte. In diesen Zusammenhang gehören die Stichworte Hoftag von Roncaglia und *honor imperii* – Ehre des Reiches. Die Ehre des Reiches und der kaiserlichen Majestät zu wahren, spielte im Mittelalter eine wichtige Rolle und war Antrieb für so manche heute irrational erscheinende Handlung, wie Knut Görich zeigen konnte. In der Zeit Barbarossas verschärfte sich auch der Konflikt zwischen Kaiser und Papst um die Vorherrschaft im Abendland. Die oberitalienischen Städte vereinigten ihre Kräfte 1167 in einem Lombardenbund. Barbarossa unternahm gegen die Kommunen einige weitere Italienzüge, mit denen er aber zu großen Teilen scheiterte. Erfolgreicher war der Kaiser bei der Heiratspolitik, denn Mitte der 1180er Jahre gelang es Friedrich I. Barbarossa, die Heirat seines zweitältesten Sohnes Heinrich mit der Normannenprinzessin Konstanze von Hauteville zu arrangieren. Die Vermählung fand am 27. Januar 1186 in Mailand statt. 1188 nahm der fast siebzigjährige Kaiser das Kreuz und brach ein Jahr später auf dem Landweg zum Dritten Kreuzzug in Richtung Jerusalem auf. Doch starb er am 10. Juni 1190 bei einem – man würde heute sagen – «Badeunfall». Mit reichlich Fleisch und Wein vom Frühstück im Magen versuchte der Kaiser, den eiskalten Gebirgsfluss Saleph in Kleinasien zu durchqueren, was Herz und Kreislauf des bereits 68jährigen Herrn mit Stillstand quittierten.

Friedrichs Sohn und Nachfolger im Amt, Kaiser Heinrich VI., betrieb eine Politik, die auf die Vereinigung des Imperiums mit dem süditalienischen Normannenreich hinauslief – in den Quellen als die *Unio regni ad imperium* bezeichnet. Nach einigen Rückschlägen konnte er dieses Ziel 1194 erreichen. Das staufische Imperium erstreckte sich damit von der Nord- und Ostsee bis nach Sizilien. Für die Päpste bedeutete diese Nord-Süd-Umklammerung des Kirchenstaats eine existenzielle Bedrohung. Zumindest empfanden sie es so und setzten alles daran, diese «staufische Zange» wieder zu öffnen. Durch die Gefangennahme des englischen Kö-

57

Der Erbe

nigs Richard Löwenherz, der auf dem Rückweg vom Kreuzzug in Heinrichs Hände gefallen war, konnte der Kaiser ein gewaltiges Lösegeld erpressen und im Grunde damit seinen Feldzug nach Sizilien finanzieren. Am Weihnachtstag 1194 endete dieser mit seiner Krönung in Palermo. Einen Tag später wurde sein Sohn Friedrich geboren.

In der Überlieferung hängt Heinrich VI. ein äußerst negativer Ruf an, wohl aufgrund seines zum Teil extrem grausamen Vorgehens. Auch der von Salimbene überlieferte Ausruf Johanns von Brienne an Kaiser Friedrich II.: «Du Teufel, Sohn eines Schlächters», ist wohl weniger auf den Berufsstand des Metzgers gemünzt, als auf die Grausamkeiten seines Vaters. Da Heinrich VI. der einzige Sohn Barbarossas war, der seinerseits einen männlichen Nachkommen hervorbrachte, verengte sich die agnatische Linie der Herrscherfamilie deutlich. Völlig unerwartet starb Kaiser Heinrich VI. am 28. September 1197 in Messina im Alter von knapp zweiunddreißig Jahren an der Ruhr oder an Malaria. Sein Leichnam wurde vorläufig in Messina bestattet, doch schon 1198 nach Palermo in die dortige Kathedrale überführt. Wohl erst 1215 bekam Heinrich einen Sarkophag, in dem seine Gebeine heute noch ruhen und der erst Ende des 18. Jahrhunderts seinen jetzigen Standort erhielt.

Mit Heinrichs Tod brach sein Herrschaftsgebilde rasch zusammen. In Sizilien übernahm seine Witwe Konstanze für den erst zweijährigen Friedrich die Regierung. In Deutschland überschlugen sich die Ereignisse, und es begann mit der doppelten Königswahl von 1198 ein jahrelanger Kampf um den Thron zwischen Heinrichs jüngerem Bruder König Philipp von Schwaben (1198–1208), Friedrichs Onkel, und dem Welfen Otto von Poitou, dem späteren Kaiser Otto IV. (1198–1218). Otto war der drittgeborene Sohn des verbannten Herzogs Heinrich des Löwen und wuchs im Exil am angevinischen Königshof auf. Er wurde sogar kurzzeitig als schottischer und als englischer Thronfolger in Betracht gezogen, dann als Graf von Poitou, mithin als Herzog von Aquitanien eingesetzt, ein Gebiet, das immerhin fast den gesamten südwestfranzösischen Raum zwischen Loire und den Pyrenäen umfasste. Von

58

seinem kinderlosen Onkel Richard Löwenherz, der seinen Lieblingsneffen besonders förderte, lernte er alle Ritterkünste und diente ihm in dessen Kriegen gegen den König von Frankreich als Heerführer. Gegen Philipp von Schwaben wurde Otto 1198 zum deutsch-römischen König gewählt. Wegen seiner Sozialisation am englischen Königshof und da sein Herrschaftsgebiet außerhalb des Reiches lag, haben wir es bei Otto mit dem ersten «ausländischen» Kandidaten auf dem deutschen Königthron zu tun. Da Philipp und Otto von unterschiedlichen Fürstengruppierungen zu Königen erhoben worden waren, kämpften sie beide jahrelang mit wechselndem Glück um die Krone. In Rom bestieg 1198 Papst Innozenz III. Conti den Apostelthron, der die Weltherrschaft der Staufer – oder was man seinerzeit dafür hielt – durch die Weltherrschaft des Papsttums ersetzen wollte. Im gleichen Jahr starb Konstanze, die in ihrem Testament Innozenz als Vormund des jungen Friedrich eingesetzt hatte.

Genau zehn Jahre später geschah in Bamberg etwas bis dahin Undenkbares. König Philipp wurde von einem Attentäter aus verletzter Ehre niedergestreckt. Mögen die antiken Überlieferungen reihenweise von Kaisermorden in Rom und anderswo berichten, in den Quellen zum mittelalterlichen römischen Reich ist der Herrschermord eine Seltenheit. Nur noch einmal, genau einhundert Jahre später, sollte der Mordstahl das Leben eines Königs, Albrechts I. von Habsburg, auslöschen. Nach der Ermordung Philipps 1208 in Bamberg konnte sich sein Gegenspieler Otto endgültig behaupten. Otto begann eine ausgreifende Italienpolitik umzusetzen, die der Papst sonst eigentlich den Staufern vorgeworfen hatte. Papst Innozenz III., der vorher den Welfen unterstützt hatte, rief daher die deutschen Fürsten zur Wahl eines neuen Königs auf. So konnte 1211 von einer Gruppe stauferfreundlicher Reichsfürsten der junge Friedrich von Sizilien gewählt werden, der damit Erbe eines Grundkonflikts wurde: Der Angst der Päpste vor einer Umklammerung des Kirchenstaates. Dieses Problem hat zu großen Teilen den weiteren Weg des jungen Sizilianers geprägt.

Der Erbe

2

Der Jüngling

Erste Worte, erste Würden

in Säugling im Kokon, fest verschnürt in der Wickeltechnik seiner Zeit, so erscheint Friedrich zum ersten Mal im Bild einer illustrierten Handschrift. Und damit ein Betrachter des Pergaments die hohe Abkunft des zukünftigen Herrschers auch sofort erkennen kann, trägt das Wickelkind als ein königliches Abzeichen eine Krone, genauer ein Krönchen. Der so eng verpackte Säugling blickt den Betrachter des Bildes ziemlich vergnügt an. Diese für das Mittelalter überaus seltene und deshalb bemerkenswerte Darstellung stammt aus einer Bilderfassung des schon genannten *Liber ad honorem Augusti* des Petrus de Ebulo. Doch trotz freundlichem Kindergesicht: es ist ein trauriger Moment. Denn das kaum drei Monate alte Kleinkind wird von seiner Mutter getrennt. Das Bild stellt die Übergabe des Sohnes in die Obhut der Herzogin von Spoleto vor der Abreise Konstanzes nach Süden dar, die nach Friedrichs Geburt noch einige Wochen in Jesi geblieben war. Die Kaiserin, bereits zu Pferd und erkennbar an ihrer großen Plattenkrone sowie der Bezeichnung *Imperatrix*, reicht mit verhüllten Händen ihren Sohn zu seiner zukünftigen Ziehmutter herunter, die den kaiserlichen Spross ebenfalls nicht mit bloßen Händen berühren wird.

Gab Konstanze den Säugling freiwillig von sich oder hat sie sich aus bestimmten Zwängen von ihm trennen müssen? Vielleicht spielte ja die Furcht vor Aufständen im eben erst eroberten Königreich Sizilien eine Rolle oder Bedenken wegen des noch ungeklärten Verhältnisses zwischen Imperium und Regnum. Oder war es 60 politisches Kalkül Kaiser Heinrichs VI., der seinen Sohn nur als

weiteren Zugewinn an politischer Handlungs-
möglichkeit in seinem Machtspiel sah? Hatten
sich gar die Eheleute entzweit? Wir wissen nichts
von alledem. Wir wissen nur, dass Friedrich die
ersten Jahre seines Lebens nicht bei seinen Eltern
verbrachte, was für seine Prägung von großer
Bedeutung gewesen sein muss. Seinen kaiserlichen Vater hat er ohnehin nur wenige Male
kurz gesehen. Zu denken gibt auch, dass Friedrich erst von seiner Mutter nach Palermo geholt
wurde, nachdem Heinrich VI. am 28. September
1197 gestorben war.

*Der Säugling mit der
Krone: Kaiserin Konstanze
im Liber ad honorem
Augusti, erkennbar an
ihrer Krone und der
Beischrift Imp(era)tr(i)x,
übergibt ihren Sohn
Friedrich noch als Wickelkind an die Herzogin von
Spoleto. Die besondere
Würde des Säuglings wird
durch sein «Krönchen»
und die verhüllten Hände
der Frauen unterstrichen.*

Die Herzogin von Spoleto, Friedrichs Zieh-
mutter der ersten Jahre, war die Frau eines schwäbischer Adligen
aus der Gegend von Rottweil am Neckar. Konrad von Urslingen,
der als Dienstmann Friedrich I. Barbarossas um 1176 zum Herzog
von Spoleto erhoben worden war – was für ein Aufstieg aus dem
Nichts, oder Fast-Nichts! – gehörte auch zu den engsten Anhängern Heinrichs VI. Seit dem Jahr 1195 taucht er sogar als *regni
Sicilie vicarius*, als bevollmächtigter Stellvertreter der Regentin

61

Konstanze im sizilischen Reich auf. Er starb 1202. Das Herzogspaar residierte in der mittelitalienischen Stadt Foligno, nicht weit von Assisi, wo Friedrich die Taufe empfangen hatte. Friedrichs Ziehmutter der ersten Jahre besaß selbst auch eigene Kinder, darunter zwei wenig ältere Jungen, die Friedrich Jahrzehnte später zu Gegnern werden sollten, sowie die mit dem Kaiserspross etwa gleichaltrige Adelheid. Sie war für Friedrich offenbar so etwas wie eine «Sandkasten-Liebe», haben die beiden doch als Kleinkinder mehrere Jahre gemeinsam verbracht. Fast zwei Jahrzehnte später traf Friedrich wahrscheinlich genau jene Adelheid wieder, als sie beide etwa zwanzig Jahre alt waren. Nun entflammte mehr als nur die gemeinsame Erinnerung an die Kindertage. Denn ab 1213 oder 1214 unterhielt Friedrich trotz seiner Ehe mit Konstanze von Aragón, die ja im fernen Sizilien lebte, ein intensives Liebesverhältnis mit einer Adelheid von Urslingen, bei der es sich um diese frühere Spielgefährtin gehandelt haben könnte.[1]

In Foligno am Herzogshof verbrachte Friedrich seine ersten Lebensjahre. Von der Herzogin, der Ziehmutter Friedrichs, kennen wir leider nicht den Namen, ja wir wissen nicht einmal, ob sie Deutsche oder Italienerin war. Das wäre an sich nicht weiter interessant, hinge es nicht mit der Überlegung zusammen, in welchem Sprachumfeld der kleine Friedrich seine ersten Lebensjahre verbracht haben könnte: In welchem Idiom hörte er täglich Kosenamen? In welcher Sprache plapperte er selbst seine ersten Worte? Wenn Konrads Frau eine Italienerin der Gegend war, dann kamen seine ersten Worte aus einem umbrischen Dialekt des Italienischen. Sollte die Herzogin jedoch aus dem Hause Teck stammen, wie man vermutet, dann hat Friedrich als erstes Idiom ein mittelalterliches Schwäbisch gesprochen, zumal Herzog Konrads Gefolgsleute ja ebenfalls aus Schwaben stammten. Das von ihm vielleicht aufgeschnappte und nachgeplapperte schwäbische *käs* für Käse stammt als Wort ursprünglich aus dem lateinischen *caseus*. In den romanischen Sprachen wurde es aber schon im Frühmittelalter neben dem *cacio* zum *formagium*, zum «geformten», dem geformten Käse nämlich, aus dem dann das italienische *formaggio* wurde. Deutete der Kleine auf eine Ziege, dann schallte es aus seiner Um-

62

gebung entweder *goiß* oder auch *capra, crapa* und *caprira* entgegen.

Friedrichs Zeit in Foligno ging im Herbst 1197 zu Ende. Als er mit seinen fast drei Jahren an den Hof nach Palermo gebracht wurde, lernte er vermutlich das Altfranzösisch der Normannen und das Volgare Siziliens. Nun war aus dem in Foligno geplapperten *käs* das altfranzösische *formage* oder auch *fourmage* geworden, woraus dann bald die heutige Form *fromage* werden sollte, aus der *goiß* wohl *kevrel, chivre, chivrelle*, das zum heutigen *chèvre* führt. Das sizilianische Volgare hingegen erforderte das Lernen völlig neuer Worte für die vertrauten Dinge. Hier hieß der Käse *tumazzu* oder *tumma*, für die Ziege gab es das Wort *izza* sowie die Koseformen *izzarèdda, zarèdda* und *pusarèdda*. Um an eine verlockende Kirsche zu kommen, musste er am Herzogshof *kirsa* oder *kriese* sagen, vielleicht auch *ciliegia*, in seinem neuen Umfeld hießen sie nun *cerise* und *girasa*. Zunehmend vertrauter, zumindest vom Klang, wurden ihm sicherlich auch Griechisch und Arabisch, Sprachen, die man in einigen Landstrichen Siziliens, aber auch in Unteritalien sprach und die ja auch die Ursache für den mitunter so völlig anderen Wortschatz des sizilianischen Volgare sind. Ob er diese Sprachen auch später wirklich umfassend und aktiv beherrschte, ist jedoch eher ungewiss. Einige spätere lateinische Autoren sowie arabische Chronisten überliefern Kenntnisse in der Sprache der Sarazenen. So habe Friedrich bei seinem Aufenthalt in Jerusalem im Felsendom eine Inschrift entziffern können. Die Frage ist aber nicht, ob der Herrscher möglicherweise bestimmte Wendungen in Arabisch verstehen oder ausdrücken konnte, sondern ob die Sprachkenntnisse so fundiert gewesen waren, dass er auch philosophische Probleme darin ausdrücken konnte, wie man allenthalben lesen kann. Dass zu seiner Ausbildung als Herrscher natürlich die Kenntnis des Lateins gehörte, davon darf man ausgehen. Als *magister regis*, also Erzieher des Königs nicht nur in Sprachdingen wirkte Wilhelm Francisius, der einer östlich von Neapel begüterten Adelsfamilie entstammte. Auf jeden Fall dürfte Friedrich bei seinem ersten Zug nach Deutschland und dem achtjährigen Aufenthalt dort, hauptsächlich in den alemannischen

63

Mundartregionen, einiges an Deutsch dazugelernt haben. Als er später zur Feder griff, um im Kreise der Hofpoeten seine stilisierten Liebesempfindungen zu notieren, benutzte er jedoch das vom Latein schon weit entfernte Volgare Siziliens.

Friedrich begann schon als Kleinkind in höchste königliche Würden aufzusteigen. Bereits Ende 1196, als er noch nicht einmal zwei Jahre alt war, kam es auf einem Hoftag im fernen Frankfurt am Main ohne Anwesenheit des Knaben zu seiner Wahl zum *rex Romanorum* – zum Römisch-deutschen König. Sein Vater Heinrich VI. hatte diese Erhebung inszenieren lassen, um vor dem Aufbruch zum Kreuzzug die Nachfolge geregelt zu wissen. Doch verzichtete seine Mutter auf diesen Titel für ihn, nachdem an Friedrich am Pfingstsonntag, dem 17. Mai 1198, die Krönung zum König von Sizilien im Dom von Palermo vollzogen worden war. Die Krönung fand genau dort statt, wo auch die anderen sizilischen Herrscher zuvor ihre Kronen empfangen hatten, in der noch vom ursprünglichen Bau stammenden Kapelle Santa Maria Incoronata. Noch heute kündet eine Inschrift: «Hier wird dem König die Krone gegeben.» Der Titel des jungen Königs wechselte nun von «*Romanorum et Sicilie rex* – König der Römer und Siziliens» zum alleinigen vollen sizilischen Königstitel «*rex Sicilie, ducatus Apulie et principatus Capue* – König Siziliens, des Herzogtums Apulien und des Fürstentums Capua». Der Verzicht auf die Würde des *rex Romanorum* kam einerseits den Interessen des Papstes entgegen, weil die Pontifices aus einer Umklammerungsangst überaus empfindlich auf eine wie auch immer geartete Doppelherrschaft in Sizilien und dem nordalpinen Reich reagierten. Er sollte andererseits die Position des Sohnes in Sizilien stärken und hatte auch mit Friedrichs Onkel im fernen Deutschland zu tun: Denn noch im Mai 1198 erfuhr Konstanze von der Erhebung Philipps von Schwaben, des jüngeren Bruders ihres verstorbenen Mannes, zum Römisch-deutschen König.[2]

64

Der Kindkönig als Faustpfand

Der junge König von Sizilien hatte noch nicht einmal sein viertes Lebensjahr vollendet, als am 27. November 1198 auch noch seine Mutter Konstanze starb und er zur Vollwaise wurde. In ihrem Testament hatte Konstanze Papst Innozenz III. als Vormund für Friedrich eingesetzt und ihn damit zum Regenten des König=eichs Sizilien gemacht. Doch auch Kaiser Heinrich VI. hatte ein Testament hinterlassen. Auf dieses berief sich der pfälzischstämmige Truppenführer Markward von Annweiler (gest. 1202), um, wie er behauptete, für den unmündigen Friedrich die Regentschaft auszuüben. Nun begannen Jahre eines endlos scheinenden Gerangels um die Macht. Friedrich wurde zum Spielball zwischen den noch von seiner Mutter Konstanze eingesetzten Trägern von Hofämtern, den normannischen Baronen, den deutschen Herrschaftsträgern, die im Gefolge Kaiser Heinrichs VI. nach Sizilien gekommen waren, und den päpstlichen Legaten. In schwer durchschaubaren und ständig wechselnden Kräftekonstellationen versuchten die machtgierigen Akteure mit hinterhältigen Aktionen, den Knaben in ihre Hand zu bekommen. Dabei schreckte man auch nicht vor Kriegen zurück. Burgen wurden belagert, Landstriche verwüstet. Schlachten geschlagen, darunter auch wieder auf jenem Boden bei Cannae, der schon Jahrhunderte zuvor vom Blut der Römer und Karthager sowie der Normannen und Byzantiner getränkt worden war.

Die Verfügungsgewalt über den jungen König Friedrich lag anfangs in den Händen des stets um seine eigene Machtstellung bemühten Kanzlers Walter von Pagliara (gest. nach 1229) Im November 1201 brachte jedoch Markward von Annweiler durch einen Handstreich das Castello a Mare, in dem sich der junge König aufhielt, in seine Gewalt. Wie eine kleine Raubkatze soll sich der fast siebenjährige Friedrich gegen seine Gefangennahme gewehrt haben, als die Landsknechte in seine Gemächer eindrangen. Dabei habe er aber «als Vorzeichen des guten Herrschers» voll Verzweiflung seine Kleider zerrissen und «sein junges Fleisch mit seinen gleich Messern schneidenden Nägeln» zerkratzt. Dies schrieb der frühere Kuriennotar Rainald, erwählter Erzbischof von

65

Gotteshaus und Königs-
gruft: Im Dom von
Palermo befinden sich die
Porphyrsarkophage, in
denen Roger II., Hein-
rich VI. und Friedrich II.
als Könige von Sizilien
bestattet wurden.
Die Särge befanden sich
ursprünglich im Chor und
wurden nach dem tief-
greifenden Umbau des
Domes am Ende des
18. Jahrhunderts in die
hier von außen sichtbare
Seitenkapelle verlegt.

Capua, in einem Brief an den Papst. Rainald
hatte die Details von Friedrichs Lehrer Wilhelm
Francisius erfahren, der Augenzeuge des Geschehens war. Schon so früh habe man also am Verhalten den guten König erkennen können, der er
später einmal werden sollte; und es scheint zudem der Stolz eines schon im Kindesalter von
seiner königlichen Würde durchdrungenen Süd-
länders zu sein, der aus den Zeilen spricht. Ein
Jahr nach dem Überfall starb Markward überraschend, und Friedrich geriet in die Verfügungsgewalt von Wilhelm Capparone, einem ebenfalls
aus dem ehemaligen Gefolge Kaiser Heinrichs VI.
im Süden verbliebenen Heerführer. Er nannte
sich «Wächter des Königs und Großkapitän Siziliens» und balgte sich wenig später mit Diepold von Schweinspeunt, einem anderen deutschen Adligen, um den jungen Friedrich.
Auch Walter von Pagliara mischte zeitweise wieder bei den Intrigen mit und behielt schließlich bis zur Mündigkeit Friedrichs zu
Weihnachten 1208 die Oberhand.[3]

Alle diese machthungrigen Heerführer aus dem Gefolge Kaiser
Heinrichs VI. hatten zuvor als Dienstmannen nördlich der Alpen
untere soziale Ränge innegehabt, als Ministeriale sogar eine einge-
schränkte persönliche Freiheit erlebt. Mit Heinrichs Eroberungen
waren sie im Süden kometenhaft aufgestiegen: Konrad von Urslingen, der Ziehvater Friedrichs, war in Italien zum Herzog von Spoleto geworden. Markward von Annweiler nannte sich nun Herzog
von Ravenna und Romagna sowie Markgraf von Ankona. Diepold von Schweinspeunt gefiel sich als Graf von Acerra. Das waren
beileibe keine leeren Titel, sondern durch Fahnen vergebene Lehen, die aus den Empfängern Hochadlige von Fürstenrang gemacht
hatten. Was deutsche Dienstmannen und Ritter schon seit Jahrzehnten so magnetisch nach Italien gezogen hatte, liegt offen zu-
tage: nicht allein Geld und Beute, sondern Aufstiegsmöglichkeiten,
die die Vorstellungskraft der Daheimgebliebenen völlig überstiegen haben dürften.

66

Wie der minderjährige König seine Kindheit in Palermo verbrachte, wissen wir nicht genau. Dass Friedrich aber eine ritterliche Ausbildung erhielt und dabei auch tüchtig das Kämpfen
lernte, erfahren wir aus einem auf 1207 datierten Brief an seinen
Vormund Papst Innozenz III., auch wenn die darin verwendeten
Formulierungen sehr nach der ritterlichen Idealfigur des jungen
Tristan in dem zu jener Zeit gedichteten Epos Gottfrieds von Straß-

Der Jüngling

burg klingen: «Niemals in Ruhe, verbringt er den Tag in ständiger
Tätigkeit, und damit die Kraft durch Übung gemehrt werde, schult
er seinen gelenken Körper in jeglicher Handhabung und Kunst der
Waffen. Und wenn er darin übt, dann zieht er wohl sein Schwert,
das ihm mehr als alles andere vertraut ist, und gerät in wilde Wut;
als wolle er in das Antlitz seines Gegners stoßen. Den Bogen zu
spannen und Pfeile zu entsenden, hat er wohl gelernt und übt sich
fleißig darin. Er hat seine Freude an edlen und schnellen Rossen;
sie mit dem Zügel zu lenken und zum Laufe zu spornen, versteht,
wie du glauben kannst, niemand besser als der König. So schult er
sich in jeglichem Kriegshandwerk, verbringt in immer wechselnder
Betätigung den ganzen Tag bis zur Nacht und verwendet dann
noch die ganze Zeit der folgenden Vigilie auf die Waffenkunde.»[4]
Wie Gottfrieds junger Held eignete sich der jugendliche König natürlich weitere Bildung an, wie Lesen, Schreiben, Schachspielen,
Jagen – mit einem Wort: die angesehenen Künste der höfischen
Ritterkultur um 1200.

Auch vom Aussehen des jungen sizilianischen Königs steht etwas in diesem Brief. Er spiegelt einerseits den ganz persönlichen
Eindruck des Verfassers, andererseits bemühte er sich, das Friedrichbild auf einen Idealton zu stimmen, den Herrscherdarstellun-
gen seit Suetons antiken Kaiserbiographien halten. Dennoch blitzt
in der Beschreibung eine individuelle Facette Friedrichs auf, die
sich für einen guten König nicht geziemt: der südliche Jähzorn
eines eigensinnigen Jünglings, den man später im *Rigor Iustitiae* – im Zorn der Gerechtigkeit und auch im Zorn des Tyrannen
wiederfinden wird: «Die Statur des Königs hast du dir nicht gerade
klein vorzustellen, doch auch nicht größer, als es seinem Alter entspricht. Den Vorzug aber hat ihm die Natur verliehen, dass sie ihm
zu einem widerstandsfähigen Körper kräftige Gliedmaßen gab, denen zu jeder Betätigung eine natürliche Ausdauer innewohnt [...].
Übrigens eignet ihm eine königliche Würde, die Miene und gebie-
terische Majestät des Herrschers. Sein Antlitz ist von anmutvoller
Schönheit, mit heiterer Stirn und einer noch strahlenderen Heiter-
keit der Augen, so dass es eine Freude ist, ihn anzuschauen. Aufge-
weckt ist er, voll Scharfsinn und Gelehrigkeit, aber er zeigt ein un-

68

gehöriges und unschickliches Betragen, das ihm nicht die Natur mitgegeben, sondern an das ihn rüder Umgang gewöhnt hat. Doch die natürliche Begabung des Königs, sich leicht zum Besseren zu wandeln, wird wohl noch die Unschicklichkeiten, die er angenommen hat, allmählich durch bessere Gewöhnung ändern. In Verbindung damit steht freilich, dass er, ganz unzugänglich für Ermahnungen, nur dem Triebe seines eigenen freien Willens folgt und es, soviel man sehen kann, als schimpflich empfindet, noch bevormundet und für einen Knaben, nicht aber für einen König geachtet zu werden. Und daher kommt es, dass er wohl jede Bevormundung von sich abschüttelt und die Freiheit, die er sich dann nimmt, oft das Maß dessen, was einem König erlaubt ist, überschreitet.»[5] Der rüde Umgang der deutschen Haudegen hatte offenbar eine gewisse Rüpelhaftigkeit beim Jüngling hinterlassen.

In fast allen älteren Friedrich-Darstellungen kann man neben der Zeltgeburt eine weitere rührende Geschichte lesen, die bis heute das Bild vom Knaben Friedrich bestimmt. Die Legende will, dass man sich am Hof um den Kaisersohn gar nicht mehr gekümmert habe. Ja, der kleine Friedrich besaß nicht einmal genug zu essen und litt Hunger. Deshalb streifte er allein auf sich gestellt durch die Gassen der Stadt Palermo, um von mitleidigen Bürgern mal hier und mal dort etwas zu essen zu erhalten. Bei diesen Streifzügen soll er in den Gassen der Metropole gleich noch die vielen hier gesprochenen Sprachen, darunter Arabisch und Griechisch, gelernt haben.[6]

Nun dürfte aber nichts unwahrscheinlicher sein, als dass man ein Mündel, das als Unterpfand der Macht diente, unbeaufsichtigt in der großen Stadt umherstreifen ließ. Markward von Annweilers Angriff auf das Castello a Mare in Palermo zielte ja gerade auf die Verfügungsgewalt über den jungen König. Mit dem Verlust des Mündels auch die legitimen Herrschaftsansprüche einzubüßen, stellte eine zu große Gefahr dar. Wie diese Vorstellung überhaupt entstehen konnte, kann man hingegen ziemlich gut nachweisen. Da ist zunächst die spärliche Überlieferung: Nur zwei, viel später entstandene Quellen berichten davon. Sehen wir uns diese Textzeugnisse genauer an, so fallen sie als Gewährsstellen wie Kartenhäuser in sich zusammen. Der eine Beleg vom hungrigen Streuner stammt aus einer um 1272 entstandenen Chronik mit dem Titel *Breve chronicon de rebus Siculis* – also «Kurze Chronik von den sizilischen Dingen». Der Autor berichtet von zur Abfassungszeit über sieben Jahrzehnte zurückliegenden Begebenheiten, konnte also Details vom Knaben Friedrich ohnehin nur vom Hörensagen kennen. Und die ältesten Abschriften der Chronik, die noch heute erhalten sind, eine in Neapel, die andere im Vatikan verwahrt, stammen sogar erst vom Ende des 14. Jahrhunderts. Sie sind mit jenen Details versehen worden, die sich Kopisten gemäß ihrer eigenen Logik noch dazudachten. In dieser Chronik jedenfalls scheint der ganze Beleg vom hungrigen Knaben an der Existenz oder dem Fehlen eines einzigen Buchstabens, nämlich eines kleinen «n» in einer gebeugten lateinischen Verbform, zu hängen.

Um das zu verdeutlichen, sei hier der ganze Satz in Latein zitiert: «*Multitudo etiam Saracenorum, qui tunc erant in Sicilia, contra ipsum similiter rebellaverunt, et ad tantam devenerunt inopiam, quod vix haberent, quid commederunt* – Auch die Menge der Sarazenen, die damals auf Sizilien lebten, erhoben sich gegen ihn, und sie gerieten in einen solchen Mangel, dass sie kaum noch etwas hatten, was sie essen konnten.»[7] Der Satz ist – wenn man sich nicht an dem Subjektwechsel von *multitudo* zu den Sarazenen stört – soweit klar. Die Sarazenen haben durch ihren Aufstand auch ihre eigene Notlage zu verantworten. Allerdings, so scheint es, hatte der Kopist den Überblick verloren, denn er glaubte, dass die Sarazenen gemeint sind, wollte aber den von *multitudo* abhängenden Singular nicht bis zum Satzende mitmachen und fügte deshalb die Pluralformen ein. Fehlt allerdings dieses «n», wie in der zweiten, etwa zeitgleich entstandenen Überlieferung aus Neapel, dann wird der Satz zwar grammatisch korrekter, aber auch zweideutiger. Denn lässt man nicht *multitudo* – die Menge – als Subjekt alle Konjugationen bestimmen, dann könnte der Satz auch ganz anders gedeutet werden: «Auch die Menge der Sarazenen, die damals auf Sizilien lebten, erhoben sich gegen ihn, und der Mangel wurde so groß, dass *er* kaum noch etwas hatte, was *er* essen konnte.» Nun ist der junge König Friedrich plötzlich der Hungrige und die Sarazenen sind für den Nahrungsmangel des Knaben verantwortlich geworden.

Dieser Zusammenhang ist vom Autor wohl ursprünglich auch so gedacht gewesen, zumal in dem Satz zuvor eine dem britannischen Merlin in den Mund gelegte Prophezeihung «Unter Ziegen muss er zerfleischt, doch nicht verschlungen werden» enthalten ist, die auch auf Friedrich bezogen werden kann. Das Großartige an Prophezeihungen ist nämlich, dass das Eintreffen des Vorhergesagten, mag es uns heute auch noch so unbestimmt erscheinen, das ohnehin Wahre noch wahrer macht. Mit Friedrichs tatsächlicher Knabenzeit hat das alles allerdings nichts zu tun. Der zweite angebliche Beleg für Friedrichs Hunger ist eine in der Mitte des 14. Jahrhunderts in völlig veränderten politischen Konstellationen entstandene weitere *Sizilische Chronik* eines unbekannten Bürgers der Stadt Palermo. Darin heißt es: «Später aber rebellierte er [Graf Rainer von Sarteano – also nicht die Sarazenen!] mit allen Sizilianern gegen ihn, ausgenommen jedoch die Palermitaner, die nur die Stadt Palermo für Friedrich in Besitz hielten und ihn ernährten, bald ein Bürger eine Woche, bald ein anderer einen Monat und so weiter, bis er sieben Jahre alt war.»

Aber die guten Bürger steckten ihm nicht nur Nahrungsmittel zu, sondern verhalfen ihm auch gleich zur Königswürde. So meldet die Chronik weiter: «Im Alter von sieben Jahren aber wurde Friedrich im Jahre 1200 von den Palermitanern zum König von Sizilien gekrönt.»[8] An der Geschichte stimmt eigentlich auch fast nichts, doch ist die Intention offensichtlicher als beim *Breve chronicon*. Ein Jahrhundert nach Friedrichs Tod sollte begründet werden, dass eben Palermo und nicht Neapel in unerschütterlicher Treue zum König gestanden habe und es deswegen auch Palermo verdienen sollte, Hauptstadt des Königreichs zu sein und nicht die Stadt am schlummernden Vulkan in den Händen der Anjou. Während die angebliche Krönung Friedrichs durch die Palermitaner Bürger von allen Historikern sofort in das Reich der Fabel verwiesen wurde, hielt man die Bürgerspeisung des Knaben für möglich, ja labte sich geradezu an ihr. Dabei bildeten beide Histörchen nur unterschiedliche Teile ein und derselben Legende. Bei vielen späteren Biographen trat offensichtlich der Wunsch hinzu, das Außergewöhnliche, das Friedrich ohnehin reichlich umgab, noch zu mehren. Dazu gehört auch die Vorstellung, das Leben selbst sei die beste Schule, oder anders gedeutet, Friedrich habe sich schon in der Kindheit um seinen Lebensunterhalt selber kümmern müssen. Und dies habe die in ihm schlummernde große Zahl außergewöhnlicher Qualitäten hervortreten lassen. Ein späteres Bildungsbürgertum träumte sich aus diesen Anekdoten eine Herrscherfigur zurecht, die offenbar, wie sie selbst so oft, ganz klein begonnen hatte, um sich dann beharrlich und zäh immer weiter noch oben zu arbeiten.

Eisiger Nordwind: Kaiser Otto IV. greift nach Sizilien

Am 26. Dezember 1208, dem vierzehnten Geburtstag Friedrichs, hatte die Vormundschaft und damit Regentschaft des Papstes über den Kaisersohn ihr Ende gefunden. Zwar noch nicht volljährig, wie man immer liest, doch handlungsfähig als Herrscher, war Friedrich in den Augen der Zeit ein Mann geworden. Und er benahm sich auch so. Seit seinen ersten Amtshandlungen zeigte der junge Sizilianer einen starken Willen zu einer eigenen Politik. Er drängte seinen alten, ihm nun in der Treue zweifelhaft erscheinenden Kanzler Walter von Pagliara aus der Verantwortung, nahm Einfluss auf die Besetzung des Palermitaner Erzbistumsstuhls und ließ alte Privilegien auf Rechtmäßigkeit prüfen. Die Zügel seiner Regierung hielt er von Anfang an straff in den Händen. Schon ein Jahr zuvor war einem Beobachter die frühe Reife Friedrichs aufgefallen: «So sehr aber eilen seine Gaben dem Alter voran, da er, noch ehe er zum Manne herangewachsen ist, wohl ausgerüstet mit Kenntnissen, die Gabe der Weisheit empfangen hat, die er doch erst im Laufe der Zeiten hätte erwerben sollen. Darum rechne bei ihm nicht die Zahl der Jahre nach und erwarte nicht die Zeit der Reife, da er schon jetzt ein Mann ist und an Majestät ein Herrscher.» Vermutlich schon im Oktober 1208 wurde der vierzehnjährige Friedrich auch zum ersten Mal aus dynastisch-politischen Gründen verheiratet. Seine Braut, Konstanze von Aragón (geboren zwischen 1179 und 1184, gestorben 1222), verfügte als rund ein Jahrzehnt ältere Frau und Witwe des 1204 verstorbenen Königs von Ungarn über reichlich Lebenserfahrung, ein wichtiges Detail aus der Reifezeit des Jünglings.[9]

Noch im Jahr von Friedrichs Mündigkeit fiel nördlich der Alpen Friedrichs Onkel Philipp von Mörderhand. Mit dem Tod Philipps konnte sich sein Gegenspieler Otto IV. (1198–1218) vollständig in Deutschland durchsetzen. Wie verwandelt betrieb der Welfe nun jene Politik, die die Päpste immer von den staufischen Herrschern befürchtet hatten: ambitionierte, aktive Kaiserherrschaft in Italien. Im Juni des Jahres 1209 brach Otto mit einem starken Heer nach Italien auf und wurde am 4. Oktober 1209 in Rom von Papst Innozenz III., dem ehemaligen Vormund Friedrichs, zum Kaiser gekrönt. Doch die schöne Eintracht zwischen dem neuen Kaiser und dem Pontifex hielt nicht lange. Kaiser Otto erkannte das sizilische Königtum Friedrichs, und damit auch die Lehnshoheit des Papstes darüber, nicht an und begann schon im Winter 1209/10 mit der Vorbereitung eines Kriegszuges gegen Sizilien. Die Adligen des festländischen Teils des Königreichs, ohnehin gewohnt, ihre feinen Mäntel beim leisesten Luftzug in den politisch veränderten Wind zu hängen, wechselten in das Lager Ottos. Unter den Verrätern befanden sich auch Diepold von Schweinspeunt, Graf von Acerra, der seinerzeit beim Kampf um die Vormundschaft so energisch agiert hatte, und Graf Peter von Celano. Dieser war ein Schwager des Hofkanzlers Walter von Pagliara, der seit einiger Zeit im Verdacht stand, sich kräftig am Krongut bedient zu haben. Die Untreue des Grafen Peter nutzte Friedrich nun, um sich des alten Kanzlers zu entledigen. Er entzog ihm das Amt und verbannte ihn vom Hof.

Durch den Verrat des Adels konnte Kaiser Otto ziemlich unbehelligt nach Süditalien vorstoßen. Schon im Oktober 1211 bereitete er sich in Kalabrien vor, auf die Insel überzusetzen. Auch von dort signalisierten einige Adlige und die Sarazenen, die starke Burgen in den Bergen im Landesinneren der Insel besaßen, dass sie Otto anerkennen wollten. Nach einer späteren Aufzeichnung heißt es, der bedrängte junge König habe sogar schon eine Galeere im

Hafen von Palermo für seine Flucht bereitgehalten. Doch nun, im Augenblick der höchsten Gefährdung von Friedrichs Königtum, wendete sich Fortuna, oder besser die päpstlich gelenkte Fortuna, gegen Otto. Im November 1210 exkommunizierte ihn der Papst. Auf päpstliches Drängen hin kündigte ein Teil der deutschen Fürsten, darunter die Erzbischöfe von Mainz und Magdeburg, König Ottokar von Böhmen und Heinrich, Landgraf von Thüringen, im September 1211 auf dem Hoftag zu Nürnberg Kaiser Otto den Gehorsam, erklärte ihn des Reiches für verlustig und berief Friedrich zur Übernahme der Krone. Die Fürsten erhoben sogar Friedrich von Sizilien zum «alium imperatorem – zum anderen Kaiser», ein ungewöhnlicher Titel, den sie aus dem an sie gerichteten päpstlichen Schreiben entlehnt hatten.[10]

Von all den Vorgängen auf dem Fürstentreffen in Nürnberg wusste Otto lange nichts. Doch als er an der Meerenge zwischen Kalabrien und Messina nach seinen Transportschiffen Ausschau hielt, die ihn und seine Truppen übersetzen sollten, erreichten ihn die höchst bedrohlichen Nachrichten. Er brach seinen Feldzug sofort ab und eilte nach Norden zurück. Friedrichs Königtum war gerettet. Doch nicht nur das. Anfang Januar 1212 brachte ein Gesandter der deutschen Fürsten, Anselm von Justingen, die Botschaft von der Wahl und eine Aufforderung, nach Deutschland zu kommen, um die neue Würde auch auszufüllen. Dass Friedrich überhaupt gewählt worden war und nicht einfach erbte, so wie seine Mutter einst den sizilischen Thron ererbt hatte, hängt mit einer Besonderheit des mittelalterlichen Imperium Romanum zusammen. Die Amtsnachfolge war komplizierter als in vielen anderen Monarchien, weil sich freies Königswahlrecht und Geblütsrecht gegenseitig durchdrangen. Am sizilianischen Königshof allerdings hielt sich die Begeisterung hinsichtlich des Angebots an Friedrich sehr in Grenzen. Seine Königin war sogar entschieden dagegen. Sie mochte wohl auch an ihre eigene Geschichte denken, hatte sie doch schon ihren ersten Mann König Emerich von Ungarn und dann ihr Söhnchen Ladislaus verloren – so wie es ihrem kleinen Söhnchen Heinrich nun drohen konnte. Auch viele Barone und Ratgeber aus Friedrichs Umgebung versuchten, ihn davon abzu-

74

halten. Sie fürchteten, ihm könne vor allem Gefahr drohen «wegen der Tücke der Deutschen», wie Propst Burchard von Ursberg notierte. Das trügerische Verhalten hatte Friedrich vielleicht auch selbst noch in bester Erinnerung, wenn er an seine Erlebnisse mit Markward von Annweiler oder Diepold von Schweinspeunt zurückdachte. Sollte er das deutsche Abenteuer trotzdem wagen?

Ein starkes Argument für den Zug nach Norden erwuchs aus der jüngsten Bedrohung: Der Versuch Kaiser Ottos IV., das Königreich Sizilien zu erobern, zeigte dem jungen König nur zu deutlich die große Gefährdung, die ein starker Imperator des Nordens, wie auch immer er hieß, für Sizilien bleiben musste. Und Kaiser Otto würde es mit Sicherheit erneut versuchen. Wie einst Friedrichs Vater, der nach einer fehlgeschlagenen Eroberung Siziliens kurz darauf zum zweiten Feldzug ansetzte, war es nur eine Frage der Zeit, dass ein neues Heer Ottos nach Süden vorstoßen würde. Zur Sicherung seiner sizilischen Erblande gab es jedoch nur zwei Möglichkeiten, und das war anscheinend auch dem jungen Friedrich klar: Entweder verharrte er in permanenter Wachsamkeit und Abwehrbereitschaft, oder er wurde selbst der Imperator, um vom Norden den Schutz des Südens zu sichern.

Friedrich entschied sich gegen den Rat seiner nächsten Umgebung und nahm die Herausforderung an. Doch vor seiner Abreise galt es noch einige Dinge zu regeln. Zum einen musste er dem Papst einen Lehnseid leisten. Das tat er anfangs vor dem Legaten Gregor, Kardinaldiakon von St. Theodor, mit der Zusicherung, den Eid vor dem Papst zu wiederholen. Zum anderen ließ er Anfang März 1212 seinen kaum einjährigen Sohn Heinrich zum König von Sizilien krönen. Und schließlich bedurfte es noch einiger Akte, um die Stellung seiner Frau als Regentin zu bekräftigen. Dann bestieg der siebzehnjährige Herrscher mit wenigen Begleitern ein Schiff und fuhr mit einem Zwischenaufenthalt in Gaeta nach Rom. Mit an Bord befand sich Berard von Castagna (gest. 1252), zu dem Zeitpunkt noch Erzbischof von Bari, später Erzbischof von Palermo, der an Friedrichs Seite so ziemlich alle Stationen seines Lebens begleiten sollte. Seit seiner Aufnahme in den Kreis der Familiaren, also der engsten Hofumgebung, 1210 gehörte er neben Petrus de Vinea und Hermann von Salza zu den einflussreichsten Beratern und blieb dem Kaiser bis über den Tod des Herrschers hinaus treu.

In der Ewigen Stadt wurde Friedrich begeistert empfangen. Hier am Tiber begegnete er zum ersten und einzigen Mal seinem früheren Vormund, Papst Innozenz III. Dem Pontifex leistete er nun persönlich wegen der besonderen Tradition seines Königreichs erneut den Lehnseid. Von Rom aus ging die Reise weiter auf dem Seeweg nach Genua, wo er am 1. Mai 1212 eintraf und das Pfingstfest feierte. Am 15. Mai brach Friedrich zu Pferd in Begleitung eines päpstlichen Legaten, des Markgrafen von Montferat und Abgesandten von Pavia und Cremona, nach Norden auf. Ab Genua wurde die Reise allerdings noch gefährlicher als eine Fahrt zur See, weil die oberitalienischen Städte in ihren Interessenkonflikten untereinander den Kampf zwischen den Königen Philipp und Otto für sich instrumentalisiert hatten. Daher stand zum Beispiel Mailand auf Seiten Ottos, während Cremona und Pavia einst die Partei Philipps und damit auch Friedrichs ergriffen hatten. Die argwöhnischen Mailänder und Piacentiner ließen auf dem Po sogar Boote durchsuchen, weil sie glaubten, Friedrich wolle sich im Verborgenen durchschleichen. Beinahe hätten die Mailänder den jungen sizilischen König auf seinem Weg nach Norden in die Hände bekommen. Die Geschichte Friedrichs wäre hier schon zu Ende gewesen.

Nasse Hosen und die Reise nach Konstanz 1212

Eine schöne und zugleich dramatische Geschichte von Friedrichs Reise nach Deutschland überliefert Thomas von Pavia (gest. nach 1278). Der Franziskanermönch verfasste um 1278 ein Werk mit dem Titel *Gesta imperatorum et pontificum* – «Taten der Kaiser und Päpste». Seine weitgehend unkritischen Aufzeichnungen sind weniger wegen einzelner Fakten interessant, sondern weil sie Einblicke gestatten, welche mündlichen Traditionen über Friedrich II. in den Jahrzehnten nach seinem Tod in Umlauf waren. Thomas

76

schrieb: «Als Friedrich die Nachricht von seiner Wahl (zum römischen König) erhalten hatte, gelangte er, arm und abgerissen wie ein Bettler, über das Meer nach Rom und wurde von den Römern ehrenvoll empfangen und erhielt vom Papst die Bestätigung seiner Wahl. Als er daraufhin von den Pavesen geleitet wurde, damit er den Cremonesen, die ihm entgegenkamen, übergeben werde, die ihn weiterleiten sollten, griffen die Mailänder, die Otto anhingen, zwischen Pavia und Lodi bei dem Fluss namens Lambro die Paveser an und töteten und fingen in heftigem Kampfe viele von ihnen. Friedrich aber entfloh auf einem ungesattelten Pferd, durchquerte den Fluss und wurde von den jenseits wartenden Cremonesen in Empfang genommen und nach Cremona gebracht. Hier nahm sein Hass gegen die Mailänder seinen Anfang, weil sie ihn ja fangen wollten.»[11]

Die *Annales Mediolanenses Minores* – «Die Kleinen Mailänder Annalen», die bis zum Jahr 1281 reichen, berichten von einer weiteren Demütigung für Friedrich, die unter dem Gesichtspunkt verletzter Ehre eine lang anhaltende Reaktion ausgelöst hat. Die Annalen berichten zum Jahr 1212: «Im Juli wurden am Berg Marum viele Pavesen gefangengenommen.» Und dann wörtlich: «*et Rugerius Federicus balneavit sarabulum in Lambro* – und Roger Friedrich badete seine Hose im Lambro.» Nasse Hosen also hatte Friedrich sich bei seiner Flucht geholt. Ob sie nur von außen oder vielleicht auch gleich von innen feucht geworden sind, mochte sich ein Leser mit dazudenken. Diese gehässige Formulierung über Friedrich ist neben der Häme bemerkenswert, weil an keiner anderen Stelle der ansonsten knappen und sachlichen Aufzeichnungen ein ironischer Zug zu spüren ist. Ebenfalls ins Lächerliche wollten die *Notae sancti Georgii Mediolanenses* – die «Notizen von St. Georg zu Mailand» das Entkommen Friedrichs ziehen. Sie vermerken: «Die Leute aus Pavia wurden oberhalb des Berges Mombrionum gefangen, als sie den Zaunkönig von Pavia bis zur Furt durch den Lambro zu den Cremonesen geleiteten.» Mit dem Zaunkönig ist natürlich Friedrich gemeint. Der ganze Sinn dieser Gehässigkeit erschließt sich, wenn man das hier verwendete lateinische Wort *reatinus*, oder *reattino* im Italienischen, für Zaunkönig als den kleinsten Vogel Europas versteht, eben den *re della macchia* – den König des Gestrüpps. [12]

Im selben Jahr, als Friedrich durch Oberitalien nach Norden zog, bewegten sich in die gegensätzliche Richtung zwei andere merkwürdige Züge. Die beiden fast gleichzeitig in Frankreich und Köln aufgebrochenen Gruppen von Bettlern, Armen und wohl auch in größeren Mengen Kindern waren auf dem Weg ins Heilige Land. Einzig von Sünden noch nicht befleckte Kinder, so phantasierten die Anführer, könnten das Grab Christi befreien. Die sündenreine Armut sollte die geeignete Waffe sein, durch die die Mauern Jerusalems nun endlich fallen müssten. Praktischerweise erhöhten die Kinder, derer sich die Armenzüge bedienten, auch die Zuwendungen und Almosen aus den durchwanderten Gegenden. Der deutsche Strom dieser als «Kinderkreuzzug» bezeichneten Wallfahrt ging von Köln den Rhein aufwärts über die Alpen nach Genua. Einzelne Gruppen streunten weiter durch Oberitalien. Vielleicht hat der junge König vom Zug dieser in ihr sicheres Verderben ziehenden Kinder etwas gehört, einige von ihnen vielleicht in Cremona sogar gesehen. Bischof Siccard von Cremona jedenfalls berichtet in seiner Chronik zum Jahr 1212 sowohl vom waffenspielumkränzten Einzug des jungen Sizilianers in seine Bischofsstadt als auch von den Kindern und den sie begleitenden unendlichen Massen an Armen auf dem Weg nach Jerusalem. Die meisten Teilnehmer wurden kurz darauf in den Hafenstädten Marseille und Genua auf Schiffe geladen, um auf orientalischen Märkten in die Sklaverei verkauft zu werden. Viele Jahre später ließ Friedrich, als er schon selbst zum Kreuzfahrer geworden war, zwei Kaufleute, die daran beteiligt gewesen waren, hinrichten.

Trotz der Nachstellungen gelangte Friedrich weiter nach Norden, erreichte Mantua, Verona, Trient. Anfangs zog er wohl die Etsch weiter aufwärts in Richtung Brenner. Doch der bequemste aller Alpenpässe wurde von seinen Gegnern gesperrt. So musste Friedrich nach Westen ausweichen. Er zog auf entlegeneren Wegen und durch einsamere Gebirgstäler weiter über die Alpen, wohl durch den Vintschgau und über den Reschenpass ins Engadin. Er fand Unterstützung bei den Bischöfen von Trient und Chur sowie

Ulrich von Sax, dem Abt von Sankt Gallen. Nach mühevollen
Bergritten konnte der junge König im September 1212 endlich den
Bodensee sehen. Beim Bischof von Konstanz, Konrad II. von Te-
gerfelden (1209–1233), wurde es für ihn noch einmal richtig
brenzlig: Kaiser Otto IV. hatte es nach der Rückkehr von seinem
missglückten Süditalienfeldzug geschafft, einen großen Teil der
deutschen Fürsten wieder hinter sich zu bringen, und war dem Sizilianer nach Süden entgegengezogen. Schon hatte er Überlingen am
Nordufer des Bodensees erreicht und hier sein Lager aufgeschla-
gen. Durch Boten war vereinbart worden, dass Otto in Konstanz
empfangen werden würde, ja man war schon damit beschäftigt,
die Tafel für den Empfang des Kaisers einzudecken. Da meldeten
die Torwächter das Nahen Friedrichs von Süden, eskortiert von
Bewaffneten des Churer Bischofs, Arnold von Matsch (1210–1221),
und des Abts von Sankt Gallen. Was tun? Einerseits war Bischof
Konrad dem exkommunizierten Kaiser gegenüber aller Gehorsams-
eide entbunden. Andrerseits hatte sich der vom Papst verstoßene
Otto leider mit Heeresmacht schon auf Sichtweite der Stadt genähert. Konrad von Konstanz überlegte hin und her, doch dann nahm
er sich ein Herz und öffnete die Tore für Friedrich. So hat der junge
König diese wichtige Stadt im Südwesten ohne Kampf für sich gewinnen können. Es schien wie ein Schicksalszeichen: Wären Friedrich und sein Gefolge nur wenige Stunden später vor den Mauern
von Konstanz erschienen, seine Sache als zukünftiger Kaiser wäre
vermutlich verloren gewesen. Ein in Konstanz in Gesellschaft zahlreicher Bewaffneter tafelnder Kaiser Otto hätte den jungen Gegenkönig gezwungen, einen weiten Bogen um die Region zu machen.
Wer weiß, ob er überhaupt in Deutschland je hätte Fuß fassen können.

Der Jüngling

Der «Knabe aus Apulien» und die Sizilischen Goldbullen

Von Konstanz begab sich Friedrich weiter nach Basel, wo ihm ein festlicher Empfang bereitet wurde und sich Heinrich von Vehringen, Bischof von Straßburg (1201/02–1223), mit fünfhundert Kämpfern einfand. Auch bedeutende Grafen der Region, wie etwa Ulrich von Kyburg oder der gleichnamige Großvater (gest. 1232) des späteren Königs Rudolf von Habsburg erschienen. Schon in Konstanz, aber dann vor allem hier in der Bischofsstadt am Rheinknick begann der noch siebzehnjährige Sizilianer jene zahlreichen Privilegien zu vergeben, die in den ersten Jahren seiner sogenannten deutschen Königszeit zur Konsolidierung der eigenen Herrschaft seine Parteigänger belohnten und mit denen er sich darum bemühte, neue Anhänger für den bevorstehenden Kampf mit Kaiser Otto IV. zu gewinnen.

Zu den ersten auf deutschem Boden vergebenen Privilegien gehören drei am 26. September in Basel ausgegebene Urkunden für den mächtigsten und vornehmsten der Reichsfürsten, den König von Böhmen, sowie den Markgrafen von Mähren. Die in der Forschung viel diskutierten Urkunden werden als die drei *Sizilischen Goldenen Bullen* bezeichnet, weil sie mit dem sizilischen Königssiegel Friedrichs in Gold beglaubigt worden sind. Dieser Siegeltyp kam wohl zur Anwendung, weil es zu diesem Zeitpunkt noch keinen Siegelstempel Friedrichs als römisch-deutscher König gab. Am Aussehen dieser Urkunden kann man das Aufeinandertreffen südlicher und nordalpiner Urkundentraditionen erkennen, das zu eigenwilligen Formen geführt hat. Das betrifft sowohl einige graphische Eigenheiten der Schrift, wie etwa die charakteristische F-Initiale des Herrschernamens, als auch bestimmte Wendungen des Textes, die nördlich der Alpen nicht üblich waren.[13]

Geschrieben sind die drei Pergamente «von der Hand Heinrichs von Parisius, unseres Notars und Getreuen». Diese Selbstnennung des Notars ist in deutschen Königsurkunden völlig ungewöhnlich und eine typisch sizilische Gepflogenheit. Der Ortsname *Parisius* gibt allerdings Rätsel auf: Wenn damit das Vogesenkloster Pairis gemeint ist, dann haben wir durch die Nähe Basels zu den Vogesen

80

eigentlich einen süddeutsch beeinflussten Notar vor uns. Wenn jedoch Paris als ehemaliger Studienort Heinrichs dahintersteckt, dann fragt sich, wer den gelehrten Notar nach Basel mitbrachte. Friedrich von Sizilien oder gar der Böhmenkönig selbst? Möglicherweise verbirgt sich hinter der Bezeichnung auch irgendein süditalienischer Ort, aus dem Heinrich stammen könnte. Wir wissen es nicht. Auffällig ist auch, wie sich der junge König in der Urkunde selbst bezeichnet hat, nämlich neben dem vollen sizilischen Königstitel als «*Romanorum imperator electus* – erwählter Kaiser der Römer», ein bis dahin und auch später völlig unüblicher Titel. Wahrscheinlich ging es hier um die Demonstration der Gleichwertigkeit eines noch nicht zum Kaiser gekrönten neuen Kandidaten gegen den amtierenden Kaiser Otto.[14]

In der ersten und prominentesten der drei Urkunden bestätigt der junge Sizilianer in Anlehnung an die frühere Privilegierung durch König Philipp dem böhmischen König Ottokar I. wegen seiner Verdienste um Friedrichs eigene Wahl zum König die Königswürde. Darüber hinaus enthält die Urkunde weitere Bestimmungen zur erblichen böhmischen Monarchie, zur Bischofseinsetzung und zu den Rechten

Sizilische Goldbullen:
Am 26. September 1212 gab der junge König von Sizilien in Basel drei Urkunden für den König von Böhmen und den Markgrafen von Mähren aus. Sie werden als die drei Sizilischen Goldenen Bullen bezeichnet, weil sie noch mit dem sizilischen Königssiegel Friedrichs beglaubigt wurden. Auf der Vorderseite ist der thronende Herrscher mit Namen und Titel zu sehen, auf der Rückseite ein Zinnenturm mit Mauer, den man als Symbol für das regnum Siciliae verstehen kann. Die Umschrift ruft Christus als Weltenherrscher an.

81

und Pflichten des böhmischen Königs bei Hoftagen und Romzügen römisch-deutscher Herrscher. In einer zweiten Urkunde für Ottokar werden namentlich genannte Güter in der Oberpfalz, in Franken und dem Vogtland übertragen. Das dritte Privileg erhielt der Bruder des böhmischen Königs, der Markgraf Heinrich von Mähren für seine Markgrafschaft. Doch Heinrich, der federkielführende Notar in Friedrichs Diensten, hatte wohl bei der Nennung der Landschaften nur halb zugehört, vielleicht die mundartliche Bezeichnung nicht richtig verstanden oder war einfach schon zu erschöpft vom hochkonzentrierten Schreiben der drei Pergamente – jedenfalls geben die darin an den Markgrafen vergebenen «Mocran et Mocra» der Forschung bis heute Rätsel auf. Vielleicht sind die nebulösen Ortsbezeichnungen, die man mit zwei Teilen Mährens – lateinisch *Moravia* – gleichsetzen könnte, Hinweise darauf, dass der Notar Heinrich, falls er aus dem Süden kam, gar nicht verstanden haben konnte, was in der Urkunde bestätigt werden sollte oder um welche geographischen Räume es eigentlich ging.

Da die erste der drei Urkunden fundamentale Rechte des Königs von Böhmen betraf, verwundert es nicht, dass Kaiser Karl IV. (1346–1378), der ja auch König von Böhmen war, die Urkunde Mitte des 14. Jahrhunderts in seine Kanzleiregister aufnehmen ließ. Die in Basel vergebenen Privilegien sind zudem Paradebeispiele dafür, wie mittelalterliche Texte in die Mythenkonstruktion der Moderne eingebunden sein können. Seit dem 19. Jahrhundert ist den Stücken von der tschechischen wie der deutschen einschließlich der deutschböhmischen und sudetendeutschen Geschichtsschreibung große nationalpolitische Bedeutungen zugeschrieben worden, ja sie wurden noch in den 1980er Jahren zu einem staatstragenden Baustein der kommunistischen ČSSR erhoben. Als Abbild auf einem Geldschein hielt sie zeitweise jeder Tscheche in der Hand. Gerade mit der Urkunde über die Königswürde glaubte man jenes Dokument in der Hand zu halten, mit der der Römisch-deutsche König, wie Josef Žemlička im Jahr 1987 schrieb, die «faktische Unabhängigkeit des přemyslidischen Böhmen schriftlich anerkannte». Doch jüngere Urkundenforscher haben nun begonnen,

82

solche mythomorphen Ablagerungen von den Urkunden abzu-
schaben und sie als das zu behandeln, was sie seinerzeit darstellten:
Gegengaben eines noch ungesicherten Königs für dringend benötigte Unterstützung durch die mächtigsten Fürsten seines neuen
Reiches.[15]

Von Basel aus zog der junge König in den letzten Septemberta-
gen 1212 weiter rheinabwärts nach Hagenau. Doch über der Lieb-
lingspfalz der Staufer im Elsass flatterten noch die Standarten von
Getreuen des Welfenkaisers. Sie konnte aber schließlich rasch ein-
genommen werden. Von Hagenau aus streute Friedrich weiter Privilegien und Vergünstigungen an seine nun rasch wachsende Zahl
von Anhängern aus, darunter die Herzöge Friedrich III. von
(Ober)Lothringen (gest. 1213), Leopold VI. von Österreich
(gest. 1230) und Bertold V. von Zähringen (gest. 1218) sowie
Siegfried II. von Eppstein, Erzbischof von Mainz (1200–1230),
und Lupold, Bischof von Worms (gest. 1217). 1211 war auch Ludwig I., genannt «der Kelheimer», Herzog von Bayern (1173–1231),
aus dem Geschlecht der Wittelsbacher stammend, Parteigänger des
jungen Königs geworden, was sich im Jahre 1214 für ihn auszahlte.
Er wurde mit der hochbegehrten Pfalzgrafschaft bei Rhein belehnt
und durfte von nun an auch einen Löwen im Wappen führen. Verschiedene Zweige dieser Familie blieben bis 1918 im Besitz der
pfälzischen Territorien. Am 5. November 1212 kam es in Frankfurt am Main zur erneuten förmlichen Königswahl, vier Tage später in Mainz zur Königskrönung durch den Erzbischof von Mainz,
Siegfried II. von Eppstein, der ehemals Kaiser Otto angehangen
hatte. Der junge König Friedrich von Sizilien hatte sich, zumindest
im Südwesten des Reiches, fest etabliert.

Halb mitleidig, halb liebevoll hatte man in dieser Zeit in einer
Reihe von Zeugnissen einen Kosenamen für den jugendlichen
Friedrich erfunden: *puer Apuliae, infans Apuliae, adolescens Apu-
lus* – Knabe aus Apulien oder apulischer Junge. Damit sollte wohl
eine leichtgewichtige Gegenfigur zu dem kriegsgeübten und weit
überlegenen Welfenkaiser Otto IV. gezeichnet werden. Diese Na-
mensformen des *puer Apuliae*, die es in dieser lateinischen Form in
sieben Chroniken und Annalen gibt, stammen aber hauptsächlich

aus Quellen, die im romanischen Raum entstanden sind. Hier hat man Friedrich auch altfranzösisch *enfez de Puille* genannt, was allerdings nicht – wie man annehmen könnte – zu dem späteren spanischen Thronfolge-Titel eines Infanten führte. Eine erst nach Friedrichs Tod verfasste Fortsetzung einer Kaiserchronik in Reimen, die sogenannte Regensburger *Kaiserchronik*, die die Reihe der deutschen volkssprachlichen Weltchroniken eröffnete, griff diesen lateinischen Kosenamen auf und brachte ihn ins Deutsche: *daz chint, den man von Pülle hiez*. Dass der spätere Kaiser in der Chronik das *chint von Pülle* genannt wird, belegt sehr genau, dass man Friedrich nördlich der Alpen, zumindest anfangs, eigentlich als einen Apulier ansah, wobei die Regionen Apulien und Sizilien offenbar synonym gebraucht wurden. Bedeuten sollte es zumindest: Herrscher aus dem Süden, Herrscher von weit her. Das Ferne und Fremde mischte zudem noch ein Quäntchen Bewunderung in den Klang des Kosenamens. Später tauchte diese Bezeichnung in den gereimten volkssprachlichen Weltchroniken immer wieder auf. Jans Enikel, ein Wiener Bürgersohn und Dichter, reimte in den 1370er und 1380er Jahren: «*daz kint von Pülln lant, daz dô Fridrîch wart genant*». Die zur gleichen Zeit entstandene Kompilation des sogenannten Heinrich von München, deren Erfolg und Verbreitung außergewöhnlich waren, endet mit dem Tode des Kaisers, «*den man Fridreich von Pullen hiez*». Doch der «Knabe aus Apulien», *daz kint von Pülln lant*, war längst kein Kind mehr. Der junge König Friedrich von Sizilien hatte sich von Anfang an als sizilischer Mann gezeigt, energisch und durchsetzungsstark. Und das nicht nur auf der Insel seines Königreiches, sondern auch bei der Gewinnung seiner neuen Herrschaft im Norden.[16]

Wes Brot ich ess, des Lied ich sing:
Walther von der Vogelweide

Friedrichs rascher Erfolg beruhte einerseits auf seinem schnellen energischen Zugriff auf das Herzogtum Schwaben. Hier im Südwesten des Reiches hatte Kaiser Otto IV. ohnehin immer eine

84

schwache Position besessen. Andererseits gelang es Friedrich durch seine Freigebigkeit, mächtige Anhänger zu gewinnen. Mit Geldgeschenken und der Übertragung von Ländereien und Rechten vermochte er bedeutende und einflußreiche Fürsten an sich zu binden. Diese Freigebigkeit gehörte im Mittelalter unter dem Begriff *milte* zu den grundnotwendigen Eigenschaften eines guten Königs. Fehlende *milte* wurde als Mangel an Herrschaftsfähigkeit verstanden.

Auch ein Dichter gehörte zu den von Friedrich Begünstigten. Es war der landlose, möglicherweise aus niedrigem österreichischem Adel stammende Ministeriale Walther von der Vogelweide (um 1170 – um 1230). Der heute so berühmte Barde, der bedeutendste deutschsprachige Lyriker des Mittelalters, führte ein jahrelanges Wanderleben und hatte zwischen 1190 und 1230 als fahrender Sänger zahlreiche Minnelieder und Sangsprüche gedichtet, dafür aber anfangs wenig Lebensunterhalt erlangen können. Er war ein armer Poet. Diese fahrenden Sänger standen am unteren Ende der gesellschaftlichen Hierarchie und mussten ihre Kunst in den Dienst verschiedener Fürsten stellen. Walther war höchst innovativ und führte inhaltliche sowie formale Neuerungen in die Lyrik ein. Durch ihn wurde der Sangspruch gegen Ende des 12. Jahrhunderts zu einer Gattung, die gleichberechtigt neben dem Minnesang stand. Die Sangsprüche bezeichnet man heute als «Töne», und so haben Walthers Reime nach ihrer Thematik ihre Namen erhalten wie etwa der *Wiener Hofton*, der *Reichston* mit der wohl berühmtesten Walther-Zeile «*Ich saz ûf eime steine*» oder auch der *Unmutston*.

Zeitweise fand Walther Aufnahme am Hof von Friedrichs Onkel, König Philipp. Hier hoffte er sehnlichst auf eine Integration als hofsässiger Minnesänger, und so entstanden der *Erste* und der *Zweite Philippston*. Emphatisch dichtete er über die glanzvolle Festkrönung Philipps zu Weihnachten 1199 in Magdeburg seine berühmten Verse über die Krone des Reiches und derer Träger, den «*jungen süezen man*». Doch Singen allein macht weder satt noch hält es warm, und so verschärfte sich allmählich der Lobesklang zu Ironie und Sarkasmus gegenüber dem mit materiellen Gunstbeweisen geizenden König Philipp. Dass ein guter König mit großzügiger Geberhand großen Reichtum aus dem Land ziehen

85

konnte, wollte Philipp nicht verstehen. Auch der Hinweis auf Alexander den Großen, der «*gab und gab und gewann damit alle Reiche*», fruchtete nichts. Mit seiner scharfen Kritik an der Hofumgebung in der legendären «Spießbratenstrophe» des *Zweiten Philippstons*, in der ein Herrscher wegen eines zu dünn geschnittenen Bratenstücks vom Amt entfernt und buchstäblich vor die Tür gesetzt wird, war das Tischtuch zwischen dem Barden und König Philipp endgültig zerschnitten.

Nach dessen Tod 1208 hatte Walther die Seite wechselnd auf Kaiser Otto gehofft, doch wieder vergebens. Erneut kein Braten und kein Rock als Gegengabe für löblichen Gesang. Von des Welfen Knauserigkeit enttäuscht – «*waere er so milte als lanc, er hete tugende vil besezzen* – wäre er so freigebig wie groß, er hätte Tugend viel besessen» –, wandte sich der Dichter schon 1213 Friedrich von Sizilien zu, dem *von Pülle künic*. Und diesmal mit Glück: Der junge König überließ Walther ein kleines Lehen im Raum Würzburg, vielleicht tatsächlich Land, vielleicht auch nur Einkünfte von einem solchen. Dass materielle Gunstbeweise der umschmeichelten Herrscher öfter vorkamen, es sich durchaus lohnen konnte, kräftig in die Lobesschalmeien zu stoßen, zeigte ja schon das Beispiel des Klerikers Petrus de Ebulo, der als Lohn für die prokaiserlichen Verse in seinem *Liber ad honorem Augusti* eine Mühle in Eboli als Lehen erhalten hatte. Voller Dankbarkeit jubiliert der ehemals arme Poet Walther in seinem *König-Friedrichston*:

«*Ich hân mîn lêhen, al diu werlt, ich hân mîn lêhen.*
Nû enfürhte ich niht den hornunc an die zêhen,
Und wil alle boese hêrren dester minre flêhen.
Der edel künec, der milte künec hât mich berâten,
Daz ich den sumer luft und in dem winter hitze hân.
Mîn nâchgebûren dunke ich verre baz getân:
Sie sehent mich niht mêr an in butzen wîs als si wîlent tâten.
Ich bin ze lange arm gewesen âne mînen danc.
Ich was sô voller scheltens daz mîn âtem stanc:
Daz hât der künec gemachet reine, und dar zuo mînen sanc.

86

Ich habe mein Lehen, hört es, ihr Leute all, ich hab' mein Lehen!
Nun fürcht' ich nicht mehr den Hornung [Februarfrost] an den
    Zehen
Und will in Zukunft die geizigen Herren nicht mehr anbetteln.
Der edelmütige König, der freigebige König, hat so für mich gesorgt,
Dass ich im Sommer Kühlung hab und im Winter Wärme.
Gleich erscheine ich auch meinen Nachbarn um manches vornehmer.
Sie sehen mich nicht mehr wie vordem als Schreckgespenst an.
Doch bin ich zu lange arm gewesen ohne jeden Dank.
Ich war so schmähsüchtig, dass mein Atem stank.
Das alles hat der König wieder rein gemacht dazu und meinen Sang.»

Nun endlich ohne materielle Sorgen, dichtete Walther munter weiter und nahm sich in seinem Alterswerk sogar noch der Orientfahrt des Kaisers der Jahre 1228 und 1229 an. Dem neuen König
Friedrich gelang es also durch die Anwendung der von ihm erwarteten *milte*, seine Entourage um einen besonderen Getreuen zu vermehren, dessen Gegengabe mit der Feder zumindest in Bezug auf
die Erinnerungen nachfolgender Generationen unvergleichlich
mehr wert war als die Taten eines weiteren Schwertträgers. Wohl
um 1230 nahm der Tod den Federkiel aus des Dichters Hand.[17]

Was überlegt eingesetzte *milte* zu leisten vermochte, das hatte
Friedrich offenbar erkannt. Zu großzügig waltende *milte* bewirkte
jedoch umgekehrt, dass irgendwann nichts mehr oder nur noch
wenig an Einkünften vorhanden war, das sich verteilen ließe. Das
sollten die «kleinen Könige» nach Friedrich noch zu spüren bekommen. Doch von dieser Konsequenz ahnte er sicher nichts. Eine
weitere Besonderheit des jungen Königs wird hier erkennbar: nämlich die Fähigkeit, sich in noch so schwierigen Bedingungen gegen
fremde Interessen durchsetzen zu können. Diese Erfahrung, das
nahezu Unmögliche doch erreichen zu können, sollte für die späteren politischen Handlungen jedoch zu einer lähmenden Fessel
werden.

3

Der «Staufer»

*Blei für Onkel Philipp: Friedrichs Verwandlung
zum Staufer*

m August 1900 herrschte im alten Kaiserdom zu Speyer
eine emsige Geschäftigkeit. Würdevolle Herren in
schwarzen Anzügen, darunter königlich-bayerische Re-
gierungsvertreter und Professoren, der Bischof der Stadt und Dom-
kapitulare sowie eine Anzahl von Arbeitern machten sich im
Hochchor des ehrwürdigen Gotteshauses zu schaffen. Mit Schau-
feln und Brecheisen begannen Handlanger den Boden zu öffnen.
Am 16. August, es ging auf sechs Uhr am Abend zu, «kam in der
Nordwestecke des Versuchsgrabens die Ecke einer Sandsteinplatte
zum Vorschein, welche eine Ziegelaufmauerung, anscheinend ein
Grab, deckte. Durch ein handgroßes Loch der Mauer konnte ein
Metallsarg gefühlt werden.» Am nächsten Tag wurde die Deckplatte
gehoben. «In dem aufgemauerten und innen verputzten Grab stand
ein Bleisarg mit lose aufliegendem flachen Deckel. [...] Nach
Entfernung des letzteren zeigte sich in dem Sarg eine mit einem
Tuche vollständig verhüllte Leiche.» [1]

Die vielen Gewandreste, Mantel und Tunika, Gürtel und
Strümpfe sowie die Form der Sporen zeigten zunächst, dass es sich
um die Bekleidung einer – wie im Protokoll vermerkt wird – «sehr
hochstehenden Person von weltlichem Stande» handeln musste.
Und in der Tat, man hatte das Grab König Philipps von Schwaben
(1198–1208) gefunden. Ein Jahr später errichtete man unter dem
Chor eine neue Krypta und bestattete den Staufer dort gemeinsam
mit anderen im Hochchor exhumierten Gebeinen von Königen
und Kaisern neu. Was hat die Graböffnung König Philipps in

88

Speyer im Jahre 1900 mit Friedrich II. zu tun? Nun, eine ganze Menge, denn König Philipp ist zwar nach seiner Ermordung 1208 in unmittelbarer Nähe des Tatortes, nämlich im Bamberger Dom, bestattet worden. Er wurde jedoch fünf Jahre später nach Speyer überführt, und zwar auf Veranlassung seines Neffen Friedrich von Sizilien. Diese Umbettung und einige weitere Ereignisse folgten einer höheren politischen Absicht: der Metamorphose Friedrichs von Sizilien zu einem Staufer. Der Weg des jungen Königs zur Erlangung der Herrschaft in Deutschland war nicht einfach gewesen.

Suche nach der eigenen Vergangenheit: Im Dom zu Speyer wurden im Jahr 1900 durch eine Kommission des bayerischen Kultusministeriums in Anwesenheit des Bischofs die Kaisergräber geöffnet. Einer der geöffneten Särge enthielt die sterblichen Reste König Philipps von Schwaben, die Friedrich 1213 in Bamberg erheben und hier neu bestatten ließ.

Viel Geld war nötig, das er ebenso wie eine Fülle von Rechten und Privilegien mit großzügiger Hand verteilte. Einige hochsymbolische Handlungen sollten genauso wie Privilegienvergaben oder gewonnene Feldzüge die Position Friedrichs als Herrscher in verschiedenen Regionen seines Reiches stärken. Das waren Ereignisse einer ganz anderen Art in der viel stärker als heute von symbolischen Ritualen durchdrungenen Welt des Mittelalters. Dabei spielte die «charismatische

89

Herrschaft» eine zentrale Rolle, eine der drei Legitimitäts-
grundlagen, die der Soziologe Max Weber neben dem Glauben an
die gesetzte Ordnung und der rechtfertigenden Ausstrahlungskraft
der Tradition wirken sah. Die drei Rituale, von denen nun die
Rede sein soll, haben alle mit Leichen und deren Grabbehältern zu
tun, zeigen mithin den Nutzen alter Knochen.

Der alte Kaiserdom in Speyer, dessen Hochchor im Jahr 1900
die Neugier der würdevollen Herren erregte, war im Hochmittelalter auf bestem Wege, zu einem Begräbnisort zu werden, der für das
Heilige Römische Reich eine ähnlich stark legitimierende Bedeutung besaß wie Saint-Denis, die traditionelle Herrschergrablege
vor den Toren von Paris, für das französische Königtum. Der salische Kaiser Konrad II. (1024–1039) hatte den Ort für sich zur
Stiftergrablege erwählt und wurde hier als erster Herrscher bestattet. Daraus entwickelte sich mit den Bestattungen der Kaiser Heinrich III. (1039–1056), Heinrich IV. (1056–1106), Heinrich V.
(1106 bis 1125) und weiterer Familienangehöriger, mit der Ein-
richtung der Totenmemoria und Gebetsverbrüderungen sowie mit
den Domneu- oder Umbauten die königliche Familiengrablege der
Salier. Der normannische Mönch Ordericus Vitalis (1075–1142)
fand in seiner Kirchengeschichte, als er vom Tode Heinrichs V. berichtete, für den Ort deshalb den gewichtigen Beinamen *metropolis
Germaniae*.[2]

Die Staufer vereinnahmten die Saliergrablege und deren Memoria in der *metropolis Germaniae*, zumal sie sich ohnehin als Nachfahren der «Heinriche von Waiblingen» verstanden, die Otto von
Freising (1111/15–1158) als die Familie des Reiches ausgemacht
hatte, aus der die Kaiser hervorgehen würden. In den Jahren 1184
und 1185 wurden Frauen des Geschlechtes in Speyer begraben.
Mit der Umbettung 1213, als Friedrich II. seinen Onkel König
Philipp von Schwaben (1197–1208) neben die Gräber von Philipps
Mutter Beatrix und dessen Schwester Agnes einsenken ließ, war
eine neue Situation entstanden: Wie die französischen Könige verfügten die Staufer nun über eine Art Pantheon der eigenen Dynastie. Die Vorstellung, dass Speyer die hervorragendste Grablege der
Römisch-deutschen Kaiser und Könige sei, war kurz darauf so

90

stark geworden, dass sich einige Historiographen des 13. Jahrhunderts für die Staufer keine anderen Bestattungsorte mehr vorstellen konnten als eben jenen salischen Kaiserdom.[3]

Irgendwann, dies lässt sich nicht genau datieren, ist eine Tumba über den Gräbern errichtet worden, deren ungefähre Gestalt wir nur aus Zeichnungen kennen. Die bekannteste dürfte jene sein, die Fabio Chigi, der spätere Papst Alexander VII. (1655–1667), als päpstlicher Nuntius im Umfeld seiner Reisen nach Münster zu den Verhandlungen des Westfälischen Friedens in der Mitte des 17. Jahrhunderts anfertigen ließ und in der präzise die genauen Begräbnisorte gekennzeichnet sind. Wie ein Abglanz von der Idee einer römisch-deutschen Kaisernekropole mutet der Versuch Kaiser Maximilians I. (1493–1519) an, ein Kaisermonument mit zwölf Säulen und Statuen, die einen runde Kronreif tragen sollten, im Chor errichten zu lassen. Doch diese Idee wurde nie realisiert. Am Ende des 15. Jahrhunderts, so verraten zwei in dieser Zeit gefertigte Reliefs mit den Plastiken von acht dort bestatteten Herrschern, kann man in Speyer die gefestigte Vorstellung von einer über Jahrhunderte kontinuierlich belegten Herrschergrablege der Salier, Staufer und Habsburger buchstäblich mit Händen greifen.

All diese Befunde verweisen auf eine zentrale Funktion von Begräbnisstätten: Gräber können Erinnerungsorte im Sinne einer Gemeinschaftsstiftung oder Gemeinschaftsstärkung werden. Speyer als Begräbnisort ist ein gutes Beispiel für die Multifunktionalität von Grabanlagen. Exponierte Gräber von Herrschern oder hervorragenden Personen dienten zunächst als Verwahrort der sterblichen Überreste, der persönlichen Memoria der Verstorbenen und als ein Erinnerungszeichen an eine Person, und zwar losgelöst von Form und Gestalt des Grabes mit seinen Grabdenkmälern. Doch neben den individuellen Erinnerungen an die begrabenen Personen konnten die Grablegen in politisch-legitimatorischer Hinsicht der Repräsentation eines Königreichs, einer Dynastie, ja mitunter überhaupt von Institutionen des Papst-, Kaiser- oder Königtums oder protostaatlicher Strukturen dienen. Solche Grabanlagen sind über den Zeitpunkt des Begräbnisses hinaus von Bedeutung, weil Herrschaft sowohl Herkunft brauchte als auch Zukunft wünschte,

91

da sie aus beiden ihre Legitimität bezog. Grablegen wurden besonders in Krisensituationen der Herrschaft, an den «Prismen der Macht», zu hervorragenden Medien des Machtanspruchs. Sie sollten durch die symbolische Aufladung und Konstruktion einer Erinnerung Dauer sichern, nicht nur im Mittelalter.[4]

In jenem 1900 entdeckten, wahrscheinlich extra für die Umbettung angefertigten Bleisarg waren die sterblichen Reste Philipps nach ihrem Transport in Speyer deponiert und kostbar bekleidet worden. Hören wir zunächst, was einige der erzählenden Quellen von der Umbettung überliefern. Der Kleriker Rainer von Lüttich berichtet: «Friedrich, König von Apulien und Deutschland, hielt zu Weihnachten einen feierlichen Hoftag in Speyer. Auf den Rat seiner Freunde hin überführte er den Körper seines Oheims König Philipp von Bamberg, wo er von einem ruchlosen Grafen getötet worden war und begraben lag, nach Speyer; und dort wurde er ehrenvoll in der Kirche, in der zahlreiche Leiber von Kaisern und Königen ruhen, beigesetzt.» Burchard von Ursberg notierte ähnliche Dinge: «Der Körper des Königs wurde zunächst in Bamberg bestattet. Bald darauf allerdings, nachdem Kaiser Friedrich II. die Königsherrschaft übernommen hatte, wollte er nicht, dass der Leichnam seines Onkels in Bamberg ruhe, sondern er ließ ihn dort auf den Rat Heinrichs von Scharfenberg [dessen richtiger Name aber Konrad lautet, O.R.], des Speyerer Bischofs und Kanzlers des kaiserlichen Hofes, bei seinen Vorfahren beisetzen.»[5] Rainer und Burchard weisen auf den Umstand hin, dass in Speyer zahlreiche Kaiser und Könige ruhen und dass es eben Philipps Vorfahren seien, bei denen er nun begraben wurde. Der junge König Friedrich war offenbar nicht allein auf den Gedanken gekommen, sondern hatte auf den Rat seiner näheren Umgebung gehandelt. Dass Konrad von Scharfenberg, Bischof von Speyer und von Metz (etwa 1165–1224), einer der Hauptinteressenten an der Umbettung war, geht aus einem weiteren Detail bei Burchard hervor. Der Bischof war ein alter erfahrener Politiker, der vor Friedrich schon vieren seiner Vorgänger, darunter auch Kaiser Otto IV., gedient hatte, oft in Italien gewesen war und als Kanzler in der Umgebung Friedrichs über enormen Einfluss verfügte. Seit 1212 am Hofe, war er einer der wichtigsten Parteigänger des jungen Königs. Sein Rat galt also etwas.

Die ausführlichste und aufschlussreichste Schilderung der Aktion stammt jedoch aus jener Urkunde, die Friedrich II. für die bischöfliche Kirche zu Speyer am 30. Dezember 1213 ausstellen ließ; oder, so liegt es wohl nahe, die unter maßgeblichem Einfluss Bischof Konrads von einem Hofnotar verfasst wurde. In der Urkunde wird die Pfründenübertragung unter königlichem Siegel verbrieft. Auf theologische Überlegungen zu Jenseitsvorstellungen folgen Ausführungen zum speziellen Totengedenken an die Vorfahren: «Daher ist es unser Wunsch und Wille, dass allen derzeit Lebenden wie den nachfolgenden Geschlechtern, die gegenwärtiges Schreiben vor Augen bekommen, bekannt sei, dass wir an demselben Tag, an dem wir den Leichnam unseres teuersten Oheims Philipp, des ruhmreichen und erhabenen Königs der Römer, von der Stadt Bamberg, wo er unschuldig und ebenso grausam wie hinterlistig ermordet wurde, überführen und im Dom zu Speyer neben den Ruhestätten der Kaiser und Könige, unserer Vorfahren und Vorgänger, die da liegen, beisetzen ließen, zur Ehre Gottes und der heiligen Jungfrau Maria, zu deren Ehre der Dom von Speyer erbaut ist, und zum Heile der Seelen unseres geliebten Vaters Heinrich, des ruhmreichen und erhabenen Kaisers der Römer und Königs von Sizilien, sowie unseres genannten teuersten Oheims, des Königs Philipp, der Römer erhabenen Königs, zugleich aber auch für die Seelen unserer anderen Vorfahren, die Kirche in Esslingen, die uns nach dem Erbschaftsrecht zugehört, dem genannten Dom von Speyer zugesprochen haben. [...] Wir wünschen jedoch, dass sie eifrig und mit gebührender Verehrung die Jahrestage sowohl unseres Vaters als auch unseres Oheims begehen und zu begehen befehlen.»[6]

Historiker haben diese Umbettungsaktion des jungen Königs unterschiedlich gedeutet. Einige sahen darin vor allem ein Zeichen der Pietät und eine öffentliche Inszenierung der persönlichen Frömmigkeit. Dies mag tatsächlich eine Rolle spielen. Viel stärker jedoch sollte ein anderes Signal wirken. Die Umbettung war als ein Zeichen für die Kontinuität der staufischen Herrschaft und Friedrichs Anspruch auf die Krone im Kampf mit Kaiser Otto IV. gedacht, denn es zeigte den jungen König als den legitimen Nachfolger seiner staufischen Vorgänger. In der noch unentschiedenen Situation an der Jahreswende von 1213 auf 1214 mussten noch andere Dinge zum Einsatz kommen als nur Waffen, Geld und Versprechungen. Das Vertrauen des staufischen Anhangs stärken, auf zweifelnde Gegner einwirken, der Welt die Legitimität des eigenen Königtums zeigen: das alles tat in der winterlichen Kampfespause besonders Not. Knut Görich, einer der besten Stauferkenner, formuliert pointiert: «Man könnte daher sagen, dass der ‹Junge aus Apulien› eigentlich zum Staufer erst wurde, als er in ein politisches und personelles Umfeld eintrat, das ihn mit Traditionen, Hoffnungen und Interessen des alten staufischen Anhangs konfrontierte.» Das war es also, was hinter allem steckte: die Verwandlung zum Staufer zum Zwecke der Herrschaftssicherung als *rex Romanorum*.[7]

Einige Besonderheiten fallen darüberhinaus ins Auge: Die Wahl des Termins fiel auf den 29. Dezember, den Davidstag, der für die Staufer eine besondere Bedeutung besaß. Neben der Errichtung von Gebetsgedächtnissen für das Seelenheil wurde Philipps Leiche besonders geschmückt. Denn bei der Öffnung des aus Bleiplatten zusammengestückelten Sarkophags entdeckte man, dass das Skelett in zahlreiche Seidengewänder gehüllt worden war, darunter eine Tunika, die – so haben Fachleute bestätigen können – aus Stoffen gefertigt wurde, die aus den königlichen Werkstätten in Palermo stammten. Daraus ergibt sich die Frage, ob diese Stoffe erst vom Neffen aus dem Süden mitgebracht wurden oder ob Philipp zum Zeitpunkt seiner Bestattung bereits in Seidengewänder gehüllt war, die sein älterer Bruder Heinrich zusammen mit dem normannischen Staatsschatz nach Norden gebracht hatte. Waren also Friedrichs Beigaben für den Onkel Stoffe aus Palermo?[8]

Das muss leider Spekulation bleiben. Ebenfalls Spekulation bleibt, warum bei der Umbettung Philipps nicht auch noch der andere staufische Vorfahre, König Konrad III. (1138–1152), der ja ebenfalls in Bamberg liegt, nach Speyer kam. War für Friedrich

94

Konrad gar kein Staufer? Sah man zu Zeiten des jungen Friedrich König Konrad eigentlich nicht als dessen Vorfahren an? Gab es ein Zusammengehörigkeitsgefühl aller Mitglieder dieser Familie und sogar eine «staufische Politik»? Knut Görich noch einmal dazu: «Keiner der Könige und Kaiser, die wir als Staufer zu bezeichnen gewohnt sind, hat sich jemals so genannt, denn die Vorstellung, was eine Dynastie sei, unterlag seit dem Mittelalter einem historischen Wandel. Nach heute geläufiger Vorstellung ist die männliche Linie, also die agnatische Abstammung, für die genealogische Zuordnung ausschlaggebend. Zwar geht diese Vorstellung bis in das 11. Jahrhundert zurück, sie war aber lange keineswegs verbindlich.» Größeres Gewicht für die Familie besaß nämlich, dass sie über die Kaisertochter Agnes, also die cognatische Linie, mit den Saliern verwandt war. Das galt in der rangbetonten Gesellschaft eines Personenverbandes als ungeheuer prestigeträchtig und deshalb blieb die salische Memoria, die sich an Speyer knüpfte, so wichtig.[9]

Der Name «Staufer» oder sogar «von Hohenstaufen» hingegen wurde den Mitgliedern dieser Familie erst seit dem 15. Jahrhundert und dann ganz besonders im 19. Jahrhundert zugewiesen. In den Tausenden überlieferter Urkunden Kaiser Friedrichs II. taucht der Name nur ein einziges Mal auf, als 1247 der Herrscher dem Papst vorwarf, dieser habe anderen Königen falsche Versprechungen gemacht, denn «das Römische Kaisertum, das während der Dauer urlanger Zeit verlernt habe, sich von der *domus Stoffensis* – dem staufischen Haus – abzuwenden», könne er nicht verleihen. Das alles zeigt, dass die Familienbezeichnungen «Friedrich von Staufen» oder gar «Friedrich von Hohenstaufen», die man allenthalben lesen kann, als eine spätere Zuweisung der Historiker angesehen werden muss. Und es bleibt Spekulation, wie stark sich Friedrich in diesem südwestdeutsch-staufischen Traditionsverband selbst verortet hat.

Kurz nach der Umbettung Philipps kümmerte sich der junge König auch um sein eigenes Grabmal und das seines Vaters Heinrich. 1215 gab er aus dem fernen Deutschland den Befehl, auf Sizilien zwei kostbare Sarkophage von Cefalú nach Palermo transportieren zu lassen. Diese rotschimmernden Porphyrsarkophage von höchster künstlerischer Qualität hatte über ein halbes Jahrhundert zuvor Friedrichs Großvater mütterlicherseits, König Roger II., aus römischen Säulen-Spolien herstellen lassen und einen für sich und den anderen für einen Nachfolger als Begräbnisplatz bestimmt. Doch Friedrich ließ in Palermo die Gebeine seines Vaters Kaiser Heinrich VI. in den einen Sarkophag aus Cefalú umbetten, den anderen, eigentlich für Roger II. bestimmten, behielt er sich selbst vor. In dem freigewordenen ehemaligen Sarkophag Heinrichs kam Friedrichs Mutter, Konstanze von Hauteville, zur Ruhe. Für König Roger blieb dann nur noch ein Plattensarg übrig, immerhin auch aus dem seinerzeit so schwer zu beschaffenden Porphyr.[10]

Mit dem Überführungsbefehl von 1215 löste sich Friedrich wieder von Speyer und der Betonung der staufischen Tradition, wenn er ihr denn jemals richtig verhaftet gewesen sein sollte. Es scheint, als habe der junge König versucht, anhand der Grablegeplanungen nun seine eigene Normannenherkunft unbezweifelbar zu demonstrieren. Angesichts der aufsässigen sizilischen Barone und des Stigmas der landfremden Herkunft ergibt sich daraus ein handfester Sinn. Dass auch sein treuester Anhänger Berard, Erzbischof von Palermo, die Stellung seiner Metropolitankirche dabei zu festigen vermochte, war ein schöner Nebeneffekt. Die Kleriker in Cefalú jedenfalls waren alles andere als begeistert über den Bedeutungsverlust, und Friedrich versuchte, sie mit reichlich Grundbesitz abzufinden. In der Urkunde, die der König ihnen ausstellen ließ, wurde sein Beweggrund für die Überführung genannt, denn er gab das Gut La Cultura, wie ein Archivregest vermerkt, «zum Ausgleich für die beiden Porphyrsarkophage, die als seine und seines Vaters Begräbnisplätze von der Kathedrale Cefalú nach Palermo zu bringen er befahl». Selbst ein Jahrhundert später waren die Domkleriker in Cefalú noch so wütend über die Sache, dass sie sich eine Geschichte ausdachten und in ihren *liber privilegiorum* eintrugen. Danach soll Friedrich den Bischof von Cefalú ins Heilige Land zu den Söhnen Sultan Saladins geschickt haben, um ungestört die kostbaren Sarkophage abtransportieren zu können. Für Kleriker-

96

gemeinschaften war es von großer Bedeutung, ein oder besser gleich mehrere Königsgräber in ihren Gotteshäusern zu wissen, um diese gegenüber anderen Kirchen hervorzuheben.[11]

Für Friedrichs Pläne mit der Kathedrale von Palermo als Begräbnisort hätte es durchaus eine Alternative gegeben. So wäre auch eine Überführung der irdischen Reste Kaiser Heinrichs VI. an den Rhein vorstellbar gewesen. Die *translationes* der Gebeine der Kaiser Otto III. und Lothar III. oder die des heiligen französischen Königs Ludwig nach Norden sind ja schöne Beispiele dafür, dass auch große Distanzen zwischen Todes- und Begräbnisort für eine angemessene Bestattung keine Hindernisse darstellten. Außerdem zeigt das Beispiel einmal mehr, dass Gebetsgedächtnisse nicht zwingend an die Materialität des Leichnams oder die Existenz eines Grabdenkmals gebunden sind. Vergleicht man diese Aktion Friedrichs von Sizilien etwa mit dem Bestreben des aus der Familie der Luxemburger stammenden Kaisers Karl IV., seine böhmische Herkunft mütterlicherseits zu betonen, so werden in beiden Fällen die Adressaten schnell klar. Denn viel schwieriger als eine Herrschaft zu erlangen, war es ja, die Herrschaft auch zu sichern und auszuüben. Das hatte Friedrichs Vater Kaiser Heinrich VI. mit den sizilischen Baronen genauso erlebt, wie Karls Vater, König Johann, mit den böhmischen Hochadligen. Die Schwachstellen ihrer Herrschaft waren die Legitimationsdefizite in den Augen der landsässigen Aristokratie. Dieses Defizit galt es zu beheben.

Und als man das Grab Philipps von Schwaben und die Gräber seiner Vorfahren im Jahr 1900 öffnete, empörte sich der Dichter Stefan George:

«Uns zuckt die hand im aufgescharrten chore
Der leichenschändung frische trümmer streifend.
Wir müssen mit den tränen unsres zornes
Den raum entsühnen [...]
Des stamms dem unsre treue klage gilt.»

Des Stamms treue Klage war es offenbar auch, was Friedrich seinem Onkel Philipp mit in sein neues Grab gegeben haben dürfte; zumindest in den Augen der Zeitgenossen.[12]

Eine der wichtigsten Vorentscheidungen im Kampf um die Krone zwischen Kaiser Otto IV. und dem jungen sizilischen König Friedrich fiel nicht im Reich selbst, sondern in Flandern in der Nähe eines Dorfes zwischen Lille und Tournai: Bouvines. In einer gewaltigen Ritterschlacht ließ Fortuna das Glück in Friedrichs Schoß fallen, ohne dass der junge Sizilianer nur einen eigenen Schwertstreich tat. Bei Bouvines standen sich am 27. Juli 1214, einem Sonntag, auf einer Seite das Heer des französischen Königs Philipp II. August (1180–1223) und auf der anderen Seite die verbündeten Heere des englischen Königs Johann I. Ohneland (1199–1216) und des römisch-deutschen Kaisers Otto IV. gegenüber. König Johann Ohneland, der diesen Beinamen trug er, weil er beim Tode seines Vater nur mit wenigen Ländereien bedacht worden war, führte die englischen Truppen nicht selbst. Er hatte das Kommando dem Säbelrassler der Familie, seinem Halbbruder Wilhelm von Salisbury (gest. 1226), genannt Langschwert, anvertraut. Die Schlacht war sowohl im englisch-französischen Kräftemessen jener Zeit als auch für den Aufstieg Friedrichs von Sizilien ein besonders wichtiges Ereignis. Im Gegensatz zu den vielen anderen Metzeleien jener Jahrhunderte war sie von langfristiger Wirkung für die europäische Geschichte.[13]

Die Ursachen der Auseinandersetzung waren schwerwiegend: zum einen lagen sie in König Philipps Streit mit König Johann um die großen englischen Lehen in Frankreich begründet, zum anderen gab es eine tiefe Feindschaft zwischen König Philipp und Kaiser Otto, der der Lieblingsneffe von König Richard I. (1189–1199) mit dem Beinamen Cœur de Lion, Löwenherz, und damit ebenfalls Neffe König Johanns war, wegen der Parteinahme des französischen Königs im Thronstreit für den Gegenkönig Friedrich. Der junge Sizilianer hatte sich Mitte November 1212 von Hagenau aus auf den Weg über Toul zu einem Grenzort zwischen dem Reichsgebiet und Frankreich, Vaucouleurs an der Maas, gemacht, um den französischen Thronfolger, den späteren König Ludwig VIII. (1223–1226), zu treffen. Sie schlossen ein Freundschaftsbündnis, das Friedrich am 19. November 1212 mit einer Goldbulle beurkunden ließ. Die *confoederatio* enthielt die Bedingung, dass ohne Absprache mit Philipp von Frankreich, dem «*karissimus frater noster* – unserem teuersten Bruder», kein Frieden gemacht werden solle mit «Otto, vormals Kaiser genannt», und mit König Johann von England. In den Augen Friedrichs war das Kaisertum Ottos also schon Vergangenheit. Außerdem hatten die kapetingischen Dienstmannen des französischen Königs Philipp auf ihren Packpferden einen Schatz von zwanzigtausend Silbermark für Friedrich mitgebracht, den der Sizilianer sofort mit großzügiger Hand an seine Anhänger auszuteilen begann.[14]

Ausreichend Gegensätze gab es also, zu denen noch allerlei offene Rechnungen verletzter Ehr- und Ranganspüche, Ressentiments und persönliche Feindschaften traten, um das Schwert zu ziehen. Doch war das, was sich nun zutrug, kein Kampf zwischen England, Frankreich oder Deutschland, denn nationale Heere gab es noch nicht. Erst in späteren Jahrhunderten wurden die Erinnerungen an die Schlacht national gefärbt. Auf der Walstatt von 1214 begegneten sich miteinander und gegeneinander verbündete Fürsten, die ausschließlich in ihren ureigenen Interessen handelten. Auf Seiten Kaiser Ottos kämpften auch der Graf von Flandern und der Graf von Boulogne, die eigentlich französische Lehensträger waren, aber mit Philipp im Streit lagen. Ottos Heer bestand also aus englischen, deutschen, flandrischen und sogar französischen Kontingenten. Die Heeresstärken der Kontrahenten anzugeben, ist immer ein Wagnis und bleibt hochgradig spekulativ, weil die mittelalterlichen Autoren stets und ständig übertreiben, um den Gegner zu diskreditieren und das eigene Handeln in glanzvollerem Licht erscheinen zu lassen. Der französiche Mediävist Georges Duby hat folgende Zahlen errechnet:

Das Heer König Philipps bestand aus etwa eintausenddreihundert Rittern, noch einmal so vielen berittenen Knechten sowie vier- bis sechstausend Mann Fußvolk. Die Ritter kamen hauptsächlich aus den Kerngebieten des Königtums und dem näheren Umkreis, der Krondomäne um Paris, dem Artois, der Picardie. Schon Ritter aus der Grafschaft Champagne oder dem Herzogtum Burgund wa-

Der deutsche Truppenführer Diepold von Schweinspeunt verfolgt mit seinen Rittern eine Gruppe von Gegnern. Sehr genau ist im Liber ad honorem Augusti *die Ausrüstung der Zeit um 1200 dargestellt: Schwerter und Lanzen, das bis über die Knie reichende, den gesamten Körper einhüllende Kettenhemd, hier noch ein Glockenhelm mit Nasenschutz, der bald vom Topfhelm abgelöst werden sollte, der spitzoval zulaufende Schild sowie zwei Pferde mit Wappendecken. Diepold ist an seinem «sprechenden» Wappen zu erkennen: Der Eber war wegen seiner Stärke neben Adlern und Löwen ein gern benutztes Wappentier.*

ren für den Hauptberichterstatter der Schlacht, Wilhelm den Bretonen (gest. 1227), irgendwie «Ausländer». Aus den riesigen Gebieten südlich der Loire gesellten sich überhaupt keine Krieger dazu, denn diese Gegenden waren aus Pariser Sicht erst recht schon eine andere Welt. Für das Heer Kaiser Ottos vermutet Duby eine etwas höhere Zahl an Reitern, und auch das Fußvolk soll zahlenmäßig überlegen gewesen sein. Auf dem Schlachtfeld trafen also ungefähr viertausend Ritter und berittene Knechte sowie etwa zwölftausend Kämpfer zu Fuß aufeinander. Das klingt nach wenig, doch für ihre Zeit waren es ziemlich große Heere.

Die Bewaffnung der Ritter jener Zeit ist von der allgemeinen Entwicklung geprägt, in der sich in allen west-, süd- und mitteleuropäischen Ländern der niedere Adel als eine kulturtragende, nach weitgehend einheitlichen Normen handelnde Gesellschaftsschicht ausgebildet hatte. Da dessen Hauptbetätigungsfeld der Kriegsdienst war, orientierten sich die Mitglieder dieser Kriegerkaste weitgehend aneinander, trugen eine einheitliche Kleidung und benutzten eine ähnliche Ausrüstung; vorausgesetzt, dass sie sich der Einzelne auch leisten konnte. Das Jahrhundert zwischen 1150 und 1250 lässt sich grob in drei Perioden von jeweils dreißig Jahren unterteilen, die mit den Schlagworten *reich, schlicht* und *elegant* die Abfolge der Kleider- und Waffenmode beschreiben. In der ersten, reichen Periode kamen fast alle Utensilien auf, die man auch in den späteren Perioden an den Rittern finden wird: ein Panzerhemd mit Kapuze und Fausthandschuhen, das aus ineinandergeflochtenen Eisenringen bestand. Darunter trug man einen *gambeson*, zu deutsch «Wams», aus dickem Stoff, der nicht mit dem Panzer verbunden war, damit man diesen von Rost reinigen und einfetten konnte. Darüber kam noch einmal Stoff, nämlich ein ärmelloser farbiger Waffenrock.[15]

Der lange Zeit übliche Glockenhelm, oft mit eisernem Nasenschutz versehen, wurde in dieser Zeit durch einen Topfhelm ersetzt, der nun das ganze Gesicht verdeckte. Ein wichtiges Standes-
attribut waren die den Reiter kennzeichnenden Sporen, meist
versilberte Bügel, die man mit Riemen am Fuß befestigte und die
anfangs einen verdickten Sporn, später ein Stachelrad aufwiesen.
Um 1200 herum, in der schlichten Periode, ging der Trend zur
vollständigen Verhüllung von Mann und Ross, die nun beim Reiten von wallenden, buntbestickten Waffenröcken und Rossdecken
umflattert wurden. Als Waffen dienten Lanzen, die man beim Angriff unter den Arm zu klemmen gelernt hatte. Das Schwert mit
breiter Klinge besaß einen relativ kurzen Griff mit gerader Parier-
stange. Es gab einen auf den ersten Blick nicht so ins Auge ste-
chenden, aber signifikanten Unterschied zwischen den deutschen
Schwertern und denen aus Westeuropa: Deutsche Schwerter besaßen einen Knauf in Form einer Paranuss, dagegen war in Westeuropa die Form einer Scheibe üblicher. Beide Formen kann man sehr
schön in der Wiener Schatzkammer nebeneinander betrachten,
denn die Schwerter, die zu den Reichsinsignien gehören, weisen
beide Formen auf. Das von Kaiser Otto IV. gestiftete Reichsschwert

Der «Staufer»

endet am Griff in der charakteristischen Paranuss, und das prachtvolle Krönungsschwert, das Friedrich II. 1220 zu den Insignien
hinzufügen ließ, besitzt den in Westeuropa üblichen Scheiben-
knauf. Vor den Schlägen des Gegners sollte neben der Panzerung
noch ein ovaler nach unten spitz zulaufender Schild schützen, den
man nun zunehmend mit bunten Wappen bemalen ließ. Das
Schwert hing an einem Gurt, den man *Schwertvessel* nannte, der
Schild blieb durch eine *Schildvessel* am Mann. Das Schwert trug
man jedoch nur im Krieg umgegürtet, im «Alltag» hielt der Ritter
es in der Hand oder ließ es sich vor- oder nachtragen.

Das bewaffnete Fußvolk war im Gegensatz zu den Rittern eher
ärmlich ausgestattet. Es war nicht in klirrende Gehäuse einge-
schlossen, trug oft nur lederne Schutzkleidung und bestenfalls einen offenen Helm. Die Fußkämpfer sind die, die sterben werden,
denn die Ritter, vor allem die höheren Standes, waren nicht nur
viel besser geschützt, sondern man versuchte sie auch lebend zu
fangen, um Lösegeld erpressen zu können. Das Fußvolk hingegen
konnte man ohne viel Federlesens niederreiten. Nach der Schlacht
von Bouvines wurden, weil es um viel Geld ging, Gefangenenlisten
und Lösegeldverzeichnisse angelegt, in denen an die dreihundert
Teilnehmer namentlich erfasst sind. Bis auf vier Ausnahmen handelt es sich nur um Ritter.

So wie die europäischen Ritter die Waffen- und Kleiderformen
von den jeweiligen Nachbarn übernahmen, so wanderten auch die
Bezeichnungen dafür. Der schon im Nibelungenlied erwähnte Begriff *helvaz* für einen Helm zum Beispiel hielt sich auch in anderen
Sprachen, wie man am englischen *helmet*, französischen *heume*,
italienisch *elmo* und spanischen *yelmo* sehen kann. Ebenso gab es
Mischformen. Das die Beine schützende eiserne Ringgeflecht hieß
isenhosen oder auch *iserkolzen*, worin das italienische *calze* für
Strümpfe steckt. Dem neben Walther von der Vogelweide berühmtesten Dichter Wolfram von Eschenbach verdanken wir durch einen Leseirrtum das Wort *harnisch*, das im Deutschen die gesamte
eiserne Rüstung des Kriegers bezeichnete, im französischen *har-
nois* jedoch die Ausrüstung des Pferdes meinte. Im Verlauf der
102 Herrschaft Kaiser Friedrichs II. und des heiligen Ludwigs von

Frankreich entstanden jene Leitbilder, die die Ritterschaft in Europa im ganzen 13. Jahrhundert als Orientierung empfand.

Am frühen Nachmittag jenes Blutsonntages standen sich die Krieger beider Herrscher auf einer anderthalb Kilometer breiten Front gegenüber. Das französische Heer war in den üblichen drei Schlachthaufen formiert: In der Mitte stand das Fußvolk, die Reiterei rechts und links an den Flanken. König Philipp befand sich mit einer Reiter-Reserve hinter dem Fußvolk. Ihn umgaben die Ritter seiner Leibgarde. An seiner Seite befand sich die «Oriflamme», eine feuerrote, mit goldenen Sternen durchsetzte, seit 1124 erstmals ins Feld geführte, dann über Jahrhunderte gebräuchliche Kriegsfahne der französischen Könige. Der Name rührte vom lateinischen *aurea flamma* – goldene Flamme her. Das Banner, das man als heiliges Objekt in Saint-Denis, der vornehmsten Grablege der französischen Könige, verwahrte, war nicht einfach ein Erkennungszeichen, sondern demonstrierte die Gegenwart des Heiligen Dionysius, des Schutzpatrons des Königreichs, auf dem Schlachtfeld. Ein guter Beistand, wie sich zeigen sollte.

Das gegnerische Heer Kaiser Ottos war wie das französische formiert: links flandrische und deutsche Ritter unter dem Kommando des Grafen von Flandern, Kaiser Otto mit sächsischen Rittern, von denen einige schon die Seite gewechselt hatten, im Zentrum hinter den Fußknechten, rechts dann die Reiterei, die von den Grafen von Boulogne und von Salisbury angeführt wurde. Auch Otto hatte ein hochsymbolisches Feldzeichen mit dabei: Auf einem Fahnenwagen befand sich ein Adler mit goldenen Schwingen auf einer Stange, der den *honor imperii*, die Ehre des Reiches, anzeigte. Darunter blähte ein Stoffdrachen, der in der anglo-normannischen Tradition entstanden war, Schwanz und Flügel im Winde.

Die Schlacht begann, als die Franzosen auf dem rechten Flügel einhundertfünfzig berittene Knechte gegen die flandrischen Ritter vorschickten, um diese zu beunruhigen und zu verwirren. Da Ritter es eigentlich erwarteten, gegen ihresgleichen zu kämpfen, entbrannte anfänglich ein eher unübliches Gefecht. Im Zentrum schickte Otto dann seine Fußknechte vor, die den französischen an Zahl und Erfahrung überlegen waren. Das Ziel des Kaisers be- 103 stand darin, an König Philipp heranzukommen, ihn zu fangen oder sogar zu töten. Tatsächlich konnte das französische Fußvolk gewaltig bedrängt werden, was Philipp mit der Reiter-Reserve zum Eingreifen zwang. Deutschen Fußknechten gelang es sogar, König Philipp vom Pferd zu ziehen. Nur mit mutigstem Einsatz rettete seine Leibgarde dem französischen König das Leben. Nun begannen die französischen Ritter das welfisch-deutsche Fußvolk zu überwinden und ihrerseits zum Angriff auf das Zentrum der Front Ottos überzugehen. Auch auf den rechten und linken Flügeln errangen die französischen Truppen zunehmend Erfolge. Es gelang ihnen sogar, die englischen Hauptkräfte einzukesseln und die Grafen von Salisbury und von Flandern gefangenzunehmen.

Im Zentrum prallten die Ritter König Philipps auf die Kaiser Ottos. Nun war es der Imperator, der in Bedrängnis geriet. Ein Ritter namens Gerhard La Trui stieß mit dem Dolch nach Ottos Brust, konnte aber die Rüstung nicht durchdringen. Beim zweiten Versuch traf er in dem Getümmel das Auge des kaiserlichen Pferdes. Das Streitross bäumte sich vor Schmerz auf und brach dann tot zusammen. Der gestürzte Otto schwang sich auf sein zweites frisches Pferd. Wilhelm des Barres versuchte zweimal vergeblich, den Imperator am Hals zu packen. Da Otto nun, wie Wilhelm der Bretone meint, «den Kampfesmut der Ritter Frankreichs nicht länger ertrug», wandte er sich zur Flucht und entschied damit letztlich die Schlacht. Lediglich auf dem rechten Flügel kämpfte Graf Rainald von Boulogne noch einen aussichtslosen Kampf. Er hatte sich mit einem Kreis von siebenhundert Fußknechten, den berüchtigten Brabanzonen, echten Nahkampfspezialisten und Söldnern aus Leidenschaft, umgeben. Nachdem diese jedoch fast alle getötet worden waren, musste auch er sich ergeben. Die Schlacht hatte nur wenige Stunden gedauert, doch war es genug Zeit für ein gewaltiges Gemetzel. Die Verluste waren erheblich. Das Heer König Philipps hatte etwas weniger, dasjenige Ottos hingegen mehr als eintausend Tote zu beklagen.

Als besonders bemerkenswert notierte Wilhelm der Bretone, dass auf der Seite des Kaisers eine neue Art von langen, dreikantigen Dolchen zum Einsatz kam, mit denen man an manchen Stellen, besonders an den Gelenken, einen Ritterpanzer durchstoßen konnte. Unmittelbar an der Seite des französischen König kämpfend wurde mit einer solchen Waffe Stephan von Longchamp durch die Augenklappe hindurch tödlich getroffen. Wilhelm weiter: «Der Wagen, auf dem die Fahne angebracht war, wurde zertrümmert, der Drachen heruntergerissen und zerstört, und der goldene Adler wurde mit ausgerissenen und gebrochenen Flügeln vor dem König niedergelegt.» Im Sinne eines vollständigen Triumphes geriet so der Reichsadler, das Feldzeichen Ottos IV., in die Hände des französischen Königs, den man fortan mit Beinamen «Augustus» nannte. Die gebrochenen Schwingen des Adlers ließ der König später reparieren und übersandte die Trophäe an König Friedrich II.[16]

Die Auswirkungen dieser Schlacht waren weitreichend und betrafen alle Parteien: Die schwere Niederlage der englisch-welfischen Verbündeten in der Schlacht von Bouvines besiegelte erstens die Niederlage Kaiser Ottos IV. in der Auseinandersetzung mit dem sizilischen Gegenkönig Friedrich. Die der Schlacht bald folgende erneute Krönung Friedrichs II. zum König im Jahr 1215 beendete die siebzehn lange Jahre währende Zeit des Doppelkönigtums und der damit zusammenhängenden bürgerkriegsähnlichen Wirren im Reich. Ein anderer Ausgang der Schlacht hätte womöglich den Aufstieg Friedrichs schlagartig beendet und Kaiser Otto in eine unangreifbare Position der Stärke versetzt. Mit dem Sieg von Bouvines gelang es zweitens dem französischen König Philipp II., in seinen Kronlanden die Macht des Königtums weiter zu stärken und die der Thronvasallen zurückzudrängen. Die englischen Positionen auf dem Festland gerieten unter Druck. Und drittens musste König Johann I. in England wegen der empfindlichen Niederlage den Adligen und Bürgern weitgehende Rechte und Freiheiten zugestehen, wie etwa die Kontrolle der Krone durch einen Rat gewählter Barone und eine Bindung an die Gesetze. So nahm mit der auch wegen Bouvines erlassenen Magna Charta von 1215 die Entwicklung der englischen Monarchie zu einem Verfassungsstaat ihren Anfang.

Der «Staufer»

Nach der erstaunlichen Wende in den Kräftekonstellationen als Ergebnis der großen Schlacht von Bouvines konnte Friedrich von Südwesten aus in niederrheinische Gebiete vorstoßen, die schon länger der welfischen Partei angehörten. Mitte August 1214, drei Wochen nach dem Blutsonntag von Bouvines, überschritt ein staufisches Heer die Mosel in Richtung Norden mit dem Ziel, Aachen einzunehmen. Friedrichs Truppen benahmen sich genauso wie alle Heere, wenn sie in feindliches – mitunter auch befreundetes – Gebiet einfielen: Sie plünderten, brandschatzten, töteten. Das war eine allgemeine Gepflogenheit und führte in bürgerkriegsähnlichen Situationen, wie sie zeitweise im Thronstreit herrschten, zu ungeheuren wirtschaftlichen und demographischen Verlusten. Der Kriegslärm machte erheblichen Eindruck: Neben einigen Grafen vom Niederrhein unterwarfen sich Friedrich auch ehemalige Kampfgenossen Kaiser Ottos, wie die Herzöge Heinrich von Brabant und Heinrich von Limburg. Die *Annales S. Pantaleonis Coloniensis*, die Jahrbücher aus dem Kölner Kloster Sankt Pantaleon, melden über den Sommerfeldzug des Jahres 1214: «Zu derselben Zeit überschritt Friedrich, König von Sizilien, mit einem sehr starken Heer die Mosel und brachte durch den Schrecken, der vor ihm herging, die Edlen des dortigen Landes auf seine Seite. Hierauf überschritt er die Maas und zog gegen den Herzog von Brabant. Dieser, durch seine schnelle Ankunft erschreckt, kam demütig bittend zu ihm, versprach Treue und stellte außerdem seinen Sohn und andere edle Männer als Geiseln.» [17]

Das feste Aachen jedoch konnte nicht genommen werden. Erst ein Jahr später sollte Friedrich feierlich in die symbolisch so hoch aufgeladenen Mauern einziehen. Aachens außergewöhnliche Bedeutung für das römisch-deutsche Königtum rührte aus der Zeit Kaiser Karls des Großen (768–814) her, der am Ende des 8. Jahrhunderts die Pfalz ausbauen ließ und dort residierte. Zum Komplex gehörte das vom Kaiser gegründete Marienstift, in dessen Kirche, dem bedeutendsten Großbau seiner Regierung, mühsam nach Norden transportierte antike Säulen aus Italien ehrwürdige

106

Legitimität schaffen sollten und in deren Altarbereich Karl in seinem Todesjahr 814 auch bestattet wurde. Im Hochmünster der Marienkirche befindet sich ein als Thron Karls des Großen angesehener Steinsessel. Mit Kaiser Otto dem Großen begann der Brauch der römisch-deutschen Könige, diesen Thron in die Krönungsrituale einzubeziehen. Dieser Tradition haben sich bis 1531 dreißig Könige verpflichtet gefühlt, die bekrönt auf ihm Platz nahmen. Als Friedrich I. Barbarossa die Gebeine Karls des Großen zu denen eines Heiligen erheben ließ, verstärkte sich sowohl die Bedeutung des Ortes als auch die des Thrones im Sinne einer Berührungsreliquie noch weiter. Reichsrechtlich wurde Aachen sogar als Krönungsstätte in einer später erlassenen Urkunde, der Goldenen Bulle Kaiser Karls IV. von 1356, festgesetzt. Das war zwar lange nach König Friedrichs Zeit, doch hatte sich die Vorstellung, dass Aachen der rechte Ort der Krönung sei, schon lange vorher ausgeprägt. Eine erneute Krönung Friedrichs an dieser Stelle musste also dem Sizilianer einen weiteren Legitimationsschub verschaffen.

Im Sommer des Jahres 1215 erschien Friedrich erneut am Niederrhein. In Aachen, das noch ein Jahr zuvor seinen Lanzen getrotzt hatte, gelang es nun einer kaiserfreundlichen Fraktion, das Regiment zu übernehmen. Angeblich hat diese Gruppe sogar die Anhänger Ottos innerhalb der Stadt einschließen und die von ihnen errichteten Sperrwerke an den Stadttoren einreißen können. Am 24. Juli konnte Friedrich in Aachen einziehen, «der Hauptstadt und dem Sitz des deutschen Königtums», da «zuerst in dieser Stadt, die nach Rom allen Städten und Landen voranleuchtet, die römischen Könige geweiht und gekrönt werden» – so heißt es in einer Urkunde Friedrichs. Am 25. Juli wurde er in der alten Kaiserstadt erneut zum *rex Romanorum* gekrönt. Und wieder trat der Erzbischof von Mainz, Siegfried II. von Eppstein, als Koronator auf. Die *Annales S. Pantaleonis Coloniensis* berichten weiter: «An demselben Tag (am Tag vor dem Fest des heiligen Jakobus) kam König Friedrich von Sizilien mit mehreren Fürsten und den Edlen aus ganz Lotharingien nach Aachen und wurde tags darauf, also am Fest des heiligen Jakobus, von Siegfried, dem Legaten des apostolischen Stuhls – denn in Köln war kein Erzbischof – zum König

Der König mit dem Hammer: Nach der Heiligsprechung Karls des Großen im 12. Jahrhundert ließen die Aachener einen neuen Schrein für die zukünftige Aufbewahrung der sterblichen Reste des Kaisers anfertigen. Der zwei Meter lange Eichenholzkasten des Aachener Karlsschreins, der mit überaus kostbar gearbeitetem, vergoldetem Metall beschlagen wurde, zeigt neben dem Heiligen sechzehn ausgewählte Kaiser und Könige, darunter auch Friedrich von Sizilien. Der junge König vernagelte am 27. Juli 1215 mit dem Hammer eigenhändig diesen Schrein, um sich auch durch diese rituelle Handlung in die Tradition des heiligen Karl zu stellen.

gesalbt und auf den königlichen Thron gesetzt.»[18]

Der Krönung, die nur einen Teil einer ganzen Serie von rituellen Handlungen darstellte, folgten während Friedrichs Aufenthalt in Aachen zwei weitere hochsymbolische Rituale: zunächst ein Kreuzzugsschwur, sodann die eigenhändige Schließung eines Heiligenschreins. Schon ein halbes Jahrhundert zuvor, im Jahr 1165, hatte Friedrich I. Barbarossa die Erhebung der Gebeine Karls des Großen und eine damit verbundene Heiligsprechung, ebenfalls am Davidstag, dem 29. Dezember, in Szene setzen lassen. Es ging um die Idee, Karl den Großen als einen «Reichsheiligen» für das mittelalterliche Imperium Romanum zu etablieren. Die Heiligsprechung Karls des Großen stützte die Bemühungen Friedrichs I. Barbarossa um die «Gottunmittelbarkeit des Kaisertums, um die Eigenständigkeit der weltlichen Herrschaft, um eine vom Papsttum unabhängige und dennoch religiös fundierte Legitimation der kaiserlichen Würde». Im Anschluss an die Erhebung begann sich um den heiligen Karl ein differenziertes Kultsystem zu entwickeln, das auf dem Gebiet des mittelalterlichen Reiches über einhundert Verehrungsstätten ausprägte.[19]

Friedrich von Sizilien knüpfte ganz bewusst an diese Begebenheiten an. Als Enkel Friedrichs I. Barbarossa wollte er während seines Krönungsaufenthaltes in Aachen 1215 mit einer erneuten Schreinlegung der Gebeine des heiligen Karl kundtun, dass er sich als mehr als ein Amtsnachfolger Karls des Großen begriff. Zwei Tage nach seiner Königskrönung im Aachener Münster 1215 griff er am 27. Juli 1215, dem ersten Jahrestag der Schlacht von Bouvines, selbst zum Hammer. Der Kleriker Rainer von Lüttich (1157–1230) berichtete: «Am zweiten Feiertag nach der feierlichen Messe ließ der König den Leichnam des heiligen Karls des

Großen, den sein Großvater Kaiser Friedrich aus der Gruft erhoben hatte, in einen höchst prachtvollen Sarkophag, den die Aachener hergestellt hatten und der mit Gold und Silber beschlagen ist, beisetzen. Er selbst legte seinen Mantel ab, nahm einen Hammer, erstieg mit dem Werkmeister das Gerüst und schlug vor aller Augen zusammen mit dem Meister die Nägel des Schreins fest.» Die Botschaft des Rituals für die Öffentlichkeit lautete wie schon bei seinem Großvater: Nicht nur schlechthin Nachfolger bin ich, sondern Nachfahre aus dem Samen des heiligen Karl! Die Sorge um die Gebeine ist meine persönliche, selbstverständliche Pflicht, die ich demutsvoll erfülle. Und schon wie der große Karl und wie Barbarossa, so nehme auch ich das Kreuz, denn Kreuzzüge zum heiligen Grab zu führen, war und ist Aufgabe eines wahren Kaisers! So bildeten der Steinthron und die Gebeine Karls des Großen mit der Kreuznahme eine Legitimationstrias, die Friedrich zum unanfechtbaren zukünftigen *imperator Romanorum* emporheben sollte. [20]

Doch darf man sich all diese Rituale nicht als schon lange vorher ausgetüffteltes Programm vorstellen, sondern eher als ein pragmatisches Taktieren, das auf tagespolitische Herausforderungen antwortete und zudem von jenen Interessenträgern mit beeinflusst worden ist, die am politischen Werdegang Friedrichs beteiligt waren. Der sizilische König war am ersten Ziel seines Strebens angelangt: Er galt 1215 weithin als ein allgemein anerkannter, nun auch am rechten Krönungsort zum Herrscher geweihter und gekrönter

König der Römer, der nur noch warten musste, bis sich die letzten Reste der Macht seines Gegners in Wohlgefallen auflösen würden.

Der Triumphator auf dem Weg nach Rom

Friedrichs großer Förderer und früherer Vormund auf dem Apostelthron, Papst Innozenz III. Conti, starb überraschend im Juli 1216 mit sechsundfünfzig Jahren. Noch kurz vor seinem Tode hatten jedoch schon Verhandlungen mit dem *protector* und *benefactor noster* über Friedrichs Krönung zum Kaiser begonnen. Im Frühjahr 1216 erschien deshalb der päpstliche Legat Petro Sasso (gest. 1219), Kardinal von Santa Pudenziana, in Deutschland, um die leidige Frage des künftigen Verhältnisses von Imperium und Kaiser zum Königreich Sizilien noch einmal zu klären. Diese war eigentlich in Verbindung mit den weitreichenden Zugeständnissen an den Papst schon im Juli 1213 thematisiert worden, als Friedrich in Eger Versprechungen erneuerte, die vier Jahre zuvor Kaiser Ot-

to IV. der Römischen Kirche gegeben hatte. In diesem als «Goldbulle von Eger» bekannten Dokument hatte Friedrich gelobt, auf wichtige Gebiete in Mittelitalien, wie das Herzogtum Spoleto oder die Mark Ancona, sowie weitere Rechte zugunsten des Kirchenstaates zu verzichten. Bei der Zeugennennung war peinlich genau auf die Trennung zwischen Regnum und Imperium geachtet worden, so dass Erzbischof Berard und der Konstabler des Königreichs Sizilien, Gualterius Gentilis, aus einer zweiten Fassung wieder gestrichen wurden. In Straßburg wurde am 1. Juli 1216 in Anwesenheit des Kardinallegaten von Santa Pudenziana dem Papst ein Versprechen gegeben, das Friedrich jedoch nie einlöste. Sofort nach seiner Kaiserkrönung, so ließ er nun beurkunden, wolle er seinem Sohn das Königreich Sizilien als päpstliches Lehen übergeben und selbst auf die sizilische Königswürde verzichten: «König von Sizilien werden wir weder sein noch von nun an uns so nennen.» Als Grund gab Friedrich in der Urkunde an, es solle nicht der Eindruck aufkommen, es gebe zu irgendeiner Zeit irgendeine Form der *Unio regni ad imperium* – der Einheit des sizilischen Reiches mit dem Kaiserreich, die sowohl dem apostolischen Stuhl als auch den Erben zum Nachteil gereichen könne.[21]

Das war herrlich gelogen! Denn nicht nur, dass Friedrich zeitlebens weiter die sizilische Königskrone trug, nein, zum Zeitpunkt des Straßburger Versprechens liefen schon Vorbereitungen, seinen erstgeborenen Sohn Heinrich aus Sizilien nach Deutschland holen und ihn hier zum römisch-deutschen König krönen zu lassen. Die engen Vertrauten des Königs, Erzbischof Berard von Palermo (gest. 1252) und der mit den Staufern sogar ganz entfernt verwandte Graf Albrecht von Everstein (gest. 1217), waren schon längst unterwegs, um das Geleit von Frau und Kind zu sichern.

Actum in capella: Bei seinem ersten Aufenthalt nördlich der Alpen von 1212 bis 1220 hielt sich Friedrich auch mehrmals in der alten und bedeutenden Kaiserpfalz Eger auf, wo auch sein Großvater Friedrich I. Barbarossa Hoftage abgehalten hatte. In der heute zu Tschechien gehörenden Stadt Cheb existieren noch bedeutende Reste der einst mächtigen Anlage. In der Doppelkapelle ließ Friedrich im Juli 1213 die als «Goldbulle von Eger» bekannte Urkunde ausstellen. Nur ganz selten wurden in mittelalterlichen Urkunden neben dem Ort der Verhandlungen auch spezielle Gebäude genannt, so wie hier: «Actum in capella in castro Egre – Geschehen in der Kapelle der Burg zu Eger».

Vielleicht waren Mutter und Sohn sogar schon auf See von Messina aus in Richtung Kalabrien, als Friedrich sein falsches Versprechen gab. Die letzte im Süden ausgestellte Urkunde der beiden stammt jedenfalls vom Juni 1216.

Eine kleine Flottille von sechs Galeeren transportierte die Hofgesellschaft über die Straße von Messina an die Küste Südkalabriens. In der Nähe der Abtei von Santa Eufemia ging man kurz vor Anker. Hier trennten sich die Wege von Mutter und Sohn für einige Monate. Konstanze von Aragón ging an Land und zog mit einer Begleitung nach Norden, um noch einigen ihrer repräsentativen Pflichten als Regentin des Königreichs Sizilien nachzukommen. Ihr Sohn fuhr jedoch mit den Galeeren weiter, die nun strikt Nordwestkurs steuerten. In Genua, vielleicht auch schon in Pisa, ging man an Land. In Oberitalien kamen Mutter und Sohn wieder zusammen und trafen spätestens Anfang Dezember 1216 in Nürnberg am Hof Friedrichs ein. In der alten Kaiserburg, die sich noch heute machtvoll über der Stadt erhebt, sah Friedrich endlich seinen mittlerweile fünfjährigen Sohn wieder.

In welcher Atmosphäre das Wiedersehen zwischen den Eheleuten verlief, kann man nur vermuten. Möglicherweise war sie so frostig wie das Wetter zu dem Zeitpunkt. Friedrich hatte in den Jahren seines ersten nordalpinen Aufenthaltes mit der schwäbischen Adligen Adelheid, die vielleicht sogar seine Spielfreundin aus den Kindertagen am Hof in Foligno gewesen war, ein Liebesverhältnis begonnen. Aus dieser Beziehung zu Adelheid gab es inzwischen einen Sohn, den Friedrich der Einfachheit halber auch Heinrich nannte, aber in seiner Koseform «Heinz». Später sollte dieser Heinz – in der italienischen Form Enzio geheißen – in der Politik des Vaters eine wichtige Rolle spielen. Zum Zeitpunkt des Wiedersehens der Eheleute ging Adelheid gerade mit der späteren Tochter Katharina schwanger. Zwei Frauen, zwei Söhne namens Heinz und ein noch ungeborenes außereheliches Kind – so richtige Familienharmonie eines lange getrennten Paares wollte sich da bestimmt nicht einstellen. Doch folgen Beziehungen der Hocharistokratie bis in unsere Tage ohnehin völlig anderen Regeln, und Friedrich bildete da keine Ausnahme.

112

In den nächsten Jahren tauchte der erstgeborene Heinrich gelegentlich in den Urkunden seines Vaters auf und wurde in den Pergamenten als *dux Suevie*, als Herzog von Schwaben, später noch als *rector Burgundie*, also als Stellvertreter des Herrschers im Königreich Burgund, genannt. Alle diese Würden verweisen auf ein Ziel: Ende April 1220 gelang es Friedrich auf dem Hoftag in Frankfurt am Main, seinen erstgeborenen Sohn zum *rex Romanorum*, zum römisch-deutschen König, wählen zu lassen. Elegant verschleiert berichtete Friedrich, den Ahnungslosen spielend, dem neuen Papst Honorius III. Savelli (1216–1227), dem er schon 1219 in Hagenau die Innozenz gegebenen Versprechungen von Eger wiederholt hatte, wie es angeblich zur Wahl gekommen war. Eigentlich habe sich Friedrich bei den Fürsten nur nach Süden abmelden wollen. Ein heftiger Streit zwischen dem Erzbischof von Mainz und dem Landgrafen von Thüringen jedoch habe den Fürsten schlagartig klargemacht, dass sie noch vor der Abreise dringend eines Herrn und Königs bedürften, wenn Friedrich selbst nicht nördlich der Alpen anwesend sei. So hätten die Fürsten eigentlich die Königswahl Heinrichs initiiert.

Vom genauen Gegenteil darf man jedoch ausgehen. Ein langes Gezerre zwischen Friedrich und den Fürsten war der Wahl vorausgegangen. Zahlreiche Versprechungen waren gemacht und viele Vergünstigungen, besonders an die geistlichen Fürsten, vergeben worden. Sie sind in einer berühmten Urkunde vom 26. April 1220 niedergelegt, die man als *Confoederatio cum principibus ecclesiasticis* bezeichnet, was man mit «Bündnis mit den Fürsten der Kirche» übersetzen könnte. Eine ganze Reihe von ehemaligen Königsrechten war in die Hände der Bischöfe gelangt, was sie nun verbrieft haben wollten. Dazu gehörte etwa der große Komplex der Münz- und Zollrechte, der zu einer erheblichen Stärkung der geistlichen Landesherrschaft führen sollte – und umgekehrt zu einer Schwächung der Königsmacht.[22]

Da der kleine König Heinrich aber noch nicht mündig war, lag die Regierungsgewalt in den Händen von Vormündern und herrschernahen Adligen, hier allen voran zuerst Engelbert I., Erzbischof von Köln (1216-1225), Ludwig, Herzog von Bayern, oder

114

Konrad, Bischof von Metz und Speyer. Friedrich ernannte Bischof Konrad am 17. April 1220 auch noch zum Generallegaten für Italien und beauftragte ihn zudem mit der Vorbereitung des Romzuges. Solche Legaten, die oft als *totius Ytalie legatus* – Beauftragter für ganz Italien – in den Urkunden genannt werden, erscheinen zu Beginn von Friedrichs Herrschaftszeit. Sie sollten als Stellvertreter des Herrschers Frieden zwischen Streithähnen stiften, Eide entgegennehmen, Rechte des Reiches geltend machen und Einkünfte einsammeln. Sie verkörperten gleichsam wie der König selbst den *honor imperii* – die Ehre des Reiches. Neben Bischof Konrad vertrat als bekanntester Legat Albrecht II., Erzbischof von Magdeburg (1205–1232), die Ehre des Reiches in Italien. Um die Herrschaftsausübung effizienter zu gestalten, traten später an die Stelle einzelner Legaten für ganz Italien mehrere Vikare für kleinräumigere Verantwortungsbereiche, wie etwa der *capitaneus generalis* der Toskana, Pandulf de Fasanella, oder Ezzelino da Romano (1194–1259), Friedrichs eigener Schwiegersohn. Mit Erzbischof Albrecht II. von Magdeburg aus dem Geschlecht der Grafen von Käfernburg verbindet sich noch eine Besonderheit: Nachdem im Jahr 1207 die alte Domkirche in Magdeburg abgebrannt war, ließ er zwei Jahre später den Grundstein für eine neue prächtige Kathedrale an der Elbe legen. An ihr sollte man zwei Jahrhunderte bauen, und sie sollte die erste Kirche auf deutschem Boden sein, die einem neuen Stil gehorcht, den Albrecht in Frankreich schon an einigen Kathedralen gesehen hatte und den man später «Gotik» nannte. Der Aufbruch in die Gotik mit seinen vielfältigen Wandlungen

in vielen Bereichen der Gesellschaft gehört zur Signatur jener Zeit nördlich der Alpen, die sich mit der Herrschaftszeit Friedrichs II. verbindet.

In relativ kurzer Zeit war es Friedrich von Sizilien gelungen, seine Stellung als ein Spielball fremder Mächte, der Barone Siziliens oder des Papstes etwa, in eine außergewöhnliche Machtposition zu verwandeln. Dabei hatte er, begünstigt durch eine Reihe glücklicher Zufälle, außergewöhnliches politisches Geschick bewiesen sowie einen ausgeprägten Sinn für die Bedeutung von Ritualen und Gesten gezeigt. Hatten die drei Sarkophag-Rituale in Speyer, Palermo und Aachen zunächst dabei helfen sollen, symbolisch die Herkunft Friedrichs zu klären und seine Herrschaftslegitimation zu stärken, so brachte die praktische Politik gegenüber Papst und Fürsten in den Jahren nach 1215 die gesicherte Nachfolge ein. Aus dem *chint von Pülle*, angewiesen auf fremdes Geld und fremde Waffen, war der anerkannte *rex Romanorum* geworden. In dieser Hinsicht abgesichert konnte es in die Zukunft gehen: das Römische Kaisertum rief nach ihm.

4

Der Kaiser

Die Kaiserkrönung in Rom 1220

ine tief stehende und milde Spätherbstsonne schien auf die Teilnehmer des Krönungszuges, der am Tag der heiligen Caecilia im Jahre der Fleischwerdung des Herrn 1220 den jungen Monarchen und seine Gemahlin Konstanze auf ihrem Weg durch die Leostadt zur alten Petersbasilika begleiteten. Die Luft war erfüllt von Weihrauchschwaden, Hufschlag und Geschrei sowie den Männerstimmen, die die Bibelzeile aus dem Lukasevangelium sangen: «*Ecce mitto angelum meum...* – Siehe, ich sende meinen Engel vor deinem Angesicht her, der da bereiten soll deinen Weg vor dir.» Die Strahlen der Sonne fingen sich in den kostbaren Gewändern der Teilnehmer, den glänzenden Stoffen und Geschmeiden, den Geschirren der Pferde und der blanken Klinge des Schwertes, das der Stadtpräfekt von Rom der Prozession vorantrug. Sonnenbestrahlt funkelte auch das prachtvolle Mosaik, das den gesamten oberen Teil der Kirchenfassade von Sankt Peter schmückte. Festlich war zudem der Termin, denn im Mittelalter legte man besonderen Wert darauf, Krönungen an hohen kirchlichen Feiertagen, zumeist an den Festsonntagen des Kirchenjahres, vorzunehmen. Der heiligen Caecilia gedachte man im Kirchenjahr am 22. November, der im Krönungsjahr Friedrichs auf den letzten Sonntag vor dem Ersten Advent fiel. Am Eingang von Sankt Peter stieg der junge Monarch vom Pferd und begrüßte demutsvoll den auf ihn wartenden Papst inmitten seiner Kardinäle. Vor dem Eintritt in die Peterskirche durchschritt er das Atrium, einen besonderen Eingangsbereich, den es heute nicht mehr gibt und wo einst rechterhand in einem Sarg mit einem gewaltigen Deckel aus Porphyr die Gebeine Kaiser Ottos II. ruhten. Von der alten Peters-

116

kirche gibt es nur noch hier und da versteckt wenige Fragmente. Die fünfschiffige Basilika aus der Zeit Kaiser Konstantins des Großen mit ihren vielen Altären und Erinnerungsstücken wurde im 16. Jahrhundert vollständig abgerissen und bis in das 17. Jahrhundert hinein durch einen gewaltigen Neubau ersetzt, den man noch heute bestaunen kann. Als ein König hatte Friedrich die milde Novembersonne dieses Tages aufgehen sehen, als ein Kaiser würde er ihr Sinken beobachten.[1]

Der zukünftige Imperator Romanorum war erst kurz zuvor mit einem kleinen Heer von Norden kommend an dem der eigentlichen Stadt Rom vorgelagerten und separat ummauerten päpstlichen Bezirk rings um Sankt Peter eingetroffen. In Sichtweite des Vatikans hatte er wie schon viele seiner Vorgänger am Monte Mario auf den Neronischen Wiesen sein Lager aufschlagen lassen. Noch bevor alle Zelte aufgestellt waren, verhandelten Delegationen des Papstes und des jungen Herrschers intensiv, etwa um die alte Streitfrage des staatsrechtlichen Verhältnisses Siziliens zum Reich oder um reiche Besitzungen in der Toskana. König Friedrich sicherte dem neuen Papst Honorius III. Savelli (1216–1227) die immerwährende Trennung von *regnum* und *imperium* zu, und der Papst wollte ihm glauben. Zwar hätte er aus Erfahrung wissen können, dass den Versprechungen nicht recht zu trauen war, aber ihm waren im Augenblick andere Dinge wichtiger; ein baldiger Kreuzzug unter Friedrichs Führung etwa stand ganz oben auf seiner Wunschliste. Deshalb gab er sich mit Zusicherungen zufrieden.

Von seinem Lager am Monte Mario zog der zukünftige Kaiser mit seinem Gefolge am Krönungssonntag bergab in Richtung Vatikan auf der alten Via Triumphalis, die als ein Abzweig der jahrhundertelang benutzten Pilgerstraße Via Francigena damals noch durch eine kahle Wiesenlandschaft führte. Heute herrscht hier quirlige Urbanität. An einem schmalen, heute nicht mehr existierenden Graben mit einer kleinen Brücke, die man *ponticellum* nannte, waren vom Herrscher zunächst vor Zeugen ritualisierte Schwurformeln zu leisten, wie etwa, dass er die guten Gewohnheiten der Römer immer achten wolle. In den seit dem 9. Jahrhundert ummauerten Vatikan zog der König mit seinem Gefolge durch die

Porta Collina ein, ein heute ebenfalls nicht mehr existierendes Tor, durch das man in der Nähe des Castel Sant'Angelo, der Engelsburg, die nördliche Schutzmauer der Leostadt passieren konnte. Hier empfing ihn ehrenvoll der Stadtklerus im Prachtornat, Kreuze tragend und Weihrauchfässer schwenkend. Ein Teil jener Mauer, die Friedrich durchreiten musste, existiert noch heute zumindest im Verlauf, weil man ihr am Ende des 13. Jahrhunderts einen zusätzlichen Zweck zuwies: Die Mauer trug nun einen gedeckten Fluchtweg zwischen dem Papstpalast und dem Castel Sant'Angelo am Tiber und heißt deshalb *passetto di borgo*.[2]

Von der eigentlichen Krönungszeremonie ist leider kein direkter zeitgenössischer Bericht erhalten. Erst später verfasste Chroniken wie die des Salimbene von Parma oder des Giovanni Villani berichten davon. So kann man nur vermuten, dass bei der Krönung Friedrichs die Rituale den *ordines* – den Krönungsordnungen – entsprachen. Sicheres wissen wir jedoch nicht. Alle farbenfroh ausgemalten Darstellungen von den Krönungsritualen Friedrichs in Rom aus dem 19. oder 20. Jahrhundert sind fiktiv. Sie beruhen auf der Annahme, dass man 1220 im Grunde die gleichen Rituale vollzog, wie ein Jahrhundert später bei den Krönungen der Kaiser Heinrich VII., Ludwig IV. oder Karl IV. Das könnte stimmen, muss im Detail jedoch nicht so gewesen sein, neigen doch die Mächtigen zu allen Zeiten mitunter auch zur Improvisation oder begründen durch Abweichungen vom Protokoll neue hierarchische Verhältnisse. Ob man auf oder vor dem Teppich zu stehen kam, war auch schon im Mittelalter höchst wichtig. Andererseits gab es einige grundlegende Krönungsrituale, die man in fast allen Krönungsordnungen wiederfindet, so dass man mit der Annahme nicht ganz falsch liegt, dass sie auch bei Friedrichs glanzvollem Tag so vollzogen wurden.[3]

Zu den Details der Krönungsordnungen, die man zu Beginn des 13. Jahrhunderts herangezogen haben dürfte, gehört zunächst, dass der zukünftige Kaiser vom Klerus unter Gesängen durch das dichte Gedränge der Schaulustigen bis an die Stufen des Atriums von Sankt Peter geleitet wurde, wo der Papst wartete. Nach der gegenseitigen Begrüßung, nach Fußkuss und einem Goldopfer an

118

den Pontifex schritt der zukünftige Imperator zu der kleinen, vom Atrium aus erreichbaren Kirche Santa Maria in Turri, schwor hier vor Gott weitere Eide zum Schutz des Papstes und der heiligen Römischen Kirche. Dann erfolgte die Aufnahme des Herrschers in die Bruderschaft der Kanoniker von Sankt Peter. Das bedeutet, dass der zukünftige Kaiser nun auch kirchliche Weihen erhielt und damit bei der Messe dem Papst assistieren konnte. Den mehrtorigen Petersdom betrat der Herrscher durch das als Silberne Pforte bezeichnete Tor, absolvierte mehrere Stationen, an denen er Gebeten zuhörte und rituell antwortete. Dann zog sich der Herrscher um. Erst jetzt wurden die eigentlichen Krönungsgewänder angelegt. Während all dieser Handlungen standen Kardinäle und Bischöfe dem Herrscher zur Seite. Der Papst war nach der Begrüßung schon zum Hauptaltar von Sankt Peter geschritten und verharrte dort betend.

Zum Grundbestand der Rituale gehörte außerdem eine Salbung des zukünftigen Imperators. Dabei handelte es sich um die aus dem Alten Orient stammende Sitte, dem Herrscher durch Benetzen mit geweihtem Öl eine besondere Nähe zu Gott zu vermitteln. Für die abendländischen Vorstellungen von der sakralen Kraft der Salbung dienten die biblischen Könige David und Salomo als Vorbilder. Bei der Kaiserkrönung wurde der zukünftige Imperator in Kreuzesform zwischen den Schulterblättern und am rechten Arm vom Ellenbogen bis zum Handgelenk mit dem heiligen Öl bestrichen. Dies geschah traditionell am Mauritiusaltar in der alten Peterskirche, und zwar nicht durch den Papst. Friedrichs Salbung vollzog Hugolinus, Kardinalbischof von Ostia. Der verfügte persönlich schon über Erfahrungen damit, denn im Oktober 1209 hatte er bei der Kaiserkrönung Ottos IV. ebenfalls seines Amtes gewaltet und den zukünftigen Kaiser gesalbt. Mit Hugolinus sollte Kaiser Friedrich später noch gewaltigen Ärger haben, denn dieser Neffe Innozenz' III. wurde nach dem Tode von Papst Honorius III. als Gregor IX. Conti (1227–1241) selbst zum Papst gewählt. Doch noch handelte man in Eintracht.

Höhepunkt der sich über Stunden hinziehenden Rituale und Zeremonien war die eigentliche Krönung, die traditionell an dem über dem Grabe Petri errichteten Altar stattfand. Der Papst empfing den zukünftigen Kaiser und beide feierten die Messe. Dann setzte der Pontifex dem Herrscher unter Weiheworten zuerst eine Mitra und darüber eine Krone auf. «So nimm das Zeichen der Ehre, das Diadem der Herrschaft, die Krone des Reiches, im Namen des Vaters, des Sohnes und des Heiligen Geistes ...», lauten dabei die Worte des Papstes gemäß dem *ordo*. Dann wurden dem Imperator zuerst das Zepter und der Reichsapfel, etwas später ein gezücktes Schwert zur Verteidigung der Kirche übergeben. Nun folgten noch eine Reihe von Formeln, Gebeten, Hymnen: «Unserem Herrn, dem unbesiegbarsten Kaiser der Römer und allzeit Erhabenen Heil und Sieg!» Damit das auch tatsächlich eintraf, bat man singend zuerst Christus, den *Salvator mundi*, und Maria sowie drei Erzengel, drei Apostel, drei Märtyrer, drei Bekenner und drei Jungfrauen namentlich um ihre Hilfe. Nach dem *Kýrie eléison* nahm der neue Kaiser Mantel und Krone wieder ab und legte dem Papst erneut Gold zu Füßen. Dann zelebrierte der Papst weiter die Messe, bei der der Imperator nun wie ein Subdiakon ministrierte, also den Kelch hielt, die Kommunion empfing und erneut mit den Insignien bekleidet auf einem Ambo Platz nahm. Die amtliche Krönungsordnung besaß noch einen Zusatz für den Fall, dass auch eine Kaiserin zu krönen sei. Die Rituale für die zukünftige Imperatrix folgten mit geringen Abweichungen denjenigen für den Kaiser. Was aber mit Konstanze tatsächlich geschah, während die Handlungen an Friedrich vollzogen wurden, wissen wir nicht genau.[4]

Mögen die Krönungszeremonien bei Friedrichs Erhebung in groben Zügen den Gepflogenheiten sowohl am Altar über dem Petrusgrab als auch am Mauritiusaltar gefolgt sein, eine besondere zusätzliche Handlung ist für die Krönung des Sizilianers konkret belegt. Wie schon bei der Krönung zum König in Aachen 1215 nahm Friedrich erneut, nun als Kaiser, das Kreuz, diesmal aus der Hand des Kardinals, der ihn auch gesalbt hatte: Hugolinus. Damit verpflichtete sich Friedrich noch einmal zu einem Kreuzzug. Gemeinsam mit dem Kaiser gelobten im Übrigen eine ganze Reihe von anwesenden Fürsten und Edelleuten die Kreuzfahrt, so zumindest schrieb der Papst einige Tage später an den Erzbischof von

Mainz. Nun war die Kreuzzugsbewegung erneut demonstrativ zu einer programmatischen Aufgabe des Kaisertums geworden. Anschließend sicherte der frisch geweihte Kaiser der Kirche Rechte zu, die als Krönungskonstitutionen im ganzen Reich Geltung haben sollten. Diese zehn Gesetze ließ der Kaiser den Fürsten und Völkern seines Reichs verkünden und befahl den Rechtsgelehrten in Bologna, sie in ihre Rechtssammlungen einzutragen. Sie sollten ewige Geltungskraft behalten. Und das taten sie auch – fast zumindest: In den Korpora des Römischen Rechts blieben sie hinter den Gesetzen seines Großvaters Friedrich I. Barbarossa als Bestandteile enthalten und verewigten so beider Namen als Recht setzende Herrscher in der Tradition des Römischen Kaisers Iustinian (527–565). Kaiser Karl IV., ohnehin sehr oft als Nachahmer Friedrichs II. aktiv, erließ anderthalb Jahrhunderte später zunächst als König und dann noch mehrmals als Kaiser eine ganze Reihe umfangreicher Kirchenschutzprivilegien, die man als *Constitutio Karolina super libertate ecclesiastica* – also als «Karolinisches Gesetz über die kirchliche Freiheit» bezeichnet. Darin nahm der Luxemburger thematisch und einmal sogar wortwörtlich auf die in der Petersbasilika erlassenen Gesetze Kaiser Friedrichs II. Bezug. Im Schreiben an den König von Dänemark und weitere Fürsten des Nordens ließ Karl die vom Krönungstag Friedrichs stammende Urkunde seines Vorgängers «die beginnt ‹Zum Glanz und der Ehre des Reiches› und so weiter» sogar wörtlich zitieren.[5]

Unmittelbar nach der Krönung, noch vor der Peterskirche, hielt der Kaiser dem Papst seinen Steigbügel und führte, selbst zu Fuß, dessen Pferd einige Schritte am Zügel. Diese eigenartigen Handlungen muten wie die eines Pferdeknechtes an und haben auch daher ihre Namen *officium strepae* – Bügeldienst und *officium stratoris* – Stratordienst. Da diese Dienste des Bügelhaltens und Zügelführens in ihren Deutungen zwischen dem Bekunden eines Vasallenverhältnisses und höflicher Ehrbezeugung changierten, waren sie bei vielen Begegnungen zwischen Kaisern und Päpsten umstritten. Was hier als ein belangloses altes Ritual ohne Bedeutung erscheinen mag, entpuppt sich als hochpolitische Zeichen. Rituale und Symbole spiegeln nicht nur soziale Wirklichkeiten, sondern stellten sie mitunter auch erst her. Das gilt bis heute, aber die Ordnungen der mittelalterlichen Gesellschaften haben sich ganz besonders in Symbolen, Gesten, Ritualen und Verfahren handgreiflich verkörpert.[6]

Über welche Distanz Friedrich dem Papst den Stratordienst leistete, weiß man nicht genau, doch begaben sich die beiden, nun wohl wieder zu Pferd, noch ein Stück Weges gemeinsam in Richtung Castel Sant'Angelo. Auf der Höhe der mittelalterlichen Kirche Santa Maria in Traspontina im Borgo – der heutige Barockbau ist etwas versetzt worden – trennten sie sich mit erneutem Friedenskuss. Der Papst begab sich in seinen Palast zurück. Friedrich hingegen verließ den ummauerten Vatikan wieder durch die Porta Collina an der Tiberburg, durch die er gekommen war, und kehrte zu seinem Lager am Monte Mario zurück. Der Empfang des Kaiserdiadems durch den jungen Friedrich von Sizilien erscheint heute wie ein glanzvolles Finale und zugleich ein Abgesang auf jene alte Krönungssitte, wie sie von den Päpsten in Rom an den nordalpinen Herrschern vollzogen wurde. Zwar hatte noch 1209 Kaiser Otto IV. hier seine Krone empfangen, und die 1217 erfolgte erste und zugleich letzte Krönung eines byzantinischen Kaisers in Rom gaukelte dem Papst sogar kurz die Illusion einer totalen Herrschaft vor, als könne der römische Pontifex fortan sogar zwei Kaiserkronen, nämlich die des West- und die des Oströmischen Reiches, verleihen. Doch es kam ganz anders. Erst zweiundneunzig Jahre nach Friedrichs Erhebung sollte es wieder eine Kaiserkrönung in Rom geben, als 1312 der Luxemburger Heinrich VII. hier die Kaiserweihen empfing. Allerdings wurde er nur von drei Kardinälen gekrönt, und auch die folgenden Kaiser Ludwig IV. und Karl IV. mussten bei ihren Krönungen in der Tiberstadt auf die Kraft der persönlich durch den Papst gespendeten Weihen verzichten. Ganze anderthalb Jahrhunderte sollten nach Friedrichs Kaiserkrönung noch vergehen, bevor sich überhaupt wieder, wie bei Karls IV. zweitem Romzug, ein Papst und ein Kaiser gemeinsam im *caput mundi* am Tiber aufhielten und dort in die Welt der alten Rituale, der Einzüge und Zügeldienste, der Weihen und Krönungen eintauchten.[7]

122

Kennen wir vom Ritual und dem Ort der Krönung erstaunlich wenige konkret mit dem Namen Friedrich verbundene Details, so sind wir über die Bekleidung, die der Kaiser dabei trug, besser informiert. Einige Krönungsgewänder und Insignien haben die Zeiten überdauert. Der vom Sizilianer getragene Ornat wurde zu großen Teilen wahrscheinlich erst aus Anlass der Kaiserkrönung hergestellt. Lange nahm man an, dass Friedrich einen von kunstfertigen Arabern in Palermo gewirkten, auf König Roger II. (1130–1154) zurückgehenden Mantel getragen habe, den dieser für festliche Zeremonien benutzte hatte. Der Mantel gehörte zu dem alten normannischen Krönungsschatz und ist von Friedrichs Vater, Heinrich VI., in Palermo erbeutet und dann nach Norden verschleppt worden. Es könnte also gut sein, dass der alte Mantel Rogers mit seinen Löwen und Kameldarstellungen irgendwie in die Krönungszeremonien einbezogen war, denn später zählte er zu den immer weiter benutzten Krönungsinsignien der Römischen Kaiser und wird deshalb mit vielen anderen Kostbarkeiten heute in Wien verwahrt.

Doch ein mit einer Art Heiligenschein umgebener Adler lenkt den Blick auf einen anderen Umhang. Auf den eigens zur Krönung Friedrichs angefertigten Handschuhen und einem perlen- und edelsteinbesetzten Zeremonialschwert erscheinen ähnliche Adler wie auf einem Seidenmantel, der sich heute in der Kathedralstadt Metz befindet. Da auch die Umstände der Herstellung des Umhangs zu den Begebenheiten bei der Krönung 1220 passen, handelt es sich wahrscheinlich um den Krönungsmantel Friedrichs. Der feine Seidenmantel entstand ebenfalls in Palermitaner Werkstätten und könnte nach seiner glanzvollen Nutzung am Krönungstag in Rom durch Konrad von Scharfenberg, den Bischof von Speyer und Metz, als ein besonderes kaiserliches Geschenk in den Metzer Domschatz gelangt sein. Die Alba hingegen – eine Art feingewirktes weißes Unterkleid – und wohl auch die Strümpfe, die Friedrich bei der Krönung trug, waren älter und stammten noch aus der Zeit König Wilhelms II. (1166–1189). Möglicherweise war das Unterkleid zum Zeichen der Kreuznahme des jungen Kaisers sogar mit einem roten Seidenkreuz bestickt. Seit Ende des

18. Jahrhunderts ist es jedoch nicht mehr erhalten. Besonders die Alba, aber auch eine Reihe anderer Details verweisen zudem darauf, dass der Kaiserornat zunehmend dem Papstornat ähnelte.[8]

Bei Krönungen und den sich daran anschließenden Umritten in Rom kam es im Laufe der Jahrhunderte immer wieder zu Tumulten, die mitunter, wie bei Barbarossa, in regelrechte Straßenschlachten ausarteten. Während des Krönungsfestmahls Kaiser Heinrichs VII. blieben den Schmausenden wegen des äußerst lästigen Pfeilbeschusses der Aufrührer sogar die Fleischbrocken im Halse stecken. Bei Friedrichs Krönung aber verhielten sich die Römer erstaunlich ruhig. Man war bei dieser Krönung ausnahmsweise erbitterter der Kurie gegenüber als jenem Fremdling, der sich am Tiber den Kaisertitel abholte und den einige Römer sicher noch von seinem Aufenthalt acht Jahre zuvor in Erinnerung hatten. In völlig unerwartetem Frieden der Römer habe er den Kaiser glanzvoll gekrönt, schrieb der Papst zwei Wochen später in einem Brief an Pelagius von Albano. Allerdings hielt der Friede nicht lange, denn am Rande der Krönungsfeierlichkeiten entstand zwischen zwei anderen Mächten ein folgenreicher und lang anhaltender Konflikt: die Todfeindschaft zwischen Pisa und Florenz.

Der Florentiner Lokalpatriot Giovanni Villani berichtet in seiner Chronik, dass die Krönung des Kaisers mit großer Beteiligung von Gesandten aus ganz Italien stattgefunden habe. Aus Florenz und Pisa seien zahlreiche und bedeutende Persönlichkeiten gekommen. Während eines Festessens, das ein Kardinal aus Rom zu Ehren der Florentiner Gesandten gab, habe sich einer von ihnen besonders für einen schönen «catellino di camera» – ein Schoßhündchen – interessiert und dieses dann auch als Geschenk versprochen bekommen. Einen Tag später passierte jedoch genau dasselbe mit den Gesandten aus Pisa: ein Essen beim Kardinal, schöner Hund, dürften wir ihn haben? Aber gern. Nur leider hatte der Kardinal vergessen, dass er am Tage zuvor das Hündchen schon den Florentinern versprochen hatte. Kurz darauf wollten die Florentiner ihr Geschenk abholen und trafen auf die Pisaner. Sofort begann der Streit. Man beschimpfte sich, ein Wort gab das andere. Da die Pisaner fünfzig Soldaten dabei hatten, konnten sie die Flo-

124

rentiner zunächst überwältigen. Diese trommelten nun alle in Rom am Hof des Papstes und des Kaisers anwesenden Florentiner zusammen und übten «aspra vendetta» – bittere Rache. Die Pisaner schrieben nach Hause, wie sie überfallen und gedemütigt worden seien, worauf der Rat sofort die Waren der Florentiner in Pisa beschlagnahmen ließ. Die Florentiner schickten nun zahlreiche Gesandte, baten wegen der «alten Freundschaft» um Rückgabe, und als diese abgelehnt wurde, war klar, dass die «alte Freundschaft» vorbei war. Es begann der Krieg.

Der sich nun entspinnende Kampf zog sich über Jahre hin, bis schließlich die Pisaner in der Schlacht bei Casteldelbosco durch Gottes Gerechtigkeit von den Florentinern gezeigt bekamen, dass Arroganz und Hochmut vor dem Fall kommen. Villani merkt an, dass er über den Beginn und den Grund des Krieges deshalb wahrheitsgemäß Bescheid wisse, weil er von alten Mitbürgern davon erfahren habe, deren Väter daran beteiligt waren und sich genau erinnerten. Die Geschichte, wie sie Villani schildert, ist ein Paradebeispiel für ein zurechtgezimmertes kommunales Selbstverständnis, denn es zeigt die Eskalation in drei erzählerischen Schritten und lässt die Florentiner natürlich immer im Recht sein. Über Villani hinaus war die Geschichte Bestandteil des gemeinschaftsstiftenden Mythos einer über Jahrhunderte andauernden «Erbfeindschaft» der Arnostädte, der bis in die jüngste Gegenwart Bedeutung hat. Ein über Jahrhunderte andauernder Konflikt mit Kriegen, Zerstörungen und vielen Toten – ausgebrochen angeblich nur wegen eines am Rande der Krönungsfeierlichkeiten für Friedrich II. doppelt verschenkten Kläffers.[9]

Imperiale Herrschaft

Was bedeutete es für Friedrich, Kaiser der Römer zu sein? Was für ein Reich beherrschte er? Die Antworten auf diese Fragen sind schwerer zu finden, als es auf den ersten Blick scheinen mag. Am einfachsten scheint es noch zu sein, sich die Titel zu vergegenwärtigen, weil Friedrich sie in seinen Urkunden, also Schriftstücken

offiziellen Charakters, immer wieder verwendete. Nach der Krönung in Rom nannte sich der neue Kaiser «Friedrich durch göttliche Milde Kaiser der Römer allzeit Mehrer und König Siziliens»;
manchmal aber auch mit leichter Abwandlung «Friedrich der
Zweite durch Gottes Gnade Kaiser der Römer allzeit Mehrer und
König Siziliens». Noch gesteigert wurde der Titel, als Friedrich
1231 eine der großen Gesetzessammlungen, die Konstitutionen
von Melfi, erließ. Hier nannte er sich am Beginn der Gesetze «Kaiser Friedrich der Römer Caesar, allzeit Mehrer, Italischer, Sizilischer, Jerusalemer, Burgundischer [König], glücklicher und frommer Sieger und Triumphator». Doch solche Aufzählungen der
beanspruchten oder tatsächlichen Herrschaften waren bei Friedrich eher selten anzutreffen und wurden erst im Barock als Endlos-
schlange im Titelwettkampf der Könige liebevoll gepflegt.[10]

Gemäß den Titeln der Herrscher des mittelalterlichen Römischen Reiches erhoben sich die Kaiser über alle anderen Könige
des christlichen Abendlandes, denn im Kaisertum sah man die vornehmste Form der Herrschaft. Es gab eigentlich nur einen Kaiser
über den Königen, gleichsam wie ein Familienoberhaupt im Kreise
seiner Lieben. Der Dichter und Philosoph Dante Alighieri
(1265–1321) formulierte es am Anfang des 14. Jahrhunderts in
seinem staatstheoretischen Hauptwerk, dem Traktat *Monarchia,*
so: «Die zeitliche Monarchie, welche man Imperium nennt, ist sowohl die Herrschaft eines einzigen über alle anderen [Herrschaf-
ten] in der Zeit, als auch die Herrschaft in allem und über alles,
was von der Zeit gemessen wird.» Der Florentiner dachte darin
ferner die Notwendigkeit einer Weltmonarchie, die er aristotelisch
begründete, mit der Rom-Idee und der Aufgabentrennung von
weltlicher und kirchlicher Gewalt zusammen. Nur kurz zuvor
hatte der Benediktiner Engelbert von Admont (gest. 1331) in seinem Traktat *De ortu et fine imperii* – «Vom Ursprung und dem
Ende des Imperiums» ebenfalls befunden, dass es besser und gerechter sei, wenn ein Kaiser über alle anderen Könige herrsche.
Was hier in Italien und Deutschland auf höchstem philosophischem
Niveau in Studierstuben den Pergamenten anvertraut wurde, stellte
schon seit langer Zeit höchstbrisante und kontrovers diskutierte

Themen aus der Gedankenwelt des 12. und 13. Jahrhunderts dar.[11]

Da alle Kaiser des mittelalterlichen römischen Reiches von einem Erwählungsbewusstsein erfüllt waren, gaben sie das auch der Welt zur Kenntnis. Die Kaiser verstanden sich zum einen *dei gratia* – von Gottes Gnaden zur Herrschaft berufen; was später gleichsam inflationär alle Herrscher Europas in sich zu spüren meinten. Zum anderen verwies der Titel «Augustus» auf die lange römische Tradition ihrer Herrschaft. Seit der augusteischen Zeit war die Vorstellung lebendig, dass der *orbis Romanus*, also die Römische Welt, mit dem *orbis terrarum*, dem gesamten Erdkreis, in eins falle. Vergil sprach es aus: Das Reich ist ohne Grenzen – *imperium sine fine*. Es prägte sich eine Romideologie aus, die neben den Schlagworten vom grenzenlosen Reich auch noch die *pax Romana*, die Befriedung durch Rom, und *Roma aeterna*, das ewig existierende Rom bemühten. Den Kaisern kam daher – und das auch noch im Mittelalter – die Weltherrschaft zu, mag der *orbis terrarum* auch anders überblickt worden sein als heute, nämlich als ein Horizont gemeinsam geteilter Erfahrungen. Das Schlagwort vom Setzen des Friedens gehörte ohnehin zur Rechtfertigung von Imperien aller Zeiten, ebenso wie die Konstruktion einer weltgeschichtlichen Aufgabe.[12]

Mit dem Augustus-Titel des Kaisers hatte es eine besondere Bewandtnis, hier lag nämlich eine Verwechslung vor. Bischof Isidor von Sevilla (etwa 570–636), noch ganz durchdrungen von der antiken Kultur, hatte ein knappes Handbuch des zeitgenössischen Wissens verfasst: *Die Etymologien*. Mit diesem Werk über die sprachlichen Ursprünge der Dinge, das in weit über eintausend Handschriften auf uns gekommen ist, haben wir eine Art «Brockhaus des Mittelalters» vor uns. Zur Entstehung des Begriffs *Augustus* bemerkte Isidor: «Augustus ist bei den Römern ein Name des Kaisertums gewesen, weil sie einst das Gemeinwesen durch Erweiterung vermehrten. Als erstem hat der Senat dem Octavius Caesar diesen Namen übertragen, damit er, weil er die Länder vermehrt hatte, selbst durch Namen und Titel erhöht sein möge.» Isidors Herleitung des Titels «Augustus» vom Verb *augere* blieb

127

dem gesamten Mittelalter geläufig. So lautete die deutsche Entsprechung des lateinischen Titels *semper Augustus* nicht, wie es die Römer eigentlich gemeint hatten, «allzeit der Erhabene», sondern «*zu allen czeiten merer des Reichs*». Die Abfolge der Titel war schon zu Zeiten Kaiser Friedrichs II. eine seit Jahrhunderten bestehende Tradition und sollte nach seinem Tod noch bis zum Anbruch der Moderne, lediglich nuanciert verändert, weiterleben, wobei *semper Augustus* geradezu unlösbar mit dem Titel des göttlich begnadeten *imperator Romanorum* verknüpft den Personennamen einrahmte. Die römische Reichsidee jedoch, die noch im Hochmittelalter mit dem Charakter eines Programms behaftet war, wandelte sich später immer mehr zu einem Mythos, der nur noch Herrschafts- und Rangansprüche zu spenden vermochte. Das zeigte sich nicht zuletzt an der Herrschaft über die Stadt Rom selbst. Der römische Kaiser Otto III. (983–1002) verbrachte noch Jahre in Rom und residierte dort regelrecht. Kaiser Friedrich II. hingegen war bei seinen Aufenthalten in Rom mehr geduldet als erwünscht. Kaiser Karl IV. (1346–1378) schließlich durfte zu seiner Kaiserkrönung nur noch einen Tag in der ewigen Stadt bleiben und musste sie schon vor Einbruch der Nacht wieder verlassen.[13]

Das Herrschaftsgebiet zu diesen Titeln war das nie erloschene Römische Reich. Wie selbstverständlich sahen die Zeitgenossen dieses Reich des hohen Mittelalters immer noch als ein römisches an. Es sollte von Caesar (100–44 v.Chr.) und Augustus (63 v.Chr. bis 14 n.Chr.) begründet worden sein und war somit schon durch sein Alter geadelt. Von Kaiser Konstantin (306–337) rührte seine christliche Prägung her. Es hatte den Raum abgegeben, in dem Christus geboren und der wahre Glaube schließlich zum Sieg geführt worden war. Das Reich garantierte somit die Einheit der Kirche. Durch die Kaiserkrönungen Karls des Großen (768–814) und Ottos des Großen (936–973) in den Jahren 800 und 962 erbten die Ostfranken und späteren Deutschen die imperiale Würde und fügten aus der Trias der Königreiche Deutschland, Burgund und Italien das Imperium. Im Zuge der Herrschaftsausdehnung nach Mittel- und Osteuropa und des Landesausbaus, die sich gerade im 13. Jahrhundert besonders entfalteten, wurden weitere Gebiete

128

einbezogen. Neben seinem römischen Erbe war die Ausdehnung in nichtfränkische Gebiete ein besonderes Kennzeichen des mittelalterlichen Reiches. Anfangs störten sich die Kaiser des Westens noch daran, dass es in Konstantinopel eine ungebrochene oströmische Abfolge römischer Imperatoren gab. Ja, eigentlich residierten hier die «echteren» römischen Kaiser, von denen man so viel an Herrschaftsrepräsentation lernen konnte. Doch spielte mit zunehmender Schwäche des Oströmischen Reiches dieses «Zweikaiserproblem» bald keine große Rolle mehr, vor allem seit 1204, als ein Kreuzfahrerheer dem Byzantinischen Reich das Genick gebrochen hatte.

Ein Teil von Friedrichs Kaiserreich trug den Namen «Reichsitalien» und war etwas völlig anderes als das sizilische Königreich. Es bestand hauptsächlich aus der Lombardei und einigen weiteren mittelitalienischen Herrschaften. Im Mittelalter verstand man unter «Lombardei» nicht nur die heutige Region Lombardia, sondern den gesamten Nordwesten Italiens einschließlich des Piemonts und des heute schweizerischen Tessins. In mittelhochdeutschen Texten, etwa Sagen oder Urkunden, wird für dieses Gebiet auch die Bezeichnung *Lampartenland* verwendet und man gelangt dorthin über das Lampartische Gebirge – so nannte man die Alpen. Der Name Lombardia rührte daher, dass im 6. Jahrhundert die Po-Ebene von den Langobarden unter dem berühmten König Alboin erobert worden war und diese hier ein langobardisches Königreich mit der Hauptstadt Pavia errichtet hatten. Das Kernland dieses Reichs trägt seither den Namen Langobardia oder Lombardia. Mitte des 8. Jahrhunderts griffen die Franken unter den Königen Pippin und Karl dem Großen in den Konflikt zwischen den Päpsten und den Langobarden ein. Die Franken eroberten das Langobardische Königreich, das damit Teil des Frankenreichs wurde. Im Verlauf der karolingischen Reichsteilungen wurde die Lombardei Mittelpunkt des karolingischen, später ottonischen Königreichs Italien. Die römisch-deutschen Könige waren somit zugleich Träger der langobardischen Krone; daher wurde dieses Gebiet «Reichsitalien» genannt. In mittelalterlicher Sicht hatte das Reich noch etwas Besonderes zu bieten: die eschatologische Vorstellung, dass

129

der Fortbestand des Römischen Reiches das Jüngste Gericht hinauszögere. Im Heilsgeschichtsplan Gottes war nach den Reichen der Babylonier, der Perser und der Griechen das Römische Reich das letzte der vier Weltreiche. Erst nach seinem Untergang würde der Messias ein zweites Mal erscheinen. Dem Reich kam also eine zentrale Stellung in der göttlichen Ordnung zu. Seit der Zeit Friedrichs I. Barbarossa (1152–1190) trug es das Adjektiv *sacrum* – «heilig», auch in seinem offiziellen Titel. Dieser Glanz strahlte dann bis zu seinem verfassungsrechtlichen Ende 1806. Das *sacrum imperium Romanum,* dessen Kaiser Friedrich II. seit dem Caecilientag 1220 war, breitete seinen weiten Mantel lange Zeit über die unterschiedlichsten Herrschaftsformen und Gemeinwesen aus. Es schirmte die Entstehung von verschiedenen politischen Landschaften, die über lange Zeit einfach nur sich selbst genügten. Viele dieser Entwicklungen hatten auch ganz unmittelbar mit Friedrich II.selbst zu tun. Das Reich war von seiner eigenen politischen Vielgestaltigkeit geprägt und zum großen Teil politisch binnenorientiert. Ein Minimum an festen Institutionen genügte lange Zeit. Stellte man sich das Reich personell vor, dann verstand man darunter vornehmlich den Kaiser und die Fürsten, aus denen sich die Kurfürsten heraushoben.

Ein poetisches Beispiel, wie man Kaiser Friedrich mit der Romidee in Verbindung brachte, bietet aus einer süditalienischen Perspektive der Dichter Georgios Chartophylax von Kallipolis. Er stammte aus der ehemals zur Magna Graecia gehörenden Küstenstadt Gallipoli am Absatz des italienischen Stiefels. Georgios dichtete um die Mitte des 13. Jahrhunderts eine Huldigung an Kaiser Friedrich in seiner griechischen Muttersprache. Darin bezeichnete er den Kaiser, indem er mit dem Klang des Namens «Friedrich» spielte, als *Phryktorikos,* was «der Feuerzeichen Gebende» bedeutet. Das lässt an den griechischen Gott Zeus denken, der mit Blitzen straft. Auch der *stupor mundi,* das «Erstaunen der Welt», klingt hier mit an. Sein emphatisches Lob wirkte der Dichter Georgios in ein Zwiegespräch der Stadt Rom mit Kaiser Friedrich II. ein:

«Roma, herabgesunken, weh, von höchstem Glück,
mit Seufzern klagt ihr Leid sie so:
‹Seitdem ich Unglückselige die Monarchie
und auch durch Raub verlor die starke Zepterführung,
seitdem die Kaiser ich von hinnen ließ, die dreimal seligen,
bin ich gestürzt in unrühmliche Anarchie. […]
Von Kaisern tönt's hier einst, von Königen und Satrapen
und allem andren würdgen Überfluss;
drum beugte alles seinen Nacken mir
und Macht war mein über alle Welt.
Doch jener mächtige und dreimalselge Herr,
Phryktorikos, das Wunder dieser Lande hier,
von Erze ist sein Bogen, der Blitz ist sein Geschoss,
mit dem er gänzlich seine Feinde setzt in Brand,
er, dem da dient die Erde, Meer und Himmel auch,
ihm, der da grade macht den Sinn dem Phryktonymos.
er schaut nun selbst herab auf meinen Unglücksfall,
zurück bringt er mir die alte Zeptermacht
und neu erschafft er wieder mich in frührer Fruchtbarkeit.›»

Die Feier des Kaisers, der strafende und erneuernde Weltenherrscher, vor dem man zittern sollte, die Rettung Roms – dieser Text
zeugt einerseits von einer tatsächlichen Bewunderung des Dichters
gegenüber dem Imperator und andererseits von spielerischer Lust
am Setzen von Worten und poetischen Bildern.[14]
    Zu Nachfolgern in der antiken römischen Kaiserwürde fühlten
sich aber noch andere berufen, die damit zu den mittelalterlichen
Kaisern in direkte Konkurrenz traten: die Päpste. Mit dem Entstehen des Reformpapsttums und dem Aufbrechen des Investitur-
streits im 11. Jahrhundert begann daher in grundlegenden Herr-
schaftsfragen das geistliche Schwert mit dem weltlichen die Klingen
zu kreuzen. Am Ende des 12. und Anfang des 13. Jahrhunderts
verschoben sich allmählich die Machtkonstellationen zugunsten
des Papsttums, das nach langer Entwicklung vom ausschließlichen
Priestertum nun vollständig die Gestalt einer Monarchie annahm,
doch besser organisiert und besser bürokratisiert als jede andere

ihrer Zeit. Nach den ersten Erfolgen im Investiturstreit gegen die Imperatoren hatten die Päpste verstärkt Symbole traditioneller Kaiserherrschaft adaptiert, wie etwa die exzessive Verwendung des Purpurs in Kleidern und Gestein. Doch wollten die Päpste nicht nur Oberhaupt der Kirche und zugleich Monarchen sein, sondern Herrscher über die ganze Welt. Sie beanspruchten, alle Fürsten der Welt zu führen und anzuleiten, sie bei Fehlverhalten aber auch tadeln und strafen und bei ganz verstocktem Verhalten gar auch absetzen zu können. Eine herausragende Figur in diesem Prozess war Friedrichs einstiger Förderer auf dem Apostelthron, der aus der Conti-Familie stammende Graf Lothar von Segni, der 1198 mit nur siebenunddreißig Jahren Papst wurde und den Namen Innozenz III. trug. Sein Pontifikat eröffnete sogar eine Epoche päpstlicher Hegemonie. In ihr galt das Imperium zunehmend als eine abgeleitete Herrschaft, die ursprünglich von Gott stamme und daher nur vom *vicarius Christi*, dem Stellvertreter des Herrn, der sowohl Haupt und Grund der Christenheit sei, übertragen werden könne. Jahre später sollte Friedrich Papst Gregor IX. (1227–1241) in einem offenen Brief vorwerfen, sich das Römische Reich unterwerfen zu wollen, damit dem Papst alle Könige der Erde Opfergaben brächten und alle Völker dienten. Einige hochmittelalterliche Kanonisten brachten diesen päpstlichen Anspruch sogar auf anmaßende Formeln: So sei der Imperator *vicarius Papae*, also nur Stellvertreter des Papstes, oder noch deutlicher und damit die kaiserliche Herrschaft überhaupt infrage stellend: *Papa verus imperator* – «der Papst ist der wahre Kaiser».[15]

Friedrich versuchte von Anfang an, sich gegen diese Herrschaftsansprüche zu positionieren. Auf die fortschreitende Imperialisierung des Papsttums, die gleichzeitig durch Entsakralisierung des weltlichen Herrscheramtes dessen Machtgrundlagen erschütterte, musste irgendwie reagiert werden. Mit den Inhalten der römischen Kaiseridee waren diese päpstlichen Ansprüche ohnehin unvereinbar. So stellte sich der Kampf zwischen Papsttum und Kaisertum als ein Wechselspiel zwischen *imitatio imperii* und *imitatio sacerdotii* – zwischen Nachahmung des Kaisertums und Nachahmung der Papstherrschaft – dar, in welchem jede Partei versuchte,

132

die andere mit allen Mitteln, auch propagandistischen, zu übertreffen. Viele der politischen Handlungen Friedrichs als Imperator, sein Gebaren als Messias oder das Vorantragen eines Kreuzes zielten im Grunde auf eine erneute Sakralisierung des Herrscher- und Kaisertums. Ob Herrschaftsrepräsentation oder Rechtsetzung, Ketzerkampf oder Kreuzzug, Judenschutz oder Lehensfragen – Friedrichs Kampf mit den Päpsten um die imperiale Herrschaft fand auf vielen Kriegsschauplätzen statt.

Die Kronen des Herrschers

In mittelalterlichen Zeremonien erkannte man den Herrscher an seiner Krone. König oder Kaiser und Krone waren ikonographisch so fest miteinander verwoben, dass in illustrierten Handschriften ein Herrscher immer eine Krone trägt. Auf dem Thron, zu Pferd oder zu Schiff, auch des Nachts im Bett, im Badezuber: kein König ohne Krone. Daher konnte eine kronenlose Herrscherdarstellung immer als ein Zeichen für die bezweifelte Legitimität eines Königs betrachtet werden. Dies kann man sehr schön an den Initialbildern bei Giovanni Villani sehen, wo die Kaiser Karl der Große, Friedrich I. Barbarossa oder Heinrich VII. prachtvolle Kronen tragen, der als ein Exempel schlechten Herrschertums betrachtete Friedrich II. hingegen mit unbedecktem Haupt erscheint.

Die Könige und Kaiser des Mittelalters besaßen in der Regel mehrere Kronen. Nicht nur in dem Sinne, dass sie mit einem bestimmten Herrschaftskomplex verbunden waren, wie etwa die lombardische «eiserne» Krone, sondern im ganz materiellen Sinne. Es gab symbolisch hoch aufgeladene Kronen wie die heute in der Wiener Schatzkammer aufbewahrte sogenannte «Reichskrone», die zwar aus der Zeit der Ottonen stammte, die man jedoch im Mittelalter für das Krönungsdiadem Karls des Großen hielt. Sie war anfangs eine von vielen Kronen der römisch-deutschen Könige, wuchs seit dem Spätmittelalter aber in eine Sonderstellung hinein. Die englische Königsdynastie der Plantagenêts besaß in der Zeit Friedrichs II. allein drei Kronen, die aus früherem römisch-

133

deutschen Kaiserbesitz stammten. Als Friedrich II. die englische Isabella heiratete, seine dritte reguläre Ehefrau, brachte diese auch eine Krone im Brautschatz mit. Im Spätmittelalter wurden bestimmte Kronen zu Symbolen ganzer Staatswesens und haben bis heute gemeinschaftsstiftende Wirkung erlangt, wie etwa die Wenzelskrone für Böhmen oder die Stefanskrone für Ungarn.

Mussten Kronen transportiert werden, was bei der damaligen Reiseherrschaft zwingend notwendig war, schützte man sie in speziellen Transportkoffern. Manche Kronen konnte man sogar auseinandernehmen, leicht abbrechende Teile, wie abstehende Kreuze oder Lilien, ließen sich entfernen und wieder anstecken. Die meisten mittelalterlichen Kronen sind allerdings zerstört oder verschollen. Vielen der Kronen wurden zwei Dinge zum Verhängnis: Einerseits wurden sie bei gesellschaftlichen Umbrüchen bewusst zerstört, weil sie ganz materiell die nun abgeschüttelte Königsherrschaft symbolisierten. Andererseits weckten sie erhebliche Begehrlichkeiten, da sie zumeist aus äußerst wertvollen Materialien gefertigt waren. Viele Kronen wurden ihrer Edelsteine beraubt und wanderten in den Schmelzofen. Die größte Überlebenschance besaßen die königlichen Diademe, wenn sie schon zu Lebzeiten der Herrscher einem anderen Zweck zugeführt wurden, wie man auch am Beispiel der Kronen Friedrichs gut sehen kann.

Von einigen seiner Kronen haben wir Kenntnis, von anderen materielle Überreste. Zwei sind sogar fast vollständig erhalten. Als man 1781 den Marmorsarkophag der ersten Frau des Kaisers, Konstanze von Aragón, öffnete, fand man darin eine Haubenkrone mit Pendilien. Dabei handelt es sich um an den Seiten herunterhängende Perlschnüre. Lange hielt man dieses Diadem wegen des Fundortes für die Krone der Kaiserin. Schon wegen der Haubenform mochte man sie sich bei einem männlichen Träger nicht recht vorstellen. Byzantinisten konnten aber ermitteln, dass es sich um ein Kamelaukion handelt, wie es in byzantinischen Mosaiken gelegentlich dargestellt wird. Diese Kronenart wurde von den oströmischen Kaisern in Konstantinopel verwendet und ist deshalb von den Normannenkönigen adaptiert worden. Da dieses Herrschaftszeichen in einem sizilisch-normannischen Traditionszusammenhang verankert ist, haben wir es also wahrscheinlich doch mit einer Herrscherkrone zu tun. Friedrich könnte, als er im siebenundzwanzigsten Lebensjahr seine erste Gemahlin verlor, ihr seine eigene Krone mit in das Grab gegeben haben. Es wäre dann ein Stück von ihm selbst, das die Spanierin bis zum Tag der Erlösung bei sich haben sollte. Doch Konstanze musste die ihr gegebene Krone ihres geliebten jungen Mannes wieder hergeben, die Teil des Domschatzes in Palermo geworden ist. Und so ruht die Kaiserin nun ohne das geschenkte Geschmeide in ihrem Sarg.[16]

Die zweite erhaltene Krone aus dem Besitz des Kaisers hat ein bewegtes Schicksal hinter sich. Als schwedische Truppen im Dreißigjährigen Krieg durch Deutschland tobten und im Oktober 1631 Würzburg eroberten, fiel ihnen ein besonderes Kleinod als Kriegsbeute in die Hände. Das Stück war so wertvoll, dass König Gustav Adolf es für sich selbst reklamierte. Es handelt sich um eine antike römische Achatschale, die in ottonischer Zeit zu einem Prunkpokal umgearbeitet worden ist. Nach der Heiligsprechung Elisabeths von Thüringen (1207–1231) im Jahr 1235 entstand aus diesem Pokal ein Kopfreliquiar, das zur prunkvollen Umhüllung des Schädels der Heiligen diente. Dieses Reliquiar hat direkt mit Kaiser Friedrich II. zu tun, der am 1. Mai 1236 barfuß und in ein Büßergewand gekleidet das Grab der heiligen Elisabeth in Marburg aufsuchte. Wenige Tage zuvor hatte man das Erdgrab der Heiligen geöffnet, den Leichnam herausgenommen, in ein purpurnes Tuch gehüllt und in einen Bleisarg gelegt. Der Kaiser und die beteiligten Fürsten, darunter die Erzbischöfe von Köln, Mainz, Trier und Bremen, Hochmeister Hermann von Salza, ebenso Heinrich Raspe, sein späterer Widersacher, hoben den Sarg gemeinsam aus dem Grab und überführten ihn zum Altar des dem Heiligen Franziskus geweihten Vorgängerbaus der heutigen Elisabethkirche. Das Haupt der Heiligen war zuvor vom Rumpf getrennt worden – nichts Ungewöhnliches im Denken der Zeit, das Reliquien zur Vermehrung der Verehrungsobjekte teilte. Im Verlauf der Zeremonie krönte Friedrich den Schädel mit einer seiner eigenen kostbaren Kronen und deponierte das Haupt daraufhin in einem goldenen Gefäß.

135

Solche Heiligenkrönungen mit echten Herrscherkronen lassen sich im Mittelalter seit der Zeit der Ottonen in ganz Europa mehrfach nachweisen. Besonders prominent ist die Bekrönung des Kopfreliquiars Karls des Großen mit einer Krone, die Kaiser Karl IV. zuvor bei seiner Krönung in Aachen gedient hatte. Das von Kaiser Friedrich II. gestiftete und mit einer seiner Kronen geschmückte Kopfreliquiar der Heiligen Elisabeth befand sich lange Zeit – neben dem vergoldeten und mit Edelsteinen versehenen Schrein – in der Marburger Elisabethkirche. Hier bildete es ein bevorzugtes Pilgerziel, das auch Karl IV. aufsuchte. Heute wird das Reliquiar in Stockholm in der «Goldkammer», einem tresorartigen Bunker des schwedischen Historiska Museet aufbewahrt. Als die «Nummer 1» des mehrere Millionen Stücke umfassenden Bestandes inventarisiert kann man im skandinavischen Norden also eine der Kronen Kaiser Friedrichs II. betrachten. Einige Teile von weiteren Kronen zumindest aus der Zeit Friedrichs, deren Zuweisung schwierig ist, haben sich in den Domschätzen von Krakau und Płock an der Weichsel erhalten, weil sie auf Sakralgegenständen wiederverwendet worden sind.[17]

Die sogenannte «Reichskrone», die man wohl als erste mit einer Kaiserkrone des Heiligen Römischen Reiches assoziiert, wird heute wie viele andere Krönungsinsignien in Wien verwahrt. Es ist nicht sicher festzustellen, ob Friedrich dieses erst später so hoch aufgela-

136

dene Diadem bei Krönungen, Prozessionen, Hoftagen oder Gottesdiensten an hohen Festtagen jemals auf seinem Haupte trug. Wahrscheinlich ist es schon, denn Friedrich besaß ja ein ausgesprochenes
Gespür für die Kraft symbolischer Handlungen. Die Krone konnte
nämlich eine besondere Legitimation spenden, hielt man sie doch
im Mittelalter zunehmend für jene Karls des Großen. Da Karl seit
dem 12. Jahrhundert sogar als Heiliger verehrt wurde, hatte man
es bei diesem Diadem nicht nur mit einem Zeichen weltlicher Herrschaft, sondern mit einer Berührungsreliquie zu tun. Schließlich
konnte man auf einer der vorderen Emailplatten lesen, woher die
weltliche Herrschaft wirklich stammte: *«per me reges reg-
nant* – durch mich herrschen die Könige», steht über dem thronenden Christus. In Friedrichs Verfügung befanden sich die Reichsinsignien, zu denen auch die Krone gehörte, jedenfalls seit Juni
1219, als sie vom Bruder des verstorbenen Kaisers Otto IV., Heinrich von Braunschweig (gest. 1227), übergeben worden waren. Es
gibt zudem Belege dafür, dass die Insignien von Friedrich nach sei-

137

Der Kaiser

ner Kaiserkrönung 1220 den deutschen Teilnehmern mit auf ihren Rückweg nach Norden gegeben wurden. Der Reichstruchsess Eberhard von Tanne hat die Kostbarkeiten jedenfalls in den Jahren 1221 bis 1240 in seiner auf der höchsten Erhebung Oberschwabens gelegenen Waldburg verwahrt, und dort sind sie von Prämonstratensern des nahebei gelegenen Klosters Weißenau gehütet worden. Später, in den 1240er Jahren, wurden die Insignien, zu denen die Plattenkrone gehörte, auf dem Trifels in der Pfalz verwahrt. Wie groß man zu dieser Zeit die symbolische Kraft jener Krone empfand, wie stark sie ihren Träger zum Kaisertum legitimierte und wie sehr sich das alles in einem speziellen Edelstein der Stirnplatte, dem sogenannten «Waisen», konzentrierte, kann man schon allein daran erkennen, was Walther von der Vogelweide über sie dichtete, als Friedrichs Onkel Philipp sie trug:

«Die Augenweide sehen die Fürsten gern
doch wer jetzt noch zweifelt oder schwankt
der schaue wem der Waise auf dem Haupte prangt
der Stein sei aller Fürsten Leitestern.»[18]

Von einer anderen kostbaren Krone Kaiser Friedrichs haben wir nur noch die Nachricht, dass es sie einst gegeben haben muss. Dieses Stück – «groß wie ein Kochtopf», wie der Augenzeuge Salimbene von Parma erstaunt vermerkt – wurde dem Kaiser gestohlen, als 1248 die belagerten Parmesen einen überraschenden Ausfall machten, zum Lager des Kaisers vorstießen und den imperialen Schatz erbeuteten. Darunter befand sich auch eine Krone, die ein verkrüppelter Zwerg namens *curtus-passus* – «Kurzschritt» – anschließend unter dem Gejohle des Pöbels im Triumphzug durch die Straßen der Stadt Parma trug. Nachdem sie wohl eine Weile in der Domsakristei von Parma aufbewahrt worden ist – wie Salimbene sich noch erinnerte –, verlieren sich ihre Spuren. Fragmentarische Nachrichten gibt es außerdem noch von anderen Kronen aus dem Besitz Friedrichs, die mit seinen Ehefrauen in Verbindung gebracht werden könnten. Ganz klar jedoch wird aus all den Quellen erkennbar, dass Kaiser Friedrich eine erhebliche Anzahl von Kronen besessen haben muss.

138

Das goldene Bild des Kaisers überall

Zu den besonders wirksamen Mitteln herrscherlicher Repräsentation und Propaganda gehörten neben den Kronen und anderen Insignien sowie den Urkunden mit ihren eindrucksvollen Siegeln auch die Münzen. Sie ließen den Namen oder sogar das Bild des Machthabers buchstäblich durch die Hand jedes Untertanen wandern. Münzen zu schlagen bedeutete herrschen. Als der Anführer der später aufständischen Muslime auf Sizilien, Muhammad ibn 'Abbad, 1220 begann, auf der Insel eigene Münzen mit seinem Namen als Emir der Muslime in Umlauf zu bringen, war schon das allein für Friedrich – auch ohne Aufruhr – unerträglich. Denn das rührte an seine fundamentalen Herrschaftsrechte auf der Insel, und er reagierte mit äußerster Schärfe.

Die Münzen des Mittelalters mit ihren Herrscherportraits und inszenierten Thronbildern gelten wie metallene Urkunden als herausragende Symbole der Macht. Das ist im Grunde bis heute so geblieben. Dazu kam die enge Verknüpfung der Münzrechte mit einer Markt- und Zollpolitik, die in vorstaatlicher Zeit zur Festigung von Herrschaft diente. Das Münzregal, also das Recht Münzen zu schlagen und in Umlauf zu bringen, einen Umlaufzwang durchzusetzen oder ein Wechselmonopol zu halten, war äußerst begehrt. Ursprünglich ausschließlich dem König vorbehalten, konnte der Herrscher das Münzregal weiterverleihen. In Deutschland ging es zuerst an die mächtigen Bischöfe. Allmählich wanden zumindest im nordalpinen Reich die weltlichen und geistlichen Fürsten, Städte, ja sogar Abteien den Monarchen das Münzregal mehr und mehr aus den Händen. Als wichtige Münzstätten des Königs in der Zeit Friedrichs II. galten Frankfurt am Main, Altenburg, Schwäbisch Hall, wo man den «Heller» schlug, ferner Hagenau, Eger, Wetzlar, Gelnhausen und noch einige andere mehr. Friedrichs Großvater und Vater achteten wieder stärker auf die Münzrechte des Königtums, gründeten neue Prägestätten wie Schlettstadt, Bern oder Schweinfurt. Dort, wo Pfalzorte, Reichsburgen und Königsgüter in eigenen Verwaltungskomplexen zusammengefasst werden konnten, versuchten sie das Münzregal wieder an sich zu ziehen oder überhaupt zur Geltung zu bringen, wie in Rottweil oder Lindau. Dennoch gelang es den geistlichen und etwas später auch den weltlichen Fürsten, das ehemalige königliche Münzrecht immer mehr für sich zu nutzen. Das führte zur Ausbildung von zahlreichen autonomen Währungsbezirken mit eigenem Münzfuß und eigenem Geldumlauf. Die *Confoederatio cum principibus ecclesiasticis*, das Bündnis mit den Fürsten der Kirche, welches Friedrich II. 1220 schloss, mit den darin enthaltenen weitreichenden Zugeständnissen im Münzwesen, bekräftigte schließlich nur noch Rechte, die die Bischöfe ohnehin schon unter ihre Krummstäbe gebracht hatten.

Nördlich der Alpen kursierten zunächst Pfennige aus Silber, die sogenannten Denare. Später kam noch deren Mehrfaches in Form der Groschen dazu. Ende des 12. und in der ersten Hälfte des 13. Jahrhunderts entstanden in den Städten der Lombardei und der Toskana die größeren und schwereren Silbermünzen, die man in Italien als *Grossi* bezeichnete und die zwischen zwölf und vierundzwanzig Pfennige in einer einzigen Münze ersetzten. Die dadurch eingeleitete Vielfalt der Groschenprägung ist ein Spiegelbild der komplizierten politischen Landkarte nördlich der Alpen und Oberitaliens bis in das Spätmittelalter hinein.

Im Norden von Friedrichs großem Reich existierte noch eine Besonderheit: die Brakteaten. Das waren Pfennighohlmünzen aus Silber, die wie eine dickere Folie nur von einer Seite geprägt wurden. Daher rührte auch die Bezeichnung, denn *bractea* bedeutet «dünnes Blech». Manche waren so dünn, dass man sich fragt, wie die Zeitgenossen damit überhaupt umgegangen sind, ohne ständig Silberbrösel im Geldbeutel zu haben. Diese Brakteaten liefen in einem erstaunlichen System um. Jährlich widerrufen, eingesammelt, eingeschmolzen und neu geprägt herausgegeben, kursierte dieses Zahlmittel in den einzelnen Währungszonen mit Ausnahme der Rheinlande im ganzen nordalpinen Reich, besonders aber im Gebiet des Landesausbaus im Nordosten und Osten. Da Brakteatenbesitzer weniger an neuen Münzen zurückbekamen, als sie an alten hingegeben hatten – meist neun für zwölf –, war das für den jeweiligen Münzherrn ein einträgliches Geschäft

140

und letztlich so etwas wie eine Kapitalsteuer von fünfundzwanzig Prozent. Während der Regierungszeit Friedrichs verschwanden die Brakteaten aber wieder zugunsten der von beiden Seiten geprägten Pfennige.

In Süditalien und auf Sizilien führte die Vermischung von arabischen, byzantinischen und europäischen Elementen innerhalb des Münzwesens zu einer Sonderrolle des Südens, die bis in das Spätmittelalter erhalten blieb. Hier galten lange Goldmünzen, die sogenannten *Tari*, die sich nach arabischem Standard richteten und auch arabische Umschriften aufwiesen. Die heute noch erhaltenen Stücke haben so unterschiedliche Gewichte – eines wiegt fast zehneinhalb, andere nur zwei bis drei Gramm –, dass offenbar der jeweilige Goldwert die Kaufkraft bemaß. Daneben gab es Silbermünzen und Kupfermünzen, die sich nach byzantinischen Vorbildern richteten. Unter Kaiser Heinrich VI. und unter Friedrich II. verdrängte Geld des Pfennigsystems die bislang umlaufenden Münzen. Dies ergab eine stärkere Integration des Königreiches in das Geldwesen des Abendlandes, die aber unter Friedrich noch nicht ihren Abschluss fand. Das alles bedeutet: In Kaiser Friedrichs großem Reich gab es kein einheitliches Münzsystem.[19]

In der Herrschaftszeit Friedrichs II. wurde eine besondere Art von Goldmünzen geprägt, die zu den berühmtesten und schönsten Münzen des Mittelalters gehören: die Augustalen. Die etwa hosenknopfgroßen Münzen sollten in ihrem Aussehen und Gewicht sehr bewusst an den Aureus, die klassische Kaisermünze des Römischen Reiches, anknüpfen. Sie sind Ausdruck des aus der Antike rührenden kaiserlichen Goldprägemonopols. Auf der Rückseite der ab 1231 in Messina und Brindisi geprägten Münzen erscheint der Namenszug + FRIDE-RICVS, der einen Adler mit rechts gewendetem Kopf umschließt, womit der Münzherr seinen Namen nennt.

Auf der Vorderseite erscheint Kaiser Friedrich II. ganz antik im nach rechts gewendeten Brustbild mit Lorbeerkranz und einem an der Schulter zusammengehaltenen Feldherrnmantel, den man als *paludamentum* bezeichnet. In der Umschrift verrät der Münzherr seine Stellung, wobei Friedrich keine der dafür in Frage kommenden Bezeichnungen ausließ: IMP ROM – CESAR AVG kann man

141

Jeder Untertan hat den Kaiser in der Hand: Zwischen 1231 und 1250 wurden etwa eine Million Goldmünzen (Augustalen) geprägt und in Umlauf gebracht. Die Vorderseite zeigt ein idealisiertes Brustbild Friedrichs II. in antiker Formensprache mit Lorbeerkranz und Mantel (paludamentum), die Umschrift lautet: «IMP(ERATOR) ROM(ANORUM) – CESAR AVG(USTUS)», die Rückseite zeigt einen Adler und nennt den Münzherrn: «FRIDE-RICUS».

dort lesen, was aufgelöst «Imperator Romanorum Caesar Augustus» bedeutet. Die Botschaft der Münze lag buchstäblich auf der Hand: Ich, Friedrich, bin ein römischer Kaiser, und wie meine Vorgänger in direkter Linie im Imperium seit Augustus lasse ich als das mir zustehende Recht Goldmünzen schlagen. Dass die Münze im selben Jahr in die Welt trat wie das berühmte Gesetzeswerk des Kaisers, der nach kaiserlich-römischer Tradition erlassene *Liber Augustalis*, ist kein Zufall.

Die Stempelschneider der Augustalen waren Künstler von außergewöhnlicher technischer Fertigkeit, denn ihnen gelang es, einen Kaiserkopf zu schaffen, der weit über den mitunter eher rührenden Bildnisversuchen früherer mittelalterlicher Münzprägungen steht. Durch die Sorgfalt des Stempelschnitts verweist die Augustale schon mit ihrer Erscheinung auf ihren hohen Wert – ein regelrechtes Kunstwerk und Dokument des Zeitgeschmacks. Auffällig ist zudem, dass das Herrscherbildnis oder der Adler beim Umdrehen der Münze nur aufrecht stehenbleiben, wenn man diese kopfüber wendet und nicht seitwärts. Dieses um 180° gedrehte Verhältnis der Motivachsen zueinander wird als französische Stempelstellung bezeichnet und ist unter Karl I. von Anjou (1266–1285) für das Königreich Sizilien als allein anzuwendende Prägeart gesetzlich festgelegt worden. Später hat diese in Frankreich, Italien, dem spanischen Weltreich oder den USA eine lange Tradition entfaltet, sich in Deutschland, England und Osteuropa dagegen nicht durchgesetzt.

Als Vorbilderschatz für die antik beeinflussten, aber keinesfalls individualisierten Idealporträts auf den Augustalen dienten römische Münzen. Darstellungen der Kaiser auf Münzen seit Augustus oder Tiberius bis in die Zeit nach Konstantin dem Großen dürfen als Vorgänger gelten, wobei spezielle Goldprägungen wie etwa unter Hadrian oder Mark Aurel besonders große Ähnlichkeiten aufweisen. Zudem könnte der sogenannte Augustus-Cameo

142

des Lothar-Kreuzes, das heute in der Schatzkammer des Doms in Aachen verwahrt wird, stilistisch auf das Münzbild gewirkt haben. Ernst Kantorowicz ließ allein eine bestimmte Augustus-Münze aus Lyon als Vorlage gelten, weil bei dieser auf der Kopfseite IMP CAESAR und auf der Adlerseite AUGUSTUS nach mittelalterlicher Auffassung hier die Nennung des Titels, dort die des Namens bedeuten müsse und so genau der Gestaltung der Friederizianischen Augustalen entspreche. Diese These ist jedoch nicht zwingend, zumal die Augustus-Münze keine Goldprägung darstellt, hätte aber den anderen Vorteil, dass nun auch der Adler – hier allerdings nach links blickend – als Motiv gleich mit dabei wäre. Die Adlerdarstellung könnte aber auch durch antike Tetradrachmen aus Antiochia beeinflusst worden sein, die Friedrich spätestens bei seinem Orientaufenthalt gesehen haben dürfte. Auf jeden Fall aber wird die Ikonographie der Augustalen nicht allein in den Entscheidungskompetenzen subalterner Höflinge gelegen haben, sondern ist auf Kaiser Friedrichs Herrscherwillen zurückzuführen.

Auch geldgeschichtlich waren die Augustalen eine Innovation von großer Bedeutung. Nach über vier Jahrhunderten, seit den *Solidi* Kaiser Ludwigs des Frommen (814–840), ließ Friedrich mit seinen Augustalen die ersten abendländischen Bildnisgoldmünzen schlagen. Erst ab 1252 begannen hochentwickelte italienische Kommunen Goldmünzen prägen zu lassen: Genua den *Genovino d'oro* und Florenz den liliengeschmückten *Fiorino d'oro*. Seit 1284 schlug man in Venedig den goldenen *Ducato*. Die Gesamtpräge-

143

Leder gab er für Gold:
Bei der monatelangen
Belagerung der Stadt Fa-
enza 1240/41 gingen
Friedrich die Münzen
zur Bezahlung der Kriegs-
dienste aus. Als Behelf
wurden mit dem Antlitz
des Kaisers geprägte
Lederstücke ausgegeben,
die jeweils den Wert von
einer Augustale haben
sollten, wie Villani in
seiner Chronica zeigt.

zahl der Augustalen Kaiser Friedrichs vermutet man mit um die eine Million Stücke, von denen heute noch knapp dreihundertfünfzig Exemplare existieren. Da man vierundsechzig unterschiedliche Portraitstempel und fast hundert Adlerstempel nachweisen kann, und da es auch Halbwerte, also Halbaugustalen gibt, dürfte diese Münze tatsächlich im Umlauf gewesen sein. Der Chronist Richard von San Germano überliefert Nachrichten von einem Kaufmann, der das neue Geld unter die Leute brachte.

Das Rauhgewicht der Augustalen beträgt 5,26 Gramm, was einem Viertel einer sizilischen Goldunze gleichkam. Ihr Feingewicht hingegen liegt bei 20 ½ Karat (855/1000), was einem Feingoldanteil von 4,54 Gramm entspricht. Diese Angaben sind deshalb wichtig, weil man daran erkennen kann, in welches – wie der Numismatiker sagt – metrologische Feld die Münzen gehören. Friedrichs Augustalen passten nämlich in die nordafrikanischen und byzantinischen Münzsysteme, denn auch der byzantinische *Solidus*, der Dollar des frühen und hohen Mittelalters, sowie sein Nachfolger, das zu Friedrichs Zeiten geschlagene *Hyperpyron*, zu Deutsch das «Superveredelte», enthielten viereinhalb Gramm Feingold. Ebensoviel Edelmetall glänzte in den islamischen Doppeldinaren. Die Augustalen fügten sich hingegen nicht in den oberitalienischen Raum und in die von dort beeinflussten mittel- und westeuropäischen Wirtschaftszonen ein. Denn die zwar später geprägten, aber für ein bestimmtes Handelssystem ausgegebenen städtischen Goldmünzen von Genua, Venedig und Florenz wogen 3,52 Gramm. Offensichtlich sollten die Augustalen eher für den mittelmeerischen Süden dienen und weniger für den kontinentalen Norden. Der neuen prachtvollen Münze war vielleicht deshalb nicht jene Erfolgsgeschichte beschieden, wie etwa dem später im 14. Jahrhundert in fast ganz Europa übernommenen und nachgemachten Florentiner Gulden oder dem venezianischen Dukaten, der bis 1797 in Bild, Gewicht und Feingehalt nicht verändert worden ist.

Woher stammte das viele Gold, aus denen Friedrich die Münzen schlagen ließ? Die geschätzten eine Million Stücke entsprechen immerhin über viereinhalb Tonnen Feingold. Im hochmittelalterlichen Europa gab es aber mit Ausnahme von Lagerstätten im damals flächenmäßig viel größeren Ungarn keine großen Goldvorkommen, die im Bergbau ausgebeutet werden konnten. Doch die waren zu Zeiten Friedrichs noch ohne Bedeutung. Und da Vergils *auri sacra fames* – der «verfluchte Hunger nach Gold» – nicht durch alchimistische Verwandlung gestillt werden konnte, obwohl man sich redlich mühte, musste das angesehene Metall irgendwo anders herstammen. Experten vermuten, dass man zum Teil Gold aus eingeschmolzenen arabischen und byzantinischen Goldmünzen neu ausprägte. Zum anderen könnte das edle Metall vor allem aus Nordafrika erhandelt worden sein, da gute politische Kontakte zu den Machthabern des Maghreb bestanden und dorthin Getreide im großen Stil exportiert wurde.

Nachahmungen der Augustalen gab es kaum: In den oberitalienischen Städten Bergamo und Como bediente man sich der Portrait-Ikonographie bei den in Silber geprägten Denaren und Grossi. Karl I. von Anjou ahmte anfangs mit seinen in Messina geschlagenen Goldrealen in Gewicht und Aussehen noch Friedrichs Augustale nach, wobei er allerdings den Lorbeer des Hauptes durch

Der Kaiser

eine Lilienkrone ersetzte und natürlich den verhassten staufischen Adler mit einem Lilienschild vertauschte. Obwohl Friedrichs Augustalen am Anfang der spätmittelalterlichen Goldmünzenprägung standen, blieben sie weitgehend folgenlos für die weitere Geldgeschichte. Aber sie bezeugen eindrucksvoll Friedrichs Idee vom Kaisertum. Wie einfallsreich Kaiser Friedrich in Gelddingen sein konnte, zeigt noch ein anderes Beispiel: Giovanni Villani berichtet in seiner Chronik, dass dem Herrscher bei der achtmonatigen Belagerung von Faenza Ende 1240, Anfang 1241 das gemünzte Geld ausging. Der Herrscher ließ stattdessen Lederstücke ausgeben, die mit seinem Kopf und einem Adler bestempelt waren. Sie sollten als Äquivalent für eben jene Goldaugustale gelten. Weil der Materialwert nicht der Kaufkraft entsprach, ist dieses Ledergeld praktisch als Kreditgeld anzusehen und als ein Vorläufer des heutigen Papiergelds, das es übrigens in China schon seit dem 11. Jahrhundert gab. Die gestempelten Lederstücke wurden dann auch tatsächlich in Augustalen umgetauscht. Der in Gelddingen beschlagene Villani gibt für seine Florentiner Leserschaft auch gleich den Wert der Augustalen an: «*l'uno la valuta di fiorini uno e quarto* – einer entsprach einem und einem Viertel Florentiner Gulden».[20]

Die Universitätsgründung in Neapel 1224

Herrschaft ließ sich zwar durch Kronen sichtbar machen oder durch die Wahrnehmung und Ausübung von herrscherlichen Rechten, etwa des Münzregals. Doch Herrschaft wurde und wird auch durch Wissen befestigt, dessen Träger ganz unmittelbar mit der Verdichtung von Herrschaftsstrukturen zu tun haben. Für eine effiziente Verwaltung und juristische Durchdringung eines Herrschaftsbereichs benötigte man nicht nur schwerterprobte Kämpfer, sondern auch Fachleute für die Verwaltung. Schriftkundige, wortgewandte und vor allem juristisch geschulte Leute waren nötig, die im Auftrage des Herrschers handelten. Für die einfachen Gefolgschaftsstrukturen des Personenverbandes des Frühmittelalters war das noch nicht notwendig. Aber mit der immer komplizierter wer-

146

denden Durchformung von Herrschaft, der immer stärkeren Nutzung des schriftlich fixierten Römischen Rechts, der Anwendung von Assisen und Konstitutionen und der buchstabengetreuen Umsetzung des Herrscherwillens brauchten die Monarchen Fachleute, und das in größerer Zahl, als es die Hofumgebung hergab. Diese Spezialisten wurden im hohen Mittelalter zunehmend an Universitäten ausgebildet. Und wenn es keine Universität im Lande gab, musste man eine gründen. Das tat Friedrich II. im Jahr 1224 in Neapel. Hinter Friedrichs Universitätsgründung steckte allerdings viel mehr an machtpolitischem Kalkül, als nur die scheinbar harmlose Eröffnung einer Ausbildungsstätte für Fachleute.[21]

Die traditionellen Kloster- und Domschulen reichten im Hohen Mittelalter immer weniger aus, die notwendigen Spezialisten hervorzubringen. So haben sich im 11. Jahrhundert in Italien aus kleinen privaten Schulen, die von den Honoraren der Schüler getragen wurden, Zentren für die Vermittlung von Spezialwissen gebildet. Es handelte sich dabei um die juristischen Schulen vornehmlich in Bologna, Ravenna und Padua sowie um die medizinische Schule von Salerno. Obwohl die Schule von Bologna mit dem Gründungsdatum des Jahres 1088 als die älteste Universität Europas gilt, dürfte ein genau bestimmbarer Gründungstermin eher unwahrscheinlich sein, da es sich um ein langsames Zusammenwachsen kleinerer Rechtsschulen handelte. Nichtsdestoweniger dürfte in Oberitalien der Beginn der Generalstudien liegen. Für die theologische Wissensvermittlung profilierte sich die Schule von Paris, deren Entstehung etwas anders verlief. Obwohl auch hier die Schule aus kleinen Anfängen langsam anwuchs, gilt als Gründungsakt die Ausstellung der päpstlichen Bulle *Parens scientiarum* durch Papst Gregor IX. im Jahre 1231. Durch diese Urkunde und die Zentralisierung der theologischen Studien an einer einzigen Schule gelang es, die Ausbildung der höheren Theologen und die theologische Lehre bis weit in das 14. Jahrhundert hinein an den Interessen der Kurie auszurichten. Die Angehörigen der Pariser Universität, Professoren wie Studenten, unterstanden dem Papst und der kirchlichen Gerichtsbarkeit, was selbst der französische König akzeptieren musste. Die Universität in Paris wurde zum Muster für fast alle abendländischen Universitäten. Als deren Bedeutung für das geistige Leben in Europa wuchs, beanspruchten sowohl die Päpste als auch die Kaiser die Schutzherrschaft über die neuen Anstalten. So eröffnete sich auch in der Bildungspolitik ein Spannungs- und Kampffeld zwischen Papst- und Kaisertum. Erst später wurden Gründung und Schutz von Universitäten prinzipiell Sache der Landesherrn, wie ein Blick auf das deutsche Universitätswesen zeigt. Es hat seine Ursprünge in der Gründung der Universität Prag 1348 durch Kaiser Karl IV., der auch hier wieder Friedrich II. nachahmte. Zahlreiche weitere Universitäten folgten, so zum Beispiel 1365 in Wien, 1386 in Heidelberg, 1388 in Köln. Im Jahre 1500 gab es dann in Europa insgesamt sechsundsechzig Universitäten.

Um die vielen Fachleute für das ganze Reich zu rekrutieren, musste Friedrich entweder landesfremde Juristen anwerben oder aber geeignete Untertanen in die oberitalienischen Schulen, allen voran in das stauferfeindliche Bologna schicken. Eine Lösung dieses Problems sah Friedrich konsequenterweise nur in der Gründung einer eigenen Universität, die er im Hochsommer 1224 vollziehen ließ. An ihr, und nur an ihr, so des Kaiser Weisung, sollten zukünftig seine Sizilianer studieren und nicht mehr ins «Ausland» gehen. Die Gründung der Universität Neapel ist daher ein Vorläufer der Gründungswelle von Landesuniversitäten, die in der Frühen Neuzeit zu der Fülle von vom Landesherrn abhängigen Bildungsstätten führte. Sie stellte als eine Art «Staatsuniversität» ein Gegenmodell dar zu den aus freiem Zusammenschluss entstandenen Schulen, wie etwa in Bologna.

Zwei Jahre nach der Gründung versuchte Friedrich im Gefolge einer Achterklärung über Bologna, Spezialisten von dort für seine Neapolitaner Universität abzuwerben. Doch daraus wurde nichts. Im Gegenteil: Als päpstliche Truppen während des Kreuzzuges des Kaisers Unteritalien besetzten, löste sich der Studienbetrieb in Neapel gänzlich auf, konnte aber 1234 wiederbelebt werden. Im Jahr 1239 ließ der Kaiser dann, sehr kleinlich reagierend, Scholaren aus aufständischen oberitalienischen Städten von «seiner» Universität ausschließen. Sein hochschulpolitisches Ziel lag offenbar darin, die
148 Führungsposition Bolognas im Rechtsstudium mit allen Mitteln zu

untergraben und an deren Stelle Neapel zu positionieren. Hier am Vesuv sollte das wichtigste Zentrum des Rechtsstudiums im Königreich Sizilien und – wenn es sich arrangieren ließ – sogar des ganzen Reiches entstehen. Kirchliche Behörden sollten weder bei der Rekrutierung des Lehrkörpers noch bei der inneruniversitären Gerichtsbarkeit, ja nicht einmal bei der Verleihung der *licentia docendi*, des Rechts zu lehren, das Geringste mehr mitzureden haben.

Zu seiner Universitätsgründung hat sich Friedrich auch selbst geäußert. Im Juli des Jahres 1224 ließ er an Amtsträger und alle Untertanen ein Mandat ergehen, das möglicherweise eines der ersten war, das sein später so berühmter Logothet Petrus de Vinea verfasst hat. Darin verkündete Friedrich einen Monopolanspruch für seine Universitätsschöpfung und umriss die Bedingungen für Lehrende und Lernende: «Mit der Gnade Gottes, durch den wir leben und regieren, dem wir alle unsere Taten weihen, dem wir alles, was wir tun, zuschreiben, wünschen wir, dass es in unserem Königreiche durch eine Quelle der Wissenschaften und eine Pflanzschule der Gelehrsamkeit viele kluge und weitschauende Männer gebe, Männer, die durch das Studium der Natur und die Erforschung des Rechts Gott dienen können, dem alles dient, und die uns durch die Pflege der Gerechtigkeit gefallen, deren Vorschriften nach unserem Willen alle gehorchen sollen.

Wir verfügen aber, dass in der lieblichen Stadt Neapel die Wissenschaften jeder Art gelehrt werden und die Studien blühen sollen, damit alle, die hungrig und durstig nach der Gelehrsamkeit sind, im Königreich selbst den Ort finden, an dem ihre Begier gestillt werden kann, und damit sie nicht gezwungen sind, auf der Suche nach Wissen auswärtige Völker aufzusuchen und in fremdem Gegenden zu betteln. Wir erstreben aber, dass dieses Gut unserem Staatswesen zum Nutzen gereiche, da wir die Wohlfahrt der Untertanen in unserer besonderen Huld im Auge haben. Denn natürlich werden die Unterrichteten die besten Aussichten haben und die meisten Güter erwarten können, während den Faulen kein Aufstieg erwartet, dem der Adel folgt. Wer sich auf das Richteramt vorbereitet, den erwarten Reichtümer in Fülle, dem stehen Gunst und Gnade in Aussicht. Ferner berufen wir gelehrte Männer in unsere Dienste, verdienstvolle und gepriesene, und übertragen jenen, die sich ausgezeichnet haben durch die Beharrlichkeit ihres Eifers, die Lehre des Rechts und der Gerechtigkeit.»

Friedrich schien sich seiner Sache vielleicht doch nicht so sicher, jedenfalls preist er seine Gründung über alle Maßen an und kommt dann auch auf Alltagsprobleme wie die Wohnsituation für zukünftige Professoren und Studenten zu sprechen: «Fröhlich also und bereit zum Unterricht, den die Studenten wünschen, mögen sich jene aufmachen, denen wir da einen Wohnplatz anweisen, wo alles zu haben ist, wo die Häuser hübsch und recht geräumig und wo die Einwohner freundlich und gutartig sind; wo auch alles, was Menschen zum Leben brauchen, über Land und Meer herangeschafft wird, woher wir selbst unseren Unterhalt beziehen, bereiten wir Wohnungen vor, bestellen wir Lehrer, verheißen wir Stipendien und versprechen wir denen Geschenke, die uns ihrer würdig erscheinen. Indem wir sie unter den Augen ihrer Eltern studieren lassen, entheben wir sie vieler Mühen und ersparen ihnen lange Reisen, oft sogar ins Ausland. Wir sichern sie vor den Nachstellungen der Räuber, und diejenigen, die ihres Vermögens und Besitzes auf langen Landfahrten beraubt wurden, mögen sich freuen, dass sie ihre Schulen unter geringeren Kosten und auf kürzeren Wegen durch unsere Freigebigkeit erreichen können. Aus der Schar der Gelehrten aber, die wir dort einzusetzen beschlossen haben, schicken wir unseren Getreuen, den Richter und Magister Roffred von Benevent und den Magister Petrus von Isernia als Professoren des bürgerlichen Rechts, Männer von großer Gelehrsamkeit, bekannter Tüchtigkeit und gewissenhafter Erfahrung, die sie unserer Majestät stets bewiesen und beweisen, auf die wir, wie auch auf einige Getreue unseres Königreiches, vollstes Vertrauen setzten. In anderen Disziplinen setzten wir andere ein.»

Plötzlich wechselt dann im Rundschreiben der Ton und wird bedrohlich, um gleich wieder in die Süße der Verlockung zu verfallen. Studenten und Lehrer, die entgegen dem kaiserlichen Willen im «ausländischen» Bologna oder anderswo ihre Studien trieben, sollten die Peitsche zu schmecken bekommen. Für die Folgsamen

150

hingegen legte Friedrich sogar eine Obergrenze der Mieten in Neapel fest; ein Verfahren, das ein Jahrzehnt zuvor ein päpstlicher Legat in Oxford eingeführt hatte. In bewusster Tradition der von seinem Großvater Friedrich I. Barbarossa 1155 erlassenen *Authentica Habita*, eines Schutzbriefes für umherreisende Studenten, garantierte das Mandat für Neapel die Unverletzlichkeit der Person und des Eigentums: «Die Scholaren aber, woher sie auch kommen, sollen Sicherheit haben für ihre Reise, ihren Aufenthalt und ihre Rückkehr und sollen keinerlei Einbuße, weder an ihrer Person noch an ihrem Besitz, erleiden. Die Unterkunft, die den Scholaren in der Stadt aufs beste bereitet wird, soll jährlich zwei Goldunzen kosten und diesen Preis nicht übersteigen. [...] Hinsichtlich des Getreides aber, des Weines, des Fleisches, der Fische und anderer Lebensmittel setzen wir nichts Besonderes fest, da an all diesen Dingen die Provinz Überfluss hat. Sie sollen den Studenten unter denselben Bedingungen verkauft werden wie den Bürgern.»[22]

Die Mischung aus Zuckerbrot und Peitsche hatte Erfolg. Nach mehreren Neu- und Umorientierungen entwickelte sich die Universität in Neapel kontinuierlich weiter. Thomas von Aquin, glanzvollster Theologe und Philosoph des Mittelalters, war einer der bekanntesten Studenten und später auch Dozenten dort. Den Georgianern war ihr siebenhundertjähriges Bestehen Anlass zur Ehrung ihres Gründers an seinem Grab in Palermo. Zum Gedenken an ihren Gründer ist die Universität seit 1987 auch nach Friedrich benannt. Das Siegel der Universität trägt sein Antlitz und ist nach dem Typar der sizilischen Goldbulle gestaltet. Heute ist die *Università degli Studi di Napoli - Federico II* mit über einhunderttausend Studenten und achttausend wissenschaftlichen Angestellten eine der größten Universitäten Italiens. Aus monarchischem Herrschaftsanspruch entstanden, gehört die Universität in Neapel zu den Prunkpokalen aus dem Erbe, das Kaiser Friedrich hinterlassen hat.

5

Der Gesetzgeber

Die Konstitutionen von Melfi 1231

m Spätsommer 1230 ging ein ungewöhnlicher Befehl durch alle Regionen von Friedrichs Südreich. Die in jeder Provinz vom Kaiser für ein Jahr eingesetzten und für die Gerichtsbarkeit verantwortlichen Justitiare sollten vor Ort sorgfältig vier ältere Männer auswählen, die als Kenner des Rechts galten. Gemeint war das seit den normannischen Königen Roger II. und Wilhelm II. praktizierte, teilweise schriftlich niedergelegte oder einfach täglich gehandhabte Gewohnheitsrecht. Die Experten sollten unverzüglich am Hofe Friedrichs erscheinen. Hier in der Umgebung des Kaisers hatten die Rechtskundigen zusammen mit anderen juristisch gebildeten Hofleuten, darunter federführend der Großhofjustitiar Heinrich von Morra und wohl auch, mit geringerem Anteil, der später so einflussreiche Petrus de Vinea, die im Königreich Sizilien geltenden Rechte zu einem Gesetzbuch zusammenzustellen. Zukünftig sollte dieses die einzige Grundlage der königlichen Rechtsprechung bilden.

Viele einzelne Regelungen wurden aus dem römischen, kanonischen, normannischen, byzantinischen und langobardischen Recht übernommen. Ungewöhnlich schnell für ein solches Werk wurde das Ergebnis der Juristenkommission im August 1231 auf dem Hoftag von Melfi, einem Ort im nördlichen Lukanien, der heutigen Region Basilikata, in einer Inszenierung imperialer Gewalt verkündet. Erstaunlicherweise hat das Werk keinen offiziellen Titel. Da die von Kaiser Friedrich II. erlassenen Konstitutionen von Melfi eine Gesetzessammlung für das Königreich Sizilien sind, werden sie oft lateinisch als *Constitutiones Regni Siciliae* bezeich-

152

net. Seit dem 19. Jahrhundert hat sich *Liber Augustalis*, was man mit «Buch des Kaisers» übersetzen könnte, durchgesetzt. Zur Zeit Friedrichs waren aber wohl die Bezeichnungen *Constitutiones imperiales* – also «Kaiserliche Gesetze» oder *Constitutionum nostrarum corpus*, etwa «Gesamtwerk unserer Gesetze», in Gebrauch, wie Wolfgang Stürner nachweisen konnte. Doch warum gab der Kaiser die Gesetzessammlung zu diesem Zeitpunkt in Auftrag?[1]

Über lange Jahrhunderte gab es ein Ideal von gerechter Herrschaft, das man am besten in der allegorischen Figur der Iustitia verkörpert erkennen kann. Auch Kaiser Friedrich II. hat dieses Bildprogramm von der gerechten Herrschaft an seinem berühmten Brückentor in Capua anbringen lassen. Die Wahrnehmung einer kaiserlichen Gesetzgebungshoheit, jener Aufgaben, die zu dem weiten Bereich des Herrschers als dem Schöpfer und zugleich Bewahrer des Rechts gehören, ist in jener Zeit als die Reaktivierung eines dem Kaiser ohnehin immer zustehenden Rechts verstanden worden. Denn der Welt Gesetze zu geben, hatte bereits vor der Zeit Friedrichs II. eine lange Tradition, die unlösbar mit dem Kaisertum verbunden war. Schon der Hellenismus hatte den gottähnlichen Herrscher als die *lex animata*, das lebendige Gesetz, gefeiert. Allmählich verfestigte sich über den Charakter des Herrschers die Anschauung: Sein Wille ist Gesetz, sein Wort Gebot, seine Tat Recht. Nur der Herrscher selbst blieb *legibus solutus*, vom Gesetz gelöst, ihm nicht unterworfen.

Die Vorstellung von der kaiserlichen Rechtshoheit wurde am stärksten durch die römischen Imperatoren Theodosius II. (408 bis 450) und Iustinian I. (527–565) geprägt, die in ihrer Herrschaftszeit bedeutende Gesetzessammlungen initiierten und in Kraft setzten. Deren Kodizes sicherten nicht einfach nur das Recht, sondern bewiesen vor allem die Fähigkeit des Herrschers, die Rechtsordnung immer unter Kontrolle zu halten. Diese Linie führt zu einem überaus wichtigen Akt Kaiser Friedrich I. Barbarossas, der auf dem Hoftag von Roncaglia im Jahr 1158 in Anlehnung an ein Gesetz Kaiser Iustinians die sogenannte *lex omnis* verkünden ließ. Darin erhob Barbarossa den Anspruch, dass überhaupt jegliche Gerichtsgewalt im kaiserlichen Amt verankert sei. Diese Ansicht zog sich über seinen Enkel Friedrich II. später bis hin zu Kaiser Karl IV., der durch den Erlass der *Goldenen Bulle* von 1356 ebenfalls seinen Status als den eines gesetzgebenden Imperators und den einer kaiserlichen Gesetzgebungshoheit inszenierte. Der große Dante Alighieri (1265–1321) hatte dafür die philosophisch-theoretische Unterfütterung formuliert. In seinen Traktaten *Convivio* und *Monarchia* legte er dar, dass die kaiserliche Autorität mit der Gesetzgebung, der *ragione scritta*, der geschriebenen Vernunft, zusammenfalle. Recht kundzutun, niederzuschreiben und zu befehlen, das sei der eigentliche Beruf des Kaisers.[2]

Allerdings darf man die Handhabung der kaiserlichen Gesetzgebungshoheit im Mittelalter nicht mit der Freiheit eines modernen Gesetzgebers verwechseln. Rechtsgestaltende Hoheitsakte haben sich zum einen bis in die Frühe Neuzeit prinzipiell am Rechtsherkommen orientiert, sind also eher als Zeugnisse einer allmählichen Evolution des Rechts aufzufassen denn als Niederschlag eines entschiedenen Veränderungswillens. So schöpfte auch Kaiser Friedrich II. Recht, indem er altes Bewährtes fand und zusammentragen ließ. Auch Theodosius und Iustinian hatten ihre Gesetzessammlungen ja nicht neu erschaffen, sondern alte Rechte sammeln und systematisieren lassen. Problematisch an der mittelalterlichen Gesetzgebung war allerdings, dass sie lange an mündliche Rechtsüberlieferungen gebunden blieb. Im 13. Jahrhundert setzte sich europaweit zunehmend das Bedürfnis durch, geltendes Recht schriftlich festzuhalten. Das bedeutete keineswegs die Übernahme neuer Inhalte, sondern die Anwendung neuer Methoden auf bereits Bekanntes. Zum anderen kannte das Mittelalter keine geschriebenen Verfassungen im heutigen Sinne. Historische Rechtszustände umfassend beschreibende oder dispositive und rechtsetzende Texte finden sich daher höchst selten in den Quellen. Der Wille zur Gestaltung der politischen Verhältnisse durch kaiserliche Rechtsakte erscheint daher in Gesetzesbefehlen und Sammlungen, wie sie die Konstitutionen von Melfi darstellen, zum Teil auch in Einungen, wie etwa Landfrieden und anderen Vertragsschlüssen, überwiegend aber in der seit langem gewohnten Form von Privilegien. In diesen spiegeln sich die Entwicklungslinien der Rechts-

154

verfassungen in Europa wider, aber immer nur auf den Einzelfall bezogen. Aus dem Besonderen, dem Kleinteiligen muss somit das Allgemeine konstruiert werden.[3]

Kaiser Friedrich gab in der Tradition des kaiserlichen Gesetzgebers eine Reihe von Gesetzen und Gesetzessammlungen in die Welt, von denen die Konstitutionen von Melfi, die Assisen, also Rechtsanordnungen, von Capua oder die Rechtsvorstellungen, die in der Urkunde über den Mainzer Reichslandfrieden 1235 fassbar werden, die bedeutendsten darstellen. Von den Gesetzen, die noch am Tag der Kaiserkrönung erlassen wurden, haben wir schon gehört. Die Assisen von Capua waren die ersten Gesetze, die der Kaiser nach seiner Rückkehr in das Sizilische Reich 1220 in Kraft setzen ließ. Sie alle gehörten zu den Machtmitteln, mit denen sich der *Puer Apuliae,* der Knabe aus Apulien, nun zum Kaiser der Römer erhob. Auf lange Sicht wirkten sie wie die Produkte des Machtanspruchs einer werdenden Staatsgewalt. Wie bei den göttlichen Römischen Kaisern traten die Gesetze nicht nur durch ein publiziertes Schriftstück in die Welt, sondern Friedrich hat die Rechtsetzung und Rechtsprechung immer wieder zelebriert. Als sei der Herrscher ein göttliches Wesen, das nicht selbst spricht, hat er die Gesetze öffentlich durch den Logotheten Petrus de Vinea verkünden lassen.

Inwieweit entsprach Friedrich dem Ideal von gerechter Herrschaft? Und wie setzte er genau Recht? Das kann man am Beispiel der Konstitutionen von Melfi gut sehen. Im Laufe der Jahre kamen in mehreren Schüben zu dieser 1231 verabschiedeten Sammlung noch verschiedene Gesetzesnovellen hinzu. Einige der 1231 erlassenen Gesetze wurden zudem später umgearbeitet und handhabbarer gemacht. Die Konstitutionen von Melfi waren die erste große herrscherliche Rechtskodifikation seit den Rechtssammlungen wie dem *Corpus iuris civilis* des Kaisers Iustinian I. aus dem 6. Jahrhundert, waren also das erste staatliche Gesetzbuch Europas seit der Spätantike. So sahen es auch die Zeitgenossen: Abt Gregor von Montesacro in Apulien bezeichnete Friedrich als den «Begründer des sizilianischen Rechts». Von einzelnen Bestimmungen abgesehen blieb das Gesetzbuch im Grunde bis in Napoleons Tage Anfang des 19. Jahrhunderts auf Sizilien und in Unteritalien geltendes Recht. Ein Auslöser für den Beginn der Arbeiten an den Konstitutionen von Melfi waren Gerüchte, denen zufolge der katalanische Dominikaner Raimund von Peñafort (um 1178–1275), ein seinerzeit berühmter Kirchenrechtler und Ordensgeneral, später sogar heilig gesprochen, im Auftrag des Papstes Gregor IX. Conti eine Sammlung der päpstlichen Dekretalen erstellen sollte. Und die Gerüchte stimmten. Der Papst hatte 1230 tatsächlich Peñafort beauftragt, die verwirrende Vielfalt vorhandener Papstgesetze zu systematisieren. Nun wäre dieses Ansinnen für Friedrich nicht weiter beunruhigend gewesen, hätte Raimund von Peñafort nicht schon um 1220 betont, dass Kaiser, Könige und alle Fürsten, ohne Ausnahme alle Menschen, aufgrund ihrer Sündhaftigkeit dem kirchlichen Urteilsspruch unterlägen. Das bedeutete den Anspruch einer umfassenden Zuständigkeit des päpstlichen Richters auch in weltlichen Angelegenheiten. Kaiser Friedrich II. musste Peñafort und dem Papst unbedingt zuvorkommen, wenn er nicht die Gesetzgebungsvollmacht im Allgemeinen und die juristische Hoheit über Sizilien im Besonderen verlieren wollte.[4]

Weil sich der Kaiser mit der Gesetzgebung in die Tradition der spätantiken römischen Kaiser stellte, legitimierte er seinen eigenen Machtanspruch als Imperator. So bekam das Gesetzeswerk die Schärfe einer Hiebwaffe im Kampf mit dem Papsttum. Prompt reagierte der Pontifex in den Sommertagen vor der Verkündung der Konstitutionen von Melfi äußerst gereizt, als ihm Gerüchte von Friedrichs Vorhaben zugetragen wurden. In einem Brief vom 5. Juli 1231 versuchte er, Friedrich sogar davon abzuhalten, und der Erzbischof Jakob von Capua, der dem Kaiser in juristischen Fragen zuarbeitete, empfing mit gleichem Datum einen scharfen Verweis vom Papst.

Überliefert sind die Konstitutionen von Melfi in fünfzehn heute bekannten Handschriften, von denen sieben Wortlaut und Struktur des Gesetzeswerkes bewahrt haben. Es gibt auch eine griechische Übersetzung der Gesetze ohne die später hinzugekommenen Novellen, wobei aber umstritten ist, ob sie eine auf Geheiß Friedrichs angefertigte amtliche Übertragung darstellt oder für den privaten Gebrauch bestimmt war. Von Beginn an gliederte man das Gesetzeswerk mit seinen zweihundertneunzehn Einzelgesetzen in drei Bücher. Durchgängiges Motiv des Gesetzeswerks ist die Ausrichtung von Recht und Verwaltung auf den König und seine Beamten sowie die Sicherung der königlichen Einnahmen. Wo sie mit dem königlichen Machtanspruch nicht kollidierten, wurden die Rechte des Adels gestärkt und Prozesse beschleunigt. Zentraler Bestandteil sind Bestimmungen über den Ablauf der Zivil- und Strafprozesse, über Ladung, Prozessfristen, Beweismittel und Berufungsverfahren. Oberste Berufungsinstanz wurde das Hofgericht. Wichtige Einzelregelungen waren das Verbot der gewaltsamen Selbsthilfe und die Einschränkung des Gerichtswesens der Stände. Der königlichen Justiz sprach das Gesetzeswerk das alleinige Recht zur Strafverfolgung zu, auch in Fällen, die an das kirchliche Recht grenzten, beispielsweise Ehebruch, Gotteslästerung oder Glücksspiel. Die einzelnen Abschnitte waren mit Überschriften versehen, wie zum Beispiel: «I 29: Über Brand, Hauseinsturz und Schiffbruch» oder «III 63: Über die Strafe für jene, die Goldmünzen abschaben oder mindern» oder «III 66: Über jene, die Testamente unterschlagen». Geradezu wegweisend sind die Bestimmungen zu den Ärzten und Apothekern. Die Gesetze verboten nämlich den Zusammenschluss von beiden, um jede Möglichkeit des Patientenbetruges auszuschließen. Angehende Ärzte mussten in Salerno studiert und dort eine Prüfung abgelegt haben.

Der Kaiser hat in die Abfassung einzelner Gesetze offenbar auch persönlich eingegriffen. Zufällig ist in einem Bericht des späteren Hofrichters Benedikt von Isernia an einen Schüler überliefert, dass Friedrich bei den Abschnitten für verbotenes Waffentragen, das Ziehen der Waffe und das Zustoßen damit, sich die entsprechenden Regelungen des Römischen Rechts erläutern ließ. Diese habe er unbefriedigend gefunden und für sein Königreich eine andere Lösung befohlen. Lassen wir ein wenig vom Duktus der Sprache des Gesetzeswerkes auf uns wirken und hören zudem, um was es in einzelnen Bestimmungen ging. Besonders drängte den Kaiser das Problem des Abweichens von der Rechtgläubigkeit, das ihn während seiner ganzen Regierungszeit beschäftigte und das er deshalb auch gleich zu Beginn des Gesetzeswerkes benannte: «I 1: Über die Häretiker und Patarener. Kaiser Friedrich, der allzeit Erhabene. Die Ketzer versuchen den nahtlosen Rock unseres Gottes aufzutrennen; sie frönen der Sünde, von welcher sie den Namen führen, der ein Ausdruck der Trennung ist, und sind bestrebt, Spaltung in die Einheit Seines unteilbaren Glaubens zu tragen und die Schafe aus der Hut Petri, dem sie vom Guten Hirten zur Weide anvertraut sind, abzusondern. […] Gleichwie denn das Verbrechen des Hochverrats die Todesstrafe und die Einziehung des Vermögens der Verurteilten nach sich zieht und auch nach dem Hingang das Gedenken an die Abgeschiedenen auslöscht, so wollen wir es auch bei dem Verbrechen der Vorgenannten, wofür die Patarener bekannt sind, allerwege gehalten wissen, damit die Ruchlosigkeit derselben offenbar werde, welche in der Finsternis wandeln, weil sie Gott nicht nachfolgen.»[5] Den wohl 1140 verfassten Assisen König Rogers II. ist das folgende Gesetz entnommen und in das Corpus von Melfi eingefügt worden: «I. 4: Dass niemand sich in Handlungen und Entschlüsse des Königs einmischen soll. Derselbe [Roger II.]. Ein Richterspruch des Königs, seine Entschlüsse, Anweisungen oder Handlungen dürfen nicht kritisiert werden. Es kommt nämlich einem Gottesfrevel gleich, seine Richtersprüche, Handlungen, Anweisungen und Entschlüsse sowie das Verdienst desjenigen, den der König auswählt und für den er sich entscheidet, zu kritisieren.»[6]

Das Faustrecht war ein besonderes Problem. «I. 9: Vom Verbot der Fehde. Derselbe [Kaiser Friedrich]. Ein Graf, Baron, Ritter oder irgendein anderer, der offen eine Fehde im Königreich beginnt, soll unter Einziehung all seiner Güter zum Tode verurteilt werden. Wer aber Zwangs- oder Vergeltungsmaßnahmen ergreift, soll mit Einziehung der Hälfte aller Güter bestraft werden. I. 10: Vom Verbot des Waffentragens. Derselbe. Der nützliche Zweck unseres Vorhabens ist nicht so sehr auf die Bestrafung begangener Missetaten gerichtet als darauf, Gelegenheit und Veranlassung zu ihrer Begehung zu nehmen. Weil nun das Tragen verbotener Waffen zur Ursache ebenso sehr von Körperverletzungen wie selbst von Morden wird, verbieten wir aus der richtigen Vorstellung her-

158

aus, dass man besser rechtzeitig vorbeugt als nachher strafend einschreitet, durch gegenwärtiges Gesetz allen Getreuen unseres Königreiches, dass jemand sich anmaße, scharfe und verbotene Waffen, das heißt einen spitzen Dolch, Schwerter, Spieß, Harnische, Schilde, Kettenhemden, Eisenkeulen und alle anderen Waffen, welche mehr um zu schaden denn um eines andern erlaubten Zweckes willen angefertigt worden sind, bei sich zu führen. (...)»[7]

Sowohl Frauen, die ein Gelübde abgelegt hatten, als auch jene, die im ältesten Gewerbe der Welt tätig waren, genossen besonderen kaiserlichen Schutz. «I. 20: Über den Raub und die Vergewaltigung von Nonnen. König Roger. Wenn jemand sich vermisst, gottgeweihte oder noch nicht mit dem Schleier eingekleidete Jungfrauen zu rauben, soll er zum Tode verurteilt werden, auch wenn er in der Absicht gehandelt hat, die Ehe einzugehen. I. 21: Über die Vergewaltigung von Dirnen. König Wilhelm. Alle dem Zepter unserer Herrschaft Unterworfenen sollen in der Huld unserer Majestät regiert werden und der eine durch den anderen, Männer wie Frauen, ohne sich gegen Mächtigere, Gleiche oder die Geringsten wehren zu müssen, den Glanz des Friedens genießen und nicht hinzunehmen brauchen, dass auf welche Art auch immer Gewalt geübt wird. Infolgedessen sollen auch die unglücklichen Weiber, welche in dem schändlichen Gewerbe der Unzucht ihr Geld verdienen, sich unseres Wohlwollens erfreuen in der frohen Empfindung, dass niemand sie gegen ihren Willen nötigen darf, seine Lust zu befriedigen. Wer gegen diese allgemeine Vorschrift handelt, soll, wenn er gestanden hat und überführt worden ist, mit der Hinrichtung bestraft werden. (...)»Auch Jungfrauen-, Verlobten- oder Witwenräubern, so führt das Gesetz weiter aus, drohte die Todesstrafe.[8]

Anderes ging glimpflicher ab. Einige Gesetze betrafen so elementare Alltagsfragen wie etwa jene zur Reinhaltung der Luft. Flachs und Hanf durften fortan nicht in Gewässern verarbeitet werden, die nahe an Siedlungen flossen. Aas, als Abfallprodukt der Lederherstellung, sollte nicht einfach irgendwo in der Landschaft gammeln dürfen, und Begräbnisstätten der Toten, die nicht in Urnen beigesetzt sind, sollten ungefähr einen Meter tief gegraben

159

werden. Dagegen zu verstoßen, kostete wenigstens nicht gleich den Kopf oder die Nase, aber immerhin eine Augustale, die an den Hof zu entrichten war. Dass diese Fäulnisprozesse allesamt unerträglichen Gestank hervorbrächten, darüber hatte sich der Kaiser selbst Klarheit verschafft, wie er extra notieren ließ. Doch neben der kaiserlichen Problemüberprüfung zeigt sich das Neue auch daran, dass solche Dinge überhaupt in einem kaiserlichen Gesetzeswerk geregelt wurden. Lebensumwelten waren zu juristischen und politischen Größen geworden. Ja mehr noch: Peter Sloterdijk bemerkte, als er sich «in Europa auf die Spuren für eine aufkeimende juristische Beschäftigung mit der Dynamik physischer Selbstverpestung» begab, eine neue Qualität. «Dass nicht jede Gestankemission sich auf das Naturrecht der unvermeidliche Miasmenbildung vom Typus Latrinenemanation berufen kann – mit diesen Einsichten überschreitet das staufische Luftschutzgesetz bereits die Schwelle der Modernität.» Und weil «Immunverhältnisse von der religiösen Ergebung ausgenommen und in technische, juristische und politische Ordnungen überführt werden», deshalb sei Friedrich als «Atmopolitiker [...] unser Zeitgenosse». Dass man die faulenden Kadaver allerdings – wie in Friedrichs Gesetz verlangt – eine Viertelmeile entfernt von Siedlungen ins Meer oder in die Flüsse werfen sollte, zeigt, wie weit der Weg zu einem modernen ökologischen Bewusstsein dann doch noch sein sollte.[9]

Zum Ende des Werkes gibt der Kaiser noch einmal allgemeine Wendungen und Wünsche kund: «Zum Lob und Ruhm unseres Gottes, in der Hoffnung auf die göttliche Gunst wurde dieses Werk begonnen und von seiner Gnade geleitet vollendet, welches nun die Gesamtheit unserer Untertanen dankbar entgegennehmen darf. [...] Die Nachwelt möge fürwahr nicht glauben, wir hätten das Buch der vorliegenden Konstitutionen lediglich zusammengestellt, um unserem Nachruhm zu dienen. Vielmehr wollen wir in unseren Tagen das Unrecht vergangener Zeiten, als die Zunge des Rechts verstummt war, tilgen, auf dass zum Siege des neuen Königs ein frisches Reis der Gerechtigkeit hervorsprieße. Gegeben auf der feierlichen Versammlung zu Melfi im Jahr des Herrn Fleischwerdung eintausend zweihundert einunddreißig, im Monat August, in der

160

vierten Indiktion. Verkündet im folgenden Monat September, in der fünften Indiktion. Dank sei Gott. Amen. Amen.»[10] Ein wahrlich fundamentales Gesetzeswerk findet so seinen Abschluss.

Urkunden als Träger kaiserlichen Willens

Der Alltag der Regierung Kaiser Friedrichs bestand jedoch nicht im Zusammenstellen und Verkünden großer Gesetzeskorpora, sondern war herrscherliches Tun im Kleinteiligen. Diese «Regierungsnormalität» changierte zwischen einem normativen Rechtsetzen und einem affirmativen Privilegieren. Dafür bediente man sich schon seit Jahrhunderten der auf Pergament geschriebenen Urkunden. Von drei sehr bedeutenden Urkunden für den mächtigsten und vornehmsten der Reichsfürsten im Norden, den König von Böhmen, sowie den Markgrafen von Mähren, die als die drei «Sizilischen Goldenen Bullen» bezeichnet werden, haben wir schon gehört. Bekannt sind heute etwa zweitausendsiebenhundert Urkunden aus der Regierungszeit des Kaisers, von denen ein Teil im Original erhalten ist. Friedrichs Urkunden sind derzeit in mehr als achthundertfünfzig Archiven über ganz Europa verteilt. Sie alle für eine neue kritische Edition zu ermitteln, hat Fachleute volle sechzehn Jahre in Anspruch genommen. Dennoch tauchten in den letzten Jahren immer wieder Neufunde auf, wie etwa dreißig Schreiben in einem bislang unbeachteten Kopiar aus Innsbruck oder einige in einer Abschriftensammlung aus San Giovanni in Fiore in Kalabrien entdeckte Dokumente. Die erste systematische Sammlung aller auffindbaren Urkundentexte des Kaisers entstand weder in Italien noch in Deutschland, sondern in Frankreich. Die *Historia diplomatica Friderici secundi*, eine teilweise noch heute unverzichtbare Publikation in zwölf stattlichen Bänden, gab Mitte des 19. Jahrhunderts der französische Historiker Jean-Louis-Alphonse Huillard-Bréholles (1817–1871) heraus. Die erheblichen Kosten dafür bestritt ein Aristokrat aus Liebhaberei.[11]

Die Anzahl der Dokumente aus der Kanzlei Friedrichs II. war einst offenbar viel größer. Viele der schmucklosen Mandate, also

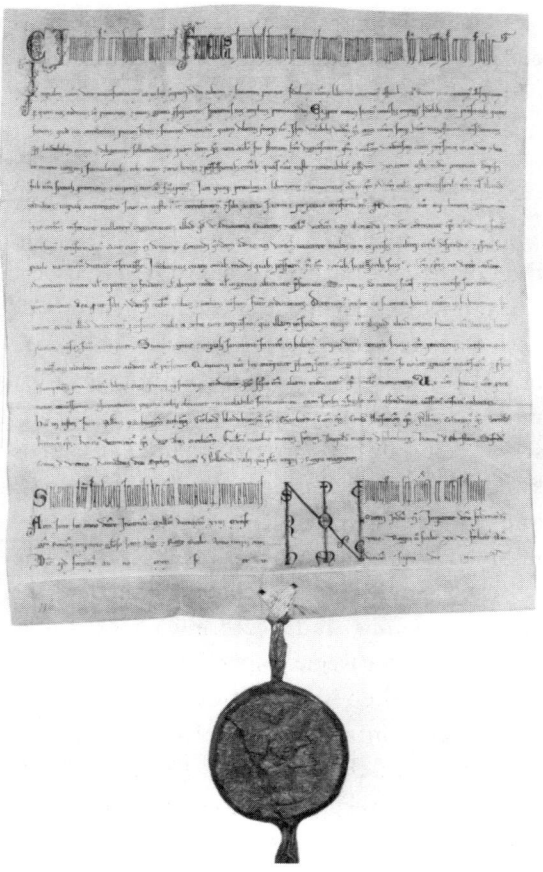

Mit Brief und Siegel: Friedrich II. bestätigte im März in Ferentino 1223 Bischof Iso von Verden alle Privilegien und Freiheiten der Verdener Kirche. Die Urkunde weist die typischen Merkmale eines feierlichen Diploms auf, wie etwa das Chrismon, eine gezeichnete Anrufung des Herrn, die verlängerte Schrift am Anfang oder die Signumzeile und das Monogramm. Das Wachssiegel hängt an gelben Seidenfäden.

Befehle an die Untertanen und Dienstleute, wurden nach der Ausführung des Herrscherwunsches wahrscheinlich als nutzlos betrachtet und vernichtet. Zudem ergibt sich eine weitaus größere Dichte an Urkunden in den südalpinen Reichsgebieten, weil hier die Schriftlichkeit schon viel weiter entwickelt und ausdifferenziert war. Was nördlich der Alpen nach altem Recht noch per Handschlag oder mittels Symbolen abgemacht werden konnte, das erforderte im Süden das Aufsetzen eines Schriftstücks. Auch eine Fülle von Befehlen des Herrschers musste nicht mehr nur mündlich, sondern als schriftliche Anweisung ausgegeben werden. Eine

Ahnung, wie groß der Ausstoß von Verwaltungsschriftgut unter Kaiser Friedrich gewesen war, vermittelt das Fragment eines Ausgangsregisters der Kanzlei des Herrschers. Solche Register, in die man ausgegebene oder auch eingegangene Schriftstücke eintrug, hatte es zuerst in der päpstlichen Kanzlei gegeben. In das friederizianische Register wurden die Schriftstücke eingetragen, die man ausgab, um den Überblick zu behalten, wer welchen Befehl erhalten hatte und wem welche Rechte zustanden. Auch Friedrichs Nachfolger, die Anjou-Könige, haben solche Register weiter herstellen lassen, und in deren Überlieferungszusammenhang überstand das Registerfragment Kaiser Friedrichs viele Jahrhunderte. Es enthält etwas mehr als tausend Einträge, umfasst aber lediglich sieben Monate vom Oktober 1239 bis zum Mai 1240. Zudem befinden sich darin nur die schriftlichen Befehle, Rundschreiben oder Anfragen und auch nur diejenigen, die Sizilien betreffen. Rechnet man den Ausstoß an schriftlichen Dokumenten der sieben Monate auf die gesamte Regierungszeit Friedrichs seit der Übernahme der selbständigen Herrschaft im Jahr 1208 hoch, dann gelangt man selbst bei vorsichtiger Schätzung auf fünfzig- oder sechzigtausend Schriftstücke. Solche Größenordnungen wurden nördlich der Alpen erst im 15. Jahrhundert erreicht, wie etwa bei Kaiser Friedrich III. (1440–1493), der in seinem halben Jahrhundert als Herrscher eine ähnliche Menge an Schriftstücken ausgab. Dass von den im Register enthaltenen friederizianischen Mandaten und Schreiben kein einziges im Original erhalten ist, zeigt, wie hoch der Verlust an Schriftstücken ist.

Das Original des Registerfragments Friedrichs II. – übrigens eines der ersten Register auf Papier – ist heute leider nicht mehr vorhanden. Es verbrannte im Zweiten Weltkrieg zusammen mit einer Reihe kostbarster Archivalien der ältesten Bestände aus dem Staatsarchiv Neapel, die man zum Schutz in die Villa Montesano in San Paolo Belsito in der Nähe von Nola ausgelagert hatte und die deutsche Truppen am 30. September 1943 beim Rückzug in Brand setzten. Zum Glück im Unglück hatte der deutsche Mediävist Eduard Sthamer (1883–1938) bei seinen Studien über staufische Kastelle die sizilischen Register Friedrichs II. vor dem Zweiten

Weltkrieg intensiv benutzt, hatte Abschriften und Aufzeichnungen darüber hergestellt sowie Photos in Auftrag gegeben. Geradezu prophetisch hatte Sthamer schon 1920 das preußische Wissenschaftsministerium um Unterstützung für seine Arbeit gebeten, «weil Archivalien sich im Laufe der Zeit aus mannigfachen Ursachen zu verringern pflegen». Nach Sthamers Tod blieb ein Teil seines Nachlasses in Rom, einen anderen Teil hielt man kriegsbedingt für verloren, bis er 1993 im Archiv der Akademie der Wissenschaften in Berlin wiederentdeckt wurde. Sthamers gesammelte Materialien bildeten so eine wichtige Grundlage für eine moderne Edition des Registers Friedrichs II.[12]

Das Registerfragment ist unter verschiedenen Gesichtspunkten eine sehr aussagekräftige Quelle. Es ist bemerkenswert, was alles als schriftlicher Befehl die Kanzlei verließ und um was sich der Kaiser alles selbst gekümmert zu haben scheint. Da erging der Befehl an Thomas von Brindisi, Secretus in Messina, die Gesandten des Sultans von Babylon ehrenvoll aufzunehmen und ihm, dem Kaiser, deren Ankunft sofort zu melden. Derselbe Dienstmann hatte sich auch um den Anbau von Hafer, um Salinen, Eunuchen oder Seeräuber zu kümmern. Auch die Ausrottung der Wölfe und Füchse im Park von Milazzo trug ihm der Kaiser auf. In Befehlen an andere Untergebene ging es um den Bau von Schiffen und Häfen oder um Ausrüstung von Burgen wie etwa in Neapel. Richard von Montenigro sollte sich um die Wiederherstellung der *Rocca Montis Draconis*, der Burg Drachenberg, kümmern. Wegen des Ausbaus von Mühlen oder Häfen, wie in Palermo, Augusta oder Trapani, gab der Kaiser klare Anweisungen. Sollten sich bestimmte Leuten als Verräter erweisen, dann habe man sie aufzuknüpfen. Schwarze Sklaven sollten gekauft und zu Musikern ausgebildet werden – und dazu bestellte der Kaiser gleich vier gerade lange Posaunen, die damals noch ohne Ventile gespielt wurden, und ein «Posaunchen» aus Silber, die an die kaiserliche Kammer zu schicken seien. So erfährt man nebenbei, dass Friedrich eine schwarze Posaunenkapelle besessen hat. Wie geht es den Falken, was machen die Habichte und Leoparden?, ließ er in anderen Briefen fragen. Die Menagerie des Kaisers spielte in den Befehlen besonders

164

oft eine Rolle. Der Kaiser ernannte auch Professoren für seine Universität oder setzte ungebildete Richter ab. Der Kastellan von Schifato hatte sich um die vom Sturm umgerissen Bäume zu kümmern. Friedrich erscheint hier als ein besorgter Landesvater mit dem Hang zum kontrollsüchtigen Tyrannen, auch wenn man annehmen kann, dass einige Befehle nur in des Kaisers Namen ergingen, aber von Dienstkräften auf den Weg gebracht wurden.

Auch für die Verwaltungsgeschichte ist das Registerfragment von besonderem Wert. Es überliefert klare Arbeitsabläufe und nennt konkrete Namen: «Auf kaiserlichen Befehl, den der Richter Thaddaeus de Suessa überbrachte, schrieb Jacob de Bantra dem Wilhelm de Laurentio de Suessa, Vorsteher der Kastelle.»[13] So berichtet die erste Zeile der Eintragung von der Entstehung eines Befehls an den Kastellverwalter mit den Namen aller daran beteiligten Personen. Aus dem Fragment hören wir von achtzehn Personen, dass sie kaiserliche Beurkundungsbefehle übermittelten, darunter immer wieder Petrus de Vinea und Thaddaeus de Suessa.

Die Herstellung der Urkunden gehörte in den Aufgabenbereich der Kanzlei. Sie war keine Behörde im modernen Sinne, sondern ein Bedarfskollegium von Experten, die auch andere Aufgaben am Hof erfüllten. Mitunter borgte der Herrscher sich nördlich der Alpen geübte Schreiber aus dem Gefolge der Reichsfürsten aus. Das geschah oft dann, wenn der Begünstigte die Urkunde gleich nach seinen Vorstellungen formulieren und herstellen ließ und die Herrscherkanzlei das Schriftstück nur noch besiegeln musste. In diesen Fällen spricht man von Empfängerausfertigungen. Ein schönes Beispiel dafür sind jene Urkunden, mit denen sich Albrecht II., Erzbischof von Magdeburg (1205–1232), im Mai 1216 eine Reihe von Vergünstigungen auf einem Hoftag in Würzburg von Friedrich bestätigen ließ. Sie wurden nicht von königlichen Schreibkräften, sondern von einem erzbischöflichen Notar hergestellt. Wahrscheinlich hatte Albrecht dafür sogar seinen routiniertesten Schreiber Heidenreich beauftragt, der fast zwei Jahrzehnte mit der Feder für seinen erzbischöflichen Herrn tätig war. Ursprünglich ist die Kanzlei aus jenem Kreis der schreibkundigen Hofgeistlichen – der sogenannten Hofkapelle – entstanden, die den Hof in geistlichen Din-

165

gen versorgte und deren Mitglieder als besonders gebildete Fachleute auch Urkunden schrieben. Als eine Art Organ amtlicher Verlautbarungen Friedrichs II. wurde das gut organisierte Schreibbüro zum eigentlichen «Sprachrohr kaiserlichen Willens». Hier wurden jene Texte verfasst, die treffend zum Ausdruck brachten, wie der Kaiser sich gern verstanden und gesehen haben wollte. Die Urkunden, die man zur Zeit Friedrichs noch ausnahmslos in lateinischer Sprache schrieb, sind daher weniger Dokumente eines unabhängigen Rechtsinhaltes, wie man es noch im 19. Jahrhundert sehen wollte, sondern vielmehr auch Belege der Selbststilisierung kaiserlicher Herrschaft.[14]

Innerhalb der Kanzlei gab es keine Einteilung für die Belange der einzelnen Reichsteile. Sie war für die Urkunden des gesamten Reiches zuständig. Dennoch hat natürlich die Herkunft der an der Urkundenherstellung beteiligten Personen auch auf den jeweiligen Stil gewirkt. So gab es zum Beispiel am Beginn der Herrschaft Friedrichs in Deutschland einige Besonderheiten im Aussehen der Dokumente, die man als typisch sizilianisch bezeichnet, da es zu einem Nebeneinander von sizilischen und deutschen Kanzleisitten kam. Als Friedrich im September 1218 aus dem fernen Ulm für den Goldschmied Perrono Malamorte in Messina eine Urkunde ausstellen ließ, fanden sich auf dem Pergament ein Chrismon – ein in Urkunden übliches Christussymbol – nach deutscher Art, gefolgt von einer sizilischen Invocatio, einer Anrufung des Herrn, und dem Herrschernamen nach sizilischer Art, dann folgen Monogramm und Signumzeile wieder nach deutscher Kanzleisitte, um in der Datierung erneut südliche Elemente aufzugreifen. Zudem haben die Reichsteile ohnehin im Aussehen unterschiedliche Urkunden bekommen. Im Großen und Ganzen wurden für die nördlichen Gebiete besonders prachtvolle Diplome ausgefertigt, während die sizilianischen Empfänger schlichtere Urkunden erhielten.

166

Wer der Kanzlei vorstand, lässt sich nicht präzise ermitteln, da es in der Zeit Friedrichs als Chef der Kanzlei keinen als solchen bezeichneten «Kanzler» mehr gab. Um 1220 hatte vorübergehend der Kämmerer, also der mit Finanzdingen betraute Höfling, die Leitung inne. Das Kanzleramt für Jerusalem existierte zwar namentlich, war hingegen als ein reines Ehrenamt zu verstehen. Erst als Petrus de Vinea und Thaddaeus de Suessa in der Kanzlei leitende Befugnisse übernahmen, sind die Entscheidungskompetenzen wieder deutlicher zu fassen. Das Registerfragment ermöglicht für den Zeitraum der Jahreswende von 1239 auf 1240 ziemlich präzise Aussagen zum Geschäftsgang der sich in Friedrichs gesamter Regierungszeit ständig verändernden Verwaltungspraktiken. Zudem lässt eine aus dem Jahr 1244 überlieferte Kanzleiordnung Schlüsse über den Tagesbetrieb in der Urkundenbehörde für die spätere Kaiserzeit zu. Danach sollten Urkunden innerhalb von zwei Tagen vollständig hergestellt werden. Ein Relator überbrachte den Befehl des Herrschers zur Herstellung der Urkunde; «auf Anordnung des Kaisers» notierte man dann auf dem Schriftstück. Ein Notar schrieb daraufhin sowohl die Urkunde als auch später den Eintrag in das Register. Die besondere Anerkennung des Herrschers erlaubte dem Kollegium der Notare ein bestimmtes Maß an Selbstverantwortlichkeit beim Verfassen und Schreiben und bei der Abwicklung der Angelegenheit selbst sowie ein ausgeprägtes Standesbewusstsein. Das Freihalten von bestimmten Bereichen auf den Pergamenten für spätere Eintragungen, wie etwa das Monogramm, zeigt zudem, dass man sogar arbeitsteilig vorging.

Unter einem Monogramm versteht man ein Strichgeflecht, in das man die Buchstaben des kaiserlichen Namens kunstvoll zusammenschnörkelte. Außerdem hinterließen die an der Herstel-

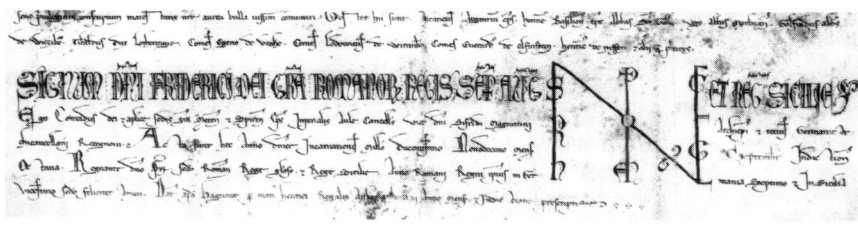

lung beteiligten wichtigen Personen selbst Notizen auf den Schriftstücken. Im unteren Bereich der Urkunde springt den Betrachter bei feierlichen Privilegien neben dem Monogramm eine in langen Buchstaben sorgfältig gezeichnete Signumzeile ins Auge. Sie steht für sich als Zeichen, gibt durch ihre Form zu verstehen, dass hier etwas Bedeutendes stehen muss und lässt den Empfänger wissen, wem er die Urkunde verdankt: «SIGNUM D(OMI)NI N(OST)RI FRIDERICI SECUNDI DEI GR(ATI)A INVICTISSIMI ROMAN(ORUM) IMPERATORIS SEMP(ER) AUGUSTI JER(USA)L(E)M ET SICILIE REGIS – Zeichen unseres Herrn Friedrichs des Zweiten, durch die Gnade Gottes sieghaftester Kaiser der Römer, immer Erhabener, Jerusalems und Siziliens König». Diese Kunstbuchstaben auf das Pergament zu schreiben erforderte höchste Aufmerksamkeit und war ziemlich anstrengend, zumal ein Teil der Wörter wie auch im normalen Text nach festen Regeln abgekürzt wurde. So konnte man *domini* – des Herrn – in *dni, nostri* – unseres – in *nri* oder *gratia* – durch die Gnade – in *gra* abkürzen. Ebenso gab es neben vielen anderen Möglichkeiten für *con-* oder *-us* sowie für die Flektionsendungen des Genitiv Plural *-orum* oder *-arum* feste Abkürzungszeichen. Das alles gleichzeitig zu beachten, war nicht leicht und konnte schon mal zu Fehlern führen. In einer feierlichen Urkunde Friedrichs, heute im Vatikan verwahrt, scheint der sonst so konzentriert arbeitende Scriptor beim Schreiben der Signumzeile doch abgelenkt worden zu sein und hatte beim Wort *imperator* einfach das P vergessen. So steht nun für die Ewigkeit, für die die feierlichen Urkunden nach Selbstaussage ja gelten wollten, eben nur sieghaftester IMERATOR da.[15]

Alle Urkunden des Kaisers sind mit zwei Sorten von Siegeln beglaubigt worden: Sie waren entweder aus Wachs oder Gold. An die «normalen» Urkunden, also die oft kleinformatigeren «Alltagsdokumente» heftete man das herrscherliche Siegel aus einer Mischung von eingefärbtem Bienenwachs, Harzen und weiteren Ingredienzen, indem man am unteren Rand der Urkunde einen kleinen Streifen des Pergaments umbog und dann in der Mitte an zwei oder mehr Stellen durchbohrte. Durch diese Löcher fädelten die Notare farbige, oft rötlich-gelbe Seidenschnüre, die in dem an-

gehängten Siegel endeten. Fürsten hingegen benutzten zur Siegel-
befestigung an ihren Urkunden statt der Schnur oft Per-
gamentstreifen, die sogenannten Pressel – ein Verfahren das nach
Friedrich auch in die Königskanzlei Eingang fand. Dass man das
Siegel anhängte, war nicht immer so gewesen: Noch die Ottonen,
Salier und frühen Staufer hatten ihre Wachssiegel fest auf die Urkunden aufpressen lassen. Das einfache herrscherliche Wachssiegel
war in der Zeit Friedrichs etwa acht bis zehn Zentimeter groß und
bestand aus einer Siegelkapsel in Form einer kleinen Schale, in die
man dann noch einmal Wachsmasse auftrug, in die der Siegelstempel eingedrückt wurde. Da das Aufpressen des Stempels einige
Kraft erforderte, kann man an einigen Wachssiegeln sogar noch
heute die Fingerabdrücke des Notargehilfen sehen, der die Rückseite festhalten musste.

Friedrich II. besaß mehrere von diesen Siegelstempeln, die als
Bild schon seit langer Zeit einen König auf seinem Thron zeigten.
Der Herrscher sitzt dort mit Zepter und Reichsapfel in den Händen, die Krone auf dem Kopf und blickt den Betrachter frontal an.
Eine Umschrift kündet von Namen und Titeln: «+FRIDERICVS DEI
GR(ATI)A ROMANOR(VM) REX (ET) SEMP(ER) AVGVSTVS – Friedrich,
durch die Gnade Gottes König der Römer und allzeit Erhabener».
Die Herrscherbilder stellten jedoch wie schon bei den Münzen
keine individuellen Portraits der Person des Herrschers dar, sondern folgten den Idealvorstellungen. Viel wichtiger war, dass man
an den Insignien Krone, Zepter und Reichsapfel erkennen konnte,
dass es sich um das Siegel eines Herrschers handelte. Auf keinem
einzigen der Königssiegel, die über Jahrhunderte an Urkunden un-
mündiger Herrscher gehängt worden sind, ist zum Beispiel zu erkennen, dass es sich um Knaben auf dem Thron handelte. Auf die
Herstellung der Stempel verwendete man große Sorgfalt, denn das
Siegelbild war ein zentraler Bestandteil der herrscherlichen Repräsentation. Daher mussten die Stempel beim Hinzutreten von weiteren Würden ausgetauscht werden. Auf den Urkunden Friedrichs II. kann man verschiedene Siegel unterscheiden: angefangen
mit den Elektensiegeln, die noch aus der Zeit des «Erwähltseins»
zum Kaisertum, also vor der offiziellen Krönung, stammen, dann

Der Gesetzgeber

*Rom lenkt den
gesamten Erdkreis:*
*Nach der Verlegenheits-
lösung mit den Sizilischen
Goldbullen zu Beginn
seiner Herrschaft nördlich
der Alpen benutzte
Friedrich II. von seiner
Aachener Königskrönung
1215 an bis zu seiner Kaiserkrönung 1220 für seine
Goldsiegel einen Stempel,
der ihn als Rex Romano-
rum, als König der Römer,
ausweist. Auf der Rück-
seite erschien bereits jenes
Bekenntnis zu den antiken
Wurzeln des Römischen
Reiches, das auch auf den
Kaisersiegeln kontinuier-
lich weiter verwendet
wurde. Die Umschrift
eines symbolisierten Stadt-
zeichens lautet: «ROMA
CAPVT MVNDI REGIT OR-
BIS FRENA ROTVNDI –
Rom, das Haupt der
Welt, lenkt die Zügel des
gesamten Erdkreises».*

verschiedene andere, die sowohl in der Königs-
als auch in der Kaiserzeit verwendet wurden.

Wertvollere Urkunden, sowohl im Sinne des
Rechtsinhalts als auch in der Ausstattung und
Anschaffung, wurden mit Gold gesiegelt. Man
bezeichnet sie als «Goldbullen». Das mittelhochdeutsche Wort *bulle* stammt vom lateinischen
bulla in der Bedeutung von «Kapsel». Die Me-
tallkapseln waren die metallenen Siegel, die
durch ihr Material, wie etwa Blei, Gold oder Silber, schon äußerlich die Bedeutung eines Schriftstücks, eines Ausstellers und auch eines Empfän-
gers hervorhoben. Geschrieben wurden die mit
Metall besiegelten Dokumente wie schon die
Alltagsurkunden auf edel präparierten großfor-
matigen Pergamenten. Der bedeutsame Charakter der Metallbesiegelung der *bullae*, die
ebenfalls an Seidenschnüren hingen, übertrug
sich schnell als Bezeichnung auf das ganze
Schriftstück, so dass man unter «Bulle» im Mittelalter und in der Frühen Neuzeit eine Urkunde
verstand, die gewichtige Sachverhalte meist
staatsrechtlicher Natur festlegte, wie etwa die
Goldene Bulle Kaiser Karls IV. von 1356. Ihren
Ursprung hatte die Besiegelung mit Metallbullen
in der byzantinischen Kanzleipraxis, wo man
Blei verwendete. Hauptsächlich bleiern waren auch die päpstlichen
Bullen gesiegelt, die man in der Regel mit den Anfangsworten des
jeweiligen Textes, dem sogenannten *Incipit* bezeichnet, wie etwa
die berühmten Bullen *Unam sanctam* Papst Bonifaz' VIII. Caetani
(1294–1303) von 1302 oder die Bannung Martin Luthers *Exurge
domine* von 1520 durch Papst Leo X. Medici (1513–1521).

Friedrich gab eine große Anzahl von Urkunden aus, die mit
einem Goldsiegel versehen worden waren, vermutlich sogar mehr
als zweihundert. Damit hat er wahrscheinlich von allen römisch-
deutschen Königen und Kaisern die meisten Goldbullen schlagen

lassen, gefolgt von seinem großen Nachahmer Kaiser Karl IV. Einige der Goldbullen Friedrichs sind noch an den ursprünglichen Pergamenten erhalten geblieben, einige nur als lose Stücke. Von anderen Urkunden, an denen sie heute fehlen, wissen wir nur, weil man die Verwendung einer *bulla aurea* im Text selbst angekündigt hat, in dem es heißt: «…und befohlen haben wir, das mit dem aufgedrückten goldenen Siegel unserer Majestät zu bekräftigen.» Doch geschah die Ankündigung einer Goldbullenbesiegelung nicht prinzipiell, und so finden wir auch Urkunden, an denen zwar Gold schimmerte, im Text jedoch davon nicht die Rede ist. Das Siegelbild der Goldbullen der Kaiserzeit Friedrichs II., die mit etwa vier Zentimetern nur halb so groß wie die Wachssiegel waren, stellt ebenfalls den thronenden Kaiser dar, wieder umrundet von seinen jeweiligen Titeln. In Anlehnung an die ebenfalls schon in den Wachssiegeln verwendete Titelei kamen auf den Goldbullen nun die gesteigerten Würden Friedrichs zur Sprache: «+FRIDERIC(VS) D(EI) GR(ATI)A ROMANOR(VM) IMPERATOR (ET) SE(M)P(ER) AVG(V) – STVS REX IER(VSA)LEM(IAE) (ET) REX SICILIE – Friedrich, durch die Gnade Gottes Kaiser der Römer und allzeit Erhabener, König von Jerusalem und König von Sizilien». In dem goldenen Glanz der Siegel leuchtete so die mit der Herrschaft über Jerusalem als letzte Steigerung erlangte Stellung eines universal verstandenen Kaisertums. Zum Verständnis vom «Heiligen Reich» gehörte für die Zeitgenossen Friedrichs nämlich die Verantwortung für die gesamte Christenheit.

171

Der Gesetzgeber

Die Rückseite der Goldbullen enthielt durch eine Schmeichelei an die Ewige Stadt ein weiteres Bekenntnis, das noch einmal die antiken Wurzeln des Imperium Romanum und die Kontinuität der Kaiserherrschaft deutlich aussprach und zugleich eine Provokation der Päpste darstellte. Sie ist ein Zeugnis einer sich über Jahrhunderte forterbenden Verehrung der Stadt mit ihren sowohl antiken als auch christlichen Erinnerungen, ein wortwörtlich glänzender Beleg dafür, wie Rom als Erinnerungsort von seiner tatsächlichen Geschichte unabhängig mnemotechnisch aufgeladen worden ist. Dort steht als Umschrift eines idealisierten Kirchenportals und von vier Kirchtürmen, die eine Stadt symbolisieren, der Hexameter: «+ROMA CAPVT MVNDI REGIT ORBIS FRENA ROTVNDI – Rom, das Haupt der Welt, lenkt die Zügel des gesamten Erdkreises». Roma als Haupt der Welt gab es schon seit Ovid (43 v.Chr. – um 17 n.Chr.), doch die vier angehängten Worte *regit orbis frena rotundi* stammten wahrscheinlich erst von Wipo (gest. nach 1046), einem talentierten Verseschmied und Biographen aus der Salierzeit. Das Aurea-Roma-Siegelbild mit der unveränderten Zügel-Umschrift entwickelte seit der Mitte des 11. Jahrhunderts eine lange Tradition und zierte bis zum Ende des Mittelalters die Goldbullen späterer Kaiser. Ein Bekenntnis des Kaisers zu Rom verhieß, dass es der Imperator Romanorum ist, der letztlich den gesamten Erdkreis lenkt. Vor seiner Kaiserkrönung benutzte Friedrich bei der Beglaubigung in Gold das sizilische Königssiegel, das auf seiner Rückseite natürlich nicht auf Rom bezogen sein konnte und deshalb in normannischer Tradition stehend um einen Zinnenturm mit Mauer, den man auch als Symbol für das *regnum Siciliae* deuten könnte, Christus als Weltenherrscher anruft.

Wie die Siegelmaterialien Gold und Blei im Wettstreit zwischen Kaiser und Papst um die höchste Autorität eingebunden waren, belegen eine Reihe von metallbesiegelten Urkunden. Zu Anspruch und Pflicht des Kaisers gehörte es, als oberster Gerichtsherr die Wahrung des Friedens und die Schlichtung von Zank und Streit unter den Fürsten zu initiieren. Mit Gold siegelte im August 1237 in Augsburg der Kaiser die Lösung eines schon ewig währenden Streits zwischen dem Domkapitel von Naumburg und dem Stiftskapitel von Zeitz. Seit der Verlegung des Bischofsitzes von Zeitz nach Naumburg 1028, also über zweihundert Jahre, stritt man um Kathedralrechte, wer wann welches Stimmgewicht bei der Bischofswahl habe, wie sich der Bischof überhaupt nennen dürfe, ob von Naumburg oder von Zeitz und vieles andere mehr. Eine Einigung der Kontrahenten kam erst langsam in Sicht. 1230 verbrieften der Erzbischof von Magdeburg und der Bischof von Naumburg einen Kompromiss. Dann stellte Papst Gregor IX. 1236 eine Urkunde in der Angelegenheit aus. Rein kirchenrechtlich war die Sache damit eigentlich geklärt. In Zeitz wollte man aber sichergehen und auch die kaiserliche Zustimmung einholen, obwohl es streng genommen ja um Angelegenheiten der Kirche ging. König Heinrich VII. hatte man schon 1231 um eine Bestätigung gebeten. Sechs Jahre später erfüllte sein Vater in feierlicher Form die Bitte, indem er eine Urkunde ausstellen und mit der goldenen Bulle kaiserlicher Majestät versehen ließ. Die Legitimationskraft des kaiserlichen Siegels in Gold wog also auch bei kirchenrechtlichen Fragen mindestens genauso schwer wie die des päpstlichen in Blei. Diese Konkurrenzsituation hielt auch im Bereich der Goldbullenbesiegelung weiter an. Ein kleiner Triumph gelang der Kurie bei dem als Gegenkandidaten zu Friedrich II. erhobenen König Heinrich Raspe. In dessen einzig erhaltener Goldbulle präsentiert sich die Aurea Roma in gewohntem Bild, doch zeigen die zwei zusätzlich in Anlehnung an Papstbullen eingefügten Apostelhäupter Petrus und Paulus, wem Rom tatsächlich gehören solle.[16]

Woher kennen wir die Texte der Urkunden, die Friedrich II. ausstellte? Zunächst natürlich von den Stücken, die noch in der originalen Ausfertigung die Zeiten überdauert haben. Die Überlebenschancen der Originale hängen von sehr vielen, mitunter zufälligen Faktoren ab, die im Grunde bis heute weiterwirken. Kriegsbedingte Zerstreuung, Überschwemmungen, Brände, Diebstahl, Archivzusammenbrüche: Möglichkeiten des Urkundenverlusts gibt es reichlich. Viele Urkundentexte sind uns heute nur noch überliefert, weil man sie irgendwann abgeschrieben hat. Einige sind in späteren Kaiserurkunden textgetreu übernommen worden – man nennt diese Art des Abschreibens «Transsumieren», vom lateinischen *transsumere*, «herübernehmen». Das so entstandene Schriftstück heißt «Transsumpt». Wird die Urkunde von einer Person, die es bekräftigen kann, wie etwa dem Herrscher oder einem seiner Notare, tatsächlich in Augenschein genommen, nennt man es «Vidimus», «Wir haben es gesehen». Zu den Herrschern, die eine ganze Reihe von Urkunden Kaiser Friedrichs II. bestätigt haben, gehörte – es wird kaum mehr überraschen – Kaiser Karl IV. Solch immer wieder erneutes Aufgreifen und Bestätigen von Urkunden der Vorgänger im Herrscheramt zieht sich durch das gesamte Mittelalter bis in die Frühe Neuzeit und eröffnet damit die Chance, dass bei Verlust einer Originalausfertigung wenigstens der Text der Urkunde in späteren Transsumpten erhalten bleibt.

Eine erhebliche Anzahl von Urkunden Friedrichs, in denen er der römischen Kirche Rechte zugesteht, sind in Urkunden der Kurie wortgetreu abgeschrieben worden. Im Vorfeld des Absetzungskonzils von Lyon im Sommer 1245 wurden zum Beispiel die einst durch den Kaisers an die Kurie vergebenen Rechte sowie weitere Stücke, insgesamt fünfunddreißig Urkunden, in mehreren langen Transsumpten kopiert und von Papst Innozenz IV. sowie den anwesenden Bischöfen besiegelt. Man brauchte sie, um dem Kaiser den Verstoß gegen konkrete Zusagen nachweisen und die inzwischen erlangte Machtposition der römischen Kirche sowie ihre lehnsrechtlich begründete Oberherrschaft über eine stattliche Zahl europäischer Könige beweisen zu können. Die Lyoner Transsumpte belegen damit, welch hohen Stellenwert die Urkunden Kaiser Friedrichs II. schon bei Zeitgenossen hinsichtlich der ideologischen Deutungshoheit besessen haben. Andere Texte von Urkunden Kaiser Friedrichs II. hat man in späteren Jahrhunderten in Kopiaren, Privilegienbüchern oder Rechtssammlungen zusammengestellt. Das konnten schmucklose Textbände sein oder auch prachtvoll gestaltete Pergamenthandschriften, die man gelegentlich zu dickleibigen Büchern zusammenband. Ein schönes Beispiel für die kunstvoll gestalteten Urkundenabschriften an der Kurie ist ein dreibändiger sogenannter *Liber privilegiorum*, ein Buch der Rechte, das vom Kurialnotar Bartolomeo Sacchi, genannt Platina (1421–1481), angelegt wurde. Der umfassend gebildete Platina

174

war im Jahr 1475 zum ersten Oberbibliothekar der Biblioteca Apostolica Vaticana bestellt worden, ein Ereignis, das sogar in einem berühmten Fresko im Vatikan festgehalten worden ist.[17]

Da Urkunden als Unikate mitunter bedeutende Rechte und Besitztümer bestätigten, waren sie als Beweisstücke von ungeheurem Wert. Die Päpste – Vorreiter eines geordneten Archivwesens mit den ersten Eingangs- und Ausgangsregistern in Europa – ließen daher für ihre wertvollsten Dokumente im Inneren des Steinzylinders des Castel Sant'Angelo, der Engelsburg, einen gegen Beschuss sicheren Raum einrichten. Dort verwahrten sie über Jahrhunderte die für sie so kostbaren Pergamente. Das Archiv erhielt den Namen *Archivio Arcis* und besaß Schränke – lateinisch *armarium* – mit Nummern. Daher kann man noch heute an den Archivsignaturen des mittlerweile modern untergebrachten Archivio Segreto Vaticano erkennen, dass den Päpsten die Urkunden Friedrichs II. als überaus wertvolle Dokumente galten. So trägt etwa ein im September 1219 in Hagenau ausgestelltes Originalpergament, das den von Friedrich für Papst Honorius III. geleisteten Schwur festhielt, im Vatikan die Signatur «A(rchivio) A(rcis) Arm(arium) I-XVIII, (Nummer) 26». Nicht weit davon entfernt muss übrigens das eben schon erwähnte wichtige Transsumpt des Lyoner Absetzungskonzils von 1245 deponiert gewesen sein: «A.A. Arm. I-XVIII, 96» lautet dessen Signatur. Im 18. Jahrhundert hat in einer wahren Herkules-Arbeit Kardinal Giuseppe Garampi (1725–1792) die Urkunden im päpstlichen Archiv, darunter auch Kaiser Friedrichs Dokumente, systematisch in dem noch heute benutzten sogenannten *Schedario Garampi* verzeichnet. Doch tat der «König der Zettelkästen» das weniger aus reiner Ordnungsliebe denn aus der Erkenntnis, wie wichtig diese Urkunden als Argumente im Kampf gegen den aufgeklärten Absolutismus werden könnten, wenn es darum ging, in irrtumsgefährdeter Zeit durch Schriften der Geschichte Orientierung für die Gegenwart und Zukunft zu finden. Das alles zeigt, wie die Urkunden Kaiser Friedrichs II. jenseits ihres konkreten Rechtsinhalts gewaltige politische Bedeutung erlangen konnten. Kaiser Friedrich selbst besaß noch keinen festen Archivort. Ganz im Gegenteil: Die mit dem Herrscher ständig umherziehende Kanzlei ließ offenbar den Großteil ihrer Materialien immer mit sich reisen, denn man brauchte die Pergamente und Siegelstempel für den alltäglichen Betrieb. Auf längere Sicht hat sich jedoch die bessere Organisation der päpstlichen Kurie als ein strategischer Nachteil für Kaiser Friedrich II. erwiesen.

Der Mainzer Hoftag 1235

Confoederatio cum principibus ecclesiasticis und *Statutum in favorem principum*, «Bündnis mit den Fürsten der Kirche» und «Statut zu Gunsten der Fürsten», so könnte man die beiden lateinischen Namensungetüme übersetzen, die als Bezeichnung für zwei besondere Urkunden Friedrichs II. von der Geschichtswissenschaft des 19. Jahrhunderts erfunden worden sind. Von der ersten Urkunde haben wir schon gehört, weil sie, am 26. April 1220 in Frankfurt am Main ausgegeben, im Zusammenhang der Vorbereitung zu Friedrichs Romzug eine Rolle spielte. Die zweite erließ der Kaiser 1232 in Cividale als kaiserliche Bestätigung eines Privilegs seines Sohnes, König Heinrichs VII., vom Mai 1231. Beide Urkunden sanktionieren die Inbesitznahme einer Fülle von Rechten, die im Laufe der letzten Jahrzehnte, besonders in der Zeit des Doppelkönigtums Onkel Philipps und Ottos IV., in die Hände der Fürsten gelangt waren. Endlich hatten die Fürsten nun auch mit den Siegeln Friedrichs verbrieft, was sie vorher bereits besessen hatten. Dazu gehörte eine Reihe von Rechten, die den Einfluss des Königs auf die Territorien der jeweiligen Fürsten deutlich einschränkte, wie etwa der Verzicht auf Neuanlage von Münz- und Zollstätten oder gar von Burgen und Städten in den fürstlichen Gebieten. Im 19. und noch im 20. Jahrhundert bekam Friedrich dafür besonders schlechte Noten von deutschen Historikern, weil die ehemaligen Königsrechte, nun in Fürstenhand, deren eigenherrliches Landesregiment beförderten und zur politischen Zersplitterung Deutschlands führten. Dabei wünschte man sich doch so sehr den direkten Weg zum Nationalstaat, wie etwa in Frankreich oder England. Heute ist man da gelassener, weil die Urkunden nur mit

Brief und Siegel bestätigten, was die Reichsfürsten schon besaßen, und es viele Wege zur modernen Staatlichkeit gab.[18]

Die Privilegien zeigen, wie stark die sizilianische Position des Kaisers und seine Fokussierung auf den südlichen Reichsteil auch zu diesem Zeitpunkt waren. Während er nach der Rückkehr in sein Südreich Sizilien seit 1220 die dort usurpierten Königsrechte energisch wieder an die Krone zog, unternahm er im Interesse eines guten Einvernehmens mit den Fürsten des Nordens keinen konsequenten Versuch, in der Frage der Rückkehr ehemaliger königlicher Rechte zum Herrscher das letzte Wort zu behalten. Aus der nordalpinen Perspektive könnte man mit Johannes Fried von einem «Verkümmern» der Königsgewalt sprechen, die zum Teil «Friedrichs Zielen in Italien geopfert» wurde. Darüber hinaus traten mit den Privilegien die geistlichen und später auch die weltlichen Reichsfürsten als eigene Gruppe dem König gegenüber. Zuvor gab es praktisch nur Privilegierungen von einzelnen Herrschaftsträgern. In diesen Urkunden sind dagegen alle *principes et magnates* angesprochen. Die ständische Gesellschaft begann sich zu formieren. Das hat eine nicht sofort ins Auge fallende Parallele mit der englischen Magna Charta von 1215. Denn in England wurden ebenfalls soziale Gruppen als Körperschaft begünstigt, nur verlor hier das Königtum zugunsten der Barone und eines Parlaments Machtpositionen, in Deutschland waren dagegen Fürsten als Landesherren die Gewinner. Schließlich sind diese Urkunden wichtige Belege für die Verfassungsentwicklung. Denn sie spiegeln exemplarisch das Verhältnis des Königs und späteren Kaisers zu seinen nordalpinen Fürsten wider.[19]

1235 versammelten sich zum Fest der Auferstehung Mariens, dem 15. August, der Kaiser und eine illustre Reihe von mächtigen Fürsten in Mainz zu einer *curia generalis*, wie ein Hoftag mit den Großen des Reichs in den Quellen immer wieder heißt. Ziel der Versammlung am Rhein war, wie der Kaiser in einer Urkunde formulieren ließ, «die Neuordnung der Verfassung des ganzen Landes», wobei man darunter eher die Wiederherstellung eines bewährten Rechtszustandes verstand als die Schaffung eines neuen. Gutes Recht war ja schon immer da, man musste es nur wieder

177

finden und erneut anwenden. Zum Hoftag nach Mainz kamen die wirklich ganz Großen: Fast alle Erzbischöfe des Reiches erschienen, nämlich die Oberhirten von Mainz, Köln, Trier, Salzburg, Besançon und der neue Mann in Magdeburg; nur Gebhard, Erzbischof von Hamburg-Bremen (1219–1258), blieb im Norden. Die Reihe der Bischöfe führte Siegfried, der Bischof von Regensburg, als Kanzler des kaiserlichen Hofes an. Außerdem kamen die Oberhirten von Bamberg, Konstanz, Augsburg, Straßburg, Speyer, Basel, Hildesheim, Osnabrück, Lüttich, Utrecht, Cambrai, Metz, Verdun, Naumburg, Merseburg, Passau, Eichstädt, Freising, die mächtigen Äbte von Murbach, Reichenau und Ellwangen, die Herzöge von Bayern, Brabant, Sachsen, Lothringen, Kärnten, der Landgraf von Thüringen, die Markgrafen von Baden, Meißen und Brandenburg und viele andere mächtige Adlige. Die Versammlung zeigt, dass nördlich der Alpen der Kaiser nicht einfach entscheiden konnte, sondern dass er der Mitarbeit der Fürsten, ihres Ratschlusses, wie es oft heißt, bedurfte. Zum anderen zeigt es, dass die Fürsten selbst daran interessiert waren, bei den Entscheidungen mitzuwirken, was sich im Spätmittelalter ändern sollte.

Eine ganze Woche wurde verhandelt, geredet, beurkundet, belehnt und, vom vielen Reden durstig, wohl auch getrunken. Nach einer Woche gab der Kaiser ein großes Fest, wie die Kölner Königschronik meldet, und zeigte sich allen Anwesenden gemäß seiner Würde mit einer Krone. Bedeutende Dinge, die unmittelbar mit der Funktion des Kaisers als Wahrer des Friedens zu tun haben, wurden beschlossen. Zu den wichtigsten Ergebnissen gehörte, dass der seit einem halben Jahrhundert während staufisch-welfische Gegensatz endlich ausgeräumt werden konnte. Der Ursprung des Zwists ist schnell erzählt: Nach dem Sturz des mächtigen Herzogs von Sachsen und Bayern, Heinrichs des Löwen, im Jahr 1180 durfte dieser nur sein Eigengut, das sogenannte Allod, behalten. Die Reichslehen wurden ihm alle aberkannt. So hatte er auch die Zugehörigkeit zum Stand der Reichsfürsten eingebüßt; eine Standesminderung, die in der ehrdurchtränkten Gesellschaft des Mittelalters fast dem physischen Tode gleichkam. Reichsfürst konnte nur sein, wer Lehen aus der Hand des Königs oder eines geistlichen

Reichsfürsten innehatte. Doch das besaßen die Welfen nun nicht mehr. Gerade noch edelfrei waren Heinrich und seine Nachkommen in der Adelshierarchie der nächsten Jahrzehnte. Dabei stammten sie aus einer königswürdigen Sippe. So verwundert es nicht, dass die Welfen große Anstrengungen unternahmen, um in den alten Rang der *principes* zurückzukehren. Über zwei Generationen schwankte Fortunas Gunst hin und her. Erst dem Enkel des Löwen, Otto, mit dem Beinamen «das Kind» (1204–1252), gelang in Mainz die endgültige Rehabilitierung als Reichsfürst. Kaiser Friedrich, wegen des Ärgers mit seinem Erstgeborenen, König Heinrich VII., ohnehin auf fürstlichen Konsens bedacht, hatte sich durch die Anbahnung der Ehe mit Isabella Plantagenêt auch dem englischen Königshaus genähert, das traditionell mit den Welfen verbunden war. Außerdem hoffte der Kaiser, damit der Gefahr eines päpstlich geförderten Gegenkönigs aus welfischem Hause begegnen zu können. Der Weg war nun frei zum Ausgleich.

Die feierliche Urkunde, die in der Angelegenheit ausgestellt wurde, berichtet genau vom Hergang der Konfliktlösung. In ihrer sprachlichen Prägnanz zeigt sie die Einflüsse des römisch-gemeinen Rechts, so in der Unterscheidung zwischen *proprietas* und *dominium*, also zwischen dem Eigentum und den Herrschaftsrechten. Zudem gibt sie detailliert darüber Auskunft, was vor den Großen des Reiches in Mainz an Ritualen stattgefunden hat, um das Beschlossene mit Gültigkeit und Legitimation aufzuladen. Wir erfahren vom Kniefall Ottos, seiner persönlichen Huldigung mit Handgang und Treueid und ferner von seiner Investitur in die Herzogswürde mit Fahnen, dem alten Symbol eines Reichfürstenlehens. Die Urkunde führt aus: «Als Otto dann noch auf diesem allgemeinen Hoftag mit gefalteten Händen in unsere Hände über dem heiligen Reichskreuz, das dort gehalten wurde, einen Treueid leistete, haben wir – im Hinblick darauf, mit welch reiner Treue, ungeheuchelter und geneigter Ergebenheit er sich ganz unserem Befehl und Befund anvertraute und seine ihm ganz eigene Burg, mit der er niemandem sonst gebunden war, in unser Eigentum hingab – [...] mit Rat, Zustimmung und Beistand der Fürsten die Stadt Braunschweig und die Burg Lüneburg mit allen ihren Burgen, Leu-

ten und Zubehörstücken zusammengetan und daraus ein Herzogtum geschaffen, und kraft unseres kaiserlichen Amtes haben wir
unseren genannten Blutsverwandten Otto zum Herzog und Fürsten gemacht und ihm dieses Herzogtum als Lehen des Reiches verliehen, das auf seine Söhne und Töchter als Erben erblich übergehen soll, und wir haben ihn feierlich nach Herkommen mit den
Fahnen belehnt.» Auf dem Hoftag in Mainz wurde also neben dem
neuen Reichsfürsten Otto auch sein Herzogtum Braunschweig, der
neue *ducatus de Brunswic,* aus der Taufe gehoben. Neu am Herzogtum war nicht nur der Name, sondern dass das Herzogtum
nicht mehr in der alten Tradition des Erinnerungsraumes der
Stämme, wie etwa Schwaben, Sachsen oder Bayern gedacht wurde,
sondern als ein ortsbezogenes, von der Stadt Braunschweig abge-
leitetes Herrschaftsgebiet.[20]

Auf dem Hoftag in Mainz wurde noch eine andere wichtige
Sache beschlossen. Seit alter Zeit galt bei Privatkonflikten nach
zuvor erlittener Rechtsverletzung das Fehderecht, praktisch eine
Art Faustrecht. Der Friede hingegen war innerhalb der mittelalterlichen Adelsgesellschaft nicht der Normalzustand, sondern musste
geboten und beschworen, das heißt im Ton der Zeit: «errichtet»
werden. Nach einer Fehdeansage war es möglich, den Befehdeten
straffrei niederzuhauen und zu schädigen. Wer sich als Ritter, Fürst
oder auch als Stadt in seinen Rechten verletzt sah, griff zur Fehde,
weil es praktisch die einzige Möglichkeit darstellte, Rechtsverlet-
zungen zu ahnden. Da im Allgemeinen die Kontrahenten sich gegenseitig so effektvoll wie nur möglich zu schädigen suchten, sich
aber die Herren in ihren festen Burgen und Städten mit den hohen
Mauern verschanzten und keiner des anderen tatsächlich habhaft
werden konnte, verwüsteten die Gegner nach Kräften lediglich den
Besitz der anderen Partei mit Feuer und Schwert. Das führte immer
wieder zu Verheerungen von ganzen Landstrichen.

Die kaiserliche Verantwortung für Frieden und Recht suchte
deshalb schon seit dem frühen 12. Jahrhundert mit dem Beschwö-
ren von Landfrieden dem Fehderecht wenigstens befristet Einhalt
zu gebieten und eine andere Form zu geben. Doch nur kurzzeitig
war hier Linderung zu spüren, und so zog sich dieser Prozess, den

Landfrieden gegen das ungezügelte Fehderecht zu setzen, durch das gesamte Spätmittelalter. Er endete im Grunde erst mit der Verkündung eines ewigen Landfriedens am Ende des 15. Jahrhunderts und der Durchsetzung des Gewaltmonopols im absolutistischen Staat. Doch selbst der machtvollste Befehl, die Schwerter und Fackeln ruhen zu lassen, genügte nicht, um Konflikte aus der Welt zu schaffen. Denn gleichzeitig mit dem Friedensschwur musste auch eine Möglichkeit gefunden werden, einvernehmliche Lösungen zu finden. Das sollte nun zuerst auf dem Gerichtsweg geschehen. Ein Schlüsseldokument stellte dabei der Reichslandfrieden dar, der auf dem Mainzer Hoftag im August 1235 beschworen wurde. Der Mainzer Landfriede – ebenfalls eine Wortschöpfung der Wissenschaft – sollte das Fehderecht vorgegebenen Verfahrensregeln unterwerfen. Die bis dahin geübte Bußjustiz sollte einer Strafjustiz weichen. Er sollte zudem erstmals nach damaliger Anschauung nicht waffenfähige Personen wie Frauen, Bauern oder Juden schützen. Sakrale Orte standen unter besonderem Schutz, und Verletzungen dieser Sonderbereiche sollten zu Sanktionen führen.[21]

Vor Beginn einer Fehde, so sah das Dokument vor, sollte zunächst ein königliches Gericht angerufen und ein rechtskräftiges Urteil erzielt werden. Erst wenn dies nicht zum Erfolg führte, sollte eine Fehde ihren Lauf nehmen dürfen. Die Fehde war förmlich zu erklären und durfte erst drei Tage später begonnen werden. Nach sizilianischem Vorbild wurde für das Gerichtsverfahren ein Hofrichter eingesetzt, der in Stellvertretung des Herrschers dem Hofgericht vorstand, Klagen entgegennehmen und Entscheidungen fällen konnte. Der Mainzer Landfrieden umfasst insgesamt neunundzwanzig Artikel und enthält neben den strafrechtlichen Bestimmungen eine Reihe weiterer Vorschriften über Gerichts-, Münz-, Zoll- und Verkehrswesen, über das Geleit- und Befestigungsrecht, den Umgang mit Geächteten, die Kirchenvogtei und das Hofrichteramt. Ausführliche Anweisungen zur Bestrafung von Söhnen, die sich gegen den Vater wenden, erscheinen nur auf den ersten Blick ungewöhnlich. Sie sind wohl als Reflex des Konflikts zwischen Kaiser Friedrich und seinem erstgeborenen Sohn Heinrich zu verstehen. Die «Geburtsstunde» des Hofgerichts steht in

Zusammenhang mit dem tragischen Sturz König Heinrichs VII., der Anwendung sizilischer Rechtserfahrungen und dem Bemühen um Aufrechterhaltung ständiger königlicher Gerichtsbarkeit durch Kaiser Friedrich II. Bedeutsam ist der Mainzer Reichslandfriede zudem, weil er späteren Landfrieden als Vorbild diente und zu einer jahrhundertelangen regelmäßigen Gerichtstätigkeit eines königlichen Hofgerichts führen sollte.

Der Mainzer Reichslandfrieden ist noch in einer anderen Hinsicht interessant: Überliefert ist er in lateinischer und mittelhochdeutscher Sprache. Dass er in beiden Sprachen in die Welt trat, ist eher unwahrscheinlich, galt doch das Lateinische als Kanzlei- sowie Rechtssprache. Die Kölner Königschronik meldet hingegen, der Friede sei in deutscher Sprache verkündet worden. Da keine Originalurkunden mehr vorliegen, sondern nur noch Abschriften des 13. bis 15. Jahrhunderts, die zudem nicht identisch sind, lässt sich die Frage letztlich nicht entscheiden. Die deutsche Überlieferung dieser Kaisergesetze bezeugt aber zumindest, wie stark die Volkssprache im Verlauf des 13. Jahrhundert nördlich der Alpen schon geworden war. Über ein Jahrhundert später wurden bereits zwei Drittel der Kaiserurkunden in Deutsch abgefasst. Von einem Grundgesetz des Reiches kann man allerdings nicht sprechen, denn der Mainzer Reichslandfrieden stellte weniger eine im Kaisergesetz daherkommende Neuordnung der Verhältnisse, als eine «Ordnungsvision» – wie Hagen Keller und Knut Görich es nannten – dar. Obwohl in der Regierungszeit Friedrichs noch zahlreiche andere Urkunden erlassen wurden, die für die weitere Geschichte von großer Bedeutung waren, hat der Hoftag von Mainz eine hervorgehobene Bedeutung erlangt. Vielleicht hat der gerade zum dritten Mal frisch verheiratete Kaiser hier sogar noch eine weitere berühmte Urkunde für seinen Getreuen Hermann von Salza ausstellen lassen, von der wir später noch hören werden.

Judenschutz und Ketzerkampf als Politik

Kurz nach Weihnachten 1235 kam es in der hessischen Stadt Fulda zu einem Lynchexzess. Zweiunddreißig Juden beiderlei Geschlechts wurden ohne viel Federlesens ermordet, weil man einem Gerücht glaubte, das sich schon seit Jahrzehnten wie eine Epidemie in Europa ausbreitete: Juden würden heimlich christliche Kinder abschlachten, um mit deren Blut abscheuliche Rituale zu vollziehen. In Fulda – so das Gerücht – habe ein Müller mit seiner Frau am Weihnachtstag die Kirche besucht und die fünf heranwachsenden Knaben allein in seiner Mühle vor den Toren der Stadt gelassen. Zwei Juden hätten die Kinder ausgerechnet am Tag der Geburt Christi geschächtet, also erstochen und ihr Blut aufgefangen, um es für ihre dunklen Zwecke zu verwenden. Ja, man habe sogar gesehen, wie in wachsgetränkten Leinenbeuteln das Blut davongetragen wurde. Um die Spuren der Missetat zu verwischen, hätten die Juden das Haus in Brand gesteckt, so dass man nur noch die verkohlten Leichen der Kinder bergen konnte. An einen Unglücksfall glaubte niemand. Zu dieser Zeit hielt sich Kaiser Friedrich in seiner elsässischen Pfalz Hagenau auf. Vor ihm erschien eine Abordnung der Fuldaer Bürger, die die Leichen der Kinder vorwiesen, deren Verehrung als Märtyrer erbaten, sowie weitere Strafmaßnahmen gegen die ruchlosen «Kinderschlächter» forderten. Gleichzeitig erflehten Juden aus ganz Deutschland, die von den umherwabernden Gerüchten geängstigt wurden, von Friedrich als ihrem Herrn dessen schützende Hand. Das war berechtigt, denn noch im selben Jahr tauchten ähnliche Ritualmordlegenden in drei weiteren Orten auf. Zudem hofften die Juden auf Sicherheit durch die Erneuerung und Erweiterung eines Schutzprivilegs, das Kaiser Friedrich I. Barbarossa 1157 seinerzeit für Wormser Juden erlassen hatte. Friedrich II. nahm sich der Sache an, setzte einen Hofgerichtsprozess in Gang und erließ im Juli 1236 ein Privileg zum Schutz der Juden, in welchem er auch die Urkunde seines Großvaters bestätigte. Die Angelegenheit war jedoch zu kompliziert, als dass man sie mit einem Hofgerichtsurteil aus der Welt hätte schaffen können.[22]

Christen und Juden lebten in Europa zwar eng beieinander, doch in Heilserwartungen, die miteinander völlig unvereinbar waren. Beide Gruppen glaubten sich im Besitz unumstößlicher endzeitlicher Wahrheiten. Im 13. Jahrhundert begannen Ritualmordlegenden in ganz Europa das Verhältnis von Christen und Juden dauerhaft zu vergiften. Erstmals kam hundert Jahre vor dem Fuldaer Fall in England das Gerücht auf, Juden kreuzigten zu Ostern christliche Kinder, eine Phantasmagorie, die bald in ganz Europa umlief: 1144 Norwich, 1167 Pontoise, 1168 Gloucester, 1171 Blois, 1179 Paris, 1181 Wien, 1221 Erfurt und nun, 1235, Fulda, waren die wichtigsten Fälle einer größeren Anzahl von stereotyp ablaufenden Verfolgungen. Nach dem angeblich unerklärlichen Tod christlicher Kinder kam es zu Pogromen, Prozessen und Hinrichtungen von Juden sowie zur Verehrung der vermeintlichen Opfer. Die Geschichte von Fulda entspricht dem typischen Strickmuster antisemitischer Legenden, wie sie bis zum Beginn des 16. Jahrhunderts ungeheuer hassgeladen, aber arm an Varianten fortlebten.

Eingeflochten darin war die angeblich von Juden ausgehende Gefahr bei der Präsentation der Hostie, die ebenfalls in vielen Erzählungen durch Europa vagabundierte. 1215 dogmatisierte das vierte Laterankonzil die Transsubstantiationslehre, nach der sich durch Wesensverwandlung bei der Eucharistie Wein und Brot in das reale Blut und den wirklichen Leib Christi verwandelten. Seitdem konnte sich der Vorwurf des Ritualmords mit dem des Hostienfrevels verbinden, weil ja nun auch aus den Hostien echtes Blut floss, wenn man sie verletzte. Mit der Entfaltung der christlichen Blutmystik trat neben die Analogie zum Leiden Jesu immer öfter die Behauptung, Juden bräuchten Christenblut zum Einbacken in ihre Mazzen, für obskure Zauberei oder zur Heilung angeborener Leiden. Sie seien daher nicht nur wegen ihrer Religion, sondern auch von ihrem Wesen her genötigt, solche Morde zu begehen. In Paris fuhren in der überreizten Volksphantasie erstmals angeblich die Federmesser der Juden in das verwandelte Fleisch des Herrn. Hier inszenierte man im Jahr 1240 den eigenartigen Prozess gegen den Talmud, der mit der Verbrennung ganzer Wagenladungen der jüdischen Schriften endete.

Zusätzlich angeheizt wurde die Stimmung durch eine enge Verquickung zwischen dem latent vorhandenen Antisemitismus und dem Auf und Ab apokalyptischer Wellen. Jüdisch-messianische Hoffnungen, die sich auf die Vollendung des fünften Jahrtausends seit Erschaffung der Welt nach dem jüdischen Kalender bezogen und deren Ende sich zufällig mit dem Jahr 1240 der christlichen Inkarnation deckte, verstärkten wechselseitig die Emotionen. Dann tauchten in diesen Jahren auch noch die Schrecken erregenden Mongolen an Europas Grenzen auf, die man für Nachkommen der zehn verschollenen Stämme des israelitischen Nordreiches hielt. Davon wird später noch zu berichten sein. Ein ursprünglich nur im religiösen Bereich bestehender Gegensatz hatte sich verselbständigt und in eine alle Lebensbereiche umfassende, von Abscheu und Ekel durchdrungene Verachtung gewandelt, die im Spätmittelalter und der Frühen Neuzeit aus den Juden nur noch gefürchtete und gehasste Außenseiter der Gesellschaft machte. Die konkrete Situation, mit der sich Kaiser Friedrich II. konfrontiert sah, war ein Punkt einer langen Entwicklungslinie, die die Kulturgeschichte Europas im Mittelalter und der Neuzeit nachhaltig prägte.

Friedrich reagierte auf die Forderungen der Bürger von Fulda sowie die Bitten der Juden und setzte als erstes eine Beratung mit Würdenträgern aus verschiedenen Teilen des Reiches in Hagenau an. Doch der Versuch, die Sache im Konsens mit den geistlichen und weltlichen Fürsten zu klären, erwies sich als undurchführbar. Der Kaiser ließ rückblickend in seiner Urkunde über das Hofgerichtsurteil notieren: «Um nun die Wahrheit über das vorgenannte Verbrechen aufzuklären, haben wir dafür gesorgt, dass die Fürsten, Großen und etliche Adlige des Reiches, Äbte und fromme Männer von überall her in unsere Gegenwart gerufen wurden, um sie um Rat zu fragen. Da sie in dieser Sache unterschiedlicher Meinung waren und keinen hinreichenden Rat dazu finden konnten, wie es sich ziemte, haben wir im Geheimen unseres Gewissens vorhergesehen, dass gegen die des genannten Verbrechens verdächtigen Juden nicht angemessener vorgegangen werden kann, als durch diejenigen, die Juden waren und sich zum Kult des christlichen Glaubens bekehrt haben und die als Gegner nicht verschweigen würden, was sie von sich aus sowohl in den mosaischen Büchern als auch in der Schrift des Alten Testaments darüber wissen könnten. Obwohl aber aufgrund der Autorität mehrerer Bücher, die unsere Majestät studiert hatte, unser Gewissen die Unschuld der genannten Juden für vernunftmäßig erwiesen hielt, schickten wir, um das ungebildete Volk ebenso zufriedenzustellen wie das Recht, aus unserem, der Fürsten, Großen und Adligen, der Äbte und frommen Männer heilsamem Ratschluss mit ihrer einmütigen Zustimmung in dieser Angelegenheit Sonderboten zu allen Königen der westlichen Gegenden, damit wir aus ihren Königreichen im Judengesetz erfahrene Neugetaufte in möglichst großer Zahl vor uns haben.»[23]

Friedrich beschritt damit einen ganz ungewöhnlichen Weg. Er erbat von den Königen Westeuropas, sie sollten jüdische Schriftgelehrte, die zum Christentum konvertiert waren, an seinen Hof entsenden. Zu der Expertenkommission, die praktisch wie schon die Rechtsgelehrten der Konstitutionen von Melfi als eine Art Enquête-Kommission zusammentrat, gehörten etliche ehemalige Juden aus England, Frankreich und Spanien. Diese Gelehrten waren engagierte Konvertiten, wie der namentlich bekannte Neu-Dominikaner Nikolaus Donin. Der ehemalige Jude war ein besonders scharfer Eiferer, wie sich einige Jahre später noch zeigen sollte. Ausgerechnet von ihm, einem jüdischen Konvertiten, ging die Anregung zu der Pariser Talmud-Verbrennung aus, weil Donin im Jahr 1239 den Talmud wegen Verleumdung Jesu und der Christen sowie seiner unsittlichen Lehren vor Papst Gregor IX. denunzierte. Sicher geiferte er schon 1236 gegen seinen alten Glauben; der Kaiser jedenfalls entfernte ihn wieder aus seiner Kommission.

Die von Friedrich berufenen Experten kamen zu einem wenig überraschenden Ergebnis: Nirgends könne man geschrieben finden, dass die Juden begierig seien, menschliches Blut zu vergießen. Wörtlich heißt es: «Weder im Alten noch im Neue Testament kann man erfahren, dass die Juden begierig wären, Menschenblut ausströmen zu lassen, ja im Gegenteil – was nämlich dem eben genannten geradezu entgegensteht – hüten sie sich vor der Befleckung

186

durch jegliches Blut gemäß der Bibel, die hebräisch *Berechet* heißt, in den von Moses gegebenen Geboten und in den jüdischen Gesetzen, die hebräisch *Talmilloht* heißen.» Im Übrigen hätten die Juden die heimliche Kinderabstecherei ja auch gar nicht nötig, denn durch Aderlässe erwachsener Männer sei menschliches Blut viel leichter zu erlangen, als durch die ihnen angelasteten Verbrechen. Friedrich bestimmte daher mit Zustimmung der Fürsten in einer auf dem Hoftag zu Augsburg erlassenen Urkunde vom Juli 1236 kurz vor seinem Aufbruch nach Italien, die Juden von dem schweren Verbrechen, dessen man sie angeklagt hatte, freizusprechen. Niemand durfte in Zukunft – unter Androhung der kaiserlichen Ungnade – den Juden diesen Vorwurf machen.[24]

Das hier von Friedrich angewandte Verfahren weist eine Reihe von Besonderheiten auf, und das erlassene Schriftstück ist keine normale Urkunde, die das Urteil des kaiserlichen Hofgerichts fixiert, sondern das Dokument eines tiefgreifenden politischen Einschnitts. Da gab es zunächst im Verfahren eine Art Beweisaufnahme, die ihr Vorbild im Inquisitionsprozesswesen haben dürfte und die auch schon in Friedrichs Konstitutionen von Melfi auftauchte, als das Mittel der Expertenbefragung bei der Sichtung des sizilischen Rechts angewendet wurde. Zudem folgt das Verfahren der Logik des indirekten Beweises der Unschuld durch den vergeblichen Schuldbeweis, was bis dahin nur in Heiligsprechungsverfahren benutzt worden war. Theologisch bleibt das Dokument im Geist der Zeit, denn die Ausrottung oder vollständige Bekehrung der Juden widersprach dem Heilsplan Gottes. Man brauchte sie zum Beweis der Überlegenheit des Christentums über die Botschaft des Alten Bundes, denn bis zum Ende der Zeiten sollten Juden in der Knechtschaft der sichtbaren rechtlichen und sozialen Ausgrenzung lebend davon zeugen.

Diese Vorstellung korrespondierte mit der von einer *Praeparatio evangelica*, einer «Vorbereitung auf das Evangelium», die eine seit Eusebius von Caesarea (314–339) verbreitete Auffassung beinhaltete, dass alle Religionen und Weltsichten eine notwendige Vorbedingung für die siegreiche Ausbreitung des Christentum darstellten. Eine neue Qualität der Herrschaft ergab sich auch daraus,

187

dass die Juden nun als königliches Eigentum angesehen wurden, sie gleichsam als Quelle eines besonderen fiskalischen Ertrages galten. Als nun erstmals wörtlich so bezeichnete «*servi camere nostre* – Knechte unserer Kammer» genossen sie die kaiserliche Schutzherrschaft und zahlten dafür verschiedene Steuern. Ein Angriff auf die Juden galt dem Herrscher also als ein Angriff auf sein königliches Eigentum und als Majestätsbeleidigung. Der Begriff der kaiserlichen Kammerknechte für die Juden sollte jahrhundertelang in den Herrscherurkunden auftauchen. Es war nicht religiöse Toleranz im modernen Sinne, die zu diesem Verfahren und der Urkunde führten, sondern die theologischen und fiskalischen Überzeugungen Friedrichs und seiner Berater verschränkten sich glücklich dazu, die jederzeit vom Tode bedrohten Juden nun schützen zu wollen.

Aus Friedrichs Perspektive war der per Gerichtsurteil verkündete Judenschutz auch in anderer Hinsicht ein raffinierter politischer Schachzug, denn die *domini canes* – die «Hunde des Herrn», ein Bild, das an den Dominikanern schon damals haftete – engagierten sich als Handlanger des Papstes sehr energisch bei der Untersuchung der Fuldaer Ritualmordklage. Nicht zufällig haben die Erfurter Dominikaner gerade diesem Fall in den chronikalischen Aufzeichnungen so große Aufmerksamkeit geschenkt. Kaiser und Papst hatten, indem sie um die Verfügungsgewalt über die Juden stritten, einen neuen Kriegsschauplatz im Gesamtkonflikt der beiden Mächte eröffnet. Friedrich benutzte daher die Methode des Inquisitionsprozesses der Dominikaner, um deren Engagement im Dienste der römischen Kurie, das nun plötzlich wie eine Einmischung in innere Angelegenheiten des Herrschers erschien, zurückzuweisen.

Allerdings verlor sich der Schutzwille des Kaisers schnell in der Stimmung der Zeit, die auf eine immer schärfere Ausgrenzung der Juden hinauslief. Nach Friedrichs Tod schwappten wieder Mordwellen durch die Lande: 1283 in Mainz, 1285 in München, 1287 in den Rheinlanden; immer wieder wurden Juden wegen der Ritualmordvorwürfe getötet. Heinrich Heine hat in seiner Erzählung *Der Rabbi von Bacherach* einem Fall aus dem Rheinland ein lite-

188

rarisches Denkmal gesetzt. Tausende von Juden wurden in Franken abgeschlachtet, als sich die Mordexzesse der «Rintfleisch-Verfolgung» 1298 und des Armleder-Aufruhrs von 1336 bis 1338 austobten. Ritualmorde, in denen unschuldiges Kinderblut floss, Hostienschändungen, um den Leib des Herrn zu martern, Herumlutschen an stinkenden Schweinen, wie sie die Ikonographie der sogenannten «Judensau» an vielen deutschen Kirchen zeigte – den Juden traute man nun einfach alles zu. Auch Friedrich II. hat mit seinem aus dem Urteil einer Expertenkommission erwachsenen Schutzbefehl diesen Trend nicht aufhalten können. Dass der Kaiser überhaupt, aus welchen Gründen auch immer, die Juden seinem Schutz unterstellte, verschafft ihm zwar heute eine wohlwollende, in den historischen Erinnerungen jener Zeit aber eine äußerst schlechte Presse.

Ein gutes Beispiel dafür ist der Benediktinermönch Richer von Senones (um 1190 – um 1267). In dem etwa hundert Kilometer südwestlich von der kaiserlichen Pfalz Hagenau entfernten Vogesenkloster Senones verfasste er eine Chronik, die bis 1264 reichte, über weite Strecken Klostergeschichten und Heiligenlegenden enthält und in der er auch auf die Juden von Fulda zu sprechen kommt. Der Mönch hatte einiges von der Affäre aufgeschnappt, manche Details verwechselt. Vor allem aber stellte er die Rehabilitation der Juden von den Ritualmordvorwürfen durch Friedrich ganz in den Zusammenhang mit den Zweifeln an der Rechtgläubigkeit des Kaisers. Richers Aufzeichnungen zeigen, was man auch außerhalb der niederen Volksmeinung von Friedrichs Judenschutz hielt: «Da niemand die ruchlosesten Untaten der Juden verschweigen darf, damit immer wieder bewusst werde, was sie unserem Heiland angetan haben, ist es passend, diese Untaten zur Besserung der Menschen und zu ihrer Erbauung täglich neu zu behandeln, damit ihre Vermessenheit zu Recht widerlegt und der Ruhm der Ehre Christi vermehrt werde. In der Stadt Hagenau im Elsass lebten viele Juden. Zu der Zeit, als der einstige Kaiser Friedrich, der später von Papst Innozenz IV., wie die Gerechtigkeit es befahl, in Lyon von der Würde des Kaisertums abgesetzt wurde, die Herrschaft über das Königreich der Römer innehatte, als dieser Friedrich in Hage-

Der Gesetzgeber

nau weilte, trug es sich zu, dass die in dieser Stadt lebenden Juden ihr Pessachfest nach (ihrem) Gesetz feierten, zur selben Zeit wie auch wir unser Osterfest begehen [...]. Diese Juden aber beschafften sich – ich weiß nicht wie – drei siebenjährige christliche Knaben. Als sie ihr Fest feierten, trieben sie mit ihnen in ihren Häusern lästerliche Dinge. Dabei kamen diese Knaben jedoch zu Tode. Als die Christen dies aber durch einen Zufall bemerkten, drangen sie in die Häuser der Juden ein und fanden die Knaben nackt, aber tot. Kaiser Friedrich war zufällig nicht anwesend. Die Christen beschlossen daher, die Knaben bis zu seiner Ankunft aufzubewahren. Die Juden aber, die ja sahen, dass ihnen Gefahr drohte, berieten sich und beschlossen, den Kaiser mit Geschenken zu beschwichtigen. Sie gingen also zum Kaiser und blendeten ihn mit so großen Geschenken, dass sie seine Gnade erlangten und froh in ihre Häuser zurückkehrten. Als der Kaiser nach Hagenau zurückkehrte, zeigten ihm die Christen jene drei Knaben und berichteten ihm, wie die Juden sie getötet hatten. Der Kaiser aber antwortete: ‹Wenn sie tot sind, begrabt sie, denn zu etwas anderem sind sie nicht nütze!› Als die Christen dies hörten, gingen sie verwirrt weg. Und so machte dieser unglückselige Kaiser ein Beispiel seines Unglaubens offenbar, weil er die Juden in Frieden entließ, den Christen aber für eine so ruchlose Tat keine Gerechtigkeit verschaffte. Damit ist über die Juden genug gesagt, denn, wenngleich dieser elende Kaiser die Juden für eine so unrechte Tat nicht züchtigte, wird doch jener mächtigste Richter es nicht unterlassen, sowohl ihn als auch sie im Kerker der Hölle zu strafen.»²⁵

Kaiser Friedrich wurde am 20. März 1239 vom Papst zum zweiten Mal in die Exkommunikation gestoßen und wenig später als Ketzer denunziert. Am Ende seiner Herrschaft hatte er sogar einen Prozess wegen Häresie am Hals und der Pontifex ließ den Kreuzzug gegen ihn predigen. Doch ebenso ziehen sich von Friedrich II. selbst gegen Ketzer erlassene Gesetze wie ein roter Faden durch seine Regierungszeit: Schon als König in den Jahren 1213 und 1219 sowie 1220 im funkelnden Ornat des gekrönten Kaisers hat er solche erlassen. 1224 und 1231 in den Konstitutionen von Melfi, ferner 1232, 1238 und 1239 gab er Gesetze gegen Häretiker in die

Welt. Ein Ketzer, der selbst Gesetze gegen Ketzer erließ – wie passt das zusammen?[26]

War schon das Hofgerichtsurteil über die Juden ein Politikum, so wurden auch die Ketzergesetze Friedrichs II. in einen weiten politischen Zusammenhang gesetzt. Sie entstanden nicht nur, wie es in den Konstitutionen von Melfi 1231 in der ersten Bestimmung heißt, weil Häretiker den «nahtlosen Rock unseres Gottes aufzutrennen» versuchten, also die gottgegebene Gesellschaft gefährdeten. Die Metapher des nahtlos verfertigten Gewandes, entnommen dem Johannes-Evangelium, verstand man als Zeichen der ungeteilten Kirche. Das letzte Hemd war Zeugnis von Christi Leben, Sterben und Auferstehung. Zudem machte die bei der Herstellung nötige technische Geschicklichkeit ein solches nahtloses Kleidungsstück zu einer Kostbarkeit – ein heißdiskutiertes Argument im Streit darum, ob Christus im Besitz eines solchen Rockes wirklich arm gewesen sein könne. Der Kampf gegen die rockauftrennenden Häretiker lieferte dem Kaiser ein exzellentes herrschaftslegitimierendes Argument. Die vom Kaiser in die Welt gegebenen Gesetze gegen Abweichler vom rechten Glauben lassen sich mehreren Etappen der Herrschaftszeit Friedrichs zuordnen. Das Gesetz vom Krönungstag 1220 verdankte sich einer päpstlichen Anregung. Seine Bestimmungen zielten auf die kommunalen Gemeinschaften Oberitaliens und deren städtische Satzungen, die man aus einer ketzerischen Wurzel aufkeimen zu sehen glaubte. Das Papsttum hatte zu der Zeit ein Interesse an Friedrichs Gesetz, weil nur die Autorität des Kaisers die kurialen Pläne in die politische Wirklichkeit umsetzen konnte. Die Wahrung der Interessen der Kirche wirkte zugleich als Stärkung der Reichsgewalt in dieser Region. Doch das Neue war: Die ursprünglich aus der Kurie stammende Auffassung der Häresie als Majestätsverbrechen wurde nun in die Gesetzeslogik unter Friedrich eingeführt.

Einen weiteren Schritt ging man, als im Jahr 1224 im inselsizilianischen Catania erneut ein Gesetz gegen Ketzerei in der Lombardei erlassen wurde, das auf den ersten Blick lediglich für die Stärkung der Positionen des Reichslegaten Albrecht II., Erzbischof von Magdeburg, wirken sollte. Es sah vor, dass die der Ketzerei überführten Personen den Flammentod erleiden mussten. Des Todes waren sie schon länger, doch nun sollten sie «gemäß unserer Autorität unter Urteil des Feuers zu Asche verbrennen». Das hatte es zuvor in dieser Schärfe noch nicht gegeben. Zudem sollten einige überführte Ketzer als schlechte Beispiele zwar überleben dürfen, doch nur, nachdem das Organ herausgerissen worden war, mit dem sie Gott gelästert hatten: die Zunge. Über die Herkunft der Idee, die als Majestätsverbrechen angesehene Ketzerei mit dem Scheiterhaufen zu bestrafen, ist in der Forschung viel diskutiert worden. Kam sie aus dem nordalpinen Rechtsverständnis oder aus Frankreich? Schon Theodor Mommsen (1817–1903) hatte in seinen Untersuchungen über das Römische Strafrecht herausgestellt, dass der Feuertod im antiken Römischen Reich eine öffentliche Hinrichtungsart für Brandstifter, Zauberer und Giftmischer war. Im Hochmittelalter umloderten Flammen vereinzelt schon vermeintliche Glaubensabweichler, wie etwa den 1155 gehängten und dann verbrannten Arnold von Brescia, der die Abschaffung des weltlichen Besitzes der Kirche gefordert hatte. Im Falle Friedrichs II. ist wahrscheinlicher, dass der Feuertod für Ketzer aus jenen Rechtstraditionen entwickelt wurde, die in der Gegend galten, in der das Gesetz verkündet wurde, nämlich im *regnum Siciliae*. Hier konnte man sowohl auf normannische als auch auf byzantinische Straftraditionen zurückgreifen, hier hatte man zu Zeiten König Rogers II. schon einmal einen vom Glauben abgefallenen Hofeunuchen verbrannt, und hier konnte man auch durch blasphemisches Fluchen beim Würfeln die Zunge verlieren.[27]

Ermittelt wurde im Falle der Ketzerei durch einen Inquisitionsprozess, der im Vergleich zu den bis dahin praktizierten archaischen Verfahren modern war, weil die Entscheidungen nun nicht mehr allein einem Gottesurteil überlassen blieben. Nun ging es um die Wahrheit. Doch da diese durch schriftlich fixierte Zeugenbefragungen und Geständnisse der Angeklagten gefunden werden sollte, kam auch die Folter zur Anwendung. Sie galt bis zur Aufklärung als ein legitimes Rechtsmittel. Die nach Catania erlassenen Gesetze gegen die Ketzer hatten die Ausweitung der zuvor für die Lombardei getroffenen Bestimmungen auf Sizilien, auf das burgundische

Königreich Arelat und überhaupt das ganze Imperium zum Ziel. Mochten die Gesetze auch vordergründig die Vertilgung der Gotteslästerer betreffen, das wichtigste politische Argument darin war zweifellos die Stilisierung des Kaisers zum Verteidiger der Kirche, der aus der Gewaltenfülle handelte. Die *plenitudo potestatis* – Vollgewalt der Macht – spielte in den Auseinandersetzungen der Kaiser des Hoch- und Spätmittelalters mit dem Papst eine so starke Rolle, weil man sich darum stritt, woher sie eigentlich stammte. Kam die Macht unmittelbar von Gott, dann war der Kaiser direkt vom Herrn mit dem weltlichen Schwert versehen worden, um die Feinde seiner Kirche auszutilgen. War die Macht des Herrn jedoch erst über seinen Stellvertreter, den Papst, dem Kaiser übertragen worden, dann lag es in der Entscheidungsgewalt des Pontifex, wann und an wen er diese *plenitudo potestatis* übertrug.

Mit den Gesetzen ist Friedrich nicht, wie man auf den ersten Blick denken könnte, zum Handlanger der Kurie geworden. Ganz im Gegenteil: Er konnte damit die Definitionshoheit, wer überhaupt Ketzer ist, gewinnen. Zudem stellte er mit den Gesetzen, die er als *defensor ecclesiae* erließ, die Reichsautorität in allen Teilen des Imperiums in den Blickpunkt und damit die Autorität des Papstes hinter die des Kaisers. Häresie als eine Beleidigung sowohl der himmlischen als auch der irdischen Majestäten betrachtet, machte letztendlich den Weg frei, Glaubensabweichungen als Akte der Friedens- und Gemeinschaftsstörung anzusehen. Eine ganz praktische Neuerung ergab sich zusätzlich daraus, dass man Rebellen, nun als Ketzer erkannt, einfach dem Feuer übergeben konnte. Friedrichs Gesetze gegen die Ketzer stabilisierten nicht nur seine eigene Herrschaft, sondern auch die seiner Nachfolger. Das Amt des Kaisers blieb fortan mit der Aufgabe, die Häretiker zu vernichten, verbunden. Und weil «ein guter Kaiser Hammer gegen Häretiker sein muss», wie der spätere Imperator Karl IV. gegenüber dem Papst befand, griff seine Kanzlei in seinen eigenen Antiketzergesetzen direkt auf die verschiedenen Ketzergesetze Friedrichs II. zurück. Nur mit verschwindend geringen Abweichungen übernahm man 1369 die allgemeinen Erklärungsformeln aus den Urkunden Friedrichs II. von 1232 und 1238, um auch jetzt immer wieder klarzustellen, dass das Amt des Kaisers direkt von Gott übertragen worden sei. Doch mit der Ausweitung des Häresiebegriffs in die politische Sphäre durch die Ketzergesetze Friedrichs II. entstand das Problem, dass der Kaiser selbst im politischen Kampf mit dem Papsttum in die Gefahrenzone der Häresie, wie sie der Pontifex verstand, gelangen konnte – und genau so ist es bei Friedrich auch gekommen. Pikant ist daher, dass sich die späteren Kaiser bei der intellektuellen Munitionierung ihrer Ketzergesetze ausgerechnet an dem Gesetzeswerk und Herrschaftsverständnis des Ketzerkaisers bedienten, als der Kaiser Friedrich II. in den Erinnerungen jener Zeit noch galt.[28]

HERRSCHAFTEN

6

Der Bauherr

Herrschaft zeigen: Das Castel del Monte

ie Errichtung großer Gebäude und kunstvoller Architektur bedeutete zu allen Zeiten mehr als nur Schutz vor den Unbilden der Witterung oder der rasenden Wut der Feinde, mehr als steinerne oder hölzerne Hüllen für religiöse Kulte, Rituale oder hoheitliche Handlungen. Aufwendiges Bauen sollte immer auch Herrschaft signalisieren und daher kam Bauen dem Herrschen selbst sehr nahe. Repräsentative Bauten vermochten deren Schöpfer und Besitzer zu einem Hegemon eines ganzen Reiches emporzuheben, sie waren regelrechte Herrschaftszeichen.

Auch Kaiser Friedrich II. nutzte sehr bewusst die repräsentative Funktion von Gebäuden. Die drei Jahrzehnte seiner Herrschaft von der Kaiserkrönung 1220 bis zu seinem Tod 1250 müssen in seinem sizilischen Reich vom Baulärm der Steinmetzen und Zimmerleute angefüllt gewesen sein. Neuere Forschungen belegen, dass auf Initiative des Kaisers nicht weniger als zweihundertsiebenundachtzig Bauwerke ausgebaut oder neu errichtet wurden. Schon im *Statutum de reparatione castrorum*, einem Mandat zur Wiederherstellung von Burgen, werden zweihundertfünfundzwanzig Anlagen genannt, deren Unterhaltung den Bewohnern von über vierhundert Städten und Dörfern oblag. Die Gebiete um Foggia und Bari darf man geradezu als Großbaustellen ansehen. Burgen, Türme und Paläste wurden hier in einer solchen Dichte errichtet oder umgebaut, dass der Sporn des italienischen Stiefels und seine weitere Umgebung wie eine einem Kaiser geziemende Spore an seinem Bein gewirkt haben muss: eindrucksvoll bewehrt und überaus glänzend.[1]

Das eindrucksvollste und bekannteste Bauwerk aus Friedrichs Herrschaftszeit ist das Castel del Monte. Wohl selten wurde und wird bei einem historischen Gebäude in Europa so viel geraunt und kryptisch gedeutet, wird soviel geahnt, gefabelt und mitunter schlichtweg Unsinn erzählt, wie bei dieser Burg. Man muss aber als Vorbild für diesen Bau nicht alles heranziehen, was in unserer Welt acht Ecken hat. Denn dieses Gebäude ist auch bei nüchterner Betrachtung faszinierend genug. Beim Castel del Monte handelt es sich um einen festungsähnlichen Bau, der auf einer Hügelspitze, einem Ausläufer der Murge, mitten in der kargen Landschaft Apuliens liegt. Da die Ebene zwischen der Adriaküste und den Bergen der Basilicata hier erst anzusteigen beginnt, ist die Burg von allen Seiten schon aus sehr großer Entfernung sichtbar.[2]

Seinen heute so berühmten Namen Castel del Monte trug der Bau zu Zeiten Kaiser Friedrichs noch nicht. Ursprünglich bezog sich der Name des Kastells auf die nahe, aber damals möglicherweise schon verlassene Kirche der Nonnenabtei *Santa Maria del Monte*. In einem Brief aus Gubbio an Riccardo de Montefuscolo vom 28. Januar 1240 befahl der Kaiser, dass etwas «für die Burg, die wir bei Santa Maria vom Berge errichten lassen wollen», getan werden solle. Dieser Brief ist übrigens das einzige erhaltene kaiserliche Dokument, das sich mit dem Bau des «Castello di Santa Maria del Monte» befasst. Nicht einmal die Datierung ist genau erwiesen, als gesichert gilt nur, dass die Burg im Anschluss an den Brief erbaut worden sein muss. Hören wir weiter, was der Kaiser in seinem Brief an Riccardo de Montefuscolo, Justitiar der Capitanata, schrieb: «Da wir für die Burg, die wir bei Santa Maria vom Berge zu errichten beabsichtigen, durch dich [...] sofort die Materialbereitstellung ausgeführt haben wollen, beauftragen wir dich als Getreuen, diese Materialbeschaffung mit Kalk, Steinen und allem dazu Notwendigen unverzüglich zu veranlassen.» Dem Kai-

196

ser war die zukünftige Burg offenbar sehr wichtig, denn er setzte noch hinzu: «wobei du uns wiederholt unterrichten sollst, was du in dieser Sache zu tun gedenkst». Die Bauarbeiten zogen sich einige Jahre hin. Unklar ist, ob der Kaiser die Burg jemals fertig gesehen hat und ob er sie überhaupt je gesehen hat, denn es gibt leider keinen einzigen Nachweis für seinen Aufenthalt dort. Vielleicht war es sogar erst Friedrichs Sohn Manfred vergönnt, das Kastell zu vollenden. Erstmals wird 1463, also über zweihundert Jahre nach dem Tode des Kaisers, in einem Schreiben des damaligen Kastellans die heute so berühmte Bezeichnung Castel del Monte benutzt.[3]

Das Kastell wird von einem achteckigen geschlossenen Baukörper gebildet, der an den Ecken wiederum achteckige Türme aufweist. In seiner Klarheit ist das ein geradezu genial einfaches Konzept. Als Baumaterial für den heute zwanzig Meter hohen Mauermantel diente braungelber oder grauweißer Kalkstein, der sich strahlend vor dem Hintergrund abhebt. Das Eingangsportal und einige ausgewählte Dekorationssäulen meißelte man aus *brec-*

Der Bauherr

cia rossa, einem schönen Schmuckstein, den Geologen mit der ihnen eigenen Präzision dem «resedimentären Trümmerkalk» zuordnen, weil Bruchkalk den Hauptbestandteil darstellt. Wörtlich übersetzt bedeutet er «roter Schotter» und erinnert mit seiner Farbe an die imperiale Konnotation des Porphyrs. Die verwendeten Materialen sowie die klare Form des Oktogons verleihen dem Bau eine faszinierende Erhabenheit. Die Räume sind in zwei Geschossen um einen ebenfalls achtseitigen Innenhof angeordnet. Beim oktogonalen Grundriss assoziiert man Parallelen zu mittelalterlichen Taufbecken, zur Pfalzkapelle Karls des Großen in Aachen, zu San Vitale in Ravenna oder zum Jerusalemer Felsendom. All das würde zu dem Kaiserbild passen, das Friedrich seit seiner Jugend so geschickt zu handhaben verstand.

Da je zwei Seiten der acht achteckigen Türme in die Umfassungsmauer eingebunden sind, liegen von jedem Turm immer sechs Seiten frei. Die Türme enthalten nicht alle Wendeltreppen, sondern Räume verschiedener Zweckbestimmung, unter anderem Bäder und Toiletten. Die sanitären Anlagen sind auf raffinierte Art mit der Dachentwässerung und den Zisternen verbunden, sodass sogar die Möglichkeit der Spülung der Toilettenschächte bestand. Einen primitiven Außenabort wie in Tausenden europäischer Burgen gab es hier nicht. Es erforderte einen hohen technischen Erfahrungsschatz, so mit dem Wasser umzugehen. Ebenso gibt es ein bemerkenswertes System von Belüftungs-, Hör- und Sichtverbindungen innerhalb der Räume. Kenner vorderorientalischer Architektur haben eine enge Verwandtschaft zum islamischen Kulturraum konstatiert. In seiner einfachen und doch zugleich beeindruckenden Struktur kann man dieses Gebäude mit Recht als die reifste Schöpfung staufisch-süditalienischer Baukunst und als eines der bedeutendsten mittelalterlichen Architekturdenkmäler überhaupt bezeichnen.

Unklar ist allerdings, wozu der Bau dem Kaiser eigentlich dienen sollte. Zu jeder auf der Hand liegenden Nutzungsmöglichkeit lässt sich eine Reihe von schlagenden Gegenargumenten finden. Am häufigsten wird das Castel del Monte als ein Jagdschloss, als Wehrbau oder als der Lieblingssitz Friedrichs II. bezeichnet. Doch

198

Der Löwe aus «rotem Schotter»: Als Baumaterial für Castel del Monte verwendete man grauweißen Kalkstein. Das Eingangsportal und einige ausgewählte Dekorationsstücke, etwa Pilaster oder Portallöwen, meißelte man jedoch aus breccia rossa, wörtlich «roter Schotter», einem Schmuckstein, der hauptsächlich aus Bruchkalk besteht.

in einem Jagdschloss sollte man wenigstens die Jagdbeute zubereiten und die Pferde unterbringen können. Aber genau das konnte man hier nicht. Dann war Castel del Monte vielleicht doch eine Trutzburg? Eine Festung im militärischen Sinne hätte aber wenigstens eine gut zu verteidigende Toranlage erfordert, eine Zugbrücke, Zinnen, einen Graben und vor allem Vorratsräume, um eine Belagerung überstehen zu können. All das gibt es hier auch nicht. Für einen Repräsentationsbau im Sinne einer kaiserlichen Residenz war das Castel nicht nur zu klein, sondern es lag auch zu isoliert, zu weit entfernt von allen bedeutenden Verkehrsverbindungen und Städten.

Könnte die Burg also doch einfach nur der Lieblingssitz des Kaisers gewesen sein? Zu dieser Deutung würde passen, dass Friedrich II. selber an der Planung beteiligt gewesen sein soll. Jedoch gibt es im Itinerar von Friedrich II., also den chronologisch aufge-

199

reihten Aufenthaltsorten, keinen einzigen nachweisbaren Aufenthalt in Castel del Monte, nicht einmal zur Bauzeit, und auch kein anderes Dokument verweist darauf. Eine besondere Deutung des Zwecks hatte schon Ferdinand Gregorovius (1821–1891) im Blick, der für seine *Geschichte der Stadt Rom im Mittelalter* berühmte Historiker und Schriftsteller, als er in seinen Wanderjahren notierte: «Als weithin sichtbares, die unermessliche Ebene beherrschendes Wahrzeichen nennt es das Volk das Belvedere oder den Balkon Apuliens. Man könnte es noch passender Krone Apuliens nennen. Denn gleich einer Mauerkrone ruht dieses gelbe Schloss auf jenem Hügel. Wie das Diadem des Hohenstaufenreiches, das herrliche Land krönend, erschien es mir, wenn es die Abendsonne von Purpur und Gold funkeln ließ.»[4] So lyrisch überhöht das klingen mag, es stimmt: Von allen Seiten über große Entfernungen weithin sichtbar, erscheint Castel del Monte tatsächlich als eine steinerne Krone, ein dauerhaftes Symbol kaiserlicher Macht. Friedrich wollte wohl tatsächlich ein Herrschaftszeichen setzen und damit sowohl Bewunderung als auch Unterwerfung erzeugen. Mit dieser Anlage beherrschte er optisch eine ganze Region, und das ohne einen Schwertstreich und ohne einen Pfeilschuss. Da die Türme früher vielleicht etwas höher waren als der Mauerring, ließen sie den Eindruck eines gekrönten Berges noch deutlicher hervortreten als heute. Nimmt man den Begriff «Mauerkrone» wörtlich, dann kann man an den Topos der Mauerkrone in der Kunst der Antike und des Mittelalters denken. Über Jahrhunderte waren Gottheiten und allegorische Figuren auf Münzen, Stelen und Gemmen sowie in Handschriften und Buchmalereien mit einem stilisierten Mauerreif bekrönt als Personifikationen von Städten, Provinzen und Reichen dargestellt worden. Eine stilisierte Roma oder ein himmlisches Jerusalem im heimatlichen Apulien – das passt gut zu den Herrschaftsvorstellungen des Kaisers. Wie auch immer, klar ist, dass es sich um eine Architektur handelt, die offenbar vor allem angeschaut werden sollte, gleichsam eine Botschaft ohne Worte.

Möglicherweise war das Kastell auch als ein kaiserliches Refugium geplant, als ein Rückzugsort vor päpstlichem Gebelle und

den Anfeindungen des herrscherlichen Alltags. Schon Ferdinand Seibt war eine Parallele zu dem über ein Jahrhundert später herrschenden Kaiser Karl IV. aufgefallen, der in der Nähe seiner böhmischen Hauptstadt Prag die Burg Karlstein errichten ließ. Sie diente dem Luxemburger als spiritueller Rückzugsort, war: «geistliches Lustschloss ... und hier wie dort» – nämlich bei Friedrichs Castel del Monte – «die gleiche zweckfreie Waldeinsamkeit».[5]

Der Zahn der Zeit: Wie stark die äußere Verkleidung des Castel del Monte im Laufe der Jahrhunderte gelitten hat, zeigt diese um 1900 entstandene Aufnahme. Bei den Restaurierungen im 20. Jahrhundert wurde die Außenhaut vollständig erneuert.

Doch der Usurpator Karl von Anjou verwandelte das Stauferrefugium in einen Stauferkerker, als er nach dem Tode Manfreds 1266 hier die Enkel Friedrichs gefangen hielt. Ob das Gebäude als Kerker besonders geeignet war oder ob es sich um die bewusste Umkehrung einer seinerzeit bekannten Bedeutung handelte, ist unklar. Es liegt allerdings eine starke symbolische Gewalt darin, dass die ehemals herrschende Dynastie nun in ihrem eigenen Sinnbild vom Imperium schmachtete. 1326 kaufte Karl d'Artois das Castel, und 1487 sahen die Räume die Hochzeit von

201

Der Bauherr

Alfons I. von Aragon und Isabella del Balzo. Castel del Monte ging 1522 in den Besitz der Caraffa, Lehnsherren von Ruovo und Andria, über, die es bis 1774 besaßen. 1528 wurde es sogar mit Kanonen beschossen. Seit Beginn des 16. Jahrhunderts verfiel das Kastell zusehends und diente später als Zuflucht von Hirten und Straßenräubern. 1743 machte die Anlage auf Zeitgenossen schon einen «heruntergekommenen und verwahrlosten» Eindruck, jedoch waren wohl noch große Teile der Marmorverkleidungen vorhanden. 1876 erwarb der italienische Staat die Burg, die mittlerweile aller Verkleidungen, Intarsien und eines Großteils des bildhauerischen Schmucks beraubt war. Der Zustand war so schlecht, dass die Summe von fünfundzwanzigtausend Liren nicht als Bezahlung galt, sondern als Zeichen der Anerkennung angesehen wurde. Der Bau selbst hatte keinen Wert mehr. Mit dem Übergang in Staatsbesitz begannen Restaurierungsarbeiten, die sich über ein Jahrhundert hinzogen und die hinsichtlich der Verkleidung eine komplette Erneuerung bedeuteten. Erst moderne Vermessungen in den 1990er Jahren haben eine solide Basis für eine nüchterne Beschäftigung mit dem umraunten Castel del Monte geschaffen. Die nun deutlich belegbaren Unregelmäßigkeiten und Abweichungen von einer gleichmäßigen Achteckform zeigen, dass es sich um ein typisches mittelalterliches Bauwerk handelt, bei dem noch während der Bauarbeiten Korrekturen vorgenommen wurden.

Festzuhalten bleibt, dass das Castel del Monte ein erinnerungsgeschichtliches Phänomen darstellt. Obwohl der Kaiser vielleicht nie dort war, überragt die Burg alle anderen Kastelle in den modernen Erinnerungen an Friedrich II. Sie gehört zu ihm wie sein Kaisertitel. Es ist die vielleicht bekannteste Burg Italiens, weil der Name des für den Apenninstiefel berühmtesten mittelalterlichen Kaisers daran haftet. Der legendenumrankte Kaiser und die klare Form sind das Mehl und die Hefe, die den Erinnerungsteig «Castel del Monte» bis heute so schön haben aufgehen lassen und die letztlich auch für das Geraune esoterischer Deutungen verantwortlich sind. Die besondere Bedeutung der Burg als ein europäischer Erinnerungsort lässt sich daran erkennen, dass die Anlage nicht nur als

Reversprägung die Ein-Cent-Münze Italiens ziert, sondern dass sie seit 1996 sogar in die Liste des Weltkulturerbes der Menschheit aufgenommen worden ist.

Herrschaft sichern: Das Netz der Kastelle

Kaiser Friedrich II. war ein exzessiver Burgenbauer. Kaum ein Herrscher hat so viele Befestigungen neu errichten oder bereits vorhandene verstärken und ausbauen lassen. Wie ein kleinmaschiges und dicht geknotetes Netz überzogen fast dreihundert Kastelle aus der Regierungszeit Friedrichs das *regnum Siciliae*. Allein in der heutigen Region Apulien existieren noch über hundertfünfzig Burgen oder zumindest Reste von ihnen. Diese vielen Burgen Friedrichs ragten als Garanten von Macht und Herrschaft in den süditalienischen Himmel. Ein bedrohtes Land konnte man mit Befestigungen sowohl nach innen als auch nach außen sichern. Niemand sollte jemals wieder versuchen können, Friedrich und seinen hoffentlich zahlreichen Nachkommen das Königreich Sizilien zu entreißen, ohne sich dabei an den Burgen die Zähne auszubeißen. Der Kaiser ließ befestigte Anlagen auf Bergen, Pässen und Flussübergängen zur Beherrschung des umliegenden Gebietes und zur Sicherung der Heerstraßen errichten, so in Gualdo Tadino, Celano oder Capua. Durch Kastelle wie in L'Aquila, Rocca Janula bei Montecassino und Lucera ließ er auch die Grenzen zum Kirchenstaat schützen.[6]

Sogar in der Nähe des Erzfeindes Florenz, nur ganze achtzehn Kilometer nordwestlich, ließ der Kaiser nach 1240 die Festung von Prato grundlegend ausbauen und verstärken. Sie deckte eine wichtige Nord-Süd-Verbindung über den Montepiano, den niedrigsten Pass über den Apennin. Noch heute heißt die Anlage, die Friedrich unter Einbeziehung von zwei Türmen auf Fundamenten der als Reichslehen vergebenen Burg der Grafen Alberti errichten ließ, *Castello dell'Imperatore*. In den Urkunden wird sie mehrmals als *palatium imperatoris* – als «Pfalz des Kaisers» bezeichnet. Auffällig am achttürmigen Kastell in Prato ist, dass es dort an der Nord-

203

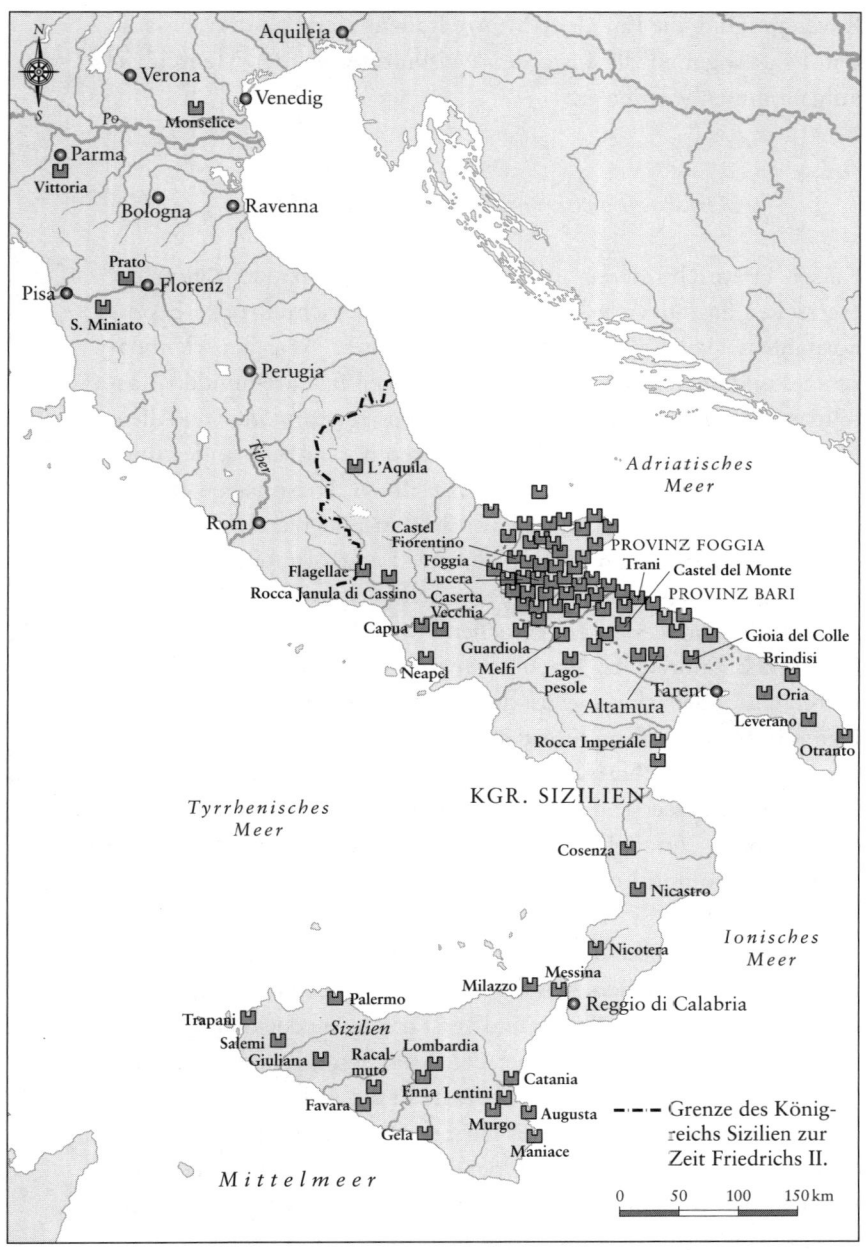

Das Netz der Kastelle Friedrichs II.

HERRSCHAFTEN

westseite ein kunstvoll gearbeitetes antikisierendes Portal mit faszinierender Ähnlichkeit zu dem Eingang des ebenfalls aus acht Türmen bestehenden Castel del Monte gibt: Dreieckiger Giebel, Halbsäulen unter dem Gebälk sowie unterhalb des Hakensteinbogens des Portals zu beiden Seiten auf den von antikisierenden Blattkapitellen unterfangenen Gesimsen jeweils ein kauernder Löwe. In Prato spürt man allerdings zusätzlich die Pisaner Romanik mit ihren alternierend gesetzten weißen und grünen Marmorblöcken. Auffällig ist auch, dass bei beiden so wuchtig aussehenden Kastellen der Wert nicht in einer langen Belagerungen standhaltenden Wehrarchitektur gelegen haben kann, sondern zuerst wohl in einer Repräsentationsfunktion. Die Söhne des Kaisers, Enzio und Friedrich von Antiochia, haben in der Burg von Prato herrscherliche Interessen, nicht zuletzt als Reichsvikare für die Toskana, wahrgenommen. Nur wenige Kilometer davon entfernt und unmittelbar südlich des Arno befand sich in exponierter Lage zudem die Festung San Miniato al Tedesco, die auf den Fundamenten einer Kaiserpfalz aus früheren Jahrhunderten stand und ebenfalls Statthaltersitz war.

Friedrich ließ auch die Küsten und Häfen durch den Ausbau oder die Neuanlage von Seekastellen schützen, wie etwa in Trani, Bari, Barletta, Brindisi oder Otranto auf der Ostseite, Neapel oder Gaeta auf der Westseite des Stiefels. Castel Maniace in Syrakus, der völlig neue Komplex in Augusta oder die machtvoll dräuende Achtturmanlage von Castel Ursino in Catania sicherten die Ostküste der Insel Sizilien. Der Schutz gegen Angriffe von See war nicht nur wegen möglicher Sarazenenüberfälle oder Piratenplünderungen wichtig, sondern auch wegen der Eroberungslust der bedeutendsten Seemächte der Zeit. Wir werden davon noch hören. All die genanten Burgen des Königreiches wurden jedoch nicht der Reihe nach errichtet. Gerade in den besonders bedrohlichen Jahren 1239 und 1240 wurde gleichzeitig an den Kastellen in Messina, Catania, Lentini, Caltagirone, Augusta und Syrakus gearbeitet, ein Jahr später, 1241, in Cervia, Faenza, Cesena und Bertinoro. Dieses System von Burgen war Teil der militärischen Struktur von Friedrichs Reich in einer Dreiheit von Heer, Flotte und Festungen.

205

Inmitten der Feinde: Nur ganze achtzehn Kilometer vom Erzfeind Florenz entfernt ließ der Kaiser nach 1240 die Festung von Prato grundlegend ausbauen und verstärken. Sie deckte eine wichtige Nord-Süd-Verbindung der Toskana über den Apennin. Noch heute heißt die Anlage, die Friedrich unter Einbeziehung von zwei Türmen auf Fundamenten der Burg der Alberti errichten ließ, Castello dell'Imperatore – Burg des Kaisers. Einer der alten Burgtürme ist jener ohne Zinnen, den man im 18. Jahrhundert teilweise abtrug. Die Festung diente weniger der Abwehr von Feinden als der Herrschaftsrepräsentation.

Von seinem umfassenden Sicherheitsstreben geben nicht nur die steinernen Zeugen selbst Auskunft, sondern auch seine Briefe, Verfügungen und Urkunden.[7]

Am Anfang des 20. Jahrhunderts gelang es dem Mittelalterforscher, Monumenta-Chef und Direktor des Preußischen Historischen Instituts in Rom, Paul Friedolin Kehr (1860–1944), eine Laune seiner Majestät Wilhelms II. auszunutzen. Kehr vermochte den stauferbegeisterten Hohenzollern-Kaiser davon zu überzeugen, dass es dringend geboten sei, die bislang nur spärlich untersuchten süditalienischen Burgen erfassen, aufmessen und erforschen zu lassen. In den Jahren 1905 bis 1915 zogen die beiden Bau- und Kunsthistoriker Arthur Haseloff (1872–1955) und Martin Wackernagel (1881–1962) mit Maultieren und Kameras durch kaum erschlossene Landstriche Apuliens, Kalabriens sowie der Basilikata. Sie dokumentierten dort die Reste

Kaiserliche Tore: Besonderen Wert legte Friedrich in Prato auf die einem Imperator würdige Gestaltung der Toranlage an der Nordwestseite der Burg. Das kunstvoll gearbeitete antikisierende Portal besticht durch einen dreieckigen Giebel sowie Halbsäulen unter dem Gebälk und ähnelt damit dem Eingang des ebenfalls aus acht Türmen bestehenden Castel del Monte. In Prato zeigt sich zudem die Pisaner Romanik mit ihren alternierend gesetzten weißen und grünen Marmorblöcken.

von mittelalterlichen Befestigungsanlagen in einer noch weitgehend von der Moderne unberührten Landschaft. Ihre Aufnahmen muten an, als ob die Zeit der Staufer und Anjou gerade eben erst vergangen wäre. Auch was sie erlebten, dürften Burgenforscher heute nur noch schwerlich finden. Von seiner Ankunft in Rocca Imperiale, «kaiserliche Festung», einer gewaltigen, von Friedrich II. in den 1220er Jahren bedeutend ausgebauten Burg, berichtet Wackernagel:

«Es war um die Mittagszeit, als ich in Rocca Imperiale ankam. Die Station, mit ein paar darumliegenden Häusern, die ein kastellartiger mächtiger Turm beschirmt, liegt fast unmittelbar am Meer; der Ort selbst aber, wie ich vernommen hatte, eine gute Stunde landeinwärts. Zunächst suchte ich Zuflucht in der an das Bahn-

207

höfchen angebauten Kantine; fand einen famosen, dicken, alten Kerl von Wirt, der mir unter behaglichem Schmunzeln mitteilte, dass er sich gerade einen Topf Spaghetti in Tintenfischsauce – ‹alle seppie› – zubereiten lasse, wobei ich ja gleich mithalten könne; auch wies er mich, da ich nicht auf die abendliche Postkutsche warten wolle, an ein paar Maultiertreiber, die unter dem Vordach des Güterschuppens herumlungerten und sich dazu bereden ließen, [mich] nach vollendetem Mittagsschlaf mit samt meinem Gepäck nach dem Ort hinauf mitzunehmen – für ‹zwei Zigarren›, wie die übliche Umschreibung des Begriffs ‹Trinkgeld› hier lautet.» Der mächtige Turm, von dem hier die Rede ist, war ein Küstenwachtturm des 16. Jahrhunderts. Er beherrscht heute einen Badeort mit Kiesstrand: Rocca Imperiale Marina. Die Burg selbst, die auch nach der Herrschaftszeit Friedrichs immer weiter verstärkt worden ist, dass sie sogar im 17. Jahrhundert erfolgreich den Türken trotzen konnte, befindet sich vier Kilometer davon entfernt. Und um dorthin zu gelangen, musste sich Wackernagel erst einmal stärken.

«Inzwischen waren auch die Spaghetti aufgetragen, die wir unter angeregten Tischgesprächen über die Politik des neuen italienischen und die Vorzüge des alten neapolitanischen Königtums zusammen verzehrten; der dickflüssige kalabrische Wein und die drückende Mittagshitze taten dann ihre Wirkung, also dass wir schließlich mitten in unserer Unterhaltung einer um den anderen auf dem Tischrand einschliefen. Und nun regte sich für eine Zeit lang im ganzen Umkreis des Bahnhofs, außer ein paar hungrigen Fliegen, kein lebendiges Wesen mehr. Alles lag versunken in der göttlichen Ruhe der Sommermittagsstunden, die in diesen südlichen Ländern Mensch und Tier gleichmäßig überwältigt.» [8] Neben Informationen über friederizianische Burgen erfährt man so nebenbei, dass das neapolitanische Königtum eine bedeutende Bezugsgröße in den Erinnerungen der Bevölkerung geblieben war. Und man hört, dass, wenn die flirrende Sonne des Südens ihr Zepter schwingt, niemand ihrem Gebot sich zu widersetzen im Stande ist – ein nicht unerheblicher Faktor bei der Beurteilung von Sozialisationsbedingungen und politischen Handlungen: Gleißende Hitze oder klirrende Kälte können als Geschichtsmächte wirken.

Oder, wie Lampedusa es formulierte: Diese südliche Sonne war der eigentliche und «authentische Herrscher: die gewalttätige, unmenschliche Sonne, die narkotisch betäubende Sonne, die den Einzelwillen vernichtet und alles in einer knechtischen Unbeweglichkeit hält, alles hin und her gerissen in den gewaltigen Träumen, in Gewalttaten, die in ihrer Willkür ebenso heftig waren wie die der Träume.» Aus dem «Innere(n) dieser dunklen Provinzen» gelang es Haseloff und Wackernagel, eine beispiellose photographische Bestandsaufnahme zu erstellen, die erstmalig eine systematische Beschäftigung mit den hochrangigen Baudenkmälern ermöglichte.

Für diese Grundlagenforschung zu den süditalienischen Kastellen suchte der Mediävist Eduard Sthamer (1883–1938) in den Registern Friedrichs II. und dessen Nachfolgern sowie in zahlreichen anderen schriftlichen Quellen wertvolle Belege zusammen.

209

Der Bauherr

Einige Bände konnten auch publiziert werden, doch war es ein langer Weg, systematisch geordnete Ergebnisse für die Forschung bereitzustellen. Das lag einerseits an den Rückschlägen im Gefolge der politischen Zäsuren in der ersten Hälfte des 20. Jahrhunderts, andererseits an Lebensumständen von Forschern wie Sthamer. Vor dem Ersten Weltkrieg konnte er eine Anstellung am Preußischen Historischen Institut in Rom erlangen, die 1915 kriegsbedingt endete. Nach dem Friedensschluss und nachdem Sthamer seinen Broterwerb als Archivar und Bibliothekar bei der Preußischen Akademie der Wissenschaften in Berlin gefunden hatte, musste er sich für seine Forschungen in Italien in den 1920er und 1930er Jahren immer wieder mit Anträgen an das Preußische Wissenschaftsministerium um Sonderurlaub bemühen. Zudem brauchte er jedesmal einen «Ausreise-Sichtvermerk vom hiesigen Polizei-Präsidium in Schöneberg, das Einreise-Visum für Italien sowie das Visum für zweimalige Durchreise durch Deutsch-Österreich». Wenn er es dann endlich nach Neapel in das Staatsarchiv geschafft hatte, ging ihm kostbare Zeit verloren, weil die Register Friedrichs II. unter Verschluss und der Schlüsselgewaltige, Graf Ricardo Filangieri, zufällig nicht anwesend war, wie er in seinem Tagebuch mit Eintrag 12. Mai 1931 vermerkte. Die Zeit nutzte er dann anderweitig und aß seine neapolitanischen Lieblingsgerichte: Pizza und Zuppe di Pesce. Am Tag darauf besuchte Sthamer den italienischen Philosophen Benedetto Croce (1866–1952), der ihm «über die geistige Zerfahrenheit und Ziellosigkeit unseres Zeitalters» klagte. Ein Jahr später musste Sthamer in Brindisi gegen ganz andere Mächte ankämpfen, um an die Überlieferungen Friedrichs II. zu kommen. Am 6. April 1932 vertraute er seinem Tagebuch an: «Eine schreckliche Nacht liegt hinter mir: Scirocco, Stechmücken, ‹Flohhatz›, der Teufel in dreierlei Gestalt wollte mich nicht zur Ruhe kommen lassen; ich fühle mich wie zerschlagen.» Eduard Sthamer widerstand dem Teufel und es gelang ihm mit großen persönlichen Anstrengungen, unschätzbar wertvolle Materialien über die Befestigungen, auch Kaiser Friedrichs II., in Süditalien zu sammeln.[9] Nicht alle Burgen, die Friedrich besaß, baute er neu. Einen Teil der königlich-normannischen Anlagen, etwa aus der Zeit König Wilhelms II., musste der Kaiser zu Beginn seiner Regierung überhaupt wieder in die Verfügungsgewalt der Krone bringen, denn eine große Anzahl der bereits existierenden Befestigungen befanden sich seit den Zeiten seiner Unmündigkeit und Abwesenheit in den Händen des sizilischen Adels. Die Kastelle der Barone demonstrierten deutlich deren Selbstherrlichkeit und bedeuteten eine Einschränkung der militärischen Hoheit des Königs.

So verwundert Friedrichs erste Handlung nach der Rückkehr aus Deutschland 1220 wenig: die Verkündung eines Gesetzes als Teil der Assisen von Capua mit dem Titel «*De novis edificiis deruendis* – über die Zerstörung neuer Bauten». Der frisch gekrönte Kaiser forderte nämlich nicht nur alle entfremdeten Güter ausnahmslos zurück, sondern er befahl auch die Zerstörung oder Einziehung aller in den letzten Jahrzehnten eigenmächtig erbauten Burgen und Befestigungen. Diejenigen der seit 1189 errichteten Anlagen, die sich nicht in kaiserliche Hand bringen ließen, sollten ohne Ausnahme zerstört oder in den vorherigen Zustand versetzt werden. Zudem untersagte Friedrich den Baronen prinzipiell die Errichtung neuer Kastelle.

Doch gelang es einigen einflussreichen Leuten am Hofe, dem Kaiser Ausnahmen abzuluchsen. In der Stadt San Germano zum Beispiel – das wissen wir durch den berühmten Chronisten aus diesem Ort – hatte im Sommer 1224 der Abbruch der Stadtmauer bereits begonnen, als sich die beiden kaiserlichen Großhofrichter Petrus und Roffred, die über großes Ansehen bei Friedrich verfügten, an ihren Herrn wandten. Die Brüder werden als Bürger von San Germano bezeichnet, handelten also in eigener Sache. Sie argumentierten ziemlich geschickt, dass die Bürger der Stadt, stets dem Herrscher treu ergeben, doch mit unversehrten Mauern von größtem Nutzen für Friedrich seien. Das sah dann auch der Kaiser ein und befahl seinem Großhofjustitiar Heinrich von Morra, den Abbruchbefehl zurückzunehmen.[10]

Auch die Art, wie Friedrich vorging, um Burgen in seinen Besitz zu bringen, zeugt von politischem Scharfblick und zugleich verblüffender Skrupellosigkeit. Gnadenlos bekamen die Lehensträger die ganze Härte des Gesetzes zu spüren, wenn sie die Übergabe von

Burgen verweigerten. Ein Beispiel: Graf Thomas von Celano hatte nicht die Absicht, seine strategisch so günstig gelegenen Burgen wie Celano selbst, Ovindoli oder Roccamandolfi herauszugeben. Schon rückte das kaiserliche Heer heran, belagerte 1222 dessen Burgen, nahm einige ein, verlor sie wieder; der Graf hielt sich tapfer. Ein Vergleich sollte her, und man schloss ihn auch ein Jahr später. Thomas von Celano trat die Burgen ab und sollte das Land verlassen, seine Frau jedoch die Grafschaft Molise behalten dürfen. Kaum hatte der Kaiser die genannten Burgen in seinem Besitz, brach er den Vertrag und ließ den Grafen vor seinen Großhofjustitiar Heinrich von Morra zitieren. Der Graf erschien nicht, und so hatte der Kaiser eine willkommene Handhabe, auch noch die Grafschaft Molise zugunsten der Krone einzuziehen. Thomas von Celano hatte alles verloren, der Kaiser aber alles bekommen, was er haben wollte. Hier war außerdem eine alte persönliche Rechnung beglichen worden, denn Thomas gehörte gemeinsam mit seinem Vater Peter von Celano bereits 1210 zu den engagierten Helfern Kaiser Ottos IV. Das hatte Friedrich nicht vergessen.

Die so oder auf andere Weise gewonnenen Befestigungen als Bestandteil einer Militärorganisation des Königreichs Sizilien blieben der Krone unterstellt. Für sie berief der Herrscher eine neue Art von Dienstleuten zur Kastellverwaltung und formte eine bereits existierende Funktion für eine effiziente Landesverteidigung um. Das Amt des *provisor castrorum* – das man mit Verweser oder Verwalter der Kastelle übersetzen könnte – schuf Friedrich neu für die verwaltungsbezogenen Pflichten. Der Provisor hatte für eine bestimmte Region die Aufsichtspflicht über die Waffen, den Proviant und die angemessene personelle Besetzung der Burgen. Er konnte sogar bei Bedarf selbständig Burgenbesatzungen umsetzen, und später zahlte er sogar persönlich den Sold aus. Über alles musste genau Buch geführt werden, eine Ausfertigung davon ging an den Hof zur Kontrolle. Der Burg stand der Kastellan vor. Dessen Amt gab es zwar schon seit der Normannenzeit, doch ist auch diese Dienstfunktion besonders durch Friedrichs Konstitutionen von Melfi von 1231 viel präziser gefasst worden. So durfte er außerhalb der Festung nur noch Waffen tragen, wenn das ausdrück-

212

lich befohlen worden war. Auch die Besatzung konnte nur unbewaffnet ausgehen und auch nicht mehr als vier Mann zur gleichen Zeit. Insgesamt kam es in Friedrichs Herrschaftszeit zu einer Art «Bürokratisierung» der Burgenbesatzung. Es thronten immer weniger die stolzen Barone, die sich ohnehin immer als unsichere Kandidaten erwiesen hatten, in den königlichen Burgen, sondern zunehmend dienstbeflissene Getreue seiner Wahl. Der Lehensverband – so folgt daraus – sollte zugunsten eines Systems von Dienstmannen neu strukturiert werden.[11]

Im Verlauf der kaiserlichen Baumaßnahmen entfaltete sich ein neuer Burgenbaustil. Ein steinernes Recht- oder Vieleck mit massiven Türmen an den Ecken bildete in den meisten Fällen den weithin sichtbaren Baukörper. Meterdicke Ringmauern rundherum sollten den Zugang zum eigentlichen Kastell erschweren. Im Inneren verwendete man verschiedene Schmuckformen, schuf Gewölbe und Gemächer mit reich verzierten Tür- und Fensteröffnungen. Mit guten Gründen hat man in diesen süditalienischen Stauferkastellen das Vorbild für die Burgen des Deutschen Ordens in Preußen sehen wollen, die ja nicht für eine Familie, sondern für einen ritterlichen Männerbund angelegt wurden. Ausschließlich zur Verteidigung konzipiert, zeichneten sich ihre Konstruktionen durch maximale mathematische Klarheit und militärische Zweckmäßigkeit aus. Doch so viele Kastelle errichten zu lassen, kostete Geld, viel Geld sogar. Auch hier wusste sich der Kaiser zu helfen. Einen großen Teil der Mittel für den Burgenbau, für die Unterhaltung ständiger Truppen und eines Verwaltungsapparates verschaffte sich Friedrich II. mit der Kontrolle des Handels, für den er eine eigene Flotte mit neuen Hafen- und Werftanlagen bauen ließ. So wurden ab 1231 Neapel, Brindisi, Nicotera und Messina zu privilegierten Umschlagplätzen, die gewaltige Einnahmen an Steuern und Zöllen abwarfen, die man dann in den Burgenbau stecken konnte. Ein zusätzlicher Hafen, eine neue Burg und eine ganz neue Siedlung entstanden im selben Jahr auf kaiserlichen Befehl durch die Gründung von Augusta an der Westküste Siziliens.

Innerhalb weniger Jahre hatte Friedrich somit ganz Süditalien gleichsam in eine einzige gesicherte Festung verwandelt, deren

213

Ausgänge zur Meeres- und zur Landseite jederzeit geschlossen und verteidigt werden konnten. Vielleicht erklärt sich aus dieser steten Anspannung, dass Friedrich zwar Hunderte Kastelle errichten ließ, doch nur eine einzige Kirche. Altamura in Apulien gilt als die einzige Stiftung einer Kirche durch Kaiser Friedrich II. Die Kathedrale wurde im Jahr 1232 gegründet und der Heiligen Jungfrau geweiht. Sie war exemt, das heißt, sie unterstand in der Jurisdiktion nicht einem Bischof oder Erzbischof, sondern direkt der römischen Kirche. Die Würde des höchsten Klerikers besetzte der Kaiser aber nach eigenen Vorstellungen, was natürlich das Verhältnis zum nahegelegenen Bischofssitz Gravina belastete. Neben dem Bau der Kirche sorgte der Herrscher noch für die Erweiterung der Siedlung durch die Weisung, die Stadt auf Kosten der Nachbargemeinden zu vergrößern.

Über die Abwehr äußerer und innerer Feinde hinaus gab es für den Kaiser einen weiteren Grund, über so viele Burgen wie möglich verfügen zu wollen. Friedrich regierte sein Reich wie viele seiner Vorgänger und Nachfolger auf Reisen. Auf den Zügen von Kastell zu Kastell oder zwischen festen Türmen, Jagdschlössern und Pfalzen wurde ebenso große Politik erdacht und besprochen, wie in den Residenzen selbst, deren berühmteste nun in den Blick genommen werden soll: Foggia.

Herrschaft genießen: Die Residenz in Foggia

Zu den Zeiten der Sarazenen, der Emire und Scheichs, aber auch während der Normannenherrschaft war Palermo die Residenz der Monarchen. Das sollte sich nun ändern. Unter Kaiser Friedrich II. verlor Palermo die Rolle als bevorzugter Aufenthaltsort des Königs und damit als Zentrum der Macht. Erstaunlich ist, dass in späteren Erinnerungen an Friedrichs Herrschaft dieser Entzug der Residenz- und Hauptstadtfunktion, der zweifellos mit einer erheblichen Minderung von Palermos Ansehen einherging, dem Kaiser gar nicht übelgenommen worden ist. Was Friedrich bewog, seine Residenz nach Norden zu verlagern, bleibt Spekulation. Lag Pa-

214

lermo zu weit an der Peripherie des vergrößerten Reiches? Waren die Entfernungen zur Sorgenregion Oberitalien oder gar nach Deutschland zu groß? Oder wollte Friedrich einfach nur eine Residenz in einem wildreicheren Jagdgebiet haben? Wir wissen es nicht. Wir wissen nur, dass von einem Tag auf den anderen Foggia zum bevorzugten Aufenthaltsort des Kaisers im Königreich Sizilien wurde – ohne freilich den Rang einer Hauptstadt mit Sitz von Behörden im modernen Sinne zu erlangen.

Vergleicht man bei den Reisewegen des Herrschers, dem sogenannten Itinerar, die Häufigkeit und Dauer der Aufenthalte in den gern besuchten Orten, dann fällt diese Bevorzugung von Foggia sofort ins Auge: In den drei Jahrzehnten von 1221 bis zu seinem Tode war der Kaiser knapp vierzig Mal hier, fast jedes Jahr, in manchen Jahren sogar mehrmals. Andere häufig besuchte Orte fallen hinter Foggia deutlich zurück: Capua mit achtzehn Mal oder Melfi mit vierzehn, Palermo, der Ort seiner Jugend, mit sechzehn natürlich immer längeren Aufenthalten. Selbst die kaisertreueste Stadt in Oberitalien, Cremona, kann sich bei zweiundzwanzig Herrscheraufenthalten mit Foggia nicht messen. Im Norden des Reiches ragt die Stauferpfalz Hagenau im Elsass mit zweiundzwanzig Aufenthalten hervor. Andere wichtige deutsche Städte waren etwa Nürnberg mit fünfzehn oder Speyer und Augsburg mit jeweils dreizehn Aufenthalten. Foggia besaß, bevor Friedrich die Stadt zu seinem Lieblingsaufenthalt erkor, keine Tradition als Residenz und war bis dahin eine kleine, unbedeutende Ortschaft gewesen. Und in diesen Zustand sank sie auch nach Friedrichs Tod wieder hinab. Für drei Jahrzehnte jedoch war Foggia der Mittelpunkt der staufischen Herrschaft im Königreich Sizilien. Sehr wahrscheinlich hat der Kaiser meist die kälteren Monate des Jahres hier und in der übrigen Capitanata zugebracht. Während des Sommers hielt er sich in Ortschaften auf, in denen die Hitze nicht so groß war, die aber nicht sehr weit vom Tavoliere, der apulischen Hochebene, entfernt lagen.[12]

1223, zwei Jahre nachdem er überhaupt zum ersten Mal in Apulien war, begann Friedrich II. in Foggia nach Plänen des Architekten Bartolomeo da Foggia eine neue Palastanlage errichten zu

215

lassen. Schon 1225 muss sie zu großen Teilen fertig gewesen sein. Der einst ungeheuer prächtig ausgestattete Palast existiert heute nicht mehr. Mehrere Zerstörungen haben zu seiner fast spurlosen Auslöschung geführt, vor allem ein Erdbeben von 1731, ein Brand des Archivio Communale 1898 und schließlich die Bombardierung der Stadt durch die Alliierten 1943. Von Friedrichs Palast haben wir daher leider nur schemenhafte Vorstellungen, die aus Kartenwerken stammen, die noch vor jenem Erdbeben entstanden sind. Italienische Bauhistoriker sind nach Auswertung schriftlicher und archäologischer Zeugnisse zu der Auffassung gelangt, dass der Palast eine große Grundfläche bedeckt haben muss. Er sei mit Gärten, Brunnen und Statuen geschmückt gewesen, die Innenräume sollen aus weiten, mit kostbarem Marmor ausgekleideten Sälen bestanden haben, woran sich Marställe, Lagerräume und Stallungen anschlossen. Zu den reichen Steinausstattungen gehörten auch Säulen, von denen einige aus dem grünlich schimmernden Gestein *Verde antico* gehauen waren. Wasserspiele, Marmorlöwen, Statuen – alles schien wie in einem Märchenpalast arrangiert gewesen zu sein. Als sich Friedrichs Schwager, Richard von Cornwall, 1241 hier von den Kreuzzugsstrapazen erholte, war er tief beeindruckt. Durch ihn gelangten Nachrichten von dem Palast bis nach England und fanden ihren Niederschlag in der Chronik des Matthaeus Paris. Richards Schwester, Isabella Plantagenêt, die dritte Ehefrau des Kaisers, starb 1241 in diesem Palast.

Zwei zentrale Dokumente geben Zeugnis von Friedrichs Residenz. Zum einen eine Ansicht von Foggia aus dem späten 16. Jahrhundert, die man erst 1973 in der Biblioteca Angelica in Rom entdeckte. Auf dieser Vogelschau von Süden ist die gesamte Stadt mit einem Mauerring dargestellt, darunter im Osten ein stattliches Gebäude mit Nebenanlagen, die in der dazu gezeichneten Legende als «Palazzo di Federico Imperadòr 2°» gekennzeichnet sind. Den zweiten aufschlussreichen Hinweis verdanken wir dem Kleriker Monsignore Giovanni Battista Pacichelli (1641–1702). Der Illustrator hat Anfang des 18. Jahrhunderts im Auftrag des Königs von Sizilien die Städte des Reiches in Halbperspektive gezeichnet. Sie wurden erst postum 1703 in dem Buch *Il Regno di Napoli in pro-*

216

spettiva diviso in dodici provincie publiziert. Unter den Städtebildern befindet sich auch eine Ansicht Foggias mit einem deutlich zu erkennenden Gebäude – bezeichnet als «Casa di Fed(eric)o Imp-(erador)e», das also kurz vor dem Erdbeben noch existiert haben muss und in beachtlichen Resten Bauteile des ehemaligen Kaiserpalasts enthielt.

Von dem einstmals so prächtigen Palast Friedrichs in Foggia sind heute nur noch ein Portal und eine Inschrift erhalten, beide Bestandteil einer Seitenwand des städtischen Museums in Foggia. Das Portal, das sich wahrscheinlich sogar noch an seiner ursprünglichen Stelle befindet, ist ungefähr siebeneinhalb Meter hoch und etwas über drei Meter breit. Es besteht aus einem mit feinem Akanthusblättermuster verzierten Bogen, der von zwei Kapitellen in Adlergestalt getragen wird. Die Inschrift besteht aus fünf Reihen und nennt mit dem Juni 1223 das Errichtungsdatum des Palastes. Erwähnt werden auch die Jahre der Herrschaft und des Kaiserreiches Friedrichs II. sowie, dass der Protomagister Bartolomeo den Palast entworfen und die Arbeiten überwacht habe. Zum Abschluss verkündet die Inschrift: «Dies zu erstellen hat Kaiser Friedrich befohlen, damit die königliche Stadt Foggia der ruhmreiche kaiserliche Sitz sei.» Die Vorlieben Friedrichs II. für Foggia und die Capitanata waren stark. An ihnen hing sein Herz. Als die Stadt ihm ihre Tore einmal nach dem Bruch mit der Kirche für kurze Zeit verschlossen hielt, soll Friedrich in tiefstem Schmerz gesagt haben: «Foggia, warum fliehst du mich, da dich doch meine Hand gemacht hat?» Ferdinand Gregorovius, mit seiner Vorliebe für schicksalhafte Verdichtungen, formulierte vor dem Torbogen emphatisch: «Mit tiefster Erregung wird jeder Deutsche vor diesem letzten Rest des kaiserlichen Palastes stehen, in welchem der genialste der Hohenstaufen so oft wohnte, versenkt in seine das Abendland und Morgenland umfassenden Herrscherideen und ratschlagend mit seinem vertrauten Kanzler Piero delle Vigne über die Pläne und Mittel für seinen ungeheuren Kampf mit den Guelfen Italiens und dem römischen Papsttum.» Doch auch die tiefste Erregung ging unter, wie schon zuvor Friedrichs prachtvoller Palast.[13]

Herrschaft herleiten: Das Brückentor von Capua

Als der Bruder des französischen Königs Ludwig des Heiligen, Karl von Anjou, im Januar 1266 von Rom aus aufbrach, um König Manfred, dem Sohn Kaiser Friedrichs II., das Königreich Sizilien mit Waffengewalt zu entreißen, begleitete ihn auch sein Kaplan Andreas von Ungarn. Dieser aufmerksame Mann wurde zu einer Art Berichterstatter des Feldzuges und der glorreichen Siege seines Herrn. Doch die Darstellung überliefert auch ein unerwartetes Detail, das mit einem Hauch der Bewunderung vom Vater des Bekriegten berichtet. Als Andreas mit dem Heer Karls von Rom aus südwärts ziehend Capua erreichte, sah er plötzlich an der Stelle, wo die Via Casilina auf die Via Appia trifft, eine prachtvolle gewaltige Toranlage, die eine alte, den sich dahinter schlängelnden Fluss Volturno überwölbende Römerbrücke deckte. Andreas notierte: «Hier befindet sich eine Brücke, an deren Zugang durch den Vater Manfreds, Friedrich, als er sich einstmals noch am Glanz des Kaisertums erfreute, zwei Türme von erstaunlicher Größe, Stärke und Schönheit für zwanzigtausend Unzen reinen Goldes errichtet wurden. An diesen beiden Türmen ließ Friedrich zum ewigen und unsterblichen Angedenken sein gemeißeltes Bild anbringen: die Arme vorgestreckt und zwei Finger der einen Hand wie zur Mahnung erhoben, mit dem Mund gewissermaßen die Verse einer hochfahrenden Drohung herabdonnernd, denn auch diese sind zur Einschüchterung der Hindurchschreitenden und derer, denen sie vorgelesen werden, dort eingemeißelt: ‹Auf des Kaisers Geheiß werde ich zur Wächterin des Königreiches. / Stürzen werde ich in Schmach, die ich wankelmütig weiß. / Sicher schreite hindurch, wer ohne Fehler zu leben gewillt ist. / Aber der Untreue fürchte Bann und im Kerker den Tod.›» Das waren die klaren Worte, die der Kaiser der Iustitia in den Mund legte.[14]

Das beeindruckende Brückentor mit seinen «sprechenden Plastiken» wurde zwischen 1234 und 1239 errichtet. Es bestand aus zwei zylindrischen Türmen, die an den sich zugewandten Seiten abgeflacht waren und so einen Durchgang zur Brücke ermöglichten. Im November 1239 befahl der Kaiser dem Bauverantwortli-

218

chen Niccolo da Ciccala, Mittel für die Bedachung der Türme selbst anzufordern und sich Marmor vom Kastellan von Capua besorgen zu lassen. Zwischen den Türmen erhob sich eine Verbindungsmauer, die auf der stadtabgewandten Seite ein dreigeschossiges Skulpturenprogramm barg. Unten waren in drei Tondi zwei Richter – möglicherweise Petrus de Vinea und Thaddaeus de Suessa – sowie über dem Bogenscheitel eine Figuration der *Iustitia Caesaris* angebracht. Sie wurde von einem weiblichen Kolossalkopf dargestellt. In darüber befindlichen Bogennischen gab es rechts und links zwei weitere Figuren, und in der Mitte thronte der Kaiser selbst. Die Kaisergestalt mit Zackenkrone auf dem Kopf und Zepter sowie Reichsapfel in den Händen bildete das architektonische und ikonographische Zentrum der ganzen Anlage. Darüber gab es noch eine weitere Ebene mit heute nicht mehr näher bestimmbaren Figuren.

Eingang in das Reich Friedrichs: «Sicher schreite hindurch, wer ohne Fehler zu leben gewillt ist. Aber der Untreue fürchte den Bann und im Kerker den Tod.» Diese Worte verkündete Iustitia am Brückentor durch eine Inschrift allen Reisenden, die Friedrichs Reich bei Capua betraten. Das Brückentor mit seinen «sprechenden Plastiken» wurde zwischen 1234 und 1239 errichtet. Das Modell nach einer Rekonstruktionszeichnung von Andrea Mariano aus dem Jahre 1928 berücksichtigt ältere Vorlagen.

Das Figurenprogramm, das heute nur noch fragmentarisch vorhanden ist, stellt ein politisches Manifest dar, das sowohl den Geist des Imperators als auch den des *rigor iustitiae* – der Strenge der Gerechtigkeit – versinnbildlichen soll. Und es sagt unmissverständlich, wer der Herr ist in diesem Königreich, dessen erste größere Stadt ein Reisender nun betrat. Das Programm verkörpert die in Stein geschlagene Idee des Rechts, das vom Kaiser ausgeht und das Friedrich 1231 in seinem *Liber Augustalis* in die Welt gegeben hat. Der Kaiser erscheint als der sichtbare Verkünder, Vollstrecker und Beschützer der Gerechtigkeit. Als Sinnbild der alleinigen Quelle des Rechts, des beseelten

219

Gesetzes auf Erden, ahmte Friedrich nicht nur auf Pergament oder in Gold, sondern nun auch in Marmor jenen nach, der schon einmal eine gerechte Friedenszeit für den Erdkreis gesichert hatte: Augustus. Diese Nachahmung augusteischer Hoheit in der Skulptur – und hier wieder mehr das Amt als die Person begreifend – hatte wie schon bei den Münzen oder Siegeln keinen Raum für individuelle Züge. Denn es ging um die Verbildlichung einer Idee, nicht einer Persönlichkeit. Hinsichtlich des Figurenprogramms nimmt man seit Carl Arnold Willemsen (1902–1986) einen starken Einfluss Friedrichs selbst an. Allerdings ist unklar, ob der Kaiser lediglich sein Herrschaftskonzept in Verbindung mit dem Bauwerk gebracht hat oder ob es sogar von ihm selbst angefertigte Zeichnungen oder Skizzen gegeben hat.

In der Deutung von Ernst Kantorowicz diente das Brückentor Friedrich «zur eigenen Verherrlichung und der des Staates». Arnold Esch nannte es «das majestätische, furchteinflößende Schaubild des Friderizianischen Staates und seiner Rechtsordnung». Es fand viele Nachahmungen. Die Maßstäbe, die das Tor für die Herrscherikonographie setzte, lebten über die Dynastien der Anjou bis hin zu den Aragonesen weiter und lassen sich gut an den Triumphmotiven der marmornen Fassade, die zwischen den mächtigen Eingangstürmen des Castel Nuovo in Neapel errichtet wurde, wiedererkennen. Darüber hinaus ähnelt es dem Brückentor, das die Parlerbauhütte im 14. Jahrhundert in Prag an der Altstädter Moldauseite errichtet hat und das auch das Bild Kaiser Karls IV. als des thronenden Herrschers trägt, auf dessen Initiative der Bau dort zurückgeht.[15]

Das ikonographische Zentrum des Brückentors von Capua, die Statue Kaiser Friedrichs II., gilt als ein bahnbrechendes Werk der mittelalterlichen Herrscherdarstellung. Erstmals seit der Spätantike wurde die Gestalt eines Zeitgenossen in einem monumentalen, dreidimensionalen Bildnis in Erinnerung gerufen. Die Wirkung der Statue auf die Repräsentationskunst von Herrschern und Päpsten der Folgezeit war vielfältig. Die neue Kunst des 13. Jahrhunderts hängt mit einer gezielten Antikenrezeption und einem Wandel des Repräsentationsverständnisses zusammen, der sich bis ins 12. und sogar späte 11. Jahrhundert zurückverfolgen lässt. Die seit frühchristlicher Zeit verfemten Werke individueller Kommemorierung wurden nun langsam wieder positiv als Mittel zur Veranschaulichung historischer Exempla und somit als Beispiele eines didaktischen und sozial wertvollen Kunstschaffens gesehen. Das Statuenideal der römischen Republik wurde nun im Unterschied zu der im Kaiserkult verwendeten Statue der späterern Antike erneut lebendig. Juristen, Historiographen und die Autoren der als *Mirabilia urbis Romae* bekannten Schriften trugen zu dieser Umwertung bei. Sogar verschiedene Formen von Spolien dienten seit dem späten 11. Jahrhundert der Etablierung persönlicher Memoria. Erst ungefähr vier Jahrzehnte nach dem Capuaner Monument sollten monumentale Papststatuen entstehen.[16]

Dem Brückentor haben die Zeiten übel mitgespielt. Anderthalb Jahrhunderte nach Friedrichs Herrschaftszeit glänzte das Tor noch in schöner Pracht. Als es den italienischen Pilger Niccolò da Martoni, einen Notar aus einem Ort bei Capua, auf seiner Fahrt ins Heilige Land 1394 und 1395 durch widrige Umstände nach Athen verschlug, meinte er, dass die Propyläen dort aus so schönen Marmorsteinen gefügt seien, wie eben jene, aus denen das Brückentor Kaiser Friedrichs II. in Capua errichtet war. Noch einmal anderthalb Jahrhunderte später begann

Kopien einer Nachahmung: Auf Veranlassung des Neapolitanischen Hofhistoriographen Francesco Daniele, der auch die Leiche Kaiser Friedrichs im Sarkophag zeichnen ließ, modellierte der Bildhauer Tommaso Solari vor 1779 vom Original des Capuaner Kaiserkopfes eine Nachahmung, die 1943 zerstört wurde. Auf diese sogenannte Solarische Nachbildung gehen verschiedene Kopien in Gips und Terrakotta zurück, etwa in Neapel, Capua, Göppingen oder Annweiler, aber auch eine Gemme, die der Historiker Friedrich von Raumer besaß. Die hier abgebildete Kopie aus Capua ist nachträglich mit einer Bronzefarbe patiniert worden. Umstritten ist, wie viele «Glättungen» und Ergänzungen der ursprüngliche Kopf der Kaiserstatue dadurch inzwischen erfahren hat.

221

Das Brückentor von Capua heute: Nur die beiden travertinverkleideten Turmstümpfe blieben erhalten, nachdem spanische Festungsbaumeister 1557 die Anlage zu großen Teilen demoliert und amerikanische Granaten beim Vormarsch 1943 die Türme und die dahinterliegende Brücke völlig zerstört hatten. Die Brücke wurde nach dem Krieg in Anlehnung an die frühere Gestalt neu errichtet.

jedoch das lange Sterben von Friedrichs Tor. Zuerst demolierten spanische Festungsbaumeister 1557 die Anlage zu großen Teilen, als sie der Stadt neuzeitliche Bastionen geben wollten. Aus dieser Zeit stammt auch das heute noch die Stadt beherrschende Kastell. Zweieinhalb Jahrhunderte später zerstörten französische Revolutionstruppen, was noch von der alten Pracht übrig geblieben war. Zuletzt zertrümmerten amerikanische Granaten 1943 die Türme und die Brücke. Heute stehen dort nur noch die beiden travertinverkleideten Basen, auf denen sich einige Meter hohe graue Tuffsteingemäuer erheben. Die alte Römerbrücke wurde nach dem Krieg wieder in ähnlicher Form aus Beton nachgegossen. Nur Eingeweihte wissen, dass hier einst jenes Bauwerk stand, das den ungarischen Kaplan so tief beeindruckte und das da Martoni mit den Propyläen verglich. Am Marktplatz von Capua, das heute eine verträumte und verarmte Kleinstadt ist, hält ein Tabakladen Aufnahmen aus der Zeit vor der letzten Kriegszerstörung bereit. Wer sich im dortigen *Pro loco*, einer Mischung aus Touristeninformation, Leihbücherei und Behördenbüro, nach Friedrichs Tor erkundigt, darf sich als ein Kenner und Freund der Stadt in ein Gästebuch eintragen. Die spärlichen Reste des plastischen Schmuckes, darunter der Torso einer in der Mitte durchgesägten Kaiserstatue sowie Fragmente von Köpfen und Löwen, werden heute im *Museo Campano* verwahrt. Dort rufen sie nur noch den Hauch einer Ahnung wach, wie prachtvoll die kostbar verfertigte Fassade einst gewirkt haben muss.

Generell lässt sich über das Baugeschehen in der Herrschaftszeit Kaiser Friedrichs sagen, dass ohne ihn und seine Bauten, ohne Castel del Monte, das Triumphtor in Capua und wohl auch ohne einige seiner Kastelle und Paläste eine Reihe der großartigen Schöpfungen der Renaissance nicht denkbar gewesen wären. Das berühmte Triumphtor des Castel Nuovo in Neapel, das Schloss in Caserta-Vecchia oder die Burg Mussomeli auf Sizilien stehen in der

222

Tradition von Friedrichs Bauwerken. All diese Bauten errichten zu lassen erforderte einen gewaltigen materiellen und geistigen Aufwand, der zumindest für den ursprünglichen Zweck der Herrschaftssicherung völlig wirkungslos geblieben ist. Für die Sicherung jahrhundertelanger Erinnerungen an die Herrschaftszeit Friedrichs hat sich die Mobilisierung der Ressourcen jedoch gelohnt.

Im Norden des Reiches entwickelte sich hingegen eine Baukunst ganz anderer Art. Hier hatte der aus Frankreich übernommene Stil der Gotik mit dem 1209 begonnenen Neubau des Domes von Magdeburg Fuß gefasst. Diese neuen, dem Himmel zustrebenden Kathedralen sind Ausdruck einer Welt im Wandel, nicht zuletzt der neuen bischöflichen Landesherrlichkeit. Von all dem Gotischen, diesem barbarischen «gotico», wollte man in Italien jedoch nichts wissen. Man ignorierte es einfach. Auch Friedrich tat das. Ferdinand Gregorovius mochte wohl seine von Gotik geprägte Heimat im Sinn haben, als er Mitte des 19. Jahrhunderts die architektonischen Leistungen Friedrichs II. beurteilte. In seinen *Wanderjah-* 223 *ren* notierte er: «Wenigstens war, was Schönheit und Reichtum der Architektur betrifft, die normannische Periode die herrlichste Siziliens, und alles, was uns heute in Palermo Bedeutendes entgegentritt, ist ein Denkmal der Normannen; denn die Schwaben, selbst nicht einmal der Kaiser Friedrich, fügten irgend Erhebliches hinzu.»[17]

HERRSCHAFTEN

Zweiter Teil

LEIDENSCHAFTEN

LEIDENSCHAFTEN

7

Der Liebhaber

Friedrich und die Frauen

riedrich war ein Frauenheld. Von allein dreizehn Damen, zu denen er im Laufe seines Lebens in Leidenschaft entbrannt war, haben wir schon deshalb Kunde, weil er mit ihnen Kinder gezeugt hat. Nimmt man eine nicht allzu geringe Dunkelziffer mit hinzu – Damen, bei denen seine amourösen Verwicklungen ohne Konsequenzen geblieben waren –, dann muss man sich eine beachtliche Anzahl von Geliebten vorstellen, die die kaiserliche Bettstatt mit Friedrich geteilt haben. Amüsanterweise frönte der Kaiser zudem auch der Minne, also jener Schwärmerei für edle, schöne Frauen, die die Ritter jener Zeit zwar in verzehrender Sehnsucht besangen, aber leider nicht tatsächlich in langen Küssen umarmen durften. Zumindest in seiner Jugend trug neben der herrscherlichen Stellung wohl auch sein Aussehen zu seiner Anziehungskraft bei. «Sein Antlitz», so heißt es um 1207, war «von anmutvoller Schönheit, mit heiterer Stirn und einer noch strahlenderen Heiterkeit der Augen, so dass es eine Freude ist, ihn anzuschauen.» Selbst Salimbene, der kein gutes Haar an Friedrich ließ, musste zugeben, der Herrscher sei «ein schöner Mann und wohlgebaut sowie von mittlerer Statur». In der «strahlenden Heiterkeit seiner Augen» verlor sich im Laufe seines Lebens so manches adlige Frauenherz, wo immer er auch weilte. Die mehr oder minder kurzlebigen Verhältnisse, egal ob ehelich oder außerehelich, lassen zudem ein Handlungsmuster erkennen, das über Jahrzehnte ständig wiederkehrt.[1]

Der Ruf als Frauenheld, als ein Don Juan *avant la lettre*, hat eine besonders breite Spur der Erinnerung hinterlassen. Zwei Beispiele mögen das illustrieren. Eine schöne Geschichte über Friedrichs Neigung zu vielen und vor allem schönen Frauen verarbeitete Giovanni Boccaccio (1313–1375) in seiner Mitte des 14. Jahrhunderts entstandenen Novellensammlung *Il Decamerone* in der sechsten Novelle des fünften Tages. Eine der Szenen lässt er sogar in dem herrlichen Palast La Cuba in Palermo spielen. Die Geschichte geht so: In der Nähe von Neapel wurde ein Mädchen namens Restituta von sizilianischen Seeleuten geraubt. Und da diese sich nicht einigen konnten, wer sie bekommen sollte, beschloss man «das Mädchen dem König Friedrich von Sizilien zum Geschenk zu machen, der noch jung an Jahren und ein großer Freund schöner Frauen war. Sie begaben sich deshalb nach Palermo und verwirklichten, als sie dort anlangten, unverzüglich ihr Vorhaben. Als der König das schöne Mädchen erblickte, gefiel sie ihm sogleich. Da er aber zu dieser Zeit gerade ein wenig unpässlich war, befahl er, sie bis zu dem Zeitpunkt seiner völligen Wiederherstellung in einem schönen Hause, das man ‹Cuba› nannte und das mitten in einem der königlichen Gärten lag, unterzubringen und sie dort bestens zu bedienen, was alsbald geschah.»[2]

Das Mädchen hatte aber einen Verehrer, der sie suchte, fand und zu befreien trachtete. In der Cuba angelangt, konnte er, anstatt sofort mit ihr zu fliehen, die Hände nicht von seiner Angebeteten lassen. Sie wurden vom Kaiser überrascht, und der geriet in einen «unbändigen Zorn und eine solche Wut, dass er die beiden am liebsten hier an Ort und Stelle eigenhändig mit seinem Dolch getötet hätte». Doch dann schien es Friedrich besser, sie «öffentlich auf dem Scheiterhaufen verbrennen lassen». Sie standen schon Rücken an Rücken auf dem Reisig, als glücklicherweise der Admiral des Königs eingriff. Friedrich sah sein Unrecht ein, und die Sache endete märchenhaft. Interessant ist an der Geschichte zweierlei: Zum einen, wie stark der Ruf als Frauenheld an Friedrich haftete, dass auch Boccaccio ihn nach über einem Jahrhundert so deutlich vernahm und in seinem Werk verarbeitete. Zum anderen, dass der König im Verlauf der Geschichte zunächst keine gute Figur macht. Dass die jähzornige und grausame Natur des Kaisers hier eine so große Rolle spielt, darf jedoch nicht verwundern, denn in den

228

Jahrhunderten unmittelbar nach seinem Tode ließen Chronisten, Geschichtsschreiber und Dichter ohnehin kein gutes Haar an ihm – auch bezüglich seiner Amouren nicht. Das sollte sich erst in der Neuzeit grundlegend ändern.

In einer Geschichte aus unserer unmittelbaren Gegenwart ist die Aufmerksamkeit gegenüber Friedrichs Frauengeschichten uneingeschränkter Bewunderung gewichen. Der aus Sizilien stammende Autor von Kriminalromanen, Andrea Camilleri (geb. 1925), schlüpfte dafür in die Rolle eines Radioreporters und führte mit «Friedrich II. – ein unmögliches Interview». Darin kommen sie auch auf die Damen zu sprechen: «Camilleri: *Dann, wenn Sie erlauben, begeben wir uns jetzt auf ein sicheres Gebiet. Alle, und ich wiederhole, unterschiedslos alle Ihre Biographen beschreiben Sie als einen grenzenlos ausschweifenden Menschen. Ich bin noch einmal gezwungen zu zitieren.* Friedrich: *Zitier' nur, zitier' nur.* Camilleri: *Riccobaldo da Ferrara: ‹Friedrich liebte den Beischlaf mit Frauen über alle Maßen, daher hatte er eine ganze Herde anmutiger Frauen.› Benvenuto da Imola: ‹Friedrich hatte immer eine ganze Herde wunderschöner junger Frauen bei sich.›* Friedrich: *Darf ich dir eine Frage stellen?* Camilleri: *Sicher, Eccellenza.* Friedrich: *Bist du Sizilianer?* Camilleri: *Eccellenza, ja.* Friedrich: (vertraulich) *Na, und wie stehen wir zu den Frauen?* Camilleri: *Na ja ... obwohl ich mich ja keineswegs mehr als sehr jung bezeichnen kann, nicht wahr ... Ich, ich kann mich keineswegs beklagen ... Neulich noch hat eine junge Deutsche ...* Friedrich: (unterbricht ihn) *Na, siehst du? Du also auch! Wie soll denn ein Kaiser über Sizilianer herrschen, wenn er nicht der Potenteste von allen ist? Sonst machen sie dich doch nieder, dann bezeichnen sie dich als Versager, als zahnlosen Tiger, gegenüber einer Gnade Gottes!* Camilleri: *Kommt es Ihnen denn nicht vor, als hätten Sie übertrieben? Drei Gattinnen. Dann noch eine Herde schöner junger Frauen. Zwei Harems!* Friedrich: *Drei. Einer war mobil. Aber du darfst nicht vergessen, dass in meinem Reich Araber lebten! Und die Harems, mein Sohn, bestanden nur, um den Arabern Sand in die Augen zu streuen!*» «Unter den Sizilianern der Potenteste zu sein» war demnach eine staatsmännische Leistung, die man an

Friedrich besonders gern sah und ihm deshalb so gern zuschreiben mochte; wenn auch in diesem Text mit einem Augenzwinkern. Doch schnaubt hier ein Hengstgewieher südlicher Kulturen, das auch heute noch manchem Staatenlenker eine nicht unerhebliche heimatliche Anerkennung verschafft. Fürstlicher Wettstreit ist immer auch auf amourösem Felde ausgetragen worden, weil die Kraft eines Königreiches ebenso aus den Lenden seines Monarchen zu sprießen scheint wie aus seinem Heer. Bei den Königen Ludwig XIV. oder August dem Starken ist dieser Aspekt besonders deutlich erinnert worden.[3]

Dass man sich schon seit der Zeit Friedrichs an seinen Frauengeschichten ergötzte, hat mehrere Gründe: Zum einen versprechen amouröse Abenteuer bis heute einen überdurchschnittlichen Unterhaltungswert. Zum anderen musste ein «*rex iniustus*», ein «ungerechter König», der unwürdige und zur Herrschaft nicht geeignete Tyrann, prinzipiell immer auch ein Wüstling sein. Deshalb ist der Canossa-Kaiser Heinrich IV. von seinen sächsischen Feindchronisten ständig mit losen Frauen im Zelt gesehen worden, denn exkommunizierte Herrscher sind eben in jeder Beziehung zügellos. Jedoch ist für die Klebefähigkeit von übler Nachrede immer irgendein Haftgrund nötig, sonst überdauern diskreditierende Geschichten nicht.

Von insgesamt zwanzig Kindern Friedrichs finden wir in den Quellen eine Überlieferung oder Nachricht; mit ziemlicher Sicherheit waren es jedoch noch einige mehr. Gezeugt hatte er sie mit drei regulären Ehefrauen, neun Mätressen und seiner wahrscheinlich einzigen wahren Liebe: Bianca. Bei zwanzig Kindern, von denen einige so klangvolle Namen trugen wie Blanchefleur oder Selvaggia, können einem schon mal die Namen ausgehen: Drei von Friedrichs Kindern hießen Heinz, wenn man bei Heinrich auch die Koseform gelten lässt. Doch der eigentliche Grund für diesen Namen war, dass Heinrich ein oder vielleicht sogar *der* Leitname der salisch-staufischen Tradition war. Auch Friedrichs II. Vater, Kaiser Heinrich VI., trug diesen Namen. Später hieß einer der beiden Söhne von Friedrichs erstgeborenem Sohn, König Heinrich VII., also ein Enkel des Kaisers, ebenfalls Heinrich. Den anderen nannte man Friederich. Vornamen waren im Mittelalter, bevor sich Familiennamen ausprägten, als Leitnamen viel wichtigere Traditionsaussagen als heute. Wer aber waren die vielen Heinriche?

Zunächst trug Friedrichs erstgeborener Sohn, König Heinrich VII., diesen Namen. Der zweite Heinrich stammte aus der Ehe mit Isabella Plantagenêt. Er hieß ursprünglich Carlotto, wurde aber – nichts Ungewöhnliches im Mittelalter – nach dem Tode des erstgeborenen Heinrich umbenannt. Der neue Heinrich überlebte den Vater allerdings nur um wenige Jahre. Der dritte Heinz, in der lateinischen Form Entius, woraus die italienischen Formen Enzo oder Enzio wurden, entspross seiner wieder entflammten Kinderliebe zu Adelheid. Auch seinen eigenen Namen Friedrich hatte der Kaiser zweimal, vielleicht sogar dreimal an seine Söhne vergeben, da Friedrich ebenso wie Heinrich ein Leitname der Staufer war. Auch Barbarossa hatte bei seinen Söhnen Namenswechsel vorgenommen, um den Namen Friedrich weitergeben zu können. Die mehrmalige Vergabe von Heinrich und Friedrich verrät jedenfalls den dringenden Wunsch, die Familienleitnamen im Mannesstamm weiterleben zu lassen. Auffällig an der Namensgebung ist, dass keiner der Söhne des Kaisers nach den normannischen Vorfahren seiner Mutter Roger oder Wilhelm benannt worden ist.

An Friedrichs Verhältnis zu seinen angetrauten Ehefrauen springt ins Auge, dass sie zwar immer aus Gründen der großen Politik ausgewählt wurden, mit Ausnahme seiner ersten Gattin aber immer weniger als Partnerinnen in die Politik einbezogen wurden. Zwei seiner Gattinnen ließ Friedrich überhaupt nicht mehr an Staatsaktionen teilnehmen. Dies ist bemerkenswert, da in den Jahrhunderten zuvor manche der Herrscherfrauen – wenn man etwa an Adelheid, die zweite Frau Kaiser Ottos des Großen, an Theophanu, Gemahlin Kaiser Ottos II., oder an Kunigunde, die Frau Kaiser Heinrichs II., denkt – wichtige politische Rollen gespielt haben. Durchdrungen von der Idee des *Consortium regni*, der Herrschaftsteilhabe, sind einige der Herrscherinnen von zeitgenössischen Chronisten und auch von ihren Ehemännern selbst als *Consors regni* bezeichnet worden.

231

Wie anders das Friedrich handhabte, ist an den Krönungen erkennbar. Konstanze von Aragón, die ihren Gemahl zwischen 1212 und 1216 als Regentin von Sizilien vertrat, erhielt in Rom 1220 gemeinsam mit Friedrich das Kaiserdiadem. Bei den später angetrauten Frauen hielt der Kaiser Mitkrönungen offenbar für überflüssig. Isabella von Brienne wurde außerhalb von Friedrichs Einfluss und ohne ihn immerhin noch zur Königin von Jerusalem gekrönt, doch nie zur Königin von Sizilien oder gar zur römischen Kaiserin. Isabella Plantagenêt wurde überhaupt nie gekrönt. Ihr Bruder, König Heinrich III. von England, beschwerte sich 1239 bei seinem Schwager darüber, dass seine Schwester noch nie öffentlich die Krone getragen habe. Die nach Konstanze geehelichten Damen wurden sofort in die ihnen als Wohnort zugewiesenen Kastelle gesteckt. Sie zu besuchen, bedurfte kaiserlicher Genehmigung, selbst für einen Bruder wie Richard von Cornwall (1209–1272), der im Sommer 1241 vom Kreuzzug kommend auf dem Weg in die englische Heimat seiner Schwester Isabella einen Besuch abstatten wollte. Bei Isabella behaupten die Quellen, dass sie nach der Hochzeit sofort aus der Öffentlichkeit verschwand. Der Kaiser habe – so Matthaeus Paris – «die Kaiserin mehreren maurischen Eunuchen und ähnlichen alten Ungetümen zur Obhut» – man könnte auch sagen: Bewachung – übergeben. Waren mit den offiziellen Heiratsverbindungen Bundesgenossen gewonnen, Erbansprüche fixiert oder Herrschaftsrechte deutlich gemacht, dann hatten Friedrichs Ehefrauen in goldenen Käfigen nur noch auf die Launen ihres Gatten zu warten. Sie waren Figuren im Mächtespiel, solange Friedrich ein politisches Interesse mit ihnen verband, und sanken in die Bedeutungslosigkeit, wenn sie ihren Zweck erfüllt oder sich die Bedingungen verändert hatten. «Um Friedrich gab es keinen Boden, in dem eine Frau wurzeln konnte», verklärte Ernst Kantorowicz diesen Umstand. Doch der fehlende Wurzelgrund hatte ganz direkt mit Friedrichs Auffassung vom Herrscheramt und vor allem der Rolle seiner Königin darin zu tun. So mutet dieser Umstand eher an wie das Verhalten eines südländischen Clanchefs zu seinen Frauen.

232

Die einzige Kaiserin: Konstanze von Aragón

Zwischen seinem achten und zehnten Lebensjahr, wohl vor dem Sommer 1202, wurde Friedrich verlobt. Seine zukünftige Frau hieß Sancha von Aragón (1186–1215). Sie war eine der vier Töchter König Alfons II. von Aragón (gest. 1196) und der gleichnamigen Mutter Sancha von Leon-Kastilien (gest. 1208). Ihr großer Bruder war der kampffreudige Peter II. von Aragón (1196–1213), zum Zeitpunkt des Verlöbnisses der regierende König eines mächtigen Reiches. Die Verbindung Friedrichs zu Sancha hatte sein Vormund, Papst Innozenz III., eingefädelt. Nicht ganz uneigennützig, wie es scheint, denn eine aragonesische Verbindung lenkte den Blick des jungen sizilischen Königs auf den Westen, weg vom Norden und dem Reich jenseits der Alpen. Überhaupt schienen die Päpste sich als talentierte Heiratsvermittler zu fühlen und griffen aus politischen Gründen in ganz Europa immer wieder in Eheanbahnungen ein. Auch bei Friedrichs späteren Hochzeitsangelegenheiten hatten sie immer wieder die Finger im Spiel. Da die zukünftigen Eheleute fast noch Kinder waren, sollte nach den Vorstellungen seiner Heiligkeit die Brautmutter mit nach Sizilien kommen. Das hätte zu der extravaganten Konstellation geführt, dass Friedrichs Schwiegermutter ziehmütterliche Strenge gegen ihn hätte walten lassen können; eine schöne Vorstellung: der zukünftige Imperator Romanorum in den Händen einer kastilischen Matrone.

Das Verlöbnis mit der Braut Sancha wurde Ende 1204 wieder gelöst, seiner Schwiegermutter Sancha konnte Friedrich damit aber nicht entkommen, denn nun hatte man deren älteste Tochter für ihn vorgesehen. Um die Wende von 1204 auf 1205 wurde der Zehnjährige mit Konstanze von Aragón (geboren zwischen 1179 und 1184, gestorben 1222) verlobt. Seine zukünftige Frau dürfte mindestens zehn Jahre älter gewesen sein als er. Konstanze war Witwe des 1204 verstorbenen Königs von Ungarn. Sie hatte bereits einen Sohn geboren, ihn früh verloren und Ungarn nach diesem Schicksalsschlag verlassen, um nach Spanien zurückzukehren. Der junge Friedrich reiste allerdings zur Eheschließung nicht nach Ibe-

233

Der antike Sarg der Kaiserin: 1222 wurde in diesem Marmorsarkophag im Dom von Palermo Friedrichs erste Gemahlin Konstanze, die als einzige auch zur Kaiserin gekrönt worden war, beigesetzt. Seine antike Herkunft und sein für eine Frau völlig ungewöhnliches Löwenjagdmotiv zeigen, dass der Sarg irgendwann schon einmal für eine vermutlich männliche Leiche verwendet worden war. Im Sarg fand man 1791 auch eine Krone des Kaisers, die er seiner Frau mit ins Grab gegeben hatte. Eine in der Mitte des Deckels nachträglich eingemeißelte Grabinschrift lautet: «Siziliens Königin war ich, Konstanze, Frau und Kaiserin, nun liege ich hier, Friedrich, die deine.»

rien. Sie erfolgte als Ferntrauung in Abwesenheit des Bräutigams im Oktober 1208 in Saragossa. Diese in der Vormoderne übliche Form des Eheschlusses sah eine Stellvertretung des zukünftigen Ehegatten vor. *Per procurationem* lautete die juristische Formel dafür, im Deutschen gelegentlich auch «Handschuhehe» genannt, weil der bevollmächtigte Gesandte einen Handschuh als Zeichen der Vertretung übergab. Bei Friedrichs erster Eheschließung vertrat ihn der Bischof von Mazarra. Erst im August 1209 wurde die Trauung in Palermo mit beiden anwesenden Partnern vollzogen. Neben ihrer Erfahrung brachte die Braut Friedrich in diesem Sommer als Mitgift fünfhundert berittene Krieger mit nach Sizilien, eine respektable Streitmacht, die der Bräutigam für die Stabilisierung seiner Herrschaft gut hätte gebrauchen können. Sie standen unter dem Kommando des Bruders der Braut, Alfons, Graf von Provence (1180–1209). Doch leider trat kurz nach der Ankunft der Kämpen in Palermo das ein, was damals häufig bei größerer Ansammlung von Militär wegen der immensen Ansteckungsgefahr passierte: Eine Epidemie raffte den größten Teil der aragonesischen Streiter gemeinsam mit ihrem Anführer dahin.

Doch Konstanze war nicht nur wegen dieser Kämpfer eine gute Partie. Ihre Erziehung wurzelte in dem kulturellen Umfeld des Hofes von Aragón, eines der am höchsten entwickelten in ganz Europa. Troubadours aus dem Süden des heutigen Frankreich bereicherten auch in Barcelona und Saragossa die dort gepflegte hohe Dichtkunst. Einst hatte Palermo unter den normannischen Königen ebenfalls eine fein ausziselierte Hofkultur besessen. Doch die Wirren, in die die deutschen Kriegsherren das Königreich gestürzt hatten, ließen davon nur noch Trümmer zurück. Mit Konstanze und ihrem Gefolge erhielt der Hof in Palermo nun neue kulturelle

234

Impulse. Konstanze schenkte ihrem Gemahl als erstes und einziges Kind 1211 einen Sohn, den erstgeborenen Heinrich. Sein tragisches Schicksal wird uns später noch beschäftigen. Als Friedrich 1212 nach Norden zog, blieb Konstanze in Palermo und führte die sizilischen Staatsgeschäfte in Vertretung für ihren Gatten als Regentin weiter. Ganze vier Jahre sollte die Trennung dauern. Konstanze folgte ihrem Gemahl mit ihrem kleinen Sohn Heinrich 1216 nach Deutschland. Sie blieb nun an seiner Seite, und gemeinsam mit Friedrich wurde sie im November 1220 in Rom zur Kaiserin gekrönt.

Konstanze starb nach fast dreizehn Jahren Ehe am 23. Juni 1222 in Catania. Sie wurde in einem Marmorsarkophag in Palermo beigesetzt, der irgendwann schon einmal für eine vermutlich männliche Leiche verwendet worden war. Seine antike Herkunft und sein für eine Frau völlig ungewöhnliches Löwenjagdmotiv zeigen das deutlich. An der linken oberen Ecke und der Längsseite des Deckels finden wir zwei nachträglich eingemeißelte Grabinschriften für Konstanze. Sie lauten: «OBIIT CATANIE MCCXXII», verstor-

ben in Catania 1222, und dann ein Distichon in einem geradezu ergreifend-persönlichen Ton: «SICANIE REGINA FVI CONSTANTIA CONIVNX / AVGVSTA HIC HABITO NVNC FEDERICE TVA» – Siziliens Königin war ich, Konstanze, Frau und Kaiserin, nun liege ich hier, Friedrich, die deine».

Dass Friedrich nicht ausschließlich der Ihre gewesen war, sollte sich jedoch schon vorher zeigen. Um die Jahre 1211 und 1212 leistete sich der König eine Geliebte, deren Namen wir nicht kennen, die aber aus einer normannisch-sizilianischen Grafenfamilie stammte. Aus diesem Konkubinat ging ein Sohn hervor: Friedrich von Pettorano (um 1212/13 – um 1240). Den Umarmungen der sizilianischen Grafentochter entzog sich der junge König zwar im Jahr 1212 durch seinen Zug nach Norden, doch nur, um sich dort gleich wieder in ein Liebesabenteuer zu stürzen. Ab 1213 unterhielt er ein Verhältnis mit einer etwa gleichaltrigen Adelheid. Die schwäbische Adlige ist uns im Kapitel über die Knabenjahre schon einmal begegnet. Adelheid war 1194 oder 1195 als Tochter des Herzogs von Marano, später Spoleto, Konrad von Urslingen, geboren worden. Bei ihrer Mutter handelte es sich um die namentlich unbekannte Gattin des Herzogs, in deren Obhut Friedrich von seinen Eltern kurz nach der Geburt zurückgelassen worden war. Wie Friedrich sich seiner früheren Spielgefährtin näherte und wie beide entdeckten, dass es nun andere Spiele für sie gab, bleibt der Phantasie überlassen. Aus dieser Beziehung gingen jedenfalls zwei Kinder hervor. 1215 oder 1216 gebar sie Friedrich einen Sohn, den sie Heinz, Italienisch Enzio, nannten. Ende 1238 wurde er vom Vater zum König von Sardinien erhoben. Während des Krieges gegen die oberitalienischen Städte geriet er 1249 in Gefangenschaft. In der dreiundzwanzigjährigen Haft ist er buchstäblich verschmachtet, denn er kam nie wieder frei und starb 1272 im Alter von sechsundfünfzig Jahren im Kerker. Im Dom San Domenico in Bologna fand er sein Grab.

Bald nach Enzios Geburt, zwischen 1216 und 1218, ging aus dem Verhältnis Friedrichs zu Adelheid noch eine Tochter namens Katharina hervor, die sich später nach dem Titel ihres Großvaters «von Marano» nannte. Dieser Titel spricht dafür, dass Adelheid

236

tatsächlich jene Frau war, die Friedrich aus seinen Kleinkindtagen
kannte. Friedrichs Tochter Katharina heiratete 1247 in zweiter
Ehe Jakob, den Grafen von Carretto und Markgrafen von Savona
(gest. 1268) und starb zwischen 1269 und 1272. Was aus Adelheid
wurde, wissen wir nicht genau. Sie verschied nach 1218, vielleicht
erst 1234, als Gattin eines unbekannten Ehemanns.

Nach seiner Krönung 1220 in Rom widmete sich der Kaiser
nicht nur den Regierungsgeschäften in seinem Südreich, sondern
auch weiter der Schürzenjägerei. Aus diesen Jahren haben wir
Nachweise für weitere Konkubinen allein schon in der Form von
gezeugten Kindern. Da gab es Maria oder Mathilde – man weiß es
nicht genau – von Antiochia, die dem Kaiser einen Sohn namens
Friedrich von Antiochia (um 1226–1256) gebar, den der Vater
später als Generalvikar in der Mark Ancona und der Toskana ein-
setzte. Da gab es die bezaubernde Manna, die Nichte des Erzbischofs Berard von Messina. Sie schenkte ihrem Geliebten einen
Knaben namens Richard (um 1222–1249), später Graf von Chieti
und ebenfalls Vikar in Oberitalien. Und da gab es noch eine andere
namenlose Schönheit, die vielleicht aus dem Umfeld der Lancia
stammte. Sie brachte Friedrichs Tochter Salvaza oder auch Selvaggia – die «Wilde» – zur Welt, die der Kaiser später aus politischen Gründen dem raubeinigen Militärführer Ezzelino III. da
Romano (1194–1259) zur Frau gab.

Die Kindkönigin: Isabella von Jerusalem

Nachdem Konstanze von Aragón, die gekrönte Kaiserin, 1222 verschieden war, konnte Friedrich erneut heiraten. Einem Kaiser – wie
überhaupt der machtbewussten Aristokratie – stand ein Jung-
gesellen- oder Witwerdasein nicht gut zu Gesicht. Hochzeiten bedeuteten manchmal noch mehr als gewonnene Kriege attraktive
Zugewinne an Ländereien, Kronen oder Titeln. Die später den
Habsburgern zugeschriebene Devise «Kriege mögen andere führen, du, glückliches Österreich, heirate!», mag auch schon für den
lendenstarken Imperator *Fridericus secundus* gelten. Ein schönes

Beispiel dafür liefert Friedrichs zweite offizielle Ehe. Diese Verbindung wurde 1223 durch Legaten von Papst Honorius III. vermittelt, der mit der Wahl der zukünftigen Kaiserbraut den Beginn des von Friedrich II. anlässlich der Kaiserkrönung 1220 gelobten Kreuzzuges zu beschleunigen hoffte. Die ins Auge gefasste Partie war die zu dem Zeitpunkt elfjährige Isabella von Brienne (1212–1228), die mitunter auch als Jolanthe oder Yolanda in den Texten auftritt. Sie war die Erbin des Königreichs Jerusalem, eines Herrschaftsgebietes, das auf einen schmalen Küstenstreifen ohne die namengebende Hauptstadt beschränkt war. Der machtpolitische Wert des Königreiches war völlig unbedeutend geworden, das Prestige des davon abgeleiteten Herrschertitels jedoch unbezahlbar. Der Plan des Papstes schien zu klappen: Friedrich bekannte, dass er künftig in der Verantwortung für das Heilige Land ebenso gebunden sei wie in dieser Ehe.

Isabella, geboren in Akkon, war die Tochter von Johann von Brienne (gest. 1237) und Maria von Montferrat (1191–1212), von der sich die Königsrechte auf Jerusalem herleiteten. Da Johann wegen der Erbfolgebestimmungen keinen direkten Anspruch auf den Thron reklamieren konnte, wurde Isabella nach dem Tod ihrer Mutter 1212 als Nachfolgerin im Königsamt betrachtet. Im Hochsommer 1225 schickte Friedrich seinen Admiral Heinrich von Malta mit einem größeren Galeerenverband nach Akkon, um die Braut nach Italien zu holen. Auch diesmal wurde die Ehe *per procurationem* geschlossen. Bischof Jakob von Patti (1223–1225), ein enger Vertrauter des Kaisers, steckte der Braut den Ring an den Finger. Dass der Kaiser nicht selbst erschien, sorgte an der Kurie und im Orient für erhebliche Irritation, denn nun schien sein mehrfach gelobter Kreuzzug erneut zeitlich verschoben worden zu sein. Die Trauung beider Brautleute fand dann am 9. November 1225 im Dom Santa Maria del Casale zu Brindisi statt.

Vollzogen war aber eine Ehe rechtlich nur dann, wenn Braut und Bräutigam gemeinsam die Hochzeitsnacht verbrachten; und von dieser tuschelte man sich einen herrlichen Skandal zu. Angeblich hatte der dreißigjährige Kaiser gar keine Lust, seine dreizehnjährige Braut im Bett vorzufinden. Stattdessen verbrachte er

238

die kalte Novembernacht in den Armen von Isabellas etwa zwanzigjähriger Cousine Anais, die im Gefolge seiner Braut nach Italien gekommen war. Als Tochter des Grafen Walter III. von Brienne (gest. 1205) und Elviras de Hauteville, einer Tochter des normannischen Königs Tankred, waren sie und der Kaiser sogar entfernt verwandt. Das ist allerdings nichts Ungewöhnliches für die Zeit, da der Hochadel in Europa ohnehin nur untereinander Verbindungen einging. Vielfältig familiär miteinander verflochten, galten auch alle Ehefrauen Friedrichs als mehr oder weniger nah mit ihm verwandt.

Die kompromittierende Anekdote über die Hochzeitsnacht hatte man sich wohl aus propagandistischen Gründen ausgedacht, um einmal mehr den Wüstlingscharakter des späteren Antichristen herauszustreichen. Sogar von Vergewaltigung war hier und dort die Rede. Das Gerücht erschien glaubwürdig, weil der Kaiser tatsächlich irgendwann ein Verhältnis mit Anais hatte. Wenn die Schöne, die Friedrich in einer um 1229 wahrscheinlich von ihm selbst verfassten Kanzone als «la fior di Soria, die Blume von Syrien» besang, tatsächlich Anais war, dann hat die Beziehung sogar noch längere Zeit angedauert. Aus diesem Verhältnis ging vermutlich die Tochter Biancafiore, französisch Blanchefleur, hervor, von der Anais im Spätsommer 1226 entbunden wurde. Blanchefleur verbrachte ihr Leben bei den Nonnen im Dominikanerinnenkloster von Montargis in Frankreich, wo sie 1279 starb. Die schöne Anais heiratete später und gebar weitere Kinder. Neben Anais, der Blume von Syrien, pflückte der Kaiser in diesen Jahren noch weitere Blüten für seinen bunten Strauß, darunter ein Edelweiß aus dem Norden: die etwa zwanzigjährige Grafentochter Richenza oder Richina von Wolfsölden (um 1205 – nach 1235). Aus dieser Beziehung entstammte eine Tochter namens Margarethe, die später mit Thomas von Aquino, Graf von Acerra (1226–1273), verheiratet wurde und um 1298 starb.

Doch zurück zu der Ehe mit der Kindkönigin Isabella von Jerusalem. Seiner jungen Frau gegenüber führte Friedrich sich sehr gebieterisch auf. Nach der Trauung und einer kurzen gemeinsamen Zeit in Foggia wies er ihr als Aufenthaltsorte erst Terracina bei

Neapel und dann Monreale oberhalb von Palermo zu. Wenig Taktgefühl, dafür umso mehr Machthunger zeigte der Kaiser auch gegenüber seinem Schwiegervater. Friedrich beanspruchte sofort nach der Hochzeit die Würde eines Königs von Jerusalem und führte augenblicklich ganz offiziell diesen Titel, was zum irreparablen Bruch mit Johann von Brienne führte. Isabella gebar zwei Kinder. Schon im Jahr 1226 kam ein Mädchen zur Welt, das aber bald nach der Geburt verstarb. Isabella hielt sich im August 1227 im Kreuzfahrerlager unweit von Brindisi bei Friedrich auf, während eine verheerende Seuche unter den Kreuzfahrern wütete. Hier wurde offenbar der gemeinsame Sohn Konrad gezeugt. Die Folgen der Geburt im April 1228, vermutlich das Kindbettfieber, beendeten acht Tage später das kurze Leben Isabellas und die nur zweieinhalb Jahre während Ehe. Bestattet wurde die Königin von Jerusalem im Dom von Andria, wo später auch ihre Nachfolgerin im kaiserlichen Ehebett, Isabella von England, begraben werden sollte.

Die Ankunft der neuen Braut: Isabella von England

Die dritte Eheanbahnung und Eheschließung Friedrichs soll hier näher beleuchtet werden, weil dazu detailliertere Quellen vorliegen als zu den anderen Eheverhandlungen und weil sie eine Reihe von idealtypischen Einzelheiten einer Vermählung auf allerhöchster Ebene erkennen lassen. Die junge schöne Isabella Plantagenêt von England (1214 oder 1217–1241), mitunter auch Elisabeth genannt, war die Tochter Isabellas von Angoulême (1188–1246) und des bereits verstorbenen englischen Königs Johann «Ohneland» (1167–1216), dessen Truppen 1214 die Niederlage von Bouvines einstecken mussten. Sie hatte mächtige Brüder: König Heinrich III. von England (1207–1272) und Richard (1209–1272), Earl von Cornwall, Graf von Poitou, der 1257 sogar römischdeutscher König werden sollte. Die Verbindung gilt in mehrerer Hinsicht als pikant und politisch sensibel. Traditionell gab es eine enge Anlehnung der Staufer an das französische Königshaus der

240

Kapetinger, die noch 1214 nach der Schlacht von Bouvines ihre entscheidende Bedeutung bewiesen hat. Dagegen pflegten die Welfen mit dem Einheiraten Heinrichs des Löwen (gest. 1195) in die englische Königsfamilie der Anjou-Plantagenêt, aus der von 1154 bis 1399 in direkter Linie die englischen Könige hervorgingen, beste Beziehungen nach England. Die Verbindung des Kaisers mit der englischen Prinzessin entgegen den etablierten Verwandtschaftsverhältnissen hatte sich Papst Gregor IX. (1227–1241) ausgedacht, wohl in der Hoffnung, die traditionellen Allianzen aufbrechen und mittelfristig einen Ausgleich zwischen den englischen und französischen Königshäusern sichern zu können, was ja auch eintrat.

Eine pikante Note umgab die Verbindung zunächst schon deshalb, weil die um zwei Jahrzehnte jüngere Braut einige Jahre zuvor eigentlich Friedrichs erstgeborenen Sohn Heinrich heiraten sollte. Damals hatte der Kölner Erzbischof Engelbert versucht, eine Hochzeit zu vermitteln, um Kölner Interessen in England eine größere Unterstützung zu verschaffen. Kaiser Friedrich jedoch intervenierte und ließ für seinen ältesten Sohn erfolgreich um Margarete von Österreich (1204 oder 1205–1266), die Tochter des Herzogs Leopold VI. von Österreich (1176–1230), werben. Im November 1225 heiratete König Heinrich VII. die Babenbergerin.

Isabella von England galt nach Aussage der Quellen als eine außergewöhnliche Schönheit und zählte einundzwanzig Jahre, als sie 1235 den nun schon zweimal verwitweten vierzigjährigen Friedrich heiratete. Von dem englischen Chronisten und Benediktinermönch Roger von Wendover liegt ein ausführlicher Bericht über die Brautwerbung 1235, die Reise der neuen Kaiserbraut und deren Ankunft in den Armen ihres Bräutigams vor, die Matthaeus Paris um einige Details bereichert hat. Hören wir, was die Mönche alles darüber erfahren haben wollen: «In diesem Jahr kamen im Monat Februar zwei Ritter des Templerordens, von Kaiser Friedrich geschickt, mit anderen Rittern und Gesandten zum König von England nach Westminster und brachten ein mit goldener Bulle versehenes Schreiben, in dem der Kaiser Isabella, die Schwester des Königs, zur Ehe verlangte. [...] Der König von England aber, der

241

diese Angelegenheit sehr ernst nahm, beriet sich mit den Bischöfen und Großen des Reiches drei Tage lang. Diese prüften alle Umstände sorgfältig und kamen einmütig zu der Ansicht, dass man die junge Frau dem Kaiser geben solle. So antwortete er [...] und bewilligte die verlangte Eheschließung.»[4]

Die Boten, von denen hier die Rede ist, waren jedoch keine Tempelritter, sondern ein Bruder des Deutschen Ordens sowie Friedrichs Großhofrichter Petrus de Vinea, der Vertrauteste der Vertrauten in dieser Zeit. Die Vollmachten gestatteten Petrus einen so weitreichenden Handlungsspielraum, dass er unvorhergesehene Fragen ohne Rücksprache entscheiden konnte. Auf jeden Fall durften die Boten des Kaisers einen ersten Blick auf den Gegenstand der Verhandlung werfen. Roger weiter: «Als nun die Gesandten um Erlaubnis baten, die Braut zu sehen, schickte der König vertrauenswürdige Boten in den Londoner Tower zu seiner Schwester, die dort unter wachsamer Obhut gehalten wurde. Diese führten sie ehrfurchtsvoll nach Westminster und stellten in Gegenwart des Königs die schöne Braut, die einundzwanzig Jahre zählte, in der Blüte ihrer Jungfräulichkeit erstrahlte und mit königlichen Gewändern sowie auch durch entsprechende Sitten geschmückt war, den kaiserlichen Gesandten vor. Nachdem sich diese einige Zeit an dem Anblick der Jungfrau erquickt und sie des kaiserlichen Bettes in allem für würdig erachtet hatten, bekräftigten sie im Namen des Kaisers den Ehebund durch einen Eid und boten ihr seitens des Kaisers den Verlobungsring. Nachdem sie ihr diesen an den Finger gesteckt hatten, begrüßten sie sie als Kaiserin des römischen Reiches mit dem gemeinsamen Rufe: ‹Es lebe die Kaiserin! Sie lebe!›»

Durch geleisteten Eid und gesteckten Ring wird klar: Auch Friedrichs dritte Ehe wurde *per procurationem* geschlossen, mit Petrus de Vinea als Stellvertreter. Auch hier haben wir es also mit einer sogenannten «Handschuhehe» zu tun, obwohl wir in dem Bericht leider nichts von einem übergebenen Handschuh als Beglaubigungssymbol hören. Bevor der Ring angesteckt und «*vivat imperatrix!*» gerufen werden konnte, waren längere Verhandlungen geführt worden. Schon im November 1234 hatte der Kaiser in einer

242

Ein Ring für die zukünftige Gemahlin: 1235 vermählte sich Friedrich II. mit Isabella Plantagenêt, der Tochter des englischen Königs Johann I. Ohneland. Friedrich geht auf die Braut zu und präsentiert ihr den Ring. Eine Beischrift der Darstellung in der Historia Anglorum des Benediktiners Matthaeus Paris erläutert das Geschehen: «Imperator Fretheric(us) führt Ysabella, die Schwester H(einrichs) III., Königs von England, in die Ehe.»

Urkunde, die seinen Boten Petrus de Vinea und den Erzbischof von Köln mit weitreichenden Vollmachten ausstattete, für seine zukünftigen Braut als Morgengabe oder Wittum – ursprünglich getrennte Rechtsbegriffe, die allmählich zusammengeflossen waren und nun jene Güter für die zukünftige Ehefrau benennen, die deren leiblicher Versorgung als Witwe dienen sollten – die Herrschaften Val Mazzara auf der Insel Sizilien und Monte Sant Angelo mit allen darin liegenden Städten, Burgen und Dörfern versprochen. Das waren Güter, wie die Urkunde vermerkt, die traditionell die sizilischen Königinnen als Witwengut zu halten pflegten. Die Übergabe der Güter sollte gemäß Recht und Sitte am Tag der Eheschließung mit einer Urkunde erfolgen, die der Kaiser mit einer Goldbulle zu versehen versprach.[5]

«Als nun die Gesandten darauf in aller Eile das, was geschehen war, dem Kaiser durch treue Vermittler mitgeteilt hatten, schickte dieser nach dem Osterfest den Erzbischof von Köln und den Herzog von Löwen in Begleitung vieler Edler nach England, die ihm die Kaiserin in ehrenvoller Weise zuführen sollten, damit das bereits geschlossene Ehebündnis durch die fleischliche Erkennung

243

vollzogen werde.» Die beiden Fürsten, von denen Roger hier berichtet, waren der schon genannte Heinrich, Erzbischof von Köln, und Heinrich II., Herzog von Brabant und Niederlothringen (1207–1248). Sie sollten die an einem hochkultivierten Hof aufgewachsene Braut geleiten. Isabellas anmutige Art und gepflegte Sprechweise, die später auch Kaiser Friedrich beeindruckte, dürfte alle entzückt haben.

Roger kommt dann auf die Ausstattung der Braut anlässlich ihrer Hochzeit zu sprechen. Schon vor der Ehe besaß sie prachtvolle Kleider: rote, mit Rehfell besetzte Roben, einen scharlachroten, mit Eichhörnchenfell geschmückten Rock, auch blaue und grüne Kleider aus feinen französischen Stoffen, verziert mit Hermelin, wie aus englischen Registern hervorgeht. Zur Hochzeit steigerte sich die Pracht der Aussteuer ins Extravagante. Unter den Kostbarkeiten befand sich sogar eine Krone, die, wahrscheinlich auf Emailplatten, vier Königsbilder schmückten: «Der Aufwand für diese Hochzeit aber war derartig, dass es fast über königlichen Reichtum hinauszugehen schien. Denn zur Ehre der Kaiserin wurde eine Krone aus reinstem Gold und mit kostbaren Edelsteinen in kunstvoller Arbeit hergestellt, auf der vier englische Könige, Märtyrer und Bekenner, vom König eigens als Schutzheilige seiner Schwester bestimmt, dargestellt waren. Die goldenen Ringe und Münzen, die mit wertvollen Steinen kunstvoll verziert waren, der übrige schimmernde Schmuck, die seidenen und leinenen Kleider und Ähnliches, was Augen und Herzen der Frauen zu berücken und mit Sehnsucht zu erfüllen pflegt, verliehen ihr einen solchen Glanz, dass alles märchenhaft erschien. Und in den verschiedenen Festgewändern aus Seide, Wolle und Leinen von unterschiedlicher Farbe und kaiserlicher Pracht erstrahlte sie derartig, dass man kaum entscheiden konnte, in welchem sie das Herz des Kaisers gewinnen werde. Auch das Brautbett war mit seinen bunten seidenen Decken und Kissen und mit seinen Laken aus feinster Leinwand und allem übrigen Zubehör so kostbar, dass es in seiner Weichheit den Ruhenden zu sanftem Schlummer einlud. Alle Gefäße ferner, sowohl die für Wein als auch die für Speisen, waren aus reinstem Silber oder Gold, und sogar sämtliche Kochtöpfe – und dies schien allen überflüssig – waren aus reinstem Silber.»

Isabellas prächtige Aussteuer war mit Sicherheit das Gespräch von ganz London. Die Chronistik von Sankt Albans bemühte sich, die Braut als dem Kaiser würdig und ebenbürtig erscheinen zu lassen. Dem Leser drängt sich zudem die Vermählung König Heinrichs III., des Bruders der Kaiserbraut, mit Eleonore von der Provence ein Jahr später auf. Es ging ganz nebenbei auch um die Erhöhung und Positionsbestimmung des englischen Königshauses. Wovon Roger hier allerdings nichts berichtet, ist, was bei der Brautwerbung noch verhandelt wurde. Vielleicht redete man schon damals nicht so gern über Geld, jedenfalls betrug die Mitgift der Braut dreißigtausend Mark «besten Silbers der Sterlinge». Der Sterling war eine englische, anderthalb Gramm schwere Pfennigmünze, die einen bestimmten Feingehalt an Silber besaß, den man bis heute auch für Schmuck verwendet. Die Mark hingegen war bis in die Frühe Neuzeit kein eigentlicher Münzname, sondern eine regional unterschiedliche Gewichtseinheit für Edelmetalle. Sicherheitshalber gab König Heinrich III. deshalb eine Art Umrechnungskurs für die Gewichtsmark an, die er meinte. Dreizehn Solidi, also Schillinge, und vier Denare, also Pfennige, sollten einer Mark entsprechen, die man – der Schilling zu zwölf Denaren – daher zu einhundertsechzig Silberpfennigen, den Sterlingen, veranschlagte. Der Wert der Mitgift war gigantisch: Egal, ob man die Londoner Mark, wie die zu der Zeit sehr verbreitete Kölner Mark, mit fast 234 Gramm rechnet, oder das Metallgewicht der Sterlinge einfach addiert, die vereinbarte Summe für Isabellas Hochzeit belief sich auf ungefähr sieben Tonnen Silber.

Das war wahrlich ein stattlicher Schatz, den der König seiner Schwester für den Unterhalt mitzugeben versprach. Die Mitgift, so können wir in der Urkunde König Heinrichs III. vom Februar 1235 lesen, sollte in mehreren festgeschriebenen Raten an vertrauenswürdige Boten ausgezahlt werden. Die gewaltige Summe selbst sollte in einer Art Umlage aufgebracht werden, zu der alle Lehen und Kirchen Englands beisteuern mussten.[6] Nach einem prächtigen Fest in Westminster am 6. Mai brach die neue Kaiserbraut mit großem Gefolge und ihren zahlreichen Schatztruhen zu ihrem Gatten auf dem Kontinent auf, bis zur Küste sogar noch in Begleitung ihres königlichen Bruders. Unterwegs machten sie einen Abstecher zum Grab eines prominenten Heiligen, nämlich Thomas Beckets (1118–1170), in der Kathedrale von Canterbury, um dort für eine Weile in Andacht zu versinken. Sich der Fürsprache eines Heiligen zu versichern, war für Isabella nicht nur für das zukünftige Leben von Belang, sondern besonders auch für die bevorstehende Reise. Denn ein Teil der Strecke führte über das Meer, und die Nordsee kann auch im Mai noch ziemlich rau sein. Außerdem konnte man nicht den kürzesten Seeweg auf das Festland nehmen. Von einer ostenglischen Hafenstadt aus, die zu den wichtigen *Cinque Ports* gehörte, segelte man an der Küste Flanderns entlang, um über die westliche Schelde nach Antwerpen bis auf das Reichsgebiet zu gelangen – also gut und gerne knapp dreihundert Kilometer Seeweg. Nicht nur am Tage wurde gesegelt, sondern auch nachts, was den Vorteil hatte, dass mangelnde Landsicht durch Navigation nach den Gestirnen ersetzt werden konnte; ein Verfahren, das über Jahrhunderte bei jeder Kanalquerung angewendet werden musste. Nach dem Einlaufen in das Scheldedelta, das Roger von Wendover fälschlich für die Rheinmündung hielt, konnte die junge Kaiserbraut aufatmen, denn sie hatte bald wieder festen Boden unter den Füßen. Doch hören wir weitere Details der Reise aus Rogers Bericht:

Sie gelangten «zum Hafen von Sandwich, nunmehr an die dreitausend Reiter. Die Kaiserin aber und der Erzbischof von Köln und die übrigen edlen Herren und Damen des Gefolges bestiegen am 11. Mai die Schiffe, die Segel wurden gehisst, und sie vertrauten sich dem Meere an. Auch an Tränen fehlte es nicht, als der Bruder von der Schwester, der König von der Kaiserin Abschied nahm. Sie segelten drei Tage und ebenso viele Nächte und liefen dann in die Mündung des Rheins ein, und nach Verlauf eines weiteren Tages und einer Nacht landeten sie bei Antwerpen, also auf Boden, der dem Recht des Imperiums unterworfen ist. Bei ihrer Landung lief ihnen eine unzählige Menge bewaffneter Edelleute entgegen, die der Kaiser zur Bewachung der Kaiserin geschickt hatte, um ihre

Person Tag und Nacht unter gewissenhafter Obhut zu wissen. Es waren nämlich einige von den Feinden des Kaisers mit dem König von Frankreich verbündet, die, wie man sagte, die Kaiserin entführen wollten, um eine Eheschließung zu verhindern.» Der weitere Weg der jungen Braut war ein Triumphzug. Sogar ein Turnier wurde veranstaltet, einer der besonderen Repräsentationshöhepunkte der adligen Kultur des Mittelalters. Dieses ritterliche Kampfspiel führte man gewöhnlich in zwei Hauptformen durch: dem Tjost und dem Buhurt. Der Tjost war ein Zweikampf gut trainierter Panzerreiter, die in scharfem Galopp aufeinander prallten und versuchten, sich mit stumpfen Lanzen aus dem Sattel zu heben. Genau dies stellt man sich heute unter Turnier vor. Die ursprünglich am weitesten verbreitete Turnierform war aber der sogenannte Buhurt, ein Massenkampf, bei dem zwei größere Gruppen von Bewaffneten gegeneinander sprengten und sich aus dem Sattel stoßen mussten. Von dieser Form berichtet uns auch Roger. Allerdings hat der Mönch unzulänglich verkürzt, denn zum einen durften am Turnier nur ritterbürtige Adlige teilnehmen, und zum anderen haben die Bürger sicher nicht in solchen Mengen kostbare und feurige Pferde Iberiens besessen, wie berichtet wird: «Auch die gesamte Geistlichkeit der Umgebung kam ihr in feierlicher Prozession unter Glockengeläut und Jubelgesängen entgegen. Mit ihr kamen alle Künstler und Meister jeglicher Art von Musik mit ihren Instrumenten, welche die Kaiserin in aller hochzeitlichen Freude fünf Tage lang auf dem Weg nach Köln begleiteten. Als man aber dort von ihrer Ankunft vernahm, zogen ihr an zehntausend Bürger aus der Stadt mit Blumen und Palmzweigen und in festlichen Kleidern entgegen. Sie saßen auf spanischen Pferden, die sie mit den Sporen zu schnellem Laufe antrieben, und brachen im Buhurt Lanzen und Rohrstöcke, die sie in ihren Händen trugen, gegeneinander.»[7]

Endlich kam die schöne Kaiserbraut in Köln an. Auf ihrem Weg durch die Stadt soll sie die dortigen Frauen, als sie ihren Schleier hob und ihr Gesicht zeigte, sehr entzückt haben. Doch nun musste die Schöne erst einmal sechs Wochen auf ihren Gemahl warten, denn der war gerade in Südwestdeutschland damit beschäftigt, seinen widerspenstigen Erstgeborenen zur Räson zu bringen. Nach der Unterwerfung des Sohnes ließ Friedrich seine neue Frau zu sich kommen. Nach sieben Tagen kam Isabella Anfang Juli in Worms am Rhein an. «Bei ihrer Ankunft empfing sie der Kaiser mit großer Freude und Ehre, zumal ihm der Anblick der Braut, welche die Natur gewissermaßen mit besonderer Sorgfalt geschmückt hatte, über alle Maßen behagte. [...] Gefiel sie ihm schon bei dem leiblichen Anblick, so noch viel mehr in den Freuden des Ehebettes, wo er sie als reine Jungfrau erkannte.» In Worms wurde am 15. Juli ebenfalls ein großes Fest gefeiert. Stolz berichtet der Benediktiner Matthaeus Paris (um 1200–1259), dass bei der Hochzeit vier Könige, elf Herzöge und dreißig Grafen und Markgrafen mitfeierten, ohne die Kirchenfürsten mitzurechnen. Vier Tage lang wurde prachtvoll geschmaust und getrunken. Erstaunlich gut will der Mönch über die Hochzeitsnacht informiert gewesen sein. Vielleicht tuschelten sich Rückkehrer aus dem Geleitzug der Braut genüsslich Details zu, von denen Matthaeus einige aufgeschnappt haben könnte: «In der ersten Nacht aber, in welcher der Kaiser mit ihr schlief, wollte er sie nicht fleischlich erkennen, bevor ihm nicht die geeignete Stunde von den Astrologen angezeigt wäre. Nachdem aber der Beischlaf in der frühen Morgenstunde vollzogen worden war, gab er sie als Schwangere unter sorgfältige Obhut mit den Worten: ‹Gib weislich acht auf dich, denn du trägst einen Knaben in deinem Leib!›»[8]

Nach der großen Hochzeitsfeier kehrte die englische Begleitung der Braut auf die Insel zurück, oder besser: Sie wurde zurückgeschickt. Sie führte kostbare Geschenke des Kaisers an seinen Schwager mit sich, darunter drei Leoparden in Anspielung auf das königliche Wappen Englands. Bei Isabella durften nur zwei ihrer englischen Dienerinnen zurückbleiben: die Londonerin Katherine, die in der weitgerühmten englischen Stickkunst bewandert war, und vermutlich ihre Kinderfrau Biset. Die nächsten Wochen verbrachte das kaiserliche Paar in Hagenau im Elsass. Hier erreichte den Kaiser eine weitere Aufmerksamkeit von lieben Verwandten anlässlich seiner Hochzeit. Eine Gesandtschaft von Ferdinand III., dem Heiligen, König von Kastilien und León (1199–1252), über-

248

gab ihm wertvolle spanische Kriegspferde als Geschenk. Ferdinands erste Frau Elisabeth (1203–1235), auch Beatrix von Spanien genannt, war eine Tochter König Philipps von Schwaben, Kaiser Friedrichs Onkel. Aus der Verbindung von Ferdinand mit Elisabeth ging der wegen seiner Liebe zu den Künsten als Alfons X. der Weise in die Annalen eingegangene König von Kastilien und León (1221–1282) hervor. Seine familiären staufischen Verflechtungen nutzte Alfons 1257 wie auch Friedrichs englischer Schwager Richard, wie wir noch hören werden, um sich von bestimmten Fürstengruppen zum römisch-deutschen König wählen zu lassen.

Nach den schönen Sommertagen im Elsass begab sich der Kaiser nach Mainz, um hier auf einem großen Hoftag wichtige Staatsgeschäfte, darunter den Mainzer Reichslandfrieden und die welfische Herzogserhebung, zu verhandeln, von denen schon die Rede war. Seine Frau Isabella verbrachte später lange Zeit in Noventa, ein paar Kilometer östlich von Padua, wo ihr Gemahl sie von Zeit zu Zeit besuchte. Hier und anderswo musste sie offenbar in strenger Zurückgezogenheit leben, die Friedrich ihr durch luxuriöse Lebensumstände zu versüßen trachtete. Als ihr Bruder Richard von Cornwall sie auf Sizilien besuchte, fand er sie von neuen und «unbekannten Spielzeugen, Spielen und Musikinstrumenten» umgeben, die der Kaiser zu ihrer Unterhaltung bestellt hatte. Isabella scheint eine besondere Vorliebe für Musik gehabt zu haben. Eines wurde ihr jedoch wie jeder anderen Frau in ihrer Position hinlänglich klargemacht: Die einzige wirkliche Aufgabe ihres Lebens bestand darin, einen legitimen Erben und so viele weitere Kinder wie möglich auf die Welt zu bringen, um die Nachfolge zu sichern.

Isabella Plantagenêt schenkte ihrem kaiserlichen Gemahl als erstes nicht den gewünschten Knaben. Ende 1236 gebar sie ein Mädchen, dem man den Namen Margarete (1236–1270) gab. Margarete heirate als Siebzehnjährige den wettinischen Landgrafen von Thüringen, Pfalzgrafen von Sachsen und Markgrafen von Meißen, Albrecht (1240–1314/15). Glücklich wird man diese Ehe nicht nennen können, musste doch die Tochter des Kaisers 1269 vor ihrem raubeinigen Gemahl flüchten, den schon Zeitgenossen

249

den «Entarteten» nannten. Überbordende Mutterliebe beim Abschied soll ihrem Sohn Friedrich I., Markgraf von Meißen (1307–1323), den Beinamen *admorsus*, «der Gebissene», oder «mit der gebissenen Wange», eingetragen haben. An den Enkel Kaiser Friedrichs II. knüpften sich nach dem Tod Konradins 1268 noch Hoffnungen der Staufer-Partei auf Wiedererringung der politischen Macht. Da die ehelichen Söhne König Manfreds im Kerker schmachteten, waren Margaretes Söhne aus der Ehe mit Albrecht prädestiniert, Anspruch auf das staufischen Erbe zu erheben. Diese Verwandtschaft zu den Staufern machte ihn und einige seiner wettinischen Nachfolger nun auch königswürdig. In einer kurzen Phase der Hochstimmung nannte der gebissene Friedrich sich sogar in einigen Briefen selbst Friedrich III., König von Jerusalem und Sizilien. Papst Gregor X. Visconti (1271–1276) und die Kurie stellten sich aber entschieden gegen die Wahl dieses Enkels *Fredericus de Stuffa*, Friedrich von Staufen, zum römischen König.

Nach der siegreichen Schlacht bei Cortenuova Ende 1237 kam bald die freudige Nachricht, dass Isabella dem Kaiser einen Sohn geboren hatte. Der langersehnte Knabe hieß anfangs Carlotto oder auch Zarlotto und wechselte später – wir hörten es bereits – zu Heinrich. 1247 setzte der Kaiser diesen schönen und liebenswürdigen Sohn als Statthalter im Königreich Sizilien ein. Nach dem Tod des Vaters, dessen Testament ihm das Arelat oder Jerusalem zuwies, stand Heinrich an der Seite seiner Halbbrüder Manfred und Konrad IV. Er verschied wenige Monate vor Konrad 1253 oder 1254. Isabella starb nach sechs Jahren Ehe am 1. Dezember 1241 in Foggia bei der Geburt ihres vierten Kindes, wahrscheinlich einer Tochter, im Wochenbett, vielleicht sogar an einer Fehlgeburt. Der frühe Tod einer jungen Frau nach wiederholten Schwangerschaften war im Mittelalter nichts Ungewöhnliches. Da jedoch mit Isabella Plantagenêt Friedrichs dritte Gemahlin nach einer verhältnismäßig kurzen Ehe starb und wiederum im Kindbett, entstanden unvermeidlich finstere Gerüchte, der Kaiser habe ihren Tod durch schlechte Behandlung verursacht oder sie sogar vergiftet. Begraben wurde sie im Dom von Andria, wo schon Isabella von Brienne bestattet worden war.[9]

LEIDENSCHAFTEN

Der schöne Heiratsplan: Gertrud von Österreich

Friedrich beschloss nach dem Tode der schönen Isabella Plantagenêt, sich noch ein weiteres Mal ganz offiziell zu vermählen. Die Erwählte war Gertrud von Babenberg, auch Gertrud von Österreich (1226–1288) genannt. Sie war die Nichte Herzog Friedrich II. des Streitbaren von Österreich (1230–1246), des letzten Herrschers aus dem Haus der Babenberger in Österreich. Das Projekt schien überaus vielversprechend und sah nach einem vorteilhaften Geschäft aus. Der Kaiser bot an, das Herzogtum Österreich zu einem Königreich zu erheben; nichts Alltägliches zwar, aber auch nichts Ungewöhnliches, existierte doch innerhalb des Reiches bereits das Königreich Böhmen, und der mächtige Herzog von Sachsen und Bayern, Heinrich der Löwe, hatte in der Barbarossazeit ähnlich hochfliegende Pläne verfolgt. Zudem grenzte Österreich an das in seiner Stellung beneidete Königreich Ungarn. «König von Österreich» – das klang doch verlockend! Zudem hätte die Ehe den Ausgleich mit dem streitlustigen Onkel, der einst vom Kaiser sogar mit der Reichsacht belegt worden war, zementieren können. Die Gegengabe für Krone und Frieden sollte Gertrud sein, blutjung, gebärfähig und von allerfeinstem Adel. Denn darauf kam es Kaiser Friedrich ganz besonders an: legitime Nachkommen in großer Zahl aus edlen Verbindungen zu hinterlassen; wobei die Betonung auf legitim lag. Kindbetttod und Kindersterben verschonten auch kaiserliche Familien nicht. Schnell konnte Fortuna auch große Familien auslöschen, wenn sich die Möglichkeiten der Erbfolge rapide verengten. Viele erbberechtigte Nachkommen erhöhten die Überlebenschancen einer Herrscherfamilie.

Trotz der vielen von Friedrich gezeugten Kinder sah die Bilanz in dieser Hinsicht zu jenem Zeitpunkt nicht allzu gut aus. Sein ältester, legitimer und erbberechtigter Sohn, König Heinrich VII., war bereits tot. Aus der Ehe mit der jungen Syrerin Isabella von Brienne war ihm der Sohn Konrad geblieben, der zukünftige Erbe. Die schöne Engländerin gebar ihm zwar zwei Jungen, doch einer von ihnen, Friedrich, erlebte nicht einmal das Kleinkindalter. Der zweite Knabe, Carlotto, wurde zwar groß, doch sollte er den Vater nur um drei Jahre überleben und starb als Sechzehnjähriger, kinderlos. Verlockend an dem Heiratsplan war auch, dass Gertrud sogar die Erbin des zum Königreich zu erhebenden Herzogtums Österreich werden konnte, denn sie war aufgrund einer Rechtevergabe aus der Barbarossazeit, dem sogenannten *Privilegium minus*, ebenso wie ihre Tante Margarete beim Tod des kinderlosen Friedrich von Österreich erbberechtigt. Zwar konnte Kaiser Friedrich nicht wissen, dass schon ein Jahr später Herzog Friedrich der Streitbare mit erst fünfunddreißig Jahren tatsächlich in einer Schlacht fiel, doch dessen bisherige Kinderlosigkeit ließ immerhin Hoffnung keimen.

Aus dem so schön erdachten Plan wurde jedoch nichts, und zwar aus einem schlechterdings skandalösen Grund: Die begehrte Gertrud lehnte ab und erschien nicht zur Vertragsunterzeichnung auf dem Hoftag im Juni 1245 in Verona. Im Frühsommerwind flatterten in der Stadt neben den kaiserlichen Standarten die Fahnen des Kaisers von Byzanz, des Thronfolgers von Kastilien, der Erzbischöfe und Bischöfe von Salzburg, Worms, Freising, Passau, Regensburg, Trient, von Herzögen und Grafen. Auch der Herzog von Österreich erschien mit großem Gefolge in der Stadt an der Etsch. Nur die neunzehnjährige Gertrud fehlte. Wie peinlich! Der beispiellose Skandal, die Demütigung des Imperators Romanorum, ließ selbst den Augenzeugen und Chronisten die Tinte in den Federkielen stocken. Deshalb wissen wir auch nicht, aus welchen Gründen die junge Dame sich nicht mit dem einundfünfzigjährigen, dreimal verwitweten und von der Absetzung bedrohten Kaiser verehelichen wollte. Ob seine Exkommunikation sie störte? Ob sie ihren langjährigen Verlobten Vladislav, den Kronprinzen von Böhmen, so sehr liebte? Oder ob andere politische Überlegungen dahinter steckten? Wir wissen nur, dass sie sich nicht in ihr Schicksal als Verhandlungsmasse im politischen Heiratspoker der Herrschaftsträger Europas fügen wollte.

Durch ihre Weigerung gab Gertrud der Geschichte eine völlig neue Wendung. Die Angelegenheit sollte in dreierlei Hinsicht schwerwiegende Folgen zeitigen. Zum ersten erloschen schon 1246 die Babenberger nach fast drei Jahrhunderten Herrschaft in dieser Region. Die Chance, zu einem Königreich aufzusteigen, war ver-

252

passt. Das wurmte die habsburgischen Nachfolger gewaltig. Sie fälschten sich später mit einer Urkunde, dem *Priviligium maius*, neue Rechte zusammen, dachten sich klingende Titel, wie etwa «Erzherzog», und eindrucksvolle Insignien aus, nur um in der Adelshierarchie ein wenig bedeutender zu erscheinen als die anderen Fürsten. Zum zweiten hätte Friedrich mit Gertrud vermutlich noch legitime Nachkommen gezeugt, was die Erbmöglichkeiten seiner Familie erweitert hätte. Und drittens wären mit der Verbindung zur Babenbergerin die Herrschaftsansprüche des böhmischen Königs Wenzel I. (1230–1253) auf Österreich zunichte gemacht worden, die er aufgrund einer älteren Verlobung von Gertrud mit seinem erstgeborenen Sohn Vladislav von Mähren (gest. 1247) verfolgte. Das sollte Österreich, wenig später als Zankapfel zwischen böhmischen Přemysliden und ungarischen Arpaden heftig umkämpft, dann noch zu spüren bekommen.

Doch Kaiser Friedrich gab nicht auf. In seinem letzten Heiratsplan aus der Mitte der 1240er Jahre kaprizierte er sich auf Jutta von Sachsen (gest. 1266), eine Tochter Albrechts I., Herzog von Sachsen (um 1175–1260), und Agnes' von Österreich (1206–1238) sowie Enkelin Bernhards von Askanien. Der im Norden des Reiches so mächtige Albrecht und der Kaiser kannten sich gut, weil der Herzog oft in Italien gewesen war und den Herrscher auch auf dem Kreuzzug ins Heilige Land begleitet hatte. Diese eheliche Verbindung hätte die Stellung des Kaisers in Nord- und Mitteldeutschland erheblich gestärkt. Aber wie schon bei Gertrud wetterte Papst Innozenz IV. dagegen, als er von dem Plan erfuhr. Dennoch scheint Jutta schon auf dem Weg zu ihrem neuen Gatten gewesen zu sein. Warum auch aus dieser Sache nichts wurde, ist widersprüchlich überliefert. Möglich wäre, dass sich der Papst mit einem Verbot einer Eheverbindung durchsetzen konnte, möglich ist aber auch, dass, als der Kaiser 1250 starb, die Herzogstochter noch nicht ihren zukünftigen Gemahl erreicht hatte. Jutta heiratete fünf Jahre später Johann I., den Markgrafen von Brandenburg (um 1213–1266). Hätte Friedrich mit Gertrud oder Jutta noch erbberechtigte Söhne gezeugt, wer weiß, ob die Familie politisch so schnell erloschen wäre.

253

Die wahre Liebe: Bianca

Man muss sich nur ausreichend wild gebärden, dann erntet man im Urteil der Um- und Nachwelt erhebliche Anerkennung für eigentlich selbstverständliche Dinge. Die Genealogen, die die zahlreichen Ehen und außerehelichen Beziehungen des Kaisers zu sortieren unternommen haben, konstatieren «anerkennend», dass in der Zeit, als Bianca die Jüngere, Markgräfin von Lancia, die Favoritin des Kaisers war, nämlich von 1227 an bis zu dem von der Forschung lange angenommenen Todesjahr Biancas 1233 oder 1234, Friedrich weder Seitensprünge unternahm noch neue Ehen schloss. Bianca habe, vor allem nachdem Isabella von Jerusalem 1228 im Wochenbett gestorben war, ihren Friedrich für sich allein gehabt. Das erscheint als ein starkes Indiz wahrer Zuneigung. Ein zweites trat noch hinzu: Es kam nämlich zwischen Friedrich und Bianca zu einer Eheschließung auf dem Totenbett. Sinn der Sache war die nachträgliche Legitimierung der gemeinsamen Kinder.

Doch wenn Bianca nicht 1233 oder 1234 starb, sondern erst 1245 oder noch später, vielleicht sogar erst 1248, wie Historiker heute vermuten, dann löst sich das erste Argument nicht in Liebe, sondern in Luft auf. Die Eheschließung auf dem Totenbett bekäme dann einen pragmatischen Beigeschmack, der die intentionslose Liebe zu Bianca überdecken könnte, so sehr man dem Kaiser ein echtes tiefes Liebesempfinden zugestehen möchte. Denn nachdem der freiende Kaiser 1245 von der Babenbergerin einen Korb bekommen hatte, könnte er zu der nachträglichen Legitimation Biancas Zuflucht genommen haben, um wenigstens so die Anzahl seiner legitimen Erben und möglichen Nachfolger zu vermehren. Über diese Frau, seine Geliebte, Lebensgefährtin und am Ende auch Gattin, bewahrte Kaiser Friedrich Stillschweigen. Wie schon Zeitgenossen bemerken, blieb die Verbindung lange Zeit verborgen. Wahrscheinlich war es tatsächlich beiderseits eine jener großen Lieben, wie sie in den Versepen der Zeit oft besungen wurden.

Bianca Lancia wird in den Quellen durchweg als «über alle Maßen schön» beschrieben. Wir kennen weder das Jahr ihrer Geburt noch das ihres Todes, doch muss sie um das Jahr 1210 geboren

254

worden sein. Bianca entstammte dem piemontesischen Geschlecht der Lancia, wohl durch die Mutter, die vor ihrer zweiten Ehe mit Bonifacio d'Agliano mit einem Grafen Lancia vermählt gewesen sein soll. Drei Mitglieder der Familie Lancia dienten bereits als Gefolgsleute Kaiser Friedrichs I. Barbarossa. Manfred I. Lancia, «il Vecchio» (gest. 1215) war Troubadour und verarmte durch Misswirtschaft. Seine beiden Söhne Manfred II. (geboren um 1195) und Jordanus oder Giordanio (gest. 1267) standen in der Gunst Kaiser Friedrichs II. und waren seine zuverlässigen und getreuen Gefolgsleute. Der Kaiser nannte Manfred II., den Onkel Biancas, «*fidelis noster*», unser Getreuer, vertraute ihm die Überführung seines gefangenen Sohnes, König Heinrich VII., aus Deutschland nach Italien an und machte ihn 1239 sogar zum Statthalter über die Lombardei. Galvano Lancia (gest. 1268), Biancas Bruder, wurde unter Friedrich als Generalvikar von Sizilien eingesetzt. Er sollte später mit einem Enkel Friedrichs einem tragischen Ende entgegengehen.

Ob Friedrich Bianca durch ihre Verwandten kennenlernte oder diese erst durch Bianca an seinen Hof kamen, ist unklar. Jedenfalls wirft das Verhältnis der Familie Lancia zu Friedrich ein helles Licht auf das Verhältnis des Kaisers zu seiner Geliebten. Man vermutet, dass der zweiunddreißigjährige Friedrich die schöne Bianca 1226 oder 1227 kennen und lieben gelernt hat. Zu der Zeit erblühte allerdings noch die syrische Blume in seinen Armen, und offiziell gab es Isabella von Brienne an seiner Seite. Nach dem Tode der Kindkönigin konnte sich die Liebe Friedrichs zu Bianca voll entfalten. Das Verhältnis bestand jedenfalls schon lange vor der Ehe Friedrichs mit Isabella Plantagenêt 1235, denn Bianca brachte bereits 1230 eine Tochter mit dem Namen Konstanze zur Welt, die später Gattin des byzantinischen Kaisers von Nicäa, Johannes III. Dukas Batatzes (um 1192–1254) werden sollte und siebenundsiebzigjährig in Valencia starb. 1232 gebar Bianca ihrem Friedrich in Venosa einen Sohn, der nach ihren Verwandten den Namen Manfred bekam. Von ihm werden wir an anderer Stelle noch hören. Zuletzt wurde Violante (um 1233–nach 1264) geboren, die spätere Gräfin von Caserta. Dass alle Kinder Biancas durch die nachträgliche Le-

255

gitimation den ehelichen Kindern gleichgestellt wurden, kann man auch an ihrer Stellung auf dem Heiratsmarkt erkennen. Gerade im Mittelalter war das Konnubium der Adelswelten ein exzellenter Gradmesser für den tatsächlich anerkannten Rang in der Gesellschaftshierarchie. Biancas Tochter Konstanze wurde eine byzantinische Kaiserbraut. König Manfreds erste Gemahlin Beatrix war mit dem französischen Königshaus der Kapetinger verwandt, seine zweite stammte wie sein Schwager aus dem byzantinischen Kaiserhaus. Dass Bianca dem Kaiser mehr bedeutete, sieht man zudem daran, dass der Kaiser sie nach dem Tod seiner dritten Gemahlin Isabella 1241 mit riesigen Ländereien ausstattete, nämlich den Grafschaften Gravina, Tricarico und Monte Sciaglioso sowie mit Monte San Angelo. Letzteres gehörte traditionell zur Mitgift der sizilischen Königinnen.

Ein Reihe von abenteuerlichen Legenden ranken sich um diese Liebesgeschichte: Nach einer örtlichen Überlieferung starb Bianca in Gioia del Colle, etwa vierzig Kilometer südlich von Bari, obwohl sie nach mittelalterlichen Quellen dort nie nachweisbar gewesen ist. In der dortigen Pfarrkirche hat man Anfang des 18. Jahrhunderts ihr Grab «gefunden». Ein Bildnis einer Dame mit Wickelkind und einem Adler; das kann nur, so glaubte man fest, der Bestattungsort von Bianca Lancia sein. Doch dürfte die Dame mit Kind eher einer Mariendarstellung und der Adler einem örtlichen Adelswappen entsprechen. Auf Sizilien erzählte man sich noch lange, dass in den Ruinen des Castello di Grassuliato der Geist Friedrichs spuke, da sich dort Bianca und Friedrich geliebt hatten.

Auch in Gioia del Colle konnte man nachts die Klageseufzer von Bianca hören. Der Priester Bonaventura da Lama schrieb im 18. Jahrhundert in seiner Chronik auch warum. Bianca soll, während sie mit Manfred schwanger ging, von Friedrich aus Eifersucht im Turm von Gioia del Colle eingesperrt worden sein, weil der Kaiser einen Hofpagen als eigentlichen Vater verdächtigte. Als Beweis ihrer Treue habe sie aber Friedrich nach Manfreds Geburt das Kind und ihre abgeschnittenen Brüste auf einem Tablett übersenden lassen. Das Kind besaß dasselbe Mal wie der Kaiser, und die Brüste waren von niemand anderem berührt worden als vom Im-

256

perator selbst. Der Kaiser sah alles ein, doch für ein glückliches Ende war es zu spät – Bianca verblutete. Und weil die Phantasie sich oft an Gegenständlichem festmacht, finden sich wie durch Zauberhand in der Burg im *Torre dell'imperatrice*, im «Turm der Kaiserin», zwei Wölbungen im Mauerwerk, die angeblich die Brüste Biancas darstellen.

Hatte die unglückliche Bianca über ihren hartherzigen Geliebten auch Tränen vergossen? Ja, offenbar reichlich! Denn in Andria bekommt man noch heute in der Confetteria von Mario Mucci kleine lilafarbene Zuckerbonbons, die an Friedrichs große Liebe und deren vermeintlich tragisches Ende erinnern. Sie heißen: *Lacrime d'amore di Bianca Lancia alla Violetta*.

Der Liebhaber

8

Der Dichter

«Amore donna mia»: *Der sizilianische Dichterkreis*

«Da es, oh Liebe, dir gefällt,
Dass ich ein Lied soll singen,
So gib es auch in meine Macht,
Dass es mir glückt und ich's vollende.»

o beginnt eines der Gedichte, die am Hofe Friedrichs kursierten und die aus dem Geist, ja sogar aus der Feder des Imperators selbst stammen sollen. Kaiser Friedrichs Dichtung entspringt einer Adelskultur, in der der erste Ritter eines Landes – denn auch Könige und Fürsten sind ja zunächst Ritter – angehalten war, der Minne zu frönen. Und doch war der dichtende Kaiser außergewöhnlich. Ein Relief an der Außenwand des *Palazzo dei Normanni* in Palermo gibt einen ersten Hinweis auf seine Besonderheit. Dort sieht man eine aus dem 19. Jahrhundert stammende Steinmetzarbeit aus der Werkstatt von Silvestro Cuffaro, die den Kaiser im Kreise seiner Höflinge als Dichter darstellt. Darunter befindet sich ein Zitat aus einem Werk Dante Alighieris (1265–1321): *De vulgari eloquentia*, «Über die Redegewandtheit in der Volkssprache». In dieser unvollendet gebliebenen Schrift aus den Jahren 1303 bis 1305 beschäftigte sich Dante vor allem mit den aus dem Latein der alten Römer hervorgegangenen neuen romanischen Sprachen. Zudem ging es um nichts Geringeres als um die menschliche Sprachfähigkeit, den Ursprung der Sprache und deren Verwirrung nach dem Turmbau zu Babel. Aus diesem Werk ruft das Relief die Zeile ins Gedächtnis: «...denn

258

die sizilische Volkssprache scheint sich vor allen einen Ruf zuzuschreiben, deswegen, weil alles, was die Italiener dichten, sizilisch genannt wird, und deswegen, weil wir finden, dass sehr viele der dort geborenen Gelehrten bedeutend gesungen haben.» Dantes Urteil über die zentrale Rolle der sizilianischen Sprache und die Rolle, die Friedrichs Dichterkreis dabei spielte, war dem 19. Jahrhundert so wichtig, weil mit der Bildung eines einheitlichen italienischen Staates überhaupt erst das Italienische als dessen Staatssprache geschaffen werden musste. So erklärt eine zweite Inschrift dem Betrachter, was man Friedrich zu verdanken glaubte: «... von diesem alten Königssitz entflogen dank des aufgeklärten Geistes Friedrichs II. die ersten Gesänge in italienischer Sprache.» Und in der Tat: Man kann die Dichterschule um Kaiser Friedrich als Auftakt einer italienischen Nationalliteratur betrachten. Deshalb hatte Dante diesen Sammelpunkt volkssprachlicher Dichter um Kaiser Friedrich II. auch als *scuola poetica siciliana* bezeichnet.[1]

Das Dichten war zur Zeit Friedrichs sehr verbreitet, geradezu eine Mode geworden, und hatte die Ritterkultur stark durchdrungen. Das war nicht immer so gewesen. Zwar gab es in der Merowinger- und der Karolingerzeit schon Dichtungen, doch blieben sie zumeist einem klerikalen Zusammenhang verhaftet. Hauptsächlich dichtete man liturgische Hymnen oder Epen auf Heilige. Einer der großen Vertreter dieser Richtung war der Mönch und spätere Bischof von Poitiers, Venantius Fortunatus (um 536–610). Er wagte sich schon ein wenig auf das Feld der Leidenschaften und dichtete neben den Heiligenviten auch über den Fingerabdruck einer angebeteten Dame, den diese in einem dem Barden überreichten Pudding hinterlassen hatte. Doch trotz gelegentlich erregender Süßspeisen blieben im Grunde die kirchlichen Sujets für die Dichtung maßgebend. Das änderte sich zunächst auch nicht in der Epoche der ottonischen und salischen Kaiser. Auch jetzt dichtete man kaum über weltliche Dinge, und Laien taten es schon gar nicht, weil sie der geschriebenen Sprache nicht mächtig waren. Im Laufe des 12. Jahrhunderts trat mit der Entfaltung der Ritterkultur und dem Auftreten der Troubadours in Frankreich ein Wandel ein. Plötzlich gab es Dichter wie Gautier de Châtillon (1135–1201),

den man lateinisch als Gualterus de Castellione bezeichnete, was dem deutschen Walter entspricht. Walter war eigentlich Theologe, verfasste aber in lateinischer Sprache seine berühmte *Alexandreis*, die den weit verbreiteten Alexanderstoff mit fabelhaften Rittergeschichten anreicherte. In diese Zeit gehört auch der zwischen 1125 und 1135 geborene und nach 1165 verstorbene Archipoeta, zu Deutsch der «Erzpoet», dessen wirklicher Name nicht überliefert ist. Er arbeitete in der Urkundenkanzlei Friedrich I. Barbarossas und schuf nebenbei einen Lobeshymnus auf den Kaiser. Damit waren der Dichtung weltliche Themen erschlossen.

Bald darauf begannen Ritter wie Walther von der Vogelweide, Wolfram von Eschenbach, Gottfried von Straßburg oder Hartmann von Aue die vor ihren Augen liegende Welt in Versen zu beschreiben und zu deuten, indem sie ihre Helden Tristan, Parzival, Willehalm, Erec oder Iwein Schwerter schwingen, Rosse tummeln und Damen verehren ließen. Der Einfluss der französischen Troubadours strahlte nach Deutschland und Italien aus. Schon

260

1220 hatten sich einige Dichter am Hof des zur Kaiserkrönung nach Rom ziehenden Herrschers eingefunden. Barden wie Folquet aus Romans und Guilhelm Figueira aus Toulouse dichteten Lieder, die an Friedrich als Herrscher gerichtet waren. Sie bedienten sich dabei der *Sirventes*, was man in etwa mit «Dienergedicht» übersetzten könnte, weil sie als Auftragsdichtung verfasst wurden.

Die *Sirventes* bilden nicht nur eine der wichtigsten Gattungen der altfranzösischen Troubadourdichtung des Mittelalters, sondern sind durch ihre Entwicklung von einfachen Strophen von drei oder vier Zeilen mit verketteten Reimen zu kunstvolleren Formen als Vorstufen zu Dantes spektakulären Terzinen zu sehen. Auf die erste Hälfte des 13. Jahrhunderts geht auch der Beginn des hochfliegenden dichterischen Willens zurück, gleich das ganze Weltwissen in Verse zu kleiden. Der Dichter vom Heiligen Berge etwa, der Abt Gregor von Montesacro in Apulien, hinterließ eine in den Jahren 1231 bis 1236 vollendete Reim-Enzyklopädie, die stattliche dreizehntausend Hexameter umfasst. Gregor nahm damit eine besondere Stellung innerhalb der Geistes- und Literaturgeschichte seiner Zeit ein, weil in seinem Werk Fachgebiete wie Theologie, Musik, Botanik, Astronomie oder Astrologie, Zoologie, Medizin oder Geschichte nebeneinander stehen.

In dieser Zeit hatten am Hofe Kaiser Friedrichs II. einige Dichter ihre Heimat gefunden, die in dieser Umgebung ermuntert wurden, sich auch gegenseitig die neuesten Versschöpfungen vorzutragen. Später suggerierte die Figur des Kaisers, der inmitten seiner Dichter selbst zur Feder griff, dass es hier nunmehr der Künstler ist, der Herrschaft ausübt. Man hat darin eine Idee vom Künstlerstaat gesehen, die besonders auf die Literaten um Stefan George – darunter auch Ernst Kantorowicz – einen großen Reiz ausübte. Dass der Gegensatz vom Weltenlenker und Musensohn, von Macht und Geist, in einem Herrscher aufgehoben sein könnte, hat

Der Kaiser lauscht der Dichtung: Das Relief aus der Werkstatt Silvestro Cuffaros am Palazzo dei Normanni in Palermo zeigt Kaiser Friedrich als Literaten im Kreise seiner Hofumgebung. In Verbindung mit einem Zitat aus Dante Alighieris De vulgari eloquentia *verweist es auf den Herrscherhof als vermeintlichen Ursprung der italienischen Literatursprache; zumindest stellte man es sich im 19. Jahrhundert so vor.*

261

Intellektuelle schon oft zum Träumen gebracht. Das Besondere an der Minne und den versetzenden Rittern bestand zudem darin, dass es sich meist um eine Art Trockenschwimmen handelte. Sie glich einer Choreographie graziler Badebewegungen, doch alles ohne Wasser. Die Barden legten nämlich zwar verbal das eigene Herz den Damen wortreich zu Füßen, in ihren Armen jedoch durften sie nicht wirklich versinken, weil die Angeschwärmten oder die Verseschmiede schon an andere vergeben waren. Gerade für Friedrich, dessen besondere Leidenschaft schöne Frauen waren und der deren Umarmungen in den kaiserlichen Kissen erwartete, ist das ein pikanter Gedanke. Und seit Norbert Elias' (1897–1990) soziologischer Untersuchung *Über den Prozeß der Zivilisation* wissen wir, dass die Gewinnung sozialer Kontrolle in der mittelalterlichen Adelsgesellschaft und eine «Verhöflichung der Krieger» auch über die Minne, lange allein als geistige Liebe idealisiert, Gestalt annahm.[2]

Die Dichter am Hof des Kaisers dürfen aber nicht nur als Schöngeister gelten, sondern sie waren vornehmlich in die Regierungsarbeit einbezogen, in diplomatischen Angelegenheiten unterwegs oder wirkten in anderen verantwortungsvollen Positionen. Nicht Dichter stiegen ob ihrer Verse in Staatsämtern immer höher, sondern Entscheidungs- und Machtträger am Hofe wurden zum Dichten animiert. Eine Reihe von ihnen hatte schon seit jungen Jahren im Einflussbereich des Hofes gestanden, wie etwa die Edelknappen, die Söhne hoher Herren. Es handelte sich bei den Dichtern am Hofe Friedrichs nicht um Bänkelsänger oder gar Gaukler, die alberne Späße in Knüttelversen vortrugen, sondern um die intellektuelle Führungsschicht des Königreichs. Im Übrigen zählten auch Dichter, die sich nicht ständig in der Nähe des Kaisers aufhielten, zum sizilianischen Dichterkreis, der nicht nur die Insel, sondern auch das festländische Süditalien umfasste.

Beim Experimentieren mit Worten und Formen entstanden in dieser *scuola poetica siciliana*, gleichsam unter Friedrichs Fittichen, nicht nur neue Gedichte, sondern sogar eine ganz neue lyrische Form, die von hier aus ihren Siegeszug durch ganz Europa antrat: das Sonett. An Friedrichs Hof bemühten sich gemeinsam mit dem

Vater seine Söhne Manfred, Enzio und Friedrich von Antiochia um die schönsten Verse. Ein weiterer bedeutender Dichter dieses Kreises war Jakob von Morra, der den Künstlernamen Giacomino Pugliese, also «der Apulier», trug. Dank des kaiserlichen Vertrauens stieg er bis in das Amt des Generalvikars der Mark Ancona auf. Morra war stark von provençalischen Vorbildern beeinflusst und hielt sich gewissenhaft an erprobte Formeln. Weitere Verseschmiede am Hofe waren Arrigo Testa, der mehrfach im Amt eines Stadtpodestà nachweisbar ist, Jakob Mostacci, der als Falkner dem Kaiser diente, die Juristen Giacomo da Lentini – als Künstler Notaro genannt – und Guido delle Colonne. Zu ihnen gehörte außerdem Rainald von Aquino, der Bruder des später so berühmten Scholastikers Thomas. Auch der bedeutendste «Wortsetzer» aus Friedrichs Umgebung, der Logothet Petrus de Vinea, dichtete in diesem Kreise. Nicht nur in seinen lateinischen Texten, sondern auch bei der Liebeslyrik zeigte sich Petrus als ein begnadetes Talent. Hören wir ein wenig diesen Barden zu und folgen zunächst den eingangs zitierten Versen des Kaisers noch ein wenig weiter:

«Nur dies mein Herz in Atem hält,
Euch, Herrin, Liebe darzubringen,
Und darauf bin ich nun bedacht,
Wie ich vor euch wohl Gnade fände.
Ich werde mich von Euch nicht trennen,
Die ihr so ausgezeichnet seid,
Und die ich liebe voller Zärtlichkeit.
Nehmt hin die Liebe, die ich spende.
Die Kraft mir, edle Herrin, schenkt,
Dass sich mein Herz vor euch nur senkt.»[3]

In einem anderen, allerdings nicht ganz so sicher Kaiser Friedrich zugeschriebenen Gedicht heißt es:

«Weh mir, denn ich vermag es nicht zu fassen,
Dass es mir brächte solche Herzensnot,
Von meiner Herrin Abschied zu erbitten.
Denn kaum, dass meine Süße ich verlassen,

Da schien mir wünschenswert nur noch der Tod,
Gedenkend wie sie neben mir geschritten.
Nie litt ich so als jenen Augenblick,
Da hinter meinem Schiff versank die Küste.
Ich glaubte fest, dass ich nun sterben müsste,
Trieb in den Hafen ich's nicht gleich zurück.»

Von welcher der vielen möglichen Damen Friedrich der Abschied solche Herzenspein bereitete – wenn überhaupt eine konkrete Schönheit gemeint war –, muss offen bleiben. Im Falle dieser Verse verdichtete sich jedoch der Verdacht: Anais, die schöne Cousine seiner Jerusalemer Königin, könnte die Angebetete gewesen sein. In der vierten Strophe schwärmt er nämlich eine *fior di Soria* an:

«Doch freudestrahlend ziehe hin mein Lied,
Die Blume Syriens von mir zu grüßen,
Sie, die der Kerker meines Herzens ist.»

Friedrichs Sohn Manfred, in vielem seinem Vater ähnlich, stand ihm auch in der emphatischen Dichtkunst eines Liebhabers in nichts nach. In seinem Gedicht *Donna, lo fino amore* heißt es:

«Es hat die zarte Liebe mich, oh Herrin,
Mit ihrer Zauberkraft so ganz erfüllt,
Mich euch allein zu weihn mit aller Macht,
Und das zu denken ich nur fähig bin:
Wie sie, die so sehr in mir wächst und quillt,
Am schönsten, Herrin, euch wird dargebracht.
Und dieses, ach so köstliche Beginnen,
Das mich so strahlend schon beglänzt,
Gib noch mehr Schwung den so verliebten Sinnen,
Vom Übermaß der Freude wie bekränzt.»

Bei seinem Halbbruder Enzio klingen die Verse weniger nach *amore*, sondern voll der dunklen Töne angesichts der endlosen Gefangenschaft, die seine zweite Lebenshälfte bestimmte. Vielleicht entstanden die Verse *Amor mi fa sovente* sogar im Kerker:

«Wie oft hast du es, Liebe, schon vollbracht,
Dass Leid mein Herz bedrückt, so bitterschwer.
Nur Qualen sind und Seufzer deine Gaben.
Es packt die Furcht mich oft mit solcher Macht:
Ich säh der Freiheit Sonne nimmermehr,
Vergessen hier und so wie längst begraben.»

Die Verse Rainalds von Aquino klingen dagegen ganz beschwingt
durch zarter Liebe Gaben, und Petrus de Vinea, ebenso von Liebe
erfüllt, gibt dazu noch ein wenig den Seemann:

«Hab meine Liebe, Schöne, euch geweiht
Und hoffe, dass auch ihr die meine stillt,
Und warte, dass sie alles mir erfüllt,
Auf gutes Wetter, wie gelegne Zeit.
So wie der Seemann, wenn er recht am Winde,
Die Segel rafft, falls er an Wenden denkt,
Und er dann, wie erhofft, auch glücklich schwenkt,
Verfahr auch ich, bis ich euch, Herrin finde.»

Leider wurden von den dreihundertundzwanzig noch erhaltenen
Gedichten der politisch verantwortlichen Schöngeister am friederizianischen Hof mehr als die Hälfte nur anonym überliefert. Und
bezüglich der einhundert mit einem bestimmten Dichternamen tra-
dierten Gedichte bestehen begründete Zweifel an der Autorschaft.
Auch was das Schaffen des Kaisers angeht, befindet man sich auf
sehr unsicherem Terrain, denn von den lediglich fünf unter seinem
Namen überlieferten Dichtungen gelten nur zwei in ihrer Zuschreibung an Friedrich als völlig gesichert. Relativ sicher hingegen ist anzunehmen, dass die Barden am Hofe Friedrichs ihre Verse
auch musikalisch unterlegt haben. Salimbene glaubte jedenfalls zu
wissen, dass Friedrich nicht nur selber gesungen, sondern sich auch
darauf verstanden habe, die Lieder eigenhändig zu verfertigen.
Man weiß heute, dass die später an den europäischen Höfen so
weit verbreitete Laute ihren Weg von den Sarazenen nahm und
sich dann über Sizilien – und nicht über Spanien, wie man lange
vermutete – in Italien verbreitet hat.

Der Kaiser sammelt alte Manuskripte und nimmt ein Bad

Kaiser Friedrich II. besaß eine Bibliothek, die man sich am besten als eine Sammlung von Handschriften und Pergamenten vorstellt, die entweder schon Jahrzehnte zuvor entstanden waren oder aber erst im Hofskriptorium geschrieben wurden. In ihnen studierte man nicht nur, sondern sie wurden immer weiter bearbeitet und kommentiert. Ein Teil dieser Pergamente hat den Herrscher auch auf seinen Reisen begleitet. Er las nach den strapaziösen Ritten offenbar regelmäßig darin. Nur so ist es zu erklären, dass er bei der Niederlage vor Parma neben sicher vielen anderen, leider unbekannt gebliebenen Pergamenten, seinen selbst kommentierten, prachtvoll gebundenen *Moamin* einbüßte. Was es mit dem *Moamin* auf sich hat, wird noch Gegenstand im Kapitel über den Kaiser als Falkner sein. Zu Friedrichs Bibliothek gehörten zunächst vor allem theologische Schriften, wie etwa jener Psalter, der Mitte der 1230er Jahre in Jerusalem geschrieben worden war und den Friedrich wahrscheinlich anlässlich seiner Hochzeit mit Isabella Plantagenêt erhielt. In der kaiserlichen Schriftensammlung befanden sich sicherlich allein aus liturgischen Gründen auch Exultet-Rollen. Diese in Süditalien zwischen dem 10. und 13. Jahrhundert geschaffenen und verbreiteten illustrierten Textrollen wurden in der Liturgie der Osternacht benutzt. Ihren Namen erhielten sie nach dem Anfangswort des Osterlobes der Lichtfeier: «exsultet» oder mittelalterlich «exultet iam angelica turba caelorum – es möge jubeln die Schar der himmlischen Engel». Die vielleicht berühmteste Exultet-Rolle aus Salerno zeigt einen thronenden Herrscher inmitten seiner Höflinge.

Der nach der Bibel am weitesten verbreitete Stoff des Mittelalters, der Alexanderroman, befand sich sogar in verschiedenen Fassungen in Friedrichs Bibliothek. Was der berühmte Makedonenheld bei der Welteneroberei so alles angestellt und erlebt haben soll, gehörte zu einem der größten Exempelreservoire des Mittelalters, da Alexander der Große den gesamten Erdkreis als Verkörperung des idealen Ritters durchstreifte – zumindest in den hö-

fischen Erzählungen. Als bekannteste Bearbeitungen des Mittelalters
gelten die des Erzpriesters Leo aus Neapel, die sogenannten Varianten der *Historia de preliis*, der Alexander des Pfaffen Lambrecht,
der sogenannte *Straßburger Alexander* oder die über fünftausend
Hexameter umfassende *Alexandreis* des schon erwähnten Walter
von Châtillon. Auch Walther von der Vogelweide wusste von Alexander. Er sang in einem seiner «Töne», als er dem sparsamen König Philipp von Schwaben vom Nutzen der Freigebigkeit überzeugen wollte, von Alexanders *milte*. Mit derselben Tugend der
Geberfreude lässt Hartmann von Aue in seinem *Erec* den Makedonen handeln.

Der kaiserliche Richter Quilichinus, oder auch Vilichinus, von
Spoleto griff den Alexanderstoff zum Zwecke der Huldigung an
Kaiser Friedrich II. auf. Er vollendete zum Jahresende 1237 seine
Fassung der *Historia Alexandri Magni* in lateinischen Distichen,
die im 14. Jahrhundert ins Italienische übersetzt und als *Wernige-
roder Alexander* in deutscher Sprache bearbeitet wurde. Am Ende
seines Werkes gibt der Autor, der von sich in der dritten Person
spricht, seine Absicht zu erkennen: «Die hier vorgelegte Geschichte
hat ein gewisser Vilichinus gedichtet. Er war von Beruf Richter
und stammte aus Spoleto, und er hat die Taten des Führers der
Makedonen selber in Verse gefasst. Dieses Werk entstand im Jahr
1236 nach Christi Geburt. Im Verlauf des folgenden Jahres hat der
Autor sein Werk verbessert, wie Gott ihm beim Dichten seine Hilfe
zukommen ließ. Zu dieser Zeit war der Römische Kaiser Friedrich
Herrscher über Sizilien und Jerusalem. Damals besiegte und unterwarf er seine verwerflichen und rebellischen Gegner in der Lombardei, die von ihm abgefallen waren. […] Vilichinus hat noch
weitere Werke zum Lob dieses Herrschers in Versen geschrieben.»
Wie einst Alexander hatte der Kaiser seine Feinde – gemeint ist die
Schlacht von Cortenuova – niedergeworfen. Um den Ruhm des
Herrschers zu mehren, war der *Alexander* entstanden. Und noch
weitere auf Kaiser Friedrich bezogene Dichtungen dieses Ansin-
nens, wie vielleicht die *Preconia Frederici II*, die «Lobpreisungen
Friedrichs II.», hatte der Richter offenbar zu Pergament gebracht.[4]

Der Dichter

Nur wenig Zeit später entstand das mittelhochdeutsche Alexanderepos des Ritters Rudolf von Ems in Vorarlberg, das als Fürstenspiegel für die Söhne des Kaisers, namentlich für Konrad IV., gedacht gewesen sein könnte oder sogar im Auftrage Heinrichs VII. selbst verfasst worden war. Die im Mittelalter Alexander dem Großen zugeschrieben Geschichten waren also im Umkreis des Kaisers präsent. Und nicht nur das, Friedrich verwahrte offenbar verschiedene «Alexanderbücher» in seiner Bibliothek. Dass er die Verse seines Richters Quilichinus selbst besaß, liegt auf der Hand. Eine erst nach Kaiser Friedrichs Tod entstandene bebilderte Fassung der *Historia de preliis Alexandri Magni* verrät, dass man am Hofe des Kaisers sowohl über lateinische Übersetzungen als auch über eine kostbare griechische Handschrift, die in der ersten Hälfte des 13. Jahrhunderts aus Byzanz nach Süditalien gelangte, verfügt haben muss. Es hat Kaiser Friedrich II. sicher nicht wenig geschmeichelt, dass man ihn mit Alexander verglich. Nicht nur Quilichinus oder französische Troubadours taten das, sondern sogar ein arabischer Chronist. «In Wahrheit war niemals in der Christenheit», so Abu al-Fadayl, «seit den Zeiten Alexanders bis heute ein Monarch diesem gleich.» Der Kaiseranhänger Petrus de Prece verteidigte kurz nach dem Tod Friedrichs II. den Anspruch auf die Imperatorenwürde mit einem Hinweis auf die Leistung Alexanders. Selbst der dem Kaiser feindlich gesinnte Franziskaner Salimbene von Parma fiel beim Einsatz eines kaiserlichen Elefanten mit einem turmartigen Aufsatz voller Kämpfer Alexanders angeblicher Elefantenzug als Parallele ein. So konnte schließlich auch Ernst Kantorowicz nicht widerstehen und meinte erkannt zu haben, dass «bis in die kleinsten Züge hinein all die Renaissance-Tyrannen [...] Ebenbilder Friedrichs II. sind, die Diadochen dieses die Kräfte bindenden ‹Gegenalexander›».[5]

Mit dem Namen des Petrus de Ebulo, des aus Eboli stammenden Klerikers und bedeutenden Chronisten, der uns schon als Verseschmied im Jünglingskapitel begegnet ist, verbinden sich drei Werktitel, die Petrus in einer seiner Schriften selbst nennt und die man ebenfalls in der Bibliothek des Kaisers vermuten darf. Da ist zum einen das Erstlingswerk des Chronisten, der *Liber ad hono-*

rem Augusti, «Das Buch zu Ehren des Kaisers», welches von der Eroberung Siziliens durch Kaiser Heinrich VI. handelt. Friedrich besaß mit Sicherheit eine Fassung, denn darin sind nicht nur die Herkunft der väterlichen Herrschaft über Sizilien und die Wiederbegründung des Imperiums unter Friedrich prophetisch beschworen, sondern Petrus lässt ihn, wenn der zukünftige Herrscher dermaleinst selbst Urahn geworden sei, sogar zu den Sternen emporsteigen. Solche Panegyrik hatte Friedrich zweifellos gern in seinem Besitz. Das zweite Werk des Petrus, das leider nicht erhalten ist, darf man ebenfalls in der kaiserlichen Bibliothek vermuten. Von den *Mira Federici gesta*, den «Bewundernswerten Taten Friedrichs», hat die Forschung bislang angenommen, dass es sich um die seines Großvaters Friedrich I. Barbarossa gehandelt habe. Doch spricht einiges dafür, dass Petrus, der den süditalienischen Raum nie verlassen hatte und so eng mit der Person Friedrichs II. verbunden war, eher die bewundernswerten Taten des Enkels zu Pergament gebracht hat als die des Großvaters.

Auch das dritte Buch aus der Feder des Petrus befand sich vermutlich in Friedrichs Besitz. Diese Schrift ist ein ungewöhnliches Werk. Es zeigt, dass Petrus de Ebulo nicht nur ein aufmerksamer Chronist war, sondern auch einige Kenntnisse der hochmittelalterlichen Medizin besessen haben muss. Es ist, wie schon sein Erstlingswerk, ein vielschichtiges, mit einer Reihe von ganz verschiedenen Assoziationsebenen argumentierendes Buch. Dieses dritte Werk aus seiner Feder beginnt mit der Zeile *Nomina et virtutes balneorum*, «Über die Namen und Kräfte der Bäder». Buchtitel, wie wir sie kennen, gab es im Mittelalter nicht, so dass man Werke häufig nach der ersten Zeile oder nach zusammenfassenden Wendungen späterer Abschreiber benannt hat. So geschah es auch hier, da ein Kopist auf dem Vorsatz notiert hatte: *De balneis Puteolanis*, «Über die Bäder von Pozzuoli». Dieses Werk stellt ein Lehrgedicht aus siebenunddreißig Epigrammen dar und beschreibt die schon in der Antike berühmten Thermen in den etwa zehn Kilometer westlich von Neapel gelegenen Orten Pozzuoli und Baia sowie in deren unmittelbarer Umgebung. Hier, auf den Phlegräischen, den «brennenden», Feldern, wo sich geologisch die afrikanische und die eurasische Platte aneinander reiben, und besonders im Krater Solfatara faucht und zischt es seit Jahrhunderten mit so großer Hitze schwefelig aus dem Erdinneren, dass schon den alten Griechen klar war, dass hier ein Teil des Hades liegen müsse. Dennoch hatten schon sie begonnen, Thermalbäder einzurichten. Auch die Römer unterhielten in Baia einen geradezu mondänen Badebetrieb. Petrus hat in kleinen Gedichtchen die Heilwirkungen der fünfunddreißig Thermal- und Solequellen gepriesen. Über die Quelle mit dem Namen *Calatura* liest man etwa: «Der Lunge gewährt Calatura die gewohnte Ruhe, sodann vertreibt es den Husten, den der schwere Katarrh hervorbringt. Es stellt die Kräfte des Magens wieder her, es bewirkt Appetit. Öfters lässt es die eingenommenen Mahlzeiten wieder dahinschmelzen. Es verschafft ein gutes Aussehen, den Verstand stärkt es und das Herz erfreut es; vom Gesicht entfernt es hässliche Flecken.» [6]

Als Entstehungszeit des auf den ersten Blick als eine Art Bäderführer konzipierten Werkes vermuten Experten die Jahre zwischen 1211 und 1220. Überliefert ist die Schrift aber leider nicht im Original oder in einer Handschrift aus der Zeit Friedrichs, sondern die älteste Fassung ist – wie im Falle des Falkenbuchs – in einer illustrierten Abschrift aus der Zeit des Kaisersohnes Manfred erhalten. Für dieses um das Jahr 1258 geschriebene und illustrierte, heute jedoch nicht mehr vollständige Exemplar scheinen sich die Kopisten ziemlich genau an die Vorlage gehalten zu haben. Die von einem Schreiber namens Johensis zu Pergament gebrachte Handschrift stammt wahrscheinlich aus einer regelrechten Buchwerkstatt, die man für die 1250er Jahre in Neapel lokalisieren kann und die eine ganze Reihe von kunstvollen Büchern für den Hof des Königs von Sizilien hergestellt hat. Wegen der zur damaligen Zeit stark zunehmenden Anwendung von Heilbädern, insbesondere bei Ärzten, die sich in der Tradition Galens sahen, erfuhr das Werk in späterer Zeit eine weite Verbreitung, die auch Übersetzungen in den Neapolitanischen Dialekt und ins Französische mit einschloss. Von den «Heilkräften der Bäder» existieren insgesamt zwanzig Abschriften, von denen zehn umfangreiche Illustrationen enthalten. Das Exemplar der ältesten Fassung wird heute in

Sonne und Mond beim Baden betrachten: Die Miniatur aus der Heilbäderbeschreibung des Petrus de Ebulo zeigt «das Bad des Kaisers, das man Sonne und Mond nennt». Die offene Decke war jedoch weniger als Attraktion für die Badenden gedacht, denn als Mahnung an den Kaiser, sich der im Verfall begriffenen Anlagen anzunehmen.

der Biblioteca Angelica in Rom verwahrt und ist optisch ein wahrer Leckerbissen. Durch zahlreiche, bis zum heutigen Tage immer noch erstaunlich frisch wirkende, den Epigrammen jeweils zugeordnete und künstlerisch hervorragend gestaltete Miniaturen, die die Gäste in den Badeanlagen zeigen, wird der Leser in die Welt der heilenden Wasser eingeführt. Einige Illustrationen zeigen Bassins mit geradezu überfülltem Getümmel von Badenden. Manche Bilder stellen Becken in unmittelbarer Nähe des Meeresufers dar, das man an den Fischen im Wasser erkennen kann. Auf anderen gibt es Quellen zu sehen, deren Wasser man gerade in Krügen auffängt. Auf einigen Illustrationen sieht man sogar Dämpfe und Blasen aus den Quellen aufsteigen. Liebevoll gestaltete Details sind in fast jedem Bild zu entdecken. Viele der Becken sind byzantinisch anmutend überkuppelt. Möglicherweise greifen Verse und Bilder auf

271

Der Dichter

damals noch vorhandene antike Inschriften und Wandmalereien zurück. Andererseits folgen einige Motive den seinerzeit gängigen Bildformeln biblischer Themen in der Buchmalerei. Da reisen Badegäste wie auf der Flucht nach Ägypten an, ein Wannenbad verwandelt sich in die Taufe Jesu, und einige Badende in Gruppen erinnern an Verschmachtende im Fegefeuer.

Doch was auf den ersten Blick wie ein regionaler Bäderführer erscheint, enthält noch eine höhere Intention. Einige Bilder zeigen eingefallene Bögen und Ruinen, in die sich die Bäderarchitektur der Antike durch Erdbeben und Geländeabsenkungen zum Teil verwandelt hatte. Das konnte so nicht bleiben. Da Friedrich sich als direkter Nachfolger der antiken römischen Kaiser verstand, mahnte die Schrift den nun herrschenden Imperator Romanorum, sich der Erneuerung der Bäder anzunehmen. Weil Petrus das Buch dem Kaiser persönlich angetragen hatte – «So nimm denn, Sonne des Erdkreises, das dir gewidmete Büchlein an» –, liegt es auf der Hand, dass der Helios das für ihn bestimmte Buch auch in seiner Bibliothek verwahrte. Vielleicht hatte der Kaiser, der ohnehin jeden Tag gebadet haben soll, das Buch sogar gelesen. Zumindest wusste er genau über die speziellen Heilkräfte Bescheid. Und vielleicht retteten sie sogar einmal sein Leben. Eine schwere Seuche erfasste nämlich im Spätsommer 1227 die Kreuzfahrer am Abfahrtshafen in Brindisi. Viele, darunter der Landgraf Ludwig IV. von Thüringen (1217–1227), fanden den Tod. Auch der Kaiser wurde von der Krankheit befallen und ordnete mit fiebernder Stimme den Teilabbruch des Kreuzzuges an. Dann reiste der Herrscher zu den Phlegräischen Feldern, tauchte in schwefelrauchende Becken ein, wie Richard von San Germano überliefert, und fand die erhoffte Linderung.

Vielleicht benutzte er sogar eine Quelle, von der Petrus den genauen Namen überlieferte: «Über das Bad des Kaisers, welches man ‹Sonne und Mond› nennt». Die Badenden in *Sol et Luna* konnten die Gestirne vom Becken aus beobachten, denn das halb eingefallene Gebäude gab den Blick auf den Himmel frei. So mahnte der Text den Kaiser an dieser Stelle erneut, sich um die Wiederherstellung des so nützlichen Bades zu bemühen. Das Gleichnis von

Sonne und Mond zielte jedoch auf einen noch größeren Zusammenhang. Gott, der Schöpfer, hatte am Firmament zwei große Lichter eingesetzt, die man mit Papst und Kaiser verglich. Doch wer war Sonne, wer Mond? Wer strahlte selbst und wer bedurfte des andern, um zu leuchten? Das hatte Petrus mit seiner Widmung an Friedrich als der Sonne beantwortet, und die Vermutung liegt nahe, dass auch die Idee des *Sol invictus* evoziert werden sollte. Auf jeden Fall: Die Heilquelle wirkte, das Fieber wich und vielleicht war der Appetit des Kaisers so gestärkt worden, dass er, wie auf der Calatura-Miniatur der Angelica-Handschrift zu sehen, nun mit umso größeren Freuden tafeln konnte. Die Stärkung hatte er bitter nötig, denn kurz darauf exkommunizierte der Papst den Herrscher wegen des gebrochenen Kreuzzugsgelübdes.[7]

Schirmherr der Wissenschaften und Künste?

Zur Bibliothek des Kaiser gehörte, das wissen wir ausnahmsweise ganz sicher, eine aus dem Arabischen übersetzte Fassung des berühmten Werkes des Aristoteles *De animalibus*, «Von den Tieren», zu dem der aus Persien stammende Philosoph Ibn Sīnā (980–1037) – in der lateinischen Tradition Avicenna genannt – Kommentare hinzugefügt hatte. Wir haben mit dieser Handschrift ein Hofexemplar des Kaisers vor uns, da sich darin ein Sprachspiel befindet, dass direkt auf Friedrich verweist: «*Felix elmelic dober Friderich salemelich* – Glückhafter König, guter Friedrich, Friede sei mit Dir!» Über jedem Wort steht in der Handschrift extra, damit es für den Leser identifizierbar ist, die Sprache, aus der es entlehnt worden ist: «*latinum, arabicum, slavicum, teutonicum, arabicum*». Dies zeigt nicht nur Freude und Stolz auf die Kenntnis dieser Sprachen, sondern verweist auch auf ein weiteres Gebiet, das dem Herrscher offenbar sehr am Herzen gelegen hatte: die Wissenschaften.[8]

Das Interesse des Kaisers erstreckte sich neben den Dichtkünsten, dem Büchersammeln sowie der empirischen Durchdringung vieler mit der Jagd zusammenhängender Dinge, von denen wir noch hören werden, auch auf naturwissenschaftliche Gebiete. Es stellt sich daher die Frage, ob, und wenn ja, in welchem Maße Friedrich ein außergewöhnlicher kaiserlicher Schirmherr der Wissenschaften und Künste war, ob sein Hof der Platonischen Akademie oder dem Aachener Kreis Karls des Großen glich. War Friedrichs Umgebung mit der blühenden Übersetzerschule des sizilischen Königs Wilhelms I. in Palermo oder dem Musenhof des kastilischen Königs Alfons X. el Sabio vergleichbar? Könnte sein Kreis gar ein vorgezogener Renaissance-Hof gewesen sein, ein europäischer Humanistentreff? Zunächst gilt es zu bedenken, dass ein großer Teil der in den Quellen fassbaren Verhaltensweisen und der Umgang mit den Geistesgrößen seiner Zeit nicht allein persönlichem Interesse zuzurechnen ist, sondern in eine übergeordnete Herrschaftslegitimation eingebettet war. Die «Wissbegier» eines Herrschers konnte Teil der herrschaftlichen Repräsentation sein. Friedrich und seine gelehrte Umgebung präsentierten sich nicht nur als Mittelpunkt der Wissenschaft, sondern auch als Zentrum der Herrschaft. Der Umgang mit dem Wissen unterlag am kaiserlichen Hof natürlich anderen Regeln, als sie in den klösterlichen und in den sich nun rasant entfaltenden städtischen und universitären Bildungsstätten gepflegt wurden. Dennoch hatte Friedrich auch ein großes persönliches Interesse an wissenschaftlichen Fragen.

Allerdings ist eine präzise Einschätzung seiner persönlichen Rolle schwierig. Das lässt sich an den «Sizilianischen Fragen» des Kaisers zeigen. Dabei handelt es sich um eine Reihe von philosophischen Grundsatzfragen, die Kaiser Friedrich II. formuliert und an den aus der Nähe von Murcia stammenden arabischen Denker Abu Mohammed Abd el-Hakh Ibn Sabīn (um 1217–1269) gerichtet haben soll. Neben Fragen nach der Ewigkeit der Welt, der menschlichen Erkenntnis der letzten Gründe und dem Verhältnis von griechischer Philosophie und Offenbarung finden sich darin auch Erörterungen über die Natur, die Anzahl der Kategorien und über die Unsterblichkeit der Seele. Allerdings sind die Fragen nur deshalb in dem Werk des später in Ceuta lebenden, etwas eigenbrötlerischen arabischen Philosophen und Aristoteles-Kenners überliefert, weil er sie ausführlich beantwortete. Im Vorwort erklärt er,

274

wie die Fragen an ihn gelangt sind und dass eine stattliche kaiserliche Belohnung für die Beantwortung ohne Reiz blieb, weil es ihm darum ging, die Überlegenheit des Islams über das Christentum zu beweisen. Da keimt der Verdacht auf, dass es sich bei den Fragen um eine literarische Fiktion handeln könnte. Und tatsächlich: Mit guten Gründen hat die Orientalistin Anna Akasoy gezeigt, dass Ibn Sabīn die Fragen Friedrichs nur fingiert hat, um sich selbst eine Folie für seine eigenen Auffassungen zu schaffen. Solche erdachten Frage-Antwort-Spiele besaßen und besitzen gerade in der Philosophie und Literatur eine lange Tradition. Man denke nur an die Dialoge Platons. So könnten tatsächlich Friedrich und seine Fragen als eine Art Stichwortgeber gedient haben, um eine Legitimation für das Philosophieren in der philosophiefeindlichen Umgebung Nordafrikas zu ersinnen. Ernst Kantorowicz hätte dann zumindest auch dem Araber nicht seinen dem Kaiser gegenüber herablassenden Ton übelnehmen müssen, denn die Besserwisserei hatte den Kaiser ja nie erreicht.[9]

Doch wie auch immer, es bleibt die beachtliche Tatsache, dass man die Fragen Kaiser Friedrich II. zutraute und nicht seinen Vorgängern, den Kaisern Friedrich I. Barbarossa, Heinrich VI., oder seinen Nachfolgern, den Königen Konrad IV., Manfred oder Wilhelm von Holland gar. Kaiser Friedrich II. war in der arabischen Welt als ein philosophisch interessierter Herrscher bekannt, sonst hätte diese Zuschreibung keinen Sinn gehabt. Schirmherr der Künste zu sein, bedeutet schließlich auch, Dichter zu unterstützen. Dass Friedrich schon bei seinem ersten Aufenthalt in Deutschland dem bedeutenden deutschen Barden Walther von der Vogelweide die Sorge um das täglich Brot durch Verleihung eines Lehens nahm, hat der Dichter dem später zum Kaiser gekrönten Herrscher nicht vergessen. An seinen nun im Süden residierenden Förderer richtete Walther aus dem fernen Deutschland ein Gedicht, das diesem von einem Boten überbracht worden sein könnte:

«Erhabner römischer Kaiser, ihr habt mir so viel getan,
Zu meinem Wohl, dass ihr in diesem Spruche sollt meinen Dank empfahn.

Ich kann euch selbst nicht danken, drum seht den Willen an.
Ihr habt mir eurer Gnade lichtvollen Glanz gespendet,
Die Brauen dran versengten, die gar zu nahe sahn,
Auch hat ihr Licht gar vielen das blöde Aug geblendet,
Die nur der Augen Weißes mir neidisch zugewendet.
Mein Glück und eure Gnade ihr Schielen hat geschändet.»[10]

Einige bedeutende Leistungen, die das wissenschaftliche Interesse am Hofe des Kaisers belegen und zugleich von fundamentaler Bedeutung für die Wissenschaftsgeschichte sind, verbinden sich mit zwei Gelehrten. Zum einen mit dem Philosophen, Mediziner, Alchimisten, Astrologen und, wie Dante meinte, auch Magier Michael Scotus, den man in Italien auch «den Merlin Siziliens» nannte. Ihn hatte Dante in seiner Hölle kurzerhand in den achten Kreis gesteckt, wo Wahrsager und Zauberer mit verdrehten Köpfen und verrenkten Gliedmaßen zwar schon hinter den Simonisten, aber doch noch knapp vor den Betrügern schmachteten. Der andere Gelehrte ist Leonardo da Pisa, das wohl größte Mathematikgenie des europäischen Mittelalters. Beide kamen mit Kaiser Friedrich II. zusammen, und beide haben allergrößten Einfluss auf die europäische Geistes- und Kulturgeschichte ausgeübt.[11]

Ein Sternbild ohne Sterne und viele Kaninchen

Michele Scotto, wie er bei Dante heißt, wurde um 1175 wahrscheinlich in Schottland geboren, wie sich schon aus seinem selbst gegebenen Namen ableiten lässt. Früh interessierte er sich für Namen, Definitionen und Etymologien. Lektüregrundlage dafür waren, wie bei vielen Denkern seiner Zeit, die *Etymologien* des Isidor von Sevilla (etwa 570–636), die vielleicht am meisten gelesene Enzyklopädie des frühen und hohen Mittelalters. Der Gebrauch dieses Werkes durch Michael Scotus lässt darauf schließen, dass er ein gründliches Studium, vielleicht sogar in Oxford und Paris, im Bildungskanon seiner Zeit erfahren hatte. Mit breitem Wissen in lateinischer Sprache und Literatur ging er irgendwann nach Toledo,

276

das zu dieser Zeit eine der wichtigsten Städte der Bildung und das bedeutendste Übersetzerzentrum für arabische Wissenschaftstraktate war. Hier übersetzte er noch vor 1220 drei arabisch überlieferte Bücher des Aristoteles über die Geschichte, die Einteilung und die Abstammung der Tiere. Später haben diese Texte nicht nur auf Friedrichs Falkenbücher, sondern auch durch die Verwendung in *De animalibus* des Albertus Magnus (um 1200–1280) einen nachhaltigen Einfluss auf die Geistesgeschichte überhaupt erlangt.[12]

Noch größeres Gewicht für die Entwicklung der Scholastik im mittelalterlichen Europa erlangten Michaels Übertragungen der umfangreichen Kommentare des spanisch-arabischen Philosophen Ibn Rushd (1126–1198), im Abendland Averroes genannt, zu Schriften des Aristoteles. Insgesamt sind vierzehn lateinische Übersetzungen von Averroes-Kommentaren erhalten. Einige hat Michael Scotus wahrscheinlich sogar direkt am Hofe Kaiser Friedrichs II. vollendet, wie etwa *De coelo et mundo*. Die darin vollzogene Unterscheidung von Vernunftwahrheiten aus rationalem Denken und solchen aus offenbarten Wahrheiten gaben Scholastikern wie Thomas von Aquino (um 1225–1247) die begrifflichen Instrumente an die Hand, um das Werk des Aristoteles für das Abendland zu erschließen.

Diese Texte, die auch am Hofe Kaiser Friedrichs kursierten und zum Teil dem Abendland nun erstmals zur Kenntnis gelangten, waren so wichtig, weil sie einen Grundgegensatz menschlichen Denkens umkreisten: Ist das Wesen der Wirklichkeit, die Wahrheit, in jenen Begriffen und Ideen zu finden, deren Abbild die Welt darstellt? Sind daher die Ideen als Begriffe, die als *universalia* der Wirklichkeit zugrunde liegen, wirklich real? So zumindest behauptete es Platon. Oder können nur die Einzeldinge eine Wirklichkeit in sich tragen, und sind diese Universalien bloße Namen – *nomina* – der Einzeldinge? Das wiederum vertrat Aristoteles. Der daraus erwachsene Denkerzwist, den man philosophiegeschichtlich als Universalienstreit bezeichnet, stellte ein Jahrtausendproblem dar.

Ebenso knifflig war es, den Gegensatz der *natura naturans* zur *natura naturata* zu denken. Beide Wortfolgen stellen die latei-

277

nischen Bezeichnungen dar, die zum einen für die Schöpferkraft als Urgrund der Dinge – *natura naturans* – und zum anderen als der Inbegriff der geschaffenen Dinge – *natura naturata* – stehen. Schon seit Johannes Scotus Eriugena (um 815–877), also seit fast vierhundert Jahren, wurde über deren Verhältnis nachgedacht. Die Themen, mit denen sich die Gelehrten aus dem Umfeld des Kaisers beschäftigten, waren Kernfragen menschlichen Denkens, die man nun mit rationalen Methoden und unter Rückgriff auf Aristoteles lösen wollte.

Neben den fundamentalen philosophischen Herausforderungen gab es aber noch ein anderes Problem, nämlich das der Übersetzungen. Die Schwierigkeit, philosophische und naturwissenschaftliche Schriften aus dem Arabischen zu übertragen, war, dass Übersetzer neben guten Sprachkenntnissen auch detaillierte Kenntnisse des Inhaltes benötigten. Das war umso schwieriger, als die unvokalisierte arabische Schrift leicht zu schwerwiegenden inhaltlichen Verständnisfehlern führen konnte, die Unklarheiten und Verstümmelungen nach sich zogen. Auch Michael war davor nicht gefeit. Als er eine fehlerhafte Abschrift benutzte, die auf eine Vorlage von Plinius' *Naturalis historia* über Sternkonstellationen zurückgeht, unterlief ihm ein amüsanter Irrtum. Für das eigentlich bei Plinius dastehende *aequinoctii sidus* – in der Bedeutung eines Gestirns der Nachtgleiche am 24. September – glaubte der Schotte in dem gekürzten *equi scdus* – gemeint war aber *sidus* – in der Abschrift ein *equus secundus* – ein wörtlich «zweites Pferd» zu lesen. Doch auch mit den stärksten Fernrohren lässt sich das Sternbild «Zweites Pferd» nirgends am Firmament ausmachen. Am Himmel konnte es sich also nicht tummeln, dafür galoppierte es durch die illustrierten Handschriften, wie wir gleich noch sehen werden.[13]

Michael Scotus verließ um 1220 Toledo und stand zwischen 1224 und 1227 im Dienste der Päpste Honorius III. Savelli und Gregors IX. Conti. Nicht lange danach kam er an den Hof Kaiser Friedrichs II. Wahrscheinlich geschah dies sogar durch die Vermittlung des Leonardo da Pisa, der Michael Scotus als «den besten der Philosophen» bezeichnete. Am Hof Friedrichs beschäftigte er sich weiter mit der Übertragung arabischer Texte. Auf ausdrückli-

278

chen Wunsch des Kaisers übersetzte er eine Art kommentierter Kurzfassung, die *Abbreviatio de animalibus* des persischen Philosophen Ibn Sīnā, genannt Avicenna, die der Herrscher für sein Falkenbuch *De arte venandi cum avibus* benötigte. Die 1232 fertiggestellte Übersetzung widmete er dem Kaiser. Aus dieser Handschrift stammt auch das Wortspiel mit den vier Sprachen. Darüber hinaus beriet Michael seinen Brotherrn in astrologisch-philosophischen Dingen. Friedrich richtete eine Reihe von Fragen an seinen Hofastrologen, wie etwa bei jenem Genesungsaufenthalt in den Bädern bei Pozzuoli im Herbst des Jahres 1227. Auch soll der Kaiser vor der beabsichtigten Zeugung legitimer Nachkommen astrologischen Rat eingeholt haben. Astrologie galt als «echte» Wissenschaft. Die Herausforderung bestand darin, Erdereignisse mit Himmelserscheinungen zu synchronisieren, Mikro- und Makro-

Der Philosoph am Musenhof: Auf einem Gemälde von Giacomo Conti um 1860 überreicht Michael Scotus Friedrich II. Übersetzungen von Werken des Aristoteles. Vielleicht denkt er auch schon darüber nach, warum das «Zweites Pferd» genannte Sternbild gar keine sichtbaren Sterne aufweist.

kosmos in Einklang zu bringen, um Fragen der Zukunft zu beantworten.

Der bis heute dauernde Ruhm Michaels gründet vor allem auf einem eigenen philosophischen Werk: dem *Liber Introductorius*, dessen Titel etwa «Buch der Einführung» bedeutet. Diese Schrift ist neben den Falkenbüchern das bedeutendste Werk, das am Hofe Friedrichs entstand. Ein Opus wahrhaft enzyklopädischen Charakters: Roger Bacon, Albertus Magnus, Thomas von Aquino – sie alle kannten und zitierten das Werk, das in mehreren Redaktionsstufen nach 1228 zusammengestellt wurde und Friedrich II. gewidmet ist. Ein Teil ist sogar auf Veranlassung des Kaisers verfasst worden. Auch durch dieses Werk wird das außergewöhnliche Interesse des Kaisers an den Wissenschaftsfragen seiner Zeit offenbar, denn Michael behandelte grundlegende Themen und Fragen über Erde, Wasser, Wind und begab sich ferner auf die Felder der Astronomie, Astrologie, Meteorologie, Medizin, Musik und Komputistik. Ebenso behandelte er die Geschichte der astronomischen Forschung sowie weitere Themen, etwa Geschlechtsverkehr, Schwangerschaft, Embryologie und Physiognomie.

Das Werk Michaels ist wahrscheinlich schon zu Lebzeiten, vielleicht auch erst später, durch illustrierte Handschriften verbreitet worden. Aus der Zeit Kaiser Friedrichs gibt es allerdings kein erhaltenes Exemplar mehr. Die mit Abstand älteste erhaltene illustrierte Handschrift des *Liber Introductorius*, deren Bilder in ihrem Stil an Giotto erinnern, stammt aus der Mitte des 14. Jahrhunderts aus Padua, hat sich einst als Besitz der Könige von Zypern in deren Bibliothek auf der östlichen Mittelmeerinsel befunden und wird heute in der Bayerischen Staatsbibliothek in München gehütet. Reiche Illustrationen und verschiedene Schemata erläutern den Aufbau des Himmels und der Welt bis ins kleinste Detail. Andere Kreisschemata zeigen die Erdteile Asien, Europa und Afrika, die Lage des Paradieses sowie die Auf- und Untergänge von Mond und Sonne darüber. Wieder andere bieten einzelne Fingerglieder oder Musiknoten.[14]

Osten und Westen galten als die Tore des Himmels, die man wie bei einem Horoskop einem Drachenleib zuwies. Kopf und Schwanz des Drachens tauchen immer wieder auf, weil die Punkte, an denen der Mond beim Umlauf um die Erde die Ekliptik schneidet, also die Mondknoten, auch als Drachenpunkte bezeichnet werden. Auch die heute noch bekannten zwölf Tierkreiszeichen unterteilte der Illustrator in zwei Gruppen der Mondekliptik: «Haupt und Schwanz des Drachen» steht auch hier. Da Drachen im Mittelalter als tatsächliche Bewohner des Erdkreises galten, versuchte man, sie zu klassifizieren. Die in der Handschrift gezeichnete Drachenart ist daher eindeutig zu bestimmen, weil man sie für mit dem Lindwurm verwandt hielt. In allen Darstellungen der Handschrift taucht ein spezieller Drachentyp auf, der nur zwei der sonst üblichen vier Beine hat und den Experten sofort als *Wyvern*, lateinisch *draco Africanus*, identifizieren. Großen Raum nehmen auch kunstvoll gezeichnete Sternbilder ein, unter denen sich auch das eigentlich durch einen Übersetzerfehler geborene und eben schon erwähnte *Equus secundus* findet. Wie Pegasus als erstes Pferdesternbild ist es als ein geflügeltes Pferd gedacht, allerdings ohne die sonst bei den anderen Sternenkonstellationen eingezeichneten Sterne. Ein Sternbild ohne Sterne, wie soll das gehen? Das fiel auch Michael auf, und er notierte, wo er sie vermutete: «es (das Pferd) entbehrt jedoch sichtbarer Sterne, aber einige gibt es in der Fahne». So ist separiert vom Pferd als letzte Sternenkonstellation die «Fahne» eingezeichnet. Der Höhepunkt erwartet den Betrachter mit der Darstellung von Sonne und Mond selbst. Sol durchmisst in einer Quadriga den Erdkreis und hält die jeweils an der Seite symbolisierten Jahreszeiten in den Händen. Eine Fackel mit drei beschrifteten Flammen schließt den Bogen zu einer christlichen Deutung: «*pater, filius, spiritus sanctus*» kann man dort lesen. Ein wahrlich prachtvolles Werk, voll vom Wissen der Zeit und den Bildern, die man sich davon dachte.[15]

Michael Scotus starb um 1235, als er noch in den Diensten des Kaisers stand. Von den Todesumständen ist eine Anekdote überliefert, nach der Michael Scotus als echter Astrologe vorhersah, wie er von einem kleinen Stein getötet werden würde. Um dem zu entgehen, soll er einen Kopfschutz erfunden haben. Eines Tages, während Michael Scotus eine Messe besuchte, nahm er seine schüt-

zende Kopfbedeckung ab. Genau in diesem Augenblick löste sich
ein kleiner Stein im Gewölbe, fiel ihm auf den Kopf und bereitete
dem Leben des berühmten Philosophen am Hof Kaiser Friedrichs
ein Ende.[16]

Auch nicht jeden Tag mit Rechenaufgaben betrauten Menschen
ist heute ganz selbstverständlich, dass eine Ziffer je nach Stellung
unterschiedliche Werte bezeichnen kann. Viermal dieselbe Eins
zum Beispiel steht bei der Zahl 1111 für Eintausend, Einhundert,
Zehn oder Eins. Dieses System setzt allerdings eine Ziffer Null voraus. Die einfache und doch geniale Idee stammte aus Indien und
hat sich über Arabien nach Spanien verbreitet. Dass Europa überhaupt mit der Null rechnen lernte, verdankt es einem Gelehrten
aus der Zeit Friedrichs II., der zwar nicht direkt an seinem Hof
lebte und wirkte, den der Kaiser jedoch persönlich knapp ein Jahrzehnt vor Michaels Tod kennenlernte.

Der Mann war der berühmteste Mathematiker des Mittelalters
und hieß Leonardo da Pisa (um 1170– um 1245), besser bekannt
als Fibonacci. Er war Spross einer Kaufmannsfamilie der See- und
Handelsstadt Pisa, wodurch er deren Niederlassungen kannte, wie
etwa die nordafrikanische Hafenstadt Bougie, das heutige Bejaja
in Algerien. In diesem quirligen Handelsort lernte Leonardo das
Rechnen mit indisch-arabischen Ziffern, und in diesem Umfeld
ging ihm offenbar auch die ganze Bedeutung des indo-arabischen
Positionalsystems auf. Leonardo da Pisa schrieb mehrere Bücher
über die Mathematik. Das wichtigste war sein *Liber Abaci* aus
dem Jahr 1202, in dem er das neue Zahlenrechnen erläuterte. Im
Laufe der nächsten zweieinhalb Jahrzehnte entwickelte Fibonacci
die Methode zu einem System weiter. Sein «Buch der Rechenkunst»
ist allerdings lediglich in der zweiten Fassung aus der Zeit um 1228
erhalten.[17]

Kaiser Friedrich II. traf mit dem bedeutenden Mathematiker im
Juli 1226 auf Anregung des kaiserlichen Philosophen Theodor von
Antiochia (um 1195–1250) in Leonardos Heimatstadt Pisa zusammen. Diese Gelegenheit nutzten der Herrscher und die Gelehrten aus seinem Umfeld, um den Mathematiker zu einigen
komplizierten Problemstellungen zu befragen. Des Kaisers Hof-

282

mathematiker Johannes von Palermo, der sich auch mit speziellen Problemen des Kegelschnitts auskannte, formulierte drei konkrete Aufgaben. Fibonacci behandelte die Probleme in seinen späteren Büchern *Flos* und *Liber Quadratorum*. Dass der Kaiser am Hof mehrere mit mathematischen Problemen vertraute Gelehrte hielt, darunter sogar einen regelrechten Hofmathematiker, mag vielleicht noch nicht erstaunen, aber dass er sich selbst dafür interessierte, umso mehr. Im Vergleich zu vielen anderen, mitunter völlig illiteraten Herrschern ragt Friedrich II. mit seinen schöngeistigen und wissenschaftlichen Interessen weit heraus. Andererseits erreichte Friedrichs Gelehrtenkreis nicht das Niveau der spanischen Geisteszentren, die von König Alfons X. el Sabio (1252–1282, gest. 1284), dem Weisen, Sohn Ferdinands des Heiligen und Enkel Philipps von Schwaben, der wie Kaiser Friedrich Verse setzte, deutlich höher eingeschätzt wurden. Seine zweiunddreißigjährige Herrschaftszeit ab 1252 führte die intellektuelle Durchmischung der Wissenstraditionen zu einer neuen Qualität. Er gilt als Begründer der kastilischen Nationalliteratur. Wegen seiner Rolle in der Reichspolitik wird er uns noch einmal begegnen. Nach Friedrichs und Alfons' Tod sank die Bereitschaft zum Verständnis fremder Wissenstraditionen wieder ab.

Die vielfältigen Interessen Kaiser Friedrichs II. an den Wissenschaften haben auch deshalb einen besonderen Stellenwert, weil sie sich in die herrscherliche Repräsentation einfügen. Expertenkommissionen für Rechtsprobleme, Fachleute für Kanzlei- und Verwaltungsaufgaben, eine Universitätsgründung, ein Dichterkreis und Büchersammlungen, Hofphilosophen und Hofmathematiker, dazu noch Naturbeobachtungen, «Vogelwissenschaft» und Aristoteleskritik: All das sind Schlagworte, die die besondere Stellung Kaiser Friedrichs II. zu den Wissenschaften belegen. Sie stellen zum anderen Haftgründe dar, an denen sich die Urteile festsetzen konnten, die den Herrscher für einen Humanisten vor seiner Zeit, einen Freigeist oder sogar Epikuräer halten. Von hier aus ist der Schritt nicht mehr groß, dem Kaiser all die absurden Versuche zu unterstellen, die durch die späteren Erinnerungen geistern: Kinderisolation, um der Ursprache auf die Spur zu kommen, Bauchaufschlitzen, um die Verdauung zu studieren, Leute in Fässern krepieren lassen, um zu sehen, ob denn die Seele auch durch ein Spundloch zu entweichen vermag.

Dass der Kaiser genau jenen Mann kennenlernen wollte, dem die abendländische Mathematik die Einführung der Null verdankt, um mit ihm über Probleme der Arithmetik zu diskutieren, ist belegt. Vielleicht haben Friedrich und Leonardo aber auch über die berühmte Kaninchenaufgabe gesprochen, für die der Mathematiker noch heute berühmt ist. Am Ende seines *Liber Abaci* kommt Fibonacci auf einige wundersame Beobachtungen zu sprechen, darunter auch auf eine Zahlenreihe, die als Fibonacci-Zahlen bekannt geworden ist. Die Aufgabe schien einfach: Wie viele weitere Kaninchenpaare entstehen innerhalb eines Jahres aus einem einzigen Paar, wenn jedes Paar ab dem zweiten Lebensmonat ein weiteres Paar pro Monat zur Welt bringt und keiner der Nager stirbt? Fibonacci benutzte dieses Modell, um zu einer Zahlenfolge zu gelangen und führte den Sachverhalt für die zwölf Monate eines Jahres vor. Er weist auf die Bildung der Reihe durch Addition mit dem jeweils vorhergehenden Reihenglied hin: 1 + 2 = 3, 2 + 3 = 5, 3 + 5 = 8, «und so kannst du es mit einer unendlichen Anzahl an Monaten weitermachen». Als Zahlenfolge, die aus den Überlegungen des Fibonacci resultieren, ergibt sich dann: 1, 1, 2, 3, 5, 8, 13, 21, 34, 55, 89, 144, 233, 377, 610, 987, 1597, 2584, 4181, 6765, 10946, 17711, 28657, 46368, 75025, 121393, 196418, 317811, 514229, 832040, 1346269, 2178309 ... Ob Friedrich die Sache mit den fruchtbaren Kaninchen verstanden hat? Möglicherweise! Den *Liber Abaci* jedenfalls soll er gelesen haben. Vielleicht ließ er nach angestrengter Mathematik-Lektüre die Abacus-Pergamente des Fibonacci wieder sinken und griff zu den Blättern mit der eigenen Dichtung. Darauf notierte er:

«Und felsenfest mein Glaube, dass
Nicht eine reicht an euch heran,
Erhöht und schön, wie man euch rühmt;
Nicht eine, deren Höfischkeit
Der euren, überlegne Frau, entspricht.

Und euer gütig Angesicht
Gewährt mir Halt und schenkt mir Freud.
Kann ich euch preisen, Herrin mein,
Darf höhren Werts auch ich versichert sein.»[18]

9

Der Falkner

Kriemhilds Falke

chön war Kriemhild, über alle Maßen schön, mit ihr konnte sich überhaupt kein Edelfräulein messen: «In allen Landen nichts Schönres mochte sein», meldet schon die zweite Strophe des *Nibelungenliedes*. Eines Tages träumte ihr, sie zähme einen Falken, «starc, scóen und wíldè». Doch zwei Adler zerreißen ihn sogleich; nie habe sie Schlimmeres mit ansehen müssen. Die Mutter erklärt der Ratlosen, dass der starke Falke in Wirklichkeit ein edler Ritter und ihr zukünftiger Gemahl gewesen sei. Der von Adlern geschlagene und zerfleischte Falke, im Minnesang das Sinnbild des Geliebten, erweist sich als böses Omen, denn Kriemhilds Traum deutet schon Siegfrieds hinterhältige Ermordung durch Hagen und Gunther voraus. Ebenfalls als Metapher des Geliebten dichtete nach der Mitte des 12. Jahrhunderts ein donauländischer Minnesänger, der sogenannte Kürenberger: «Ich zôch mir einen valken / mêre danne ein jâr». Der Falke nahm in der höfischen Symbolwelt um 1200 einen besonderen Platz ein, der sich der Liebe des Adels zur Jagd verdankte.

Das Jagen von wilden Tieren – ohne die Notwendigkeit, Nahrung zu erbeuten – war von jeher ein aristokratischer Sport, ein Symbol von Männlichkeit, ein Vorrecht der Herrschenden, eine königliche Leidenschaft. Jagd und Herrschaft galten lange als eng verbunden. Man übte sich dabei im Waffengebrauch, man brauchte Geschicklichkeit, Mut und Geduld, es war gefährlich, lebensgefährlich sogar, wie tödliche Stürze von Pferden oder vom weidwunden Wild attackierte Jäger zeigen. Aber es war auch ein zweckfreies Spiel, das die Sieghaftigkeit der Jäger unterstrich. Jagd und

286

Krinig Chünrat der junge

Krieg waren wie Brüder, und der erfolgreiche Jäger musste zwangsläufig auch der siegreiche Feldherr sein. Doch nicht jede Art des
Jagens galt als heldenhaft: Der Beute mit Fallen und Netzen, mit
Leimruten oder mit Gruben nachzustellen, verhieß nicht Ruhm und
Ehre, sondern *schimpfe* – wie mittelalterliche Autoren befanden.
Die immer weitere Ausgestaltung einer höfischen ritterlichen Kultur im 12. Jahrhundert bereicherte die Jagd um die Komponente
des Höfisch-Festlichen. Eine Ausweitung der Jagdkultur stellte sich
im Gefolge der Kreuzzüge ein, auf denen man die östlichen Herr-
scher als leidenschaftliche Weidmänner kennenlernte. Hier im Orient pflegte man die Jagd mit besonders verfeinerten Methoden.
Viele Tiere kamen als Jagdbeute, aber auch als Jagdgehilfen in
Frage. Zu Pferd hinter einer Meute von Hunden durch die Wälder

287

zu sprengen, war jahrhundertealte Praxis. Doch allen voran galt nun ein Vermögen als besonders angesehen, galt gleichsam als Kunst und Inbegriff höfischer Zucht und Sitte: die Jagd mit Raubvögeln.[1]

Die Beizjagd stammte aus dem spätantiken Orient und war hier schon zu höchster Blüte gediehen. Auch aus dem China der Han-Dynastie (206 v.Chr. – 220 n.Chr.) gibt es Belege für diese besondere Jagdtechnik. In der Zeit der Völkerwanderung müssen die Germanen davon erfahren haben, jedenfalls wussten die Westgoten in Spanien davon. Einen frühen bildlichen Beleg geben uns um 500 entstandene Mosaikzyklen aus Argos und Korinth, die Reiter mit Greifvögeln zeigen. Auf der aus dem 11. Jahrhundert stammenden Tapisserie von Bayeux tragen sowohl der angelsächsische König Harold Godwinson als auch der Normannenherzog und spätere König Wilhelm Falken auf ihren Fäusten. Die im Hochmittelalter zunehmende Verbreitung der Falkenjagd fand auch in der Literatur jener Zeit ihren Niederschlag. Der *Erec* des Hartmann von Aue oder das *Nibelungenlied* enthalten Textpassagen, die auf die Beizjagd Bezug nehmen und Falken als hervorgehobene höfische Symbole vorführen. In der *Manessischen Liederhandschrift* können wir sogar mehrere Fürsten, wie etwa den Markgrafen Heinrich von Meißen, bei der Falkenjagd beobachten. Dass diese Art des Jagens aufwendig war, liegt auf der Hand. Schon deshalb war sie – abgesehen vom Zeichenhaften – nur vom Hochadel finanzierbar und auf ihn beschränkt. Jagdfalken wurden zum Statussymbol des herausgehobenen Aristokraten, so wie Schwert und Rüstung als Kennzeichen des Ritters galten. Gingen diese Symbole verloren, war die Position in der strengen gesellschaftlichen Hierarchie in Gefahr. Giovanni Boccaccio (1313–1375) spielt mit diesem Motiv, als er in der neunten Episode des fünften Tages seines *Decamerone* einen völlig verarmten Adligen beschreibt, der seinen Falken – das letzte ihm verbliebene Symbol seines Standes – einer Angebeteten als Mahlzeit zubereiten lässt. Die Opferung des Statussymbols brachte dem Mann aber immerhin die Liebe der begehrten Frau ein.[2]

LEIDENSCHAFTEN

Kein mittelalterlicher Herrscher scheint so sehr der Jagd mit den Falken verfallen gewesen zu sein wie Kaiser Friedrich II. Es war eine regelrechte Falkomanie, die ihn beherrschte. «Über jedes Maß ergötzte er sich an den Falken», notierte anderthalb Jahrhunderte später noch Pandolfo Collenuccio über Friedrichs Leidenschaft. Sie soll sein *solacium*, sein ganzer «Trost» gewesen sein. Die Leidenschaft des Kaisers zur Falkenjagd veranlasste Albert, den Abt einer Benediktinerabtei bei Stade und Chronist, zu höhnen, vielleicht sei der seiner Mutter Konstanze untergeschobene Balg der Sohn eines Falkners gewesen. Auch seine schwerste Niederlage musste Friedrich einstecken, weil er nicht einmal kurze Zeit auf den Umgang mit seinen Lieblingen verzichten wollte. 1248 schlugen die Parmesen, als der Imperator gerade mit seinen Falken jagte, in einem Ausfall die kaiserlichen Truppen und brachten Friedrichs gesamten Besitz an sich, darunter eine Krone und einen sehr geschätzten und kostbar verzierten *Liber de avibus et canibus* – ein Buch über Vögel und Hunde. Seinen Falken widmete Friedrich einen großen Teil seiner Aufmerksamkeit. Auch aus der Ferne sorgte er sich um sie. Liebevoll erkundigte er sich in einem Brief vom 24. November 1239 nach seinen Schützlingen und befahl seinem obersten Hoffalkner, der kaiserlichen Majestät zu berichten: «Ob es ihnen gut geht und wie viele es sind, und besonders, wie es um die Falken steht, die auf Malta gefangen wurden, ferner ob ihr in diesem Jahr Wanderfalken habt und wie viele es sind.»

Giovanni Villani überliefert in seiner Chronik: «Er ließ ein Vogelgehege im Sumpfgebiet von Foggia in Apulien anlegen, ein Jagdrevier in der Nähe von Gravina und ein weiteres in den Bergen von Melfi. Im Winter weilte er in Foggia zur Falkenbeize, im Sommer in den Bergen, um dort nach Herzenslust zu jagen.» Zeitweise standen rund fünfzig Falkner in Friedrichs Diensten, deren Namen wir teilweise kennen. Auch die Falken trugen Namen. Einen der Sakerfalken zum Beispiel nannte Friedrich *Saxo*, den Sachsen. Der Name könnte sogar als Hinweis auf seine Herkunft gelten.[3] Welche Arten benutzte man überhaupt für die Jagd, und warum waren Fal-

ken so beliebt? Falken sind zwar eher kleine bis mittelgroße Greifvögel, können wegen ihrer langen und schmalen Flügel jedoch sehr
schnell fliegen und sind daher typische Stoßflieger. Im Gegensatz
zu Adlern oder Bussarden ist ihre Anatomie mehr auf den aktiven
Flug hin ausgebildet und weniger zum Nutzen von Aufwinden geeignet. Dies führt dazu, dass die meisten Falkenarten ihre Beute im
Flug suchen oder von einem Ansitz aus nach Nahrung Ausschau
halten. Haben Falken Beute entdeckt, so verfolgen sie diese auch
über weite Strecken. Zu den Merkmalen aller Falken zählt, dass sie
alle beiderseits an dem vorderen Teil des nach unten gebogenen
Oberschnabels einen sogenannten Falkenzahn ausgebildet haben,
der einer Zacke gleicht. Diese Ausformung unterstützt den Falken
beim tödlichen Biss in den Nacken oder in den Hinterschädel der
Beutetiere. Daher hat die Art, mit ihnen zu jagen, den Namen
«Beize», von «Beißen», bekommen. Die Krallenfüße dienen dem
Falken nur zum Fangen und Festhalten der Beute. Man bezeichnet
Falken deshalb auch als Griffhalter im Gegensatz zu Adlern oder
Habichten etwa, die man Grifftöter nennt. Doch können Falken
auch durch die große Schnelligkeit nach einem Sturzflug Beutetiere
so hart mit den Krallen treffen, dass diese durch die Wucht des
Zustoßes verenden. Manche Falken entwickeln so einen starken
Impuls, dass sie sogar kleine Gazellen schlagen können. In freier
Wildbahn werden Falken zwischen fünfzehn und achtzehn Jahre,
in Gefangenschaft sogar bis zu fünfundzwanzig Jahre alt. Für die
Beizjagd galten drei Arten als besonders geeignet. Auch Kaiser
Friedrich hat in seinem berühmten Falkenbuch diesen dreien be-
sondere Aufmerksamkeit geschenkt und sie als die besten heraus-
gehoben.[4]

Der Gerfalke ist die weltweit größte Falkenart und kommt in
den arktischen Regionen Eurasiens und Nordamerikas sowie
Grönlands vor. Seine Körperlänge beträgt immerhin zwischen
achtundvierzig und einundsechzig Zentimetern, wovon ungefähr
ein Drittel auf den Schwanz entfällt. Die Flügelspannweite misst
zwischen 130 und 160 Zentimeter. Große Gerfalken sind in der
Regel Weibchen, während die Männchen etwas kleiner sind. Das
durchschnittliche Gewicht eines männlichen Gerfalkens liegt bei

290

etwa einem Kilo, das eines Weibchens kann auch anderthalb Kilo überschreiten. Etwas kleiner, aber im Vergleich mit anderen Falken auch sehr groß ist der Sakerfalke, der seit dem späten 18. Jahrhundert auch als Würgfalke bezeichnet wird. Er ist etwa einen halben Meter groß und dabei kompakt und kräftig. Der in den Steppen und Waldsteppen Ost- und Nordeuropas beheimatete Falke hat eine Spannweite von etwa 100 bis 130 Zentimetern. Der ursprüngliche Name für diese Falkenart taucht auch in den Falkenschriften Friedrichs II. auf und leitet sich vom arabischen *caqr* ab, was soviel wie Jagdfalke oder edler Falke bedeutet. Die dritte für die Beize bevorzugte Art war der *Falco peregrinus*, der Wanderfalke, der weiter verbreitet ist als seine beiden größeren Artgenossen. Männchen erreichen beim Wanderfalken eine Spannweite von etwa 80 Zentimetern, während die Weibchen über einen Meter ausbilden. Ihre Nahrung besteht fast ausschließlich aus kleinen bis mittelgroßen Vögeln, die im freien Luftraum erjagt werden. Besonders begehrt für die Beize auch bei Friedrich waren Ger- und Sakerfalken aus dem Norden, aus Norwegen oder Island etwa. Auch heute sind Falken im hohen Norden viel größer als ihre südlicheren Artgenossen. Weiße große Gerfalken galten und gelten als besonders wertvoll.

Die talentierten Jäger zu bekommen, war schwierig. Der Handel mit den Falken aus dem Norden wurde im Mittelalter zum großen Teil über Lübeck abgewickelt. Die Stadt war im Spätmittelalter sogar verpflichtet, Kaiser und Reich jährlich eine bestimmte Anzahl von Falken zu überlassen. Diese aus einer außerordentlichen Abgabe hervorgegangene «Falkensteuer», die vielleicht sogar staufischen Ursprungs war, lässt sich Mitte des 14. Jahrhunderts mehrmals urkundlich nachweisen. Auch Kaiser Friedrich II. bezog aus der Hansestadt Lübeck einige seiner Lieblinge. Zu Beginn des Jahres 1240 beauftragte er mehrere junge Edelleute, die als *vallecti* bezeichnet werden, aus Lübeck isländische Falken nach Italien zu holen. Wir wissen davon, weil der Kaiser in einem Brief, den er am 11. Februar 1240 schreiben ließ, Anweisung gab, an zwei Kaufleute aus Parma einen Betrag von sechsunddreißig Unzen Gold zurückzuerstatten. Die beiden Parmesen, Petrus Magnus und

Albertus Busoli, hatten diese Summe, die nach dem damals üblichen Gewicht der Messinischen Goldunze berechnet fast einem Kilogramm des wertvollen Metalls entsprach, an die Valets ausgelegt. Der Begriff *valetus* oder *vaslet* bezeichnete im Altfranzösisch der Normannen den Sohn eines großen Herren, mitunter sogar Königs, der noch nicht den Ritterschlag empfangen hat. Es handelte sich also bei den kaiserlichen Gesandten wohl um junge Männer im Stand von Edelknappen. Von diesen *valetti imperatoris* begegnen uns am Hof des Kaisers eine ganze Reihe sogar namentlich. Ihr Hofleben begann in der Regel mit dem vierzehnten Lebensjahr. In der Umgebung des Kaisers leisteten die *valetti* dem Herrscher Dienste, wurden dort aber eben auch in die ritterlichen Tugenden, in die Welt höfischer Verhaltensnormen eingeführt. Der Schwerpunkt der Ausbildung lag in der Praxis des Kampfes und der Jagd, auch der Kunst der Beizjagd, um die *valetti* auf den Empfang des Rittergürtels vorzubereiten. Geistige und körperliche Abhärtung sollten verhindern, dass der junge Adlige «unter weichlichen Lüsten und schwächlichen Sorgen erschlaffen möge», wie Friedrich einmal an den Vater eines Knappen schreiben ließ.[5]

Das von den Kaufleuten aus Parma verauslagte Geld entsprach den Kosten, die den jungen Magnatensöhnen mit ihrem Gefolge, ihren Pferden und natürlich den Falken für Unterkunft, Essen und Futter bei ihrer Reise an die Trave und zurück ins mittelitalienische Montefalcone entstanden waren. Sie hatten ungefähr dreitausend Kilometer zurückgelegt. Bei einer durchschnittlichen Reisegeschwindigkeit ohne sonderliche Eile von dreißig bis vierzig Kilometern pro Tag – Eilboten ritten täglich ungefähr fünfzig bis sechzig Kilometer – und einigen Ruhetagen dauerte die Reise um die drei Monate. Kein geringer Aufwand also, um die Falken zu holen. So wie der Kaiser sich den Erwerb und die Abrichtung von Falken einiges kosten ließ, so dienten viele repräsentative Gebäude der Jagdleidenschaft des Herrschers. Auch vom berühmten Castel del Monte sind einige Forscher überzeugt, dass es als Jagdschloss speziell für die Falkenjagd genutzt werden sollte. Manche Experten nehmen sogar an, dass die achteckigen Türme der Burg ganz besondere Luftströmungen erzeugen, die Falken einen Aufstieg erleichtern.

Auf jeden Fall blieb die Vorstellung, Friedrich habe genau dort mit den Falken gejagt, so faszinierend, dass mitunter eigenartige Fäden in den Teppich der Geschichte gestickt wurden: Nach einem Entwurf von Werner Peiner fertigte die Gobelinmanufaktur Nymphenburg 1938 eine idealisierte Mittelalterszene mit Kaiser und Falken beim Castel del Monte an, die als Bestandteil einer Serie von Falkenjagdteppichen das von Hermann Göring geförderte «Haus der Flieger» in Berlin schmücken sollte.[6]

Friedrich schreibt über die Beizjagd

Friedrich II. betrieb die Falkenjagd nicht nur zur Repräsentation oder Zerstreuung, sondern mit einer erheblichen naturwissenschaftlichen Neugier, die für seine Zeit einzigartig ist. Seine Erfahrungen und Studien notierte er systematisch und verband sie mit Beobachtungen aus anderen Werken zu Traktaten über die Jagd. Wir wissen von zwei Werken, an deren Übersetzung, Zusammenstellung und Verbreitung der Kaiser maßgeblich beteiligt war: zum einen der sogenannte *Moamin* und zum anderen das berühmte Falkenbuch *De arte venandi cum avibus*. Die in der Forschung heftig umstrittenen Entstehungsgeschichten und weiteren Schicksale dieser Traktate sind kompliziert, doch überaus aufschlussreich hinsichtlich ihrer Stellung in der Wissenskultur des Mittelalters.[7]

Bei der verheerenden Niederlage von Parma 1248 verlor der Imperator sein kostbar verziertes «Buch über Vögel und Hunde». Ein Mailänder Bürger und Kaufmann namens Guilielmus Bottatius konnte die wertvoll gebundene Handschrift den Plünderern abhandeln. Er bot sie 1264 Karl von Anjou an, jenem sich gerade auf die Eroberung Siziliens vorbereitenden Grafen der Provence, um sich beim zukünftigen Machthaber anzubiedern. Damit der Graf wirklich begriff, was für ein großartiges Präsent er bekommen sollte, schickte ihm Bottatius einen Widmungsbrief, in dem er den Inhalt der Handschrift genau beschrieb. Aus dem Brief erfahren wir, dass dieses Werk dem Kaiser «mehr als alles, was ihn sonst erfreute, teuer war und dessen staunenerregende Schönheit und

293

Bedeutsamkeit keine Zunge zu preisen vermag. Denn mit Gold- und Silberschmuck kunstvoll verziert, mit dem Bild der kaiserlichen Majestät geschmückt und dem Umfang nach so dick wie zwei Psalter, lehrt es in wohlgeordneter Reihenfolge alles Wissenswerte über Habichte, Falken, Gerfalken, Sperber und andere edle Vögel sowie alle Hunde». Das ist zugleich auch die letzte Nachricht, die wir von dieser Handschrift haben.[8]

Lange Zeit glaubte man, dass es sich um ein Prachtexemplar der kürzeren Fassung des Werkes *De arte venandi cum avibus* gehandelt habe, welches der Kaiser bei seiner Niederlage vor Parma eingebüßt hatte. Doch ist inzwischen durch die Forschungen von Johannes Fried und Stefan Georges klar geworden, dass es sich dabei um ein anderes Werk des Kaisers handelte. Das kostbare Buch enthielt eine Zusammenstellung von einigen fremden Jagdtraktaten, die Friedrich gesammelt und mehr oder minder mit eigenen Beobachtungen ergänzt hatte. Die Ergänzungen des Kaisers waren so umfangreich, dass es gerechtfertigt erscheint, sogar von einer Art zweitem Falkenbuch des Kaisers zu sprechen, denn auch die Zusammenstellung von Traktaten aus anderen Federn ergibt schließlich eine persönlich gefärbte Jagdlehre des Kompilators. Außerdem ist es möglich, dass die Handschrift längere Passagen aus der Feder des Kaisers enthielt, die später weiterverarbeitet wurden. Den Kerntext des bei Parma verlorenen Buches stellte jedoch wahrscheinlich der sogenannte *Moamin* dar.[9]

Weil die arabische Welt seit Jahrhunderten große Erfahrungen in der Falkenbeize gesammelt und darüber auch eine reiche Literatur hervorgebracht hatte, hatte der Kaiser für ein vertiefendes Wissen über seine Lieblinge arabische Jagdbücher besorgen und ins Lateinische übersetzen lassen. In diesen Zusammenhang gehört ein spezieller falken- und hundeheilkundlicher Traktat, der als *Moamin* bezeichnet wird. Der Name *Moamin* entstand aus der vom Übersetzer für Muhammad abgekürzten Form Moam'. Spätere Abschreiber hielten den hochgestellten Kürzungsstrich für ein i und den Namen für den Autor. Der Text stellt eine Kompilation aus zwei arabischen Quellen dar, der Textsammlung *Adham al-Gitrīf* aus dem 8. Jahrhundert und dem *Kitāb al-Mutawakkilī* aus dem 9. Jahrhundert. Im *Kitāb al-Mutawakkilī* ging es um so problematische Dinge wie: Was macht man als Falkner, wenn die gefiederten Lieblinge an feuchtem Schnupfen oder verstopften Nasenlöchern leiden, einen ausgerenkten Schnabel oder Ohrenschmerzen haben? Solche Krankheiten behandelte man nach dem Traktat zufolge am besten mit Wolfsfett, einem alten Fettschwanz mit Olivenöl oder Gazellenfleisch. Palmöl oder Auberginenfett hingegen vermögen den Schnabelbruch der Falken zu verhindern. Der zweite Falkentraktat war ein Werk des Jagdmeisters al-Dschitrīf Ibn Qudāma al Dschassānī, der Mitte des 8. Jahrhunderts mehreren Kalifen gedient hatte. Dieses Werk beinhaltete selbst ältere Schriften und enthielt in einer Fassung sogar ein Streitgespräch zwischen Alexander dem Großen und seinen Ärzten über Beizvogelkrankheiten. Nach der arabischen Namensform für Alexander wird sie als Iskandar-Version bezeichnet. Der Übersetzung für den Kaiser lag aber eine andere, längere Fassung zu Grunde.

Erst am Hof und unter maßgeblicher Beteiligung Kaiser Friedrichs II., der alle diese Aufzeichnungen kompilierte und kürzte, sind eine Reihe von Versionen des *Moamin* zusammengestellt worden, deren weitere Traditionen sich über acht Jahrhunderte auf heute mindestens über siebzig Handschriften in über einem Dutzend Sprachen entfalteten. Die in der Umgebung des Kaisers entstandenen *Moamin*-Fassungen sind somit Paradebeispiele für den orientalisch-okzidentalen Wissenstransfer. Sie sind zudem Zeugnisse einer arabischen Literatur, über die die arabische Welt zum Teil heute selbst gar nicht mehr verfügt. Woher aber bekam Friedrich seine arabischen Schriften? Hatte er sie, als Geschenk eines dortigen Machthabers, vom Kreuzzug mitgebracht? Oder hatte sein Hofphilosoph Theodor von Antiochia (um 1195–1250), der Nachfolger des Michael Scotus, die Schrift im Gepäck, als er um 1225 an den Hof des Kaisers kam? Theodor, ein syrischer Christ, war nämlich weit herumgekommen, unter anderem weilte er auch in Mossul. Möglich wäre das. Möglich wäre aber auch, dass die Schriften aus Spanien kamen, denn ein anderer Überlieferungsstrang bietet eine kastilische Übersetzung, die um die Mitte des 13. Jahrhunderts unter der Patronage des kunstsinnigen Königs Alfons X.

295

el Sabio, des «Weisen» (1252–1284), entstanden ist. Einige Umstände machen aber auch eine nordafrikanische Herkunft wahrscheinlich, denn im Frühjahr 1240 pflegte Friedrich II. besonders gute Kontakte mit dem Herrscher von Tunis, der bei der Gelegenheit dem Kaiser eine Abschrift des *Kitāb al-Mutawakkilī*, jenes Traktats, der einst für den Abbasidenkalifen al-Mutawakkil (847–861) verfasst worden war, übersandte. Friedrichs hochgeschätzter Gelehrter Theodor von Antiochia übersetzte den Text dann ins Lateinische. Da das Werk in seiner arabischen Ursprungsfassung nicht erhalten ist, bilden die von Friedrich angeregte lateinische Übersetzung und Weiterverarbeitung, die einige Jahre später entstandene kastilische Übersetzung sowie andere arabische Auszüge die Grundlage der modernen Textrekonstruktion des *Kitāb al-Mutawakkilī*.[10]

Als Zeitraum für die Bearbeitung des *Moamin* kommt die Spanne zwischen August 1240 und April 1241 in Frage, als der Kaiser täglich grimmiger zu der seiner Belagerung trotzenden Stadt Faenza hinübersah. Die vor Parma verlorene Prunkfassung enthielt offenbar diesen von Friedrich bearbeiteten *Moamin* und noch weitere zentrale Texte zur Jagd, wie etwa den *Dancus rex* und den *Guillelmus falconarius*. Diese beiden Abhandlungen stammten aus dem Umfeld von Friedrichs Großvater König Roger II., der auf Sizilien natürlich ebenfalls auf orientalisches Wissen zurückgegriffen hatte. Dazu darf man sich noch Kommentare und vielleicht auch längere Passagen denken, die Friedrich verfasst hat und die Eingang in seine spätere Abhandlung gefunden haben können. Der *Moamin* wurde in Italien im Mittelalter ein sehr verbreitetes Handbuch. Kurz nach seiner Entstehung wurden mindestens zehn Abschriften wohl auf Geheiß des Kaisers angefertigt. Sie dienten seinen an verschiedenen Orten stationierten Falknern als Wissenskompendium über die Beizjagd. Fast vierzig erhaltene und noch einmal fast ebenso viele erschließbare Fassungen sind heute bekannt. Einer der späteren Übersetzer ins Italienische, Maestro Moroello, notierte, dass der *Moamin* vom Coramomellino, dem König von Karthago, stamme und von Magister Theodor, dem Arzt Kaiser Friedrichs, übersetzt worden sei. Die auf den ersten Blick abenteuerlich scheinende Herkunft löst sich jedoch widerspruchsfrei auf, denn Coramomellino ist die italienisierte Form des arabischen Kalifentitels *Herr der Gläubigen*. Da Karthago für Tunis stand, zeigt sich, dass es später immer noch bekannt war, dass Friedrich die Grundlagen seiner Bearbeitungen offenbar von einem Kalifen aus der Dynastie der Hafsiden erhalten hatte. Später gelangten *Moamin*-Fassungen zu den Aragonesen und Sforza, zu König Karl VIII. von Frankreich (1483–1498) und Kaiser Maximilian I. (1493–1519). Eine franko-italienische Fassung dieses Buches war sogar für seinen Sohn Enzio bestimmt. Man nimmt an, dass Enzio das Buch in seiner endlos lang scheinenden Gefangenschaft, die bis zu seinem Tode 1272 dauerte, las und darin auch Verbesserungen vornahm – echte Kerkerlektüre also.

Ein weiteres Kompendium über die Beize ist das berühmte Buch Friedrichs über die Falkenjagd, das oft in einem Atemzug mit dem Namen des Kaisers genannt wird. Es trägt den Kurztitel *De arte venandi cum avibus*, «Über die Kunst, mit Vögeln zu jagen». Als Zeitraum der Abfassung dieses Traktats nimmt man die Jahre 1241 bis 1248 an. Leider ist keine Handschrift, die ganz oder teilweise noch zu Lebzeiten des Kaisers geschrieben und gezeichnet wurde, erhalten. Vermutlich hat der Kaiser unfertige Arbeitsexemplare hinterlassen. Mit nicht einmal fünfundzwanzig erhaltenen oder erschließbaren Textzeugnissen war *De arte venandi cum avibus* viel weniger verbreitet als der *Moamin*. Die älteste Überlieferung des kaiserlichen Buches *De arte venandi cum avibus* ist eine Abschrift, die sein Sohn Manfred als König von Sizilien aus den Aufzeichnungen seines Vaters zusammenstellte, mit eigenen Kommentaren versah und illustrieren ließ. Das bedeutet, dass das allgemein bekannte und in einzelnen Bildern oft reproduzierte Falkenbuch eben nicht mehr aus der Regierungszeit Friedrichs selbst stammt und von ihm nie liebevoll durchgeblättert wurde, sondern erst etwa anderthalb Jahrzehnte nach seinem Tode in die Welt trat. Manfred, der Sohn Bianca Lancias und König von Sizilien, war wie sein Vater ein begeisterter Falkner. Deshalb ließ Manfred aus dem väterlichen Text einen Prachtkodex herstellen und offensichtliche Lücken schließen. Seine eigenen Erfahrungen flossen als Zu-

297

sätze, die mit *rex Manfredus* gekennzeichnet wurden, in den Text seines Vaters ein. Wahrscheinlich ist die Abschrift in den Jahren 1258 bis 1266 entstanden, doch auch sie blieb unvollendet, wie man aus einer Reihe von nicht mehr kolorierten, aber vorgezeichneten Bildern am Ende der Handschrift sehen kann. Dieses kostbare Manuskript der kürzeren Fassung des Falkenbuchs im Vatikan enthält über neunhundert Einzelszenen, von denen die bekannteste jene sein dürfte, die den Kaiser selbst mit einem Falken zeigt. Diese Miniaturen haben erheblich dazu beigetragen, dass das Werk *De arte venandi cum avibus* berühmter werden konnte als der viel weiter verbreitete *Moamin*. So erscheint dieses illustrierte Buch Friedrichs eigentlich wie ein als Edelreis aufgepfropfter Seitenzweig des *Moamin*, der mit seinen besonders farbenfrohen Blüten alle Aufmerksamkeit vom nährenden Stamm abgelenkt hat.

Wenden wir uns ein wenig detaillierter dem kaiserlichen Text, wie er in der Manfred-Abschrift überliefert wurde, zu: Der Kaiser erörtert zunächst die Einteilung der Vögel im Allgemeinen und speziell der Nicht-Raubvögel, kommt dann auf die Falken und ihre Abrichtung zu sprechen, erläutert die dafür nötigen Hilfsmittel und breitet dann sein Wissen über die Beize mit Ger-, Saker- und Wanderfalken aus. Wie in einem heutigen Vorwort gibt es am Anfang verschiedene Bemerkungen zu Sinn, Ausführung und Inhalt des Werkes. Unter dem Stichwort «Über den Anspruch» diktierte Friedrich: «Unsere Absicht aber ist es, in diesem Werk über die Beize die Dinge, die sind, wie sie sind, darzustellen und ihr den Rang einer Kunst zu sichern, wovon keiner bisher Wissen besaß, das noch keiner als Kunst angesehen hat.» Eine Kunst sollte die Jagd sein, wobei man im Mittelalter darunter eher eine Wissenschaft verstand. An den Universitäten des hohen und späten Mittelalters hießen die einzelnen Studienfächer *artes*, denn man studierte hier die *septem artes liberales*, die sieben freien Künste, zu denen etwa Arithmetik, Geometrie und Grammatik gehörten. In diesem Sinne

298

Der Falkner

wollte der Kaiser die *ars venandi* verstanden wissen und die Dinge, die sind, darstellen, wie sie sind, *«que sunt, sicut sunt»*.[11]

Unter dem Stichwort *«De libri titulo»* wird der Titel des Werkes genannt. Er lautet vollständig: «Das Buch des göttlich Erhabenen, Friedrich des Zweiten, des Kaisers der Römer, des Königs von Jerusalem und Sizilien, über die Kunst mit Vögeln zu jagen, das unterteilend und erforschend die Wirkung der Natur bei der Jagd mit Vögeln offenbart». Friedrich sagt auch, was an der Beize so schwierig ist: «Warum Raubvögel schwieriger abzurichten sind, als Hunde und andere Vierbeiner: […] weil die Raubvögel den Menschen von Natur aus mehr meiden als andere Vögel und wilde Tiere, die von ihm zur Jagd abgerichtet werden. Denn die Raubvögel leben nicht, wie viele andere Vögel von Körnern und solcher Nahrung, die der Mensch anbaut […]; die Vierbeiner besitzen kein so großes Geschick, zu entfliehen und sich weit zu entfernen, wie die Vögel, weil ihre Bewegungen schwerfälliger sind und sie an der Erde haften; die Vögel aber bewegen sich rasch fort und fliegen durch die Lüfte. Daher vermag man die Vierbeiner auch leichter als die Vögel der Herrschaft des Menschen zu unterwerfen und mit Gewalt oder anderen Mitteln einzufangen. Die Vögel aber, die durch die Luft fliegen, können nicht mit Gewalt, sondern allein durch den Scharfsinn des Menschen gefangen und abgerichtet werden. Deshalb ist die Kunst der Beize bei weitem schwieriger und edler als alle übrigen Jagdarten.» Einen Falken richtig zu zähmen, wie einen Hund etwa, ist unmöglich. Man kann sie lediglich ein wenig abrichten, und sie kommen niemals aus Gewohnheit zum Falkner zurück. Sollte ein Falke über längere Strecken wegfliegen, beim Verfolgen eines schnellen Vogels wie einer Taube etwa, und dem Falkner gelingt es nicht, rechtzeitig hinterherzukommen, so verschwindet der Falke für immer. Sie werden nie Eigentum der Herrscher. «Nicht mit Gewalt, allein durch den Scharfsinn» – wie Friedrich schrieb – waren sie überhaupt zu fangen und abzurichten. Das war es, was die große Herausforderung ausmachte.[12]

Bei Friedrichs Jagdtraktat handelt es sich um das kompetenteste Falkenbuch, das je verfasst worden ist. Friedrich stellt darin nicht

300   nur die Abrichtung des Jagdfalken und den Ablauf der Beizjagd

dar, sondern entfaltet ein breites Panorama ornithologischer Beobachtungen etwa zum Vogelflug oder zur Brutpflege verschiedener Arten. Es werden über einhundert Vogelarten, manche von ihnen erstmalig, behandelt. Dabei werden nicht nur die vielen Arten der Beizvögel beschrieben, sondern auch das breite Spektrum der Raubvogelbeute. Die behandelten Tiere wurden in Miniaturen mit viel Realismus und Detailkenntnis dargestellt. Insgesamt enthält die Manfred-Fassung über neunhundert gezeichnete und kolorierte Einzelszenen. Fast alle im Buch behandelten Vogelarten lassen sich auch ornithologisch zuweisen. Zusammen mit den Texten erlauben die Zeichnungen die Identifikation von über einhundertdreißig Vogelarten. Mit den darin enthaltenen Informationen kann man für das nördliche Apulien und die Zeit um die Mitte des 13. Jahrhunderts eine zoologische Momentaufnahme rekonstruieren. Zu den bekanntesten Vogelarten, die in der Handschrift beschrieben werden, gehörten der Strauß, verschiedene Pelikane und der Kormoran, den man hier als *corvus marinus*, als «Meerrabe», bezeichnete. Der *phoenicopterus* in der Handschrift ist ein Rosaflamingo, den man wohl in Gefangenschaft hielt, denn Brutkolonien kamen in Italien nicht vor. Häufig sind in den Bildern Schwarz- und Weißstörche zu sehen, einmal sogar ein Weißstorch, der in seinem Nest auf einem Turm ein Schläfchen hält – einer der frühesten Belege für das Brüten dieser Spezies auf Gebäuden. Oft werden bei den Beutevögeln die Reiher, Kraniche, Fasane, Hühner, Gänse und Enten in ihren mitunter sehr spezifischen Unterarten abgebildet. Die zweite große Gruppe sind die Greifvögel selbst. Neben den Falken in sehr vielen Unterarten kommen Adler, Bussarde, Habichte und Sperber, Geier und Eulen vor. Eine Zuweisung, die erst jüngsten ornithologischen Forschungen gelang, betrifft einen Vogel, der in der Handschrift als *bistarda deserti*, als «Wüstentrappe», erscheint. Dabei handelt es sich um den Sekretär, einen aus den afrikanischen Savannen stammenden Greifvogel, den man leicht in Gefangenschaft halten konnte und den Friedrich vielleicht selbst aus dem Orient mitgebracht oder als Geschenk erhalten hatte.

In der Handschrift kommen aber weit weniger Vogelarten vor, als der Imperator gekannt haben wird, ging es ihm doch nicht um eine vollständige Übersicht, sondern um die Systematisierung der Greifvögel und der durch sie jagdbaren Arten. Da die Vögel oft anhand genauer Beobachtungen dargestellt werden, ist die Abhandlung einzigartig in der abendländischen Wissenschaftsgeschichte. So kam Ernst Kantorowicz dazu, das Falkenbuch zu den «frühesten Urkunden abendländischer empirischer Wissenschaft» zu zählen. In der Tat markiert das Werk einen großen Schritt auf dem Weg des modernen Denkens. Denn bis dahin glaubte man mit Bestiarien oder dem *Physiologos* auszukommen, einer Art spätantikem Tierleben, das wenig an zoologischer Genauigkeit interessiert war und alles animalische Getümmel aus der Perspektive des christlichen Heilsgeschehens deutete. Doch nun kam zu dem antiken Wissen, das über Generationen kritiklos abgeschrieben worden war, die eigene Beobachtung hinzu.

Friedrich schöpfte auch aus antikem Schrifttum, insbesondere aus der neunzehn Bücher umfassenden Zoologie des Aristoteles. Er verfuhr mit den Schriften des Aristoteles allerdings ganz ungewöhnlich. Er kritisierte sie, wenn seine eigenen Erkenntnisse denen des Philosophen widersprachen. Im Grunde zog der Kaiser seine empirische Wald- und Feldforschungen der zoologischen Stubenhockerei eines Aristoteles vor, der zwar bis dahin als die unangefochtene Autorität angesehen worden war, dessen Augen aber alles Wissen nur von alten Papyri her kannten und nicht vom Geflatter im Geäst der Bäume oder auf Tümpeln und Teichen. In der Einleitung zu seinem Buch ließ Friedrich notieren: «Beim Schreiben sind wir auch, wenn es erforderlich war, dem Aristoteles gefolgt; in manchen Dingen scheint er jedoch, wie wir aus Erfahrung lernten, besonders bezüglich der Natur bestimmter Vögel, von der Wahrheit abzuweichen. Deshalb folgen wir dem Fürsten der Philosophie nicht in allem; denn selten oder niemals hat er die Jagd mit Vögeln ausgeübt, wir aber liebten sie von Jugend auf und übten sie stets aus.» So war Friedrich etwa aufgefallen: «... einige Wasservögel schwimmen zwar gut, können aber nur schlecht fliegen und entfernen sich deshalb, wie fast alle Tauchvögel, nicht vom Wasser. Für sie trifft also das Gegenteil von dem zu, was Aristoteles in seinem Tierbuch meint, in dem es heißt, dass jene Vögel, die mittelmäßig

302

Das Wandern ist des Falkens Lust: Friedrich beschrieb in seinem Falkenbuch besondere Verhaltensweisen der Tiere. Wanderfalken etwa setzen sich Friedrich zufolge zur Überwindung größerer Distanzen auf das Heck von Schiffen. Dort lassen sie sich lieber gefangennehmen, als ermattet ins Meer zu stürzen.

fliegen, gute Läufer seien; denn die Tauchvögel, die nur mühsam fliegen, laufen noch schlechter. Nicht so allgemein verstanden, könnte diese Feststellung für die Landvögel zutreffen; für die Wasservögel aber, die nur mittelmäßig zu fliegen vermögen, trifft sie, wie gesagt, nicht zu. Da sie sich hauptsächlich im Wasser aufhalten, sind ihre Füße ja auch eher zum Schwimmen als zum Laufen gebildet, und ob sie gut oder schlecht fliegen, fast alle laufen jedenfalls schlecht.»[13]

Auch dass angeblich alle Vögel mit gebogenen Krallen Raubvögel seien, wird von Friedrich widerlegt: «Einige Vögel haben gerade Krallen, wie die meisten der nichtraubenden Vögel, bei anderen, wie bei den Raubvögeln, sind sie gekrümmt. Doch findet man auch unter den nichtraubenden Vögeln nicht wenige, die ebenfalls gekrümmte Krallen haben, wie die Dohlen, Elstern und viele andere. Was aber Aristoteles im Buch der Tiere sagt, dass alle Vögel mit gekrümmten Krallen Raubvögel seien, – *non sic se habet* – so ist es nicht!» Eine der hartnäckigsten Legenden, die sich von Aristoteles' Buch der Tiere über die *Naturalis historia* des Plinius bis hin zu Albertus Magnus immer weiter fortschleppten, war die vom

303

Winterschlaf der Vögel. Weil man in der kalten Jahreszeit bestimmte Vogelarten überhaupt nicht sah, nahm man an, sie verkröchen sich und hielten an verborgenen Orten Winterruhe. Doch Friedrich korrigierte diese Vorstellung mit seinen Darlegungen zum Wanderverhalten der Zugvögel. Eine andere Legende, die dem Kaiser keine Ruhe ließ, war jene, dass Gänse auf Bäumen wüchsen. Diese abenteuerliche Geschichte hatte schon der berühmte Enzyklopädist Isidor von Sevilla (um 570–636) in seinen *Etymologien* zu bieten. Der Anlass zu dieser Phantasie war einfach: Weil die Ringelgans so weitab im hohen Norden brütet, konnte man selbst in Britannien oder an Nord- und Ostsee nie Eier oder Nester finden. Die Geschichte fand Verbreitung in Irland und Schottland, wo an Treibholz haftende Entenmuscheln ebenfalls als Ursprung junger Enten angesehen wurden. Zur Überprüfung dieser auch dem Kaiser schon eigenartig vorkommenden Legenden ließ sich der Imperator Hölzer vom Meer aus dem Norden kommen. Aus seinen Betrachtungen zog er den Schluss, dass die Ringel- und Nonnengänse eben nicht aus dem Holz entstünden, sondern in weit entfernten Gebieten brüten mussten. Erst Ende des 16. Jahrhunderts konnte der niederländische Seefahrer Willem Barents (um 1550–1597) bei seinen Nordexpeditionen belegen, dass auch die Ringelgänse aus Eiern schlüpfen.

Manchmal irrte aber auch der große Kaiser: So gibt es in der Manfred-Abschrift eine Darstellung eines weißgefiederten Vogels mit schwarzen Flügelrändern und roten Füßen, der sich an einem Säugetierschädel, wahrscheinlich dem eines Kamels, zu schaffen macht. Daneben steht eine später hinzugefügte Erklärung: «Eine Gans frisst Aas». Das machen aber Gänse prinzipiell nie. Diese seltsame Beobachtung erklärt sich so, dass der Kaiser und seine Begleiter zwar einen großen weißen Vogel beim Herumpicken an einem Tierschädel beobachtet haben können, nur dass dieser eben keine Gans, sondern eine ähnlich aussehende Geierart, wahrscheinlich ein Schmutzgeier war.

Auf der Rückseite des ersten Blattes der ältesten erhaltenen Fassung des Werks ist der Herrscher mit einem sitzenden Falken zu sehen. Darunter sehen wir seinen Sohn Manfred, der Anweisungen

304

an Falkner gibt. Denn bei aller ornithologischen Bestandsaufnahme geht es in dem Werk doch hauptsächlich um die Abrichtung der Falken zur Beizjagd. Da die Falken von Natur aus Einzelgänger sind, besteht die Herausforderung gerade darin, sie zu Gesellschaftswesen zu erziehen, die auf den Willen eines anderen eingehen. Zum Einsatz kamen dafür Hilfsmittel und Methoden, deren Bezeichnungen heute nicht unbedingt allgemein bekannt sein dürften. So benutzen Falkner auch heute noch ein sogenanntes Zieget, lateinisch *tiratorium*. Dabei handelt es sich um den Flügel oder Schenkel eines Vogels, an dem noch reichlich Fleisch haftet. Wird der Raubvogel auf dem Arm unruhig, droht sogar das sogenannte Springen, also das Abflattern aus Unruhe, so bekommt der nervöse Schützling ein Zieget, und während er daran herumbeißt, vergisst er den eigentlichen Grund der Aufregung.

Einer der zentralen Begriffe bei der Abrichtung im Falkenbuch Kaiser Friedrichs ist das Aufbräuen, lateinisch *ciliare*. Dabei wird dem Raubvogel für einige Zeit das Sehvermögen genommen, indem man die unteren Augenlider mit Nadel und Faden durchstach, sie über die oberen Augenlider zog und die Fadenenden dann über dem Kopf zusammenband. Das machte man, weil der Anblick von Menschen den Falken erschreckt. Nachdem sich der Falke an Berührung, Fütterung und Umhertragen gewöhnt hatte, löste man die Fäden wieder und es erfolgte das sogenannten Losbräuen, lateinisch *deciliare*. In der Manfredhandschrift kann man an den Abbildungen genau erkennen, welche Falken aufgebräut wurden, denn sie sehen aus, als schliefen sie auf den Handschuhen ihrer Falkner. Erst während seines Orientzugs der Jahre 1228 und 1229 lernte der kaiserliche Falkner bei den Arabern den Gebrauch der Falkenhaube kennen, mit der man dem Vogel auch jede Sicht nehmen konnte. Durch Friedrich ist in die abendländische Falknerei die Kenntnis und Verwendung der Falkenhaube vermittelt worden, die bis heute benutzt wird. Auch einige andere der mittelalterlichen Trainingsmethoden neben dem Aufbräuen würde man heute als Tierquälerei bezeichnen. So dienten wehrlose Kraniche als Übungsbeute. Man band ihnen die Schnäbel durch die Nasenlöcher und nähte die Augen zu, die Beine wurden gefesselt und die

305

Krallen absengt, damit den kleinen Falkenschützlingen auch nicht das Geringste geschehen konnte, wenn sie ausprobierten, ihre scharfen Krallen in den Kranich zu schlagen.[14]

Ein Geschenk für den Papst

Von Friedrichs Werk *De arte venandi cum avibus* sind uns zwei Fassungen überliefert: Zum einen eine große Sechs-Bücher-Fassung, die dennoch nicht vollständig ist. Diese lange Fassung hat sich unter anderem in Bologna und in Paris erhalten. Zum anderen eine kürzere, Zwei-Bücher-Version mit Zusätzen, die es in der großen Fassung nicht gibt. Diese kürzere Version ist die heute berühmtere, weil sie in einem Exemplar überliefert ist, das einst Friedrichs Sohn, König Manfred, gehört hatte. Dieses Exemplar gelangte mit dem Sieg Karls von Anjou in dessen Hände, nachdem der König 1266 bei Benevent gefallen war. Seine Handschrift blieb zunächst bei französischen Besitzern. So ist sie Anfang des 14. Jahrhunderts bei dem Edelmann Jean II. de Dampierre et de Saint-Dizier nachweisbar. Dieser ließ eine altfranzösische Übersetzung mit Kopien der Miniaturen anfertigen, von der sich weitere Abschriften verästeln. Der Verbleib der Manfred-Handschrift war dann für drei Jahrhunderte unklar, bis sie 1594 bei dem Nürnberger Patrizier Joachim II. Camerarius, einem geachteten Naturforscher, auftauchte. Bei ihm lieh sie sich der Augsburger Humanist Marcus Welser für eine erste Druckausgabe aus, die 1596 erschien. Was dann geschah, ist wieder unklar. Jedenfalls gelangte Friedrichs Falkenbuch in die Handschriftensammlung der Kurfürsten von der Pfalz. Vom lateinischen Erstdruck erschien 1756 eine erste deutsche Übersetzung, die Johann Erhard Pacius (1715–1796) anfertigte. Doch Pacius hatte seine liebe Not mit den Fachausdrücken, da er keine rechte Ahnung von der Beize besaß. Deshalb erkundigte er sich bezüglich der Terminologie bei den hauptsächlich aus den Niederlanden stammenden Berufsfalknern seines Auftraggebers, des Markgrafen Carl Wilhelm Friedrich von Brandenburg-Ansbach (1712–1757). Da die Übersetzung von Pacius später Grund-

306

lage der deutschen Falkner-Fachbegriffe wurde, enthalten diese niederländische Elemente, wie etwa die Bezeichnung *Staart* für den Schwanz.

Die heute in der Biblioteca Apostolica Vaticana verwahrte, zwischen zwei hölzernen Deckeln gebundene Handschrift des Falkenbuchs kam mit den ungemein kostbaren Bücherbeständen der sogenannten Palatina nach Rom. Noch heute trägt sie die Signatur «Codex Palatinus latinus 1071» und verweist damit auf ihre Herkunft aus der Pfälzischen Bibliothek. Diese Bibliothek war nach den Erwerbungen des 16. Jahrhunderts durch ihre reichen Bestände, wie etwa kostbare Evangeliare, die Manessische Liederhandschrift oder eine Bilderhandschrift des Sachsenspiegels, hoch berühmt. Mit so bedeutenden Manuskripten besaß die Bibliotheca Palatina geradezu den Charakter einer «Reichsbibliothek». Als im Spätsommer 1622 die Kurpfalz und Heidelberg durch die vom Feldherrn Tilly befehligten Truppen der katholischen Liga erobert worden waren, wollte der bayerische Herzog Maximilian I. von Bayern (1597–1623) die berühmte Bibliothek nach München abtransportieren lassen. Doch Papst Gregor XV. Ludovisi (1621–1623) hatte ebenfalls ein Auge darauf geworfen, und so gefiel sich der siegreiche Herzog darin, die Bücherbeute an den Pontifex zu verschenken. Das «Geschenk» erfolgte nicht ganz uneigennützig, hatte es doch zuvor den bayerischen Wittelsbachern die päpstliche Unterstützung bei der Übertragung der Pfälzer Kurwürde auf Bayern eingebracht. Ab Dezember 1622 wurde der Abtransport nach Rom durch den päpstlichen Gesandten und späteren Bibliothekar der Vaticana, Leone Allacci (1586–1669), organisiert. Zusammen mit weiteren ausgesuchten Büchern anderer Heidelberger Bibliotheken wurden die Schätze auf dem Rücken von zweihundert Mauleseln über die Alpenpässe nach Italien transportiert. Im August 1623 übernahm die Biblioteca Apostolica Vaticana einhundertvierundachtzig Kisten mit dreieinhalbtausend Handschriften und zwölftausend Drucken. Allacci, als echter Bibliomane, hatte zuvor zwölf weitere Kisten für sich abgezweigt. Im 17. Jahrhundert wurden viele der Bücher neu eingebunden, mit dabei wohl auch *De arte venandi cum avibus*. So kam Friedrichs Falkenbuch, eine

Ironie des Schicksals, in die Bibliothek jener Stellvertreter Christi, die deren Autor mehrmals zum Antichristen erklärt, mit dem Bann belegt und schließlich abgesetzt hatten.

Friedrichs Buch über die Falkenjagd ist ein beeindruckendes Beispiel eines empirischen Wissenschaftsverständnisses. Obwohl der Kaiser noch keine Gesetze aus der Empirie ableiten konnte, hatte sich der *scutator naturae*, der Naturforscher, der die Welt als *theatrum orbis naturae*, als Theater des Naturkreises betrachtete, vom ausschließlichen Schriftwissen gelöst. In einer Art theoriefreier Datenanalyse stellte er seine Beobachtungen gegen eine *scientia coniecturalis*, eine mutmaßende Wissenschaft, wie man sie bis zu Francis Bacon (1561–1626) betrieb. Die Leistung des Kaisers bestand daher darin, dem gesammelten Wissen eine Ordnung zu geben, in der die einzelnen Details erst ihren Platz erhielten. Doch nicht nur das. Die Schrift wirkte im philosophischen Sinne weiter. Denn der Traktat war auch Anleitung für Werte jenseits allen Geflatters. Die Falknerei nobilitiert denjenigen, der sie ausübt, weil sie selbst die edelste Jagdart ist, eine intellektuelle und ethische Schulung für die Besten, die das Gemeinwesen tragen. Sie ist Ausbildungsphase und Reifeprozess zugleich, weil sie den Falkner an der natürlich-perfekten Schöpfung Gottes teilhaben lässt. Aber sein Falkenbuch ist auch ein Traktat über das Herrschen, über Hierarchien, die gottgegeben sind. Denn der großartigste Augenblick eines Herrschers dürfte jener sein, wenn der Untertan seine Fesseln nicht mehr spürt, weil er sie lieben gelernt hat. Die starke Hand, die führt, und deren Führung der daran gewöhnte Untergebene so sehr braucht, egal ob Falke, Bauer oder Edelmann, ist die des Kaisers.

Wie man sich Kaiser Friedrichs Herrschaftsverständnis vorstellte und ihm ein Denken auch in Tierhierarchien zutraute, illustriert eine gut erfundene Episode. *Se non è vero, è molto ben trovato*: Einer seiner Sakerfalken, den der Kaiser mehr als eine Stadt schätzte, stieg von des Kaisers Faust auf, um Reiher zu schlagen. Er entdeckte im Flug einen Jungadler, ließ von den Reihern ab, stürzte sich auf den Adler und schlug seine Krallen in den jungen Aar. Der völlig konsternierte Friedrich ließ den Falken von seiner

Beute abnehmen und befahl seinem Scharfrichter, dem Falken auf der Stelle den Kopf abzuhauen. In die erstaunt-fragenden Gesichter seiner Umgebung soll er als Erklärung gegeben haben: «*Perk' avea morto lo suo signore*» – weil er seinen Herrn getötet hat! Die Geschichte ist Bestandteil der ältesten italienischen Sammlung von Legenden, der sogenannten *Le ciento novelle antiche* – «Hundert alte Novellen», die auch unter dem kürzeren Namen *Il Novellino* bekannt sind.[15]

Die Geschichte vom hingerichteten Falken war ein überaus griffiger Erzählstoff, der seine Glaubwürdigkeit auch daraus bezog, dass ein Saker tatsächlich einen noch nicht ausgewachsenen Adler schlagen kann. Kriemhilds Traum aus dem *Nibelungenlied* von dem Falken, den Adler zerfleischten, spiegelt dagegen das tatsächliche Kräfteverhältnis in der Natur. Die Geschichte aus dem *Novellino* vom geschlagenen Adler macht deutlich: Alles hat sich der Herrschaftshierarchie zu unterstellen. Auch die Gesetze der Natur müssen sich vor dem Antlitz der kaiserlichen Macht beugen. Adlersymbolik und Staufer gehörten in der Zeit Friedrichs untrennbar zusammen, wie es Münzen, Siegel und Gemmen oder auch Bauten und Handschriftenillustrationen immer wieder zeigen. Als Familienwappen der Staufer und als römische Kaisertradition: der Adler war Symbol der staufischen Reichsidee. Wer nimbierte Adler, die Symbole kaiserlicher Macht und Zeichen der römischen Weltherrschaft, auf seinen Krönungsgewändern trug, ja, wer selbst zum *genus Aquilae*, dem Geschlecht der Adler, gehörte, erlaubte niemandem, auch seinem Lieblingsfalken nicht, das Ansehen des Herrschers der Lüfte zu untergraben. Das war die Botschaft der Erzählung, die man sich offenbar noch Jahrzehnte nach des Kaisers Tod zuwisperte. Wer den Kaiser oder das, was für ihn steht, angreift, ist des Todes durch das Schwert. Und das wiederum war nicht gut erfunden, das war einfach wahr.

Dritter Teil

FEINDSCHAFTEN

FEINDSCHAFTEN

10

Der Kriegsherr

Kriegermönche: Der Deutsche Orden

xzellenteste Majestät?» – «Si, che c'è?» – «Frömmste und glorreichste Majestät, da wäre doch noch die Sache mit dem Privilegio für Bruder Hermann, den ehrwürdigen Hochmeister!» – «Und?» – «Nun, Eure Unbesiegbarkeit müssten noch Befehl geben, das goldene Siegel Eurer allergnädigsten Majestät anbringen zu lassen!» – «Es sei, aber warum hebt Ihr das so hervor, mein lieber Petrus – und spart Euch gefälligst Eure klebrigen Wortschmeicheleien für meine Pergamente auf!» – «Weil Eure Erhabenheit vielleicht verwundern könnte, dass auf dem Scriptum ein anderes Jahr des Herrn steht, als wir durch Gottes Gnade gerade zählen!»

Der kleine Dialog ist fiktiv, die Attribute für den Herrscher sind es jedoch nicht, denn sie tauchen immer wieder in den Urkunden des Kaisers auf. So oder ähnlich könnte man sich einen Wortwechsel vorstellen, den möglicherweise am Rande des bedeutenden Hoftages von Mainz 1235 der kunstreiche Wortsetzer des Kaisers mit seinem Herrn geführt hat – und das natürlich in Volgare oder Altfranzösisch. Die Angelegenheit betraf eine Urkunde für Hermann von Salza (um 1162–1239), den Hochmeister des Deutschen Ordens. Kaiser Friedrich hat womöglich die Differenz zwischen der Jahresangabe der Urkunde und der tatsächlichen Jahreszählung nicht gewundert, da er doch mit Hermann und Petrus unter einer Decke steckte.

Gewundert haben sich erst die Urkundenforscher der letzten hundert Jahre. Die sogenannte «Goldene Bulle von Rimini» enthält eine im Mittelalter zwar gelegentlich auftretende, in den Ur-

313

kunden Friedrichs aber nur noch an einem anderen Privileg nachweisbare Ungewöhnlichkeit: Das angebliche Ausstellungsdatum 1226 und der tatsächliche Herstellungstermin passen nicht zusammen, liegen sogar ein ganzes Jahrzehnt auseinander. Eine nachträgliche Korrektur? Oder eine bewusste Fälschung? Die Angelegenheit ist vielschichtig, denn es ging in der Urkunde nicht um die Belehnung mit irgendeiner Wiese, sondern sie gehörte zu den zentralen Legitimationsfundamenten einer Gemeinschaft von Rittern, die es zu einem über Jahrhunderte existierenden eigenen Staatswesen bringen sollte: der Deutsche Orden. Nur der besonderen Nähe zwischen Kaiser Friedrich II. und dem Hochmeister Hermann verdankte diese Rittergemeinschaft ihren rasanten Aufstieg. Die Verbindung zwischen Kaiser und Hochmeister war so eng, dass man den Deutschen Orden in jener Zeit geradezu als einen staufischen Hausorden bezeichnen könnte.

Die Ritterorden, die Krieger- und Mönchtum miteinander verbanden, entstanden im Zusammenhang mit den Kreuzzügen in den Orient, der Reconquista in Spanien und der Christianisierung Osteuropas. Es begann die Blütezeit der Templer, der Johanniter und der Deutschherren. Die Entfaltung einer europäischen Ritterkultur prägte die einhundert Jahre, die die Herrschaftszeit der beiden staufischen Friedriche füllten. In der Regierungsspanne Kaiser Friedrichs II. wuchs der Deutsche Orden an Macht und Besitz auf Augenhöhe mit den beiden älteren Orden der Templer und Johanniter. Unter Hermann von Salza wurde er mit Privilegien und Dotationen vom Kaiser geradezu überschüttet. Seit 1216 gehörte der Hochmeister des Deutschen Ordens mit einem Begleiter zum Hof, was, nebenbei bemerkt, auch allzeit freie Kost und Logis für die beiden Männer und sechs Pferde bedeutete. Friedrich schuf sich mit der engen Bindung zum Hochmeister nicht nur einen zuverlässigen Vertrauten, sondern einen respektablen Zuwachs an militärischer Macht, deren Bedeutung man gerade im Verlauf seines Kreuzzuges sehen kann. Aus all diesen Privilegierungen für die Brüder mit dem schwarzbekreuzten weißen Mantel, deren Tracht erst durch Friedrichs Einfluss unbestreitbar bestätigt wurde, ragt als Höhepunkt die «Goldene Bulle von Rimini» hervor. Und wie

314

schon die drei «Sizilischen Goldbullen» verwandelte sich auch diese Urkunde im 19. Jahrhundert in ein national hoch aufgeladenes Dokument.[1]

Die Anfänge des Ritterordens gehen auf ein Krankenhospital im Heiligen Land zurück. Als Salah ad-Din Yusuf bin Ayyub (gest. 1193), Sultan von Ägypten und Syrien, 1187 Jerusalem eroberte, gab es dort seit über einem halben Jahrhundert ein Marienhospital zur Pflege von vornehmlich deutschen Pilgern in der Heiligen Stadt. Zu allen Zeiten brauchten Wallfahrer in der Fremde Unterkunft, Verpflegung, religiöse Betreuung und Schutz. Sich selbst in der Tradition dieses Jerusalemer Marienhospitals verstehend, begründeten deutsche Kaufleute 1189 oder 1190 vor Akkon eine Gemeinschaft, die sich «Brüder vom Hospital Sankt Marien der Deutschen in Jerusalem» nannte. Dieser Name blieb für Jahrhunderte der offizielle Titel des Ordens der Weißmantelritter. Die Gründung dieser Hospitalbruderschaft darf man sich allerdings nicht als glanzvolles Ritual mit Paukenschlag und Trompetenschall vorstellen, sondern ganz pragmatisch stifteten die Kaufleute zunächst einfach nur ein Koggensegel, das, zum Lazarettzelt umfunktioniert, Kranke und Verwundete vor der orientalischen Sonne schützte. Aus dieser frühen Ordensherkunft aus Jerusalem und der als «Neugründung» verstandenen Entstehung vor Akkon entfalteten sich im 13. Jahrhundert zwei gegensätzliche Traditionen über die Ursprünge des Ordens, die sich bis in die Gelehrtendispute des 20. Jahrhunderts zogen. Rein juristisch hatte das Jerusalemer Hospital Sankt Marien weiter bestanden, und so machten die deutschen Pflegebrüder jetzt vor Akkon gemeinsame Sache. Die Geschichte von der völligen Neugründung vor Akkon, wie man sie oft in Handbüchern liest, ist besonders in der Umgebung von Brüdern des Deutschen Ordens im Norden des Reiches ausgeschmückt worden, um die Beteiligung der Bremer und Lübecker Kreuzfahrer herauszustellen. Der Jerusalemursprung des Ordens war den Rittern dagegen so wichtig, weil die Heilige Stadt ein gewaltiges Legitimitätspotential stiftete.

Nach der Rückeroberung Akkons durch die Christen im Juli 1191 benötigte die Hospitalgemeinschaft ihre Segeltuchzelte nicht

315

mehr, denn sie hatte schon vor der Einnahme ein Gebäude in der Stadt von Guy de Lusignan (gest. 1194), dem nominellen König von Jerusalem, zugesprochen bekommen, um daraus ein Hospital zu machen. Bereits 1198 begann die Umwandlung der Pflege-brüdergemeinschaft in einen Ritterorden mit militärischen Aufgaben nach dem Vorbild der älteren französischen Templer und Johanniter. Dem nun als Kampfgemeinschaft aktiven Deutschen Orden wurde das Hospital untergeordnet. Ein Jahr später, 1199, wurde die Bruderschaft vom Papst mit dem Kampf gegen Heiden betraut. Seinen raschen Aufstieg verdankte der Deutsche Orden der hervorgehobenen Rolle, die er in der Politik der Staufer spielte. Entscheidend dabei war, dass Hermann von Salza das Vertrauen und Wohlwollen Friedrichs II. genoss. Andernfalls hätte der Orden mit dem Verlust der Orientbesitzungen versinken oder in einer der mächtigeren Rittergemeinschaften aufgehen können. Hermann von Salza entstammte einer Ministerialenfamilie, die ihren Namen von einem Ort in Thüringen, dem heutigen Bad Langensalza, entlehnt hat. Ministeriale waren ursprünglich unfreie Dienstleute, die in vielen Fällen seit dem 12. Jahrhundert zum niederen Ritteradel aufzusteigen begannen. Seit 1209 oder 1210 war Hermann Ordensmeister des damals noch unbedeutenden Deutschen Ordens. Er begegnete dem jungen Friedrich erstmals im Dezember 1216 in Nürnberg und wurde schnell einer seiner wichtigsten Ratgeber. Auf Grund seines diplomatischen Geschicks vermochte er einerseits dem Kaiser unbeirrbar zu dienen und andererseits für zukünftige Verhandlungen die Verbindungen zur Kurie nicht abreißen zu lassen. Nach seinem Tod am 20. März 1239 in Salerno soll er im Ordenshaus in Barletta beigesetzt worden sein.

Für Hermann und seinen Ritterorden ließ Friedrich die sogenannte «Goldene Bulle von Rimini» ausstellen, die auf März 1226 datiert wurde, aus einer Reihe von Gründen aber in die Mitte der 1230er Jahre gehört. Die Privilegierungen des Ordens durch den Kaiser gehören in einen vielschichtigen Zusammenhang. In der Zeit Hermanns von Salza versuchte der Orden in mehreren Gegenden eigene Herrschaftsbereiche aufzubauen: im Heiligen Land, in Ungarn, auf Zypern und in Preußen. Um 1219 hatte Hermann mit dem damaligen König von Jerusalem den Kauf der Seigneurie de Joscelin vereinbart, wodurch der Orden Zugriff auf das Gebiet nordöstlich von Akkon erhielt. Hier wurde mit dem Bau der mächtigen Burg Montfort der Hauptstützpunkt des Ordens errichtet. Während der Orden im Heiligen Land recht erfolgreich agierte und erst mit dem Fall Akkons 1291 die letzten Positionen an der Levante verlor, hatten die Aktivitäten in Ungarn bereits 1225 wieder ihr Ende gefunden. Der seit 1211 betriebene erste Versuch in Siebenbürgen und im Burzenland eine Art Landesherrschaft in Europa zu errichten, führte zu einem unlösbaren Konflikt. König Andreas II. von Ungarn (1205–1235) konnte sich nicht gefallen lassen, dass der Orden die ihm übertragenen Gebiete aus dem ungarischen Herrschaftsverband herausbrechen wollte, und vertrieb die Brüder kurzerhand. Und genau das sollte die «Goldene Bulle von Rimini» künftig verhindern.

Hören wir zunächst den feierlichen Beginn der Urkunde: «Im Namen der heiligen und ungeteilten Dreifaltigkeit, Amen. Friedrich der Zweite, durch das Walten der göttlichen Milde Kaiser der Römer und allzeit Erhabener, König vor Jerusalem und Sizilien. Gott hat deshalb unser Kaisertum vor den Königen des Erdkreises erhaben aufgerichtet und die Grenzen unseres Befehlsbereichs über die verschiedenen Zonen der Welt ausgedehnt, damit zur Verherrlichung seines Namens auf Erden und zur Verbreitung des Glaubens unter den Heiden – so wie er zur Verkündung des Evangeliums das Römische Reich bereitet hat – die Sorge unserer Wirksamkeit gerichtet ist, so dass wir sowohl auf die Unterwerfung der Heiden als auch auf ihre Bekehrung Bedacht nehmen, wobei wir die Gnade jener Fürsorge gewähren, durch welche rechtgläubige Männer, um die Barbarenvölker zu unterwerfen und sie der Verehrung Gottes zuzuführen, die Mühen täglicher Arbeit darangeben und Besitz und Leben unablässig einsetzen. Daher also wollen wir, dass durch den Wortlaut des gegenwärtigen Schriftstückes allen Gegenwärtigen und Zukünftigen des Reiches bekannt sein möge: Bruder Hermann, hochwürdiger Meister des heiligen Ordens vom Spital Sankt Marien der Deutschen in Jerusalem, unser Getreuer, hat den ergebenen Willen seines Herzens ganz sorgfältig dargelegt

317

und vor uns berichtet, dass unser ergebener Konrad, Herzog von Masowien und Kujawien, ihm und seinen Brüdern versprochen und angeboten hat, hinsichtlich des Landes, das man Kulmer nennt, und hinsichtlich des anderen Landes, das zwischen seinem Grenzgebiet und dem Gebiet der Pruzzen liegt, Sorge zu tragen, und zwar in der Weise, dass sie die Mühen auf sich nehmen sollten und recht bei ihrem Einsatz verharrten, das Land Preußen zu betreten und einzunehmen, zur Ehre und zum Ruhme des wahren Gottes.»[2]

In dem Dokument bestätigte der Römische Kaiser Friedrich II. dem Deutschen Orden die Herrschaft über das Kulmer Land östlich der unteren Weichsel und über ein weiteres benachbartes Gebiet. Zudem wird ein Auftrag zum Kampf gegen die Pruzzen formuliert. Besonders wichtig ist für den Orden, dass Friedrich eine Art Landesherrschaft und Gerichtsbarkeit übertrug, wie sie auch andere Reichsfürsten ausübten. Er gewährt die Erhebung von Abgaben, die Errichtung von Märkten und – ganz wichtig – die Prägung von Münzen sowie die Ausbeutung von Bodenschätzen. Hermann und die Brüder des Deutschen Ordens konnten höchst zufrieden sein. Doch die Auslegung der «Goldenen Bulle von Rimini» zugunsten des Deutschen Ordens stellt in der historischen Forschung einen alten Zankapfel dar. Umstritten ist zunächst die Datierung, da von einigen Urkundenkennern die Urkunde mit guten Gründen für eine Vordatierung eines erst 1235 ausgestellten Stückes gehalten wird. Dafür sprechen Schrift, Stil und Wortschatz des Dokuments. Die Schreibweise des kaiserlichen Namens mit den übereinander geschriebenen Buchstaben etwa sowie andere verzierte Buchstaben im Text hatten sich erst in den 1230er Jahren entfaltet. So wie sie in den beiden Ausfertigungen der Goldbulle erscheinen, tauchen sie mehrmals in Urkunden von 1235 auf, wie etwa in der Erhebung des Herzogs von Braunschweig. Zudem zeigen sich in der Wortwahl Anklänge an die Briefe des Petrus de Vinea, und es liegt nahe, ihn als den Verfasser des Textes anzusehen.

Ein weiters Argument ist die politische Situation. Die Übereignung des Kulmer Landes hatte der polnische Herzog Konrad

318

von Masowien (1199–1247) angesichts der gewaltigen Bedrohung seines Herrschaftsgebietes durch die heidnischen Prussen im Vertrag von Kruschwitz von 1230 mit dem Orden vereinbart. Papst Gregor IX. hatte das im Jahr 1234 in der «Goldene Bulle von Rieti», *Pietati proximum,* dem Orden bestätigt. Doch gerade in jenem Jahr 1235 machte der polnische Herzog Konrad von Masowien Anstalten, das Dobriner Land, das der Orden für sich beanspruchte, wieder an sich zu ziehen. Ja, mehr noch, vielleicht wollte der Herzog überhaupt den Orden der weißen Ritter wieder loswerden. Das Ganze dürfte die Ordensbrüder an den gerade zehn Jahre zurückliegenden Rauswurf aus Ungarn von 1225 erinnert haben. Die Frage der Rechtmäßigkeit der Länderübertragungen im Nordosten Europas sollte erneut vor ein päpstliches Schiedsgericht kommen. Für das Urteil eines päpstlichen Legaten in der Angelegenheit schien es natürlich von großem Vorteil, ein Dokument vorweisen zu können, das vorgab, dass der Besitz schon länger regulär dem Deutschen Orden übertragen worden war. Dieser Umstand stellte das entscheidende Motiv für die Rückdatierung der Urkunde um rund zehn Jahre dar. Nun war die Macht des Imperiums mit im Spiel, und eine Zurücknahme der Übertragung an den Orden hätte einen Konflikt mit niemand Geringerem als dem Kaiser selbst bedeutet.

Mit großer Wahrscheinlichkeit sind die beiden Exemplare der «Goldenen Bulle von Rimini» zwischen Mai und August 1235 hergestellt worden, als Kaiser Friedrich mit Hermann und Petrus oft gemeinsam agierte, vielleicht am Rande der Hochzeit mit Isabella von England in Worms, vielleicht während der folgenden Wochen in der Pfalz Hagenau. Besonders gut könnte man sich die Ausstellung auf dem Hoftag in Mainz im August 1235 vorstellen, als die Köpfe und Federkiele der Notare mit dem dort beschworenen Reichslandfrieden und der Herzogserhebung des Welfen beschäftigt waren. Hatten die drei also so etwas wie eine Fälschung fabriziert? Sollte man die Urkunde nun besser «Goldbulle von Mainz» nennen? Was wie eine raffinierte Fälschung aussieht, verliert seine Brisanz im Vergleich mit sonstigen Praktiken bei der mittelalterlichen Urkundenausstellung. Zum einen könnte das Rechtsgeschäft tat-

319

sächlich schon einmal 1226 ausgehandelt und sogar beurkundet worden sein. Vielleicht ist die ursprüngliche Urkunde verloren gegangen. Es könnten später noch Rechte hinzugekommen sein, die man ebenfalls auf einen früheren Zeitpunkt datieren wollte. In der mittelalterlichen Urkundenpraxis war das alles nichts Ungewöhnliches. In diesen Fällen spricht man von einem Auseinanderfallen von *actum* und *datum*, also des Rechtsaktes sowie der Verfertigung und Aushändigung der Urkunde.

Die Urkunde wurde aber noch aus einem gewichtigeren Grund zum Zankapfel. Vor allem polnische und deutsche Historiker stritten im 19. und 20. Jahrhundert darüber, ob ein deutsch-römischer Kaiser aus staatsrechtlicher Sicht überhaupt berechtigt war, Gebiete, die nicht seiner unmittelbaren Herrschaft unterworfen waren, als Lehen an den Deutschen Orden zu vergeben. Gehörte das Ordensgebiet, weil es der Kaiser der Sorge der Ordensritter anvertraut hatte, zum Reich? Waren somit die Ordensmeister Reichsfürsten? Roch das nicht alles schon nach deutscher Anmaßung, die dann später im Verhältnis der Deutschen zu den Polen noch so viel Ärger bereiten sollte? Das Problem hing unter anderem an dem Wort *monarchia*, einem Zentralbegriff in der Staatsauffassung Friedrichs II. Wie der Kaiser das verstand, hatte er ja in der Urkunde festhalten lassen: «... und da dieses Land selbst in die Monarchie des Kaisertums einbegriffen ist». Mit dem Begriff der *monarchia imperii* spielte Petrus de Vinea, der an der Abfassung des Urkundentextes beteiligt gewesen sein dürfte, gern in seinen offiziellen Briefen, die er im Namen des Kaisers in die Welt gab. Auch Dante Alighieri nannte eine seiner staatstheoretischen Schriften ganz bewusst nicht *Imperium* sondern *Monarchia*. Diese «Weltmonarchie» war es, die man für die christliche Heilsgeschichte als notwendig erachtete und die deshalb immer wieder in kaiserlichen Urkunden – so auch später bei Kaiser Karl IV., der sich als *Monarcha mundi* sehen wollte, – vorkommt. Doch alles das war und ist eigentlich ein Streit um des Kaisers Bart, denn Friedrich ist in seiner Stellung als jene oberste weltliche Macht der Christenheit um die Urkunde gebeten worden und nicht, weil er dieses oder jenes Stück Land in seiner lehensrechtlichen Verfügung gehabt hätte.

320

Ihm selbst schien es selbstverständlich – und das sicher in einer bewussten Konkurrenz zu den Päpsten –, als höchste Autorität des Erdkreises angerufen zu werden. Die *monarchia imperii* mit dem Wilhelminischen Kaiserreich zu verwechseln oder gar mit dem Dritten Reich, gelang ohnehin nur der nationalen Aufgeregtheit des 19. und 20. Jahrhunderts. Es ging bei der Urkunde für Hermann und seine Ritter um den Glanz einer Kaiserurkunde, um eine höhere Legitimität, die nicht zuletzt ihr besonderes Gewicht aus der Strahlkraft des Siegelgoldes bezog.

Das Heer des Kaisers

Friedrichs Herrschaftszeit fiel in die Blütezeit des Rittertums, ob sie nun als Barden oder Krieger auftraten. So verwundert es nicht, dass man vom Kaiser berichtet, er sei ein exzellenter Schwertkämpfer und passabler Bogenschütze gewesen, zumindest in seiner Jugend. Dass das Schwert ihm mehr als alles andere vertraut war und er fleißig übte, den Bogen zu spannen und Pfeile zu entsenden, ja mitunter den ganzen Tag bis zur Nacht auf das Kriegshandwerk und die Waffenkunde verwendete, haben wir schon gehört. Mittelalterliche Herrscher führten in der Regel ihre Heere im Kriegsfalle selbst an, leiteten Belagerungen und kümmerten sich um ihre Streitkräfte. Das war auch bei Friedrich II. nicht anders. Gelegenheiten, als Kriegsherr aufzutreten, gab es reichlich. Volle anderthalb Jahrzehnte Dauerkrieg in der Lombardei von 1236 bis zu seinem Tode 1250 – immerhin die Hälfte seiner Regierungszeit als Kaiser –, die Heerzüge am Beginn seiner Herrschaft in Deutschland, die Belagerungen von Burgen widerspenstiger Barone in Süditalien, die Feldzüge gegen die Muslime auf der Insel Sizilien, der Kampf um Zypern: Das kaiserliche Schwert blieb selten ungezückt. Der Krieg war der Normalzustand, der Friede die Ausnahme. Er bestimmte letzlich die Struktur des Staates, der Verwaltung und der Wirtschaft. Finanziert wurden die Kriege durch die kaiserliche Kasse, die in erster Linie eine Kriegskasse war. Durch die eigenen imperialen Ziele im Heiligen Reich, die Bedrohung durch die

321

Päpste und die oberitalienischen Städte sowie das Kriegstheater in Übersee, befand sich das Herrschaftsgebiet Friedrichs in einem Zustand der ununterbrochenen Mobilisierung von militärischen Kräften.[3]

Friedrichs militärische Macht ruhte auf drei Säulen: dem Heer, den Burgen und der Flotte. Letztere war keine Selbstverständlichkeit für Herrscher jener Zeit, auch für solche nicht, deren Länder lange Küsten besaßen. Die Landtruppen des Mittelalters bildeten noch keine stehenden Heere, wie sie erst die Frühe Neuzeit hervorbringen sollte. Wie bei den anderen Herrschern in Europa, so kam auch Friedrichs Heer nur im Bedarfsfall zusammen. Anders verhielt es sich mit den Dienstmannen in den Kastellen, die allzeit in der kaiserlichem Pflicht standen. Das Heer setzte sich aus Bewaffneten zusammen, die aus verschiedenen rechtlichen Bindungen und Pflichten für den Kaiser kämpften. Den Kern des Heeres des Königreichs Sizilien bildete das Aufgebot an Rittern, den *milites*. Sie konnten sowohl aus Lehensverpflichtungen zur Heeresfolge herangezogen werden, als auch für Geld Kriegsdienst leisten. Gemäß den alten normannischen Vorstellungen war der Inhaber eines Lehens innerhalb des Königreiches für vierzig Tage im Jahr zur Heeresfolge verpflichtet. Die ökonomische Leistungsfähigkeit der Lehen bestimmte die Anzahl der Kämpfer. Jeweils zwanzig Unzen Gold an Jahresertrag verpflichten zur Entsendung von einem Ritter mit zwei Kriegsknechten, die man *garziones* nannte. Die Heeresfolge konnte jedoch auch bei Minderjährigkeit oder Krankheit eines Lehensträgers durch Geldzahlungen, einer Art Wehrsteuer, die *adohamentum* hieß, abgelöst werden. Die Höhe dieser Zahlungen belief sich dann aber auf die Hälfte des gesamten Jahresertrages des Lehens. Die Nichtbeachtung der Gestellungspflicht zum Kriegsdienst konnte den Entzug des Lehens zur Folge haben. Der Kreuzzug mit seinen langen Reisezeiten erforderte jedoch eine andere Lösung. Für die Orientexpedition hatte Friedrich von allen Lehensträgern verlangt, dass von jeweils zehn Ritterlehen ein vollständig ausgerüsteter Ritter für ein ganzes Jahr gestellt werden sollte.[4] Was konnte Friedrich aus dem Königreich Sizilien an Streitmacht aufbieten? Das lässt sich leider nicht flächendeckend be-

322

stimmen. Ein sogenannter *Catalogus baronum* für den Dukat Apulien und das Fürstentum Capua, der die Ritter und die mit ihnen zu stellenden Fußknechte, die *servientes* oder auch *pedites*, auflistet, verzerrt den Eindruck. Dieses Dokument zählt für diese Gebiete rund eintausendvierhundert Lehnsträger auf. Das ist jedoch eine theoretische Größe. Wären nämlich alle Inhaber eines Lehens gemäß dieser Aufstellung zum Kriegsdienst erschienen, dann hätte sich ein Heer von achttausend Rittern und elftausend Kriegsknechten versammeln müssen – eine Macht, größer als die beiden 1214 bei Bouvines kämpfenden Heere zusammengenommen. Und dabei wären die Lehensträger der nicht genannten Gebiete, wie etwa die Insel Sizilien, noch mit hinzuzurechnen. Tatsächlich standen dem Kaiser jedoch viel weniger Kämpfer zur Verfügung.

Dem aus den Vasallen bestehenden Lehensaufgebot traten zunehmend Krieger zur Seite, die für Geld kämpften. Die Grenzen waren zunächst fließend. Es konnte vorkommen, dass ein und derselbe Ritter zunächst als Vasall seiner Lehenspflicht nachkam, nach Ablauf der Zeit aber weiter als bezahlter Krieger dem Kaiser diente. Der Griff zum Schwert konnte im Königreich Sizilien aus vasallitischer Pflicht erwachsen, in Oberitalien jedoch, also außerhalb des Heeresfolgegebietes, gegen Geld. In ähnlichen Verhältnissen, nur geographisch vertauscht, kämpften auch deutsche Ritter, die im Norden ihren Lehenspflichten nachkamen, im Süden jedoch für Geld fochten. Viele Ritter, dem Stand nach zwar *milites*, doch den Einkünften nach keine Lehensträger, waren ohnehin so arm, dass nur der Gewinn des Schwertes ihnen eine ausreichende Existenzgrundlage ermöglichte.

Neben den bezahlten Rittern existierte noch eine weitere Gruppe von Kämpfern, die für ihre Kriegsdienste entlohnt wurden, die aber nicht aus ritterlichem, sondern aus dem städtischen und bäuerlichen Umfeld rekrutiert wurden. Diese Krieger dienten meistens als Fußvolk, das mit Spießen kämpfte. Unter ihnen gab es aber auch Spezialisten für besondere Waffen, wie etwa die Langbögen, die man als *sagittarii* bezeichnete – wörtlich übersetzt eigentlich nicht die Bogner, sondern die «Pfeiler» –, die Armbrüste bedienten, die sogenannten *balistarii*, oder sich mit größeren Schleudermaschinen auskannten, deren Handhabung ein besonderes Training erforderte. In Friedrichs Heer kämpfte außerdem eine sonst in Europa ungewöhnliche Truppe: die Sarazenen. Diese muslimischen Krieger wurden aus den Siedlungen rings um Lucera ausgehoben und dienten hauptsächlich als Bogenschützen. Auch sie wurden entlohnt. Da ein Teil der Kämpfer vor allem gegen Ende von Friedrichs Herrschaftszeit nicht mehr einzeln angeworben wurde, sondern von speziell dazu Beauftragten, die als Kommandeure für den Kaiser die Streiter führten, haben wir hier schon die Vorboten von eigenverantwortlich wirtschaftenden Truppenführern vor uns. Das Phänomen des bezahlten Kriegsdienstes wirft einige Fragen auf: Gab es im Heer Friedrichs bereits regelrechte Söldner? War der Solddienst ein fester Bestandteil in der kaiserlichen Militärorganisation? War Friedrich II. gar eine Art gekrönter Söldnerführer? Für Ernst Kantorowicz war die Sache klar. Er sprach von einem «vom Kaiser geworbenen Söldnertum», und der Herrscher «selbst wuchs mit der leichten Wandlungsfähigkeit aller Großen in eine Art Kondottierentum hinein». Peter Thorau hat dagegen in seinen Untersuchungen über Krieg und Geld die Aufmerksamkeit auf ein wichtiges Detail gerichtet: Unter einem richtigen Söldner versteht man einen Militärspezialisten, der sich frei von irgendwelchen Bindungen diesem oder jenem Kriegsherrn andienen und seine Haut, wo es ihm beliebte, zu Markte tragen konnte. So ungebunden waren die Ritter Friedrichs jedoch nicht. Sie blieben seine Untertanen, unterlagen der sizilischen Gesetzgebung und konnten nicht, wenn etwa der König von England besser zahlte, einfach in dessen Dienste treten. Das Geld, das sie erhielten, galt als eine Art Unterstützung, als Lebensunterhalt und es wurde auch so bezeichnet: «*stipendia pro militibus nostris*, Unterstützungen für unsere Ritter».[5]

Manchmal waren diese allerdings so gering, dass die Ritter wenig Lust verspürten, dafür ihr Leben zu riskieren. Erst ein kaiser-

liches Machtwort trieb sie dann ins Feld. Es bestand also noch ein großer Unterschied zwischen Friedrichs bezahltem Ritteraufgebot und dem Söldnertum, das in den folgenden Jahrhunderten so berühmt-berüchtigte Söldnerkompanien hervorbrachte, vor deren Bindungs- und Zügellosigkeit sich selbst deren Auftraggeber fürchten mussten. Diese Differenz schließt jedoch nicht aus, dass einzelne «Kriegsstipendiaten», auch *mercenarii*, Söldner im eigentlichen Sinne, geworden waren.[6]

Nicht erst heute: Waffen und Ausrüstungen kosteten auch im Mittelalter ein Vermögen. In der Karolingerzeit ohne entwickelte Geld-Ware-Beziehung entsprach eine vollständige Panzerreiterausrüstung dem Wert von fünfundvierzig Kühen. Zur Zeit Friedrichs II. bezahlte man nicht mehr mit Rindern, sondern mit Geld. In Genua verlangten Waffenschmiede in der ersten Hälfte des 13. Jahrhunderts für einen Helm zwischen sechzehn und zweiunddreißig Soldi, eine in Oberitalien weitverbreitete Silbermünze. Für ein einfaches Kettenhemd bezahlte man zwischen hundertzwanzig und hundertfünfzig Soldi, für ein auch die Beine bedeckendes sogar zweihundert Soldi. Ein gutes Streitross, der sogenannte *dextrarius*, war mit rund neunhundert Soldi am teuersten. Um 1241 entsprachen fünfzig Soldi einer sizilischen Goldunze. Die Goldunze, die etwa vier Augustalen gleichkam, galt als Berechnungseinheit für die wirtschaftlichen Erträge der Lehen. Ein Lehen von durch-

Der Kriegsherr

schnittlicher Größe erwirtschaftete einen Ertrag von zwanzig Goldunzen. Allein Ross und Rüstung – und da sind die Blankwaffen wie Schwerter, Lanzen, Dolche noch nicht dabei – verschlangen mit den fast dreiundzwanzig Goldunzen also mehr als die Jahreserträge eines ganzen Ritterlehens. Der Inhaber eines Lehensgutes musste zwei Jahre gut wirtschaften, um sich komplett ausrüsten zu können. Die hohen Kosten für den Kriegsdienst konnten Lehensträger vollständig ruinieren. Deren Begeisterung für den kaiserlichen Dauerkrieg hielt sich daher in Grenzen. Der mächtigste Gegner erwuchs dem Kaiser in den oberitalienischen Kommunen. Ihre ökonomische Stärke erlaubte ihnen, sogar den Kaiser mit allen seinen Rittern herausfordern zu können. Doch die kaiserlichen Panzerreiter trafen nicht auf Bürgerarmeen zu Fuß, wie sie die antiken Stadtgemeinschaften einst hervorgebracht hatten, sondern die oberitalienischen Stadtkommunen kämpften nach Art des Adels oder ließen kämpfen, mit Rittern und Söldnern. Die wesentliche Voraussetzung der Bürgerarmee in der antiken Polis, die politische Einheit von Stadt und Land, hatten die oberitalienischen Städte nicht zu bieten. Außerhalb ihrer Mauern lag der Contado, das Umland, dessen Bewohner gründlichst unterdrückt und, so gut es ging, ausgeplündert wurden. Kämpfen wollten und durften diese geknechteten Bewohner jedenfalls nicht. So haben also trotz der republikanischen Verfassung die Städte die ihnen eigentlich fremde, aus dem Lehnsrecht entstammende ritterliche Kriegsverfassung im Wesentlichen nutzen müssen und gegen Kaiser Friedrich neben das Aufgebot der Städter die bezahlten Ritter und Söldner gestellt.

«Wunden mit Eisen ausschneiden»: Cortenuova 1237

Die Städte in Reichsitalien, jenem Gebiet, das man als Lombardei im weiteren Sinne verstehen kann, nahmen im 11., 12. und 13. Jahrhundert einen enormen wirtschaftlichen Aufschwung, der mit einer sich immer weiter ausdifferenzierenden politischen Unabhängigkeit einherging. In einem längeren Ablöseprozess war es vielen oberitalienischen Städte gelungen, sich aus der Abhängigkeit und Stadtherrschaft ihrer Bischöfe zu befreien. Sie begannen, verschiedene Arten kommunaler Selbstverwaltungen zu etablieren und auch das Umland in ihren Herrschaftsbereich einzubeziehen. Obwohl sie ein Teil des Imperiums blieben, gelang es ihnen, schon gegenüber Kaiser Friedrich I. Barbarossa und Kaiser Heinrich VI. eine wachsende Unabhängigkeit zu erlangen. Oft waren sich die Städte jedoch untereinander nicht grün und kämpften um ökonomische und politische Hegemonien in ihrem Umfeld. Manche Kommunen gingen dabei Bündnisse mit den Päpsten gegen die Kaiser ein, die auf ihrer Seite dann andere Städte wussten, oder sie schlugen sich mit den Kaisern gegen die Päpste. Es gab also nicht jene in Büchern oder Filmen oft schwarz-weiß getuschten Frontstellungen des Kaisers auf der einen Seite gegen alle um ihre Freiheit kämpfenden Städte im Ganzen auf der anderen Seite. Bei Friedensschlüssen hatte der Kaiser immer auf seine städtischen Bündnispartner zu achten. Nicht selten waren sie es, die einen Ausgleich oder Frieden verhinderten, indem sie den Herrscher mit ihren Forderungen unter Druck setzten.

Mit der wachsenden Unabhängigkeit der Kommunen beanspruchten sie die Ausübung ehemals königlicher Rechte, der Regalien. Seit dem 12. Jahrhundert stellte sich so etwas wie ein Konfliktautomatismus ein: Wollten die Kaiser traditionelle Herrschaftsrechte des Reiches in Anspruch nehmen oder sogar intensivieren, führte das zwangsläufig zum Zusammenstoß mit den Kommunen Oberitaliens, allen voran Mailand. Selbst lange als «kaisertreu» geltende Städte wie Cremona stritten nur deshalb auf der kaiserlichen Seite, weil sie sich davon größere Vorteile erhofften. Im Verlauf des ersten Drittels des 13. Jahrhunderts kamen für die in wildem Getümmel um die Macht in ihren Kommunen ringenden oligarchischen Geschlechter Parteinamen auf. Doch sind diese Namen nicht als Parteibezeichnungen im heutigen Sinne einer politischen Programmatik zu verstehen, sondern waren eher verschwommene Etiketten für die Besonderheiten der jeweiligen Kommunen. 1216 traten nach einem Mord auf dem Ponte Vecchio in Florenz erstmalig die Namen der «Ghibellinen» und der «Guelfen» in das Licht der Geschichte. Sie wurden von den Geschlechternamen der beiden im Norden um die Krone ringenden Familien der Staufer und der Welfen entlehnt, hatten aber mit dem Konflikt nördlich der Alpen nichts zu tun. Als Ghibellinen wurden die «Leute des Waiblingers» bezeichnet, weil man den Staufererben Friedrich II. als Waiblinger ansah. Guelfen hingegen nannte man in Anlehnung an die Welfen deren Gegner. Doch fabulierten Chronisten, wie Giovanni Villani, der Ursprung habe eigentlich in den zerstrittenen deutschen Brüdern Guelph und Gibel, italienisch Guelfo und Ghibellino, gelegen, was zeigt, dass man sich schon ein Jahrhundert später an einen Zusammenhang mit Kaiser Friedrich II. gar nicht mehr erinnern mochte. Die Ghibellinen suchten die Kaisernähe für die Durchsetzung ihrer Politik oder galten als kaisernah, die Guelfen hielten sich an die gegnerische Seite, also die des Papstes. Doch war die politische Realität in den einzelnen Kommunen viel komplizierter. Hinzu kam, dass sich die Guelfen als besondere Vertreter einer kommunalen Unabhängigkeit inszenierten, ein Erbe, das noch im 19. Jahrhundert im Risorgimento bei den Neoguelfen kräftig kolorierte Argumentationsfolien abgab. Von Florenz aus verbreiteten sich die politischen Etiketten im Verlauf des ganzen 13. Jahrhunderts immer weiter in der Toskana und in Oberitalien. In Süditalien hingegen spielten sie keine Rolle.[7]

Die Ghibellinen und die Guelfen waren in den Städten damit beschäftigt, sich gegenseitig von der Macht zu verdrängen, mit Intrigen, Gift und Mordstahl die eigene Macht zu befestigen. Dass es dabei nicht tatsächlich um welfische oder staufische Interessen ging, kann man leicht daran erkennen, dass die Parteinamen weiter mit Inbrunst verwendet wurden, als die Stauferherrschaft bereits untergegangen und die Welfen in der Bedeutungslosigkeit verschwunden waren. Noch Niccolo Machiavelli (1469–1527) schrieb in seiner Geschichte von Florenz: «Friedrich [...] säte [...] so vielen Unfrieden aus, dass er zum Ruin von ganz Italien den Grund legte. Denn die guelfischen und ghibellinischen Parteiungen mehrten sich: jenen Namen gab man den Anhängern der Kirche, diesen den Anhängern des Kaisers.»[8]

328

Die ökonomische Kraft der oberitalienischen Kommunen war gewaltig und dürfte jede Vorstellungen nordalpiner Herrschaftsträger überstiegen haben. Sie wuchs in den Jahrhunderten des Hoch- und Spätmittelalters sogar noch weiter. Im Grunde kämpften die Kaiser des hohen und späteren Mittelalters einen völlig aussichtslosen Kampf, wenn sie in Oberitalien Reichsrechte mit Gewalt durchsetzen wollten. Dank der gewaltigen materiellen Ressourcen ließen sich nicht nur ständig neue Truppen anwerben, sondern lange Konfliktphasen mühelos durchstehen. Zwei militärische Auseinandersetzungen des Kaisers mit den Kommunen zeigen das deutlich. Bei dem angeblich so großen kaiserliche Sieg bei Cortenuova in der Nähe von Bergamo 1237 war der Sieger trotz aller sich daran anschließenden imperialen Posen nicht einmal in der Lage, eine Belagerung des eigentlich geschlagenen Mailands zu beginnen. Zudem verrät Friedrichs Verhalten sehr viel über seine Kaiseridee und seine Herrschaftsvorstellung sowie letztlich auch von seinem Unvermögen, die realen Kräfteverhältnisse mittel- und langfristig vernünftig einzuschätzen. Die verheerende und schwerste Niederlage des Imperators bei Parma elf Jahre später offenbart noch deutlicher, welch immense militärische Schlagkraft einzelne Kommunen entwickeln konnten.

In der Schlacht von Cortenuova am 27. und 28. November 1237 besiegten die Truppen Kaiser Friedrichs II. überraschend die Streitkräfte des Bundes der lombardischen Städte. Der Anlass zu diesem Konflikt war, dass sich die in diesem Bund vereinten kaiserfeindlichen oberitalienischen Städte 1226 Friedrich II. widersetzten, indem sie die Pässe und Straßen sperrten, die der Kaiser mit einem großen Heer zu einem Kreuzzug durchqueren wollte. Daraus ergaben sich lang andauernde Spannungen. Friedrich forderte die Mitglieder des Lombardenbundes auf, die Einigung aufzulösen, gefälligst die kaiserlichen Rechte anzuerkennen und selbst Truppen für das Heilige Land zu stellen. Als sich die Lombarden weigerten, erklärte der Kaiser 1236 den Reichskrieg gegen sie. Die lombardischen Städte, neben Mailand unter anderem auch Piacenza, Vercelli, Como, Novara, Lodi, Alessandria und Crema, stellten daraufhin ein Heer auf, mit dem sie zunächst defensiv

329

agierten. Sie manövrierten in dem von Flüssen, Wasserläufen und Kanälen durchschnittenen Land Oberitaliens, um das kaiserliche Heer daran zu hindern, Städte zu belagern oder sogar einzunehmen, ließen sich jedoch auf keine Schlacht ein. Diese Strategie schien im ersten Kriegsjahr 1236 ein voller Erfolg zu werden. Am 1. Oktober des folgenden Jahres hatte sich jedoch die mächtige Stadt Mantua infolge eines innerstädtischen Gesinnungswechsels unter der Führung ihres Stadtherrn, des Grafen Richard von San Bonifacio, einen Friedensvertrag mit dem Kaiser abgeschlossen und entsandte sogar eine Abteilung Ritter und Fußvolk zum Heer des Imperators. Der Herrscher hatte bereits im Frühjahr und Sommer 1237, während sein Schwager Ezzelino da Romano die kaiserlichen Truppen führte, in Deutschland neue Kämpfer gesammelt. Von Augsburg aus über den Brenner ziehend erschien der Kaiser Anfang September 1237 wieder in Oberitalien. In der Nähe von Verona zog er seine Truppen zusammen. Zum Heer gehörten die Ritter aus dem nordalpinen Reichsteil, die er selbst mitgebracht hatte, Kontingente der kaisertreuen oberitalienischen Städte, wie Cremona, Reggio und Parma sowie der Toskana, und die von Graf Gebhard von Arnstein geführten Kontingente aus dem Königreich Sizilien, darunter angeblich mehrere Tausend sarazenische Bogenschützen.[9]

Von Mantua aus zog Friedrich nach Nordwesten, um Brescia einzunehmen. Um diesen Plan zu durchkreuzen, bezog das lombardische Bundesheer dort in der Nähe auf halber Strecke zwischen der bedrohten Stadt und Cremona bei Manerbio eine durch Flussläufe gedeckte Stellung. Friedrich blieb nichts anderes übrig, als südlich davon, gegenüber den Lombarden bei Pontevico seine Truppen zu positionieren und fast bis zum Jahresende abzuwarten. Doch die Tatenlosigkeit schlug aufs Gemüt. Überdruss machte sich breit. Eine Schlacht sollte endlich entscheiden. Nur etwa zehn Kilometer trennten die beiden Heere, dazwischen floss jedoch ein kleines schlammiges Flüsschen namens Lusignolo mit versumpften Ufern – ein ernstzunehmendes Hindernis für schwere Reiter. Später sollte der Kaiser verkünden, er habe sogar, damit endlich gekämpft werden könne, dem Gegner angeboten, sich auszusuchen,

330

wer ohne Störung auf die andere Seite herüberkommen solle. Das hätten die Lombarden jedoch abgelehnt. Als im November nach ergebnislosen Verhandlungen die Militärkampagne für das Jahr 1237 ohne Kampf beendet zu sein schien, entließ Friedrich II. die Kontingente der verbündeten Städte und zog mit dem restlichen Heer nach Süden über den Fluss Oglio. Für die Lombarden sah es so aus, als wäre der Feldzug für das laufende Jahr nun beendet und der Kaiser würde sich auf den Weg in seine Winterquartiere bei Cremona begeben. Darum gaben auch sie ihre verschanzte Stellung auf und marschierten nach Westen in Richtung ihrer Heimatstädte. Tatsächlich war der Kaiser jedoch jenseits des Flusses sofort nach Norden abgeschwenkt, um die lombardischen Bundestruppen abzufangen, wenn sie ihrerseits den Oglio überquerten. Nach einem Gewaltmarsch von fünfzig Kilometern bekamen die Kaiserlichen endlich die Truppen der Liga in einem kleinen Ort zu fassen: Cortenuova.

Hören wir einige Berichte dazu. Beim englischen Chronisten Matthaeus Paris erscheint Friedrich in der Schlacht als ein strafender Richter. Seine Darstellung ist geprägt vom Fragmentarischen seiner Informationen. Vieles geht durcheinander, wie die zeitliche Abfolge, vor allem die Geographie und die Heeresstärken. Doch folgt der Chronist seinem Ziel, den Kampf als ein Exempel zu schildern. Dafür muss auch der Kaiser, wie es sich gehört, eine Ansprache halten, die natürlich fiktiv ist. Aus der Sicht des Chronisten gab es kein wochenlanges Abwarten im Gelände. Die Bürger ziehen aus der Stadt, reizen den Imperator, und es wird gekämpft. Matthaeus schreibt: «Als die Mailänder aber von der Ankunft des Kaisers hörten, den sie zu berechtigtem Zorn gereizt hatten, rüsteten sie sich auf alle mögliche Weise zum Kriege, indem sie Türme mit Korn, die Köcher mit Pfeilen, die Waffenlosen mit Waffen versahen. Und als sich der Kaiser mit seinem riesigen Heer näherte, das, abgesehen von seinen sarazenischen Söldnern, die Zahl Hunderttausend überschritten haben soll, und bis auf einen Tagesmarsch an die Stadt herangerückt war, da zogen die Bürger mit gewaltiger Heeresmacht nebst allen ihren Verbündeten in geordneten Scharen unverzagt dem Kaiser entgegen und schlugen, bis der Tag der Schlacht bestimmt würde, ihre Zelte mit der Menge ihrer Scharen, die man auf sechzigtausend schätzte, auf und stellten ihren Fahnenwagen da auf, wo man den Kern des Heeres sah. Als der Kaiser das bemerkte, rief er seine Räte zusammen und sprach, indem er sie mit kriegerischen Worten ermunterte. ‹Siehe da, unsere trotzigen Feinde, die Mailänder, haben es gewagt, sich in der Ferne zu zeigen! Sie haben sich nicht gescheut, mich, ihren Herrn, zur Schlacht herauszufordern, sie, die Feinde der Wahrheit und der heiligen Kirche, die das Gewicht ihres eigenen Frevels erdrücken wird. Überschreitet den Fluss!›– denn es war ein Fluss, Oglio genannt, zwischen ihnen, der beide Heere trennte – ‹Erhebe also und entfalte, mein tapferer Bannerträger, meinen siegreichen Adler! Ihr, meine Ritter, zückt eure furchtbaren Schwerter, die ihr so oft mit dem Blut der Feinde getränkt habt, und greift in eurem Ungestüm diese Mäuse da an, die es wagten, aus ihren Löchern herauszukommen, damit sie heute die blitzenden Speere des römischen Kaisers kennenlernen!›»[10]

Im Verlauf des 27. November hatte das kaiserliche Heer die nach Westen ziehenden Truppen der Liga erreicht und griff das Lager der Lombarden bei Cortenuova, einem Ort südöstlich von Bergamo, an. «*Miles Roma! Miles Imperator!*» soll der Schlachtruf der Kaiserlichen gelautet haben. Die Vorhut der kaiserlichen Verbände überraschte die Lombarden und band die Bundestruppen, bis das Hauptheer unter Führung des Kaisers eintraf. Anfangs war die Schlacht ein reines Reitergefecht, bei dem die kaiserlichen Ritter schnell einen Vorteil errangen. Die lombardischen Truppen erlitten größere Verluste, und einige Verbände begannen schon, sich aufzulösen und zu flüchten. Die restlichen lombardischen Truppen sammelten sich um ihren Carroccio, den Fahnenwagen, oder verschanzten sich im Ort Cortenuova. Dort leisteten sie den kaiserlichen Truppen erfolgreich Widerstand. Die gut gepanzerten Ritter des Kaisers, im offenen Gelände sonst schwer aufzuhalten, vermochten nun ihrerseits nicht, die feste Stellung um den mailändischen Carroccio zu bezwingen. Nun hätten die vielen tausend sarazenischen Bogenschützen im kaiserlichen Heer der Sache ein Ende machen können. Nach einigen Quellen sollen sie auch tatsächlich zum Einsatz gekommen sein, ohne jedoch die Lombarden überwinden zu können. Vielleicht haben auch nicht so viele von ihnen gekämpft oder sie kamen erst zu spät auf dem Kampfplatz an, in späteren Berichten erwähnte sie der Kaiser jedenfalls nicht. Die Schlacht zog sich noch bis in den Abend hin. Die einbrechende Dunkelheit erzwang den Abbruch der Kämpfe. Friedrich II. befahl seinen Kriegern, zwar das Schwert loszugürten, jedoch in voller Rüstung zu ruhen, um die Schlacht gleich nach Sonnenaufgang fortsetzen zu können. Doch bereits in der Nacht zogen sich die Lombarden zurück. Eine allgemeine Auflösung hatte um sich gegriffen. Bei der Verfolgung der abziehenden Feinde durch kaiserliche Reiter wurden zahlreiche Gefangene gemacht. Am Morgen besetzten die kaiserlichen Truppen dann das gegnerische Lager und das Castel Cortenuova.

Die Stärke beider Heere lässt sich nur schätzen, da mittelalterliche Chronisten wie so oft entweder gar keine Angaben machen oder stark übertreiben. Der kaiserliche Vertraute Petrus de Vinea überlieferte für das kaiserliche Heer bei Beginn der Schlacht etwa zehntausend Kämpfer, was wahrscheinlich alle Kombattanten einschloss und bedeutet, dass es zu Beginn des Feldzuges mit den Truppen der kaisertreuen Städte noch stärker gewesen war. Völlig übertrieben erscheint die gewaltige Anzahl der sarazenischen Bogner, die einmal sogar mit siebentausend angegeben wird. Eine von allen gleichzeitig abgeschossene Pfeilwolke hätte die Sonne verdunkeln können. Der lombardische Städtebund hatte für das gemeinsame Heer in einem Vertrag aus dem Jahr 1231 eine Gesamtstärke von zehntausend Fußsoldaten, dreitausend Rittern und eintausendfünfhundert Bogenschützen festgelegt. Ziemlich unwahrscheinlich ist aber, dass dieser Zahl jemals erreicht wurde. Das Problem großer Heere im Mittelalter bestand nämlich weniger in deren Aufstellung als in ihrer Versorgung, zumal, wenn man sich wochen- oder gar monatelang tatenlos gegenüberlag.

Unmittelbar nach der Schlacht verfasste die kaiserliche Kanzlei eine Reihe von Schreiben, um dem gesamten Erdkreis den Sieg zu verkünden. Zu den Empfängern gehörten der Papst, Friedrichs Schwager Richard von Cornwall, der Herzog von Lothringen so-

Die Heimat auf Rädern:
Schon im 11. Jahrhundert
wurde von den Mailän-
dern ein Carroccio ver-
wendet, ein schwerer
Fahnenwagen, den man als
«Heimatersatz» auf das
Schlachtfeld zog und der
unter allen Umständen
verteidigt werden musste.
Diese Wagen blieben bis
zum Ausgang des Mittel-
alters in vielen ober-
italienischen Städten in
Gebrauch und hatten
sogar individuelle Namen.
Die seltene Abbildung
eines solchen Wagens bei
Giovanni Villani zeigt
jenes Vehikel, das Fried-
rich II. nach der Schlacht
bei Cortenuova 1237
von den Mailändern
erbeutete.

wie der Erzbischof von York. Besonders ausführlich geriet der Bericht an seine Heiligkeit in
Rom, in dem es heißt: «Von welcher Kühnheit
und Verwegenheit die Parteien der Ligurer, der
Empörer wider unserer Hoheit, sind, erwies ihren Grenznachbarn die Erfahrung und ihre enge
Nachbarschaft. [...] Damit also unsere Duldung
ihren wahren Namen Geduld nicht verliere und
den Tadel der fehlerhaften Kleinmut anstatt der
Zierde der Tugend auf sich lade, da wir ferner
bemerkten, dass man Wunden mit Eisen aus-
schneiden muss, die das Heilmittel der Salben
nicht spüren, da wir nicht abwarten wollten, bis
die schon oft vernarbte Wunde zu einem Geschwür würde, deshalb haben wir gezwungener-
maßen zu den Waffen gegriffen, sind endlich zur
Gewalt geschritten, haben unser Schwert ge-
schwungen und den Schlummer des schlafenden
Reiches aufgestört.» Nach einer ganzen Reihe
weiterer hochgestimmter Wendungen lässt Fried-

rich noch Details von der Schlacht selbst berichten: «Aber als Schrecken und Getöse wie vom Donner des Himmels ihnen bei unserer Ankunft erdröhnte, da wandten sie sich bereits vor den vorausgeschickten Reihen unserer Hoheit, ehe sie noch die siegreichen Zeichen der Adler erblickt hatten, so plötzlich zur Flucht, dass bis zu ihrem Fahnenwagen, den sie mit der Schnelligkeit der Rosse nach Cortenuova vorausgesandt hatten, keiner der Fliehenden das Antlitz der Unseren, die sie verfolgten, zu schauen vermochte.»[11]

Schöne Verse umschmeicheln die Römer

Bei ihrer übereilten Flucht ließen die mailändischen Truppen nicht nur viel Kriegsmaterial zurück, sondern auch ihren legendären Fahnenwagen, den Carroccio. Dieser auffällig bemalte, große und stabile Wagen, den man mit acht Ochsen auf den Kampfplatz zog, war der Sammelpunkt des Heeres und wurde von einer speziellen Einheit verteidigt. An einer oder mehreren langen Stangen, mitunter in Form eines Kreuzes, waren Banner der Kommune angeschlagen und flatterten über den Kombattanten. Oft waren auch Reliquien, geweihte Hostien in Monstranzen, Tafeln mit aufgemaltem Heiland und Bilder der Stadtheiligen oder hölzerne Tabernakel mit dabei. Wie an einem transportablen Altar zelebrierte man auf dem Wagen vor dem Kampf die Messe oder erteilte Hinscheidenden die Absolution. Schon seit dem 11. Jahrhundert verwendet, blieb der Carroccio bis zum Ausgang des Mittelalters in vielen oberitalienischen Städten in Gebrauch. In einigen Städten trug der Wagen sogar einen individuellen Namen wie etwa *Gajardus, Blancardus, Berta* oder *Bertazzola*. In Friedenszeiten bewahrten die Kommunen ihn in ihren bedeutendsten Kirchen auf. Salimbene aus Parma berichtet aus seiner Heimatstadt, dass der Carroccio in einem der Seitenschiffe des Domes gestanden habe. Einmal erklärte er vor Franzosen, wie wichtig dieser Wagen den Städten sei, und führte aus, dass «wenn in einem Krieg der Carroccio der Stadt erobert wird, dies die Stadt als schweren Schimpf empfindet, ebenso wie es

335

die Franzosen und ihr König als schwere Schmach empfänden, wenn die Oriflamme im Krieg erobert würde.»[12]

Aufgeladen mit religiöser Kraft, Symbol der kommunalen Freiheit und des Siegvertrauens, war der Carroccio das Zeichen der Stadt im Felde. An ihm hing die Ehre der Stadt. Er war die Heimat auf Rädern. Die Eroberung des Carroccios einer Kommune kam fast der tatsächlichen Inbesitznahme der Stadt gleich. Dass es gerade der Mailänder Carroccio war, der Friedrich II. in die Hände fiel, hatte eine besondere Bedeutung. Seinen Großvater Friedrich I. Barbarossa verließ im Jahr 1176 bei der Schlacht von Legnano deshalb der Erfolg, weil sich die Mailänder besonders unbeirrbar um ihren Fahnenwagen, den sie *Carozolum* nannten, geschart hatten und an ihm den Ansturm der gegnerischen Ritter brechen konnten. Kein Wunder also, dass der Jubel im Lager groß war, als Friedrich II. den Mailänder Carroccio in die Hände bekam. Vielleicht war es sogar noch jener *Carozolum* aus der Zeit Barbarossas. Friedrich ließ den Wagen von einem Elefanten nach Cremona ziehen. Auf dem Wagen befand sich zwar nicht mehr das Bild des Schutzpatrons von Mailand, des heiligen Ambrosius, jedoch der vornehmste Gefangene Friedrichs, der Feldherr und Podestà, also das Staatsoberhaupt von Mailand, Pietro Tiepolo, Sohn des venezianischen Dogen Jacopo Tiepolo. Drei Jahre später sollte sich die Rache Friedrichs an den Venezianern am Podestà austoben, als er auf Befehl des Kaisers am Turm von Trani gleichsam in einer kommunalen Sippenhaft gehängt wurde. Bei dem Triumphzug nach Cortenuova ließ Friedrich die antike Ikonographie des vollständigen Sieges inszenieren: Denn so zogen einst die Caesaren des Imperium Romanum in unterworfene Städte oder ein Alexander in Babylon ein.

Doch damit nicht genug: Friedrich ließ den Mailänder Fahnenwagen auch noch mit vorgespannten Maultieren weiter nach Rom transportieren. In Erwartung des symbolträchtigen Wagens empfingen die Römer ein Schreiben des Kaisers. Dieses Mandat sagt viel über die Rom-Vorstellungen des Kaisers und ist zugleich eine geschickte Propagandafinte. Der Triumph über Mailand, heißt es darin, sei keiner allein des Kaisers, sondern an ihm sollten auch die

Römer teilhaben, weil Friedrich die Rückführung seiner Erfolge auf ihre natürlichen Ursprünge – Rom nämlich – für notwendig halte. So sei es ein Gebot der Vernunft, dass er die Früchte seines Erfolges, die im Namen Roms erkämpft wurden, dahin zurückgebe. «Dadurch erinnern wir uns nämlich der alten Caesaren, denen für ihre unter siegreichen Zeichen vollbrachten herrlichen Taten Senat und Volk von Rom Triumphe und Lorbeeren zuerkannten, auf dass wir durch das gegenwärtige Vorbild unserer Hoheit euern Wünschen von altersher die Wege bereiten. [...] Empfanget dankbar, Quiriten, das Siegeszeichen eures Imperators! Aus ihm mag euch die schönste Hoffnung erblühen. Denn wie wir gern den alten feierlichen Gebräuchen folgen, so sind wir noch lieber auf die Erneuerung des alten Adels der Stadt bedacht.» Solche Schmeicheleien, die von der einstigen Größe Roms fabulierten, hörte man am Tiber natürlich gerne, zumindest in den Reihen der dem Kaiser zugeneigten Kreise. Das Sendschreiben begleiteten Verse in leoninischen Hexametern, die, um den imperialen Sieg zu preisen, dem Karren selbst in den Mund gelegt wurden: «Heil Dir, Zierde der Welt! Von Friedrich, dem hehren, gerechten / Kaiser komm ich zu Dir, der ich besiegt worden bin. / Weh Dir Mailand, Du fühlst, fruchtlos ist es und falsch, / zu schmähen die Macht des Reichs, zu rühmen die eigene Kraft! / Also magst Du, o Stadt, gedenken der frühren Triumphe, / die die Könige, einst Führer im Krieg, Dir bestimmt.»[13]

Der Mailänder Carroccio wurde im April 1238 nach einem feierlichen Umzug in Rom auf dem Kapitol als ein Weihegeschenk, wie es schon die Antike kannte, aufgestellt. Der kaiserliche Anhang war offenbar zu diesem Zeitpunkt stark genug für eine solche Machtdemonstration. Doch ließ man den Wagen nicht einfach auf dem Hügel stehen, sonder errichtete ein Denkmal. Dafür ließ man auf fünf über zwei Meter hohen Säulen einen etwa sechs Meter langen und über dreißig Zentimeter hohen Marmorarchitrav aufruhen. Zwei der Säulen waren aus einem grünlich schimmernden kostbaren Gestein, einem als *antico verde* oder auch als thessalischer Marmor bezeichneten Material, drei hingegen waren aus Granit. Die grüne Farbe der aus dem *lapis Thessalicus* geschla-

```
✝ CESARJS   AVGVSTI ·  FRIDERICI      ROMA    SECVI
HIC · MEDIOLAni · CAPTVS  DE  STRAGE · TRIVMPh
HOSTIS  In  OPPBRIVM  PENDEBIT · In VRBIS  hONOR
```

genen Säulen besaß für die späten Staufer eine besondere Bedeutung. Auch in der Residenz in Foggia gab es Säulen aus diesem kostbaren Material. Sowohl die Säulen als auch der Architrav des Carroccio-Monuments waren sinnfälligerweise aus Gestein errichtet worden, das schon in der Antike gebrochen worden war und in Rom bereits anderen Funktionen gedient hatte. Dem von den Säulen gehaltenen Marmorbalken wurden drei Distichen eingemeißelt, die auf Wendungen des Triumphbriefes an die Römer Bezug nehmen und die an Beginn und Ende von besonders symbolisch aufgeladenen Doppelkreuzen, der *croce radiata*, eingerahmt wurden. Wörtlich verkündet die Inschrift:

> «Des erhabenen Kaisers Friedrich des Zweiten Geschenk,
> Oh Rom, halte den Wagen stets in Ehren hinfort!
> Denn zu künden den Sieg des Kaisers, der ihn erobert,
> kam er als Beute hierher, Mailand zur Ewigen Schmach.
> Hier zur Schande der Feinde steht er, zur Ehre der Hauptstadt.
> Liebe zur Stadt befahl, ihn zu senden nach Rom.»[14]

Der hölzerne Wagen ist heute spurlos verschwunden. Schon Friedrich hatte bei seiner Übersendung die Furcht vor heimlicher Brandstiftung durch Neider und Böswillige geäußert und die Römer gemahnt, ein Gesetz zu erlassen, welches einen Anschlag auf das Weihegeschenk mit dem Tode bedrohen sollte. Die auf dem langen Steinbalken eingravierte Inschrift jedoch überdauerte für zwei Jahrhunderte in der *Cancellaria Capitolinia*, verschwand dann aber wohl im 15. Jahrhundert aus dem Blickfeld, bis man sie im Jahr 1727 bei der Aufhebung des kapitolinischen Kerkers wiederentdeckte. Ludovico Antonio Muratori (1672–1750), einer der bedeutendsten italienischen Gelehrten des 18. Jahrhunderts, hat die Inschrift in seinem Werk *Antiquitates Italicae Medii Aevi* 1739

338

NA TENE · CVRRVM · PPES IN VRBE   DECVS ·
ARIS VT REFERAT · INCLITA PREDA VENIT ·
TITVR · HVNC VRBIS MICTERE IVSSIT AMOR ·

erstmals publiziert, als er auf die Verwendung von kommunalen Fahnenwagen zu sprechen kam. Hundert Jahre später, Mitte des 19. Jahrhunderts, beschrieb Ferdinand Gregorovius die Inschrift als in der Treppenanlage des Konservatorenpalastes auf dem Kapitol eingemauert. Sie existiert noch heute. Man kann sie – da sie sich in einem nicht öffentlich zugänglichen Bereich des *Palazzo Senatorio*, also dem Rathaus der Kommune Rom, auf dem Kapitol befindet – nach Absprache mit der Direktion des Kapitolinischen Museums betrachten. In dem bezeichnenderweise *Sala del Carroccio* genannten Raum kündet sie immer noch vom ehemaligen, längst vergangenen Weihegeschenk des Kaisers an das römische Volk. Vor einigen Jahren sind auch drei Säulen des friederizianischen Carroccio-Monuments identifiziert worden: Die beiden Säulen aus dem grünen Marmor stehen heute in der *Sala dei Capitani* des *Palazzo dei Conservatori*. Eine der Granitsäulen hat sogar die neue Ehre bekommen, nun die Kopie der berühmten kapitolinischen Wölfin am *Palazzo Senatorio* zu tragen. Sowohl der Steinbalken als auch die Säulen stellen nicht nur einige der wenigen materiellen Reste Kaiser Friedrichs II. innerhalb der Mauern der Ewigen Stadt dar, dem Machtzentrum seines päpstlichen Gegenspielers, sondern belegen auch den ungebrochenen Zug, kostbaren alten Steinen immer wieder neue Funktionen zu geben.[15] Der Herrscher buhlte mit der Errichtung des Carroccio-Monuments als Siegeszeichen auf dem Kapitol um die öffentliche Meinung der Römer. Selbst Kardinäle nahmen zum großen Verdruss des Papstes an der Zeremonie teil. Kaiser Friedrich II. wähnte sich auf dem Höhepunkt seiner Macht. Der Lombardenbund trat bald in Verhandlungen mit dem Kaiser ein. Doch

Schöne Verse: Im 18. Jahrhundert entdeckte man den sechs Meter langen Marmorbalken des Carroccio-Monuments auf dem römischen Kapitol wieder. Die eingemeißelten Verse künden noch heute vom Weihegeschenk des Kaisers an die Römer.

Der Kriegsherr

überschätzte Friedrich seinen Sieg. Das Carroccio-Monument und seine Verse benebelten seinen Realitätssinn und die Einsicht, dass es nun an der Zeit wäre, einen Frieden zu machen. Zwar bot Mailand eine bedingte Unterwerfung an und erklärte sich bereit, Geiseln für die künftige Treue zu stellen, ja sogar einen kaiserlichen Richter zu akzeptieren. Doch Friedrich wollte die Mailänder im Staub sehen. Sie sollten Dreck fressen. All die Demütigungen des Herrschers, seitdem er als Sechzehnjähriger mit den «nassen Hosen» vor den Mailändern hatte fliehen müssen, all die Verletzungen der Ehre, des *honor imperii*, etwa durch die Sperrung der Alpenpässe für Zuzügler zu Hoftagen aus dem Norden, sollten durch Demutsgesten getilgt werden. Aber genau dazu wollten die stolzen Mailänder sich nicht verstehen. Im Überschwang des Siegestaumels hatte Friedrich die Bedingungen in solche Höhen geschraubt, dass die Verhandlungen schließlich scheiterten und die Mailänder beschlossen, nun doch lieber weiterzukämpfen. Zu einem Aufspalten des Bundes durch Sondierungen und das Gewähren von speziellen Vergünstigungen für einzelne Kommunen, allen voran Mailand, konnte Friedrich – sonst so verhandlungsgeschickt – sich nicht entschließen. Ein Triumphzug mit dem vom kaiserlichen Elefanten gezogenen Fahnenwagen, mit einem an den Mast gefesselten Mailänder Stadtoberhaupt sowie ein Siegeszeichen und pathosgeladene Verse, in denen sich das in seine eigene Vergangenheit und Größe verliebte Rom als Quelle einer ewigen Schmach Mailands gefiel: Das alles türmte in einer auf symbolische Kommunikation so bedachten Gesellschaft ohnehin für einen Kompromiss unüberwindliche Hindernisse auf. Nun musste also weiter gekämpft werden. Doch diesen Kampf konnte Friedrich niemals gewinnen.

Matthaeus Paris notierte in seiner Chronik über Friedrichs kompromisslose Politik gegenüber Mailand: «Aber all dies verwarf der Kaiser trotzig, indem er unerbittlich forderte, dass die Bürger sich insgesamt mitsamt ihrer Stadt und allen ihren Besitzungen bedingungslos seinem Willen unterwerfen sollten. Auf diese tyrannische Forderung antworteten die Bürger einmütig, dass sie dies auf keinen Fall tun würden, und sagten: ‹Wir fürchten, durch Erfahrung belehrt, deine Härte. Lieber wollen wir hinter unseren Schilden durch Schwert, Lanze oder Pfeile fallen als am Galgen oder durch Hunger oder Feuer umkommen.› Von da an begann der Kaiser die Gunst vieler zu verlieren, weil er ein unversöhnlicher Tyrann geworden war, und die Mailänder verdienten es, dass sie wegen ihrer Demut gelobt und ermutigt wurden, nach dem Wort: ‹der Herr widersteht den Hochmütigen, den Demütigen aber schenkt er seine Gnade› (Jak 4,6). Und da die Bürger sahen, dass es um ihr Leben ging, sicherten sie sich und ihre Stadt eifriger als bisher durch Waffen, Gräben und Bündnisse mit anderen Städten.»[16]

Ähnlich unklug verhielt sich der Kaiser auch Genua gegenüber. War diese gewaltige Seemacht anfänglich noch um gute Beziehungen zum Imperator bemüht, ja leistete im Sommer 1238 sogar einen Treueid, so verprellte Friedrich sie kurz darauf vollständig. Aus dem tiefen Gefühl heraus, als Kaiser auch eine tatsächliche Oberherrschaft auszuüben, forderte er von Genua das *hominium*. Dieser Schwur, bei dem der Eidleister seine Hände in die des Eidnehmers zu legen hat, zeigt schon durch seine äußere Form die Abhängigkeit des Vasallen von seinem Herrn und war für die Genuesen inakzeptabel. Auf die Weigerung reagierte Friedrich schroff. Er befahl, die Genuesen jetzt als Eidbrüchige

Neue Aufgaben: Eine der fünf über zwei Meter hohen Säulen vom ehemaligen Carroccio-Monument Kaiser Friedrichs II. trägt heute die Kopie der bronzenen Lupa, der Wölfin, die seit der Antike die Stadt Rom symbolisiert.

und Rebellen zu behandeln. Dieses und die Politik gegenüber Sardinien trieb Genua zu jenen Verhandlungen nach Rom, die 1238 zu einem Schutzabkommen führten. 1239 drehte sich der Spieß sogar um, und Genua schloss einen Vertrag mit Venedig und dem Papst zur Eroberung Siziliens. Die Schwierigkeiten mehrten sich weiter. Eine im Frühjahr 1238 begonnene Belagerung Brescias

341

scheiterte und musste im Herbst ergebnislos abgebrochen werden. Im Oktober desselben Jahres vermochte Papst Gregor nach einem Umsturz nach Rom zurückzukehren. Die Situation spitzte sich immer weiter zu und führte schließlich zu der am 20. März 1239 erlassenen Bannbulle Gregors IX., mit der der Kaiser exkommuniziert wurde.

Das Vorgehen Friedrichs gegenüber den oberitalienischen Städten, das überaus provokante Carroccio-Monument und die Schmeichelverse an die Römer haben auch Papst Gregor IX. zutiefst verärgert, da der Kaiser damit den päpstlichen Hoheitsanspruch auf Rom in Frage stellte. Friedrich plante langfristig eine engere Einbindung der Stadt in das Reich und damit eine Anknüpfung an das antike Imperium Romanum – oder zumindest ließ er dies vorgaukeln. Rom als Ursprung des Römischen Reiches und die Wiedererlangung alter Größe, die Betonung, dass ja das Imperium seinen Namen von dieser Stadt ableite, das Anschmeicheln an die römischen Adligen und an den Populus durch pathosgeladene Vergangenheitsbeschwörungen, das alles waren geschickt kombinierte Versatzstücke, die für den Augenblick einen hochgestimmten, realitätsfernen Taumel erzeugen konnten. Dass Triumph und Hochgefühl flüchtige Vögel waren, sollte sich bald herausstellen, ja, die verpasste Einigung mit Mailand stellte so etwas wie den Wendepunkt in der politischen Entwicklung dar. Vielleicht war es ein genereller Fehler anzunehmen, dass man nur mit «Eisen und nicht mit Salben» dem Geschwür des Aufruhrs zu Leibe rücken könne, wie Friedrich dem Papst nach dem Sieg geschrieben hatte.

Die Niederlage vor Parma 1248

Der Sieg von Cortenuova hatte zwar für einen Augenblick das Kräftepotential offenbart, das der Kaiser kurzzeitig in Italien mobilisieren konnte. Bei genauerem Hinsehen wird jedoch deutlich, wie schwach die militärischen Positionen des Kaisers waren. So konnte er nach Cortenuova weder Mailand belagern noch Brescia einnehmen. Eigentlich reichte seine Kraft zu einer längeren, durch-

342

greifenden Kriegsführung überhaupt nicht aus. Es waren im Grunde nicht die gewaltigen Siege oder Niederlagen, die zu einer Veränderung der politischen Situationen führten, sondern die Veränderung der Bündniskonstellationen von Städten oder mächtigen Fürsten. Der Parteiwechsel Mantuas zog die Niederlage Mailands nach sich, und das bei Cortenuova noch auf Seiten des Kaisers kämpfende Parma gehörte plötzlich zu Friedrichs Gegnern.

Im Sommer 1247 ergab sich eine eigentümliche Situation. Der Kaiser befand sich an der Spitze eines Heeres in Richtung Norden nach Lyon, um sich mit dem Papst auszusöhnen. Ob die Begleitung zahlreicher Schwertträger der Versöhnung zuträglich gewesen wäre, mag dahingestellt bleiben. Über die piemontesischen Alpen sollte es jedenfalls nach Frankreich gehen, als den Kaiser die Nachricht vom Abfall Parmas erreichte. Von seinem Sohn Enzio erfuhr er, dass die Stadtherrschaft an die Gegner gefallen und dass sogar die kaiserliche Besatzung in der Stadt niedergemacht worden war. Das rief nach Vergeltung. Friedrich ließ umkehren und machte sich an die Belagerung der Stadt. Bei dieser Aktion zeigt sich ebenfalls, wie gering die militärischen Mittel des Imperators eigentlich waren. Nur eine einzige der festen Städte Oberitaliens – und nicht einmal die größte – konnte dem Herrn großer Königreiche so viel Ärger machen. Die Parmesen verfügten selbst über bedeutende Streitkräfte und wurden zudem von dem nun wieder gegnerischen Mantua unterstützt, dessen Schiffe auf dem nördlich der Stadt vorbeiströmenden Po operierten. Für Friedrich bestand eigentlich keine Aussicht, die Stadt zu erobern. Auch an eine vollständige Einschließung der Stadt war angesichts ihrer Größe überhaupt nicht zu denken. So musste sich der Imperator mit einer Viertelblockade begnügen und versuchen, durch Verwüstung der Umgebung und Verhinderung des Zuzugs die Bewohner mürbe und verhandlungsbereit zu machen. Friedrich konzentrierte deshalb seine Belagerung auf den kleineren Stadtteil auf dem linken Ufer des die Stadt durchziehenden Flüsschens Parma. Um vor Ausfällen der Verteidiger besser geschützt zu sein, befahl er im Herbst die Errichtung einer hölzernen Lagerstadt gegenüber den Mauern Parmas. Darin gab es sogar eine Kirche, geweiht dem heiligen Viktor, einen Marktplatz

343

und Gebäude für die kaiserliche Kanzlei. In Erwartung des sicheren Sieges nannte Friedrich diese Anlage «Vittoria», lateinisch «Victoria». Doch erwies sich das als ein schlechtes Omen, denn Vittoria wurde nicht zum Symbol des Sieges, sondern bald zum Inbegriff seiner schwersten Niederlage.

Im Winter von 1247 auf 1248 entließ der Kaiser Teile des Heeres. Das betraf vor allem die Kontingente von Bergamo, Pavia und Tortona. Im Lager blieben noch knapp über eintausend Reiter und zweitausend Fußsoldaten, hauptsächlich aus Cremona. Dazu kamen eigene Truppen, darunter auch wieder die Sarazenen, insgesamt wohl so um fünftausend Mann; geradezu lächerlich für die Belagerung einer Stadt wie Parma. Der Morgen des schicksalsschweren 18. Februar 1248 brach an. Der Kaiser ließ die Pferde satteln. Sein sechzehnjähriger Sohn Manfred und allerhand Gefolge, die für die Falken verantwortlichen Valets und Höflinge, Diener und Treiber bereiteten sich auf einen Jagdausflug vor. Vor allem die Falken sollten in den Niederungen des Taro zur Freude des Kaisers auf Wasservögel herabstoßen. Bei der Beize endlich mal wieder die Sorgen der Politik, all das päpstliche Gezisch, die kräftezehrenden Nervereien der Kommunen, die schlechten Nachrichten aus dem Norden zu vergessen, das war der Plan. Doch es kam alles ganz anders und vor allem ganz schnell: Noch im Gelände erreichte den Kaiser die Nachricht, dass die Parmesen bei einem Ausfall Vittoria angegriffen hätten und sich nun sogar der hölzernen Stadt selbst bemächtigen würden. Der Ausfall war ursprünglich gar nicht auf die Holzstadt gerichtet gewesen, sondern ergab sich eher zufällig. Die Parmesen hatten einen Zug gegen König Enzio vor, und der Ausfall eines Teils der Bewaffneten diente lediglich der Rückendeckung. Es ergab sich jedoch ein sich immer mehr ausweitendes Gefecht mit kaiserlichen Truppen, das von den Kaiserlichen ohne vollständig angelegte Rüstungen und vor allem ohne Schlachtordnung begonnen wurde. Die Parmesen errangen Vorteil um Vorteil, ein Teil der kaiserlichen Verbände flüchtete sich in die hölzerne Stadt. Doch mit den letzten Fliehenden gelangten auch die Verfolger in das Lager und nahmen es ein. Undenkbar wäre ein solch kühner Vorstoß bei einer dreifachen oder vielleicht

344

auch nur doppelten Heeresstärke der kaiserlichen Truppen gewesen. Nach Angaben der Parmesen töteten sie bei dem Gefecht um Vittoria eintausend-fünfhundert kaiserliche Kämpfer und namen dreitausend gefangen. Vielleicht war das eine erneute Übertreibung, doch die Niederlage war für Friedrich verheerend. Unter den Toten befand sich einer seiner wichtigsten Helfer, der Großhofrichter Thaddaeus de Suessa, und noch schlimmer: Verbunden mit der Niederlage war der Verlust des ge-

samten Staatsschatzes, des Throns, seiner Siegel, einer kostbaren Krone, aller Vorräte und Waffen sowie seiner gesamten Bibliothek. Friedrich selbst konnte nur mit Mühe nach Cremona entkommen.

Einer der wichtigsten Meinungsmacher für die Erinnerung an diese Niederlage war unser wohlbekannter Salimbene aus Parma.

Der Kriegsherr

Er hielt sich zu Beginn der Belagerung in seiner Heimatstadt auf und berichtete detailliert von dem Angriff seiner Kommune gegen Friedrich: «Und als ich im Konvent zu Cremona wohnte und der Kaiser Friedrich, schon des Reichs entsetzt, zu Turin weilte und von dort, wie das Gerücht ging, nach Lyon ziehen wollte, um den Papst und die Kardinäle gefangen zu nehmen, und als sein Sohn Enzio mit den Cremonesen Quinzano, ein Kastell der Brescianer, belagerte, empörte sich meine Stadt Parma, das heißt die, aus der ich stammte, gegen das Reich und trat mit ganzer Kraft auf die Seite der Kirche. Damals kam ich nach Parma und wohnte da zur Zeit, als Gregor von Montelongo als Legat dort weilte...» Salimbene nimmt an anderer Stelle seiner Chronik den Faden über die Belagerung Parmas wieder auf: «Doch kehren wir nunmehr zu Friedrich zurück, dessen Wut und Fluch und rasend lodernde Leidenschaft gegen Parma von Ende Juni 1247 bis zum 18. Februar 1248, einem Dienstag, dauerte, an dem die Stadt Victoria erobert wurde. [...] Und sie befreiten ihre eignen gefangenen Landsleute, die Friedrich in Victoria in Fesseln hielt.» [17]

Über die gewaltige Beute, die die Parmesen in der kaiserlichen Lagerstadt machten, berichtet Salimbene einige interessante Details: «Ferner trugen die Parmesen den ganzen kaiserlichen Schatz heim, der reich war an Gold, Silber und Edelsteinen, an Gefäßen und Gewändern; sie gewannen ferner all seinen Schmuck und seinen Hausrat und die kaiserliche Krone, die schwer war an Gewicht und Wert, ganz aus Gold und mit Edelsteinen besetzt, mit vielen getriebenen, erhabenen Bildwerken geschmückt, dass man sie für ein Bildhauerwerk hätte halten können. Sie war so groß wie ein Kochtopf im Umfang; denn sie diente mehr als Zier- und Schaustück, denn zum Schmuck des Hauptes. Denn sie hätte Kopf und Gesicht ganz bedeckt, wäre sie nicht mit Hilfe eines Zwischenstücks oben auf dem Kopfe festgehalten worden. Die habe ich einmal in meinen Händen gehalten, da sie in der Sakristei der Kathedrale der heiligen Jungfrau in der Stadt Parma aufbewahrt wurde. Diese Krone fand ein kleiner Mann von kurzer Gestalt, der den Spitznamen ‹Kurzschritt› hatte, weil er so klein war, und trug sie vor allem Volk in seinen Händen, wie man einen Sperber trägt, indem er sie allen, die sie sehen wollten, zeigte, zum Ruhm des errungenen Sieges und zur ewigen Schande Friedrichs.» Salimbene berichtet sogar vom Verbleib der Kostbarkeiten und kommt noch auf die gierigen Kaufleute zu sprechen, die die Kriegsbeute in klingende Münze verwandelten.

«Die genannte Krone aber kauften die Parmesen jenem ihrem Mitbürger ab und gaben ihm dafür 200 Pfund Imperialen und ein Häuschen neben der Kirche S. Christina, wo früher der Pferdewaschplatz gewesen war. Und bestimmten, dass, wer von den Schätzen Victorias etwas besäße, die Hälfte davon behalten und die andere der Kommune abtreten solle. […] Seine Kriegsausrüstung, wie seine Zelte und Ähnliches, erhielt der Legat Gregor von Montelongo; die Heiligenbilder und Reliquien aus dem Besitz des Kaisers aber wurden der Sakristei der Kathedrale der heiligen Jungfrau zur Aufbewahrung übergeben. […] Beachte aber, dass von den Schätzen, die in Victoria gefunden wurden, nur wenige in Parma blieben, weil die von allen Seiten herbeiströmenden Kaufleute sie aufkauften und sie für billigen Preis erhielten und mit sich davontrugen, nämlich goldne und silberne Gefäße, Gemmen, Solitäre, Perlen und Edelsteine, Purpur- und Seidengewänder und alle möglichen Dinge, die zum Schmuck und zum Gebrauch der Menschen zu dienen pflegen. Merk dir ferner, dass viele Schätze aus Gold, Silber und Edelsteinen auch in Brunnen, Schlupfwinkeln und Gräbern an dem Platz verborgen blieben, an dem einst die Stadt Victoria stand, und dort liegen bis zum heutigen Tag; aber die Verstecke kennt man nicht.»[18] Wie bei Kaiser Friedrichs Sieg in Cortunova, so spielte auch bei der Niederlage von Parma wieder ein Carroccio eine Rolle. Doch diesmal war es der von Cremona, den die Parmesen nun in ihre Stadt holten. Hören wir abschließend noch einmal Salimbene: «Und den Carroccio der Cremonesen, der in Vittoria gewesen war, führten sie nach Parma und stellten ihn im Baptisterium als Ehrenzeichen auf. Die aber die Cremonesen hassten, wie zum Beispiel die Mailänder, Mantuaner und viele andere, die von den Cremonesen einmal verletzt worden waren, die nahmen, wenn sie zur Besichtigung des Baptisterium kamen und dort den Carroccio ihrer Feinde sahen, die Ornamente der *Berta* mit sich, um sie als Reliquien aufzubewahren. Der Carroccio hieß nämlich *Berta*. So blieben nur die Räder und das Gestell des Wagens dort auf dem Boden des Baptisteriums, während die Stange beziehungsweise der Mast des Banners an die Mauer gelehnt standen.»[19]

Betrachten wir den Kaiser als Akteur im Kriegstheater seiner Zeit, dann wird schnell klar, dass Friedrich über viele Jahre zuallererst Kriegsherr war. An den Kriegen Friedrichs wird einmal mehr deutlich, wie stark seine Politik im Mittelmeerraum verortet ist und dass im Süden seine ureigensten Interessen lagen. Friedrich war ein Sizilianer, der als Kriegsherr in Italien auftrat. Hier gab es fünfzehn Jahre Dauerkrieg, hier wurden feindliche Burgen erstürmt und eigene Kastelle wie ein dichtes Netz über das Land gelegt. Hier wurden abtrünnige Städte niedergebrannt, hier wurden die Schlachten geschlagen. Und hier wurde auch mit dem sicheren Gespür des Kaisers für den unschätzbaren Wert der Symbole die Ewige Stadt mit erbeutetem Kriegsgerät umworben. Das Reich nördlich der Alpen jedoch diente mit Ausnahme der Kämpfe zu Beginn seiner Herrschaft später ausschließlich als Ressourcenlieferant. Wer dort wann Waffen trug, schien dem Kaiser egal zu sein. Wir haben jedoch noch im Ohr, dass Friedrich 1231 in den Konstitutionen von Melfi für das Königreich Sizilien verbieten ließ, «dass jemand sich anmaße, scharfe und verbotene Waffen, das heißt einen spitzen Dolch, Schwerter, Spieß, Harnische, Schilde, Kettenhemden, Eisenkeulen und alle anderen Waffen [...] bei sich zu führen.»[20] Für seine Dienstmannen sah er das anders, für seine Heere sowieso. Doch Wunden, bei denen Salben wirkungslos blieben, mit dem Eisen auszuschneiden, blieb nicht auf das Land beschränkt. So wie wir den Kaiser als Feldherren mit Reitern und Fußtruppen agieren sahen, so war er auch zur See ein Kriegsherr, der bei vielen Gelegenheiten mit einer respektablen Flotte maritime Hegemonialpolitik betrieb.

348

11

Der Seefahrer

Federico il Navigatore

er 1228 am Vortag des Festes der Geburt der Gottesmutter, dem 7. September, im Heiligen Land von der Seemauer Akkons geblickt hätte, dem wären dort auf der Reede ungefähr vierzig Galeeren, vielleicht auch mehr, aufgefallen, die in der Dünung des mittelländischen Meeres dümpelten. Begleitet von zahlreichen Pferdetransportern sowie anderen Lastschiffen und weiteren Booten glich die Szene einer Landeoperation zu einer Invasion. Insgesamt könnten es sechzig bis hundert Seefahrzeuge gewesen sein, doch die genauen Zahlen kennen wir nicht, weil die Angaben zwischen zwanzig und sechzig Galeeren schwanken und die notwendigen Transportschiffe nicht extra genannt werden. Wir wissen nur: Es waren viele. An Bord, auf dem Achterschiff einer der Galeeren der Invasionsflotte, stand Kaiser Friedrich II. als Anführer eines Kreuzzuges. Viele Tage und Nächte war der Imperator Romanorum auf See gewesen. Seine Reise dauerte vom 28. Juni 1228, der Abfahrt in Brindisi, bis zur Landung in Akkon am 7. September. Die Kapitäne seiner Galeeren und Segeltransporter hatten einen Kurs über Korfu, Kephalonia, Kreta und Rhodos nach Zypern gesteuert, wo ein längerer Aufenthalt eingelegt worden war. Man segelte meist die Küsten entlang und vermied aus nautischen Gründen lange Fahrten über die hohe See. Immer wieder mussten die unterschiedlich schnellen Schiffe an bestimmten Punkten gesammelt werden. So kam man nur langsam voran. Selten erreichte die Flotte überhaupt eine Geschwindigkeit von vier Knoten, was nur wenig mehr als sieben Kilometern pro Stunde entspricht.[1]

Umlaufende Winde an Bord: Solche Galeeren wie diese aus dem Liber ad honorem Augusti *wurden vor 1200 in der sizilischen Flotte verwendet. Deutlich erkennbar sind die Reihen der Riemen, ein Rammsporn am Bug, ein hochgezogenes Heck sowie die jeweils von einem Seemann bedienten Seitenruder. Auffällig sind die Fahnen, die in entgegengesetzte Richtungen flattern.*

Fünf Tage vor der Ankunft in Akkon waren die Schiffe von Famagusta auf Zypern aufgebrochen, wo der Kaiser zuvor noch die Oberherrschaft des Imperiums verbindlich anerkennen lassen wollte. Nach Erreichen der Levanteküste hatte die Flotte in Sichtweite des Landes Kurs nach Süden genommen, und ohne längere Aufenthalte kamen die Küstenstädte Beirut, Sidon und Tyros an Backbord wieder außer Sicht. Endlich erreichte die Flotte Akkon, das Ziel der Überfahrt. Vor der wellenumbrandeten Seemauer sammelte sich die Flotte wieder. Kurz darauf ließ der Kaiser seine Schiffe den Fliegenturm, den Endpunkt der Hafenmole, passieren und in den Hafen einlaufen. Von hier, dem Hafen von Akkon, nahm ein Kreuzzug seinen Ausgang, dessen Anführer kein Geringerer war als Kaiser Friedrich II. selbst.

Um ein Reich wie das Königreich Sizilien zu beherrschen, dessen Territorium aus einer großen Insel und aus einem Festlandbereich besteht, der ebenfalls zum weitaus überwiegenden Teil vom Meer umgeben ist, bedarf es einer Flotte. Nicht nur die gewaltige Küstenlänge des *regnum Siciliae*, sondern auch seine Einbindung in den Wirtschaftsraum des südlichen Mittelmeeres erforderte maritime Kapazitäten. Denn das Mittelmeer war das vitale Zentrum des antiken und mittelalterlichen Europa – zumindest solange, bis sich die Horizonte am Beginn der Frühen Neuzeit zu den Ozeanen weiteten. Für die Anrainer handelte es sich um ein Binnenmeer, das vielfältige Kontaktmöglichkeiten bot. Zeitweise schien es geradezu ein Teich zu sein, um den die Griechen wie die Frösche saßen – so spottete einst Sokrates. Jahrhundertealte Handelsverbindungen und gewaltige Handelsgewinne ließen mächtige Städte wachsen, deren Bedeutung über lange Zeit unverändert blieb. Aus normannischer Tradition und in Konkurrenz zu den Mächten, die in diesen Gewässern ohnehin schon seit langer Zeit über die effizientesten und größten Flotten verfügten, wie Byzanz oder die Seestädte Genua, Pisa und Venedig, ließen schon Friedrichs Vorgänger beachtliche Mittel in den Aufbau und Unterhalt einer eigenen sizilischen Flotte investieren. Allerdings war diese Flotte in den Zeiten der Wirren von Friedrichs Kindheit stark vernachlässigt worden und es bedurfte nach der Rückkehr des Herrschers in das südliche Regnum erheblichen Aufwandes, um sie wieder zu dem Ruhm erheben zu können, der ihr in den Zeiten der Normannenkönige anhaftete.[2]

Unter Friedrich II. gelangte die sizilische Flotte erneut zu enormer Stärke. Der Imperator ließ mit ihr eine respektable Seeschlacht schlagen und fuhr mehrmals selbst zur See. Über zwanzig Mal sehen wir den Kaiser an Bord von Galeeren. Meistens waren es kürzere Passagen entlang der italienischen Küste. Längere Seereisen führten Friedrich schon 1212 von Palermo nach Rom oder 1229 von Brindisi in das Heilige Land. Im Mai 1235 reiste der Imperator zu Schiff von Rimini nach Aquileia, von wo er dann weiter den Landweg nach Norden nahm. Zu mehreren spektakulären Flottenexpeditionen gab er Befehl, wie etwa jener des Jahres 1221 nach Ägypten, als der kaiserliche Admiral Heinrich Piscator, Graf von Malta (gest. 1239), auf dem Weg nach Damietta den Nil

befuhr. Zwei Jahre später steuerte die Flotte die Insel Djerba im Westen des Golfs von Gabés vor der Küste Tunesiens an, wo man maritime Macht zeigen und nebenbei Einwohner als Handwerker entführen wollte. Alle Vorgänger Friedrichs II. in der Würde des Imperators mussten, wenn sie auf See handeln wollten, Schiffe mieten – der Sizilianer besaß selber welche. Sämtliche Aktionen des Herrschers, die mit dem Kreuzzug zusammenhingen, wie etwa Handlungsfreiheit für militärische Operationen, Logistik oder Möglichkeiten zu Drohgebärden bekommen eine andere Gewichtung, wenn man sich einen wichtigen Punkt vor Augen führt: Das südliche Reich des Imperators war eine Seemacht! Setzt man die eigenen nautischen Erfahrungen des Kaisers zu den Anstrengungen, die er als Herrscher unternahm, um die Flotte seines Reiches zu stärken, und vergleicht all diese Neigungen und Aktivitäten mit denen seiner eher «wasserscheuen» staufischen Vorfahren, so könnte man in Anlehnung an einen portugiesischen Königssohn von *Federico il Navigatore* – von «Friedrich dem Seefahrer» – sprechen. Es mutet wie ein Hinweis auf diese maritime Macht an, was Matthaeus Paris als Detail von der Ankunft der Kaiserbraut Isabella Plantagenêt in Köln 1235 berichtet: «Es kamen auch ganz außergewöhnlich erdachte Schiffe, die scheinbar auf dem Trockenen ruderten, doch von versteckten, durch seidene Decken verhüllten Pferden gezogen wurden. In diesen Schiffen spielten zur Überraschung der Zuhörer Geistliche auf Orgeln wohlklingende, bisher nicht gehörte Melodien.»[3]

Die sizilischen Seestreitkräfte befehligte der Kaiser nicht selbst, sondern ein Admiral mit weitreichenden Vollmachten. Er war dem Kaiser gegenüber für alle Vorgänge hinsichtlich der Flotte verantwortlich, wozu sogar die Gerichtsbarkeit gehörte. Der Begriff Admiral – *amiratus* oder *amiragius* – ist arabisch-sizilischer Herkunft und bedeutete eigentlich nur Emir, also eine Art Militär- und Verwaltungsführer. Erst später kam es zu der Reduktion des *amīr al-bahr*, des «Befehlshabers zur See», auf den Oberbefehl über die Seestreitkräfte. Georg von Antiochia war der erste bedeutende und zugleich der bekannteste Admiral in normannischen Diensten. Vor Tripolis und in griechischen Gewässern erfolgreich, ist er heute

352

mehr durch die 1143 in Palermo gestiftete, mit prachtvollen Mosaiken versehene Kirche Santa Maria dell'Ammiraglio, auch La Martorana genannt, in Erinnerung als durch seine Seesiege. In der Herrschaftszeit Friedrichs II. stand eine Reihe von Admirälen der sizilischen Flotte vor. Die drei bedeutendsten waren der schon erwähnte Heinrich Piscator, Graf von Malta, Admiral von 1221 bis 1239, Nicolinus Spinola, der von 1239 bis 1241, und Ansald von Mari, der von 1241 bis 1250 die Flotte befehligte. Ansald stand von Beginn an dessen Sohn Andreolus zur Seite, ohne dass man für ihn eine Amtsbezeichnung als Admiral nachweisen kann. Diese Flottenführer stammten ohne Ausnahme aus Genua, der mächtigen Seerepublik an der ligurischen Küste. Heinrich gilt sogar als ein durch offizielle Mission gezähmter Seeräuber. Von Ansald hören wir, dass er 1243 vom Kaiser das Banner des Römischen Reiches erhielt und damit zum «Admiral des heiligen Reiches und des Sizilischen Königreiches» ernannte wurde, gleichsam also zum «Reichsadmiral» wurde. Die Flotte wurde in der Zeit Friedrichs als *stolium* bezeichnet. Das Wort leitet sich vom antiken Begriff *stolus*, einem zu einem speziellen Unternehmen ausgerüsteten Schiffsverband, ab, worin das griechische Wort für Flotte – *stolos* – steckt. Die Bezeichnung ist bemerkenswert, weil die Römer für ihre Kriegsflotte, mit der sie lediglich Landkriegstaktiken auf Schiffsplanken umsetzten, den Begriff *classis* verwendeten, die Normannen jedoch den östlichen Traditionen gehorchend eine Flottenbezeichnung mit byzantinisch-griechischen Wurzeln nutzten. In einem Brief an den König von England vom 18. Mai 1241 berichtet Friedrich voller Stolz von den großartigen Taten seines «*victoriosum galearum stolium*», seiner siegreichen Galeerenflotte. Außer der Bezeichnung *stolium* als Gesamtheit der Flotte gab es noch den Begriff der *armata* für die zu einer speziellen Expedition ausgeschickten Kriegsgeschwader zur See.[4]

Friedrich kümmerte sich nicht nur um die sizilische Flotte, sondern auch um mehr Sicherheit auf See. Er ließ Piraten bekämpfen, sofern sie nicht in seinem Interesse raubten. Eine für die Schifffahrt äußerst unangenehme Situation ergab sich aus der sogenannten «Grundruhr». Dabei handelte es sich um die Gewohnheit, dass

Schiffe, sofern sie an Küsten ungewollt den Grund rührten, also auf Grund liefen, als herrenlos angesehen wurden. Hinzukommende konnten sich voller Schadenfreude am Eigentum der Schiffbrüchigen bereichern, die sogar versklavt werden durften. Küstenbewohner fanden die Grundruhr deshalb natürlich praktisch und einträglich. Gern half man auch ein wenig nach, wenn ein Schiff partout nicht von allein den Grund berühren wollte, indem man vom Strand aus verwirrende Lichtsignale gab. Das alles war jedoch für eine geregelte Schifffahrt sehr hinderlich. So begann man schon im Hochmittelalter Gesetze gegen das Gewohnheitsrecht zu erlassen. Auch der frisch gekrönte Kaiser Friedrich II. verkündete 1220 in Rom in seinen zehn Krönungsgesetzen, die noch in der Kirche Sankt Peter bestätigte wurden, einen Abschnitt gegen die Grundruhr. Gestrandete Schiffe sowie das Eigentum der Seeleute durften nun nicht mehr beschlagnahmt werden, auch wenn lokale Gewohnheiten dem entgegenstanden. Ausgenommen davon waren nur Seefahrzeuge von Piraten und den Feinden des kaiserlichen sowie des christlichen Namens.[5]

Galeeren, «Pfeile» und Lateinertakelung

Kaiser Friedrichs Flotte bestand aus verschiedenen Schiffstypen für unterschiedliche Verwendungszwecke, die entweder durch Windoder Muskelkraft angetrieben wurden, mitunter auch beides kombinierten. Prinzipiell unterschied man die Langschiffe, die wegen ihrer Schnelligkeit hauptsächlich dem Kampf dienten, von den Rundschiffen für den Warentransport. Der bekannteste Schiffstyp im Mittelmeer und zugleich militärischer Kern der Flotte des Kaisers war die Galeere, die sich am Ende des 12. Jahrhunderts als neuer Kriegsschifftyp ausgeprägt hatte. Die Galeere war ein wendiges, schnelles Schiff mit einer Riemenreihe und einem ausfallenden Vorsteven, der in einem Überwasser-Rammsporn endete. Das Schiff besaß oft auch einen Mast und ein Segel. Den eigentlichen Antrieb bildeten aber etwa fünfzig Riemen, die von einhundert Ruderern, die jeweils zu zweit auf einer Bank saßen, bedient wurden. Zusätzlich hat man sich noch eine Reihe von Seeleuten zu denken, die steuerten, Segel spannten, Schoten und Ankertrossen zogen. Die Hauptunterschiede zu antiken Galeeren bestanden in dem nun über der Wasseroberfläche liegenden Rammsporn, der geringeren Anzahl an Ruderern und der von den Arabern übernommenen Takelung mit dem dreieckigen Lateinersegel.

Gleich geblieben war allerdings das Prinzip der Steuerung, die bei den mittelalterlichen Galeeren immer noch mit dem Seitenruder erfolgte. Diese hatten die Form von Riemen, wie man sie noch heute bei Ruderbootausflügen benutzt. Sie saßen seitlich am Achterschiff und konnten mit einem Tau hochgezogen oder herabgelassen werden. Während die Schiffe im Norden nur ein Ruder an «Steuerbord» hatten, benutzte man im Mittelmeer das an Steuer- und Backbord befindliche doppelte Steuerruder. Doch kann man mit beiden Varianten nur sehr schlecht segeln, weil bei Seitenwind und dem damit zwangsläufig verbundenen Krängen des Schiffes die Ruderblätter aus dem Wasser gehoben werden. Problematisch am Seitenruder ist zudem die große Bruchanfälligkeit durch die in schwerer See auftretenden Seitenkräfte. Der Verlust der Manövrierfähigkeit im Sturm führt bis auf wenige Ausnahmen zum Scheitern des Schiffes. Zwar ist das für Segelschiffe viel besser geeignete, zentral am Achterschiff mit Bronze- und Eisenscharnieren angebrachte Heckruder in Skandinavien schon Anfang des 13. Jahrhunderts nachweisbar, aber es sollte noch zwei Jahrhunderte dauern, bis es sich auch im Mittelmeer durchsetzt.

Wie schnell fuhren die Galeeren aus Friedrichs Flotte? Das bestimmte nicht allein die Anzahl der Ruderer oder deren Riemenschlagzahl. Schiffsgeschwindigkeiten hängen prinzipiell nicht nur von der Stärke der eingesetzten Antriebskraft ab, sondern auch von der Rumpfgeschwindigkeit. Darunter versteht man das Ausbreitungstempo eines vom Schiff selbst erzeugten, aus Bug- und Heckwelle bestehenden Wellensystems, in dem es regelrecht «gefangen» sein kann. Diesen theoretischen Wert für die bei Verdrängerfahrt überhaupt mögliche Höchstgeschwindigkeit eines Schiffes kann man nach einer speziellen Formel, in der die Wasserlinienlänge zu Grunde gelegt wird, errechnen. Und das ist der Grund, warum längere Schiffe – bei entsprechend starkem Antrieb durch Wind oder Ruderer – höhere Geschwindigkeiten erreichen können als kürzere Schiffe. Dass die sizilianische Flotte Friedrichs II. im Kampf gegen Genua deren Kriegschiffen immer wieder davonzufahren vermochte, muss an den längeren Schiffskörpern der Galeeren gelegen haben und nicht am kräftigeren Rudern der sizilianischen Mannschaften. Der Standardtyp der Geleere, die *galea subtilis*, italienisch *galea sottil* genannt, konnte eine Länge von vierzig Metern erreichen und verdrängte mit ihrem schmalen Rumpf nur zweihundert Tonnen. Damit lag dieser Typ erheblich unter der Verdrängung von nur halb so langen Segelschiffen. Der Tiefgang betrug nur anderthalb Meter. Für kurze Zeit konnte eine eingeübte Rudermannschaft das Schiff auf zwölf Knoten bringen – fast dreimal so schnell, wie ein allein durch Segel angetriebenes Handelsschiff fuhr.

Die Mittelmeergaleere mit dem Riemenantrieb, gleichsam ein Erbstück klassischer griechischer Ruderschiffsbaukunst, besaß mehrere nahe Verwandte, die sich nur durch die Größe des Schiffskörpers und die Anzahl der Ruderer unterschieden. Die größer und stärker gebauten, allerdings auch erheblich schwerfälligeren Galeeren nannte man Tariden. Mit dem Tempo der normalen Galeere vermochten sie nicht mitzuhalten, was der genuesischen Flotte im Kampf mit Friedrichs Geschwadern mehrmals zum Nachteil geriet. Eine kleinere Galeerenversion aus dem Zeitalter Friedrichs mit sechzig bis achtzig Ruderern hieß Galion. Piraten benutzten sie gern, und in Genua dienten sie oft als Wachtschiffe. Noch kleiner, schmaler, mit geringem Tiefgang und nur mit jeweils einem Dutzend Ruderern auf jeder Seite flog die Sagitta über die See – wörtlich übersetzt der «Pfeil». Wegen der Schnelligkeit wurde dieser Typ oft als Botenschiff oder Aufklärer benutzt. Man hielt die Sagitta auch als Fluchtschiff bereit, wenn es brenzlig wurde. Auf einem solchen Schiffstyp dürfte Friedrich seine schnelle Rückreise vom Orientkreuzzug nach Süditalien unternommen haben. Mehr Boot als Schiff war die Vacetta nicht streng an eine bestimmte Form gebunden, konnte gerudert, aber auch gesegelt werden. Von einer «*cooperta vacketta*», einem gedeckten Boot aus Friedrichs

356

Flotte, kennen wir sogar den Namen, weil die «Ischia» im Dezember 1239 dem Hofphilosophen Theodor von Antiochia für seine Rückkehr in das Königreich zur Verfügung gestellt werden sollte.[6]

Die Galeere war ein reines Kriegsschiff, das auf Kaper und zerstörerischen Rammstoß ausgerichtet war. So hielt sich die Transportkapazität größerer Mengen an Waren, Menschen oder Pferden wegen des Platzes, den die vielen Ruderer einnahmen, sehr in Grenzen. Zwar dienten die größeren Tariden und Handelsgaleeren als zuverlässige Transporter für schnelle Fracht mit geringeren Ausmaßen, doch für großvolumige Massenfracht war auf ihnen nicht genügend Platz. Für den normalen Warenverkehr benutzte man daher rundlich-dickbauchige Schiffe mit Lateinertakelung und deren dreieckigen Segeln. Diesen Schiffstyp ohne Ruderer, der vom 11. Jahrhundert bis zum Ende des Mittelalters in Europa sehr verbreitet war, nannte man vom lateinischen *navis* abgeleitet «Nef». Die Nef ähnelt in der Form der Kogge und wurde während der Kreuzzüge immer wieder zum Transport der Kreuzfahrer eingesetzt. Auch von einigen dieser Schiffe aus Friedrichs Flotte kennen wir den Namen: Ein Lastschiff namens «Aquila» transportierte im Jahr 1239 Wein und Lebensmittel unter kaiserlicher Flagge. Um dieselbe Zeit blieb die «Maiorana» mit gebrochenem Mast und unbrauchbaren Rahen eine Weile nicht einsatzfähig, während die «Mezzo Mondo» – wörtlich die «Halbe Welt» – wegen ihrer Größe im Hafen von Alexandria Aufsehen erregte. Die Schiffe der sizilischen Flotte legte man in verschiedenen Werften auf Kiel. Die bedeutendsten gab es in Messina, Brindisi, Amalfi, Salerno und Neapel. Das für den Schiffbau benötigte Geld ließ Friedrich in einer besonderen Abgabe, der sogenannten *Marinaria*, im gesamten Königreich einziehen. Auch die Beschaffung des für die Flotte notwendigen Bauholzes ließ der Kaiser genau regeln. Für das ebenfalls beim Schiffsbau dringend benötigte Pech und Eisen existierte eine Art Staatsmonopol, das einen freien Handel mit diesen Gütern unterband. Navigiert wurden all diese Schiffe zunehmend mit dem Kompass, den man wahrscheinlich bei den Arabern kennengelernt hatte. Zumindest erscheint er in arabischen Beschreibungen aus dem 13. Jahrhundert. Von der Seestadt Amalfi aus, deren Schiffsführer enge Beziehungen nach Syrien und Ägypten unterhielten, hat sich dieses italienisch *bussola* genannte Instrument wohl schon im 12. Jahrhundert im Mittelmeerraum verbreitet. Der Kompass assistierte nun dem schon seit dem Frühmittelalter verwendeten Astrolabium, dem «Sternennehmer», einem ebenfalls in islamischen Kulturen verwendeten und von dort übernommenen Multifunktionsinstrument. Es diente unter anderem der Bestimmung von Himmelskörperpositionen, der Zeitmessung sowie der Ermittlung der geographischen Breite.[7]

Mit der Form des Lateinersegels konnte man besser als mit viereckigen Rahensegeln Am-Wind-Kurse fahren und kam daher auch gegen den Wind ohne Riemen aus: äußerst wichtig für längere Passagen. Die riemenlosen Transportschiffe liefen etwa drei bis vier, mitunter fünf Knoten, waren also nur halb so schnell wie Galeeren bei Normalfahrt. Im Licht des Tages konnte eine Nef somit um die fünfzig bis sechzig Seemeilen zurücklegen, mit einer zusätzlichen Nachtfahrt das Doppelte. Diese Segelleistung entspricht einer Strecke von etwa zweihundert Kilometern in vierundzwanzig Stunden. Problematisch bei diesen Schiffen war das Be- und Entladen sperriger Lasten. Die Ladung wurde mit Flaschenzügen, die an den Masten befestigt waren, an der Bordwand hochgeschrammt oder über Klappbrücken im Schanzkleid von Bord gebracht. Mitunter benutzte man auch kleine Frachtkähne, um in Küstennähe Schiffsgut zu übernehmen, wenn Hafenanlagen fehlten. Im östlichen Mittelmeer existierten traditionell über Jahrhunderte bedeutende Häfen mit Kaianlagen, um Schiffsfrachten stauen zu können. Alle diese Verfahren kennen wir allerdings nur aus illustrierten Manuskripten oder Mosaiken, da es an archäologischen Belegen solcher Schiffe immer noch mangelt.

Für den Transport von Rittern, also gepanzerten Kriegsmannen mit einem oder mehreren Pferden, bot eine normale Galeere wegen ihres langen, flachen Schiffskörpers nicht genügend Platz. Deshalb konstruierte man schon vor und auch im Zeitalter Friedrichs II. spezielle Schiffe für diese besondere Fracht. Die Terminologie für sie ist so vielfältig wie die Schiffbautraditionen, aus denen sie erwuchsen. In den Quellen tauchen sie als *usseria, navis uselleria,*

In voller Rüstung an Land: Weitaus bauchiger als Galeeren waren Lastschiffe für den Transport von Rittern in den Orient, die als besonderes Merkmal eine Ladeklappe besaßen. Diese Klappen waren im Heckbereich oder an der Seite der Schiffe angebracht. In den Chroniken wird von Rittern berichtet, die in voller Rüstung von diesen Schiffen an Land ritten. Eines der hier abgebildeten Schiffe hat das Heck in Richtung Land gedreht, so dass der Ritter durch die achtern angebrachte Ladeklappe von Bord reiten konnte.

ippegi, hippagmi und *ippagoghi* sowie als *chelandia, chelandre, calandria* und *salandria* auf. Arabische, byzantinische, italienische oder französische Namenstraditionen im Schiffbau kreuzen sich im Mittelmeer wie die gesteuerten Kurse und führen zu einem terminologischen Durcheinander, das dann noch größer wird, wenn die darüber berichtenden Chronisten vom Meer herzlich wenig und von den Schiffen nur vom Hörensagen wussten. Doch trotz aller Indifferenz in den Bezeichnungen: Wir wissen von etwa dreißig Meter langen Schiffen, die bauchiger waren als die Galeeren und die zudem eine Ladeklappe besaßen. In den Chroniken wird von Rittern berichtet, die in voller Ausrüstung von diesen Schiffen an Land ritten. Das funktionierte durch im Heckbereich oder an der Seite der Schiffe eingearbeitete Öffnungen, an denen Rampen als Landebrücke dienten. Je nach Bestimmungshafen waren die Schiffe unterschiedlich konstruiert. In Häfen mit Kaianlagen, wie etwa Akkon, ließ man bequem über das geöffnete Schanzkleid entladen. Hier konnten auch Schiffe mit größerem Tiefgang einlaufen. Ohne Hafen war die beliebteste Art, das Heck Richtung Land zu drehen und die Ritter über die Landeklappe von Bord reiten zu lassen. Dafür durften die Schiffe allerdings keinen großen Tiefgang haben. Ein weiteres Problem bestand darin, dass nach dem Schließen der Klappen diese leicht leckten und dort

359

Der Seefahrer

Wasser eingedrungen wäre, hätte man die Luken nicht noch zugenagelt und abgedichtet.[8]

Nicht nur den Menschen, auch den Pferden bekam die Seefahrt oft nicht besonders gut. Man versuchte sie durch Bauchgurte, in denen sie gleichsam hängend nebeneinander gestaut wurden, vor dem Rutschen und Stürzen in sturmrollenden Schiffen zu bewahren. Manche Pferde mussten, im Orient angekommen, erneut trainiert werden. Die großen *naves usserie* konnten ungefähr vierzig Ritter mit ihren Streitrossen und der gesamten Ausrüstung transportieren. Ein älterer kleinerer Typ von Pferdetransportern, die wahrscheinlich mit *chelandia, chelandre, calandria* oder *salandria* gemeint sind, vermochte nur etwa zwölf Pferde aufzunehmen. Für die gemeinsame Überfahrt von zweitausend berittenen Kriegern brauchte man also die stattliche Anzahl von fünfzig Usserien oder sogar über hundertsechzig Calandrien. Die Angaben über die Größe der sizilianischen Flotte schwanken stark. Vierzig Galeeren liefen in mehreren Geschwadern 1221 mit Kurs Damietta aus. Auch beim Kreuzzug von 1228 und 1229 hören wir von vierzig Galeeren, jedoch jedes Mal ohne Angabe der begleitenden Transporter. Zeitweise bestand die sizilische Kriegsseemacht aus Expeditionsflotten von sogar sechzig Galeeren, wie die 1242 unter Ansald von Mari nach Pisa entsandte. Diese respektable Anzahl ist auch noch in der Zeit von Friedrichs Nachfolgern erreicht worden. Eine interessante Quelle für die Anzahl der sizilischen Schiffe und der damit transportierten Kämpfer stellt der Vertrag von San Germano aus dem Jahr 1225 zwischen dem Kaiser und dem Papst dar. Darin verpflichtete sich Friedrich, für den Kreuzzug neben fünfzig Galeeren auch einhundert *calandre* für zwei Jahre gut gerüstet bereitzustellen. Damit sollten zweitausend Ritter mit jeweils sogar drei Pferden in den Orient gelangen können, was mehrmalige Passagen der Schiffe nötig gemacht hätte.[9]

Admiral Heinrich rudert auf dem Nil

Der erste große Einsatz für Friedrichs Flotte ergab sich im Zusammenhang mit den Kreuzzugsplänen, die anfangs gar nicht auf Palästina direkt, sondern auf das ayyubidische Ägypten gerichtet waren. Nach den erfolglosen Expeditionen im Heiligen Land versuchten Kreuzfahrer seit April 1218 unter Johann von Brienne die ägyptische Hafenstadt Damietta im östlichen Nildelta als Ausgangsbasis für einen Angriff auf Kairo zu erobern. Man brauchte die Stadt, weil es hier auf einer kleinen vorgelagerten Insel einen stark befestigten Turm gab, von dem aus mit einer schweren Kette der einzig befahrbare Nilarm versperrt werden konnte. Die Einnahme dieser Befestigung gelang im August nach erbitterten Kämpfen. Dann traf Kardinal Pelagius von Albano mit Kriegern aus Italien im Lager der Kreuzfahrer ein und beanspruchte die Führung des Kreuzzuges. Anstatt eine immer größere Verhandlungsbereitschaft des Sultans Al-Kamil zu nutzen, verfielen die Anführer des Kreuzzugs in einen lähmenden Streit, wer denn nun den Kreuzzug anführen solle und wem Damietta zufiele, dem Papst oder dem König von Jerusalem. Im November 1219 fiel die Stadt tatsächlich in christliche Hände. Schon 1220 kehrte Johann von Brienne mit seinen eigenen Truppen wegen des Zwists zwischen ihm und Kardinal Pelagius nach Akkon zurück. Im folgenden Jahr warteten die verbliebenen Kreuzfahrer unter dem Kommando des Kardinals auf Verstärkung, die der gerade gekrönte Kaiser Friedrich II. dem Kreuzheer zuführen wollte.

Im April 1221 sandte Kaiser Friedrich von Tarent aus einen ersten Teil seiner Flotte aus, um den Kreuzfahrern die ersehnte Unterstützung nach Damietta zu bringen, eine zweite Flottille folgte im Juli von Messina aus. An Bord der insgesamt vierzig Galeeren waren neben dem sizilischen Admiral Heinrich Piscator, Graf von Malta, auch der Reichsmarschall Anselm von Justingen (gest. 1249), Walter von Pagliara (gest. 1229), Ludwig I., Herzog von Bayern und Pfalzgraf bei Rhein (gest. 1231), sowie Bischof Ulrich II. von Passau (1216–1221). Der Typ der Schiffe war gut gewählt. Mit den durch Riemen angetriebenen Galeeren konnte man

361

viel besser den Nil aufwärts fahren als mit Segelschiffen. Vielleicht schwebte Friedrich sogar eine kombinierte Operation zu Wasser und zu Land vor. Bevor jedoch der zweite Teil der Flotte ankam, hatten sich die Kreuzfahrer in Damietta in eine schwierige Lage gebracht. Gegen die Befehle des Kaisers marschierten sie unter der Führung von Kardinal Pelagius und Herzog Ludwig auf Al-Mansurah zu, gerieten in schweres morastiges Gelände und wurden in Kämpfe mit frischen Sarazenentruppen verwickelt, die zudem eine künstliche Überflutung herbeiführten. Das Heer wurde eingekesselt und musste kapitulieren, noch bevor Admiral Heinrich, der schon mit seinen Galeeren den Nil bis kurz vor Damietta hinaufgerudert war, endlich eintraf. Im Gegenzug für die Aufgabe Damiettas erhielt das Heer wenigstens freien Abzug.

Erstaunlich ist, dass die hydrologischen Kenntnisse bei den Kreuzfahrern so gering waren, dass im Heer offenbar niemand wusste, wann genau der Nil über die Ufer treten würde. Da musste der Sultan nur noch ein wenig nachhelfen, um den Kreuzzug buchstäblich im Morast steckenbleiben zu lassen. Kaiser Friedrich tobte vor Wut, als er von der Niederlage erfuhr. Admiral Heinrich, der dafür eigentlich nichts konnte, verlor seine Lehen auf Malta und wurde für einige Zeit in den Kerker gesteckt. An der Ausrüstung der Schiffe, die Friedrich geschickt hatte, lag es jedenfalls nicht. Wie wichtig die technischen Details sein konnten, zeigt der ersten Kreuzzug des französischen Königs Ludwig IX. (1226–1270). Den erneuten Angriff auf Damietta von 1249 abzuwehren, war für die Sarazenen noch einfacher. Nicht nur, dass Ludwigs Heer den Fehler von 1221 wiederholte, auch seine Schiffe waren wegen ihrer Größe für die Flusskampagne denkbar schlecht ausgerüstet.[10]

Die Seeschlacht von Montecristo 1241

Im Sommer 1239 braute sich ein schwerer Sturm über dem Mittelmeer zusammen. Papst Gregor IX. verbündete sich sowohl mit der ligurischen Seemacht Genua als auch mit dem adriatischen Meereshegemon Venedig, um das sizilische Königreich zu erobern.

Fünfzig Galeeren wollte man ausrüsten und reichlich Truppen. Keine der Seiten sollte separate Frieden abschließen dürfen. Die Schiffe der Verbündeten sollten in diesem Krieg achtern die Banner beider Städte führen. Der genuesische Stadtschreiber Bartholomeus überliefert, dass man das auch tatsächlich auf den Galeeren praktizierte: Steuerbord flatterte Genuas Banner mit dem heiligen Georg, Backbord der heilige Markus für Venedig. Und man begann sogar schon das Fell des Bären unter sich aufzuteilen, bevor er erlegt war. Venedig wollte Barletta und Salpi an der apulischen Küste für sich, Genua träumte von Syracus auf Sizilien. Die Kriegsbeute wollte man gemäß den aufgewendeten Kosten teilen. Dieses Bündnis stellte eine große Gefahr für den Kaiser dar, weil es um den Bestand seines Reiches ging und drei sonst untereinander zerstrittene Mächte vereint gegen ihn handeln wollten. Es war also keine leere Drohung. Zudem hatte das Verhältnis des Kaisers zu den Seemächten einst eine andere Qualität besessen. Im März 1232 besuchte Friedrich II. Venedig, wurde dort mit großem Pomp empfangen, sogar im Dogenpalast untergebracht und bestätigte dabei alle Privilegien Venedigs. Auch Genua war Friedrich einst wohlgesonnen, ja von hier begann im Jahr 1212 seine Reise in den unsicheren Norden. Doch nun waren beide Seemächte Feinde des Kaisers geworden.[11]

Friedrich grübelte, wie er sich dem gleichzeitig vorgetragenen Angriff der beiden bedeutendsten Seemächte der Zeit erfolgreich erwehren könnte. Das Problem lag zum einen darin, dass seine Flotte in zwei weit voneinander getrennten Seegebieten, der Adria und dem Tyrrhenischen Meer auf der Ost- und der Westseite des italienischen Stiefels, hätte operieren müssen. Andererseits war allein Venedig auf See so stark, dass die Flottenverbände der Serenissima mit Hilfe von Kreuzfahrertruppen fünfunddreißig Jahre zuvor das bis dahin als uneinnehmbar geltende Konstantinopel, die Hauptstadt des byzantinischen Reiches, erobern konnten. Was tun? Sollte er die eigene Flotte teilen und mit jeweils schwächeren Kräften vor den Küsten und Besitzungen der beiden Seestädte plänkeln? Sollte er den verbündeten Pisanern den Kampf gegen Genua überlassen und die eigene Flotte auf die venezianischen Gewässer konzentrieren? Oder sollte er die sizilische Flotte gemeinsam mit den Schiffen Pisas gegen eine der beiden Seemächte führen?

Zunächst wurde die Adria Kriegsschauplatz. Hier hatte Friedrich zu Beginn des Seekrieges einige Galeeren unter dem Kommando von Admiral Nicolinus Spinola zu Kaperfahrten auslaufen lassen. Schon 1239 gelang es ihm, achtzehn venezianische Schiffe aufzubringen. Auch in der Kampagne des nächsten Jahres legten sich vier sizilische Galeeren in der Adria auf die Lauer und konnten drei große venezianische Kauffahrer kapern, die Waren im Wert von angeblich siebzigtausend Silbermark an Bord hatten. Die Venezianer sannen auf Rache. Schon im September 1240 erschienen Galeeren der Lagunenstadt unter dem persönlichen Kommando des Dogen Jacopo Tiepolo, genannte Scopulo (1229–1249), vor der apulischen Küste, wo sie nun ihrerseits kaiserliche Handelsschiffe kaperten und ausplünderten. Zwei Schiffe mit vielen Menschen und großen Schätzen fielen in ihre Hände. Vor Brindisi schossen die Galeeren sogar ein aus Jerusalem heimkehrendes Schiff in Brand. Der gesamte Küstenstreifen an der Adria war in Gefahr. Einzelne Hafenplätze wie etwa Termoli knapp oberhalb oder Vieste direkt am italienischen Stiefelsporn konnten kurzzeitig von Venezianern besetzt, ausgeplündert und zerstört werden. Die Schäden waren gewaltig. Zum Glück für Friedrich und die Bewohner der apulischen Küste begann der stürmischere Herbst, und im Oktober kehrten die beutevollen venezianischen Galeeren in die Lagune zurück. Nun war es Friedrich, der auf Rache sann, zumindest gemäß den Erinnerungen, die zweihundert Jahre nach ihm Pandolfo Collenuccio durch seine neapolitanische Reichsgeschichte formte. Pandolfo berichtet, dass der Kaiser den gefangenen Dogensohn Pietro Tiepolo, der fast drei Jahre zuvor in seine Hände gefallen war, an einem Küstenturm in Trani so aufknüpfen ließ, dass ihn die vorbeifahrenden Venezianer von ihren Schiffen aus sehen mussten. Mit solchen Geschichten – ob wahr oder unwahr – kolorierte das historische Gedächtnis den Idealtyrannen.[12]

Mit dem Wechsel im Admiralat von Nicolinus Spinola zu Ansald von Mari 1241 fiel eine strategische Entscheidung. Nun öffnete sich der Vorhang für das Seekriegstheater auf dem Tyrrhenischen Meer. Gemeinsam mit den pisanischen Seestreitkräften und deren sowie eigenen Stützpunkten an der ligurischen Küste ließ Friedrich auf dem Meer gegen Genua vorgehen. Zu Beginn des Jahres begann man die Galeeren klarzumachen und fuhr mit siebenundzwanzig von ihnen nach Pisa. Über all die nautischen Begebenheiten in den Gewässern vor der ligurischen Küste und eine Reihe weiterer interessanter Details berichten die *Annales Ianuenses*, die Jahrbücher von Genua. Dabei handelt es sich um Aufzeichnungen, die von jeweils von der Kommune offiziell damit beauftragten Schreibern Jahr für Jahr abgefasst wurden. In öffentlichen Lesungen wurde deren jeweilige Sicht von der Gemeinde bestätigt. Die Annalen spiegeln somit das offizielle Gedächtnis der Bürger Genuas wider; sie schmücken aus, woran man sich gern erinnerte, und übergehen, was man lieber unter der Decke halten wollte. Die Anti- und Sympathien sind gerade für die Jahre 1240 bis 1248 klar verteilt: Kaiser Friedrich II. erscheint als ein hinterhältiger Feind Genuas und der Kirche, der sich zu allem Überfluss Experten aus der eigenen Heimatstadt als Admirale dienstbar gemacht hat.[13]

Mit Hilfe dieser Flottenkommandanten gelang Friedrich der zweifellos größte Erfolg seiner Herrschaft auf See an dem Tag, an dem die Kirche der Auffindung des wahren Kreuzes gedachte, am 3. Mai 1241, einem Samstag. Es war eine der größten Seeschlachten, die in der Region bis dahin geschlagen worden waren, und wohl die schwerste Niederlage, die Genua jemals auf offener See hinnehmen musste. Kaiser Friedrich sah seinen Sieg als Gottesurteil an. Allerdings erwies sich der Triumph als ein Pyrrhussieg, denn langfristig verschaffte er dem Papst nur weitere Argumente für seine antikaiserliche Polemik. Am 9. August 1240 hatte Papst Gregor IX. zu einem großen Konzil zum nächsten Osterfest, das 1241 auf den 31. März fiel, nach Rom geladen. Die Versammlung der Kirchenfürsten sollte unter anderem die Absetzung des Kaisers beschließen. Davon hatte auch Friedrich erfahren und dachte sich wohl, die beste Art, einer Absetzung zu entgehen, sei doch, gleich das ganze Konzil zu verhindern. Das wiederum müsste sich automatisch ergeben, wenn die Teilnehmer so verängstigt wurden, dass sie sich nicht trauten, zum Konzil zusammenzutreten. Aus diesem Grund verhängte der Kaiser eine Seeblockade, die die Seewege von Südfrankreich oder Oberitalien nach Rom unpassierbar machte. Die Flotte hatte damit eine delikate Aufgabe bekommen, wie sie niemals zuvor und auch niemals wieder Seestreitkräfte lösen sollten: die Vereitelung eines Konzils. Zu diesem Zweck befahl der Kaiser, dass die Kriegsschiffe eine drohende Stellung zu beziehen hätten; und wenn das nichts ausrichten sollte, seien die auf dem Weg nach Rom befindlichen Konzilsteilnehmer gefangenzunehmen. Schiffe voller Kleriker als Beute einer Schlacht – das war wirklich ungewöhnlich.

Die vereinigte Flotte aus kaiserlichen und pisanischen Galeeren sowie einigen Sagittien aus Savona bewegte sich im Frühjahr 1241 südlich von Elba und sperrte den Seeweg zwischen der heute aus literarischen Gründen bekannten Insel Montecristo, die Alexandre Dumas berühmter Romanfigur den Namen lieh, und dem Festland. Am 25. April, dem Tag des heiligen Markus, liefen aus dem Hafen von Genua nahezu dreißig gut bewaffnete Galeeren aus, auf denen sich über hundert Geistliche hauptsächlich aus Frankreich, Spanien und Oberitalien, Erzbischöfe, Bischöfe und Äbte, darunter die von Cluny und Clairvaux, sowie drei päpstliche Kardinallegaten befanden. Die Genuesen hatten die Kirchenmänner einige Wochen zuvor aus Nizza abgeholt und eine Weile in ihrer Stadt beherbergt. Nun sollte es nach Rom gehen. Die genuesische Flotte bewegte sich die Küste entlang bis Portovenere. Hier erfuhr ihr Oberbefehlshaber Jacopo Malocello von der Vereinigung der kaiserlichen und pisanischen Schiffe und machte daraufhin – trotz der Warnungen aus den Reihen seiner Galeerenkommandanten – gleich zwei schwere Fehler: Zum einen wartete er nicht auf Verstärkung aus Genua, die ihm versprochen worden war. Zum anderen – und das sollte sich als die

366

verhängnisvolle Entscheidung herausstellen – wählte er keinen Kurs, der um die kaiserliche Lauerstellung herumführte, sondern befahl, den kürzesten Weg in Richtung Civitavecchia, der nächsten sicheren Hafenstadt, zu steuern.

Am Morgen des 3. Mai 1241, nach acht Tagen auf See, trennten die Prälaten nur noch hundert Kilometer vom rettenden Hafen. Schon am Abend sollten sie in Sicherheit sein. Doch im Morgendunst sichteten sich die beiden Geschwader, und der Kampf begann um die neunte Stunde zwischen den Inseln Montecristo und Giglio. Anfangs sah es für die kaiserlichen Galeeren nicht gut aus. Drei von ihnen – offenbar die Vorhut – wurden von den Genuesen geentert oder versenkt. Doch dann wendete sich das Blatt, und die vereinigten pisanisch-sizilischen Streitkräfte eroberten Schiff um Schiff der Genuesen, insgesamt zweiundzwanzig. Drei genuesische Galeeren wurden in den Grund gebohrt. Viele Seeleute und Passagiere ertranken, darunter der Erzbischof von Besançon. Nur fünf Galeeren und einigen anderen Schiffen gelang die Flucht zurück nach Genua. Die Nachricht vom grandiosen Sieg seiner Flotte erreichte den Kaiser in Imola. Hochgestimmt ließ er einen Siegesbrief an den König von England schreiben. Nicht nur hätten seine Belagerungsmaschinen die Mauern des abtrünnigen Faenza endlich zerschmettert, sondern Gott sei auch bei einer anderen Sache mit ihm gewesen. «Und an jenem Palestriner (Papst Gregor IX.), der so oft den äußersten Hass gegen Uns erregt hatte, ist, wie wir glauben, das göttliche Gericht nicht ausgeblieben, damit er nicht nach

Art des verborgenen Wolfes im Schafsfell und Lammkleid Gott bei sich zu tragen wähne und wisse, dass Gott mit Uns ist, der auf seinem Throne sitzt und gerecht richtet, da er nicht allein durch das Priestertum, sondern durch das Königtum und das Priestertum das Gefüge der Welt zu leiten bestimmt hat.» Von einem begeisterten, namentlich nicht bekannten Ghibellinen wurden sogar emphatische Siegestöne über den Erfolg der Seeschlacht in Hexameter gesetzt: «*Gaudeat imperium* – Jubeln möge das Reich, jubeln soviel es mag [...], auf See und an Land wird der Zusammenbruch den Papst belehren, zu welch einem Frieden wird führen das Ende des Krieges; schweigen soll des Konzils schwatzhafte Zunge über das Rad des Schicksals, und der Knabe aus Apulien wird errichten den Frieden der Welt.»[14]

Papst Gregor IX., den der Dichter hier als «*stupor mundi*», als «Staunen der Welt» – dasselbe Wortspiel, das auch an Friedrich haftete – und als «*bursa Simonie*», als «Geldsack des Ämterkaufs» bezeichnet, geriet in eine prekäre Lage. Ihm fehlten nun die Geistlichen für das Konzil. Die gefangenen Prälaten ließ der Kaiser zunächst nach Pisa, dann weiter in die Burg San Miniato schaffen, wo einige Jahre später Petrus de Vinea tragisch zu Tode kommen sollte. Schließlich brachte man sie auf dem Seeweg weiter nach Neapel und verteilte sie von dort auf verschiedene Burgen des Reiches. Matthaeus Paris notierte in seiner Chronik über die Leiden der gefangenen Kleriker: «Schon hatten Krankheit und tödliche Schwäche sie befallen, denn da sie schon lange gesegelt waren, wobei sie eng gefesselt und gedrückt sitzen mussten, hatten sie alle unerträgliches Fieber bekommen, das die Muskeln zerwühlte und wie mit Stichen von Skorpionen peinigte. Von Hunger und Durst gequält, waren sie der Willkür der ruchlosen Schiffer ausgeliefert, die eher als feindliche Piraten bezeichnet werden konnten. So erlitten sie ein langes Martyrium, das sie aber in Demut erduldeten.» Bei den mittelalterlichen Chronisten trug dieser Seesieg des Kaisers weiter dazu bei, sein schlechtes Image zu verstärken. Der Verfasser der Annalen von Genua, sonst in nautischen Dingen überaus gesprächig und gut informiert, verfiel dagegen bei der Schlachtbeschreibung in einen einsilbigen Ton. Über die für die

368

sieggewohnte Flotte recht unrühmlichen Ereignisse ging er kurz hinweg und notierte mehr über innerstädtische Konflikte mit Anhängern des Kaisers.[15]

Nach der Schlacht von Montecristo zog sich der Seekrieg noch lange in einer Art Katz-und-Maus-Spiel hin. Einer weiteren großen Schlacht, ja einem Entscheidungskampf, ging die kaiserliche Flotte künftig aus dem Weg, zumal Genua die Verluste an Schiffen sehr schnell ausgleichen konnte. 1242 verfügte die Kommune schon wieder über dreiundachtzig Galeeren, davon vierzig neu gebaute und dreizehn Tariden. Und die neue Flotte fiel ins Auge: Anstatt des üblichen meeresfarbenen, grünblauen Anstrichs wurden die Schiffe nun alle weiß gestrichen und mit scharlachroten Georgskreuzen, dem Wappenbild Genuas, versehen. Erstaunlich ist, dass die sizilische Flotte, die ja immer gemäß Friedrichs Anweisungen handelte, weder versuchte, die Schiffszüge genuesischer Levantefahrer um ihre kostbaren Waren zu erleichtern, noch eine komplette Blockade der ligurischen Seerepublik vorzunehmen. Wahrscheinlich war das mit dem kaiserlichen Flottenpotential auch gar nicht möglich. Nur einzelne genuesische Schiffe wie die «Florina» oder die «Paonus» konnten gekapert werden. Einige schneidige Manöver zeigten den Genuesen aber, dass mit der kaiserlich-sizilischen Flotte ein ernstzunehmender Gegner die Wellen durchfuhr. Ansald von Mari und sein Sohn Andreolus vermochten es 1241, 1243 und 1247 sogar mehrmals, die genuesische Kriegsflotte so weit von der Stadt wegzulocken, dass sie dann selbst mit kaiserlichen Galeeren ungestört in den Haupthafen von Genua einlaufen konnten – allerdings nur für kurze Zeit. Doch die psychologische Wirkung auf die Genuesen dürfte erheblich gewesen sein. Zweimal schossen sie sogar Steine mit Schiffskatapulten auf Häuser der Stadt. Was für eine Demütigung einer Seemacht!

Doch jedes Mal, wenn die Genuesen mit ihren Kriegsgaleeren schleunigst zurückgerudert kamen, verschwanden die Flottenführer mit den kaiserlichen Schiffen. Das was nur möglich, weil die sizilischen Galeeren schneller fahren konnten und Ansald als Genuese über zuverlässige Informanten in der Stadt verfügte. Mit ihnen hielt man höchst konspirativ Kontakt, etwa 1241, als in einer

Wachsimitation eines Brotes ein Brief an die kaiserlichen Anhänger geschmuggelt werden sollte, was jedoch aufflog. Die vom Kaiser verfolgte maritime Strategie bestand darin, mit ständiger Beunruhigung die Genuesen in Atem zu halten. Das permanente Klarhalten der gesamten Flotte schädigte sie nicht nur ökonomisch sehr stark, weil die Bürger die Schiffe selbst bemannen mussten, sondern enthielt ihnen «das stolze Vorrecht der Initiative» vor. Das wiederum bezahlte der Kaiser mit dem Ruin der eigenen Kassen: Durch die «Bewaffnung der glücklichen Flotte» sei der Staatsschatz erschöpft, ließ Friedrich nach der Kampagne von 1241 an seine Verwalter schreiben. Doch seine Strategie ging auf. Genua vermochte nicht, die sizilische Flotte aus den Gewässern vor der eigenen Haustür zu vertreiben, um dann selbst vor der süditalienischen Küste aktiv zu werden. Und der geplante gemeinsame Angriff Genuas und Venedigs auf das Königreich Sizilien kam nie zustande.[16]

FEINDSCHAFTEN

12

Der Kreuzpilger

Der ewige Traum von Jerusalem

ie war lediglich drei Tage in Benutzung und ist doch die wohl bedeutendste Grabanlage der Weltgeschichte: die Grablege Christi des Erlösers, das Heilige Grab in Jerusalem, der Nabel der Welt. In den theologischen Schriften des Mittelalters, vornehmlich in Predigten und Psalmenkommentaren, wurde das Grab mit vielen Metaphern belegt: So wie David mit Christus gleichzusetzen sei, so glichen sich das Haus Davids und das Grab Jesu, bemerkte Petrus Lombardus (um 1095–1160) in seinem Werk *Glossa in Psalmis*. Gerhoch von Reichersberg (um 1093–1169) sah in ihm das Bett Salomons. Und in einer heute dem spätantiken Turiner Bischof Maximus (um 400) zugeschriebenen Predigt, die aber mittelalterliche Kopisten für einen Text des Augustinus (354–430) hielten, lesen wir, da der Herr aus dem Uterus der Mutter entsprossen sei und aus seinem Grabe wiedererstanden, gebe es nur eine Konsequenz: «Vulva könne man das Grab selbst nennen.» Aber eigentlich sei das Grab noch großartiger, da die Vulva den sterblichen Körper erzeuge, das Heilige Grab jedoch den unsterblichen hervorbringe. Aus diesem Grund ist das später über der Sepultur Christi errichtete Gotteshaus in der westlichen Tradition als Grabeskirche, in der Orthodoxie des Ostens jedoch als Auferstehungskirche bezeichnet worden. Petrus Venerabilis (um 1093–1156), Abt von Cluny, hatte in einer Predigt zum Lobe des Grabes des Herrn erklärt, dass es gleichsam das «Herz der Erde» sei. Es aufzusuchen versprach einen himmlischen Lohn: die Vergebung aller Sünden.[1] Auch Dichter und Sänger gerieten in lyrische Verzückung, wenn sie an das Grab Christi dach-

371

ten. Es bildete sich in Verbindung mit Minneliedern sogar eine eigene Gattung provençalischer und mittelhochdeutscher höfischer Lyrik heraus, in der zur Beteiligung am Kreuzzug aufgerufen wurde: das Kreuzlied. Verbreitete Kreuzlieder stammten von Friedrich von Hausen, Hartmann von Aue oder Walther von der Vogelweide. Der einst im Heiligen Land begüterte Minnesänger Otto von Botenlauben dichtete:

«Wäre Christi Lohn nicht gar so süße,
so verließ ich nicht die liebe Frau mein,
die ich so oft in meinem Herzen grüße,
und mag sie wohl mein Himmelreich auch sein,
wo immer die Gute auch wohne am Rhein.»

Weniger mit Ottos grobem Reimgriffel als mit elegant-geübter Feder legte Walther von der Vogelweide einem lyrischen Ich in seinem Palästinalied Verzückung und Kampfbereitschaft in den Mund:

«Nun erst hat mein Leben Sinn,
da mein sündiges Auge sieht
das Heilige Land und seine Erde,
die man so sehr ehrt und preist.
Mir geschah, worum ich bat:
Ich bin gekommen an die Stätte,
wo Gott Mensch geworden ist.
[...]
Christen, Juden und Muslime
behaupten, dass dies Land ihr Erbe sei.
Gott soll es nach dem Recht entscheiden
im Namen der Dreieinigkeit.
Die ganze Welt besteht darauf,
doch unser Anspruch ist gerecht,
gerecht, dass er ihn uns erfüllt.»[2]

Der Begräbnisplatz Christi ist über Jahrhunderte hart und blutig umkämpft worden. Höhepunkt dieser Kämpfe war eines der merkwürdigsten kulturgeschichtlichen Phänomene, das im Mittelalter

372

die abendländische Gesellschaft nachhaltig prägte und die Gemüter von Generationen immer wieder beschäftigte: die bewaffnete Wallfahrt nach Jerusalem, oder kurz: die Kreuzzüge. Immer wieder wurden ungeheure Anstrengungen unternommen, um den Platz der Grablege des Gottessohnes in Jerusalem in Besitz zu nehmen. Die Kreuzzüge, für die in Predigten und Aufrufen geworben wurde, stellen eine eigenartige Verbindung von Bußübung und Kriegszug dar. Ließ sich das Wallfahrtsziel nicht friedlich erpilgern, dann sollte der Einsatz von Waffen den Weg ebnen. Dieser ungewöhnlichen Verquickung lagen vornehmlich die Vorstellungen des Augustinus von Hippo (353–430) über einen gerechten Krieg zu Grunde. Man unterschied zwischen Kreuzzügen im engeren und im weiteren Sinne, je nach dem, ob ein Pilger- oder Feldzug in das Heilige Land zum Grab Christi führen sollte oder ob er die Unterwerfung von Heiden zum Ziel hatte. Die letztgenannte Variante bescherte der Weltgeschichte die Wendenkreuzzüge in Mittel- und Osteuropa, die Reconquista in Spanien, die Kreuzzüge gegen die Albigenser in Südfrankreich und die Hussiten in Böhmen oder den erstaunlichen Befund, dass gegen Kaiser Friedrich selbst ein Kreuzzug gepredigt worden ist.[3]

Zu den wichtigsten Kreuzzügen ins Heilige Land gehört der Zug der Jahre 1096 bis 1099, der überhaupt erst zu einer Eroberung Jerusalems durch lateinische Christen führte. Der zweite Kreuzzug der Jahre 1147 bis 1149 unter König Konrad III. und der dritte der Jahre 1189 bis 1192, bei dem Friedrich I. Barbarossa zu Tode kam, galten ebenfalls dem Heiligen Land. Der vierte Kreuzzug der Jahre 1202 bis 1204 pervertierte die Idee, indem er mit der Eroberung Konstantinopels das christliche Byzantinische Reich niederstreckte. Etwas verworren wird die Zählung mit der Expedition der Jahre 1217 bis 1221 nach Damietta, die manchmal allein, manchmal jedoch gemeinsam mit Friedrichs Orientzug als fünfter Kreuzzug bezeichnet wird. Wenn Friedrichs Fahrt von 1228 und 1229 als sechster Kreuzzug zählt, dann haben wir mit den beiden Zügen des französischen Königs Ludwig des Heiligen 1248 bis 1254 sowie 1270 entweder den siebten und achten oder, wenn nicht, eben den sechsten und siebten Kreuzzug vor uns. Nach

Eine Burg im Heiligen Land: Im Nordwesten der Altstadt von Akkon befindet sich eine Zitadelle, die während der osmanischen und britischen Herrschaft ihr heutiges Aussehen erhielt. Im Kern befinden sich jedoch noch Gebäudeteile, die zu einer mittelalterlichen Festung gehörten, die einst das Hauptquartier des Johanniterordens bildete. Ausgrabungen in den letzten Jahrzehnten haben eine Reihe der später verfüllten Räume freigelegt, darunter auch einen Saal, dessen mächtige Rundpfeiler ein gotisches Spitzbogengewölbe tragen. Hier weilte 1148 der französische König Ludwig VII., und im September 1228 dürfte auch Friedrich hier mit den Ordensbrüdern getafelt haben, als man noch einträchtig im Orient agieren wollte.

dem erfolglosen Zug von 1270 nach Tunis, das man unter anderem angriff, weil man aus geographischer Fehleinschätzung nicht recht wusste, wie weit Ägypten und das Heilige Land davon entfernt sind, kamen trotz hochfliegender Pläne keine wirkungsvollen Militärschläge gegen das Heilige Land mehr zustande. Ende 1291 fiel mit Akkon der letzte Festlandsbesitz der Kreuzfahrer in die Hände der Muslime.

Zu einem Kreuzfahrer wurde man, ganz gleich ob Bauer oder hohen Standes, indem man ein Kreuzzugsgelübde ablegte. Das konnte öffentlich als große Inszenierung während einer Predigt oder auch nur in kleinem Kreis geschehen. Das sichtbare Zeichen des geschworenen Wallfahrers bildete ein an die Schulter angeheftetes Kreuz, man war dann «*crucesignatus*», «mit dem Kreuz gezeichnet». Mit dem Gelübde zu einer Wallfahrt ging der zukünftige Pilger eine rechtsverbindliche Verpflichtung ein, die nicht einfach zurückgenommen werden konnte. Reichte das eigene Leben zur Erfüllung nicht aus, so konnte der Schwur vom Vater auf den Sohn übergehen. Eine Lösung vom Kreuzzugsversprechen konnten nur der Papst oder dessen Bevollmächtigte aussprechen. Eine Wallfahrt nach Jerusalem verschlang Geld, viel Geld sogar. Viele Kreuzzügler, gerade die Hochadligen, verkauften oder verpfändeten dafür ihre heimatli-

374

chen Besitztümer. Andere ließen sich ihre Teilnahme teuer bezahlen. Das Problem, einen Kreuzzug erfolgreich zu unternehmen, bestand weniger im militärischen Vorgehen vor Ort, als darin, überhaupt erst einmal ins Heilige Land zu kommen.

In Ridley Scotts bildgewaltigem Kreuzfahrerdrama *Kingdom of Heaven* klingt die Wegbeschreibung mit dem Ziel Jerusalem ziemlich einfach: «Geht dorthin, wo man Italienisch spricht, und dann geht weiter, bis man etwas anderes spricht.» Ganz so einfach war es jedoch nicht. In der Regel kam man von West- und Mitteleuropa aus auf zwei Wegen in den Orient. Da gab es den Landweg die Donau abwärts, durch das Gebiet der Bulgaren, bis man an der Grenze von Europa und Asien auf Konstantinopel stieß. Von hier begann es wirklich beschwerlich zu werden, denn das glutheiße Kleinasien war schon Feindesland. Friedrich Barbarossa hatte auf dem dritten Kreuzzug 1189 und 1190 diesen Weg gewählt, auf dem er schließlich umkam. Der andere Weg führte über das Meer, das Ziel wurde deshalb auch *Outremer* genannt. Kreuzfahrer, die den Seeweg wählten, schifften sich entweder in Venedig ein und

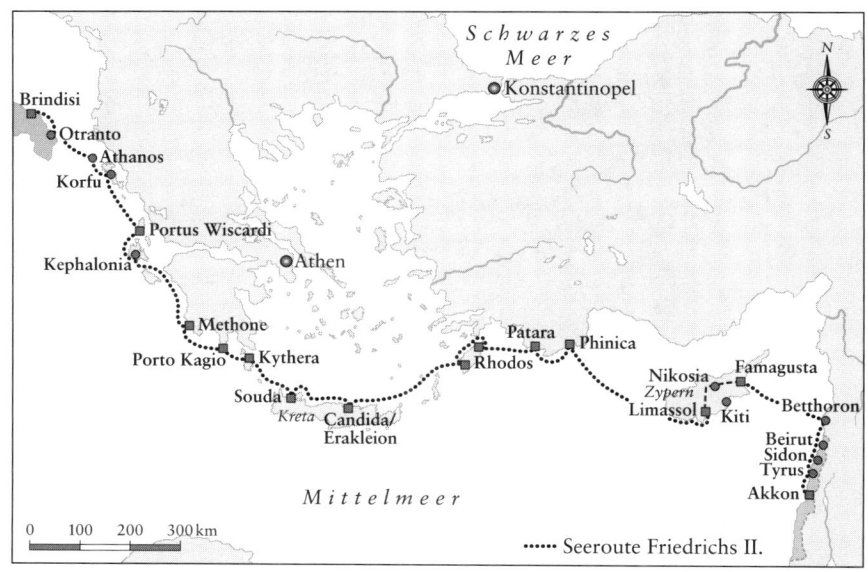

Seeroute Friedrichs II. im Sommer 1228 ins Heilige Land

Der Kreuzpilger

ANTIOCHIA
(1098–1268)

Laodicea ●

KGR. ZYPERN
(1192–1489)

● Famagusta

ASSASSINEN

Orontes

Tortosa ●

Krak de Chevaliers ▣   ● Homs

GFT. TRIPOLIS
Tripolis ●

Mittelmeer

Beirut ●

Sidon ●   ● Damaskus

Tyrus ●

Montfort
Akkon ● ▣ Castellum Regis
Haifa ●   Hattin
Athlit ▣   ● Tiberias
(Castrum Peregrinorum)   Nazareth   *Jarmuk*
Caesarea ●

KGR. JERUSALEM
● Nabulus/Sichem

Joppe/Jaffa ●   *Jordan*

Askalon ●   ✠ **Jerusalem**
Bethlehem
● Gaza   ● Hebron
Totes Meer

HERRSCHAFT
TRANS-
JORDANLAND

Königreich Jerusalem
nach dem Frieden von
Jaffa (1229)

Königreich Jerusalem
in seiner größten Aus-
dehnung (1099–1187)

0   50   100   150 km

Das Königreich Jerusalem nach Friedrichs Kreuzzug 1228/1229

hatten deswegen die ganze Adria zu bewältigen, oder nutzten einen süditalienischen Hafen, Messina auf Sizilien etwa oder Brindisi in Apulien, den Endpunkt der alten Via Appia. Der Landweg von Mitteleuropa aus gerechnet betrug immerhin dreitausend Kilometer. Auf dem Landweg bewältigten Pilger zu Fuß gerade einmal fünfundzwanzig bis vierzig Kilometer am Tag, Reiter dreißig, bei strammem Ritt bis zu sechzig Kilometer. Der Seeweg, den Kaiser Friedrich II. wählte, ging theoretisch schneller, weil die Galeeren und die Transportsegler in vierundzwanzig Stunden etwa zweihundert Kilometer zurücklegen konnten.

Im Verlauf der Kreuzzüge kam es zu einer Reihe von Herrschaftsbegründungen im Nahen Osten. Am bedeutendsten war das Königreich Jerusalem. Nördlich davon gab es noch das Fürstentum Antiochia sowie die Grafschaften Edessa und Tripolis. Obwohl die lateinischen Christen aus vielen Gegenden Europas, vor allem Frankreich, Italien, England und Deutschland stammten, wurden sie von den Muslimen einheitlich als «Franken» bezeichnet. Die Anzahl der «Franken» jedoch, die in den Kreuzfahrerstaaten der Levante blieben, war gemessen an der übrigen eingesessenen Bevölkerung sehr gering. Eine fränkische Oberklasse von etwa eintausend Baronen und Rittern bildete eine hauchdünne Herrenschicht über einer verwirrenden Vielfalt an eingesessenen Völkern und Religionen. Es gab eine jüdische Bevölkerung, dazu bedeutende griechisch-orthodoxe Gemeinden, ferner weitere Christen verschiedener, in den Augen Roms ebenfalls häretischer Bekenntnisse wie Armenier, Maroniten, Jakobiten, Nestorianer. Und natürlich siedelten dort seit Jahrhunderten viele Muslime, Sunniten und Schiiten. Zwar nahm auch die fränkische Oberschicht schnell die Lebensgewohnheiten des Orients an, aber sie vermischte sich nicht mit der einheimischen Bevölkerung. Die bereits im Heiligen Land geborenen Nachfahren der «Franken», auch jene aus Verbindungen von Franken mit einheimischen Christinnen, bezeichnet man als «Poulains» oder «Pullanen». Die Poulains bildeten neben den Rittern der Barone ein bedeutendes und notwendiges militärisches Reservoir, da Muslime und Juden nicht zum Militärdienst herangezogen wurden. Neben den Italienern aus Genua, Venedig oder Pisa, die in den Hafenstädten sogar eigene Viertel besaßen, entwickelten die Poulains eine enorme wirtschaftliche Bedeutung. Sie bildeten die eigentliche Stütze des Königreichs Jerusalem. Als Verkehrssprache diente neben Französisch die sogenannte «Lingua franca». Man könnte sie als eine Pidgin-Sprache auf romanischer Basis ansehen, die vorwiegend an der Süd- und Ostküste des Mittelmeers durch den Sprachkontakt zwischen Romanen und Sprechern nichtromanischer Sprachen, insbesondere des Arabischen, entstanden ist. Dieses von arabischen Wörtern durchsetzte Franco-Italienisch des östlichen Mittelmeerraumes hielt sich auch über den Untergang der Kreuzfahrerstaaten hinaus und diente als Handels- und Verkehrssprache bis ins 19. Jahrhundert hinein.[4]

Seit der Katastrophe bei den Hörnern von Hattin im Juli 1187 hatte das Königreich Jerusalem aufgehört, als Flächenstaat zu bestehen. Hier bei Hattin, in Sichtweite des Sees Genezareth auf dem Plateau eines Vulkankegels, der der Legende nach Christus bei der Bergpredigt als Kanzel gedient haben soll, wurde in einem dramatischen Gemetzel die militärische Schlagkraft des Königreichs gebrochen. Anführer der muslimischen Truppen war Salah ad-Din Yusuf bin Ayyub (gest. 1193), Sultan von Ägypten und Syrien, der auch in Europa später zur Legende verklärte Saladin. In den folgenden Monaten fielen außer Tyrus alle Burgen und Städte des Landes in die Hand der Muslime, darunter Orte mit so klangvollen Namen wie Tiberias, Akkon, Joppe, Caesarea maritima, Askalon, der Berg Tabor, Bethlehem, Nazareth und Jerusalem selbst. Der Schnittpunkt orientalischer und okzidentaler Religionen, der Ort mit einer symbolischen Aufladung wie kaum ein zweiter in der Welt war für die lateinischen Christen verloren. Zwar konnten in den Jahrzehnten nach der Niederlage bei Hattin durch gewaltige Anstrengungen, besonders während des dritten Kreuzzugs unter der Führung des englischen Königs Richard I. Löwenherz (1189–1199), einige Küstenstädte, unter ihnen Akkon, zurückgewonnen werden. Das Ziel des Sehnens und Strebens jeder Wallfahrt und jedes Pilgers aber, Jerusalem mit dem Grab Christi, blieb in muslimischer Hand.[5]

378

Als einer der ungewöhnlichsten Kreuzzüge darf der von Kaiser Friedrich II. nach Jerusalem gelten, nicht nur, weil er von den sonst üblichen Kriegsgepflogenheiten abwich, sondern auch, weil er mit zusätzlichen politischen Intentionen unternommen wurde. Am Tag des Jacobus Maior, dem 25. Juli 1215, senkte sich zuerst durch die Hand des Mainzer Erzbischofs Siegfried II. von Eppstein in der Aachener Marienkirche eine Krone und mit ihr die Würde des nun am rechten Ort gekrönten *rex Romanorum* auf das Haupt Friedrichs II. Kurz darauf heftete sich der König ein Kreuz an seine Schulter. Angeblich fand die Handlung *sponte* – unerwartet – statt. Doch so unerwartet geschah sie nicht. Denn es liegt nahe, die Kreuznahme in Aachen 1215 im Krönungszusammenhang und die weiteren Kreuzzugsversprechungen als politische Schachzüge zu deuten. Schließlich war die Kreuznahme die erste politische Handlung des nun am rechten Ort gekrönten Königs, und seine angeblich spontane Idee gehörte in das Programm der herrschaftssichernden Gesten. Hier in Aachen, am Ort der Beisetzung Karls des Großen, wurde mit seiner nochmaligen Krönung zum römisch-deutschen König und mit dem Gelöbnis, in das Heilige Land zu ziehen und das Grab Christi zu befreien, ein kaiserliches Programm inauguriert.[6]

Die Frage, wer an der Spitze der Kreuzzugsbewegung stand, hatte im Ringen zwischen Papsttum und Kaisertum eine erhebliche Bedeutung, weil Auffassungen vom Kaiseramt existierten, die dessen Inhaber als einen permanenten Anführer der Kreuzzugsbewegung begriffen. Die Sache des Heiligen Grabes zu einer persönlichen Angelegenheit zu machen, geriet immer mehr zu einer Herrschertugend und entsprach immer mehr den Vorstellungen vom idealen Kaiser. Friedrichs staufische Vorfahren im Herrscheramt waren alle Kreuzfahrer gewesen oder hatten zumindest ein Kreuzzugsgelübde abgelegt. Seinen Großvater Friedrich I. Barbarossa und einen Onkel gleichen Namens, den der junge Sizilianer nur vom Hörensagen kannte, hatte dieser Einsatz sogar das Leben gekostet. Selbst Kaiser Otto IV. bekannte auf dem Sterbelager, dass

379

auch er einst einen Kreuzzug geschworen habe, und zwar «wie es dem kaiserlichen Ansehen gezieme». Friedrich II. war bereits der fünfte Monarch der staufischen Tradition, der den Wallfahrtsschwur leistete. Für den Schirmherrn der römischen Kirche und Bekämpfer der Heiden galt es als oberste Pflicht eines Kaisers, einen Kreuzzug anzuführen. Mit dem Waffengang in das Heilige Land verstärkten sich Vorstellungen von einem endzeitlichen Kaisertum Friedrichs II. und seiner Abstammung aus dem Hause David. Seit Friedrich I. Barbarossa verwoben sich Kaiseridee und Kreuzzugsgedanke zu einem weiten Umhang eines idealen Herrschers. Darauf prangte sogar das Bild Karls des Großen, Symbol und Idealfigur eines christlichen Herrschers im Mittelalter, der in den Legenden als der erste Kreuzritter erschien. Die Kreuznahme von Aachen ist aber auch als Zeichen der Ergebenheit vor einer göttlichen Gnade zu verstehen, die Kaiser Otto das Amt des Herrschers entzogen und es Friedrich angetragen hatte. Die tiefe Dankbarkeit gegenüber Gott sollte man nicht als ein rational kalkuliertes Zeichen zur Beeinflussung der herrschenden Meinung missdeuten. Nach menschlichem Ermessen schien der Aufstieg Friedrichs geradezu unerklärlich. 1219 ließ er in einem Brief kundtun, dass er Königsherrschaft und Imperium als großväterliches Erbe nicht seinen eigenen Verdiensten, sondern ausschließlich göttlicher Barmherzigkeit verdanke. Zeitlebens sollte Friedrich der Glaube an die direkte göttliche Lenkung nicht verlassen und Teil seiner Herrschaftsauffassung bleiben.[7]

Für Friedrich gab es eine Reihe von Gründen, um im Heiligen Land aktiv zu werden. Zunächst handelte er im Bewusstsein, als ein Kaiser der gesamten Christenheit vorzustehen. Die vom Papst angeregte Verbindung zu Isabella von Jerusalem diente dem Pontifex als Köder für eine baldige Kreuzfahrt, weil nun der Kaiser selbst zu einem Landesherrn im Königreich Jerusalem geworden war. Man könnte die Kreuzfahrt als einen Zug ins eigene Königreich verstehen, um die Würde eines *Ierusalem rex* Wirklichkeit werden zu lassen. Hinzu kamen die Interessen eines Königs von Sizilien im östlichen Mittelmeer. Und nicht zuletzt wirkte das Argument, das alle Pilger bewegte: die seelenstärkende Wirkung der

380

vollständigen Sündenvergebung. Friedrich war der erste Herrscher, der in seiner Person einen Kreuzfahrer, den König von Jerusalem und den kaiserlicher Anführer der Pilger in sich vereinte.

Eine Reihe von dringenden Aktivitäten zur Herrschaftsstabilisierung und Herrschaftssicherung im nordalpinen Reich verhinderte den sofortigen Aufbruch. Für das Jahr 1219 zu *media quadragesima* – Mittfasten, dem vierten Fasten-Sonntag *Laetare Ierusalem*, einem schicksalsschwangeren Datum für das politische Denken der Zeit und daher bewusst gewählt – berief Friedrich einen Kreuzzugshoftag nach Magdeburg ein. Barbarossas berühmter Kreuzzugshoftag *Ihesu Christi* des Jahres 1188 und Heinrichs VI. Würzburger Hoftag 1196 waren ebenfalls zu *media quadragesima* einberufen worden. Doch der geplante Magdeburger Hoftag Friedrichs II. kam nicht zustande. Man gewinnt den Eindruck, dass Friedrich nach dem Schwur zum Kreuzzug trotz aller ernsthaften Bestrebungen immer wieder diese Karte auch zur Durchsetzung tagespolitischer Interessen zog; gleichsam wie ein ständig neu gespieltes Kreuz-Ass im Politik-Skat mit dem Papst. Ganze fünf Jahre lang spielte er diese Partie mit ziemlichem Erfolg, mit den Höhepunkten einer geradezu erpressten Nachfolge Heinrichs VII. im Königsamt und der eigenen Erhebung zum Imperator. Auch die Kaiserkrönung in Rom flankierte eine Erneuerung des Kreuzzugsschwurs, was vor allem Papst Honorius III. Savelli wichtig war. Nach der Kaiserkrönung von 1220 folgten für Friedrich fünf Jahre der Verlegenheit. Denn nun reihte sich eine Terminverschiebung an die andere, wenn auch mitunter aus einleuchtenden Gründen.[8]

Im Glanz der Kaiserkrönung in Rom war als Abfahrtstermin der August 1221 vereinbart worden, doch die Neuordnung des sizilischen Reiches dauerte seine Zeit. Im Spätsommer 1221 wurde vor Damietta ein Kreuzfahrerheer vernichtend geschlagen; zum Glück ohne den Kaiser, der dort in Gefangenschaft geraten wäre. In den folgenden Jahren löste ein Versprechen das nächste ab, ohne dass der Kaiser in den Orient aufbrach. Friedrich verfing sich immer mehr in den Schlingen von Kreuzzugszusagen mit festen Terminen sowie oft ganz unrealistisch knappen Fristverlängerungen, die er gar nicht halten konnte. Im Juli 1225 gelobte der Kaiser in den Vereinbarungen von San Germano nun endlich aufzubrechen, spätestens im August 1227. Sollte er die Sache wieder verschieben, sollte der Kirchenbann ihn treffen. Dieses Zugeständnis war ein Fehler, denn nun war die Kreuzzugskarte kein Trumpf mehr.

Im Sommer 1227 versammelte sich tatsächlich ein großes Kreuzheer in Brindisi, dessen Lager bald von einer Seuche durchweht wurde. Vielleicht handelte es sich um die gefährliche *Malaria tropica*, die schon so oft eisengepanzerte Krieger des Nordens auf das Totenbett geworfen hatte, vielleicht auch um den oft durch schlechtes Wasser ausgelösten, ebenso gefürchteten *Typhus abdominalis*. Friedrich erkrankte selbst auch, bestieg mit dem zu dem Zeitpunkt noch lebenden Ludwig IV. von Thüringen dennoch eine Galeere und stach in See. Ein Albtraum, wenn wir uns auch nur leichten Seegang gepaart mit hohem Fieber und Schüttelfrost vorstellen. Und das wochenlang? Friedrich kehrte um und ging zwei Tage später in Otranto wieder an Land. Am nächsten Tag starb Ludwig. Friedrich, noch von Fieberschüben geschüttelt, musste den Aufbruch zum Kreuzzug erneut verschieben. Er besprach sich mit Hermann von Salza und anderen Großen. Man beschloss, den Admiral Heinrich von Malta mit einem Teil der Flotte vorauszuschicken. Zwei Mitglieder des Hofes sollten den seit dem Frühjahr amtierenden Papst Gregor IX. Conti (1227–1241) über die unvorhersehbaren Widrigkeiten informieren. Doch diesen triftigen Grund ließ der neue Pontifex als Entschuldigung nicht mehr gelten. Schon während seiner Zeit als Kardinalbischof von Ostia hatte Hugolinus mit Misstrauen die kaiserliche Hinhaltetaktik betrachtet. Friedrich traf nun der Bannstrahl der Exkommunikation.

Der Kaiser im Heiligen Land

Am 28. Juni 1228 war es endlich soweit: Der Kaiser ließ im Hafen von Brindisi die Leinen seiner Kreuzzugsflotte loswerfen, begab sich selbst auf eine Galeere und fuhr nach Osten. Fast ein ganzes Jahr sollte er unterwegs sein. Die Reise in das Heilige Land verlief mit Zwischenstationen auf den Inseln Korfu, Kephalonia, Kreta sowie Rhodos in zwei Etappen und ging zuerst nach Zypern. Schon am 20. Juli kam die große Insel in Sicht, und die Flotte steuerte Paphos im Südwesten an. Doch die alte, ehemals bedeutende Hafenstadt mit ihrem «Kastell, das Baffes genannt wird», lag in Trümmern, die ein schweres Erdbeben sechs Jahre zuvor hinterlassen hatte, und konnte die Flotte weder im Hafen selbst noch auf Reede aufnehmen. So steuerte man weiter an der Südküste entlang nach Limassol hinter der Halbinsel Akrotiri. Am 21. Juli fielen die Anker. Der Kaiser begab sich an Land. Der fast sechswöchige Aufenthalt auf der Mittemeerinsel sollte nicht nur ein Zwischenstopp sein, um die Vorräte aufzufüllen oder vielleicht eine kaiserliche Seekrankheit zu kurieren. Der Landgang auf Zypern stellte einen zentralen Bestandteil der kaiserlichen Mittelmeerpolitik im Osten dar. Die große Insel, einst byzantinischer Besitz, betrachtete der Kaiser als einen Teil seines eigenen Imperiums. Eine Generation zuvor hatte sich der damalige Inselmachthaber Amalrich von Lusignan (gest. 1205) Kaiser Heinrich VI. unterstellt, und Zypern war zu einem eigenen Königreich erhoben worden. Friedrich erwartete also eine Lehenshuldigung des jetzigen Königs und der anderen Herrschaftsträger gegenüber ihrem Lehensherrn. Einige hier begüterte Barone hielten zugleich Rechte und Ländereien im Heiligen Land, so dass Friedrich als König von Jerusalem zugleich auch in dieser Würde ihr Herr war.

Der mächtigste der Barone und zugleich Vormund des erst elfjährigen Königs von Zypern, Heinrich I. (1217–1253), war Johann von Ibelin (1177–1236), zugleich Herr von Beirut und zeitweise auch Regent im Königreich Jerusalem. Seine Macht beruhte weniger auf der Regentschaft eines Titularkönigtums als vielmehr auf den überaus reichen Handels- und Zolleinkünften des Wirtschaftzentrums Beirut. Der Levantehandel war über lange Zeit ausgesprochen profitabel. Von der Anfang des 13. Jahrhunderts prosperierenden Handelsstadt Akkon notierte Matthaeus Paris, dass sich die königlichen Einnahmen auf jährlich fünfzigtausend Pfund Silber beliefen, mehr als die gesamten Einkünfte des Königs von England zu jener Zeit. Den zeitweise widerspenstigen *bailli* – eine Art Vogt – Johann von Ibelin mit den neuen Machtverhältnissen vertraut zu machen, die Friedrich als der neue König von Jerusalem zu gestalten gedachte, schien eine Vorbedingung für die Weiterfahrt ins Heilige Land zu sein. Praktischerweise hatte der Kaiser ein Heer dabei, um seinen Vorstellungen Nachdruck zu verleihen. Auch die alte Finte, nach einer freundlichen Einladung zum Festmahl die Gäste im satten Zustand mit Waffen zu bedrohen, kam zur Anwendung. Nach einigem Hin und Her einigte man sich in Nikosia. Doch hielt der Friede nur kurz und einige Jahre später loderten die Konflikte zu einem regelrechten Bürgerkrieg zwischen den Anhängern des Kaisers und denen der Ibelins auf.[9]

Während der Imperator im Inselinneren verhandelte, fuhr seine Flotte von Limassol nach Famagusta weiter und wartete hier im Nordosten auf den Anführer des Kreuzzuges. Am 3. September lichteten die Schiffe die Anker und fuhren unter Friedrichs Kommando und begleitet vom zypriotischen König Heinrich I., vom Titularkönig von Thessalonike, Demetrius von Montferrat (1207–1224, gest. 1228), sowie von weiteren Baronen hinüber zur Levanteküste, die zwei Tage später erreicht wurde. Noch einmal zwei Tage später, am 7. September, landete man in Akkon. Vierzehn Jahre nach seinem Kreuzzugsgelübde betrat Kaiser Friedrich II. endlich orientalischen Boden, um seinen Schwur zu erfüllen.

Jubelstimmung über die Ankunft des Kaisers wollte allerdings nicht aufkommen. Zu sehr spaltete Friedrichs Konflikt mit dem Papst auch im Heiligen Land die Parteien. Nach der Landung ließ der Imperator sein Heerlager südlich von Akkon errichten. Von hier aus begann er die Verhandlungen mit einem Neffen Saladins, dem nun über Ägypten herrschenden Sultan al-Malik al-Kamil (1218–1238). Seit Jahren stritt jener mit Verwandten um das Erbe seines Onkels im Nahen Osten, und gerade in Palästina überschnitten sich die Interessen. Die Verhandlungen begannen mit der Entsendung von zwei einflussreichen Boten zum Heerlager des Sultans in Nablus. Der *bailli* von Jerusalem und Graf von Acerra, Thomas von Aquino (1220–1251), sowie Balian Garnier (um 1195–1240), Herr von Sidon und wichtigster Verbündeter des Kaisers unter den einheimischen Baronen, reisten mit den Forderungen des Kaisers

384

und reichen Geschenken zu al-Kamil. Der Sultan erwiderte die Geschenksendung mit Kostbarkeiten aus Indien, Persien und dem Jemen. Vielleicht erhielt Friedrich auf diesem Weg den Elefanten, der beim Triumph in Cremona die größte Attraktion für die Zuschauer gewesen sein dürfte. Für den Sultan führte Fahr ad-Din (gest. 1250) die Verhandlungen, ein Emir, den Friedrich schon 1227 als Botschafter seines Herrn kennengelernt hatte und den er auch später noch achtete. Die Verhandlungen zwischen Friedrich und dem Sultan zogen sich trotz der gegenseitigen kostbaren Präsente hin, zumal sich einige Ausgangsbedingungen grundlegend verändert hatten. Bis in den November 1228 hinein blieb Friedrichs Heer vor Akkon, dann zog der Kaiser auf dem Landweg die Mittelmeerküste nach Süden bis Joppe, auch Jaffa genannt, dem heutigen Yafo, um dort zu überwintern.

Doch es gab noch andere Schwierigkeiten als die zeitweise auf der Stelle tretenden Verhandlungen mit dem Sultan. Die Templer und Johanniter, orienterfahrene und schlagkräftige Truppen, wollten nicht unter dem Befehl eines gebannten Herrschers dienen. Der dem Papst ergebene Gerold von Lausanne, Patriarch von Jerusalem (1225–1239), wendete sich ebenfalls gegen ihn. Auch mehrten sich Stimmen, die meinten, sein Heer sei zu klein, so dass es für eine bewaffnete Wallfahrt eigentlich gar nicht tauglich sei. Ein Chronist aus Padua höhnte, wie ein Pirat sei Friedrich gekommen und nicht wie ein Kaiser. Und weil der Kaiser damit das Ansehen des Römischen Reiches bei den barbarischen Völkern herabwürdigte, habe Gregor ihm die Ketten der Exkommunikation auferlegt; so tuschelte man es sich in bestimmten Kreisen zu.[10]

Das war allerdings üble Nachrede. Wir wissen heute, dass Friedrichs Heer groß genug war, um sich auf militärische Auseinandersetzungen einlassen zu können. Zumindest die muslimischen Gegner hielten Friedrichs Truppen für einen erheblichen Machtfaktor. Die Regensburger Fortsetzung der Kaiserchronik und auch Heinrich von München melden: «*mit ainem chreftigen her / daz hailic grap er wider gewan*». Zum Zeitpunkt von Friedrichs Ankunft hielten sich im Heiligen Land bereits kaiserliche Truppen auf. Trotz des verhinderten persönlichen Aufbruchs des Kaisers von 1227

385

transportierten mehrere Schiffsverbände im selben Jahr unter der Führung von Thomas von Acerra und Herzog Heinrich IV. von Limburg viele Bewaffnete nach Palästina. Auch der Hochmeister des Deutschen Ordens, Herman von Salza, war mit eigenen Leuten dabei. Im April 1228 hatte Richard Filangieri (gest. 1263), Marschall von Sizilien, noch einmal fünfhundert Ritter in den Orient befördert. Wie viele davon noch im Heiligen Land zur Verfügung standen, als Friedrich endlich eintraf, wissen wir nicht genau. Auf jeden Fall brachte der Kaiser selbst auch noch Krieger mit.

Die mit Abstand größten Kreuzfahrerkontingente im Heer Friedrichs kamen aus Deutschland, vor allem aus Hessen, Thüringen, Meißen und aus den traditionell staufischen Gebieten im Elsass, in Schwaben und in Burgund. Bedeutende Herren waren dabei wie die Bischöfe von Augsburg, Naumburg und Merseburg, der Landgraf von Leuchtenberg, die Grafen von Kyburg und Montfort oder der Edelherr von Runkel. Sogar Friesen kamen mit. Ebenso begleiteten den Kaiser Kreuzfahrer aus England, Frankreich und Italien, die Erzbischöfe von Palermo, Capua, Reggio Calabria und Narbonne mit Gefolge, die Bischöfe von Exeter und Winchester, dabei auch Manfred, Markgraf von Lancia, der Onkel seiner Geliebten Bianca. Mit Leier und Schwert hatten auch zwei Dichter die Überfahrt gewagt: Freidank und der Tannhäuser (1200–1266), vielleicht hat sogar Michael Scotus den Orient gesehen. Ganz abgesehen von den Kriegern unter den geschworenen Kreuzfahrern galten die Ruderer und Schiffsbesatzungen selbstverständlich ebenfalls als Kämpfer, wie es bei allen Seemächten der Zeit üblich war. Bei vierzig Galeeren, deren Steuerleute zur Bewachung zum Teil an Bord blieben, stellten allein die Ruderer eine Truppe von viertausend Mann. Neuere Berechnungen schätzen die Heeresstärke, die Friedrich zur Verfügung stand, auf etwa zehn- bis zwölftausend Kämpfer, darunter viele Ritter. Bedenken wir, dass einhundert Jahre zuvor etwas über eintausend Reiter und zweitausend Kämpfer zu Fuß die Schlacht bei Hazarth siegreich schlugen, dass sich König Balduin I. von Jerusalem auf ein Heer von weniger als viertausend Bewaffneten gestützt hatte und selbst beim ersten Kreuzzug das große Jerusalem von nur zwölftausend

Mann erstürmt worden war, so erscheint Friedrichs Heer doch als ein Respekt gebietender Kampfverband.[11]

Einen anderen, bislang unbeachteten Aspekt hat John H. Pryor, einer der führenden Seefahrtsexperten für die Zeit der Kreuzzüge, zu bedenken gegeben: Teil des ursprünglichen Plans für den Kreuzzug könnte lange Zeit eine weitere Flottenexpedition gewesen sein, die die Anlandung von Truppen am Nil vorsah. Immerhin galt es, die Scharte von Damietta auszuwetzen, indem man den Sultan von Ägypten erneut in seinem Machtzentrum angriff. Für eine solche Flottenexpedition brauchte man viele und vor allem taugliche Schiffe, wie geruderte Galeeren und Transporter mit flachem Kiel. Denn die Truppen sollten am Ufer des großen Stroms bei Bedarf anlanden können. Die Schiffsbaupläne, wie sie zuletzt im Vertrag von San Germano von 1225 niedergelegt wurden, stützen diese These. Nicht große Segeltransporter mit mehreren Decks wollte der Kaiser auf Kiel legen lassen, sondern einhundert Calandrien und fünfzig Galeeren. Diese kleineren Pferdetransporter und die Galeeren hätte man ohne Probleme den Nil stromauf rudern können, wie Admiral Heinrich Piscator es schon einmal vorgemacht hatte. Wahrscheinlich ist erst im Zusammenhang von Friedrichs Hochzeit mit Isabella von Brienne Ende 1225 die Strategie überdacht worden. Ab 1227 wollte Friedrich direkt in sein Königreich Jerusalem reisen und al-Kamil auf dem Boden des Heiligen Landes gegenübertreten. Doch seine Flotte blieb so zusammengestellt, als wäre der Nil immer noch das erklärte Ziel. Und das hatte Konsequenzen für die Herbeiführung einer Einigung mit al-Kamil, denn die weiter bestehende Möglichkeit, Ägypten über den Nil zu bedrohen, könnte den Ausschlag zum Einlenken des Sultans gegeben haben.[12]

Die territoriale Ausgangssituation, die Friedrich für den Kreuzzug vorfand, war günstig. 1227, ein Jahr vor seiner Ankunft, wurden Caesarea und Joppe von Pilgern besetzt und man begann, die Befestigungen wiederherzustellen. Das war eigentlich ein Bruch des Waffenstillstandes zwischen Christen und Muslimen, der noch seit den Vereinbarungen von Damietta galt. Darüber hinaus ging ein Teil der hauptsächlich deutschen Pilger daran, die Burg Mont-

fort, lateinisch *Mons fortis*, die rund dreißig Kilometer nordöstlich von Akkon im Landesinneren lag, mit gewaltigen Steinquadermauern immer weiter zu verstärken. Hermann von Salza, einer der unbeirrtesten Anhänger Kaiser Friedrichs, hatte das Land rings um die Festung Montfort einige Jahre zuvor für den Deutschen Orden gekauft und hier die Burg neu anlegen oder auf älteren Fundamenten ausbauen lassen. Der *Mons fortis*, der *Starkenberg*, schützte über vierzig Jahre lang Schatz und Archiv des Ordens im Heiligen Land und war Mittelpunkt eines regelrechten Deutschordensterritoriums bis zu seiner Räumung im Juni 1271. Auch Sidon, in dem die Herrschaft zwischen Christen und Muslimen geteilt war, kam wieder unter die uneingeschränkte Verfügungsgewalt der Christen. Mit dem Besitz von Haifa und dem südlich davon an der Küste gelegenen *Castrum Peregrinorum* – nach dem Verlust des *Templum Salomonis* in Jerusalem der Hauptsitz der Templer – waren die

388   wichtigen Küstenorte und damit der Küstenweg nach Jerusalem,

bevor man in das Landesinnere abschwenken musste, in christlichen Händen.

Nach mehrmaligem Austausch von Gesandten und langwierigen wechselvollen Verhandlungen, die mitunter den Charakter einer Geduld- und Nervenprobe annahmen, beschworen am 11. Februar 1229 der inzwischen nach Joppe vorgerückte Kaiser und der Sultan einen außergewöhnlichen Waffenstillstandsvertrag. Weder das Exemplar Friedrichs noch das des Sultans sind erhalten geblieben, so dass wir lediglich durch Briefe von Klerikern vom Inhalt einiger Vereinbarungen wissen. Die meisten Details überliefert ein Schreiben des Patriarchen von Jerusalem, das in den Briefeingangsregistern Papst Gregors IX. Conti überdauerte, die heute im Vatikan verwahrt werden. Wahrscheinlich ist der Vertrag in Altfranzösisch niedergeschrieben worden. Jedenfalls nennt der Brief einige Bestimmung in dieser Sprache und gibt zu jedem Abschnitt auf Latein eine Erklärung zu dessen Bedeutung. Gemäß dem Vertrag trat Sultan al-Malik al-Kamil kampflos die Orte Jerusalem, Nazareth und Bethlehem an Friedrich ab. Außerdem übertrug er ihm die Wege von Joppe zur Heiligen Stadt und weiter nach Bethlehem, sowie den Weg von Akkon nach Nazareth mit den links und rechts der Straßen liegenden Dörfern. Auch die Baronie Toron wechselte den Besitzer. Außerdem fielen einige Städte und Burgen nun vertraglich an Friedrich, die die Christen ohnehin schon vorher genommen und ausgebaut hatten, darunter Sidon, Caesarea maritima und Montfort. Sämtliche Gefangene wollte man austauschen und eine zehnjährige Waffenruhe sollte der Einigung Dauer verleihen. Allerdings enthielt der Vertrag einige bittere Pillen, die mancher Kreuzfahrer nicht einfach schlucken wollte. So wurde das Königreich Jerusalem nicht als Flächenstaat wiederhergestellt, so dass die Erträge von weiten, fruchtbaren Landstrichen ausblieben.

Der «Starke Berg»: Rund dreißig Kilometer nordöstlich von Akkon befinden sich die beeindruckenden Reste der Burg Montfort. Der Name der Festung rührt von lateinisch Mons fortis *her und bedeutet Starkenberg. Die einst gewaltigen Steinquadermauern, die in den 1220er und 1230er Jahren erheblich verstärkt wurden, beschirmten über vierzig Jahre lang Schatz und Archiv des Deutschen Ordens im Heiligen Land. Die Burg war Mittelpunkt eines Ordensterritoriums, wurde mehrfach belagert und fiel im Juni 1271 in die Hände Sultan Baibars, der Stollen unter die Mauern treiben ließ. Die Festung wurde danach nie wieder genutzt und verfiel.*

389

Es war das Symbol des ewigen Jerusalem, der Klang eines Namens, was Friedrich gewann, und nicht das Land des Königreiches, die Güter der Barone und der Ritterorden vor der Hattin-Katastrophe. Der größte Skandal des Vertrages aber war, dass selbst die Herrschaft über die «*sancta civitas Ierusalem*» beschränkt wurde; und zwar war «ausgenommen jenes Monasterium, welches man Tempel des Herrn nennt». Die Gründungsstätte des Templerordens, die Al-Aqsa-Moschee, blieb ebenfalls in arabischer Hand.[13]

Einige der kampfwütigen Pilger waren unendlich enttäuscht darüber, dass nun gar nicht mehr gekämpft und kein Heidenblut vergossen werden sollte. Doch Friedrich setzte sich darüber hinweg. Gerüchte vom Einfall der päpstlichen Schlüsselsoldaten, der *clave signati* – so bezeichnet wegen der Petrusschlüssel auf den Bannern –, in das Königreich Sizilien verdichteten sich zur Gewissheit. Seit Mitte Januar rückte ein päpstliches Heer nach Süden vor. Friedrich brauchte jetzt schnelle Erfolge im Heiligen Land und brach Anfang März zur Hauptstadt seines Königreiches Jerusalem auf. Von Joppe aus zog das Heer von der Küste weg in Richtung Osten, hinauf in das Bergland von Judäa. Mitunter gaben die Berge den Blick auf ihr Innerstes frei, den hellen Kalkstein, aus dem jener Mittelpunkt der Welt errichtet worden und der das Ziel des beschwerlichen Marsches war – Jerusalem.

Am Sonntag *Oculi mei* 1229, einem 18. März, erstrahlte die Grabeskirche vom Glanz des bekrönten Kaisers, eine Szene, die schon oft beschrieben und immer wieder anders gedeutet worden ist. Nur einen Tag zuvor hatte Friedrich vom Kadi von Nablus, Shams ad-Din, dem Beauftragten des Sultans von Ägypten, al-Kamil, gemäß dem in Jaffa geschlossenen Vertrag die Verfügungsgewalt über die Heilige Stadt übertragen bekommen. Die Kreuzfahrer nahmen die Stadt in ihren Besitz, und am nächsten Tag begab sich der Kaiser mit einer Prozession zu dem ersehnten Ziel aller Wallfahrer. Friedrich schritt mit seinem Gefolge über den südlich vor der Kirche gelegenen Platz und betrat die Grabeskirche durch das noch verbliebene linke Tor des ursprünglichen Doppelportals. Die rechte Öffnung war kurz nach der Eroberung Jerusalems durch Saladin vier Jahrzehnte zuvor geschlossen worden und

390

ist bis heute zugemauert. Sodann führte der Zug vorbei an den rechter Hand übereinander liegenden Adams- und Golgathakapellen, vorbei an den Gräbern der hier bestatteten Könige von Jerusalem, Gottfried von Bouillon (1199–1100) und Balduin I. (1100–1118), deren nach der erneuten muslimischen Eroberung entleerte weiße Marmorsarkophage dann 1808 zerschlagen worden sind. Heute zeugen nur noch zwei grobe Steinbänke vor der Golgatha-Kapelle sowie eine Reihe von Fragmenten in der Al-Aqsa-Moschee und im Felsendom von den einstigen königlichen Grabstätten. Dann bewegte sich der Zug zum Katholikon mit dem *umbilicus mundi*, dem Nabel der Welt, und schwenkte nach links zur Grablege Christi. Hier, am Grab des Erlösers und im Angesicht weiterer Gräber der Könige von Jerusalem, genoss Friedrich mit seiner Krone im vollen Herrscherornat seinen wohlinszenierten Triumph. Der Imperator der Christenheit, Nachfolger der römischen Caesaren, Herr der Welt und König vieler Reiche, stand nun endlich am Grabe des Erlösers.

Diese prachtvolle Inszenierung bedeutete weit mehr als nur die Inbesitznahme der einst verlorenen Hauptstadt eines Königreichs. Denn wer das Grab des Erlösers besaß, war im Besitz einer besonderen Legitimation, um eine Kirche zu gewinnen, die auf das Himmlische Jerusalem ausgerichtet war, ja, der hielt auch den Bauplan für eine Neue Welt in seinen Händen. Jerusalem war – wie schon so oft – zu einer wichtigen Legitimationswaffe geworden.[14]

Als der Kaiser im Juni 1228 aus Brindisi zur mehrfach verschobenen Kreuzfahrt abfuhr, ging er ein hohes Risiko ein. Er wusste, dass er als vom Papst Gebannter aus der Gemeinschaft der Christen ausgeschlossen war und nicht einmal das Heilige Land hätte betreten, schon gar nicht Führer einer Kreuzfahrt hätte sein dürfen. Er wusste auch, dass er seine ganze Herrschaft verlieren konnte, wenn der Papst die dem Imperator geleisteten Treueeide der Untertanen lösen und einen Absetzungsprozess in Gang bringen würde. Gregor IX. plante sogar, militärisch gegen ihn vorzugehen und drohte damit, in Friedrichs Königreich Sizilien einzufallen, was kurz nach dessen Abreise ins Heilige Land auch geschah. Oberitalien befand sich ebenfalls schon im Aufstand gegen den

Das Tor zum Grab des Erlösers: Am Sonntag Oculi mei *(18. März) 1229 betrat Kaiser Friedrich im Festornat durch das noch verbliebene linke Tor des ursprünglichen Doppelportals die Grabeskirche. Die rechte Öffnung war kurz nach der Eroberung Jerusalems durch Saladin vier Jahrzehnte zuvor geschlossen worden und ist seitdem zugemauert. In dieser Kirche kam es zu dem oft fälschlich als Selbstkrönung gedeuteten Ritual des Unter-der-Krone-Gehens, das die Grabeskirche im Glanz des bekrönten Kaisers erstrahlen ließ.*

Kaiser. Zu Beginn des 13. Jahrhunderts gingen Weissagungen um, die die Wiedererrichtung der christlichen Herrschaft über das Grab des Erlösers prophezeiten. Thomasin von Zerklaere (gest. 1238), Autor einer um 1215 entstandenen höfischen Verhaltenslehre in mittelhochdeutschen Versen mit dem Titel *Der wälsche Gast,* sah voraus, dass ein Friedrich das Heilige Land den Ungläubigen entreißen werde. Sogar in Damietta wollten Kreuzfahrer 1219 eine arabische Prophezeiung gefunden haben, nach der ein König aus dem Westen kommen würde, um Jerusalem zu erobern. Wenn alles gut ging, sollte er sogar mit dem Priesterkönig Johannes zusammentreffen, auf dass der dürre Baum, an dem der Endkaiser seinen Schild aufhängen würde, wieder zu grünen beginne. So stand Friedrich bei seiner Orientexpedition unter enormem Erfolgsdruck. In einem Brief an den Sultan war Friedrich erstaunlich offen: «Die Könige und der Papst wissen um meine Fahrt. Wenn ich davon zurückkehre, ohne etwas erreicht zu haben, werde ich alles Ansehen in ihren Augen verlieren.» Mit der Erfüllung seines Kreuzzuggelübdes aber hätte er sich als oberster Beschützer der Kirche bewährt. Dabei war es besonders wichtig, mit majestätischer Geste, unter der Entfaltung kaiserlicher Pracht, die Herrschaft des abendländischen Caesars über das Grab des Erlösers in aller Öffentlichkeit zu zelebrieren. Der am Kreuzzug Friedrichs sogar selbst beteiligte Minnesänger Freidank rief in die Welt: «Got und der kaiser hânt erlôst / ein grap, deist aller kristen trôst.»[15]

Hermann von Salza, ein Augenzeuge der Szene in Jerusalem, beschrieb in einem Brief an einen Freund in der römischen Kurie die Vorgänge. Hermann grüßte ihn und erzählte: «Eure Weisheit möge wissen, dass der Herr Kaiser am Samstag dem 17. März mit dem ganzen christlichen Heer nach Jerusalem kam und am folgenden Tag des Herrn dort zur Ehre des ewigen Königs die Krone trug.» Dann berichtet er über das Problem, dass dem Kaiser der

Rat gegeben worden war, dort wegen der Befreiung des Heiligen Landes von den Sarazenen selbst eine Messe zelebrieren zu lassen. Aber da der Kaiser noch in den Ketten der Exkommunikation gefesselt sei, habe Hermann, dem sowohl die Ehre der Kirche als

Der Kreuzpilger

auch die des Reiches angelegen sei, davon abgeraten. «Und so unseren Ratschlägen nachgebend, hörte er nicht die heilige [Messe], empfing jedoch ohne Weihe die Krone vom Altar und trug sie, wie es Gewohnheit ist, zum Thron.» Als Friedrich dort in seiner Majestät prangte, verlas Hochmeister Hermann von Salza vor den Großen des Königreichs und der Menschenmenge eine Art Denkschrift in Latein, die den bisherigen wechselhaften Verlauf der Kreuzfahrt aus kaiserlicher Sicht darstellte und die dann auf Deutsch und auf Französisch erläutert wurde. Diese berühmte kaiserliche Enzyklika *Letentur in domino et exultent omnes recti corde*, die am Krönungstag selbst aufgesetzt wurde, trägt in der Datierung die hochgestimmte und triumphierende Zeile: «Gegeben in der Heiligen Stadt Jerusalem». Der Text, der etwas später von Akkon aus in mehreren Exemplaren nach Europa verschickt wurde, stellt in der Selbstaussage so etwas wie eine offizielle Verlautbarung dar und zeigt, wie Friedrich selbst in dieser Szene gesehen werden wollte. Diese Schrift stellte im Übrigen erst jene Öffentlichkeit her, die für das Wirksamwerden von Ritualen Grundbedingung ist. Sowohl der Brief Hermanns als auch die Enzyklika sind nur als Abschriften in den Registern Papst Gregors IX. erhalten.[16]

Hermann las: «Jubeln und frohlocken mögen alle im Herrn, die aufrichtigen Herzens sind […] O wie ist doch die Gnade des Schöpfers zu loben und wie seine Macht allzeit zu fürchten […] doch seht, nun aber ist jener Tag des Heils gekommen, an dem wahre Christen von ihrem Herrn und Gott ihr Heil empfangen, damit der Erdkreis erkenne und verstehe, dass er selbst es ist und niemand anderes, der das Heil seiner Knechte erwirkt, wann er will und wie er will.» Etwas später wird dieser Gedanke noch einmal aufgegriffen und mit der Würde verknüpft, mit der Friedrich sich am Grabe handeln sah: «Wir betraten die heilige Stadt Jerusalem und ohne Zaudern, gleichsam wie ein *rechtgläubiger Kaiser* trugen wir, nach dem Anbeten des Grabes des Herrn, am folgenden Tag die Krone, wie sie uns der allmächtige Herr vom Thron seiner Majestät vorherbestimmte, und so hat er durch seine besondere Gnade der Güte uns aus dem Kreis der Fürsten wundersam erhöht, damit

394

so ... mehr und mehr kenntlich werde der Allgemeinheit, dass die Hand Gottes dies alles getan habe.» Die unterschiedlichen Fassungen an den Papst und an den König von England gleichen sich darin, dass Friedrich nach dem Einzug in Jerusalem das Grab des Herrn eben als ein *imperator catholicus* besuchte und anbetete und am folgenden Sonntag als solcher dort die Krone trug. Dem Papst aber schrieb Friedrich, dass er am Grab die Krone getragen habe «zum Ruhm und zur Ehre des höchsten Königs», eine Formulierung, die auch Hermann von Salza in seinem Brief verwendet hatte.

Friedrich brauchte Hermann besonders im Orient, denn der Thüringer galt in vielen Fragen des Heiligen Landes als äußerst erfahren und war hier viel herumgekommen, so etwa bei dem gescheiterten Feldzug nach Damietta. Hermanns treue Dienste und die der Ritter seines Ordens belohnte der Kaiser auch in Palästina großzügig. Wie sämtliche Ritterorden so bemühte sich auch der Deutsche Orden um die Wiedererlangung seiner alten Besitzungen in der Heiligen Stadt – oder er tat zumindest so. Im April 1229 erhielten die Brüder vom Kaiser jenes Haus, das sie in Jerusalem vor der muslimischen Eroberung glaubten besessen zu haben, und in der Straße der Armenier nahe der Thomaskirche noch ein weiteres palastartiges Haus, das früher die *curia regis* König Balduins II. (1118–1131) gewesen war. Doch es ging dabei nicht um beliebige Gebäude und Grundstücke. Mit der Übertragung dieser Immobilien in Jerusalem gelang es den Brüdern, ihre Ursprungstradition bis vor die Zeit der Hattin-Katastrophe zu verlängern. Für die Legitimation der Ritter als Jerusalemer Orden war das von unschätzbarem Wert.

Im Heiligen Land gelang dem Orden zudem der Erwerb von Einkünften aus dem Hafenzoll in Akkon sowie von Immobilien in der Küstenstadt. Schon 1220 hatte der Orden die als *Seigneurie de Joscelin* bezeichnete Lehnsherrschaft, die einst Joscelin III. von Courtenay (1159–1200), Titulargraf von Edessa, gehört hatte, erworben. Dem Grafen war es nach dem Tod seines Vaters gelungen, rund um Akkon so viel Land zu erwerben, dass eine eigene Herrschaft entstehen konnte. Als Joscelin im Jahr 1200 starb und seine

395

Tochter Beatrix 1206 den Ritter und Minnesänger Otto von Botenlauben heiratete, fielen die Rechte an den Barden. Dieser verkaufte 1220 Joscelins Herrschaft an den Hochmeister des Deutschen Ordens, was sowohl der Kaiser als auch Königin Isabella von Brienne einzeln beurkundeten. In diesem Gebiet lagen das *Castellum Regis*, der erste Besitz des Ordens in dieser Gegend, und die schon erwähnte, später neu ausgebaute Burg Montfort. Der Orden erreichte nun auch noch eine spezielle Lehnsexemption für diese Besitzungen, welche die Brüder mit ihrer Herrschaft zwar nicht prinzipiell aus dem Lehnsverband des Königreiches löste, wohl aber von bestimmten Verpflichtungen diesem gegenüber befreite. Diese Besitzungen bildeten gänzlich eigenständige Herrschaften und hätten zu einem eigenen Ordensstaat im Orient führen können, wie er dann später im Baltikum entstand. Alle diese höchst wertvollen Rechte ließ der Kaiser im April 1229 in seinem Palast in Akkon in Gegenwart wichtiger Zeugen, wie des *bailli* Thomas von Aquino, des Konstablers von Jerusalem, Odo von Montbéliard (1218–1244), Balian von Sidon und Johann von Ibelin, in mehreren Urkunden festschreiben. Diese Privilegierungen und der Verzicht des Königs von Jerusalem auf ganz zentrale Rechte des Königtums zugunsten des Deutschen Ordens zeigen, dass Kaiser Friedrich den Hochmeister Hermann und seinen Orden einerseits besonders begünstigen und entlohnen sowie andererseits an herausragender Stelle in seine imperiale Herrschaftsstruktur einbeziehen wollte. Für den Orden war wichtig, dass nun die Positionen in der *Terra sancta* so stark geworden waren, dass an der Gleichrangigkeit mit Templern und Johannitern kein Zweifel mehr aufkommen konnte. Und das wiederum verdankte er nur Kaiser Friedrich.[17]

Die Krone von Jerusalem

Ernst Kantorowicz deutete das Ritual als die «wohl bis auf Napoleons Tage denkwürdigste Selbstkrönung eines Kaisers; [...] hier griff jetzt ohne Mittler der Kirche, ohne Bischof, ohne Krönungs-

396

messe Friedrich II. stolz und ohne Scheu nach der Königskrone des Heiligen Jerusalem.»[18] So gern man diese Deutung der friederizianischen Kaiseridee zuweisen möchte, so sehr widerspricht eine Selbstkrönung mittelalterlichen Gepflogenheiten. Erst Herrscher wie Friedrich I. (1701–1713), der erste König in Preußen, oder Kaiser Napoleon I. (1804–1815) wagten es in einer Zeit, in der das traditionelle Königtum vollständig entsakralisiert war, sich selbst zu bekrönen. Doch für das 13. Jahrhundert trifft dies keineswegs zu. Zweifel an einer Selbstkrönung Friedrichs II. werden durch viele kirchen- und verfassungsrechtliche Argumente genährt. Statt um eine Selbstkrönung kann es sich um eine Befestigungskrönung, eine Festkrönung oder ein Unter-der-Krone-gehen gehandelt haben. Mit diesen Begriffen umschreiben Historiker die Anlässe von Herrschern, sich in vollem Ornat und Krone feierlich der Öffentlichkeit zu präsentieren. Dabei geht es in erster Linie um eine Herrschaftsbefestigung, etwa in Gebieten, die ein Herrscher lange nicht mehr betreten hat, besondere Feierlichkeit an hohen Kirchenfesten und herrscherliche Repräsentation etwa bei Prozessionen.

Eine Reihe von Indizien bestätigt diese Deutung. Vom Dezember 1225 bis zu seinem Tod 1250 führte Friedrich gemäß seinen Urkunden und Siegeln unverändert den Titel eines *Ierusalem rex*. Er nannte sich selbst also schon lange vor dem Einzug in die Heilige Stadt «König von Jerusalem». Friedrich trug den Titel, weil er am 9. November 1225 die bereits gekrönte Königin von Jerusalem, Isabella von Brienne, geheiratet hatte. Um diesen Termin herum dürfte er selbst zum rechtmäßigen König von Jerusalem gekrönt und vielleicht sogar gesalbt worden sein. «Im Jahr der Fleischwerdung des Herrn, in der 13. Indiktion ist Friedrich zum König von Jerusalem gekrönt worden», so berichtet das *Breve chronicon de rebus Siculis* in einer später hinzugesetzten Ergänzung. Im Frühherbst 1225 gab Friedrich bei einem venezianischen Goldschmied eine Krone in Auftrag, die der Künstler kurz darauf beim kaiserlichen Hof in Apulien persönlich ablieferte. Meister Marinus Natalis bekam dafür eine Reihe von Wertgegenständen vom Kaiser. Man könnte die Bestellung einer Krone mit seinem erstgebornen Sohn Heinrich VII. in Verbindung bringen, aber auch mit der Krönung Friedrichs zum König von Jerusalem. Und zum Herrschaftsantritt musste Friedrich gar nicht nach Übersee fahren, denn der Koronator und akklamierende Große des Jerusalemer Reiches waren gemeinsam mit der Braut aus dem Orient nach Italien gereist. Wenn es für eine Krönung im Jahr 1225 auch der falsche Ort gewesen sein mag, so waren doch die richtigen Barone seines Reiches dabei zugegen.[19]

Die syrischen Barone huldigten Friedrich schon 1225 sofort und widerspruchslos als ihrem neuen Herrscher. Für diejenigen, die wegen Abwesenheit den Treueeid nicht leisten konnten, sandte Friedrich Bischof Richer von Melfi (1218–1232) als Vertreter mit dreihundert Rittern in das Heilige Land. So konnten auch jene orientalischen Großen, die nicht die königliche Braut begleitet hatten, den Schwur auf ihren neuen König leisten. Außerdem ernannte Friedrich, gleichsam als einen der ersten Herrschaftsakte, Simon von Maugastel (gest. 1233), den Erzbischof von Tyrus, zum Kanzler für Jerusalem. Es kommt hinzu, dass Friedrich 1225 von Johann von Brienne, dem Vater der Braut, den sofortigen und konsequenten Verzicht auf alle Herrschaftsrechte eines Königs von Jerusalem eingefordert hatte. Friedrich agierte also seit 1225 mit allen notwendigen Ritualen als König von Jerusalem.

Und noch etwas wird deutlich: Die Kreuzfahrt Kaiser Friedrichs war eingebunden in ein weit geflochtenes Netz der Diplomatie vom Kaukasus bis Kairo und von Mossul bis in die Ägäis. Mit dem staufischen Römischen Reich war im Verlauf mehrerer Generationen auch in Konkurrenz zu Byzanz eine ganze Reihe von Königreichen und Herrschaften staatsrechtlich mehr oder minder, manchmal nur für den Augenblick, verbunden worden. Dazu gehörten die Königreiche Dänemark, Polen, Böhmen, Ungarn, Galizien, Zypern, Armenien und Thessalonike. Alle diese Reiche bildeten ein System von Edelsteinen in einem imperialen Diadem, das auf dem Haupt eines Weltenherrschers ruhte. Das Ansammeln von Kleinreichen entsprang dem Gedanken eines tatsächlichen Römischen Imperiums, dessen Kaiser vielen Königreichen an der Peripherie vorstand und so ein Oberhaupt einer Familie der Könige war. Der funkelndste Edelstein in dieser Krone war zweifellos das

Königreich Jerusalem. Weder ein byzantinisches Kamelaukion noch die päpstliche Mitra konnten sich mit diesem glanzvollen Kleinod schmücken. Seit dem Sonntag *Oculi mei* 1229 aber wurde die Krone Kaiser Friedrichs II. von diesem prunkenden Stein geziert. Im Sinne Pierre Bourdieus bedeutet das Erscheinen Friedrichs im kaiserlichen Ornat vor dem Grab des Erlösers nicht einfach nur die Eingliederung Jerusalems in den eigenen Machtbereich, sondern den Versuch einer Rückverwandlung symbolischen Kapitals in reale Macht. Das symbolische System *Kreuzzug – Endkaiser – Jerusalem – Grab des Erlösers* nutzte Friedrich zur Verstärkung der eigenen Position im Kampf mit dem Papsttum.

Als unmittelbare politische Wirkung löste der Kreuzzug Friedrichs II. ganz unterschiedliche Reaktionen aus. Manifeste des Kaisers erreichten den europäischen Norden bis hin nach Reval. Graf Adolf von Holstein datierte sogar seine Urkunden nach der friederizianischen Rückeroberung des Heiligen Landes. Friedrichs Gegner reagierten auf die kaiserliche Besitzergreifung des Christusgrabes jedoch noch wütender. Die Exkommunikation wurde trotz des erfüllten Gelübdes vom Papst nicht aufgehoben, ja mehr noch: Der papsthörige und engstirnige Gerold, Patriarch von Jerusalem, ließ durch den Erzbischof von Caesarea über das ganze neugewonnene Jerusalem das Interdikt legen, so dass die Jerusalempilger um den Lohn ihrer Mühen, am Grabe Christi Gottesdiensten beiwohnen zu können, gebracht wurden. Daran wird deutlich, dass der verspätete Aufbruch zum Kreuzzug nicht der Grund des Bannes war, sondern nur der Anlass, um die Herrschaft Friedrichs zu erschüttern. Der neue David hatte allerdings am Sonntag *Oculi mei* sein Ziel erreicht, der Welt zu zeigen, wer von Gott auserwählt war, den Erdkreis zu regieren. Er hatte jenen Ort der Christenheit wiedergegeben, «in welchem der Herr unsere Erlösung bewirkt hat». Auch deshalb hatte Gott ihn in seiner Gnade aus dem Kreis der Fürsten erhoben. Der Kaiser stellte an der Grablege des Gottessohnes eine direkte Nachfolge her und erschien damit als der wirkliche Stellvertreter Gottes. Ein Imperator am Grab des Erlösers konnte daher unmöglich ein Vikar des Papstes sein. Die Kronenszene in der Grabeskirche, dem Mittelpunkt der Welt, war Friedrichs Antwort auf die Behauptung der Römischen Kurie, «Der Papst ist der wahre Kaiser!» Sie lautete: *Ecce, Fredericus immo verus imperator* – Und siehe, Friedrich natürlich ist der wahre Kaiser!

Der Triumph währte jedoch nicht lange. Schon in Akkon mehrten sich die Schwierigkeiten für den Kaiser. Die Templer und der Patriarch opponierten gegen seine Beanspruchung königlicher Rechte. Es wurde sogar gekämpft. Später kursierte die Geschichte, die Templer hätten den Kaiser mit Hilfe des Sultans in einen Hinterhalt locken wollen. Noch bedrohlicher waren die Nachrichten aus der Heimat, die Admiral Heinrich Piscator in den letzten Apriltagen brachte: Päpstliche Truppen rückten im sizilischen Regnum vor. Als einer der Anführer der sogenannten Schlüsselsoldaten agierte sein Schwiegervater Johann von Brienne. In Deutschland war Ludwig I. von Bayern, der Vormund seines Sohnes König Heinrich VII., zum Papst übergelaufen. Ein päpstlicher Legat hielt schon nach Kandidaten für ein Gegenkönigtum Ausschau. Am 1. Mai 1229 begab sich der Kaiser wieder auf See. Zunächst ging die Reise nach Limassol auf Zypern, wo Friedrich bei der Hochzeit des Inselkönigs zugegen war und die vormundschaftliche Regierung fünf Baronen übertrug. Dann fuhr er in schneller Fahrt nach Italien, vielleicht auf einer *Sagitta*, einem Pfeilschiff. Schon am 10. Juni landete er in Brindisi. Relativ schnell gelang es dem Imperator, die eingefallenen Truppen aus seinem sizilischen Königreich zu werfen. Im Sommer 1230 kam es zum Übereinkommen von Ceprano und San Germano, das auch endlich eine Lösung des Kaisers vom Bann beinhaltete.

Outremer blieb weiter eine bedeutende Größe in Friedrichs Politik und wurde in den Auseinandersetzungen mit den Päpsten erneut instrumentalisiert, als der Kaiser zum zweiten Mal dem Bann verfiel. Papst und Kaiser warfen sich gegenseitig vor, dem Heiligen Land zu schaden. Im Jahr 1244 ging Jerusalem erneut verloren, nun sogar für immer. Friedrichs Angebote, zugunsten seines Sohnes Konrad auf die Kaiserwürde zu verzichten und für immer in das Heilige Land zu gehen, um für die Rückgewinnung der heiligen Stätten zu kämpfen, wenn nur der Bann vom Papst gelöst würde, blieb wirkungslos. Noch kurz vor seinem Tode ließ er testamentarisch verfügen, dass für die Eroberung des Heiligen Landes einhunderttausend Unzen Gold verwendet werden sollten.

Ein Freund der Muslime?

Im Zusammenhang mit dem Orientzug von Kaiser Friedrich wurden sowohl zeitgenössische als auch spätere Stimmen laut, die behaupteten, der Herrscher sei ein Freund der Muslime gewesen, ja, er habe sich beinahe selbst wie einer benommen. Kann es denn mit rechten Dingen zugegangen sein, kampflos Jerusalem zu bekommen? Sollte der Kaiser dafür nicht mit den Muslimen unter einer Decke gesteckt haben? Zunächst sollte man Friedrich an den eigenen Taten gegenüber den Muslimen messen, die zu seiner Zeit noch auf Sizilien lebten. Der Kaiser bekämpfte sie in mehreren blutigen Kriegen und deportierte die Überlebenden in die Umgebung von Lucera, einem ehemaligen und nun leerstehenden byzantinischen Garnisonsort auf dem Festland. Dass die Überlebenden dem Kaiser später auch als Kämpfer treu dienten, sollte nicht weiter verwundern, verdankten sie ihm doch die blanke Existenz. Der Krieg und die Deportationen beendeten das Zusammenleben der muslimischen und christlichen Kulturen auf der Insel.

Friedrichs Verhältnis zu den arabischen Wissenschaften zeigt zunächst, dass sich der Herrscher für das Wissen einer anderen Kultur interessierte. Es unterstreicht seinen Wissensdurst und möglicherweise auch die Einsicht, dass auch andere Kulturen große Dinge vollbringen können. Als Beleg für eine Freundschaft oder Zuneigung genügt es aber nicht, denn es war der erhoffte Nutzen und nicht die Geneigtheit, die das Interesse des Kaisers an den arabischen Schriften am Leben erhielt. Schließlich kann man Friedrich an der Politik messen, die er im Heiligen Land verfolgte und die vor allem von seinen Interessen bestimmt wurde. Dass er mit Sultan al-Kamil während der langen und zähen Verhandlungen um Jerusalem auch über Mathematik und andere wissenschaftliche Fragen einen regen Austausch trieb, war Teil der Verhandlungsführung. Jeder, der selbst einmal im Orient um Preise verhandelt hat, versteht, dass weit auseinander liegende Vorstellungen, die im ersten Augenblick nicht kompromissfähig sind, es nur wenig später schon sein können, vorausgesetzt, man lässt das Gespräch nicht abbrechen. Und genau das haben Friedrich und al-Kamil in den Verhandlungen getan: Sie schickten sich gegenseitig hochrangige Gesandte und wertvolle Geschenke, die die Wichtigkeit der Angelegenheit und den Respekt voreinander belegen sollten. Dann lenkten sie die Gespräche auf ein anderes Gebiet als jenes des Städteschachers, und irgendwann war dann doch der Boden bereit für eine Einigung bezüglich der Heiligen Stadt. Dies sind die Verhandlungsformen des Orients, die Friedrich kannte und erfolgreich anwandte, die aber Neuankömmlinge wie Gerold nicht verstanden.

Es waren nur vereinzelte arabische Historiographen, auf die die Berichte von der besonderen Muslimfreundlichkeit des Kaisers zurückgehen. Betrachtet man die Gesamtheit der arabischen Überlieferung dieser Zeit und dieser Region, so zeigt sich, dass Friedrich für die arabische Welt eine Randfigur war. Nur wo er in den innerarabischen Konflikten eine Bedeutung hatte, nahmen ihn die arabischen Chronisten überhaupt wahr. Einer der wichtigsten Chronisten der Zeit, der Friedrich nennt, ist Sibt Ibn al-Gauzi (gest. 1257), jener Autor, der Friedrichs Wert auf dem Sklavenmarkt auf unter zehn Darahim geschätzt hatte. Al-Gauzi hielt selbst eine Predigt gegen die Rückgabe Jerusalems in Damaskus und vermutete, dass das Christentum bei Friedrich eigentlich nur eine Verstellung sein könne: «Und die Leute behaupten, dass aus dem, was er sagt, deutlich werde, dass er sein Christentum nur zum Schein trägt.» Ein anderer Chronist, Ibn Wasil Gamal ad-Din (1207–1298), war als Knabe Zeuge der Predigt in Damaskus, weilte später als Botschafter am Hof König Manfreds und stellte eine der materialreichsten Quellen über die Geschichte der Ayyubiden zusammen. Er berichtet, der Kaiser habe den Sultan um die Erlaubnis gebeten, die Stadt zu besuchen, was dieser gestattete. Von ihm stammt auch die oft erzählte Gebetsrufgeschichte: «Der Qadi Schams ad-Din, Kadi von Nablus, sagte: ‹Ich wies die Muezzine an, dass sie aus Respekt für ihn in jener Nacht nicht zum Gebet rufen sollten. Als wir erwachten und ich zu ihm kam, sagte er (der Kaiser) zu mir: ‹Oh Kadi, warum haben die Muezzine nicht zum Gebet gerufen, wie es ihre Gewohnheit ist?› Ich sagte ihm: ‹Dieser Sklave hat ihnen dies aus Rücksicht auf den König und aus Respekt vor ihm verboten.› ‹Du irrtest in dem, was Du getan hast. Bei Gott, hinsichtlich der Übernachtung in Jerusalem war es mein größter Wunsch, in der Nacht dem Gebetsruf der Muezzine und ihrem Lobpreis Gottes zu lauschen.› Darauf begab er sich nach Akkon.»[20]

Am meisten trug ein Chronist zur Legendenbildung bei, der anderthalb Jahrhunderte nach Kaiser Friederich lebte. Der aus Kairo stammende Ibn al-Furat (1334–1405) meinte, der Kaiser sei eigentlich heimlich ein Muslim gewesen. Und nicht nur das: Friedrich sei obendrein auch als Onkel mütterlicherseits mit Sultan al-Kamil verwandt gewesen. Hier zeigt sich am deutlichsten der Versuch, Friedrich nicht als fremden Gegner aufzufassen, sondern ihn religiös und verwandtschaftlich in eine islamische Ökumene einzubeziehen. Die Vorstellung von Friedrich als Freund der Muslime ist jedoch eine Legende. Sie wurde erdacht, um in der arabischen Welt den Verlust Jerusalems besser verstehen und verkraften zu können. Der Vertrag über Jerusalem fixiert dadurch nur einen Besitzwechsel innerhalb einer Familie, und die Heilige Stadt war eigentlich gar nicht verlorengegangen.

Bleibt noch zu fragen, ob Friedrich jemals geplant hat, Jerusalem auf dem Verhandlungsweg zu erlangen. Schon zweimal zuvor hätte er diese Möglichkeit nutzen können. Sultan al-Kamil bot 1221 im Augenblick der größten Bedrängnis die Rückgabe fast aller Eroberungen Saladins für die Aufgabe Damiettas durch die Kreuzfahrer an. Die Templer und Johanniter wollten annehmen, doch die kaiserlichen Vertreter, Herzog Ludwig und Hermann von Salza, lehnten in Erwartung des persönlichen Erscheinens des Kaisers ab. Sie setzten im Namen des Kaisers auf Sieg. Und auch 1228 und 1229 war die militärische Option die von Friedrich vorrangig geplante. Die vertragliche Einigung mit dem Sultan 1229 kam erst zustande, nachdem Friedrich vom Angriff des Papstes auf Sizilien erfahren hatte und er schleunigst zurückkehren musste. Erst in diesem Augenblick rückte der Kaiser von der Maximalforderung der

403

Rückgabe aller von Saladin besetzten Gebiete ab. Es kann zudem bezweifelt werden, dass die diplomatische Karte ohne kaiserliche militärische Macht hätte stechen können. Zum Zeitpunkt des Vertragsabschlusses schien sich die innenpolitische Situation al-Kamils nicht gut zu entwickeln und brachte den Sultan in Zugzwang. Eine Niederlage gegen die Kreuzfahrer, ob im Nildelta oder in Palästina, hätte al-Kamils Vormachtstellung im Ayyubidenreich schwer erschüttert, wenn nicht gar erlöschen lassen. So stimmte der Sultan dem Kompromiss zu. Der Vertrag von Jaffa, geschlossen aus politischem Pragmatismus, stellte den Minimalkonsens der beiden Herrscher dar. Jede Seite hoffte, die Angelegenheit später in veränderter Kräftesituation doch noch verändern zu können. Die Überlieferung, nach der der Kaiser mit schwachen Kräften im Orient erschien, hat aus ihm über lange Zeit den mustergültigen Diplomaten gemacht und verschleiert, was er war: ein im Bewusstsein der eigenen Kräfte agierender Herrscher seiner Zeit.

So bleibt von den dem Kaiser unterstellten und gelobten friedlichen Absichten nur der Pragmatismus des Augenblicks. Erstaunlich ist es dennoch, denn rationales Austarieren politischer Realitäten war nicht die Sache des so oft ehrgeleitet handelnden Mittelalters. Vergleicht man nämlich die Figur Friedrichs mit anderen berühmten Kreuzzüglern, wie etwa Richard I. Löwenherz, König von England, oder Ludwig dem Heiligen, König von Frankreich – der auf seinem zweiten Kreuzzug schließlich umkam –, dann wird eine Besonderheit Friedrichs doch noch deutlich. Er war nicht ausschließlich als ein Schlagetot im Orient unterwegs und neigte nicht dazu, sich auf dem Altar der Christenheit als Märtyrer zu opfern. Er verhandelte, wo es sinnvoll war, zumindest im Orient. Und er hätte das Schwert gezogen, wenn ihm die Situation dazu günstiger erschienen wäre. Doch als literarisch gebildeter Herrscher und Dichter dürfte Friedrich auch verstanden haben, welche Empfindsamkeiten in des Menschen Seele Jerusalem und das heilige Grab auszulösen vermochten. Was Walther von der Vogelweide anlässlich des kaiserlichen Kreuzzuges in seinem Kreuzlied zu Pergament brachte, mag ähnlich auch den Minnesänger Federico angerührt haben.

«Vielsüße, wahre Minne,
Geleite schwache Sinne;
Bei deinem Anbeginne
Hilf, Gott, der Christenheit.
Der uns zum Heil gekommen,
Das Leid von uns genommen,
Der Waisen Hort und Frommen,
Hilf rächen dieses Leid!
Erlöser von den Sünden,
Dein Reich hilf uns begründen,
Mag uns dein Geist entzünden,
Wenn reuig Herz er fand.
Du hast dein Blut vergossen,
Den Himmel uns erschlossen,
Nun löse unverdrossen
Das hochheilige Land!
Gebt hin, was euer eigen,
Gott wird sich hilfreich zeigen,
Er, der so manchen Feigen
Zur Hölle hat verbannt.»[21]

13

Der Tyrann

Gegen den eigenen Sohn

a lag er also, der König, lag aller seiner Insignien entkleidet auf dem kalten Steinboden der Bischofskirche zu Worms. Lang ausgestreckt vor den Füßen seines Vaters bat er um Gnade. Der jedoch thronte ungerührt, umgeben von vielen Fürsten, Grafen und Herren und dem drängelnd-gaffenden Volk, gekommen aus allen möglichen Gegenden. Doch der da vor seinem Vater lag, demütigte sich umsonst. Denn er lag nicht nur vor seinem Vater, sondern vor seinem Kaiser, der kein väterliches Gefühl mehr zeigte. Ganz im Gegenteil. Kalt und unnahbar trug er nur die erstarrte Majestät zur Schau. Lange lag der König vor dem Kaiser, zu lange, wie einige der edlen Herren dem Imperator zu verstehen gaben. Als der Büßende sich endlich, von niemandem gestützt, erheben durfte, schaute er «verängstigt und verwirrt», worin auch noch ein «beschämt» mitschwingt. Denn es trat nicht ein, was der König eigentlich erwartet hatte. Alle Zeichen seiner Herrschaft sollte er nun in die kaiserlichen Hände legen, um unter Bewachung fortgeführt zu werden. Bald darauf musste er in den Kerker. Für immer. Mit eindringlichen Worten beschreibt der namentlich unbekannte Eberbacher Fortsetzer der älteren Überlieferungen des Gottfried von Viterbo seine Sicht auf den höchstdramatischen Vorfall, als sich dem Kaiser am 4. Juli 1235 Heinrich VII. unterwarf, sein erstgeborener Sohn, der rechtmäßig gewählte und gekrönte deutsche König. Doch statt Gnade zu empfangen und Vergebung, verlor der Sohn seine Stellung als König, seine Ehre und seine Freiheit.[1] Die Szene, die sich in Worms so abgespielt haben soll, nennen Historiker eine *deditio*. Dabei han-

delt es sich um eine Unterwerfungsgeste, bei der eine Partei in einer geregelten Abfolge von Handlungen gegenüber einer anderen Partei öffentlich ein Schuldbekenntnis abgibt. In der Regel erzwang der Delinquent dadurch die Annahme der Buße und die Vergebung. Das Verfahren besaß eine lange Tradition, konnte sogar in Details vorher abgesprochen werden. Es diente in einer auf Zeichen bedachten Welt als eine wirksame Konfliktlösungsstrategie. Vor Canossa hatte ein gebannter König auf diese Weise sogar den Papst zwingen können, den Kirchenbann zu lösen; zumindest erinnerte man sich so. König Heinrich VII. jedoch demütigte sich umsonst mit dem Fußfall, der sogenannten *prostratio*. Verstand der Vater die Geste nicht oder wollte er sie nicht verstehen? Der Vorfall

Sühne und Schleier: Der Dom zu Worms, eines der bedeutendsten Bauwerke der Romanik, wurde in den Jahren 1130 bis 1181 errichtet. Seine Mauern sahen im Juli 1235 sowohl den Versuch König Heinrichs VII., durch ein öffentliches Schuldbekenntnis vor seinem Vater die Annahme der Buße zu erzwingen, als auch die prachtvolle Hochzeit des Kaisers mit Isabella Plantagenêt, der Schwester des englischen Königs Heinrich III.

407

zeigt einmal mehr die südliche Prägung Kaiser Friedrichs. Denn die politischen Rituale konnten ihre Funktionen nur erfüllen, wenn die Kontrahenten die Zeichen und Regeln anerkannten. Doch was im Norden als traditionelles Unterwerfungsritual galt, war in Süditalien als Instrument der Politik längst unwirksam geworden. Dort hatte sich aus normannischen Traditionen heraus im 12. Jahrhundert eine ganz eigene Ritualtradition entwickelt, die im sogenannten *rigor iustitiae*, der «Härte der Gerechtigkeit» im Sinne einer Strenge der Gesetze, kulminierte.[2]

Die Härte der Gerechtigkeit stand für ein Verfahren der inszenierten Unnachgiebigkeit, welches einer der Vorfahren Friedrichs II., Graf Roger I., als ein Herrschaftsinstrument zur Unterordnung seiner ehemals ebenbürtigen Waffengefährten bei der Eroberung Siziliens eingesetzt hatte. Es fand seinen Ausdruck in unerbittlicher und ungewöhnlicher Strenge, mitunter sogar einem *terror* der Könige und damit verbundenen blutigen Grausamkeiten. Auch Friedrich II., in der Tradition der Könige Siziliens stehend, wandte den *rigor* öfter an: Als er nach seiner Rückkehr vom Kreuzzug 1229 gegen die päpstlichen Schlüsselsoldaten um sein Königreich kämpfte, wurde, wie Richard von San Germano überliefert, an der abtrünnigen Grenzstadt Sora ein furchtbares Exempel statuiert, das als unerbittliches Strafgericht den Untertanen die Macht des Königs demonstrieren sollte. Die gesamte Stadt wurde niedergebrannt und ein Teil der Einwohner aufgeknüpft. Wie einst Karthago sollte der Ort nie wieder aufgebaut werden.[3]

Diese ganz andere Herrschafts- und Strafsymbolik war mit dem Regelwerk der Konfliktlösung, wie sie im nordalpinen-deutschen Reich praktiziert wurde, nicht vereinbar. Wenn dann noch verletzte Ehre ins Spiel kam, gab es keine Lösung. So inszenierten sich Friedrich und Heinrich aneinander vorbei. Heinrich hoffte, oder war sich sogar sicher, er fände Gnade, und Friedrich wiederum dachte, er könne sich keine Gnade leisten. Der unauflösbare Knoten des Ritualmissverständnisses band nun jedoch die Hände des unterlegenen Königs. Wie König Heinrich VII. in diese Situation kommen konnte, zeigt ein Rückblick auf einige Stationen seines

Lebenswegs. Bereits als Einjähriger wurde 1212 der kleine Heinrich, der erste Sohn Friedrichs II. aus der Verbindung mit Konstanze von Aragón, vor der Abreise seines Vaters nach Norden zum König von Sizilien gekrönt. 1216 ließ Friedrich seinen Sohn in den nordalpinen Teil des Reiches nachholen und übertrug ihm zunächst das Herzogtum Schwaben, später das Rektorat über Burgund.

Im April 1220 wurde der neunjährige Heinrich in Frankfurt am Main zum König gewählt. Wegen seiner Unmündigkeit übertrug der Vater die Regierungsgewalt an eine Art fürstlichen Regentschaftsrat, an dessen Spitze anfangs Engelbert I., Erzbischof von Köln (1216–1225), und Konrad, Bischof von Metz und Speyer, später noch Ludwig I., Herzog von Bayern, standen. Wichtige politische Entscheidungen wurden zu Beginn der 1220er Jahre von Erzbischof Engelbert getroffen, etwa als der Kirchenfürst Heinrich am 8. Mai 1222 in Aachen zum deutschen König krönen ließ oder jene englische Heirat plante, die Kaiser Friedrich später selbst mit Isabella Plantagenêt einging. Nach Engelberts gewaltsamem Tod 1225 gelang es ein Jahr später Herzog Ludwig I. von Bayern, die Fäden als Prokurator in die Hand zu bekommen, während der unmündige König sich meist in der Obhut von Reichsministerialen befand. Am 29. November 1225 heiratete der vierzehnjährige Heinrich auf Wunsch seines Vaters in Nürnberg die sieben Jahre ältere Margarete, Tochter des Herzogs Leopold VI. von Österreich, die im März 1227 in Aachen auch zur Königin gekrönt wurde.[4]

Im Spätherbst 1228 lief Ludwig I. von Bayern, das führende Mitglied aus Heinrichs vormundschaftlicher Regierung, vom kaiserlichen in das päpstliche Lager über. Daraufhin übernahm der nun siebzehnjährige König Heinrich VII. zu Weihnachten selbst die Regierung. Die Situation war brenzlig, denn Kaiser Friedrich befand sich zu diesem Zeitpunkt im Heiligen Land und bereitete in Joppe trotz des päpstlichen Bannes den Zug auf Jerusalem vor. In Italien sammelten sich päpstliche Truppen zum Einmarsch in das Königreich Sizilien, und in Deutschland tauchte ein päpstlicher Kardinallegat namens Otto Candidus auf, um eine fürstliche Opposition gegen den Kaiser und seinen Sohn zu schmieden. Friedrich und Heinrich, so der Plan, sollten von den Thronen gestoßen werden. Einer der Kandidaten für das geplante Gegenkönigtum dürfte Ludwig I., Herzog von Bayern, gewesen sein. Doch der junge König Heinrich reagierte energisch. Im Sommer 1229 unternahm er einen Kriegszug gegen Ludwig, brandschatzte seine Besitzungen und zwang ihn zur Unterwerfung. Kurz darauf zog Heinrich gegen den Bischof von Straßburg, der den päpstlichen Legaten beherbergte. Durch die Einschließung der Stadt konnte der Kardinal seine Mission nicht durchführen, und die päpstlichen Pläne lösten sich buchstäblich in Rauch auf. Als die Nachrichten von Friedrichs Rückkehr aus dem Orient bekannt wurden, war die Gefahr gebannt. König Heinrich VII. hatte sich trotz seiner Jugend als ein energischer Sachwalter der Macht des Kaisers in Deutschland gezeigt, was sein Vater in den Jahren darauf schnell vergessen zu haben scheint.

Das spätere Zerwürfnis mit dem Vater keimte langsam auf. König Heinrich suchte in den 1230er Jahren zunehmend Rückhalt beim niederen Adel, den Reichsministerialen und den Städten. Zeitweise betrieb Heinrich eine Politik, die die Städte stark bevorzugte und von den Fürsten als Eingriff in ihre Rechte gesehen wurde. Der wachsende Unmut der Fürsten gegenüber der Politik König Heinrichs führte zu einer Reihe von Beschwerden beim Kaiser, denen jener Gehör schenkte, anstatt dem Sohn beizustehen. Heinrich geriet nun zunehmend in einen Widerspruch zum imperialen Herrschaftskonzept seines Vaters, der an einem wohlwollend-elastischen Verhältnis zu den Reichsfürsten festhalten wollte. Doch der Konflikt lässt sich nicht auf die beiden Hauptpersonen reduzieren, sondern es handelte sich auch um Differenzen zwischen zwei Adelsgruppierungen, deren Motivlagen oder Hintergründe nicht immer deutlich zu erkennen sind und die sich als jeweilige Klientel zweier Herrscher und damit auch zweier Höfe in einem erheblichen Konkurrenzdruck befanden.

Kaiser Friedrich lud seinen Sohn Ende 1231 nach Ravenna zu einem Hoftag. Heinrich versuchte, dem Treffen auszuweichen und Zeit zu gewinnen. Ende Februar 1232 wurde er von einem Gesandten aufgesucht, der ihn vor den Kaiser zitierte wie einen Un-

410

tertan. Im April 1232 trafen beide in Aquileia aufeinander. Fast zwölf Jahre hatten Vater und Sohn sich nicht mehr gesehen, seit Friedrich 1220 nach Rom und dann weiter nach Süden gezogen war. Heinrich war ein Mann geworden und kein Knabe mehr. Und er war ein König! Doch im Mai 1232 musste der einundzwanzigjährige Heinrich unter demütigenden Umständen auf einem Hoftag in Cividale del Friuli am Fuße der Alpen seinem Vater vor einer Versammlung von Fürsten Gehorsam schwören. Er gelobte alles zu meiden, was dem Vater missfallen könnte, und verpflichtete sich zum Wohlverhalten gegenüber den Fürsten. Der Eid wurde sogar beurkundet. Außerdem bestätigte der Kaiser den Fürsten das von Heinrich ein Jahr zuvor gewährte *Statutum in favorem principum*, das «Statut zur Begünstigung der Fürsten», von dem wir schon gehört haben. Als besonders demütigend muss gewirkt haben, dass ausgerechnet Papst Gregor IX., der Jahre zuvor den Kaiser exkommuniziert hatte, nun den Kaisersohn bannen konnte, falls dieser sich nicht an die Abmachungen hielt. Das Schicksalsrad der Entzweiung, einmal in Drehung versetzt, kam nun nicht mehr zum Stillstand. Zunächst berief König Heinrich VII. einen erklärten Feind des Kaisers, Graf Egino V. von Urach-Freiburg (gest. 1235/36), zu seinem wichtigsten Berater. 1232 erneuerte Heinrich das Bündnis zwischen den Staufern und dem französischen Königshaus der Kapetinger. Im folgenden Jahr führte er einen weiteren Krieg gegen die Wittelsbacher und unterwarf Otto II. (1231–1253), den Sohn Herzog Ludwigs von Bayern. Kaiser Friedrich griff erneut ein, weil er das Verhältnis zu den Fürsten gefährdet sah, und verlangte die Freilassung der von Otto gestellten Geiseln. Wie abgesprochen, drohte der Papst nun mit der Exkommunikation Heinrichs.

Ein weiterer Konfliktherd ergab sich aus einer Hysterie, die wegen der Ketzerverfolgung in der ersten Hälfte der 1230er Jahre auch in Deutschland weit um sich griff. Kaiser Friedrich hatte 1232 die Ketzergesetze verschärft. Durch das Reich reiste der pathologisch-unerbittliche Ketzerjäger Konrad von Marburg. Andere Fanatiker wollten lieber hundert Unschuldige verbrannt sehen, wenn dabei auch nur ein Ketzer ausgetilgt würde. Die sich daraufhin ausweitende Unruhe versuchte Heinrich einzudämmen und erließ 1234 auf dem Frankfurter Hoftag sogar Verfügungen gegen ungerechtfertigte Ketzerverfolgungen, mit denen unter anderem der Bremer Erzbischof 1232 sein eigenes Süppchen kochend gegen die Stedinger Bauern vorgegangen war. Das alles passte dem Kaiser nicht. Friedrich hob in den Folgejahren mehrere Verordnungen Heinrichs auf und machte sogar Belehnungen rückgängig. Damit erschütterte er die Königswürde seines Sohnes. Darüber hinaus verletzte der Wortlaut einer Reihe kaiserlicher Briefe massiv die Ehre des jungen Herrschers. Aus all dem entwickelte sich ein immer tiefer werdendes Zerwürfnis zwischen Vater und Sohn. 1235 kündigte Friedrich an, nach fünfzehn Jahren der Abwesenheit wieder über die Alpen nach Deutschland kommen und die Angelegenheit mit Heinrich klären zu wollen.[5]

Daraufhin machte Heinrich einen verhängnisvollen Fehler. Um gegenüber dem mächtigen Kaiser eigene Forderungen mit Nachdruck vertreten zu können, suchte er nach Bündnispartnern. Im September 1234 schloss er in Boppard ein Bündnis mit Vertretern der fürstlichen Opposition gegen den Kaiser und im November schickte er den erfolgreichen Diplomaten Anselm von Justingen zu Sondierungen zum Lombardischen Bund. Man verabredete, dass der Bund, allen voran Mailand, Heinrich helfen würde. Dieser sollte jedoch im Gegenzug Unterstützung gegen Cremona gewähren. Der Kaiser war entrüstet. Ausgerechnet der Stadt Mailand, deren Bürger den jungen Friedrich am Lambro so gedemütigt hatten, wollte Heinrich ein Bündnispartner sein? Und gegen seine treuen Cremonesen sollte es gehen? Das war Treuebruch und Hochverrat, ein offener Aufstand geradezu! Der Papst, mit dem Friedrich zu dieser Zeit über ein Bündnis gegen die lombardischen Städte verhandelte, exkommunizierte König Heinrich.

Zu Anfang des Jahres 1235 ließ der Kaiser an die Fürsten, «die Leuchten und Spitzen unseres Reiches» und «unsere Augäpfel», schreiben, dass er «ein so offensichtliches Vergehen kindlichen Ungehorsams gegen sich und seine Fürsten» nun nicht mehr länger dulden könne. Mitte April brach Friedrich zu seinem zweiten Zug nach Deutschland auf. Er hatte keine starken Truppen bei sich, eher schien er auf die Prachtentfaltung seines Hofes und auf seine persönliche Wirkung zu setzen. Der Imperator «fuhr, wie es der kaiserlichen Majestät geziemt, in großer Pracht und Herrlichkeit einher, mit vielen Wagen, beladen mit Gold und Silber, Batist und Purpur, Edelsteinen und kostbaren Geräten, mit vielen Kamelen und Dromedaren. Viele Sarazenen und Äthiopier, die verschiedener Künste kundig waren, mit Affen und Leoparden bewachten sein Geld und seine Schätze.» So märchenhaft will ihn der Fortsetzer Gottfrieds von Viterbo gesehen haben. Ob Friedrich tatsächlich seinen halben Zoo mit sich führte, wissen wir nicht genau, doch war es sicher ein überaus exotischer Zug, der sich da über die Alpen bewegte. Bereits in Süddeutschland zeigte er seine Wirkung. Die ursprünglich geringe Begleiterschar des Kaisers wuchs schnell zu einem großen Heer an. Anfang Juli 1235 ließ Friedrich in der Pfalz Wimpfen haltmachen. Hier versuchte sich König Heinrich dem Kaiser zu unterwerfen und seine Gnade zu erflehen. Doch Friedrich demütigte ihn ein weiteres Mal, indem er seinen Sohn noch nicht einmal zu sich vorließ. Er zwang ihn, mit dem Gefolge mitzuziehen, bis der Kaiser endlich geruhte, ihn zu empfangen. Was dann in Worms, der nächsten Station des kaiserlichen Zuges geschah, wissen wir bereits.[6]

Doch die Demütigungen des Sohnes hörten nicht auf, und das Ende Heinrichs VII. gleicht einem Drama shakespearischer Prägung, angefüllt mit schaurigen Gerüchten. Den abgesetzten König ließ Friedrich ausgerechnet bei Herzog Otto von Bayern in Heidelberg einkerkern. Anfang 1236 befahl er, Heinrich mit Bewachung auf zwei Galeeren von Aquileia nach Siponto zu bringen. Dort verschwand Heinrich für lange Zeit in der Burg San Fele bei Melfi in der Basilicata. 1240 verlegte man Heinrich nach Nicastro bei Cosenza. Von den Zuständen in den Kerkern wissen wir zwar wenig, doch immerhin soviel, dass Heinrich zeitweise nicht einmal anständige Bekleidung besaß. Nach siebenjähriger Haft wurde er im Februar 1242 in Martirano durch den Tod erlöst. Als der zweiunddreißigjährige ehemalige König vom Rocca Martirano in das nahe gelegene Kastell San Marco verlegt werden sollte, stürzte er vom Pferd und starb an den Folgen. Man munkelte, es sei Selbstmord gewesen. Heinrich habe sich wahrscheinlich mit Absicht selbst vom Pferd in eine Schlucht gestürzt. Salimbene meinte zu wissen, dass er sich sogar aus «Lebensüberdruss und Verzweiflung» in den Abgrund geworfen habe. Und so, als hätte dieses Vater-Sohn-Drama nicht schon genug an Wechselbädern der Gefühle ausgelöst, heißt es in einigen historischen Erinnerungen sogar, dass der Kaiser zuletzt eigentlich eine Aussöhnung angestrebt und Gesandte beauftragt habe, den Sohn endlich aus dem Kerker zu holen. Heinrich jedoch, dieses nicht ahnend, habe sich so vor weiteren grausamen Behandlungen gefürchtet, dass er auf dem vermeintlichen Weg zum Vater seinem Leben ein Ende setzte. Möglich ist aber auch, dass Heinrich einfach im Kerker verschmachtete.[7]

Erstaunlicherweise ließ Friedrich dem Sohn, den er ja für einen Hochverräter hielt, ein königliches Begräbnis ausrichten. Heinrich wurde im Dom von Cosenza in einem prachtvollen Grabdenkmal bestattet. Es lag jedoch nicht, wie sonst üblich, in der Nähe des Altars, sondern neben dem Tor zur Kapelle der Heiligen Filippo und Giacomo, durch die man zum angrenzenden Friedhof gelangte. Als das Grabmal 1574 auf Anordnung des Erzbischofs Andrea d'Acquaviva abgebrochen wurde, stellte man fest, dass Heinrichs Leichnam sogar in kostbare Seidengewänder mit Gold- und Silberstickereien gehüllt worden war, die an den Schulterpartien Adler als Abzeichen staufischen Königtums aufwiesen. Erst im Tod gewährte Friedrich seinem Sohn den *honor regalis*, die einem König zukommende Ehre, die er dem Sohn zu Lebzeiten versagt hatte. Doch die vom Vater erlaubte Pracht für die sterblichen Reste Heinrichs gibt es nicht mehr. Das Grabdenkmal König Heinrichs ist Opfer jener «Reinigungswelle» geworden, die im Geist des Konzils von Trient in der Mitte des 16. Jahrhunderts die Kirchen zugunsten des Gottesdienstes von den vielen überbordenden Grabanlagen befreien sollte. Bis zum Ende des 18. Jahrhunderts blieben die Gebeine Heinrichs ganz unköniglich in einer eisernen Kassette in der Sakristei verwahrt. Was mit ihnen dann geschehen ist, verliert sich im Nebulösen. Um 1900 wusste man vom Verbleib nichts mehr. Bei Grabungen 1934 entdeckten Arbeiter im Mittelschiff des Do-

414

mes von Cosenza einen spätantiken Sarkophag mit Gebeinen, die man nun für jene König Heinrichs VII. hält. Jeder Reiseführer berichtet davon. Die Zweitverwendung von antiken Särgen war im Mittelalter nichts Ungewöhnliches, fraglich ist nur, ob es sich tatsächlich um Heinrichs sterbliche Reste handelt. Am Ende des 20. Jahrhunderts wurden die Gebeine im Sarkophag anthropologisch untersucht. Der Tote, so das Ergebnis, war einst nur einen Meter und sechsundsechzig Zentimeter groß und litt an Lepra. Von der im Mittelalter als Strafe Gottes angesehenen Lepraerkrankung Heinrichs hat allerdings keiner der Chronisten jemals nur das Geringste verlauten lassen. Doch hätten sich Salimbene, Nicolaus von Calvi oder Villani jenes Detail entgehen lassen, um die verruchte Sippe noch mehr zu schmähen? Mit Sicherheit nicht. Die Gelehrtendispute der Moderne um die Gebeine Heinrichs des Löwen oder Friedrich Schillers zeigen, dass es nicht das erste Mal wäre, dass Knochen und Theorien nicht zusammenpassen und man nur sehen will, was man sich wünscht.[8]

Die unglaublich schwere menschliche Tragödie zwischen Vater und Sohn bleibt erklärungsbedürftig. Selten hat man das Auseinanderfallen von Staatskörper und Person so deutlich vor Augen wie in diesem Falle. Wenn es die Staatsräson war, die einen widerspenstigen König auslöschen musste, war Friedrich als Vater denn gar nicht betroffen? Man kann es nur vermuten. Einige Dokumente legen jedoch nahe, dass der Kaiser vom tragischen Ende seines Sohnes tief berührt war. Zumindest hat Friedrich seinen Seelenschmerz durch Petrus de Vinea stilisieren lassen. In einem an die sizilische Geistlichkeit gerichteten Schreiben heißt es: «Das Leid des liebenden Vaters hat die strenge Stimme des Richters verstummen lassen. Tief müssen wir das Geschick unseres erstgeborenen Sohnes Heinrich betrauern, und die Natur trieb eine Flut von Tränen aus unserem Innersten, die bisher der Schmerz über die Kränkung und die Starre der Gerechtigkeit zurückgehalten hatten. Vielleicht werden sich harte Väter wundern, dass der von öffentlichen Feinden unbesiegte Caesar von häuslichem Schmerz hat besiegt werden können.» Und ein an die Untertanen gerichtetes Schreiben schließt: «Trauert daher mit uns und lasst die Tränen fließen, da

415

wir über den Tod unseres Erstgeborenen bittersten Schmerz leiden, den die Härte des Todes verursachte, damit das Maß eurer Bestürzung verrät, wie sehr ihr uns in Liebe zugeneigt seid.»[9]

Doch hätte Friedrich nicht schon zu Lebzeiten Heinrichs Barmherzigkeit zeigen können? Was neben dem *rigor iustitiae* noch zu wirken schien, könnte man als aufkommende Nationalstereotypen bezeichnen. In einem seiner Kunstbriefe an Giovanni Boccaccio aus dem Jahr 1363 kommt Francesco Petrarca (1304–1374) auf den zu seiner Zeit angenommenen Nationalcharakter der Italiener und der Deutschen zu sprechen. Auf der Schwelle zwischen Mittelalter und Renaissance hatte sich mit dem humanistischen Wissen und Lebensgefühl, das Petrarca verkörperte, auch die Idee eines neuzeitlichen Menschen herausgebildet. Interessant an Petrarcas Bemerkung ist, dass er die Erklärung über den Nationalcharakter gerade Kaiser Friedrich II. in den Mund legt. Den Grund dafür kennen wir schon: Friedrich, der Herkunft nach einer aus dem wilden Norden, durch die Sozialisation jedoch ein Italiener, sei als letzter dieses Namens, der das Römische Reich regiert habe, ein überaus weiser Fürst gewesen, der die Sitten und Eigenschaften beider Völker in sich vereinte, die einen durch die Natur, die anderen durch die Gewohnheiten erworben. Was Petrarca noch beobachtet zu haben glaubte, ist hinsichtlich des tragischen Sturzes von Heinrich bemerkenswert. Der grundlegende Unterschied dieser beiden «vorzüglichen und herausragenden Völker des Erdkreises» sei der: Wenn sie sich Verdienste erworben hätten, erwarteten beide in gleicher Weise Belohnung. Zudem schätzten die Italiener ein ehrhaftes Handeln über alle Maßen, die Deutschen hingegen könne man durch Freundschaft und vertrauten Umgang zur Treue erziehen. Bei Fehlverhalten jedoch seien sie völlig unterschiedlich zu behandeln. Während nämlich der Italiener eine daraufhin angewandte Milde schätze, hielten die Deutschen die Barmherzigkeit für Schwäche; und das sei überaus gefährlich. So jedenfalls sah es Petrarca und hatte vielleicht auch Friedrichs erstgeborenen Sohn im Blick.[10]

Das historische Urteil über König Heinrich VII. fiel über lange
416 Zeit sehr schlecht aus, da die Beurteilung auf zeitgenössischen Äu-

ßerungen beruht, deren Meinungen zu großen Teilen der Perspektive des zeitweiligen Siegers und daher Herrn über die Erinnerungen geschuldet sind. Man suchte lange alle «Schuld» an dem Konflikt bei Heinrich, beschwor seinen Ungehorsam und seine Sprunghaftigkeit. Um sich das harte Vorgehen Friedrichs gegen den eigenen Sohn zu erklären, fabulierten Chronisten allerhand Gründe zusammen. Matthaeus Paris kolportierte etwa einen versuchten Mordanschlag Heinrichs auf den eigentlich milde gestimmten Kaiser: «Nachdem ihm aber seine Fesseln gelöst und die Bande aus Ehrfurcht vor der königlichen Würde etwas gelockert worden waren, soll der Sohn dem Vater Gift bereitet haben.» Solche Geschichten beeindruckten spätere Historiker. Am abfälligsten äußerte sich Eduard Winkelmann Ende des 19. Jahrhunderts. Für ihn «lebte und endete» Kaiser Friedrichs II. erstgeborener Sohn, König Heinrich VII., «wie ein Verbrecher». Sein grauenhaftes Ende hielt er für «nicht unverdient».[11]

Erst in den letzten Jahrzehnten hat sich das Urteil über Heinrich VII. gewandelt. Man sieht nun klarer, dass die Herrschaftszeit Heinrichs keineswegs so glücklos war, wie man lange zu wissen glaubte. Der Ausbau der Landesherrschaft, die Konsolidierung der eigenen Hausmacht und die Gründung und Unterstützung von Städten folgten einer Logik zur Stärkung des eigenen Königtums. Zudem scheint Heinrich auch ein kunstsinniger Herrscher gewesen zu sein, an dessen Hof es viele Minnesänger zog. Heinrich VII. handelte in Deutschland wie ein deutscher König, der seine Königsrechte entschiedener wahrnahm, als es der Kaiser für richtig hielt. Das aber musste zum Zusammenprall mit dem Vater führen, der mit den Fürsten in Deutschland für seinen Kampf um Italien konfliktfrei auskommen wollte.

Auf jeden Fall hat Friedrich nicht nur seinem erstgeborenen Sohn, sondern dem Königtum als Institution einen schlechten Dienst erwiesen. Vor Fürstenaugen einen rechtmäßigen König unter demütigenden Bedingungen abzusetzen, bedeutet auch, die Autorität zukünftiger Könige zu unterminieren. Oder wie Johannes Fried meint: «Wer mit Königen sein Spiel treibt, entmachtet das Königtum.» Eine Rehabilitierung des Königs anderer Art steht

417

noch aus. Seit dem 19. Jahrhundert setzt man die Ordnungszahl «VII» hinter dem Namen «Heinrich» in Klammern, weil es gut acht Jahrzehnte später noch einmal einen Herrscher, nämlich Kaiser Heinrich VII., aus einem anderen Geschlecht gab. Deshalb wird Kaiser Friedrichs Sohn von einigen Historikern auch salopp als «Heinrich der Klammersiebte» bezeichnet. Diese Herabsetzung ist jedoch ungerecht, denn er war ja kein «Klammerkönig» minderen Standes, sondern ein regulärer, gewählter und gekrönter *rex Romanorum*. Setzte man sorgfältig jeweils «König» oder «Kaiser» zur Unterscheidung neben die Namen, so könnte man den armen Heinrich von den diskriminierenden Klammern befreien.[12]

Als Friedrich zu seinem Zug nach Deutschland aufbrach, wurde er von seinem zweitältesten legitimen Sohn Konrad begleitet. Dieser sollte seinen Halbbruder Heinrich als *rex Romanorum* ersetzen. Doch die Fürsten zierten sich, den Knaben sofort nach Heinrichs Absetzung auf dem Mainzer Hoftag 1235 zum König zu wählen. Erst im Februar 1237 gelang es dem Kaiser in Wien, Konrad zum römisch-deutschen König küren zu lassen. Konrad wurde jedoch nie gekrönt und führte deshalb den Titel *in romanorum regem electus* – also «erwählter König der Römer». Im Spätsommer 1237 sammelte der Kaiser nach der Ordnung der deutschen Dinge in seinem Sinne ein Heer, um sich wieder auf seine Auseinandersetzungen mit dem Papst und den italienischen Städten zu konzentrieren. Im Herbst 1237 zog er nach Italien. Bei diesem dritten Deutschlandaufenthalt sah man den Kaiser zum letzten Mal im nördlichen Teil des Reiches, er verließ es nun für immer. Wie schon bei seinem Zug nach Süden 1220 ließ er erneut einen neunjährigen Sohn als König zurück, der ihn formal vertreten sollte. Wegen der Unmündigkeit standen ihm als Reichsgubernatoren zunächst Siegfried III., Erzbischof von Mainz (1230–1249), dann der thüringische Landgraf Heinrich Raspe und der König von Böhmen, Wenzel I., zur Seite. Erst etwa ab 1240 begann Konrad aktiv die Reichspolitik mitzugestalten.

Betrachtet man die Handlungsweisen Kaiser Friedrichs II., wobei der Umgang mit seinem Sohn nur ein Beispiel unter vielen darstellt, so drängt sich schnell das Wort «Tyrann» auf. Hatte Fried-

418

richs Herrschaft etwas Tyrannisches? War er ein Tyrann? Ernst Kantorowicz überschrieb in seinem Friedrich-Buch ein Kapitel mit «Tyrann von Sizilien». Doch das Etikett klebte bereits zu Lebzeiten am Herrscher. Schon für den Chronisten Matthaeus Paris wandelte sich Friedrich mit der Ablehnung der Unterwerfung Mailands 1238 zu einem «*tirannus inexorabilis*», einem «unerbittlichen Tyrannen». Auch die Grausamkeit, mit der Friedrich 1247 Parma belagerte und von dort stammende Gefangene behandelte – er ließ angeblich jeden Morgen drei oder vier von ihnen köpfen, um den zuschauenden Einwohnern Trübsal zu bereiten – benannte der Chronist als «tyrannenhafte Grausamkeit». Das sind nur zwei Beispiele von vielen. Doch was verstand man im Mittelalter überhaupt unter einem Tyrannen? Auf die griechischen Begriffe, die gute und schlechte Herrschaftsausübung zu kennzeichnen suchten, konnte man im Mittelalter nicht zurückgreifen, sondern bezog seine Deutungen aus biblischen oder kirchengeschichtlichen Beispielen. Über Ezzelino III. da Romano etwa, Friedrichs Schwiegersohn, der zusammen mit Uberto Pallavicini in Oberitalien als Generalvikar einige spektakuläre Grausamkeiten vollführte, notierte Salimbene: «Man fürchtete ihn mehr als den Teufel. Weder Nero kam an ihn an Grausamkeiten heran, noch Domitian, noch Decius, noch Diocletian, welche die größten unter den Tyrannen gewesen waren.» Und da man sich bei Begriffen am meisten an den Etymologien des Isidor von Sevilla orientierte, der den «König» als gerechten Herrscher positiv beurteilte, den «Tyrannen» jedoch als schlechtesten und boshaften Machthaber, so war im Mittelalter ganz klar: Der Tyrann stellte das Gegenbild zum König dar. Ob ein Herrscher das Gemeinwohl verfolgte oder nur sein Eigenwohl im Auge hatte, machte den entscheidenden Unterschied.[13]

Der Gegensatz Gemeinwohl und Eigenwohl verschleiert allerdings ein strukturelles Problem der Herrschaft Kaiser Friedrichs. Ein hierarchisches Handeln des Herrschers in seinem Südreich und ein konsensuales System der Entscheidungsfindung mit anderen Machtteilhabern, wie es nördlich der Alpen gehandhabt wurde, schlossen sich konsequent aus. Und dann waren da noch die abscheulichen Grausamkeiten, von denen viele im *rigor iustitiae* ihren Ursprung gehabt hatten. Geblendet, verstümmelt, ertränkt, verbrannt, enthauptet – so haben viele Verschwörer gegen Friedrichs Herrschaft ihr Ende gefunden. Das Stöhnen der von Friedrich Bestraften hallte lange in den Erinnerungen der folgenden Jahrhunderte nach. Als Dante mit Vergil die Hölle durchmaß, begegneten ihnen auch Sträflinge in Bleikutten, die «so schwer zu tragen / Wie Friedrichs des Zweiten Folterkleider.» Der Dichter verarbeitete hier die zu seiner Zeit noch umlaufenden Gerüchte, nach denen Kaiser Friedrich Hochverrätern und Majestätsverbrechern bleierne Gewänder anlegen ließ und sie dann verbrannte.[14]

Wenn Historiker von einem Dokument nicht so recht wissen, was sie von ihm halten sollen, erklären sie es zur «Stilübung». Damit meint man oft Briefe, die nur so tun, als hätte sie dieser oder jener verfasst, oder behaupten, sie hätten diesen oder jenen vermeintlichen Adressaten erreicht. Ein auf September 1230 datierter angeblicher Brief Kaiser Friedrichs II. mit einem Befehl an seine sarazenischen Truppen ordnet grausame Dinge an. Vielleicht gab es ihn tatsächlich, vielleicht ist er auch nur zur Denunziation des Herrschers in der päpstlichen Kurie erdacht worden, jedenfalls gehört er zu jenen kräftigen Farben, die das Bild des Kaisers als tyrannischen Rächer an den abtrünnigen Bürgern Gaetas kolorieren: «Nach Einnahme der Stadt aber sollen sie die Angehörigen der höheren Stände und des Adels des Landes, die sie finden, blenden, der Nasen berauben und nackt und bloß aus der Stadt jagen. Den Frauen aber sollen sie die Nasen abschneiden zur Schande, dann aber abzuziehen erlauben. Den Knaben hingegen, die sie vorfinden, sollen sie die Hoden abschneiden und sie in der Stadt bleiben lassen.» Bis in die Moderne wurde Friedrich eine grausame Herrschaft nachgesagt. Auch mit Blick auf die eigene Gegenwart hielt Ernst Kantorowicz über Kaiser Friedrich fest, «dass das Bestehen einer Tyrannis und das Bedürfnis nach einer solchen die Verderbnis und Zuchtlosigkeit eines ganzen Volkes zur Voraussetzung hat.»[15]

420

Die Deportation der Sarazenen

Zu den politischen Handlungen des Kaisers, die zu einer konsequenten Straffung der Herrschaft in Sizilien führten, gehörten auch jene spektakuläre Maßnahmen, die in den 1220er Jahren begannen, sich kontinuierlich durch die Regierungszeit zogen, um sich dann noch einmal fast am Ende seiner Herrschaft erneut zu verdichten: der Kampf gegen die Sarazenen in seinem eigenen Königreich. Auch hier lässt sich beobachten, wie der Kaiser den *rigor iustitiae* anwandte sowie die *crudelitas tirannica*, die «tyrannenhafte Grausamkeit». Muslime lebten seit den arabischen Eroberungswellen des 9. Jahrhunderts auf Sizilien. Da die Insel seit Jahrhunderten das Objekt der Begierde vieler Eroberer war, hatte sie vielfältige kulturelle Prägungen erhalten: politisch, religiös, ökonomisch. Den Griechen, Römern und Byzantinern folgten die Araber und diesen zweihundert Jahre später die Normannen, die geschickt die Spannungen zwischen den arabischen Emiren auszunutzen verstanden. Die normannischen Eroberungen Siziliens und mit ihnen der wachsende Einfluss des römisch-katholischen Christentums führten zu einer allmählichen Zurückdrängung der islamischen Kultur und der Muslime. Das geschah in Etappen, mal schneller und mal langsamer. Ein Teil der arabischen Führungsschicht konvertierte zum römisch-katholischen Christentum und versuchte, sich durch Übernahme normannischer Namen wie etwa Roger Achmet oder Roger Chamut – vorher eben Hammud –, den neuen Machthabern anzupassen. Tatsächlich gelang es manchem aus der arabischen Elite, seine soziale Stellung zu bewahren. Ein Teil der muslimischen Unterschichten konvertierte zum Christentum nach griechischem Ritus. Aber die meisten Muslime blieben zunächst bei ihren traditionellen Lebensformen.[16]

Nach dem Tod des Normannenkönigs Wilhelm II., «des Guten», 1189 wuchs der Druck auf die Muslime erneut. Massenhaft verließen sie nun die Hauptstadt Palermo und zogen in die westlich der Metropole gelegenen Berge des Val di Mazara, wo ohnehin die arabische Bevölkerung am stärksten vertreten war. Ein anderes Zufluchtsgebiet war die Gegend des Val di Noto zwischen

Agrigent und Syrakus, ebenfalls vornehmlich von Arabern bewohnt, die sich nun hauptsächlich in Gebieten im Westen und Süden Siziliens konzentrierten. Ein erheblicher Teil der Muslime verließ Sizilien jedoch für immer in Richtung Südspanien, Nordafrika oder Naher Osten. Aus Bürgern, die seit Generationen auf Sizilien in städtischen Verhältnissen lebten, wurden nun Halbnomaden, die mit Sack und Pack umherzogen und unter der Anführerschaft von Quaids in abgelegenen Bergorten oder schwer zugänglichen Kastellen lebten. Eines davon war die Festung bei San Giuseppe Jato, etwa dreißig Kilometer südwestlich von Palermo. Die weitgehend unsichere Situation, die anhielt, bis sich Kaiser Heinrich VI. die Herrschaft über Sizilien sichern konnte, und das erneute Chaos nach dessen frühem Tod 1197 führten dazu, dass sich einige aufständischen Muslime in den Bergen immer fester einrichteten. Sie räuberten in der Gegend herum, verpassten jedoch in der neuen politischen Situation seit der Rückkehr des frisch gekrönten Kaisers den Augenblick, sich wieder einer gesetzten Ordnung zu fügen. Die Klagen der Betroffenen über Raubzüge, die Ausfälle an Einkünften aus den besetzten Gebieten und der Widerspruch zu den Vorstellungen des Kaisers von geordneten Herrschaftsverhältnissen zwangen Friedrich zu handeln. Während seines Sizilienaufenthaltes vom Mai bis Dezember 1221 bereitete er eine Militäraktion gegen die Aufständischen vor, die dann 1222 begann.

Äußerst geschickt verband der Kaiser in echter Tyrannenart mit der Bekämpfung der Sarazenen die Lösung eines anderen Problems, nämlich die Beseitigung von Hochadligen, deren Herrschertreue unsicher schien. So befahl er Roger von Aquila, Graf von Fondi, Thomas, Graf von Caserta, und weiteren Grafen, ihrer Lehenspflicht im Kampf gegen die Sarazenen auf Sizilien nachzukommen. Als diese die Sache nachlässig angingen, ließ Friedrich die Grafen verhaften und ihre Güter einziehen. Um die in den gebirgigen Regionen verschanzten Muslime wieder seiner Herrschaft zu unterwerfen, musste Friedrich eine Art Guerillakrieg führen lassen. Der gerade aus Ägypten heimgekehrte Admiral Heinrich Piscator, Graf von Malta, leitete quasi als Bewährungseinsatz die Aktion, die sich länger hinzog als erwartet. Ende Mai 1223 kam auch der Kaiser wieder auf die Insel, um im Sommer selbst Belagerungen zu befehligen. Eine Expedition zur Insel Djerba vor der tunesischen Küste verhinderte, dass die Muslime das Eiland als Nachschubbasis nutzen konnten. Bis zum Frühjahr 1225 wurde erbittert um sarazenische Höhenburgen gekämpft, dann trat ein vorläufiges Ende der Kämpfe ein. Bezahlt haben diesen Krieg zu großen Teilen Friedrichs Untertanen, denn mehrmals ließ der Kaiser eine Sarazenensteuer von ihnen erheben.

Besiegte Aufständische waren auf Gedeih und Verderb dem Sieger ausgeliefert, so auch die geschlagenen Sarazenen. Alle Muslime mussten die Bergregionen verlassen. Einige der überlebenden Sarazenen kehrten für eine gewisse Zeit in den tiefer gelegenen Gebieten der Insel in ihre alten Herrschaftsverhältnisse zurück, andere dürften in die muslimischen Herrschaftsbereiche in Spanien oder Nordafrika geflohen sein. Ein erheblicher Teil der Besiegten jedoch wurde auf Befehl des Kaisers einer Umsiedlung – man könnte auch Deportation im Sinne einer ethnisch-religiösen «Säuberung» sagen – unterworfen, denn nichts anderes bedeutete die Vertreibung aus den alten Siedlungszonen und die Zuweisung völlig neuer Wohnplätze in Apulien auf dem Festland. Die Schätzungen über die Zahl der bis in die 1240er Jahre Deportierten schwankt zwischen fünfzehn- und sechzigtausend Menschen. Das Problem, die tatsächliche Zahl zu bestimmen, liegt in den mittelalterlichen Überlieferungen, die oft gewaltig übertreiben. Hinzu kommt, dass es unklar ist, ob es sich bei den Angaben um die waffenfähigen Männer oder um Haushalte im Ganzen handelte oder überhaupt alle Menschen gezählt wurden. Die vollständige Umsiedlung einer Bevölkerungsgruppe stellte auf jeden Fall ein erhebliches logistisches Problem dar.

Als neuer Siedlungsplatz wurde ein weitgehend verlassener Ort in der Capitanata ausgewählt, der in antiker, byzantinischer und normannischer Zeit immer wieder bebaut gewesen war: Lucera. Lange Zeit glaubten Historiker sicher zu wissen, dass man hier auf den alten Fundamenten einen gewaltigen Festungskomplex errichtet habe, in dessen Mauern die Muslime als Kriegerreserve angesiedelt wurden. In Lucera hätten die starken Schutzmauern eine homogene Sarazenensiedlung geschützt und zugleich Abwanderungen verhindert. Der wortgewaltige Ferdinand Gregorovius imaginierte die «Sarazenenburg» in seinen Wanderjahren: «In der Zitadelle muß man sich die Waffenplätze und Kasernen der sarazenischen Krieger denken, die Arsenale und Fabriken mancher Art, wie auch die Moscheen.» Die Sarazenen «richteten sich fortan in Lucera bleibend ein, erst widerwillig und voll Hass gegen den Kaiser, welchen sie nur als Usurpator und Tyrannen des rechtmäßigen Besitztums ihrer Vorfahren, des schönen Siziliens betrachten mochten, dann mit orientalischer Resignation in das Fatum, endlich mit wahrhafter Liebe und Treue zu ihrem Sultan, dem großen Kaiser, dem erbitterten Feinde des Papstes, dem freisinnigen Freunde des Morgenlandes und seiner gebildeten Herrscher.» Immer öfter fand sich nun in der Literatur das Bild von Friedrich als dem «Sultan von Lucera», wie ein Buchtitel suggerierte und damit ein rosiges Bild des Zusammenlebens der Kulturen zeichnete.[17]

Zweifel allerdings sind angebracht: Lange bekannt waren in Lucera bisher nur einige archäologische Reste aus der Römerzeit, ein großer kastellartiger Turm sowie dass die heute noch sehr eindrucksvollen Festungsmauern eigentlich erst aus der Zeit der Nachfolger der Staufer aus dem Hause Anjou stammen. Zudem hatte man an einer Stelle Fundamente von Wohnhäusern aus derselben Zeit freigelegt. Eine große Fläche innerhalb des ummauerten Areals jedoch blieb lange Zeit unerforscht. Hier ist in den letzten Jahren innerhalb der Festung mit Hilfe des Georadars dieselbe Art von Hausfundamenten lokalisiert worden wie die schon zuvor ergrabenen. Diese stammen ebenfalls erst aus der anjouvinischen Zeit. Damit hat man bislang nur Hausfundamente von jenen provençalischen Bauern und Handwerkern gefunden, die in der zweiten Hälfte des 13. Jahrhunderts – also nach den Staufern – angeworben und hier angesiedelt worden sind. Dicht an dicht, so der Befund, standen die in Leichtbauweise errichteten Häuser der provençalischen Kriegerbauern. An islamischen Funden sind die untersuchten Flächen jedoch sehr arm; vielleicht, weil sie bei der Überbauung völlig zerstört wurden, vielleicht aber auch, weil es sie nie gab. Wenn das innere Terrain der Festung von Lucera einst von

424

so vielen Muslimen bewohnt gewesen sein soll, wie man immer annahm, wohin waren diese dann verschwunden, als die Anjou in den 1260er und 1270er Jahren die südfranzösischen Spezialisten ansiedelten? Vielleicht haben sie nie nur innerhalb dieser Festungsmauern gewohnt, sondern auch irgendwo außerhalb? Was auch immer in Lucera noch an Fundamenten und vor allem an Keramik ergraben wird, eines ist jetzt schon klar: Die bisherige Vorstellung von einem zentralen Siedlungsplatz der Muslime in Lucera lässt sich nicht aufrecht erhalten.[18]

Nach den bisherigen archäologischen Befunden wird man wohl eher an mehrere muslimische Siedlungen denken müssen, in denen die Bevölkerungen stärker gemischt waren. Einige solcher Orte sind bereits identifiziert worden, etwa Girifalco, Stornara und, mit ganz vielversprechenden neuen Grabungsergebnissen, Tertiveri, ein etwa fünfzehn Kilometer südwestlich von Lucera gelegener aufgelassener Bischofssitz, der im Mittelalter Tortiboli hieß. Nicht nur in Lucera selbt, sondern auch in der Region rings um Lucera haben offensichtlich Muslime gesiedelt, die von Ackerbau, Viehzucht und vor allem von hochentwickeltem Handwerk lebten. In Tertiveri hatte der arabische Ritter, 'Abd al-'Azīz ein Lehen inne, das er 1296 mit Huldigung und Treueid von König Karl II. empfing. Mit ihm haben wir einen Vertreter jener höher gestellten Sarazenen vor uns, die über mehrere Generationen ihre jeweiligen Verwandtschaftsverbände anführten. Sie dienten als Krieger und waren zugleich landwirtschaftliche Großproduzenten. Die landwirtschaftlichen Produkte verkaufte man in großem Stil in Lucera, wo es seit 1234 sogar einen der bedeutenden Regionalmärkte des Königreichs gab. Einige Anweisungen Friedrichs aus dem Registerfragment beziehen sich auch ausdrücklich auf die in Lucera siedelnden Sarazenen und handeln von Abgaben oder Ochsen, die man den Muslimen überlassen sollte.

Wenn man Friedrichs Verhältnis zu den Muslimen in Apulien auch nicht als das eines Sultans zu seinen Getreuen bezeichnen kann, so war sein Umgang für einen christlichen Herrscher seiner Zeit doch ungewöhnlich. Ein den muslimischen Bewohnern gewährtes Autonomierecht hinsichtlich der Religionsausübung,

Selbstverwaltung und Rechtsprechung sowie die als Gnadenakt empfundene Chance zum Überleben verwandelten die frühere Feindschaft in Ergebenheit und Treue. Aus der Bevölkerungsgruppe der Sarazenen vermochte der Kaiser eine gegen päpstliche Einflüsterungen und Bannsprüche völlig unempfindliche Truppe zu rekrutieren. Seine sarazenischen Bogenschützen waren berühmt, und von dem Ansehen, das Friedrich genoss, konnten nach seinem Tod sogar noch sein Sohn Manfred und sein Enkel Konradin profitieren. Das Verhältnis der Deportierten zum Kaiser hatte sich, zumindest in ihrer neuen Heimat, völlig gewandelt.

Der Papst war natürlich alles andere als erfreut über die Ansiedlung von Muslimen in Apulien. Eine ganze Region voller Ungläubiger praktisch vor seiner Haustür – ein grauenhafter Gedanke für den Pontifex. Als bekannt wurde, dass die Muslime eine alte Kirche als Steinbruch für ihren Hausbau nutzten, war dies ein willkommener Anlass, um den Kaiser zu ermahnen. Die Gegend um Lucera war nämlich nicht vollständig von den Christen verlassen, ja, es gab sogar noch einen Bischof. In einem Brief vom 3. Dezember 1232 schrieb der Pontifex an den Kaiser: «Verwundert und bestürzt vernahmen wir, dass die Söhne des Verderbens, die Sarazenen nämlich, die du in Apulien angesiedelt hast, unter Zusicherung deiner Gnade, was kaum glaublich scheint, die Kirche des heiligen Petrus in Bagno Fojetano, die mit vollem Recht zum Kloster des heiligen Laurentius in Averso gehört, in einen Ort des Teufels verwandelten, während sie vorher der Wohnort der Engel war, und sie von Grund auf zerstörten, indem sie ihre Steine und Balken nach Lucera transportierten, um dort ihre Häuser zu bauen. [...] Wir bitten dich, aus Ehrfurcht vor Gott und zur Vermehrung deiner Hoheit die genannte Kirche wieder herstellen und ihr die geraubten Materialien zurückerstatten zu lassen, die ihr zu ihrer Unversehrtheit zugehören. Überdies möge es, da eine Überfülle an Freiheiten, die Du, wie man sagt, den Sarazenen gewährt hast, in einer für die Christen gefährlichen Nachbarschaft besteht und vielen, die davon hören, Schrecken verursacht, deiner Hoheit gefallen, ihre Anmaßung so zu ersticken, dass sie in Kürze die Herzen deiner Untertanen nicht mehr zu verwirren wagen, zumal es unserem Erlöser Unrecht scheinen muss, wenn die Söhne Belials, die durch die Fesseln der Knechtschaft gebunden sein sollten, die Söhne des Lichts in unseren Landen bedrängen oder sich sündhafterweise ihnen an Freiheit gleichachten.»[19]

Von einer sanfteren oder bevorzugteren Behandlung der Muslime durch Friedrich, wie sie der Brief des Papstes unterstellte, kann jedoch gar keine Rede sein. Friedrich behandelte sie wie andere Untertanen auch und erwartete unbedingten Gehorsam. Streng und für unsere Vorstellungen unglaublich grausam verfuhr er mit Aufrührern aller Art, auch den sizilischen Sarazenen. Nach der wohl dichterischen Erzählung des Abu al-Fadayl, eines Sekretärs am Hofe des Sultans Malik Hafiz, gab sich der Kaiser bei dem langwierigen Feldzug gegenüber den Aufrührern auch dem hemmungslosen Jähzorn hin. Er überliefert eine Episode, in der der sizilianische Emir Muhammad Ibn Abbad mit seinen Söhnen beim Herrscher erschien, um den Kaiser um Gnade zu bitten. Der Name des Emirs erscheint in den Quellen, wie bei Richard von San Germano, als Mirabectus oder Myrabettus, der wohl auch als der Verteidiger der Festung Jato gelten darf. Ernst Kantorowicz erzählte die Geschichte so: «Der Kaiser aber war, wohl weil sich Ibn-Abbad an kaiserlichen Boten vergriffen hatte, gegen den rebellischen Emir aufs höchste erzürnt und so aufgebracht, dass sich bei der Begegnung eine Szene abspielte, die durchaus an jenen leidenschaftlichen Wutausbruch des siebenjährigen Friedrich erinnert. Als nämlich Ibn-Abbad das kaiserliche Zelt betrat und sich dem Kaiser zu Füßen warf, stieß ihm Friedrich II., kaum dass er seiner ansichtig wurde, so mit dem Fuß gegen den Leib, dass er mit seinem scharfen Sporn dem Emir die ganze Seite aufriss. Friedrich ließ Ibn-Abbad aus dem Zelt hinausschaffen und ihn eine Woche später mit seinen Söhnen als Rebellen aufknüpfen. Zwei zufällig mitgefangene Kaufleute aus Marseille teilten das Los des Emirs; sie hatten zehn Jahre zuvor Knaben und Mädchen des Kinderkreuzzuges auf den Sklavenmärkten von Tunis und Kairo verschachert und jetzt gar die Absicht gehabt, Friedrich an den Emir zu verraten.» Dass Friedrich den Emir und seine Söhne als Rebellen auf einer Stufe mit den schlimmsten Verbrechern sah, offenbart der Zusatz zu der Mel- 427 dung. Dass der Kaiser mit seinem gespornten Stiefel tatsächlich den Emir so verwundete, ist allerdings eher fragwürdig. Richard von San Germano wusste von den Tritten nichts, überliefert aber ebenfalls, dass der Emir und seine Söhne gemeinsam mit den beiden Kaufleuten an den Galgen gebracht wurden.[20]

Die Hinwendung der Sarazenen in Apulien zu Friedrich und seinen Nachfolgern fand unter den Anjou ein Ende. Sie wurden noch eine Weile geduldet, aber die öffentliche Meinung richtete sich mit zunehmender Schärfe gegen die Muslime. 1300 ließ Karl II. von Anjou die Siedlung in Lucera zerstören und die überlebenden Sarazenen als Sklaven verkaufen. Einige konvertierten jedoch zum Christentum und blieben in der Gegend. Von dem in Tertiveri belehnten arabischen *miles* 'Abd al-'Azīz wissen wir, dass er als Christ nun den Namen Nikolaus trug. Auf diese Weise rettete er nicht nur einen Teil seines Vermögens, sondern auch das Leben seines um die hundert Personen umfassenden Clans, der unter königlichem Schutz nun in Foggia siedeln durfte. Die Erinnerungen an Lucera und die dort einst wohnenden Sarazenen versuchte man bewusst zu tilgen. Man änderte den Namen des Ortes, der *Luceria Saracenorum* gelautet hatte, in *Civitas Sanctae Mariae*. Aus dem «Ort des Teufels» war wieder ein «Wohnort der Engel» geworden, wie es sich der Papst einst gewünscht hatte, denn Menschen lebten nun für lange Zeit nicht mehr hier. Und, so möchte man mit den Worten von Ferdinand Gregorovius noch hinzusetzen: «So ward Lucera das Grabmal der Araber Siziliens, deren Geschichte hier ihr Ende nahm.»[21]

Lucera wurde später von Legenden umrankt. Als eine der großen Leistungen des Kaisers schildert der unbeirrbare Stauferanhänger Gottfried von Cosenza die Umsiedlung, die in dessen kurzer und nur einige Seiten umfassenden Lebensbeschreibung Friedrichs zwischen Kindheit und Kreuzzug eingebettet ist. Gottfried, dessen Text unter dem Namen *Nicolaus de Jamsilla* verbreitet ist, wurde übrigens gemeinsam mit zwölf anderen Anhängern der Staufer 1269 auf Befehl Karls I. von Anjou gehängt. Gottfried notierte: «Während Papst Honorius III. den Apostolischen Stuhl innehatte, ließ (Friedrich) Deutschland ruhig in der Obhut seines erstgebore-

428

nen Sohnes Heinrich, den ihm seine spanische Gemahlin, die Kaiserin Konstanze, geboren hatte, und kehrte nach Sizilien zurück. Dort trieb er die Sarazenen, die zur Zeit seiner Unmündigkeit aufrührerisch gewesen waren und sich auf den Höhen der Berge verschanzt hatten, mit den Waffen seiner Macht und Weisheit von den Bergen in die Ebene herab und schickte damals einen großen Teil von ihnen, im Laufe der Zeit aber sämtliche Sarazenen nach Apulien, wo sie in gebührender Abhängigkeit einen Ort, den man Lucera nennt, bewohnen sollten. Nachdem aber die Sarazenen von den Bergen vertrieben und im ganzen Königreich Ruhe und Frieden gesichert waren, fuhr er in sein Reich Jerusalem, in dem die überseeischen Sarazenen zur Schande seines Namens, weil zur Schmach des Grabes des Herrn und des christlichen Glaubens, die Schmählichkeit ihres Aberglaubens ausübten.»[22]

Hob niemand Hand oder Fuß ohne den Willen des Kaisers?

Spätestens seit Ernst Kantorowicz geistert in der Forschung die Vorstellung vom *regnum Siciliae* als der «Gründung der ersten absoluten Monarchie des Abendlandes durch Friedrich II.» umher, weil «das stahlhart geschmiedete Sizilien» unter dem staufischen Imperator ein «glasharter Staat» gewesen sein soll. Nicht ganz so hart und absolut erscheint Siziliens Staatlichkeit in anderen, mitunter auch schon älteren Forschungsmeinungen, doch sah man Friedrich lange als Schöpfer eines modernen Staates an. Der deutschnationale Historiker Heinrich von Treitschke (1834–1896) glaubte hier schon die «Grundsätze jenes nahezu modernen Absolutismus» erkennen zu können. Jacob Burckhardt hingegen benutzte dafür den Begriff «Kunstwerk», doch sei der «unteritalienische Zwangsstaat Kaiser Friedrichs II. [...] auf Konzentration der Macht zum Zwecke eines Kampfes um Sein oder Nichtsein organisiert gewesen». Friedrichs südliches Herrschaftsgebiet galt andernorts als «Modellstaat», als moderner Beamtenstaat, ja sogar als Vorwegnahme des Orwellschen Überwachungsstaats. 429

Schon Papst Gregor IX. verkündete mehrfach der Welt, dass in Friedrichs Regnum niemand ohne den ausdrücklichen Befehl des Herrschers Hand oder Fuß bewegen könne.[23]

Doch die eigenen Sehnsüchte nach einem «stahlharten» Staat oder dem Idealmodell gemeinschaftlicher Verfasstheit flossen in die Deutungen der Historiker ein. Was ist wirklich daran? Wieviel «Staat» steckte in der «ersten absoluten Monarchie des Abendlandes»? Der moderne Begriff «Staat» stammt vom lateinischen *status* ab, das man als «Zustand», «Stand», «Situation» übersetzen könnte; und so war es auch lange gemeint, seit man im 13. Jahrhundert das Wort für völlig ungleichmäßige Entwicklungsphänomene von Gemeinschaften in Europa entlehnte. Über wichtige Etappen, wie etwa Niccolò Machiavelli (1469–1527) und die Französische Revolution, erlangte der Begriff eine Ausfaltung an Bedeutungen, die den Machtstaat der Moderne mit seinen Institutionen, den Kulturstaat, den Ständestaat oder Sozialstaat bis hin zum «Führerstaat» oder den «totalen Staat» umgreifen. Der Begriff ist politisch aufgeladen und daraus resultiert das Verständnisproblem bei der Wertung des Herrschafts- und Verwaltungssystems, dem Friedrich II. als König vorstand. Gemeinwesen waren im Hochmittelalter oft eher Personenverbände, die von der ihnen vorstehenden Person geprägt wurden. Im Gegensatz zur Moderne ist der mittelalterliche «Staat» kein eigenständiges Rechtssubjekt, den man etwa verklagen konnte. Man kann den Begriff «Staat» zwar auch für mittelalterliche Gemeinwesen verwenden, doch ist es dann notwendig, auf den völlig anderen Charakter dieses «Staates» hinzuweisen.[24]

Friedrich erbte im Süden ganz andere Herrschafts- und Verwaltungsstrukturen, als es sie im Norden gab. Das normannische Königreich Sizilien mit seinen byzantinischen und arabischen Wurzeln und Nachahmungen war schon vor Friedrich eine ganz auf den König ausgerichtete Gesellschaft gewesen, in der feudale oder städtische Gewalten eine ganz andere, oft untergeordnete Rolle spielten, als das etwa in Oberitalien mit seinen Bürgergemeinden oder nördlich der Alpen mit den mächtigen Fürsten der Fall war. Eine adlige Teilhabe an der Königsherrschaft, die im nördlichen *regnum teutonicum* geradezu Grundlage der Entscheidungsfindung war, spielte im Süden keine oder zumindest eine völlig untergeordnete Rolle. Hier zählte nur das Amt. Hoftage, die im Norden das Reich als Einheit von Haupt und Gliedern, also Herrschern und Fürsten, repräsentierten, waren im Süden Versammlungen von Untertanen, die Befehle entgegennahmen.

Der alltäglichen Verwaltung von Friedrichs sizilischem Herrschaftsgebiet dienten drei Expertengruppen, die für die Urkundenherstellung in der Kanzlei, die Finanzeinnahmen innerhalb der Kammer sowie die Rechtsprechung im Hofgericht zuständig waren. Doch klare Trennlinien der Kompetenzen existierten dabei nicht, so dass einige Personen in mehreren Aufgabenbereichen ihren Dienst verrichteten. Von der Kanzlei und vor allem ihren Produkten haben wir schon einiges gehört. Ein Teil der dort nachweislich dienenden Personen begegnet uns allerdings auch in den Gremien wieder, die für die Geldeinnahmen sowie die Rechtsprechung zuständig waren. Die einflussreichsten Mitglieder in der Verwaltung des Königreiches bildeten die sogenannte *magna imperialis curia* – den kaiserlichen Großhof. Das Wort *curia* erscheint in der Verbindung *magna curia* – Großhof erstmals im Jahre 1159 und wird nun als das Spitzengremium der Verwaltung und des Gerichtswesens im Königreich Sizilien verstanden. Seit dem 14. Jahrhundert sollte aus der Gesamtheit der protostaatlichen Kompetenzen der Begriff *corona* – Krone – eine noch größere Bedeutung erhalten.

Das Großhofgericht besaß eine streng hierarchische Gliederung: An der Spitze stand der sogenannte *magne imperialis curie magister iusticiarius*, der Großhofjustitiar, überraschenderweise kein ausgebildeter Jurist. Einer der bedeutendsten Männer in dieser mächtigen Position war Heinrich von Morra, der von 1222 bis zu seinem Tode 1242 zwei Jahrzehnte lang als Großhofjustitiar wirkte. Er entstammte dem baronalen Adel, hatte das volle Vertrauen des Kaisers und war sogar zeitweise sein Stellvertreter im Königreich Sizilien. Nach Heinrichs Tod blieb der Posten einige Zeit unbesetzt, bis Richard von Montenigro 1246 zum Großhofjustitiar aufstieg. Richard – das als Ausblick – blieb in dieser Stellung auch noch unter König Konrad, übte jedoch Verrat und

431

wurde 1256 ermordet. Unterhalb der Ebene des Großhofjustitiars wirkten mehrere Großhofrichter, die *iudices magne curie*, die anders als der Justitiar ausgebildete Juristen waren. Die Hofrichter bildeten später mit dem Großhofjustitiar ein regelrechtes Regierungsgremium. Die bekanntesten Großhofrichter hießen Roffred von Benevent, Leo Mancinus, Wilhelm von Tocco, Thaddaeus de Suessa und Petrus de Vinea.

Der Historiker Christian Friedl hat für den Zeitraum von 1220 bis 1250 anhand einer genauen statistischen Erfassung der Verwaltungsakteure überprüft, ob sich die Vorstellung von einer normierten und durch treue Beamte gewährleisteten Verwaltung bestätigen lässt. Er hat dazu die einzelnen Verwaltungsfunktionen und Positionen skizziert, wie etwa die der Justitiare, der Kämmerer, der Prokuratoren, der *provisores castrorum* in der Bedeutung von Burgverantwortlichen oder der Baiuli, die eigenen Distrikten vorstanden. Dabei zeigte sich, dass die Aufgabenbereiche und Bezeichnungen der Amtsträger in den einzelnen Provinzen nicht immer gleich blieben, von der Herrschaftsverdichtung der jeweiligen Provinz abhängig waren, ja dass die jeweiligen Aufgaben ausschlaggebend waren und nicht Amtsbezeichnungen. Selbst Amtsträger in höchsten Positionen hatten sich zuweilen um die Musiker für den kaiserlichen Hof oder arbeitsscheue Dienerinnen in den Residenzen zu kümmern. Die Aufgaben und Rechte, die die Amtsträger gemäß den Konstitutionen von Melfi und anderen Rechtstexten innehatten, entsprachen in der Praxis nur selten den ausgeübten Tätigkeiten. Das eine war eben die schöne Theorie der Gesetzesnorm, das andere der graue Alltag. Im Königreich Sizilien unter der Herrschaft Friedrichs II. war das, wie Theo Kölzer es nannte, «Ineinander-Verschwimmen von Kompetenz das Normale und Selbstverständliche». Der moderne Beamtenstaat funktioniert jedoch ganz anders. Dort gibt es die genaue Bereichszuweisung unabhängig vom jeweiligen Personalbestand. Ob man weiterhin von «Beamtenschaft» sprechen sollte, wenn von den Amtsträgern im Königreich Sizilien unter Friedrich II. die Rede ist, erscheint mir daher fraglich, klingt doch der Begriff «Beamter» sehr nach Unkündbarkeit und Pensionsanspruch.

Friedrich II. konnte auf die unter seinen normannischen Vorgängern ausgebildeten Verwaltungsstrukturen allerdings nur be-
dingt zurückgreifen, weil die Herrschaftsjahre seines Vaters, Kaiser
Heinrichs VI., eine Zeit der Improvisationen und die Zeit nach
Konstanzes Tod ein Dezennium des Zerfalls und der Anarchie war.
In der langen Zeit zwischen dem Tod König Wilhelms II. 1189 und
dem Ende des langen Aufenthalts Friedrichs im Norden 1220 ver-
schob sich die Machtbalance zugunsten der Barone. Daher versuchte Friedrich von Anfang an, die Zügel straffer zu ziehen und
die Herrschaftsstrukturen den Verhältnissen anzupassen. Das gelang in den 1220er und 1230er Jahren noch planvoll, wie die Assisen von Capua und Messina zeigen. Doch nach Ausbruch des Konflikts mit dem Papsttum und den oberitalienischen Städten war
eine langfristige Planung nicht mehr möglich. Die Ereignisse erfor-
derten immer neue Reaktionen, die durchaus den Charakter des
«Durchwurstelns» annehmen konnten. Nicht mehr Titel oder Ämter ermöglichten den Zugang zum Herrscher, sondern Loyalität,
Vertrauen, Zuverlässigkeit und Talent für die Lösung bestimmter
Aufgaben, wie Thaddaeus de Suessa und Petrus de Vinea deutlich
belegen. In der Herrschaftszeit Friedrichs II. mussten am Hofe die
Hochadligen den Fachleuten mit Kompetenz weichen.

In den letzten anderthalb Regierungsjahrzehnten erhob Friedrich das Generalvikariat zum Prinzip der Reichsorganisation in
Ober- und Mittelitalien. Dafür unterstellte der Kaiser größere
Landstriche sogenannten «Generalvikaren des Reiches», mit denen er zum Teil die früheren Generallegaten für ganz Italien, wie es
etwa Erzbischof Albrecht von Magdeburg gewesen war, ersetzte.
Bei den Vikariaten handelte es sich um die Delegierung königlich-
kaiserlicher Herrschaft an amtlich bevollmächtigte Personen, die
auf Grund von Herkunft und Verwandtschaft dem Herrscher besonders geeignet erschienen. Vom *capitaneus generalis* der Toskana,
Pandulf de Fasanella, oder Ezzelino da Romano (1194–1259),
Friedrichs eigenem Schwiegersohn, haben wir schon gehört. Weitere bedeutende Vikare, die Reichsgewalt im Namen des Kaisers
ausübten, waren seine illegitimen Söhne Enzio, Friedrich von Antiochia und Richard, Graf von Chieti. Der König und Kaiser de-

legierte als Amtsinhaber aus der Vollgewalt der Herrschaft seine Macht an die Vikare in Reichsitalien, aber auch an Statthalter in Burgund. Dafür übergab er unter anderem das sogenannte *merum et mixtum imperium*, wörtlich die «reine und gemischte Herrschaft». Anfangs bezog sich die Formel noch ausschließlich auf die Gerichtsbarkeit, umfasste später aber alle vom Reich abhängenden hohen Herrschaftsrechte sowie die *potestas gladii*, die «Macht des Schwertes», worunter man die Blutgerichtsbarkeit verstand. Das verliehene *merum imperium* als Herrschaftsmacht, das neben den Vikaren auch Herzöge, Grafen oder Städte erhielten, zeigte den Zeitgenossen, dass die Bevollmächtigten niemanden als den Kaiser über sich hatten. Andererseits belegte es auch, dass die Beliehenen nicht allein aus eigener Macht handeln konnten, sondern ihre Rechte vom Reich herrührten. Dieses Legitimationsargument sollte noch über Jahrhunderte im Reich eine Rolle spielen. In den 1230er und 1240er Jahren vergab Friedrich II. eine Reihe von Urkunden, in denen Beauftragte königliche Herrschaftsrechte ausübten und deshalb die vom Reich rührenden Rechte auch in dieser Formel übertragen bekamen.[25]

Doch mag auch ein dichtes Netz von Amtsträgern über das Land gespannt gewesen sein, mag auch vieles nach moderner Staatlichkeit aussehen, das sizilische Herrschaftsgefüge blieb ein mittelalterliches System. Kaiser Friedrichs Regierungsstil war der eines Tyrannen. So progressiv Expertenkommissionen auch aussehen, eine echte Mitwirkung von großen Baronen oder anderen Machtträgern des Königreichs Sizilien ist selten zu spüren. Dieses Vorgehen hat sich letztlich gerächt, denn eine völlige Ausgrenzung von Machtträgern führt zu einer wachsenden Opposition. Man sollte sich darüberhinaus fragen, ob das Bild von Zwang und Gewalt, das Haftgrund späterer Überzeichnungen geworden ist, nicht zu großen Teilen hinter einer Kommunikation über Gesetzlichkeit und Recht verborgen wurde, wie es in Byzanz erfolgreich geschah. Vom Recht sprechen, aber willkürliche Gewalt anwenden: Genau so verhalten sich Tyrannen.

434

Das tragische Ende des Petrus de Vinea

Wie das Verhalten gegenüber seinem erstgeborenen Sohn Heinrich zeigt auch der Sturz seines engsten Vertrauten Petrus de Vinea, der im April 1249 im toskanischen San Miniato al Tedesco einen tragischen Tod fand, dass Friedrich II. ein unnachgiebiger Starrkopf sein konnte, der aus verletzter Ehre zu vielem fähig war. In den letzten Jahren seiner Herrschaft scheint er zunehmend die Fähigkeit verloren zu haben, Realpolitik zu betreiben oder Konstellationen realistisch zu beurteilen. Dadurch isolierte er sich immer weiter. Viele Getreue kehrten ihm den Rücken. Einer der Abtrünnigen war Rainald von Aquino, der Bruder des berühmten Philosophen Thomas von Aquino. Rainald, der seine Karriere als Edelknappe und Valet begann, dann im Dichterkreis des Kaisers einer der begnadetsten Poeten war, sollte im Schlussakkord der staufischen Herrschaft in Süditalien unter den Parteigängern Karls von Anjou zu finden sein. Auch zwei weitere Dichter des sizilischen Kreises, Jakob von Morra, der als Dichter den Namen Giacomino Pugliese trug, und Roger de Amicis, fielen vom Kaiser ab. Viele Vikare Oberitaliens wurden nach dem Absetzungskonzil in ihren Haltungen schwankend. 1246 gab es sogar einen Plan für einen Mordanschlag auf den Kaiser, der zu einem Umsturz führen sollte und in den hochstehende Höflinge verwickelt waren. Der Anführer des Komplotts hieß Tebaldus Franciscus, kaiserlicher Podestà von Parma. Der Drahtzieher war Papst Innozenz IV. Fieschi. Der Plan wurde jedoch verraten, die Beteiligten grausam hingerichtet. Mit dieser fortschreitenden Erosion von Herrschaft steht auch der Fall des Petrus de Vinea in Verbindung.

Petrus de Vinea, dessen Beiname «vom Weinberg» bedeutet, wurde vor 1200 in Capua geboren. Er stammte aus ärmlichen Verhältnissen und war von niederer Abkunft. Sein Vater Angelo bekleidete vermutlich ein städtisches Richteramt. Petrus absolvierte mit sehr begrenzten Mitteln eine Reihe von Studien, hauptsächlich der Rechtswissenschaft, an der angesehenen Universität in Bologna. Hier erlernte er auch die Feinheiten der *ars dictaminis*, der Kunst des Wortsetzens beim Abfassen von Briefen und Urkunden.

435

Anfang der 1220er Jahre kam Petrus auf Empfehlung des Erzbischofs Berard von Palermo wegen eines exzellent formulierten Probebriefes an den kaiserlichen Hof, wo er als Notar für Kaiser Friedrich II. arbeiteten sollte. Allerdings schrieb er keine Urkunden, sondern entwarf als «Diktator» deren Wortlaut. Er durchlief als Bediensteter eine Laufbahn in der kaiserlichen Verwaltung und machte am Hof eine unglaublich steile Karriere. Seit 1224 ist er als Richter am Großhofgericht bezeugt. 1230 und 1231 stand er als Leiter der kaiserlichen Kommission vor, welche die Konstitutionen von Melfi zusammenstellte und formulierte. Seit 1243 bekleidete er die Würde eines *imperialis aule protonotarius et regne Sicilie logotheta,* einer Art Kanzleichef, da die Position des Kanzlers schon lange nicht mehr besetzt worden war. Diese Titel bedeuteten, dass Petrus als «Logothet» – eine Hofamtsbezeichnung in griechischer Sprache, die man mit «derjenige, der die Worte setzt» übertragen könnte – den lateinischen Mund des Kaiser verkörperte, indem er als eine Art «Regierungssprecher» Erlasse und Gesetze des Herrschers verkündete. Als Protonotar lieh er dem Kaiser seine lateinische Feder, da er den Wortlaut der Schriftstücke formulierte. Sein meisterhaftes Latein half mit seiner sprachlichen Süße den Geschmack der pergamentenen Bitterpillen zu verdecken, mit denen der Kaiser seine Gegner, allen voran seine Heiligkeit, zu kurieren suchte. Seine Stilsicherheit wertete die kaiserlichen Briefe und Manifeste erheblich auf und machte sie zu vielbewunderten Kunstprodukten. Die erst um 1270 zusammengestellten Sammlungen seiner Briefe in lateinischer Sprache hatten Vorbildcharakter und sind deshalb in zahlreichen Abschriften überliefert. Außerdem gehörte Petrus de Vinea Friedrichs sizilianischem Dichterkreis an, wie wir schon gehört haben.[26]

Während der 1240er Jahre stand Petrus in allerhöchsten Gnaden. Da er faktisch die Position eines leitenden Ministers bekleidete, wurde er vom Kaiser auch mit delikaten diplomatischen Missionen betraut. So verhandelte er erfolgreich in England die Hochzeitsmodalitäten für die Verbindung des Kaisers mit Isabella Plantagenêt. Petrus de Vinea war eine Art Premierminister und graue Eminenz, Privatsekretär und Günstling, wie es sie in der Frühen Neuzeit dann so oft geben sollte. Nach dem Kaiser war zeitweise niemand mächtiger als er. Doch wer an der Quelle sitzt, der trinkt auch daraus: Zusammen mit dem politischen Einfluss wuchs sein Vermögen. Petrus wurde reich, sehr reich sogar. Man munkelte, dass er während seines Aufstiegs einen Teil seiner glanzvollen Macht in glänzendes Gold umgewandelt habe und dass ein Teil seines umfangreichen Vermögens unter anderem durch Korruption erworben worden sei. Zudem brachte er auch Verwandte in der Kanzlei unter. Von drei Neffen wissen wir, dass sie in der Kanzlei arbeiteten. Das alles erhärtete den Verdacht, dass Petrus Staatsgelder veruntreut und Rechtsmissbrauch zur eigenen Bereicherung betrieben habe. So stürzte der immer misstrauischere Kaiser ein Jahr vor seinem Tod seinen nächsten Vertrauten ins Nichts. Im Februar 1249 ließ der Imperator Petrus in Cremona als Verräter verhaften. Er wurde in der toskanischen Burg San Miniato al Tedesco eingekerkert und im März oder April geblendet. Kurz darauf verstarb er, entweder an den Folgen der Blendung oder durch Selbstmord. Doch was hatte ihn zu Fall gebracht?

Die Hintergründe des Falls von Petrus de Vinea sind nicht eindeutig aufzuklären. Möglich ist, dass Petrus tatsächlich Verbindungen zu Gegnern des Kaisers, etwa dem Papst, aufgenommen hatte. Doch darin bestand schließlich seine Aufgabe als Diplomat. Hatte er Geheimverhandlungen mit dem Papst geführt? Das jedoch galt in den Augen des Imperators als Hochverrat. Möglich ist aber auch, dass er einer Intrige des Hofes zum Opfer fiel oder dass Friedrich sogar selbst seinen übermächtigen Ratgeber loswerden wollte. Vielleicht glaubte der Kaiser, dass es Verbindungen zwischen dem Wortsetzer und jenen Verschwörern gab, die 1249 erneut aus den Hofkreisen heraus, darunter sogar sein Leibarzt, einen Giftanschlag auf Friedrich verübt hatten und die der Kaiser grausam hinrichten ließ. Doch zu Matthaeus Paris nach England drang das Gerücht vom Meuchelmordversuch: «Nachdem er sich also von dem verräterischen Mordanschlag, den man gegen ihn vorbereitete, überzeugt hatte, ließ er den Arzt aufhängen, Petrus aber, verdientermaßen der Augen beraubt, durch viele Städte Italiens und Apuliens führen, auf dass er vor allen öffentlich das ge-

Ein Turm der Erinnerung:
Im Juli 1944 wurde dieser
als Rocca Federiciana
bezeichnete Bergfried von
abziehenden deutschen
Truppen gesprengt, da
man das Symbol staufi-
scher Herrschaft nicht dem
Feind überlassen wollte.
Der 1958 rekonstruierte
Turm war einst Teil der
Burg San Miniato, die als
Sitz kaiserlicher Vikare der
Toskana und später sogar
als Pfalzort diente. Von
hier aus ließ sich die Kreu-
zung zweier wichtiger
Straßen kontrollieren: der
Via Francigena, die vom
Norden nach Rom führte,
und der Straße zwischen
Pisa und Florenz. In der
Stauferzeit wurde die
mächtige Anlage erheblich
erweitert. In ihrem Kerker
wurden für kurze Zeit die
bei Montecristo gefange-
nen Prälaten eingesperrt.
1249 kam hier Kaiser
Friedrichs wichtigster
Vertrauter zu Tode, der
Logothet Petrus de Vinea.

plante Verbrechen bekannte. Endlich, so befahl Friedrich, sollte er den Pisanern, die ihn tödlich haßten, zur Hinrichtung übergeben werden. Als Petrus dies hörte, wollte er nicht nach Gutdünken seiner Feinde sterben, weil, wie Seneca sagt, ‹nach Willkür eines Feindes sterben zweimal sterben heißt›. Er rannte daher mit dem Kopf mit aller Gewalt gegen die Säule, an der er angebunden war, und tötete sich selbst.»²⁷

In Franziskanerkreisen kursierte hingegen die Geschichte vom Hochverräter. Salimbene schlug diese Saite an, als er über Petrus

438

de Vinea schrieb: «Die Beschuldigung des Kaisers gegen Petrus de Vinea aber war folgende: Er hatte den Richter Tadeus und Petrus de Vinea – den er innig liebte und über alle anderen an seinem Hof hoch hielt – mit einigen andern nach Lyon zu Papst Innozenz IV. gesandt, um den Papst davon abzubringen, dass er zu seiner Absetzung schritte. Denn er hatte gehört, dass jener deshalb das Konzil berufen hätte; und er befahl ihnen an, keiner solle mit dem Papst ohne den andern respektive ohne Beisein der andern sprechen. Nach ihrer Rückkehr aber wurde Petrus de Vinea von seinen Genossen beschuldigt, er habe mehrfach ohne sie mit dem Papst vertraute Zwiesprache gehalten. Und so sandte der Kaiser nach ihm, ließ ihn gefangen nehmen und eines elenden Todes sterben. Und seitdem pflegte der Kaiser zu sagen: ‹Alle meine Getreuen haben Greuel an mir; und die ich lieb hatte, haben sich wider mich gekehret!› bei Hiob 19».[28]

Das Leben des Petrus wurde im Nachhinein stark verklärt. Dazu haben die eben zitierten Autoren viel beigetragen. Den wichtigsten Anteil daran aber hatte Dante Alighieri, der sich im 13. Gesang des Infernos seiner *Göttlichen Komödie* des Schicksals des ehemaligen Logotheten annahm. Bei ihm taucht zuerst der Gedanke auf, es könne sich bei dem tragischen Fall um eine Verschwörung der Höflinge gegen den Wortsetzer gehandelt haben. Petrus schmort bei Dante in der Hölle, und zwar als jemand, dessen alter Körper fehlt, weil Selbstmord als ein besonders schlimmes Verbrechen galt.

«Ich bin's, dem beide Schlüssel war'n gegeben
Zu Kaiser Friedrichs Herz und der sie drehte
Beim Öffnen und beim Schließen ohne Beben.
Kein Mensch von ihm Geheimes je erspähte:
So treulich führt' mein hohes Amt ich aus,
dass Schlaf und Herzschlag es hinweg mir wehte.
Die Hure, die von keines Kaisers Haus
Die Kupplerblicke jemals hat gewandt,
Und Tod und Pest den Höfen streuet aus,
Hat gegen mich entflammt des Neides Brand,

Der hat zuletzt den Kaiser auch erschüttert
Und heit're Ehr in Trauer mir gewandt.
Mein Geist war vom Verluste sehr verbittert.
Um durch den Tod die Schande aufzuheben,
Hab' ich Gerechter ungerecht zersplittert
Mich selbst. Bei dieses Holzes Wurzelstreben
Schwör ich, dass meine Treue nie gewankt
Und stets dem würd'gen Herrn war ich ergeben.
Wer von euch wieder an die Welt gelangt,
Der möge den verletzten Ruf mir heilen,
Der immer noch an Neid und Missgunst krankt.»[29]

Ein ungelöster Mordfall und die Assassinen

Ein Frühherbsttag 1231 am Zusammenfluss von Altmühl und Donau bei Kelheim: Der siebenundfünfzigjährige Herzog Ludwig I.
von Bayern ist an jenem für ihn schicksalhaften 15. September inmitten seines Gefolges auf dem Weg zwischen seiner Burg und der
Stadt, die ein Nebenarm der Donau voneinander trennt. Plötzlich
wird er von einem ungewöhnlich aussehenden Mann angefallen.
Mit einem an der Spitze besonders scharf geschliffenen Messer
durchbohrt er den Körper des Herzogs. Ludwig stirbt sofort. Im
Gedränge kann der Mörder jedoch nicht entkommen, und es gelingt, ihn zu fesseln. Wer war dieser eigenartige Attentäter, der
Herzog Ludwig erdolchte? Verfolgte er eigene Ziele oder gab es
jemanden im Hintergrund, einen Auftraggeber? Man legte den
Fremdling auf die Folter, um das alles zu erfahren, wie die Annalen
von Marbach melden, doch er schwieg standhaft. Bis zu seinem
Tode konnte man nicht das Geringste aus ihm herausbekommen.
Der Attentäter nahm seine Geheimnisse mit in den Tod und starb,
wie die Annalen weiter berichten, «an allen Gliedern zerfleischt
und auseinandergezerrt».[30]

Der eigenartige Mordfall von Kelheim wurde nie aufgeklärt.
Kurz nach der Tat kam das Gerücht auf, dass der ferne Kaiser der

Anstifter der Bluttat gewesen sei. Es schlug sich in mehreren Chroniken nieder. Der Fortsetzer der Kölner Königschronik vermerkte 1231: «In demselben Jahre hält der Kaiser, geschmückt mit dem kaiserlichen Diadem, am Geburtstag des Herrn einen Hoftag zu Ravenna. Etwa drei Monate vor diesem Hoftag wurde Herzog Ludwig von Bayern von einem Sarazenen, einem Boten des Alten vom Berge, inmitten der Seinigen ermordet.» Jedes Verbrechen braucht ein Motiv, und dieses wird auch sofort nachgeliefert: «Dieser Alte vom Berge, mit dem Kaiser verbündet, beabsichtigte die vielen Beleidigungen, die der Herzog dem Kaiser zugefügt hatte, zu rächen. Man glaubt aber, dass es mit Wissen des Kaisers geschehen sei, weil dieser den Herzog kurz vorher an Gütern und an Person geächtet und hierzu einen besonderen Boten abgesandt hatte.»[31]

Mag es auch andere Meinungen zu dem Fall gegeben haben, gegenüber der Wucht der zeitgenössischen Anklagen konnten sie sich nicht behaupten. Der Chronist Konrad von Pfäffers stellte den Zusammenhang zwischen Meuchelmord und einem kaiserlichen Auftrag noch deutlicher her, vielleicht, weil er über Informationen des mit dem Hof vertrauten Abtes Konrad von St. Gallen verfügte. Auch der Sohn des Ermordeten, Herzog Otto II., der später an der Stelle des Attentats eine Gedächtniskapelle errichten ließ, teilte eine Zeit lang den Verdacht, dass der Kaiser den Mörder seines Vaters gedungen habe. Fast anderthalb Jahrzehnte später ließ Papst Innozenz IV. in die Urkunde, die auf dem Konzil in Lyon 1245 die Absetzung des Kaisers bekanntgab, aufnehmen: «Den Herzog von Bayern herrlichen Angedenkens, der der Römischen Kirche besonders ergeben war, ließ er, wie bestimmt versichert wird, unter Missachtung der christlichen Religion durch Assassinen töten.»[32] Der Alte vom Berge und die Assassinen: Hier zeigen sie sich abermals besonders dicht verwoben, der rätselhafte Orient und der geheimnisvolle Kaiser. Und die am Ende des 13. Jahrhunderts entstandene Weltchronik des Wiener Bürgers Jans Enikel enthält noch eigenartigere Nachrichten über «stecher», die Kaiser Friedrich II. in Nachahmung der Assassinen für Morde an Fürsten angeworben haben soll: «er hiez stecher ziehen / an swem er sich wolt rechen, / den hiez er wærlîch stechen.»[33]

Kaiser Friedrichs Onkel, Philipp von Schwaben, wurde 1208 ermordet, weil er die Ehre eines Fürsten verletzt hatte. Engelbert I., Erzbischof von Köln, starb 1235 von Mörderhand aus der eigenen Familie. Der religiöse Fanatiker und Ketzerjäger Konrad von Marburg wurde 1236 ermordet, als er hohe Adlige mit in den Vernichtungsstrudel ziehen wollte. Morde waren damals nichts Ungewöhnliches, um missliebige Personen aus dem Weg zu räumen. Doch wenn angeblich Assassinen dahintersteckten und der Alte vom Berge, wird die Sache außergewöhnlich, zumindest, wenn sie sich in Kelheim zuträgt. Die Assassinen waren eine ismaelitische Geheimsekte, die man im Orient wegen ihrer raffinierten Attentate sehr fürchtete. Sie saßen auf Felsenburgen in Persien und Syrien, von denen aus sie ganze Landstriche beherrschten. Ihr berühmtester Anführer war Raschid ad-Din (gest. um 1193), Machthaber in Masyaf, der sogenannte «Alte vom Berge». Er konnte durch ein erfolgreiches Lavieren zwischen den Ayyubiden und den Kreuzfahrerstaaten die Stellung der Assassinen in Syrien bedeutend ausbauen. Um 1230 waren die Assassinen als territoriale Herrscher und Machtfaktor allgemein anerkannt.[34]

Im Glauben an direkte göttliche Autorität bedienten sich die Assassinen als eines wichtigen Instruments ihrer Politik des organisierten Mordes, wie etwa die besonders spektakuläre Erdolchung des erst einige Tage zuvor zum König von Jerusalem gewählten Konrad von Montferrat 1192 zeigt. Die Attentate führten fanatisierte Elitekämpfer aus, die man zuvor – zumindest gehörte das zum abenteuerlichen Bild, das man sich im mittelalterlichen Europa von den Assassinen machte – reichlich Haschisch rauchen ließ. Vom arabischen Begriff der «Haschischraucher» stammt auch ihr Name ab und bereicherte einige europäische Sprachen mit der Vokabel für heimtückische Morde. Die Assassinen galten als bedingungslos ergeben, vergleichbar wohl mit heutigen Selbstmordattentätern. Selbst vor dem mächtigsten Sultan jener Zeit, Salah ad-Din, zeigten sie keinen Respekt und versuchten sogar zweimal, ihn zu töten. Ihre Herrlichkeit währte jedoch nicht lange. Mongolensturm und Mamelukenmacht fegten sie bereits im zweiten Drittel des 13. Jahrhunderts von ihren Felsenburgen. Obwohl der

442

Alte vom Berge zur Zeit von Friedrichs Herrschaft schon eine geraume Weile tot war, geisterte er noch lange durch die Erzählungen. Kein Wunder also, dass in den sogenannten *Le ciento novelle antiche*, den Hundert alten Novellen, die wir schon durch die Geschichte des vom Kaiser gerichteten Falken kennen, von einem Besuch Friedrichs beim Alten vom Berge erzählt wird. Die Geschichte ist so Bestandteil der ältesten italienischen Sammlung von Legenden aus der Zeit des ausgehenden 13. Jahrhunderts geworden: «Der Kaiser ging einmal bis zum Berge des Alten, und es wurde ihm große Ehre erwiesen. Der Alte, um ihm zu zeigen, wie sehr er gefürchtet war, schaute in die Höhe und sah auf dem Turm zwei Haschaschinen. Er fasste sich an seinen großen Bart; da stürzten sie sich sofort hinunter und starben auf der Stelle.» Solche Ergebenheitsbekundungen gehörten zum Standartrepertoire in Geschichten über mächtige Herrscher.[35]

Die märchenhaften Geschichten zeigen sehr schön, welchen Ruf Kaiser Friedrich hatte. Wenn jemand im christlichen Europa überhaupt über so weitgespannte Verbindungen verfügen konnte, dann nur er. Einem Herrscher wie Rudolf von Habsburg etwa hätte man den Befehl zu einem Assassinenmord schon wegen seiner fehlenden Verbindungen zum Orient gar nicht unterstellen können. Und so unwahrscheinlich war der Verdacht, der auf Friedrich fiel, auch gar nicht. Wahrscheinlich hatte der Kaiser durch seine Orientfahrt tatsächlich Verbindungen zu den «Haschischrauchern» geknüpft. Noch Friedrichs Sohn Manfred soll Kontakte zu den Attentätern unterhalten haben. Es ist sogar der Text eines möglicherweise authentischen Briefes überliefert, in dem sie ihm ihre Hilfe anbieten. Außerdem kann man Friedrich ein handfestes Motiv nachweisen, Ludwig von Bayern aus Rache den Mordstahl in die Gurgel fahren zu lassen.[36]

Ludwig, Pfalzgraf bei Rhein und Herzog von Bayern (1173–1231), dem sein Todesort den Beinamen «der Kelheimer» einbrachte, gehörte zu den talentierten, politisch opportunistischen Fürsten. Seine Unterstützung für Könige und Kaiser brachte ihm immer reichen Lohn ein, sowohl an Land als auch an Rechten, wie etwa die Reichslehen des Philippmörders, die Pfalzgrafschaft bei

Rhein oder die Erblichkeit des bayerischen Herzogtums. Seine Teilnahme am Kreuzzug nach Damietta 1221 ließ er sich von Kaiser Friedrich mit fünftausend Silbermark bezahlen. Der Papst sollte noch einmal zweitausend dazulegen. Für dieses respektable Handgeld führte er gemeinsam mit dem päpstlichen Legaten Pelagius die Kreuztruppen in die Niederlage, nachdem er gegen die kaiserliche Weisung zum Vormarsch geraten hatte. Er entging dem kaiserlichen Zorn wohl nur, weil er nach seiner Freilassung aus der Gefangenschaft in Ägypten fern der kaiserlichen Wut nach Deutschland zurückkehrte.

Wieder mit Friedrich versöhnt, gelangte Ludwig 1226 als Prokurator in den einflussreichen Fürstenkreis, der als Gremium mit vormundschaftlichen Vollmachten die Reichspolitik König Heinrichs VII. gestaltete. Doch Ende 1228 trennte er sich von seinem König als Feind. Von der Konspiration gegen den Kaiser, als der im Orient weilte und in Deutschland der päpstliche Legat Otto Candidus nach einem Kandidaten für ein Gegenkönigtum Ausschau hielt, haben wir schon gehört. Dass Herzog Ludwig sich tatsächlich in hochverräterischer Weise mit der Kurie beriet, sich sogar dem Bündnis der Lombarden mit dem Papst anschloss, machte ihn zu einem der gefährlichsten Feinde. Wenn der Kaiser also den Mord tatsächlich initiiert haben sollte, so war es ein politischer Mord, der einen unberechenbar-gefährlichen Gegner beseitigte und der als eine verspätete Rache verstanden werden kann.

14

Der Drache

scendit de mari bestia blasphemie plena nomini-
bus … – «Aus dem Meer steigt die Bestie voller Namen
der Lästerung, die mit den Tatzen des Bären und dem
Rachen des Löwen wütet und mit den übrigen Gliedern wie ein
Leopard ihren Mund zu Lästerungen des göttlichen Namens öffnet, die nicht aufhört, auf Gottes Zelt und die Heiligen, die in den
Himmeln wohnen, die gleichen Speere zu schleudern. Mit eisernen
Krallen und Zähnen will sie alles zermalmen und mit ihren Füßen
die ganze Welt zerstampfen; um die Mauern des katholischen
Glaubens zu zerbrechen, hat sie längst heimlich die Sturmböcke
gerüstet und stellt jetzt offen ihre Kriegsmaschinen auf, seelenver-
nichtende Kampfmittel der Ismaeliten baut sie auf, und gegen
Christus, den Erlöser des Menschengeschlechts, dessen Bundestafeln
sie mit dem Spachtel der ketzerischen Verstocktheit zu verwischen
bemüht ist, richtet sie sich, wie das Gerücht es bezeugt.»[1]

Die Bestie, von der hier die Rede ist und die gerade aus dem
Meere gestiegen sein soll, um alles Göttliche und Menschliche zu
vernichten, ist nicht irgendein bluttriefendes Monster oder gar der
Teufel selbst, sondern Kaiser Friedrich. Der Herrscher war offenbar das ewige, unvorstellbare Grauen, denn so klingt es noch sei-
tenlang weiter. Und der ihn in Anlehnung an die Offenbarung des
Johannes mit den endzeitlichen Bestien vergleicht, ist kein ver-
wirrter Visionär, sondern der Papst selbst, Gregor IX. Endlich hat
der Pontifex ihn erkannt, den wahren Feind der guten Ordnung,
die dämonische Gegengewalt gegen Christus: Friedrich ist es! «Höret also alle auf zu erstaunen, ihr, zu denen die von dieser Bestie

445

gegen uns ergangenen Lästerungen gelangen, dass auf uns, die wir in Demut Gott unterworfen sind, die Pfeile der Verleumdung zielen, da der Herr selbst von solchen Schändlichkeiten nicht unversehrt bleibt! Höret auf zu erstaunen, dass der das Schwert des Unrechts gegen uns zückt, der sich bereits erhebt, um den Namen des Herrn von der Erde zu vertilgen! [...] blicket aufmerksam auf das Haupt, die Mitte und das Ende dieser Bestie: Friedrichs des sogenannten Kaisers!»

Das auf diesen dunklen apokalyptischen Grundton gestimmte Dokument wurde im Sommer 1239 an alle Könige, Fürsten und Bischöfe der Christenheit adressiert. Es war Teil eines ausgetüftelten Propagandakampfes, der wiederum einen Nebenkriegsschauplatz in dem gewaltigen Ringen zwischen Kaiser und Papst darstellte. Die Kämpfe Kaiser Friedrichs II. mit den Päpsten seiner Zeit erscheinen als die letzte große Auseinandersetzung zweier universaler Mächte, in der beide jedoch scheiterten. Denn am Ende des Jahrhunderts wurde klar, dass keine der beiden Seiten siegen konnte. Der Implosion einer imperialen Ordnungsvorstellung, wie sie sich nach dem Tode Friedrichs in aller Deutlichkeit für das staufische Kaisertum zeigte, folgte der Zusammenbruch des päpstlichen Machtanspruchs, nur eben mit einem halben Jahrhundert Verzögerung. Doch für kurze Zeit schienen die Päpste gesiegt zu haben.

Das Papsttum steigerte sich nach Friedrichs Tod 1250 in immer wildere Artikulationen von universalen Ansprüchen. Den Höhepunkt erreichte Papst Bonifaz VIII. Caetani (1294–1303), der jedoch mit dem französischen König Philipp IV., dem Schönen (1285–1314), auf einen neuen Typ von säkularem Machthaber nationaleren Zuschnitts prallte. Eben noch feilte man in der kurialen Schreibstube an der Bulle *Unam sanctam*, in der die vollständige Weltherrschaft beansprucht werden sollte, da ließ der französische König den Pontifex am 7. September 1303 in Anagni erfahren, was rohe Gewalt vermag. «Es ist zum Heile für jedes menschliche Wesen durchaus unerlässlich, dem römischen Papst unterworfen zu sein», wollte die Bulle der Welt vermelden, doch ließ sich Sciarra Colonna von solchen Ansprüchen nicht beeindrucken, als er im Bun-

446

de mit dem französischen Königsratgeber Wilhelm von Nogaret den Papstpalast stürmte und hasserfüllt dem Pontifex ins Gesicht schlug. Rohe Gewalt gegen den Papst war in der Zeit Friedrichs unvorstellbar, ja der Kaiser unternahm nicht einmal den Versuch, in die Papstwahl einzugreifen oder Gegenpäpste einzusetzen, wie es sein Großvater Friedrich I. Barbarossa noch getan hatte.

Die Ohrfeige für den Pontifex, das «Attentat von Anagni», bedeutete einen tiefen Einschnitt in der Geschichte des Papsttums, das nun für lange Zeit zu einem Exponenten französischer Politik herabsank. Selbst nach der endgültigen Rückkehr der Päpste aus der «Babylonischen Gefangenschaft» in Avignon nach Rom Anfang des 15. Jahrhunderts vermochte sich das Papsttum nicht mehr aus der Position einer Macht mittlerer Größe in Italien zu erheben, zu der es schon lange zuvor herabgesunken war. Sollten der Umbau Roms in der Renaissance und im Barock, neue Kirchenfassaden und kostbare Grabmäler auch machtpolitisches Gewicht suggerieren, der Bedeutungsschwund innerhalb des europäischen Mächtekonzerts von der ersten Geige zu Zeiten der Staufer zum einfachen Klangholz nach Abschluss des Westfälischen Friedens 1648 blieb unumkehrbar. Der Höhepunkt dieses großen Ringens fiel jedoch in die Regierungszeit Kaiser Friedrichs II.

Auffällig in diesem Konflikt ist, dass sich mehrmals ein Gesinnungswandel oder mitunter eine Gesinnungsverschärfung bei den beteiligten Personen beobachten lässt, wenn diese in das Amt des Kaisers oder Papstes aufstiegen. Sowohl der noch ohne kaiserliches Diadem bekränzte Otto IV. als auch Friedrich II. ohne Kaiserkrone kamen mit den Päpsten im Grunde gut aus. Auch die noch nicht zu Päpsten gewählten Kardinäle Hugolinus, der spätere Gregor IX., oder Sinibaldo Fieschi, der spätere Innozenz IV., pflegten relativ gute Beziehungen zu den nordalpinen Herrschern. Hugolinus nannte Friedrich sogar einmal *amicus*, Freund. Friedrich II. seinerseits beklagte sich in einem Brief an den König von Frankreich, dass Gregor, noch niederen Ranges, sein bester Freund, mit der Würde den Charakter gewechselt habe. Nicht persönliche Feindschaft trieb also die Galle des Zwists in die Gemüter, sondern das Amt.

447

Kaiser Friedrich war viele Jahre lang ein exkommunizierter, aus der Gemeinschaft der Christenheit ausgeschlossener Herrscher. Wie Zeusblitze schleuderte Papst Gregor IX. zweimal einen Bannstrahl auf den Kaiser. Zum ersten Mal traf ihn der Bann am 29. September 1227 wegen des so oft verschobenen Aufbruchs des Kaisers zum Kreuzzug; oder zumindest galt dies als Vorwand. Anlass der zweiten Exkommunikation vom 20. März 1239, die sich als viel folgenreicher erweisen sollte, waren die konkurrierenden Herrschaftsansprüche über Sardinien. Die große und reiche Mittelmeerinsel war seit langer Zeit in vier Judikate gegliedert, die man so nannte, weil sie von einem *iudex*, einem Richter, regiert wurden. Diese unabhängigen sardischen Gebiete hatten sich schon im 9. Jahrhundert herausgebildet, als die Insel noch im Hegemonialbereich von Byzanz lag. Seit dem 11. Jahrhundert sind die Judikate Cagliari, Arborea, Torres und Gallura belegt. Friedrichs Sohn Enzio, der aus seiner Beziehung zu Adelheid von Urslingen entstammte, heiratete 1238 Adelasia, die Witwe des Ubaldo Visconti, *iudex* zweier dieser Judikate, nämlich Torres und Gallura. Adelasia, die Erbin, brachte diese Herrschaftsrechte mit in die Ehe ein. Diese beiden Judikate nahm Enzio von seinem Vater zu Lehen und nannte sich fortan König von Sardinien. Das gefiel Papst Gregor ganz und gar nicht, denn er sah in der Belehnung einen Angriff auf seine Herrschaftsrechte über die Insel, die er aus der Konstantinischen Schenkung herleiten zu können glaubte.

In einem Bericht des Mönches Matthaeus Paris darüber wird deutlich, dass das eigentlich eher nebensächliche Problem der beiden sardischen Judikate zu einem Grundsatzstreit wurde, weil sich daran die prinzipielle Frage der Herrschaftsrechte des Kaisers und des Papstes in Italien entzündete. Mattheus notierte: «Während der Kaiser in Italien überwinterte, wurde ihm der größte und wichtigste Teil der im Mittelmeer nahe Pisa liegenden, sehr reichen Insel Sardinien übergeben, auf die, wie man sagt, das Patrimonium des heiligen Petrus ein besonderes Anrecht habe. Der Kaiser aber behauptete, die Insel gehöre seit alters zum Reich und die Kaiser hätten sie nur infolge unberechtigter Inbesitznahme und wegen anderer dringender Reichsgeschäfte verloren; deshalb vereinige er sie

448

jetzt wieder mit dem Reich. [...] Dies nahm der Papst mit der höchsten Entrüstung auf und sann von da an unverholen auf Rache, weil er das Geschehene für einen offenkundigen und großen Schaden ansah. [...] Und der zwischen Kaiser und Papst entstandene Hass erzeugte wie eine vernachlässigte Wunde giftigen Eiter. [...] Und nach der Art eines klugen Arztes, der bald Umschläge, bald das Messer, bald aber das Brenneisen gebraucht, untermischte er seine Drohungen mit Schmeicheleien und seine freundschaftlichen mit schreckenerregenden Worten. Da aber der Kaiser das alles trotzig ablehnte und sein Verhalten mit einigen Gründen, die sich auf vernünftige Erwägungen zu stützen schienen, entschuldigte, exkommunizierte der Papst vor vielen damals anwesenden Kardinälen am Palmsonntag (20. März 1239) voll glühenden Zornes feierlich den Kaiser Friedrich und überantwortete ihn, als ob er ihn bereits von der Höhe des Kaisertums herabgestürzt hätte, zu seinem Verderben den schrecklichen Händen des Satans.»[2]

Nachdem sich der Konflikt zwischen Kaiser und Papst in den ersten beiden Monaten des Jahres 1239 schnell verschärft hatte, setzte ein Kampf der Kanzleien und Stilisten ein, wie es ihn bis dahin noch nicht gegeben hatte. In den Auseinandersetzungen spielten Kundgebungen und Rundschreiben – in der Art «offener Briefe» – als Propaganda eine zentrale Rolle. Die zahlreich überlieferten Schriftstücke sind hervorragende Quellen für die Argumentationsstrategien beider Seiten und zugleich Belege für die Gedankenwelt von Kaiserhof und Kurie. Man könnte sagen, dass diese Schriftstücke die amtlich-offizielle Auffassung über die kaiserliche Macht enthielten.

Der Schlagabtausch der an der mittelalterlichen *ars dictaminis* – der Kunst des Wortsetzens – geschulten Kanzleien entwickelte sich zu einer Schlacht der Federn. Die Schreibkunst entstand als Gelehrtendisziplin schon um 1100 in Italien und verbreitete sich danach in Frankreich, England und Deutschland. In Italien galten Bologna und Capua, in Frankreich Chartres und Orléans als wichtige Zentren. Sowohl der einflussreichste Stilist am päpstlichen Hof namens Thomas als auch derjenige des kaiserlichen Hofes, Petrus de Vinea, stammten aus Capua. Die Wortsetzerkunst kannte mehrere Stilebenen, deren höchste – der *stilus supremus* – für die Rundschreiben angewendet wurde. Dabei bemühte man eine komplizierte Syntax, gekünstelt wirkende grammatikalische Konstruktionen und rhetorische Figuren. Durch die überreichliche Verwendung von Adjektiven, die häufigen Anspielungen auf die Vulgata sowie schwülstig anmutende Wortspiele hinterlassen die Briefe mitunter einen bizarren Eindruck. Und genau das wollte man auch erreichen.

Die Schlacht um die Meinungshoheit in der christlichen Welt begann mit dem Schreiben Friedrichs an die Kardinäle vom 10. März 1239 «*Cum sit Christus caput ecclesie* – Da Christus das Haupt der Kirche ist». In dieser Zeit ist dem Herrscher offenbar klar geworden, dass Kaisertum und Papsttum auf einen großen Schlagabtausch zusteuerten. In der aus Padua an die Kardinäle gerichteten Botschaft legte er dar, dass die Kompetenz des Papstes ohne die Mitwirkung der Kardinäle bei Entscheidungen von großer Tragweite zu bezweifeln sei. In der Nachfolge der Apostel sei das Kardinalskollegium dem Papst nicht untergeordnet, sondern habe an den Entscheidungsbefugnissen teil, weil der Papst als Nachfolger des Apostels Petrus selbst gleichsam Bruder der Kardinäle sei: «Da Christus das Haupt der Kirche ist und seine Kirche mit der Berufung Petri auf einen Felsen gründete, setzte er euch als Nachfolger der Apostel ein, damit, während Petrus an aller Statt diente, ihr, die ihr die Leuchter der Kirche über dem Berge seid, nicht unter dem Scheffel steht, sondern wahrhaftig allen, die im Hause des Herrn sind, durch die Wirksamkeit guter Werke leuchtet und euch der öffentlichen Stimme der Welt und dem gemeinsamen Gewissen nicht zu entziehen trachtet. Denn an allem, was der Inhaber des Stuhles Petri zu beschließen vorhat oder zu verkünden beschlossen hat, steht euch gleiche Teilhabe zu, sofern nicht der Zustand der Kirche selbst und der brennende Eifer, allgemeines Ärgernis zu vermeiden, euch Vorsicht gebietet.»[3]

Diese Argumentation musste dem Papst unangenehm aufstoßen, denn er wollte machtpolitische Entscheidungen nicht mehr im Kollektiv, sondern allein treffen. Hinsichtlich der Bedrückung der Kirche argumentierte Friedrich mit der Strategie «alles nur halb so schlimm, wenn es überhaupt zutrifft». Gregor IX. antwortete auf dieses Schreiben umgehend mit dem Bann, der mit der Bulle «*Excommunicamus et anathematizamus* – Wir exkommunizieren und bannen» vom 20. März 1239 im gesamten Erdkreis bekannt gemacht wurde. Das war ein schwarzer Tag für den Kaiser, der sich eben noch in Padua in Festkleidung und Krone dem Volk gezeigt hatte. Erschwerend kam hinzu, dass Gott Friedrichs treuen Ratgeber Hermann von Salza, den Hochmeister des Deutschen Ordens, der so oft vermittelnd und mäßigend in den Konflikt zwischen Papst und Kaiser eingegriffen hatte und den zuletzt auch die berühmten Ärzte in Salerno nicht mehr heilen konnten, zu sich gerufen hatte. Ein schwerer Verlust! Der Exkommunikationstermin am Palmsonntag war ungewöhnlich, da meist am Gründonnerstag die Namen der vom Papst Gebannten verlesen wurden. Wahrscheinlich wollte der heilige Vater genau dieser Mitwirkung der Kardinäle zuvorkommen, von der Friedrich geschrieben hatte. Die Bannbulle nannte zahlreiche Gründe, um den Kaiser aus der Gemeinschaft der Christen auszuschließen. Hören wir einige davon:

«Wir exkommunizieren und bannen aus der Machtvollkommenheit des Vaters, des Sohnes und des heiligen Geistes, der Apostel Petrus und Paulus und unserer eigenen deswegen Friedrich, den man Kaiser nennt, weil er in der Stadt Rom gegen die römische Kirche eine Empörung angestiftet hat, durch die er den römischen Priester und seine Brüder von ihren Sitzen zu vertreiben beabsichtigte, und gegen die Privilegierten der Würde und Ehre des Apostolischen Stuhles, gegen die Freiheit der Kirche, gegen die Eide, durch die er gebunden ist, leichtfertig der Kirche entgegentrat. [...] Wir exkommunizieren und bannen ihn ferner deswegen, weil in seinem Königreich Geistliche gefangengesetzt und eingekerkert, enteignet und getötet werden. [...] Wir exkommunizieren und bannen ihn ferner deswegen, weil in seinem Königreich dem Herrn geweihte Kirchen zerstört und entweiht werden. [...] Wir exkommunizieren und bannen ihn ferner deswegen, weil er kirchliche Besitztümer und die Insel Sardinien in Besitz nahm gegen seinen Eid, durch den er in dieser Kirche verbunden ist. Wir exkommunizieren und bannen ihn deswegen, weil er die Ländereien

451

gewisser Adliger des Königreiches, die die Kirche besaß, zu seinen Gunsten besetzte und verwüstete [...] Ebenso exkommunizieren und bannen wir ihn deswegen, weil in seinem Königreich die Templer und Hospitaliter beweglicher und unbeweglicher Güter beraubt und nicht gemäß dem Versöhnungsvertrag entschädigt wurden. [...] Ebenso exkommunizieren und bannen wir ihn deswegen, weil die Sache des Heiligen Landes und die Wiederherstellung des römischen Reiches durch ihn verzögert werden.» Nach den Gründen für den Bann schließen sich in der Bulle jene Forderungen an, die eine Exkommunikation für einen Herrscher so gefährlich machen: «Alle aber, die ihm durch Treueid verpflichtet sind, erklären wir dieses Eides für entbunden und verbieten strengstens, ihm die Treue zu halten, solange er mit der Exkommunikation belegt ist. [...] Weil er außerdem aufgrund seiner Reden und Handlungen, da viele geradezu auf dem ganzen Erdkreis laut ausrufen, dass er über den katholischen Glauben nicht richtig denkt, schwer in Verruf geraten ist, werden wir in dieser Sache, so Gott will, an seinem Ort und zu seiner Zeit gemäß dem vorgehen, was in solchen Dingen die Ordnung des Rechts vorschreibt.» Der letzte Satz ging nicht nur über die üblichen Worte eines Bannschreibens hinaus, sondern drohte vage einen weiteren Schritt an, den der Pontifex bereits erwog. Da die Rechtgläubigkeit des Kaisers öffentlich in Zweifel gezogen werde, könne oder müsse früher oder später ein Inquisitionsverfahren wegen Ketzerei mit einer daraus resultierenden Absetzung als Herrscher eingeleitet werden.[4]

Kaiser und Papst werden zu Dämonen

Mit der Exkommunikationsbulle und der kurz darauf hinterher geschleuderten Rechtfertigungsschrift des Papstes «*Sedes apostolica* – Der apostolische Thron» an die Fürsten und Bischöfe der Christenheit war der Ton schärfer geworden. Im weiteren Verlauf der Auseinandersetzung gifteten sich die Parteien nur noch an und ließen keinen Vorwurf aus. Doch wurden damit die Anschuldigungen immer allgemeiner und Kompromisse unmöglich. Die Tier-

452

metaphern, in denen sich Papst und Kaiser gefielen, strotzten von Reißzähnen, Blutdurst und Raubgebaren, wie etwa der *lupus rapax*, der raubende Wolf, oder von Hinterlist und Gift, wie der Skorpion. Als der Metaphernschatz des Alten Testaments ausgeschöpft war, wechselte man zu Fabelwesen wie Drachen oder den aus höllischer Materie empfangenen Basilisken. Irgendwann war eine Steigerung nur noch mit dem Vorläufer des Antichristen, dem *prenuntius antichristi*, und dem Antichrist selbst zu erreichen.

Als Antwort auf den Bann und die Rechtfertigungsenzyklika des Papstes ließ Friedrich ein argumentativ ausgefeiltes Manifest an die Fürsten der Welt versenden. Es stammt vom 20. April 1239 und beginnt mit den Worten «*Levate in circuitu oculos vestros* – Erhebt ringsum eure Augen». In dem wiederum mit biblischen Zitaten gespickten Schreiben wies der Kaiser die Bannung als ungerechte Strafe zurück und erhob seinerseits schwere Vorwürfe gegen den Papst. Gleichzeitig rief er seine christlichen Amtsbrüder, die Herrscher Europas, zur Solidarität auf. Zu den Vorwürfen gegen den Pontifex gehörten Häresie, Simonie und das Erregen von Ärgernissen – Tatbestände, die nach kanonischem Recht zur Absetzung eines Papstes durch ein Konzil führen konnten. Mit diesem Manifest erreichte der *stilus supremus* des Petrus de Vinea einen ersten Höhepunkt: «Erhebt ringsum eure Augen! Horchet auf, ihr Söhne der Menschen, mit euren Ohren! Seht das allgemeine Ärgernis des Erdkreises, beklagt den Zwiespalt der Völker, die allgemeine Verbannung der Gerechtigkeit! Denn die Schlechtigkeit geht aus von den Ältesten Babylons, die bisher das Volk zu lenken schienen, während sie das rechte Urteil in Bitternis und die Frucht der Gerechtigkeit in Wermut wandeln! Setzt euch zu Rate, ihr Fürsten, und vernehmt, ihr Völker, unsere Sache! Vom Antlitz des Herrn gehe das Urteil aus, und eure Augen mögen die Gerechtigkeit schauen! Denn wir wissen und vertrauen auf die Macht des höchsten Richters. [...] Schließlich bitten wir dich, ja, euch Fürsten und Herren des ganzen Erdkreises, uns beizustehen, nicht weil uns zur Abwehr eines solchen Unrechts unsere Wehr nicht ausreicht, sondern damit die gesamte Welt erkenne, dass die Ehre aller verletzt wird, wenn einer von der Gemeinschaft der weltlichen Fürs-

Flammende Ratlosigkeit: Kaiser Friedrich als flammenspeiender siebter und größter Kopf des apokalyptischen Drachens befindet sich in Gesellschaft anderer Herrscher, die ebenfalls als Köpfe des Ungeheuers dargestellt wurden, etwa Saladin, Herodes und Nero. Die sogenannte pseudojoachimische Handschrift des Liber de oneribus prophetarum *entstand Ende des 13. Jahrhunderts. Auf einer Beischrift heißt es raunend: «Friedrich der Zweite kam und wird bald zu Grunde gehen, und ein anderer ist noch nicht gekommen, nämlich ein letzter von seiner Nachfolge, geboren aus dem dritten Nest», womit der Verfasser einen weiteren zukünftigen Antichristen, vielleicht aus der dritten Ehe mit Isabella Plantagenêt, meinte. Der aus dem Schwanz erwachsene endzeitliche Drachenkopf Gog umschlingt eine Gruppe von Franziskanern.*

ten beleidigt wird.» Am selben Tag wie die eben zitierte Enzyklika erging ein weiteres Rechtfertigungsschreiben, diesmal an die Senatoren und Bürger Roms, mit den einschmeichelnden Anfangsworten «*Cum Roma sit nostri caput* – Da Rom unser Haupt ist».[5]

Papst Gregor IX. schäumte vor Wut, als ihn die Nachricht von dem kaiserlichen Manifest an die Fürsten erreichte. Tag und Nacht dürfte der Kardinal Rainer von Viterbo gegrübelt haben, um eine Entgegnung des Papstes zu Pergament zu bringen, die die metaphorische Kraft und Finesse des friderizianischen Dokuments überbieten konnte. Es handelt sich dabei um die zu Beginn des Kapitels zitierte Enzyklika «*Ascendit de mari bestia* – Es steigt aus dem Meer die Bestie» vom Frühsommer 1239. Darin ließ Gregor durch die Feder Rainers von Viterbo eine große Anzahl von unglaublichen Vorwürfen gegen Friedrich verpacken. Der Kaiser, «dieser Drache», habe die Kreuzfahrer ins Verderben geführt, den Landgrafen von Thüringen vergiftet, mit dem Sultan einen schändlichen Vertrag geschlossen, den Papst bekämpft und sein eigenes Königreich Sizilien ruiniert, ja geradezu in Asche verwandelt und wolle die Kirche Christi vom Erdboden vertilgen.[6]

Als Beweis besonderer Verruchtheit und außergewöhnlicher Ketzerei wird in der Enzyklika eine Geschichte erzählt, die bereits seit 1200 an der Pariser Universität kursierte und bis ins 17. Jahrhundert immer wieder Denkern nachgesagt wurde, die man atheistischer oder pantheistischer Auffassungen verdächtigte: «Dieser König der Pestilenz hat offen erklärt, dass – um seine eigenen Worte zu gebrauchen – die ganze Welt von drei Betrügern, Christus, Moses und Mohammed, getäuscht worden sei; zwei seien in Ehren, Jesus selbst aber am Holze

454

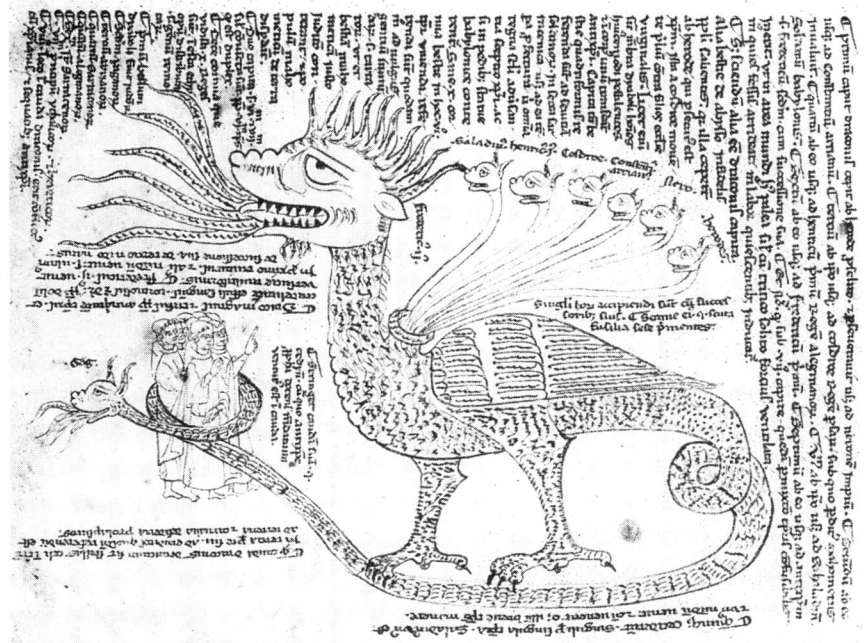

gestorben. Außerdem hat er mit klaren Worten zu behaupten oder vielmehr zu lügen gewagt, dass alle töricht sind, die da glauben, dass Gott, der die Natur und alles geschaffen hat, aus einer Jungfrau geboren werden konnte. Diese Häresie bekräftigte er durch den Irrtum, dass keiner geboren werden könne, es sei denn, dass seiner Empfängnis die Vereinigung von Mann und Weib vorausgegangen sei, und dass der Mensch nichts glauben solle, was nicht durch die Kraft und Vernunft der Natur bewiesen werden könne.» Nach all den Vorwürfen war klar, dass es sich bei Friedrich um die aus den Visionen Daniels und der Offenbarung des Johannes bekannten «Bestie aus dem Meer» handeln musste. Das war ein gewaltiger Schlag, dessen Wirksamkeit man schon daran ermessen kann, dass der Satz von den drei Betrügern von nun an als Erfindung Friedrichs galt.[7]

Auf diesen Propagandaknall des Papstes sollte der Logothet Petrus de Vinea eine Antwort finden. Wichtig dabei war, einem

455

drohenden Ketzerprozess durch gute Argumente an die Kardinäle zuvorzukommen. Petrus gab sich alle Mühe. Das Schreiben an das Kardinalskollegium, das mit den Worten «*In exordio nascentis mundi* – Zu Beginn der Erschaffung der Welt» anhob, gibt es in einer kürzeren und einer längeren Fassung. In dem Brief taucht erneut die Metaphorik von Sonne und Mond für die Herrschaft über die Welt auf: «Zu Beginn der Erschaffung der Welt hat die vorausschauende und unaussprechliche Fürsorge Gottes, an der fremde Ratschläge keinen Anteil haben, an das Firmament des Himmels zwei Lichter gesetzt, ein größeres und ein kleineres: das größere, damit es den Tag, das kleinere, damit es die Nacht beherrsche. Diese beiden Lichter haben im Bereich des Tierkreises ihre besonderen Aufgaben, so dass, wenn sie sich oftmals von der Seite anblicken, doch das eine das andere nicht stört, ja, das, das höher steht, lässt das tiefere an seiner Helligkeit teilnehmen. Ebenso hat dieselbe ewige Vorsehung auf der Feste der Erde zwei Herrschaften haben wollen: das Priestertum nämlich und das Kaisertum, das eine zum Schutz, das andere zum Trutz, damit der Mensch, der allzu lange in seine beiden Bestandteile aufgelöst war, durch zwei Zäume gezügelt und so der Friede für den Erdkreis durch die Eindämmung aller Ausschweifungen gestiftet würde.»[8]

Der Drache speit Feuer

Im Krieg der Kanzleien trat eine kurze Pause ein. Im Sommer 1240 griff die kaiserliche Kanzlei erneut an. Das Rundschreiben mit den Anfangsworten «*Collegerunt pontifices et pharisei* – Es versammelten sich Hohepriester und Pharisäer», das wiederum aus der Feder des kaiserlichen Logotheten Petrus de Vinea stammte, ist Wortsetzerkunst höchster Güte und eines der wichtigsten Dokumente aus diesem Krieg der Federn. Übervoll mit mehr als vierzig Zitaten und Anspielungen aus der Bibel, besonders aus den Psalmen und der Apostelgeschichte, argumentierte das Schriftstück mit den Worten Gottes. Aber auch aus Ovid, einem Zitierklassiker des Mittelalters, oder schon erlassenen Papstenzykliken sowie eige-

456

nen kaiserlichen Rundschreiben wurden Formulierungen entlehnt. Gemäß den Schriften unbezweifelbarer Autoritäten konnte es an der Wahrheit des kaiserlichen Standpunktes keinen Zweifel mehr geben. Und auch das kandierte Latein des Logotheten, das man zur Umhüllung der Argumente darbot, schmeckte den Anhängern des Kaisers herrlich süß, zerging wie Zuckerwerk am Gaumen, sollte jedoch den kaiserlichen Gegnern klebrig im Mund liegen.

Wie sehr die stilistischen Finessen eines Petrus de Vinea sowohl die Zeitgenossen als auch die Nachlebenden beeindruckt haben müssen, zeigt die spätere Verbreitung und Hochschätzung dieser Texte. Die ungefähr fünfhundertfünfzig Briefe, die der Logothet für den Kaiser verfasste oder die man ihm zuschreibt, sind in rund zweihundertfünfzig Abschriften überliefert. Aufbewahrt werden sie in Bibliotheken in ganz Europa und den USA. Allein im Vatikan gibt es dreiundzwanzig, in der französischen Nationalbibliothek in Paris sogar achtundzwanzig Handschriften, die Sammlungen der Briefe Petrus de Vineas enthalten.[9]

Eine von Hermann von Baden 1317 in kunstvoller Gotischer Kursive, vielleicht sogar in der Kanzlei des habsburgischen Königs Friedrich des Schönen (1314–1330) verfertigte Briefsammlung, die später in die Bibliothek des Benediktinerklosters Sankt Emmeram in Regensburg kam und heute in der Bayerischen Staatsbibliothek in München liegt, beginnt: «*Incipit sum(m)a mag(ist)ri Petri de Vineis excellentissimi d(ic)tatoris* – Es beginnt die Zusammenstellung des Magisters Petrus de Vinea, des hevorragendsten Verfassers». «*Est liber prohibitus* – das ist ein verbotenes Buch», warnt ein von ungelenker Hand nachgetragener Schriftzug. Es waren schließlich Briefe eines Ketzerkaisers, die die Handschrift enthielt, die man offenbar im Benediktinerkloster nicht jedem Besucher zur Lektüre empfahl. Eine andere Abschrift des frühen 14. Jahrhunderts, deren nachträglich gefertigter Einband eine römische Werkstatt verrät, stammte höchstwahrscheinlich sogar aus der Privatbibliothek von Papst Pius VII. Chiaramonti (1800–1823). Sie geriet später in den Besitz des berühmten englischen Bibliophilen Sir Thomas Phillipps (1792–1872), der die größte je von einem Privatmann zusammengetragene Handschriftensammlung besaß.[10]

Die ersten Sammlungen von Briefen des Petrus de Vinea sind eigenartigerweise nicht am kaiserlichen Hof, sondern Jahrzehnte nach Friedrichs Tod an der päpstlichen Kurie entstanden. Sie stellen also keine Briefkonvolute dar, die Petrus selbst noch zusammengestellt hatte, sondern man trug sie später in Kopiare ein, weil man annahm, dass Petrus sie verfasst hat. An ihm orientierten sich Stilisten wie Nicola da Rocca, Marinus Filomarinus, Heinrich von Isernia, Thomas von Capua oder Richard von Pofi. Solche Briefsammlungen muss man sich als Abschriften von Gebrauchstexten vorstellen. Sie entstanden, weil Notare sie als Beispielvorrat von Argumenten und stilisierter Schönheit zur Hand haben wollten. Später wurden die Sammlungen immer wieder neu geordnet und in verschiedenen Redaktionen verbreitet.

Da einer der Grundkonflikte in den Jahrhunderten nach Kaiser Friedrich weiter das Verhältnis zwischen weltlicher Herrschaft und geistlicher Gewalt blieb, war man weiterhin an den in seinem Namen verbreiteten Briefen interessiert. Als in der Reformationszeit antipäpstliche Argumente ein breites Interesse hervorriefen, erschienen erste Drucke von Briefen Petrus de Vineas. Den Anfang machte ein 1529 von Johann Setzer in Hagenau besorgter Druck. Auch die weiteren Ausgaben des 16. und 17. Jahrhunderts wie etwa die von Simon Schard 1566 publizierte oder die unter dem Pseudonym Philalethes 1609 erschienene, zeigen, dass man vor allem an den biblisch argumentierenden Propagandastrategien interessiert war.

Den Auftakt der meisten handschriftlichen Briefsammlungen und aller frühneuzeitlichen Druckausgaben bildet, gleichsam wie ein Paradestück der Schreibkunst des Petrus de Vinea, das Rundschreiben *Collegerunt pontifices*. Deshalb wird dieser Text bis heute als «Petrus I,1» zitiert. Hören wir ein wenig vom Klang dieses ungewöhnlichen Sprachstils: «Es versammelten sich Hohepriester und Pharisäer zur Beratung gegen den Fürsten und Kaiser der Römer. ‹Was sollen wir nur machen›, sprachen sie, ‹da dieser Mensch über seine Feinde so triumphiert? Wenn wir ihn selbst so gewähren lassen, dann wird er den Ruhm der Lombarden unter sein Joch zwingen und nach kaiserlicher Weise nicht zögern, uns, so viel er vermag, von unseren Stellen zu verjagen und unser Geschlecht auszurotten. Er wird den Weinberg des Herrn Zebaoth anderen Arbeitern anvertrauen und uns ohne Gericht verurteilen und verderben. Lasst uns daher gleich den Anfängen widerstehen, ehe der schwache Funke zur verheerenden Flamme anwächst, ehe sich die beginnende Krankheit bis in das Mark hindurchzufressen vermag. Oft wird nämlich ein gefährliches Feuer nur mit Mühe gelöscht und bei einer immer wiederkehrenden Krankheit die rettende Arznei zu spät bereitet. Ohne Rücksicht auf mögliche Entgegnungen des Fürsten›, so sagten sie, ‹wollen wir den Kaiser mit scharfer Zunge angreifen und auch unseren Pfeil nicht länger verbergen, sondern abschießen. Und wir wollen diesen so abschießen, damit er ihn trifft, ihn so treffen, damit er verwundet werde, ihn so verwunden, damit er niederstürzt, ihn so zu Boden stürzen, damit er nie wieder aufstehe und endlich die Nichtigkeit seiner anmaßenden Träume offenbar werde.› So haben in diesen Tagen die Pharisäer auf Moses Stuhl sitzend sich in ihrer Torheit gegen den römischen Kaiser erhoben und, als Ankläger und Richter über erfundene Verbrechen, jegliche Gerechtigkeit verdreht. Schließlich im Herzen an Bosheit innerlich und äußerlich so verblendet haben sie die Schlüsselgewalt missbraucht, um einen unschuldigen und gerechten Fürsten zu verdammen. Doch nun hört von der wundersamen Bannung des ruhmreichen Fürsten: Jener Vater der Väter, den man Knecht der Knechte Gottes nennt, alle Gerechtigkeit bei Seite schiebend, wurde zu einer tauben Natter, hörte des Kaisers Gründe nicht an und warf plötzlich sein Unglückswort wie einen Stein aus der Schleuder in die Welt und allen Rat verschmähend sowie den Weg des Friedens verlassend rief er: ‹Was ich geschrieben habe, das habe ich geschrieben!› […] Nimm also den zum Schoße der Mutter Kirche zurückkehrenden eingeborenen Sohn gütig auf, besonders da er, obwohl ohne Schuld, inständig um Verzeihung bittet. Andernfalls wird unser gewaltiger Löwe, der sich heute schlafend stellt, mit dem schrecklichen Gedröhn seines Brüllens von den Enden der Welt alle feisten Stiere zu sich rufen und, indem er die Gerechtigkeit einpflanzt und die Kirche auf den rechten Weg leitet, die Hörner der Übermütigen aber herausreißen und zerstampfen.»[11] Diese am Ende angesprochene Idee des *leo fortissimus*, des stärksten Löwen, ist ein Motiv, das schon in der antiken Eschatologie eine Rolle spielte und in den apokalyptischen Texten bis hin zu Joachim von Fiore und den Vatizinien der erithräischen Sybille verwendet wurde.

Auf dieses heftige Schreiben mit wuchtigen Worten und drastischen Bildern antwortete der Papst mit dem Rundbrief «*Convenerunt in unum adversus Christum Domini principes et tyranni* – Es traten zusammen gegen den Gesalbten des Herrn Fürsten und Tyrannen». Erneut ging er darin auf die Untaten des Ketzers ein, auf den Urheber aller Scheußlichkeiten. In direkter Anlehnung folgt das päpstliche Schreiben der Struktur des kaiserlichen Rundbriefes. Ein letztes Mal noch erhob Gregor IX. seine Stimme in einem Rundbrief gegen den Kaiser. Das Schreiben, das im August 1241 in die Welt ging, beginnt zeichenhaft mit den Worten «*Vox in Rama* – Eine Stimme in Rama». Dieses von Gregor schon 1233 herangezogene biblische Motiv hatte seinerzeit eine päpstliche Klageschrift gegen vielerlei Ketzerei eingeleitet. Nun ließ der Pontifex gegen einen neuen Ketzer anschreiben und den Kaiser «Statthalter des alten Drachens» nennen und rief das Gottesvolk zum Kampf gegen ihn auf.[12]

Wen erreichten eigentlich diese Schreiben? Wer verstand den dunklen Klang ihrer Botschaften? Hatten sie eine Wirkung? Immerhin wurde die Schlacht der Federn von den Chronisten deutlich wahrgenommen und die Gerüchte fanden Eingang in die Chroniken. Matthaeus Paris notierte: «In jener Zeit wurde der Ruf des Kaisers Friedrich ungemein verdunkelt. Man legte ihm nämlich zur Last, dass er, im katholischen Glauben wankend, Reden geführt habe, die nicht nur von seiner Schwäche im Glauben zeugten, sondern wirkliche Ketzerei und fluchwürdige Gotteslästerung waren. Er soll nämlich gesagt haben, was man kaum nachsagen darf: Drei Betrüger hätten, um in der Welt zu herrschen, ihre Zeitgenossen mit List und Verschlagenheit getäuscht und das gesamte Volk verführt, nämlich Moses, Jesus und Mohammed. Und auch über die Eucharistie soll er sich einige sündhafte Äußerungen erlaubt haben. Ferne, ferne sei es, dass irgendein vernünf-

460

tiger Mensch seinen Mund zu einer so wahnwitzigen Gotteslästerung geöffnet habe! Seine Feinde behaupteten auch, Kaiser Friedrich sei mehr der Lehre Mohammeds als der Jesu Christi zugetan gewesen und habe sich einige sarazenische Dirnen als Konkubinen gehalten. Und es erhob sich ein Gerücht im Volk, er sei schon seit geraumer Zeit mit den Sarazenen verbündet und mehr ihr als der Christen Freund gewesen – wovor der Herr einen so hohen Fürsten bewahren möge! Dies alles versuchten seine Feinde, die seinen Ruf verdunkeln wollten, durch viele Beweise zu erhärten. Ob sie damit gesündigt haben oder nicht, weiß der, dem nichts verborgen ist.»[13]

Der Vorwurf eines Zweifels an der Eucharistie wog besonders schwer, war doch die Frage nach Verwandlung der Hostie in das wirkliche Fleisch Christi im 13. Jahrhundert zunehmend zum Lackmustest der Rechtgläubigkeit geworden. Alberich von Troisfontaines berichtet von den Vorwürfen gegen Friedrich, er habe die Eucharistie und Transsubstantiation geleugnet. So jemand gehörte doch eigentlich verbrannt. Auch der Franziskaner Nicolaus von Calvi (gest. 1273), Bischof von Assisi, wusste in der *Vita Innocentii*, seiner Lebensbeschreibung über Papst Innozenz IV., dessen Kaplan er war, einiges von Friedrich zu berichten. Nach Aussage seines Textes, in dem er zudem das Absetzungsdekret von Lyon 1245 argumentativ ausweidet, ist Friedrich endgültig zum Tyrannen degeneriert. Vielfältige Ketzerei, Huren in Gotteshäusern, praktizierte Homosexualität – Friedrich ließ nichts aus: «Dieser Tyrann bedrängte vielfach die Klöster der Mönche, die Häuser der Johanniter und Templer und anderer Ordensleute. Er hielt den katholischen Glauben nicht, begünstigte öffentlich die Häretiker, tötete auf ruchlose Weise Bischöfe, Franziskaner und Weltkleriker zur Schande Jesu Christi und der Kirche. Andere Priester verpflichtete eine seiner Anordnungen, zu schwören, und er ließ sie in Gegenwart von exkommunizierten und mit dem Interdikt belegten Personen Gottesdienste feiern. Benevent und viele andere Gebiete und Burgen der Kirche machte er dem Erdboden gleich. In einer Stadt der Emilia ließ er die Hauptkirche abreißen und dort seine Burg errichten. In Apulien [...] ließ er einen dem Herrn geweihten

461

Altar abreißen und an derselben Stelle Latrinen bauen. In verschiedenen Gegenden des Königreichs Apulien errichtete er dort, wo Gott geweihte Kirchen gestanden hatten, Häuser für seine Dirnen. Und nicht zufrieden mit jungen Frauen und Mädchen, litt er als Verruchter an einem schimpflichen Laster, das fürwahr schändlich zu denken, schändlicher auszusprechen, am schändlichsten aber auszuüben ist. Denn diese Sünde, gleichsam diejenige Sodoms, predigte er öffentlich und hielt sie in keiner Weise geheim. Wozu sollte ich weiter seine ruchlosen Handlungen einzeln aufzählen?»[14]

Petrus und Paulus schützen 1240 den Papst

Mögen Federkiele mitunter schärfer als Klingen sein, wenn genug Worte gewechselt sind, dann müssen doch die Waffen sprechen. Am 16. Februar 1240 – das war noch vor der Verschickung von *Collegerunt pontifices* – rückte der Kaiser in Tuscien ein, worauf sich eine ganze Reihe von Städten unterwarfen, wie etwa Toscanella, Montefiascone, Sutri und Viterbo. Kaum genug Gesandte habe er, um die schlagartige Unterwerfung all der Städte und Burgen entgegenzunehmen, ließ Friedrich in einem Brief, den er aus Viterbo in die Welt gab, volltönend behaupten. Für die Provinz wurde Rainald von Aquaviva als Reichskapitän eingesetzt. Der Papst schien verloren, denn Rom drohte in Kürze wie eine reife Frucht in den Schoß des Kaisers zu fallen, zumal es dort einen nicht unerheblichen kaiserlichen Anhang gab. Mit dem Sinn für Dramatik lassen die Annales Placentini Gibellini seiner Anhänger rufen: «Möge er nur kommen, der Kaiser, möge er kommen und die Stadt nehmen!» In dieser Situation griff Papst Gregor IX. zu einem ungewöhnlichen Mittel und inszenierte ein Spektakel, das die anwesenden Gemüter ergriff und zu einer völlig veränderten öffentlichen Meinung in Rom führte. Am Festtag Petri Stuhlfeier, das war der 22. Februar 1240, rief er die Kardinäle und den gesamten Klerus der Stadt zusammen. In einer feierlichen Prozession durch die Stadt ließ der Pontifex die Schädelreliquien der Apostel Petrus und Paulus sowie das wahre Kreuzesholz nach St. Peter

462

überführen. Ein großer Volksauflauf begleitete die Prozession. Im Verlauf der Zeremonien erging eine Aufforderung an die Römer, deren angeblicher Wortlaut in einer englischen Klosterchronik, den Annalen von Dunstaplia, überliefert ist: «Hier ist die Kirche, und hier sind die Reliquien, die ihr bis zum Tode beschützen sollt, die Wir Gottes und eurem Schutze anvertrauen. Ich aber fliehe nicht, sondern erwarte hier die Barmherzigkeit Gottes.» Nach den *Annales Placentini Gibellini* verlief die Sache noch pathetischer. Der Papst rief: «Dies sind die Reliquien, derentwegen eure Stadt verehrt wird. Ich aber kann nicht mehr tun als irgendein anderer Mensch!» Dann nahm er seine Krone ab, setzte sie über die Häupter der Reliquien und sprach: «Ihr Heiligen verteidigt nun Rom, wenn es die Römer schon nicht tun wollen!» Das zeigte Wirkung, und die prokaiserliche Stimmung kippte um. Nun heftete sich eine Reihe von Römern Kreuze an als Zeichen, Verteidiger der Kirche zu sein. Der Kaiser konnte Rom nicht mehr einnehmen und zog sich nach Süden zurück.[15]

Der 22. August 1241 schien für die verfahrene Situation in anderer Hinsicht eine Lösung zu bringen. An diesem Tag starb Papst Gregor IX. Conti in hohem Alter. Die permanenten Anspannungen, die fieberheiße Stadt des Sommers 1241 hatten die Kräfte des betagten Kirchenfürsten aufgezehrt. Unmittelbar nach dem Tod des Pontifex traten die in Rom anwesenden Kardinäle zu Beratungen über die Nachfolge zusammen. Um die Sache zu beschleunigen, ließ der in Rom herrschende Senator Matthaeo Rosso Orsini acht Kardinäle im Septozinium festsetzen; man könnte auch sagen: einsperren. Die in der antiken Ruine auf dem Hügel des Palatins versammelten Kardinäle bildeten somit das erste Konklave der Papstgeschichte. Doch auch unter diesen Zwangsbedingungen dauerten die Beratungen ihre Zeit. Aufgrund der unerträglichen Hitze und der katastrophalen hygienischen Verhältnisse starb sogar einer der Kardinäle. Nach vielen hitzegeschwängerten Sitzungen konnten sich die Träger der roten Hüte am 25. Oktober 1241 auf den greisen Kardinal Goffredo Castiglione, einen Neffen Papst Urbans III. Crivelli (1185–1187), einigen. Seine Wahl zum Papst erfolgte auf Betreiben derjenigen Kardinäle, die auf eine Versöhnung der Kirche mit Kaiser Friedrich II. hinwirkten. Der neue Papst wollte Coelestin IV., «der Himmlische», heißen. Er starb jedoch, durch die Anstrengungen des Konklaves geschwächt, noch bevor er die Weihe empfangen konnte, schon nach siebzehn Tagen am 10. November 1241. Mit dem zweitkürzesten Pontifikat der Papstgeschichte rückte auch die Hoffnung auf einen Kompromiss zwischen dem Kaiser und dem Stellvertreter Christi wieder in weite Ferne. Für ganze zwei Jahre blieb der Stuhl Petri nun unbesetzt. Mit der Wahl von Sinibaldo Fieschi dei Conti di Lavagna, der einer der ersten Familien der Oberschicht von Genua entstammte und als Pontifex den Namen Innozenz IV. (1243–1254) annahm, war zugleich das Ende der Versöhnungspolitik zwischen Reich und Kurie eingeläutet. Erneut schlug ein ehemals wohlwollendes Verhältnis des Kaisers zu einem Kardinal in Feindschaft um. In einem Brief an die Kurie äußerte Friedrich anfangs noch respektvoll die Erwartung, dass die Differenzen zwischen dem Reich und dem Heiligen Stuhl einträchtig ausgeräumt werden können. Die kurze Zeit später beginnenden Verhandlungen zeigten aber, dass Friedrich II. sich den Forderungen des Papstes nicht unterwerfen wollte, ebenso wie der Papst Friedrichs Wünschen um kein Jota entgegenkam. Und auch die Propaganda lief weiter auf Hochtouren.

Wie wirksam sich die in Umlauf gebrachten Gerüchte in den Köpfen der Zeitgenossen und der folgenden Generationen festsetzten, zeigen zwei Beispiele. Noch im 17. Jahrhundert zeichnete der polnische Dominikaner Abraham Bzowski (1567–1637) in seiner Kirchengeschichte vom lasterhaften Kaiser ein genüsslich wiederholtes Negativbild, dessen Farben wir teilweise schon kennen: «In Gärten und Weinbergen verbrachte er seine Zeit inmitten von Scharen verführerischer Mädchen und heranwachsender Lustknaben, sich an richtiger und verkehrter Ausschweifung erfreuend, nachdem er sich genug mit Wein erhitzt oder von der Schlachtbank sich noch nicht abgekühlt hatte.» Die schon bei Salimbene aufgeführten Schändlichkeiten hörte man immer wieder gern. Darunter war auch jenes oft zitierte Sprachexperiment mit den isoliert aufwachsenden Kindern: «Seine zweite Wahnidee war, dass er ein Experiment machen wollte, welche Art Sprache und Sprechweise

464

Knaben nach ihrem Heranwachsen hätten, wenn sie vorher mit niemandem sprächen. Und deshalb befahl er den Ammen und Pflegerinnen, sie sollten den Kindern Milch geben, dass sie an den Brüsten saugen möchten, sie baden und waschen, aber in keiner Weise mit ihnen schön tun und zu ihnen sprechen. Er wollte nämlich erforschen, ob sie die hebräische Sprache sprächen, als die älteste, oder Griechisch oder Lateinisch oder Arabisch, oder aber die Sprache ihrer Eltern, die sie geboren hatten. Aber er mühte sich vergebens, weil die Knaben und anderen Kinder alle starben. Denn sie vermochten nicht zu leben ohne das Händepatschen und das fröhliche Gesichterschneiden und die Koseworte ihrer Ammen und Nährerinnen.»[16]

Diese Geschichte belegt die Phantasie der Verleumder, traute man dem Epikuräer doch alles zu, wobei bestimmte Episoden ohnehin schon beim Vater der Geschichtsschreibung Herodot von Halikarnassos (gest. um 424 v.Chr.) Erwähnung finden, es sich also um eine Art Wandererzählung handelt. Sie zeugt darüber hinaus von dem bis heute bestehenden Wunsch, die Ursprache zu finden. Der Versuch, Säuglinge isoliert von jedem sozialen Kontakt aufwachsen zu lassen, um der Ausprägung von Sprachformen zuzusehen, wird heute als das «verbotene Experiment» bezeichnet. Dass man Friedrich dieses Experiment überhaupt zutraute, hat seine Ursache im bekannten Wissensdurst des Kaisers. Wenn man selbst heute noch die Geschichte von dem Experiment in Fernsehdokumentationen erzählt bekommt, dann hat die päpstliche Propaganda ihre Wirkung nicht verfehlt.

15

Der Antichrist

Der Mongolensturm weht nach Europa

in knusprig gebratener Knabe, den eine hockende Schreckgestalt langsam über der Glut dreht; zu seinen Füßen Menschenköpfe und Arme, die schon zu weiterem Garen bereitliegen. Am anderen Ende des Feuers ein schmausender Kumpan des Grillmeisters, der Menschenbeine in seinen Händen hält, von denen er gerade abbeißt, während ein dritter mit dem Beil ein weiteres Bratenstück portioniert. Die bildliche Darstellung aus der Chronik des Matthaeus Paris lässt an Gruseligkeit nichts zu wünschen übrig. Eine Beischrift erläutert das Geschehen: «Ruchlose Tartaren oder auch Tattaren nähren sich von Menschenfleisch.» Was bewog den englischen Benediktiner, in die Handschrift seines Geschichtswerkes menschenfressende Mongolen – denn um die handelt es sich bei den bratenliebenden Gesellen – aufzunehmen? Welche Geschichten hatten das Ohr des Chronisten erreicht?

Im April 1241 brachten schreckenerregende, bislang unbekannte Reiterscharen zwei christlichen Ritterheeren vernichtende Niederlagen bei. Bei Liegnitz in Schlesien und bei Mohi in der ungarischen Tiefebene ließen tausende Pfeile von gewaltiger Durchschlagskraft, die bei überraschenden wendigen Reitermanövern von den Bogensehnen schnellten, Blüten abendländischen Rittertums verwelken. Da lagen sie nun in ihrem Blute, die besten Krieger der Welt. Die Sache sprach sich schnell herum und innerhalb kürzester Zeit machte der Ruf von den scheinbar unaufhaltsam vordringenden Eroberern, die von den Zeitgenossen Tartaren genannt wurden, im christlichen Abendland die Runde. Tartaren – das verwies auf den Tartaros, die Hölle. Panische Angst

466

vor diesen höllischen Scharen griff um sich. Die letzten Tage der Welt schienen angebrochen, Gottes Strafe für die Sündhaftigkeit der Menschen war wohl über die Welt gekommen. Im Abendland rätselte man, wer diese Scharen sein konnten. Sollten es die berüchtigten Völker Gog und Magog sein, von denen schon die Bibel berichtet? Man erinnerte sich an die Offenbarung des Johannes, in der es heißt: «Und wenn tausend Jahre vollendet sein werden, wird der Satanas los werden aus seinem Gefängnis und wird ausgehen zu verführen die Heiden, in den vier Gegenden der Erden, den Gog und Magog, sie zu versammeln in einem Streit, welcher Zahl ist, wie der Sand am Meer. Und sie traten auf die Breite der Erden, und umringen das Heerlager der Heiligen und die geliebte Stadt. Und es fiel das Feuer von Gott aus dem Himmel und verzehret sie.»[1]

Im Mittelalter ging eine besondere Faszination von der Legende aus, die sich um die Einsperrung oder Aussperrung der furchterregenden legendären Völker Gog und Magog rankte. Die Geschichten über sie stammten aus orientalischen Traditionen und blieben über Jahrhunderte auch in Westeuropa präsent. Schon Augustinus von Hippo (gest. 430) hatte die apokalyptischen Völker an die Macht des Satans gebunden und das Auftauchen von Gog und Magog dem großen Endzeitgeschehen zugewiesen. Detailreichere Nachrichten über die grauenerregenden Völker notierte Petrus Comestor (gest. 1178), seit 1160 Domkapitular von Notre Dame in Paris und wegen seines unersättlichen Hungers nach Büchern «Verzehrer», wohl eher aber in der Bedeutung von «Vielfraß», genannt. In seiner oft gelesenen, mehrfach übersetzten *Historia Scholastica* – einer Art biblischem Lehrbuch der Weltgeschichte – begegnen Alexander dem Großen an den Kaspischen Bergen Gesandte der zehn eingeschlossenen Stämme der Juden mit der Bitte um Befreiung. Auf die Frage nach dem Grund für die Strafe erfährt der Makedone, dass diese Israeliten einst von Gott abgefallen seien und goldenen Kälbern geopfert hätten. Hintergrund dieser Geschichte sind die Erinnerungen aus dem Alten Testament an die Teilung des Reiches Salomons in Juda und Israel sowie die Verschleppung der zehn Nordstämme durch den assyrischen König

Salmanassar V. (727–722 v.Chr.). Alexander jedoch lässt zum Glück die menschenfressenden Völker Gog und Magog nicht frei, sondern noch enger einschließen, indem er mit der Hilfe des Gottes Israels eine Sperre aus Bitumen zwischen zwei eng beieinander liegenden Bergen, die man die Kaspische Pforte nannte, errichtet. Nun sind sie gefangen und der Welteneroberer hatte die Gefahr für die zivilisierte Welt in den Bergen des Kaukasus gebannt. Doch am Ende der Zeiten, so bemerkt Petrus Comestor weiter, werden sie hervorbrechen und ein großes Gemetzel veranstalten. Kein Wunder also, dass der Mongolensturm, der 1241 Osteuropa verwüstete, intensive Endzeiterwartungen auslöste.[2]

Am Ende der Regierungszeit Kaiser Friedrichs II. erlebte die Endzeiterwartung einen spektakulären Höhepunkt. Die Mongolen hätten sich für ihren Vorstoß keinen besseren Zeitpunkt aussuchen können, denn ganz Europa summte vor endzeitlichem Geraune und Getuschel. Franziskanermönche verbreiteten in Stadt und Land die Lehren des Abtes Joachim von Fiore (gest. 1202) aus Kalabrien. Nach Joachim gliedert sich Geschichte in drei Zeitalter, drei *status*, die er mit der Trinität in Verbindung brachte. Die erste Zeit entspricht der des Alten Testaments, die unter der Herrschaft Gottvaters steht und durch sklavische Knechtschaft sowie einen Zustand «vor dem Gesetz» gekennzeichnet ist. Die zweite Zeit ist die der Herrschaft des Gottessohnes. Sie begann mit dem Neuen Testament und steht bereits «unter dem Gesetz». Obwohl die Menschen schon der Gnade teilhaftig sind, ist sie noch durch kindlichen Gehorsam geprägt. Dieses zweite Zeitalter sollte zwei Generationen, deren Länge Joachim offen ließ, nach dem Jahr 1200 enden. Später korrigierte man die Vorhersage eines Endes auf das Jahr 1260. Das dann folgende dritte, glückliche Zeitalter werde vom Heiligen Geist erleuchtet sein und alle Freuden des Himmlischen Jerusalem bieten. Dieses letzte Zeitalter der vermehrten Gnade, auch Drittes Reich genannt, nimmt im joachitischen Geschichtsbild den glänzenden Höhepunkt ein, weil es in einer klösterlichen Gemeinschaft der Heiligen den Menschen die Freiheit bringt. Doch leider: Diesem dritten Zeitalter geht die Ankunft des Antichrist voraus, welcher schließlich doch besiegt werden wird.

468

Für die Franziskaner gab es keinen Zweifel, wer der Vorbote des bevorstehenden Umbruchs war: Kaiser Friedrich II.[3]

Doch damit nicht genug: Das Jahr 1240 der christlichen Zeitrechnung fiel auch zufällig mit dem Jahr 5000 des jüdischen Kalenders zusammen. An das Ende des fünften Jahrtausends seit Erschaffung der Welt wurden in vielen jüdischen Diasporagemeinden messianische Erwartungen und Erlösungshoffnungen geknüpft. Da Gog und Magog als Nachkommen der zehn verschollenen Stämme Israels galten, ließ sich ein bestimmter Verdacht nicht mehr von der Hand weisen: Nun waren sie wirklich gekommen, die wilden Völker, um ihre Brüder aus der christlichen Verknechtung zu befreien und ein jüdisches Weltreich zu errichten. Durch diese Verknüpfung erhielten die ohnehin latent vorhandenen antijüdischen Ressentiments weitere Nahrung, denn man munkelte, die Juden versorgten die wilden Stämme mit Waffen und Lebensmitteln. Die Vorstellungen von mongolisch-jüdischer Kollaboration vertieften sich immer weiter, und in den Marbacher Annalen erinnerte man sich, dass die Juden schon 1222, als Dschingis Khan in Mittelasien operierte, die bevorstehende Befreiung erhofften und in jenem einen Nachfahren Davids sahen. Auch Matthaeus Paris war von diesen Zusammenhängen überzeugt. Die messianischen Kontexte und der Einfall der Mongolen führten zu einer weiteren Verquickung von Antisemitismus und Apokalyptik.[4]

Doch nicht nur die Juden wurden verdächtigt, mit den Mongolen unter einer Decke zu stecken. Könnte es nicht sein, dass ohnehin hinter allem der Antichrist steckte? So war es nur ein kleiner Schritt, den Johann von Viktring, Abt des gleichnamigen Zisterzienserklosters in Kärnten von 1312 bis zu seinem Tode kurz vor der Mitte des 14. Jahrhunderts, ging. Für ihn war in seinem *Buch der geschichtlichen Gewissheiten* ganz klar, dass nur Kaiser Friedrich die Mongolen auf die Ungarn gehetzt haben konnte: «Im Jahre 1239 verwüsteten die Tartaren Ungarn und Polen, erschlugen den Herzog Heinrich von Schlesien in Polen, den Gemahl der heiligen Hedwig, und Cholomann, den Bruder des Königs der Ungarn, Bela IV., der damals in Ungarn regierte, und verheerten Ungarn so, wie man es noch heute schaut; Mütter verzehrten das

469

Fleisch ihrer Kinder, die Einwohner einer Stadt nahmen Sand von einem Berge an Stelle von Mehl, wie man es an den höhlenartigen Einschnitten des nämlichen an der Donau gelegenen Berges noch heute zeigt. Es heißt aber, dieses Unheil, welches die Tartaren brachten, habe der Kaiser veranlasst, um sich an dem König von Ungarn zu rächen, weil nämlich Bela ihm Widerstand geleistet und sich geweigert habe, ihm zu gehorchen.»[5] Nun hatte Friedrich also auch noch die Tataren nach Europa geholt. Und man munkelte, am Tatarenhof seien sogar seine Gesandten gesehen worden.

Da nutzte es wenig, dass sich Friedrich im Sommer 1241 in Rundschreiben an verschiedene Empfänger wie etwa die Könige von Ungarn, Frankreich und England, die Römer und an den schwäbischen Adel zur kaiserlichen Verantwortung, den alles verwüstenden Horden entgegenzutreten, bekannte. Selbst angesichts der drohenden Gefahr, wurde die Frage der Tatarenabwehr als ein Kampfargument im Ringen zwischen Kaiser und Papst benutzt. Denn auch Papst Innozenz IV. Fieschi (1243–1254) ließ Rundschreiben verbreiten, die von den wilden Horden sprachen. Gäbe doch nur die jeweils andere Seite ein wenig nach, schon könne das Abendland einträchtig die Kräfte bündeln und siegreich gegen die Mongolen ziehen, hieß es darin.[6]

Die sogenannten Tatarenmanifeste des Kaisers geben in einer für die Zeit erstaunlich nüchternen Weise das damals verfügbare Wissen über die Mongolen wieder. Besonders der Brief an Friedrichs Schwager, König Heinrich III. von England, wartet mit Details über die Lebensweise, das Aussehen und die Bewaffnung auf und widerspricht den Stereotypen von den entfesselten Scharen der Endzeit. Mehr Beobachtung als Vision – das zeugt erneut von einem anderen Wissenschaftsverständnis des Kaisers: «Die Leute sind, was ihren Körperbau betrifft, klein und untersetzt, aber kräftig und breitschultrig, ausdauernd und abgehärtet; beherzt und unerschrocken stürzen sie sich auf einen Wink ihres Führers in jede Gefahr. Ihr Antlitz ist breit, ihr Blick finster, ihr Geschrei schrecklich wie ihr Herz. [...] Diese Tataren, unvergleichliche Bogenschützen, haben künstlich hergestellte Schläuche, mit deren Hilfe sie Seen und reißende Flüsse durchschwimmen; ihre mitgebrachten Pferde aber sollen, wenn es an Futter fehlt, sich mit Baumrinde, Blättern und Wurzeln begnügen und dabei sehr schnell und im Notfalle sehr ausdauernd sein.»[7]

Was Friedrich und die europäischen Fürsten nicht wissen konnten, war, dass Osteuropa und insbesondere Ungarn von den Vorausabteilungen des großen Westfeldzuges heimgesucht wurden, der 1235 auf einer mongolischen Stammesversammlung vom Großkhan Ögödei (gest. 1241) ausgerufenen worden war. Vom Abendland weitgehend unbemerkt hatte sich weit im Osten Asiens im Laufe des 12. Jahrhunderts eine expansive Macht gebildet, deren Ausgangspunkt ein kleiner Stamm auf dem Gebiet der heutigen Mongolei war. Die ersten Expansionswellen unter Großkhan Dschingis (gest. 1227) trafen Reiche und Herrschaftsgebiete in China, Kasachstan und Usbekistan. Davon hatten die Kreuzfahrer vor Damiette Gerüchte vernommen, und auch die Juden, durch Handelkontakte besser informiert, raunten sich davon etwas zu. Später griffen die Mongolen weiter auf Zentralasien, Georgien, Armenien und sogar Russland aus. Offenbar als Teil einer Einschüchterungsstrategie verübten die Angreifer grauenhafte Massaker. Nach dem Fall Kiews im Jahr 1240, von dem auch Friedrich in seinem Brief an König Heinrich berichtet, griffen die mongolischen Reiterheere weiter nach Westen aus. Das Abendland schien verloren. Doch mit ähnlich großer Überraschung wie das Erscheinen der Mongolen nahm Europa im Jahr 1242 ihren unerwarteten Abzug wahr. Abgesehen von zahlreichen Opfern und gewaltigen Verwüstungen hinterließen die Reiterscharen eine Vielzahl offener Fragen. Wer waren diese grausamen Krieger wirklich? Woher waren sie gekommen? Hatte sie tatsächlich jemand gerufen? Wohin waren sie nun verschwunden? Und vor allem: würden sie wiederkehren?

Papst Innozenz IV., der nicht wissen konnte, dass die Mongolen nicht weiter nach Westen vorstoßen würden, beauftragte 1245 den Franziskaner Johannes de Plano Carpini (um 1185–1252) als Leiter einer Gesandtschaft zum mongolischen Großkhan. Man wollte weitere verheerende Kriegszüge nach Europa verhindern und zu-

Pferdeknecht des Papstes:
Im römischen Kloster
Santi Quattro Coronati
entstanden 1246 Wand-
malereien, die auf dem
Höhepunkt des Streits
zwischen Papst Inno-
zenz IV. und Kaiser Fried-
rich II. als päpstliche
Propaganda auf den
Konflikt Bezug nehmen.
Eine der Szenen zeigt den
römischen Kaiser Konstan-
tin, der zu Fuß das weiße
Pferd des Papstes Silvester
am Zügel in die ewige
Stadt führt und ihn so in
seinen Besitz einweist. Der
sogenannte Stratordienst
sollte Friedrich und seinen
Anhängern zeigen: Rom,
die alte Kaisermetropole,
war durch einen Kaiser,
der einsichtiger war als
Friedrich, für immer die
Stadt des Papstes
geworden.

gleich versuchen, die Mongolen als Bündnispartner zur Sicherung der Reste der Kreuzfahrerstaaten zu gewinnen. Carpini sollte dem neugewählten Khan Güyü (1246–1248) einen Brief des Papstes überreichen. Im Juni 1247 kehrte die Gesandtschaft mit einem Brief des Großkhans an den Papst zurück. Fünf Jahre später reiste noch einmal ein Franziskaner in offizieller Mission zum Großkhan, weil der Papst nun sogar von einer Christianisierung der Mongolen träumte und hoffte, sie als Verbündete gegen den Islam zu gewinnen. Die erfolglose Rückkehr seines Gesandten hat Innozenz IV. jedoch nicht mehr erlebt.

Über die Tataren kursierten fortan gegensätzliche Deutungen. Mal galten sie als Gefolgsleuten des legendären christlichen Priesterkönigs Johannes, mal waren sie die dem Tartaros entsprungenen Vorboten des Satans. Beim Priesterkönig handelt es sich um den legendären Regenten eines großen und mächtigen christlichen Reiches im östlichen Asien, von dem man sich Hilfe gegen die Sarazenen versprach. Auf dem Weg zu ihm begegnete man neben vielen anderen Monstren auch Hundsköpfigen und Menschenfressern sowie den *Sciopoden*, den Einbeinigen, deren Füße so groß waren, dass sie sich auf dem Rücken liegend selbst Schatten spenden konnten. All diese Legenden wichen nur langsam realistischeren Einschätzungen der Lage. Friedrichs Informanten, die päpstlichen Gesandten, Missionare und Handelsreisende sammelten im Laufe des 13. Jahrhunderts Informationen aus erster Hand über die Mongolen und ihr gewaltiges Reich und entkleideten die gefürchteten Horden ihres legendären Schleiers. Dass man überhaupt Gesandte zu den Mongolen schickte, deren Aufgabe hauptsächlich darin bestand, Informationen über die wilden Völker zu sammeln, hat Johannes Fried als die «ersten abendländischen Feldforschungen zu

472

den Mongolen» bezeichnet, die schließlich zu «Europas Aufbruch in die Globalisierung» führten.[8]

Friedrichs Absetzung in Lyon 1245

Dass Friedrich *prenuntius Antichristi*, ein Vorläufer des Antichrist, ja vielleicht sogar dieser selbst war, war nun für viele offensichtlich. Es musste etwas geschehen. Der Kaiser sollte fallen. Für das Jahr 1245 ließ der Papst ein Konzil nach Lyon einberufen, das am 28. Juni begann. Die Ewige Stadt schien dem Papst aus Erfahrung zu gefährlich für eine solche Versammlung zu sein, und so war er schon ein Jahr zuvor aus Rom geflohen und nach Lyon ausgewichen. Rechtlich befand sich diese Stadt zwar noch auf dem Boden des Imperium Romanum, doch faktisch lag sie im Einflussbereich des französischen Königs. Ludwig IX. war zwar nicht persönlich anwesend, wurde aber von seinem jüngsten Bruder Karl vertreten,

473

Tag des Zorns: Die Dar-
stellung in der Chronica
Maiora *des Matthaeus
Paris zeigt die Absetzung
Friedrichs 1245 auf dem
Konzil von Lyon durch
Papst Innozenz IV. Gerade
wird die Absetzung vom
Papst verkündet. Sechs
Bischöfe mit Mitren sym-
bolisieren die Kirchenver-
sammlung. Der Vertreter
des Kaisers wendet sich
enttäuscht ab. Die
Beischrift erklärt dazu:
«Thaddaeus de Suessa, der
Vertreter Friedrichs, ent-
fernt sich verwirrt.» Ein
Spruchband kündet von
dessen resignierenden
Worten: «Dieser Tag (ist)
der Tag des Zorns!»*

dem zu dieser Zeit neunzehnjährigen Grafen von Anjou, der zwanzig Jahre später aufbrechen sollte, um Friedrichs Sohn Manfred das Königreich Sizilien zu entreißen. Mit rund hundertfünfzig Teilnehmern war die Versammlung deutlich geringer besucht, als sonst üblich, erschienen doch etwa auf dem IV. Laterankonzil von 1215 über tausend Kleriker, darunter über vierhundert Bischöfe. In Lyon versammelten sich hauptsächlich Kirchenvertreter aus Spanien, Frankreich und England, während Deutschland und Italien erstaunlich unterrepräsentiert blieben. Da hatte sicherlich der Kaiser seine Finger im Spiel gehabt. Dem Beschluss eines Konzils wäre Friedrich gerne ausgewichen, doch das schien unmöglich, bot sich doch keine Möglichkeit mehr, die Versammlung durch das Wegfangen der Teilnehmer zu verhindern. Auf jeden Fall kam in Lyon keine das Abendland repräsentierende Kirchenversammlung zusammen.

Schon vor dem Zusammentreten der Teilnehmer in Lyon schlug Kaiser Friedrich II. dem Papst vor, Ludwig IX. von Frankreich zum Schiedsrichter in dem Konflikt zu bestimmen. Der König war für seine Umsicht, Weisheit und Mäßigung bekannt und wurde daher auch *Prud'homme,* der Gottesfürchtige, genannt: «Und er [Friedrich] war bereit, sich dem Spruch des Königs von Frankreich, der ein Prud'homme war, zu beugen.» Dieser Vorschlag scheiterte ebenso wie ein letzter Versuch der drohenden Absetzung durch ein Friedensangebot zu entgehen. Zur Kommentierung der Bannsentenz des Jahres 1239 notierte Matthaeus Paris über Papst Gregor IX.: «Hass erzeugte wie eine vernachlässigte Wunde giftigen Eiter», und der Pontifex habe «nach der Art eines klugen Arztes, der bald Umschläge, bald das Messer, bald aber das Brenneisen gebraucht», gehandelt. Papst Innozenz IV. jedoch vertraute auf dem Konzil von Lyon nur noch dem Brenneisen.[9] Obwohl auch

474   Fragen zur Reform der Kirche, der Situation im Heiligen Land und

der Tatarengefahr beraten werden sollten, stand sehr schnell die Absetzung Friedrichs von allen Herrscherämtern im Mittelpunkt des Konzils. Das war der dramatische Höhepunkt im Kampf zwischen Friedrich und Papsttum, und er endete mit einer vollständigen Niederlage des Imperators.

Thaddaeus de Suessa, der langjährige Vertraute des Kaisers, vertrat Friedrich auf dem Konzil. Auf das von ihm unterbreitete Friedensangebot reagierte Innozenz ablehnend, denn zu viel habe Friedrich schon versprochen und nicht gehalten, wie Matthaeus Paris berichtet. Innozenz argumentierte zudem, dass Friedrich nicht gegen einzelne Päpste, sondern gegen die ganze heilige Kirche kämpfe. Das war ziemlich raffiniert an den Ursachen vorbei argumentiert, denn der seit Jahrzehnten bestehende Dauerkonflikt bestand in den Gegensätzen der jeweiligen imperialen Vorstellungen der beiden Universalmächte. Als Beweis für Friedrichs Eidbrüche ließ der Papst aus den Urkunden vorlesen, die Friedrichs Stellung als Lehnsmann der römischen Kirche für das Königreich Sizilien und seine Schenkungs- und Garantieerklärungen für das Patrimonium Petri in Erinnerung riefen. Sie wurden wenig später als Beweisstücke Bestandteil der Lyoner Transsumpte. Thaddaeus widersprach den päpstlichen Angriffen mit Dokumenten, die nicht eingehaltene kirchliche Zusagen belegen sollten.

Auf einer folgenden Sitzung kamen weitere Anklagepunkte gegen Friedrich auf den Tisch: die Verfolgung der Kirche in Sizilien,

seine häretischen Glaubensvorstellungen, mithin seine Ketzerei, seine Kontakte zu orientalischen Herrschern, sein Harem, also sein unmoralischer Lebenswandel, die Gefangennahme der Kirchenmänner, die zu dem von Gregor IX. nach Rom einberufenen Konzil reisen wollten und durch die schneidige Seeattacke Ansalds von Mari gefangen wurden, mithin der Bruch des Friedens zwischen Reich und Kirche, der rätselhafte Assassinenmord von Kelheim und vieles andere mehr. Thaddaeus mühte sich redlich, den Kaiser zu verteidigen. Doch wie bei einem Schauprozess, dessen Urteil schon vorher feststeht, und ohne auf die Boten des Kaisers zu warten, die schon unterwegs waren, trafen sich die Konzilsteilnehmer am 17. Juli zu seiner Schlussversammlung. Innozenz verkündete hier die Absetzung des Kaisers, und nach Verlesung der Absetzungsbulle, die alle Anklagepunkte noch einmal auflistete, schloss er das Konzil. Der Papst untersagte allen Untertanen, Friedrich weiter als König und Kaiser anzusehen und rief die zur Wahl Berechtigten auf, einen Nachfolger im Reich zu wählen. Über Sizilien wolle der Pontifex selbst entscheiden. Die Legitimiation für diesen einmaligen Schritt zog Innozenz wie einen Trumpf aus der Tatsache, dass der Papst die Nachfolge im Amt des Stellvertreters Christi innehabe. Und wenn Christus, solange er in dieser Welt weilte, gemäß dem Naturrecht gegen die Kaiser und jeden sonst Absetzungsurteile und Verdammungssequenzen sowie alle beliebigen Urteile hätte fällen können, so konnte dies natürlich auch sein Stellvertreter.[10]

Juristisch betrachtet war das Schauspiel eine Farce. Innozenz trat zugleich als Ankläger und als Richter auf, was Thaddaeus noch während der Versammlung monierte, und das Konzil hatte lediglich eine akklamatorische Funktion für die bereits feststehende Entscheidung des Papstes. Innozenz ließ keinerlei Mitsprache bei seinem Vorgehen oder der Formulierung der Absetzungsurkunde zu. Aus apostolischer Vollgewalt glaubte er, ganz allein entscheiden zu dürfen. Dass Friedrich durch persönliches Erscheinen, was der Papst eine Zeitlang gefordert hatte, das Ergebnis hätte ändern können, ist daher unwahrscheinlich. Neben der Absetzung des Antichristen hatte die Inszenierung noch einen ande-

476

ren Effekt, nämlich den eines Exempels für die anderen Herrscher Europas. Matthaeus Paris hatte das erfasst, als er notierte: «Diese Worte [...] verursachten gleich dem einschlagenden Blitze einen außerordentlichen Schrecken.» Und Thaddaeus, der sich wie ein Löwe für seinen Herrn geschlagen hatte, seufzte resigniert: «Wahrhaftig, dieser Tag ist der Tag des Zorns!»[11]

Dunkle Wolken und neue Könige im Norden

In den Monaten nach dem konziliar verzierten Schauprozess von Lyon reisten viele Boten beider Mächte durch Europa, um durch Briefe die Entscheidungen bekanntzumachen oder dagegen zu argumentieren. Bettelmönche schwärmten aus, um in Predigten «Aufklärungsarbeit» zu leisten. Erneut setzten die Stilisten beider Seiten alles daran, mit ausgetüftelten Schreiben die öffentliche Meinung für sich zu gewinnen. An der Kurie entstand unter maßgeblichem Einsatz von Rainer von Viterbo ein berüchtigtes Pamphlet mit den Anfangsworten «*Eger cui lenia* – Der Kranke, dem leichte Medikamente nicht helfen». Das Pamphlet pries Macht und Würde des Papsttums in seiner Doppelstellung der geistlichen und weltlichen Herrschaft. Der apostolische Stuhl habe deshalb sowohl die priesterliche als auch die kaiserliche Gewalt inne, weil Kaiser Konstantin auf seine bis dahin vom heiligen Petrus und seinen Nachfolgern usurpierte, tyrannisch ausgeübte Macht verzichtet habe. Außerhalb der Kirche sei Herrschaft unmöglich, weil Gott keine weltliche Gewalt gesetzt habe und daher alles, was dort geschieht, zur Hölle führen müsse. Das war ein erneuter Schlag gegen die Weltsicht von den zwei Gewalten, die in Friedrichs Umfeld vertreten wurde, und auf lange Sicht ein weiterer Schritt hin zu einer Allmachtsphantasie der Päpste.[12]

In dem Ringen um Anhängershaft kam eine Person wieder ins Spiel, die als eine der fanatischsten Gegner Kaiser Friedrichs II. gelten kann: Albert Behaim (um 1190/95 – um 1260). Schwerlich wird man einen anderen Handlanger des Papstes finden, der innerhalb kürzester Zeit mehr Exkommunikationen verhängte, als den

477

späteren Passauer Kanoniker und Domdekan. Bereits Ende der 1230er Jahre hatte ihn Papst Gregor IX. nach Bayern gesandt, um dort gegen den Kaiser zu agitieren. «Fürst der Tyrannei, Zerstörer der kirchlichen Lehre und Verderber der Geistlichkeit, Umstürzler des Glaubens, Lehrer der Grausamkeit, Erneuerer der Zeiten, Zersplitterer des Erdkreises und Hammer der ganzen Welt», so nennt ihn im Juni 1242 der päpstliche Agent. Mahnschreiben und Befehle hagelten auf die dem Kaiser gewogenen Personen nieder, und wenn diese nicht umgehend gehorchten, folgte unverzüglich die Exkommunikation. Auch Erzbischöfe und Bischöfe wurden von den Bannsentenzen getroffen, am Ende fast der gesamte Episkopat Bayerns. «So saß jetzt Albert Behaim wie ein Zeus auf der Trausnitz, ein Bündel Bannstrahlen in der Hand haltend. Und er machte bald davon in einer Art Gebrauch, die fast lächerlich wirkte.» So beurteilte der Benediktinermönch Romuald Bauerreiss in seiner Kirchengeschichte Bayerns Alberts Wirken.[13]

Mehrfach wegen seiner Unerbittlichkeit aus Bayern vertrieben, floh Albert zu seinem Gönner Papst Innozenz IV. nach Lyon und wurde hier Zeuge der Absetzung des Kaisers. In den folgenden Monaten pflegte er eine intensive Korrespondenz mit bayerischen Kirchenfürsten, um sie für die päpstliche Seite zu gewinnen. Anfang 1247 wieder zurück in Deutschland, sammelte er wichtige Informationen für den Papst. So lieferte er eine Aufstellung über schwäbische Ministerialengeschlechter mit genauer Angabe der jeweiligen Lebensgewohnheiten und Familiencharaktere. Das alles diente nur einem Ziel: die Positionen Friedrichs und Konrads zu untergraben. Bald darauf erneut zur Flucht gezwungen, erreichte er erst 1250 die Einsetzung eines papsttreuen Bischofs in Passau. In Bayern jedenfalls hatte sich Albert so unbeliebt gemacht, dass verschiedene Legenden über seine Ermordung kursierten.

Alberts Bedeutung für die Nachwelt hängt mit einem Buch zusammen, in das er eintrug, was ihn beschäftigte. Die überwiegend privaten Aufzeichnungen aus den Jahren 1246 bis 1256 enthalten hauptsächlich in lateinischer, aber teilweise auch in tschechischer Sprache politische Sendschreiben, darunter *Eger cui lenia*, Exzerpte aus Geschichtswerken wie Petrus Comestor, Gedichte, al-

478

chimistische Überlegungen, geographische Notizen, Einnahmen-aufstellungen, sogar Rezepte zur Herstellung von Gewürzwein oder einem Aphrodisiacum. Akribisch vermerkte Albert die Menge für sich selbst gewonnener Ablässe, die in Lyon auf eintausendein-hundertunddreißig Jahre angewachsen waren. Der im Original er-haltene Kodex stellt übrigens die älteste Papierhandschrift dar, die in einer Bibliothek nördlich der Alpen aufbewahrt wird. Der Be-schreibstoff stammte wohl aus spanischer, vielleicht sogar ara-bischer Produktion; in Deutschland jedenfalls gab es zu diesem Zeitpunkt noch keine Papiermühlen.[14]

Nach der Absetzung Kaiser Friedrichs bestand eines der zentra-len Vorhaben des Papstes darin, für das Imperium einen neuen Herrscher zu finden. Innozenz versuchte daher, den französischen Königshof für den Gedanken zu erwärmen, den Lieblingsbruder König Ludwigs IX., Graf Robert von Artois, im Reich oder auch wenigstens im Königreich Sizilien als neuen Herrscher einzusetzen. Doch der französische König hielt an den seit langer Zeit bestehen-den guten Beziehungen zum Kaiser fest, und da er zu dieser Zeit intensive Kreuzzugsplanungen betrieb, wollte er erst recht keinen Ärger mit dem Imperator. Doch was im Sommer 1229 durch be-herzte Militärschläge des jungen Königs Heinrich VII. noch ver-hindert werden konnte, als Papst Gregor IX. ein Gegenkönigtum etablieren wollte, trat nun ein. In Deutschland fand sich mit Unter-stützung eines päpstlichen Legaten ein Überraschungskandidat für ein Königtum gegen Kaiser Friedrich II. und dessen Sohn Kon-rad IV.: Der zweiundvierzigjährige Heinrich Raspe, seit 1227 Landgraf von Thüringen, willigte im März 1246 in seine Thron-kandidatur ein. Der Namensbestandteil «Raspe» taucht im Thü-ringischen Fürstenhaus der Ludowinger mehrfach auf. Meist wa-ren es zweit- oder drittgeborene jüngere Brüder der Landgrafen, die sonst keine größere Bedeutung erlangten. Der nun ins Auge gefasste Gegenkönig Heinrich war zunächst ein Anhänger Fried-richs gewesen und zwischen 1235 und 1237 sein ständiger Beglei-ter. 1242 wurde er sogar zusammen mit dem böhmischen König Wenzel I. von Kaiser Friedrich zum Reichsgubernator für Fried-richs noch minderjährigen Sohn König Konrad IV. bestellt. In Mitteldeutschland besaß er als Landgraf von Thüringen, sächsischer Pfalzgraf und Herr in Hessen eine durch Erbschaft und erfolgreiche Territorialpolitik vereinte beträchtliche Machtbasis.[15]

Schon vor der Absetzung Friedrichs 1245 wechselte Heinrich Raspe die Seiten. Auf Drängen des Papstes und mit Unterstützung des Erzbischofs von Mainz, Siegfried III. von Eppstein, und des Erzbischofs von Köln, Konrad I. von Hochstaden, wurde er am 22. Mai 1246 von einem kleinen Teil der deutschen Fürsten zum König gewählt. Wegen dieser klerikalen Wahlhilfe und darüber hinausgehender Zuwendungen Roms erhielt er schon bald den Beinamen *rex clericorum*, Pfaffenkönig, und seine Wahl, die ohne Teilnahme eines einzigen weltlichen Fürsten erfolgte, ging als «Pfaffenwahl» in die Geschichte ein. Heinrichs Abhängigkeit vom Papst zeigt sich schon an dem Bild seiner Goldbulle, deren Roma-Stilisierung die zwei Apostelhäupter Petrus und Paulus enthält und damit zeigen soll, dass Rom dem Papst gehört.[16]

Das Königtum Heinrichs stand unter keinem guten Stern. Konrad IV. weigerte sich, auf den Titel des Königs zu verzichten. Im August 1246 besiegte der neue König Heinrich Raspe zwar seinen früheren Schützling in einer Schlacht, doch war damit der Widerstand gegen sein Königtum nicht aus der Welt; ganz im Gegenteil. Im Winter 1247 musste König Heinrich Ulm und Reutlingen belagern. Als er bei einem Scharmützel vor Reutlingen verletzt wurde, gab er seine Kriegspläne auf und zog sich auf die Wartburg zurück, auf der er am 16. Februar 1247 starb. Sein Königtum hatte noch nicht einmal neun Monate gedauert. Nur sechzehn Urkunden, die er als König ausstellen ließ, kennen wir von ihm. Mit Heinrichs kinderlosem Tod, den manche Zeitgenossen als ein Gottesurteil zugunsten Konrads IV. deuteten, erlosch das einst so mächtige Geschlecht der Ludowinger. Die Erinnerungen an Heinrich Raspe sind im Nachhinein zu großen Teilen verzerrt worden. Schon neben seinem älteren Bruder, Landgraf Ludwig IV., der 1227 in Brindisi vor der Überfahrt ins Heilige Land an der Seuche starb, hatte er es schwer gehabt, als guter Fürst zu bestehen. Doch angesichts einer rasch aufblühenden Elisabeth-Hagiographie wurde Heinrich von der Lichtgestalt der Heiligen, deren Haupt Kaiser Friedrich einst eigenhändig bekrönt hatte, überstrahlt, und es blieb von ihm nur noch das Bild eines unrühmlichen Schwagers und gescheiterten Gegenkönigs übrig.

Das Königsabenteuer des Thüringers war dem Kaiser nicht wirklich gefährlich geworden. Gefährlich wurde aber etwas Anderes und Neuartiges. Papst Innozenz ließ nun gegen den von ihm abgesetzten Kaiser auch das Kreuz predigen. Jeder, der an einem Kampf gegen Friedrich teilnahm oder die Sache mit seinem Vermögen unterstützte, erhielt die gleichen Ablässe und Privilegien, als ob er wie ein Kreuzfahrer ins Heilige Land aufgebrochen wäre. Verschwörer gegen den Tyrannen wurden dadurch zu *milites Christi*, zu Streitern für die Gottessache. Friedrich stand nun als Hauptfeind der Kirche auf derselben Stufe wie ein Sarazenenfürst, der die Mauern von Jerusalem oder Akkon berannte. Der Kreuzzugsaufruf gegen Friedrich ist allein schon deshalb bemerkenswert, weil 1244 Jerusalem von Muslimen erobert worden war, sich König Ludwig IX. auf eine Orientexpedition vorbereitete und eine Zersplitterung von Kreuzzugsenergien eigentlich nicht im Interesse des Papstes hätten liegen dürfen.

Mit Heinrich Raspes Tod gab die antikaiserliche Partei nicht auf und betrieb die Wahl eines neuen Gegenkönigs. Diesmal erkor man am 3. Oktober 1247 den neunzehnjährigen Wilhelm II., Graf von Holland (1228–1256), zum römisch-deutschen König. Erneut wählte nur ein kleinerer Kreis von Fürsten den neuen Herrscher. Über ein Jahr später, am 1. November 1248, wurde er vom Kölner Erzbischof gekrönt. Ein friesisches Aufgebot an Kreuzzugsteilnehmern, die eigentlich den französischen König Ludwig IX. ins Heilige Land begleiten wollten, wurde vom Papst als Hilfstruppe für seinen Königskandidaten Wilhelm abgeworben. Nur mit ihrer Unterstützung und nach langwieriger Belagerung gelang die Eroberung der Krönungsstadt Aachen. Da die meisten Fürsten weiter zu Kaiser Friedrich II. hielten, musste der neue König Wilhelm, ohne etwas ausrichten zu können, nach Holland zurückkehren. Erst nachdem Friedrich II. 1250 gestorben und sein Sohn Konrad etwas später nach Italien gezogen war, um dieses Erbe für sich zu retten, gewann Wilhelm durch Gnadenbezeigungen und

481

Der Königsmacher: Das älteste Grabdenkmal im Mainzer Dom ist Siegfried III. von Eppstein gewidmet, dem Erzbischof von Mainz, der 1239 den Dom weihte. Das spätromanische Westwerk wurde in seiner Amtszeit errichtet. Der Kirchenfürst erscheint hier mit den zwei «Gegenkönigen» Heinrich Raspe und Wilhelm von Holland, an deren Erhebung er maßgeblich beteiligt war. Der einstige Anhänger Friedrichs II., Vormund für Konrad IV. und Reichsgubernator, wechselte 1241 in das Lager der Feinde des Kaisers.

Belehnungen in Deutschland einigen Anhang. Nach König Konrads IV. Tod 1254 gelang ihm sogar eine allgemeinere Anerkennung als Herrscher. 1256 zog er aus, um einige Friesen zu unterwerfen, die immer wieder den Aufstand probten, brach aber am 28. Januar mit seinem Pferd bei Hoogwoud durch das Eis. Die Friesen wurden seiner habhaft, töteten ihn und verscharrten seine Leiche. Erst 1282 wurde sein Leichnam von seinem Sohn Floris V. aufgefunden und in Middelburg bestattet. Mit dem Tod Wilhelms sind wir schon mitten in einer Epoche, die eine ältere Historiographietradition, die mit Friedrich Schiller begann, als Interregnum, als «Zwischenherrschaft», bezeichnet hat. Schiller bezeichnete 1803 in einer Ballade die Zeit nach Kaiser Friedrichs Tod als «die kaiserlose, die schreckliche Zeit». Der Ausdruck «Zwischenherrschaft» verschleiert jedoch, dass man weiterhin Könige erhob, nur eben keine, die sich im Sinne eines tatsächlichen Herrschers etablieren konnten.[17]

Nach Wilhelms Tod 1256 trat eine eigenartige Situation ein, denn es wurden zwei mit den Staufern verwandte, aber für ein deutsches Königsamt äußerst ungeeignete Kandidaten zu Herrschern erhoben, und das auch noch fast gleichzeitig. Mit dieser Doppelwahl wurde nach Otto von Poitou und Friedrich von Sizilien die Frage der deutschen Königswürde erneut europäisiert. Der eine Kandidat war Friedrichs Schwager, der jüngere Bruder seiner englischen Frau Isabella und König Heinrichs III. von England, Richard, erster Earl of Cornwall und Graf von Poitou (1209–1272). Richard hatte frühzeitig militärische Erfahrungen bei Kriegszügen in die Gascogne und der Teilnahme an einem Kreuzzug 1240 ins Heilige Land gesammelt. Er unternahm anfangs Versuche, den exkommunizierten Friedrich II. mit dem Papst zu versöhnen. Er gehörte auch zu jenen Fürsten, denen Papst Innozenz IV. das Königreich Sizilien anbot, um die Staufer zu vertreiben. Der andere Kandidat war der kunstsinnige König von Kastilien, Alfons X. el Sabio (1252–1282/84), der Weise, ein Sohn Ferdinands des Heiligen und der Beatrix, Tochter Philipps von Schwaben, und damit auch dessen Enkel. Über diese Linie der mütterlichen Verwandtschaft fühlte sich Alfons als Erbe staufischer Traditionen – und natürlich ihrer Herrschaft in Italien und im Reich. Wir hörten bereits davon, dass er, wie Kaiser Friedrich, Verse setzte. Doch neben der Kunst strebte er unter dem Schlagwort *fecho del Imperio*, «Erschaffung des Kaisertums», nach Einfluss und Macht in Europa.

In einer Doppelwahl wählte 1256 eine niederrheinisch-englische Partei der deutschen Kurfürsten, zu der die Erzbischöfe von Köln und Mainz sowie der Pfalzgraf bei Rhein gehörten, Richard zum römisch-deutschen König. Er wurde in Aachen gekrönt. In Deutschland hielt er sich nur viermal für kurze Zeit auf, zuletzt im Jahr

1269. Den weisen Alfons trugen die von Frankreich begünstigten Stimmen des Erzbischofs Arnold von Trier sowie die von ihm genutzten Vollmachten des Herzogs von Sachsen und des Markgrafen von Brandenburg zur Krone empor. Bei der Wahl konnten zunächst beide Kandidaten je drei Stimmen für sich erzielen. König Ottokar II. von Böhmen gab seine Stimme nachträglich gleich beiden, wofür er sich von beiden bezahlen ließ. So stand er mit doppelt gefülltem Beutel auf jeden Fall auf der richtigen Seite. Im Gegensatz zu König Richard kam König Alfons überhaupt nie nach Deutschland. Er strebte in Konkurrenz zu Aragón ebenfalls eher nach Italien. Als Richard 1272 starb, wurde über ein Jahr später Rudolf von Habsburg, dem Kaiser Friedrich persönlich mehrmals begegnet war, zum Nachfolger erhoben. Da Alfons schon zu Hause ewige Adelsunruhen und Thronkämpfe die Laune zum *fecho del Imperio* verdarben, trat er schließlich 1275 auch von seinem Imperialabenteuer zurück. Die Erhebung des Grafen Rudolf von Habsburg im Jahr 1273 beendete zwar die Phase des sogenannten Interregnums, in der sich die sieben Kurfürsten als die eigentlichen Territorialherrscher und als Königswahlkollegium etabliert hatten, doch eröffnete sie zugleich die Zeit der «kleinen Könige», die lange ohne jegliche Fortune imperialen Reichsgedanken nachhingen. Von Kaiser Friedrichs Idee eines imperialen Universalismus jedenfalls blieb nichts weiter als ein Traum.

484

16

Der Entseelte

Der Kaiser stirbt auf viele Arten

m Lucientag 1250, einem 13. Dezember, erlosch für die Zeitgenossen unerwartet das Leben Kaiser Friedrichs II. wenige Tage vor der Vollendung seines sechsundfünfzigsten Lebensjahrs in der heute nicht mehr existierenden Stadt Fiorentino. Nur spärliche Reste zeugen heute von der etwa zwanzig Kilometer von Lucera entfernten ehemaligen Siedlung. Hier stand einst die kaiserliche *domus*, ein kleines Kastell, das man sich eher als ein zweigeschossiges festes Haus vorzustellen hat. Nach einem Jagdausflug suchte der Kaiser, vielleicht von Todesahnungen erfüllt, das Haus auf. Umgeben von nur wenigen ihm nahe stehenden Personen, darunter sein Sohn Manfred, der Leibarzt Johann von Procida, der Großhofjustitiar Richard von Montenigro und der Anführer der deutschen Truppen, Berthold von Hohenburg, trat er vor das Antlitz Gottes. Die Todesursache ist völlig unklar, man mag bei dem unerwarteten Ableben an eine Infektion denken, wie etwa Typhus, Ruhr, Malaria oder Blutvergiftung. Doch alle Aussagen dazu sind Spekulation. So völlig verschieden über Friedrich in den Quellen berichtet wurde, so unterschiedlich wurde auch sein Ableben beschrieben. Das lag nicht daran, dass man so Unterschiedliches erfahren haben wollte, sondern man wollte am Hinscheiden die Qualität des gelebten Lebens erkennen. Schlechte Menschen sterben schlecht, gute eben gut. Vor wenigem fürchtete man sich im Mittelalter mehr als vor der *mors peccatorum pessima*, dem schlechten Tod der Sünder, dem Hinscheiden ohne letzte Ölung, ohne Segen, ohne Vergebung der Sünden. Das ewige Schmoren in der Hölle galt damit als ausgemachte Sache. So

485

beispielhaft Friedrich den Zeitgenossen schon zu Lebzeiten erschienen war, so bedeutungsvoll erschien ihnen auch sein Tod als Strafe Gottes.

«Als der Kaiser Friedrich die Stadt Beneventum zerstörte», so berichtet die *Legenda aurea*, eine Sammlung von Heiligengeschichten, die Jacobus de Voragine (1230–1298), Dominikaner und Erzbischof von Genua, zwischen 1263 und 1273 verfasst hat, «gebot er auch, alle Kirchen daselbst niederzureißen, denn er wollte die ganze Stadt an einen anderen Ort pflanzen. Da geschah es, dass Einer etliche Männer sah in lichten weißen Kleidern [...]. Des verwunderte er sich gar sehr und trat zu ihnen und fragte sie, wer sie wären. Da antwortete der eine von ihnen: ‹Dies ist Sanct Bartholomäus der Apostel und die anderen Heiligen, die Kirchen hatten in unsrer Stadt; die sind zusammengekommen, dass sie unter sich zu Rate gehen würden, mit welcher Strafe sie den schlagen sollen, der sie aus ihren Wohnungen hat vertrieben. Und schon haben sie ein unwiderrufliches Urteil gegeben, dass er ohne Verweilen vor Gottes Thron gestellt werde, dass er sich hierfür verantworte.› Nicht lange darnach entledigte der Kaiser sein Leben gar jämmerlich.» Wer Kirchen von ihrem Platz verpflanzen will – so die Botschaft –, bekommt es mit den Schutzpatronen zu tun, und mag er auch der Kaiser selbst sein.

Was aber wurde vom Ableben des Herrschers erzählt? Vom Provinznotar Richard, dessen unaufgeregte Sachlichkeit man sich gerade hier besonders gewünscht hätte, erfahren wir leider nichts über des Kaisers Tod, denn Richard war selbst schon sechs Jahre vor Friedrich verstorben. Mit kräftigen Farben schilderte Salimbene de Adam das kaiserliche Sterben. Er lehnte sich dafür an die Schrift *De mortibus persecutorum*, «Von den Todesarten der Verfolger», des energischen Verteidigers des frühen Christentums Laktanz (gest. um 325) an. Salimbene, der Friedrich ohnehin für den «größten aller Kirchenverfolger» hielt, schreibt: «Gestorben ist der einstige Kaiser Friedrich im Jahr 1250 in Apulien, in einem kleinen Städtchen mit Namen Fiorentino, das zehn Meilen von der sarazenischen Stadt Lucera entfernt liegt. Er konnte aber wegen des furchtbaren Gestanks, den seine Leiche ausströmte, nicht nach der Stadt Palermo überführt werden, in der sich die Grabmäler der Könige von Sizilien befinden und in der sie beerdigt zu werden pflegen.» Die Sache mit dem Gestank war für Salimbenes Zeitgenossen von höherer Zeichenhaftigkeit, da man im Mittelalter wusste, dass von verstorbenen Heiligen besonders wohlriechende Düfte – und das auch noch nach Monaten und Jahren – ausgingen. Manchmal brauchte man, um die Grablegen der Heiligen zu finden, nur seiner Nase zu folgen. Dagegen entströmten verworfenen Sündern quälende olfaktorische Belästigungen. Salimbene fand eine Bestätigung seiner Beobachtungen in der Heiligen Schrift: «Der Ursachen aber, warum er einer Grabstätte unter den Königen Siziliens verlustig ging, waren viele. Einmal die Erfüllung der Schrift ‹Wie ein zertretenes Aas wirst du im Grab nicht jenen beigesellt›, nämlich den Königen Siziliens, die in Palermo ruhen. Zweitens, weil seinem Leichnam ein solcher Gestank entströmte, dass es unerträglich war, so wie ‹Würmer wuchsen aus des Verruchten Leib und das Fleisch ihm stückweise unter Schmerzen und Qualen abfiel, das ganze Heer aber durch seinen Fäulnisgeruch belästigt wurde›. Das wird von Antiochus gesagt, erfüllte sich jedoch alles buchstäblich an Friedrich.»[1]

Salimbene setzte noch eine weitere Beobachtung in die Welt, deren eigentlicher Ursprung – die Erythräische Sibylle – später große Bedeutung für Friedrich als Wiedergänger bekommen sollte: «Die dritte Ursache war, dass sein Sohn Manfred, der Fürst genannt wurde, seinen Tod verheimlichte, um das Königreich Sizilien und Apulien zu besetzen, ehe sein Bruder Konrad aus Deutschland ihn erreiche. Und so glaubten viele, er sei gar nicht gestorben, obwohl er in Wahrheit gestorben war; und dadurch wurde die Prophezeihung der Sibylle erfüllt, die sagte ‹es wird unter den Völkern heißen ‹er lebt!› und ‹er lebt nicht!›, und sie schickt voraus, dass sein Tod verborgen bleiben werde.» Bei der Erythräischen Sibylle handelt es sich um einen ganz rätselhaften Text aus dem 13. Jahrhundert, der vorgibt, aus der Zeit des Troianischen Krieges zu stammen. Der unbekannte Autor bediente sich der Autorität der antiken Seherin und beschrieb so etwas wie die, wie Christian Jostmann es nennt, «weltpolitische Lage». Der Autor sagte auch Ereignisse vor-

Der Tod kam mit dem Kissen: Weil schlechte Herrscher nach mittelalterlicher Auffassung auch schlecht sterben, übernahm Giovanni Villani das Gerücht, Kaiser Friedrich sei von seinem Sohn Manfred im Bett mit einem Kissen erstickt worden. Er soll so schnell gestorben sein, dass er nicht mehr seine Sünden bekennen konnte: ein weiteres Zeichen seiner Verworfenheit.

aus, die in Wirklichkeit schon vor der Niederschrift passiert waren. Diese «Weissagungen nach dem Ereignis» wurden besonders von Franziskanermönchen verbreitet.[2]

In seiner lobpreisenden Lebensbeschreibung von Papst Innozenz IV., der sogenannten *Vita Innocentii*, lässt Nicolaus von Calvi (gest. 1273) das Hinscheiden Friedrichs noch mehr als ein zeichenhaftes Verrecken eines Kirchenverfolgers gängigen topischen Regeln folgen. Nachdem Gott das Schifflein Petri von gewaltigen Wellen umbrandet sah, ließ er «den Tyrannen Friedrich, den Sohn des Verderbens, [...] sterben. In Apulien, im Kastell Fiorentino, hauchte er an schweren Durchfällen leidend, unter Zähneknirschen mit Schaum vor dem Mund sich zerreißend, gewaltige Schreie hinausbrüllend, als Exkommunizierter und Abgesetzter seinen Atem aus, auf dass dieser so schändliche, harte und grausame Tod bezeuge, was sein verruchtes Leben verdiente: Der Tod der Sünder ist nämlich äußerst schlecht und ihr Ende ist die Vernichtung.» Kein Zweifel: Das war das grässliche Ende eines Gottlosen. Friedrich gab fortan in einer ganzen Reihe von Chroniken das Paradebeispiel für das schlechte Sterben eines grauenhaften Tyrannen ab. Dass Giovanni Villani Kaiser Friedrich im Bett sterben ließ, haben wir schon gehört. Sein «Bastardsohn» Manfred, begierig nach des Vaters Schatz und Herrschaft, fürchtete, Friedrich könne am Ende seines Lebens noch ein Testament zu seinen Ungunsten errichten, und erstickte ihn mit dem Kissen. Der verdorbene Kaiser Friedrich ging somit ohne die Sakramente der heiligen Kirche, wie Villani noch ausführt, dahin.[3]

Ebenso kennen wir schon das Urteil des Matthaeus Paris über Friedrich II. als «Staunen der Welt und deren wunderbarer Verwandler» sowie als «den größten unter den Fürsten der Erde». Zum Tod des Kaisers wollte er Details erfahren haben, die von den vorher genannten Chroniken eklatant abweichen. So starb Friedrich: «losgesprochen von dem Urteil, das ihn fesselte» – also dem

der Exkommunikation –, «nachdem er, wie man sagt, das Ordensgewand der Zisterzienser angelegt hatte, in wunderbarer Weise und voll Demut». Außerdem weiß Matthaeus: «Sein Tod wurde einige Tage lang verheimlicht, damit seine Feinde nicht allzu rasch darüber frohlockten, aber am Tage des heiligen Stephan wurde er allgemein bekannt gemacht und dem Volke verkündigt.» Der Tag des heiligen Stephan, das war der 26. Dezember, Friedrichs Geburtstag, an dem auch der Erdkreis von seinem Lebensende erfuhr. Auch für den englischen Benediktiner war die Welt voller Vorbedeutungen, und wenn ein Kaiser stirbt, dann bebt natürlich die Erde, wie er noch anführte.[4]

Johannes von Winterthur (gest. 1349) hatte noch eine andere Version zugetragen bekommen: «Friedrich, einst Kaiser, aber gebannt und der hohen Ehre des Kaisertums beraubt, kehrte, nachdem er bei der Belagerung von Parma besiegt worden war, nach Apulien zurück, wo er im Jahre 1252 vergiftet und am Tag der heiligen Jungfrau und Märtyrerin Lucia so heimlich in Foggia begraben wurde, dass vierzig Jahre lang viele behaupteten, er lebe und werde bald mit starker Hand kommen. Andere verbreiteten, er habe, aufgefordert durch seine Astrologen, Europa verlassen und sich lange vor seinem Tod über das Meer und auf dem Landweg mit seinen vertrauten Bediensteten in die entferntesten Teile der Erde begeben, um den schrecklichen Übeln zu entgehen, die ihm nach der Vorhersage seiner Astrologen im Falle seines Bleibens drohen.» Die Idee, nur Gift könne hinter einem unerwarteten Tod stecken, griffen Chronisten zu allen Zeiten gern auf. Eine Vergiftung als mögliche Todesursache in Erwägung zu ziehen, ist zumindest deshalb bedenkenswert, da Friedrich zuvor Opfer einiger vereitelter Giftattentate gewesen war.[5]

Pandolfo Collenuccio, der in seiner «Geschichte des Königreichs Neapel» teilweise auf heute verlorene Quellen zurückgreifen konnte, notierte zum Tode des Kaisers eher abwägend: «Übergehen wir die falschen Meinungen einiger Berichterstatter, die schreiben, es sei das Gerücht umgegangen, sein Sohn Manfred habe ihm, um den Tod zu beschleunigen, ein Kissen auf den Mund gepresst, da ein solcher Vorgang völlig unmöglich ist und keinerlei Wahrscheinlichkeit besitzt. Zudem findet man von geistlichen Schriftstellern jener Zeit das Gegenteil bezeugt.» Doch auch Pandolfo war nicht frei vom Glauben an höhere Zeichen: «Friedrich starb also am Tage der heiligen Lucia, dem 13.12.1250, in Fiorentino, einer Burg Apuliens, nicht aber in Fiorentino in der Campagna von Rom und auch nicht im Gebiet von Florenz, ein nicht ungewöhnliches Beispiel für das trügerische Wesen der dämonischen Geister und die schicksalhafte Notwendigkeit, insofern er dem Tode nicht entgehen konnte, indem er Florenz mied, und der prophetische Geist mit Hilfe der Verwechslung desselben Namens die Wissbegier Friedrichs zum besten gehalten hatte.» Pikant daran war, dass man dem Kaiser geweissagt hatte, er werde im Florentinischen sein Ende finden. Um dem zu entgehen, ließ Friedrich zeitlebens einen großen Bogen um Florenz schlagen. Doch der Ortsname «Fiorentino» bedeutet eben auch «florenzisch» und Friedrich habe deshalb scharfsinnig erkannt, wie Pandolfo extra anmerkte, dass sein Ende gekommen sei. Weiter notierte der Chronist: «Manfred ließ den Leichnam mit größtem Prunk und höchsten Ehren nach Monreale oberhalb von Palermo überführen und ihn dort aufs ehren-

490

vollste beisetzen. Über seinem Grabmal wurden zum Zeugnis seiner Macht und seiner Größe drei Verse eingemeißelt, die ein Priester aus Arezzo verfasst hatte und die von den Gelehrten jener Zeit auf viele andere Gedenktafeln gesetzt wurden und folgendermaßen lauten:

«Wenn redlicher Sinn, wenn Klugheit, Verstand und Gewinn,
Wenn adliges Walten dem Tod könnt' Widerpart halten,
So wär' Friedrich niemals verschieden, der hier an dieser Stelle ruht.»[6]

Das Wortspiel der heute nicht mehr existierenden Grabinschrift war einst sehr prominent und ist von vielen Chronisten zitiert worden.

Eines wird bei allen Berichten klar: Vergiftet oder erstickt, mit Fieber an der Ruhr oder an Typhus verschieden, verreckt mit Schaum vor dem Mund oder von den Sünden gereinigt, voll Demut in Mönchskutte – die Berichte von Friedrichs Tod folgten den allgemeinen Darstellungsabsichten. Was dachte man am Kaiserhof darüber? Petrus de Prece und Nikolaus von Bari hoben den toten Imperator in stilisierten Briefen auf die Stufe Alexanders, Caesars und des Hauses Davids. Friedrich, der «Adler», lebe in seinen Jungen weiter. Und Manfred schrieb seinem Halbbruder Konrad nach Deutschland: «Die Sonne der Völker, die Leuchte der Gerechtigkeit ist untergegangen, untergegangen der Hort des Friedens! Ein reicher Trost aber ist uns geblieben: glücklich und siegreich lebte unser Herr Vater bis an sein Ende.»[7]

Die Testamente des Herrschers

Wenn es ans Sterben geht, dann macht man sein Testament. Kaiser Friedrich II. hat mehrmals, so ist überliefert, seinen jeweils letzten Willen in Testamenten errichtet. Zum ersten Mal versuchte er die Verhältnisse für den Fall seines Todes zu regeln, bevor er 1228 endlich zum Kreuzzug aufbrach. Nicht nur mögliche Kämpfe mit den Sarazenen, sondern auch die Gefahren einer langen Seereise ließen es geraten erscheinen, sein Haus zu bestellen. Leider sind wir vom genauen Wortlaut des Dokuments, das Friedrich im Mai 1228 auf dem Hoftag in Barletta niederlegen ließ, nicht unterrichtet. Es gibt nur einen summarischen Bericht darüber in der Chronik des Richard von San Germano. Kurz vor seinem Ende ließ der Herrscher nochmals testamentarisch seinen Willen fixieren, vielleicht zweimal kurz hintereinander, vielleicht nur einmal. Das letzte Testament ist sogar wortgetreu erhalten, denn es wurde offenbar mündlich kurz vor dem Tode vor Zeugen errichtet und dann notiert.[8]

Die Testamente sollten vor allem die Nachfolge in der Herrschaft regeln. Im Testament von Barletta sollte dem Kaiser sein erstgeborener Sohn Heinrich VII. sowohl im Kaisertum als auch im Königreich Sizilien nachfolgen. Im Testament der letzten Tage ist für die Nachfolge, da Heinrich ja nicht mehr lebte, sein zweitgeborener Sohn Konrad vorgesehen. Interessanterweise befindet Friedrich über das Imperium wie über eigenes Erbgut, so als ob es ein Wahlrecht der Fürsten überhaupt gar nicht gäbe oder man zumindest keine Rücksicht darauf zu nehmen hätte. Das Erbe in einer Hand sollte verhindern, dass Herrschaftsbereiche auf verschiedene Söhne verteilt wurden. Das Reich und Sizilien sollten beisammen bleiben. Dass das nicht zwingend so hätte sein müssen, wissen wir durch eine Reihe von Fällen, wo Herrschaften mit unterschiedlichen Erbrechtstraditionen auch ganz unterschiedlich vererbt wurden. Die Bestimmung des letzten Testaments, dass Konrad die Nachfolge im Kaisertum und im sizilischen Königreich antreten solle, enthielt einen weiteren Zusatz. Falls Konrad ohne Erben stürbe, sollte Friedrichs Sohn Heinrich aus der Ehe mit Isabella Plantagenêt, der anfangs noch Carlotto hieß, zum Zuge kommen. Stürbe auch der kinderlos, würde Manfred Universalerbe. Diese Regelung zeigt noch einmal, dass Manfred, aus der Beziehung zu Bianca stammend, als vollgültiger, erbberechtigter und legitimer Sohn anerkannt war. Für seinen Enkel Friedrich, den Sohn seines Erstgeborenen, König Heinrichs VII., sah der Kaiser die Herzogtümer Österreich und Steiermark vor. Die weiteren Bestimmungen der Testamente betreffen die wirtschaftliche Versorgung weiterer Söhne, eine Generalamnestie für Kerkerhäftlinge mit Ausnahme von Verrätern, Schuldenbegleichung, Unterstützung des Heiligen Landes und Rückgabe entfremdeten Templer- und Kirchengutes. Friedrich wollte offenbar in dem Bewusstsein sterben, dass sein Haus bestellt war und dass er bis zum Ende auch rechtmäßig gehandelt hatte. Bestandteil des Testaments war zudem eine Verfügung über das eigene Begräbnis: «Wir bestimmen ferner, dass, wenn wir infolge der gegenwärtigen Krankheit sterben sollten, unser Leichnam beigesetzt werden soll im Dom von Palermo, in dem die Leiber des seligen Kaisers Heinrich und der seligen Kaiserin Konstanze, unserer Eltern ehrenwertes Angedenkens, bestattet sind. Diesem Dom stiften wir für das Seelenheil unserer genannten Eltern und für unser eigenes fünfhundert Unzen Gold zu Händen Berards, des hochwürdigen Erzbischofs von Palermo, unseres Vertrauten und Getreuen, zur Ausgabe für die Wiederherstellungsarbeiten dieses Domes.» Die Stiftungssumme könnte man auch als Gegengabe für einen großen Dienst werten, vielleicht sogar den größten, den Berard dem Kaiser jemals geleistet hatte, denn der Hirte hatte dem ja immer noch exkommunizierten Kaiser die Absolution erteilt. Eigentlich hätte Berard das gar nicht tun dürfen, zumal er selbst wegen unbeirrbarer Kaisertreue mit dem Bann belegt worden war.[9]

In seinem Gedicht «Kaiser Friedrich der Zweite» hat der aus Zürich stammende Schriftsteller Conrad Ferdinand Meyer (1825–1898) die Mosaiksteinchen aus den Überlieferungen zu seinem eigenen Bild vom Sterben des Kaisers zusammengesetzt:[10]

«In den Armen seines Jüngsten
Phantasiert der sieche Kaiser,
An dem treuen Herzen Manfreds
Kämpft er seinen Todeskampf.

Mit den geisterhaften blauen
Augen starrt er in die Weite,
Während seine fieberheiße
Rechte preßt des Sohnes Hand:

‹Manfred, lausche meinen Worten!
Drüben auf dem Marmortische
Mit den Greifen liegt mein gültig
Unterschrieben Testament.

Eine Kutte, drin zu sterben,
Schenkten mir die braven Mönche,
Dass ich meine Seele rette
Trotz dem Bann des heil'gen Stuhls.

Manfred, meines Herzens Liebling,
Lass den Herold auf den Söller
Treten und der Erde melden,
Dass der Hohenstaufe schied.

Manfred mit den blonden Locken,
Sarge prächtig ein die Kutte,
Führe sie mit Schaugepränge
Nach dem Dome von Palerm!

Weißt du, Liebling, das Geheimnis?
Diese Nacht in einer Sänfte
Tragen meine Sarazenen
Sacht mich an den Strand des Meeres.

Meiner harrt mit schwellend Segel:
Auf des Schiffes Deck gelagert,
Fahr entgegen ich dem Morgen
Und dem neugebornen Strahl.›»

Mitte Januar 1251 wurde die Leiche Friedrichs zunächst nach Messina auf Sizilien überführt. Am 25. Februar 1251 fand in Palermo eine prachtvolle Bestattungszeremonie für den toten Imperator statt. Nach vielen Jahren der Treue vollendete Erzbischof Berard von Palermo damit seinen Dienst am Kaiser. Erst ein halbes Jahrhundert nach Friedrichs Tod entstand die Legende von einer angebliche Bestattung des Kaisers in Monreale durch seinen Sohn Manfred. Sie ist zuerst in einem schwer datierbaren Text, den man als *Ricordano Malispini storia fiorentina* bezeichnet, und dann bei Riccobaldo da Ferrara (um 1246–1318) nachweisbar. Von hier übernahm sie Giovanni Villani (1280–1348) in seine berühmte Florentiner Chronik. Selbst bei Giorgio Vasari (1511–1574) erscheint in seiner Vita des Bildhauers Jacopo Tedesco diese Monreale-Legende und hier sogar im Zusammenhang mit einem Grabmalsneubau. Der Bildhauer Tedesco, so Vasari, «schickte das Modell eines Grabdenkmals an die Abtei Monreale in Sizilien für Kaiser Friedrich und auf Bestellung Manfreds».[11]

Dass Grablegen Herrschaft im Nachhinein, aber auch für die Zukunft legitimieren, haben wir schon am Beispiel Speyers gesehen, jener *metropolis Germaniae*, in welche der damals noch junge König Friedrich seinen Onkel Philipp umbetten ließ. Der Dom von Palermo konnte hinsichtlich der Kontinuität zwar nicht mit den Gräbern der französischen Könige in Saint-Denis konkurrieren, die knapp anderthalb Jahrzehnte nach Friedrichs Tod von Ludwig dem Heiligen im Interesse dynastischer Legitimation neu angeordnet wurden. Doch besitzt Palermo seit der Bestattung Friedrichs ebenfalls ein beeindruckendes Ensemble von Herrschergräbern, das legitimatorische Funktionen erfüllt.[12]

Friedrichs Sarkophag in Palermo

Der Sarkophag in Palermo, in dem Friedrich 1251 bestattet wurde, gehört zu einer Gruppe von rotschimmernden Begräbnisbehältern. Drei von ihnen sehen sich zum Verwechseln ähnlich. Sie sind antiken Prunkmulden nachempfunden, ruhen auf kannelierten Pilastern und sind von Baldachinen überdacht. Nur Friedrichs Sarkophag wird von Löwenprotomen gehalten. Rechts neben Friedrichs Sarg befindet sich der für seinen Vater, Kaiser Heinrich VI. Direkt hinter dem Sarkophag für Kaiser Heinrich steht der von Friedrichs Mutter Konstanze von Hauteville in der gleichen Form. Nur wenige Kilometer von dort bergauf befindet sich im Dom von

495

«Wie ein Trog angefüllt mit leeren staubigen Kartoffelsäcken»: So kommentierte 1998 ein Augenzeuge der Öffnung des Friedrich-Sarkophags das Durcheinander von Knochen, Textilresten und Metallpartikeln, in das sich die sterblichen Überreste von drei Bestatteten verwandelt hatten. Neben Friedrichs Leiche enthält der Porphyrsarg die Überreste König Peters II. von Sizilien (1337-1342). Der erkennbare Schädel gehörte einer unbekannten Frau, möglicherweise einer Tochter oder Enkelin des Kaisers. Die Leiche Kaiser Friedrich liegt fast verdeckt ganz unten.

Monreale ein weiterer, mit den Palermitaner Kaisergräbern fast identischer Sarkophag für den Normannenkönig Wilhelm I., den Bösen, den auch einst ein Baldachin überwölbt hatte. Das mag ein Grund dafür sein, dass sich die Legende von Friedrichs Bestattung in Monreale bilden konnte.[13]

Schon 1215 hatte Friedrich für sich und seinen Vater Heinrich VI. Sarkophage als Grablege bestimmt, die aus einem hochsymbolischen Material gefertigt worden waren: Porphyr. 1130 war es dem Großvater Friedrichs II. mütterlicherseits, Roger II. von Hauteville, gelungen, eine Königskrone für das Inselreich und Süditalien zu erlangen. Weil die normannischen Eroberer Siziliens von beutegierigen Kleinadligen zur obersten europäischen Herrschaftsschicht aufgestiegen waren, suchten sie ihre neue Würde mit Palästen, Domen, Mosaiken, Kronen, Hofgewändern, Urkundenformeln, aber auch mit ihren zukünftigen Begräbnisanlagen adäquat zu inszenieren. Dafür bediente man sich zahlreicher Symbole, welche bevorzugt von den traditionsreichen Kaisern in Konstantinopel, aber auch von den Päpsten entlehnt wurden. Eines der zentralen Symbole war die Verwendung des Purpurs und eines Gesteins dieser Farbe: des Porphyrs. Dieses vielleicht erlesenste Prunkgestein des Orients und Okzidents, das seit den Zeiten der ptolemäischen Pharaonen von den römischen Imperatoren in Byzanz, später auch von den Päpsten im Sinne einer Imperatorenimitation verwendet wurde, stand über Jahrhunderte für Herrschaft und Souveränität – und das im ganz handgreiflichen Sinne von edler, schimmernder Pracht.[14]

Porphyr, oder Rhyolith, wie es heute von Geologen bezeichnet wird, ist ein vulkanisches Hartgestein, das in einer feinkörnigen purpurfarbenen Grundmasse helle Quarzkristalle als Einsprenglinge enthält. Es wurde in der Antike am Mons Porphyrites in der östlichen Wüste Ägyptens gewonnen. Der alte römische Stein-

496

bruch, das damals einzige bekannte Abbaugebiet, befand sich in einer knochentrockenen Gegend am nordöstlichen Steilhang des Dschebel Duchân-Gebirges, auch Rauchberg genannt, ungefähr vierzig Kilometer von der Küste des Roten Meeres und im Übrigen nicht weit vom heute bekannten Urlaubsort Hurghada gelegen. Bis zum Beginn des 5. Jahrhunderts wurde in dem ägyptischen Steinbruch Porphyr abgebaut. Da man in der Kaiserzeit Rom geradezu damit vollgestopft hatte, nutzten viele Bauherren des frühen und hohen Mittelalters wegen ihrer Liebe zu antiken Spolien die einstmals von Steinen überbordende Stadt am Tiber als Hauptquelle kostbarer Baumaterialen.

Die byzantinischen Kaiser waren wohl die ersten, die Porphyr aus dem alten in ihr neues Rom überführen ließen und ihn deshalb griechisch auch als *lithos romaion*, als «Römischen Stein», bezeichneten. Karl der Große beschaffte sich im Jahr 786 Säulen aus Rom, um sie in die Aachener Pfalzkirche einbauen zu lassen. Otto der Große ließ im 10. Jahrhundert den Magdeburger Dom mit noch heute vorhandenen Säulen und einem umgedrehten Beckenträger aus Porphyr, der als Taufstein eine neue Verwendung fand, verse-

Der Entseelte

hen. Auch nach Frankreich und England wurde kostbares Gestein aus Rom verschifft. Aber auch in Rom selbst griff man für Kirchenneu- oder Umbauten auf die Porphyrvorräte der alten *urbs* zurück und gerade die Päpste haben sich hier reichlich des imperial konnotierten Materials vor ihrer Haustür bedient. Hauptsächlich Säulen gaben in Zweitverwendung den neuen Häusern Gottes ehrwürdigen Glanz. Im 9. Jahrhundert wurden die wichtigsten Patriarchalbasiliken mit von Porphyrsäulen getragenen Baldachinen über dem Hauptaltar geschmückt, wie etwa Santa Maria Maggiore, deren Altarsäulen man aus der Villa des Kaisers Hadrian in Tivoli herbeischaffte. Für die runden roten Fußbodenscheiben, die sogenannten *Rotae*, wurden von mächtigen Porphyrsäulen Steinkreise wie Scheiben von einer Mortadella heruntergeschnitten. Aber auch für Reliquienschreine wurde der kostbare rote Stein verwendet, wobei der Einfachheit halber Steinwannen aus den Thermen oder Prunkmulden von Wasserspielen zu den Knochenbehältern der Heiligen mutierten. Anfänglich nur den Heiligen vorbehalten, wurden die porphyrnen Behälter später auch als Sarkophage für die Mächtigen erneut populär, wie etwa für Papst Innozenz II. (1130–1143) oder Papst Anastasius IV. (1153–1154). Auch Kaiser Otto II. (973–983), der einzige Kaiser des mittelalterlichen Römischen Reiches, der in Rom sein Grab fand, bekam als Abdeckung seines Sarkophags einen Porphyrdeckel. Dieser gehörte ursprünglich zum Hadrianssarkophag, dessen Unterteil Innozenz II. für seine Grablege benutzen sollte. Im Gegensatz zum Unterteil des Sarges blieb der Deckel erhalten und wurde zwischen 1692 und 1697 von Carlo Fontana als Prunktaufbecken in eine Seitenkapelle des neuen Petersdoms einbezogen.[15]

Um ins Auge stechende Papst- und Kaiserimitationen prachtvoll in Szene zu setzen, wählte der Aufsteiger König Roger für die Herstellung der Sarkophage der eigenen Grablege den symbolträchtigen Porphyr. So besannen sich auch die ehrgeizigen Männer des Schwertes auf Sizilien auf die Beschaffungsmöglichkeiten in der ewigen Stadt. Wahrscheinlich hatten die Normannen durch die mit ihnen verbündete römische Familie Perleoni Zugriff auf antike Spolien. Anhand der Verjüngungen zum Ende hin, die bei den Sarkophagen der Kaiserin Konstanze in Palermo und König Wilhelms in Monreale auftreten, kam dem Byzantinist Josef Deér der Gedanke, dass für die Herstellung dicke antike Säulenschäfte verwendet worden sein könnten. Dass es solche dicken Säulen gegeben haben muss, belegen die purpurnen Scheiben in Fußböden. Mit der Steinschneidekunst vertraute Handwerker könnten aus porphyrnen Säulentrommeln die über zwei Meter dreißig langen und rund einen Meter breiten Sarkophage herausgesägt und hergestellt haben. Kaiser Friedrich II. und sein Vater Heinrich VI. ruhen wahrscheinlich in ausgehöhlten antiken Säulen. Sollten es keine Säulen gewesen sein, antike Spolien waren es auf jeden Fall, aus denen man die Särge meißelte.

Die von König Roger II. in Auftrag gegebenen zwei Porphyrsarkophage von höchster künstlerischer Qualität waren ursprünglich für einen zukünftigen königlichen Begräbnisplatz im Dom von Cefalú bestimmt. Über ein halbes Jahrhundert nach Rogers Tod wurden sie jedoch auf Befehl König Friedrichs II. nach Palermo transportiert. Hier ließ Friedrich die Gebeine seines Vaters, Kaiser Heinrichs VI., in den einen Sarkophag aus Cefalú umbetten, den zweiten, ehemals für Roger II. bestimmten Sarkophag, behielt er sich selbst vor. Die Gruppe dieser eindrucksvollen Steingräber stand, eingebunden in die Liturgie, über Jahrhunderte im Chorbereich der Kathedrale in Palermo. Erst bei den größeren Umbauten im 18. Jahrhundert wurden sie in eine Seitenkapelle am südlichen Westwerk versetzt, wo sie heute noch zu finden sind. Es handelt sich bei diesen Sarkophagen um die Artikulation eines auf römische Traditionen gestützten universalen Machtanspruchs, um ein caesarisches Herrschaftsbild mit byzantinischem Akzent in einer normannischen Verwandlung.

Von einer älteren Grabinschrift für Friedrich haben wir schon von Pandolfo gehört. Später kam noch eine zweite hinzu, die mit den Anfangsworten «*Qui mare, qui terras*» auf Vergils *Aeneis* anspielt:

> «Der das Meer, der die Lande, die Völker und die Reiche
>   unterwarf,

Der Entseelte

Den Kaisernamen jählings der arge Tod zerbrach.
Der Glanz der Gerechtigkeit, das Licht der Wahrheit und
Richtschnur der Gesetze,
Der Tugenden Klarheit – liegt nun hier, die Krone
der Könige.
So ruht, wie du siehst, Friedrich, auf Erden des Namens
der Zweite,
Den nun dieser Stein umgibt, und dem einst gehorchte
weit und breit die Welt.»

Da die Welt in Zeichen und Wortspielen auslegbar zu sein schien, war auch der Name «Fredericus» voller Bedeutung. Der Dominikaner Francesco Pipino wusste noch, dass die Hexameter, die von einem herausragenden Verskünstler stammen sollten, in Anspielung auf den Namen gesetzt worden sind: «FRE *fremit in mundo,* DE *deprimit alta profundo,* RI *ius rimatur,* CUS *cuspide cuncta minatur*», etwa «FRE brüllt in die Welt, DE presst das Erhabene hinab, RI durchschnüffelt das Recht, CUS bedroht mit dem Spieß einfach alles.» Die vielen schönen Verse, die man über den Kaiser euphorisch oder denunzierend reimte, belegen eindrucksvoll, wie man sich auch dichterisch am entseelten Friedrich abarbeitete.[16]

Der Sarkophag Friedrichs wurde bislang mehrmals, zweimal allein zu wissenschaftlichen Zwecken, geöffnet. Irgendwann wuchtete man den schweren Porphyrdeckel sogar hoch, um etwas ganz Erstaunliches zu tun: Friedrich musste sich fortan seinen Sarkophag mit zwei weiteren Leichen teilen. Bei der einen handelt es sich um die sterblichen Überreste von Peter II. von Aragón, König von Sizilien (1337–1342). Wer die Frau war, deren entseelte Hülle die Enge im Sarg weiter vermehrte, wissen wir nicht genau.

Im Zusammenhang des Umbaus und der Umgestaltung des Domes von Palermo Ende des 18. Jahrhunderts wurde der Sarkophag 1781 erneut geöffnet. Die Befunde wurden erstaunlich genau in dem Werk von Francesco Daniele in einer Reihe von Aufrissen und Zeichnungen dokumentiert. Nach der Zeichnung lag die Leiche Friedrichs noch allein, und vielleicht sind erst jetzt die beiden anderen Leichen hinzugekommen, weil man Platz brauchte. Fried-

500

richs Leiche war damals offensichtlich noch völlig intakt, doch vergaß man leider, das Maß des Kaisers zu nehmen, vielleicht interessierte man sich auch noch nicht dafür. Eine noch bedeutendere Frage konnte auch die Öffnung der Jahre 1998 und 1999 nicht beantworten, die Frage nach der DNA des Kaisers. Es gelang nicht, sie zu isolieren, was überaus schade ist, denn die Verifizierung der Gebeine König Heinrichs VII. oder anderer verwandtschaftlicher Verbindungen hätte fortan auf eine qualitativ ganz neue Stufe gestellt werden können. Was ist heute noch in dem Sarkophag enthalten? Als man am Ende des 20. Jahrhunderts den Deckel hob, blieb die Stimmung gedämpft. Die von Daniele noch so klar abgebildete Person war inzwischen zerfallen. Es offenbarte sich nur noch ein Durcheinander von Knochen, Textilresten und Metallpartikeln. Arnold Esch formulierte das so: «Jetzt sah das auf den ersten Blick aus wie ein Trog angefüllt mit leeren staubigen Kartoffelsäcken.»[17]

Götterdämmerung: Der Untergang der Staufer in Italien

Zu den Zeichen eines nahen Weltuntergangs gehören in vielen Endzeitvorstellungen nicht nur Erschütterungen, die alles zerstören, sondern auch blutige Kriege, teuflische Morde und rasende Feuersbrünste. Habgier und Durst nach Macht stiften überall Bruderzwist und Familienmord. Leichenschiffe tragen volle Last. Schicksale vollenden sich im Erdenbrand und im Versinken alter Welten. Und tatsächlich, auch die Welt jener Dynastie und jener Nachkommen, die ein Jahrhundert lang Europa prägten und die wir als Staufer bezeichnen, verging nach Kaiser Friedrichs Tod in einem dramatischen Szenario, zumindest in den Erinnerungen. Von einem Zauberspiegel, der die Zukunft zu zeigen vermochte, so schrieb Arnold Zweig (1869–1968) in einer Novelle aus dem Jahr 1926, verlangte der Kaiser zu sehen: «Mein Blut nach hundert Jahren.» Doch der Spiegel blieb leer. «‹Die Kunst endet schon?› fragte der Kaiser sanften Mundes. Lächelnd entgegnete der Junge: ‹Da erlosch dein Haus allbereits, o Herr.› ‹Den Letzten meines Hauses also!› Pochende Stille [...] Der Spiegel trübte sich: man sah. [...] Ein Hafen, ein Vulkan im Hintergrund: Neapel? Eine Menge. Ein Schafott. Ein Jüngling kniend, ein Haupt fällt. Ein Richter zerbricht einen Wappenschild: des Kaisers Wappen, seinen Adler.» Die farbenfrohe und wendungsreiche Oper, die die Geschichte der Staufer in Europa bislang abgab, verwandelte sich nun in ein Requiem.[18]

Das Ableben Friedrichs löste zunächst eine kurze Zeit des Erstaunens, ja der Verwirrung aus, denn das apokalyptische Tier hatte noch nicht alles zerstampft. Erst 1260, so die Vision der joachitischen Lehre, sollte das dritte Zeitalter anbrechen. Und nun, 1250, sollte Friedrich tatsächlich schon gestorben sein? War der Antichrist etwa doch noch nicht erschienen? Salimbene notierte im Anschluss an seine Sibyllenprophetie: «‹er lebt› und ‹er lebt nicht›. Denn ich selbst hätte lange Zeit kaum glauben können, dass er tot sei, hätte ich es nicht mit eigenen Ohren aus dem Munde Papst Innozenz' IV. gehört, als er auf der Rückkehr aus Lyon vor allem Volk zu Ferrara predigte. Ich stand nämlich dicht neben ihm in unmittelbarer körperlicher Berührung, als er in seiner Predigt die Worte sprach: ‹Jener Fürst, der einst Kaiser war, unser Gegner und der Feind Gottes und der Kirche, hat sein Ende gefunden, wie mir zuverlässig gemeldet ist.› Ich erschrak, als ich das hörte, und konnte es kaum glauben. Ich war nämlich ein Anhänger Joachims und glaubte, vermutete und erwartete, dass Friedrich noch größere Schandtaten verüben würde, als er schon getan hatte, obwohl es deren wahrhaftig viele gewesen waren.»[19]

Obwohl der als Bestie geschmähte Kaiser nun verschieden war, gab es keinen Frieden. Innozenz IV. führte den Kampf unverdrossen weiter, denn die ganze ruchlose Sippe sollte ausgemerzt werden. Das Testament Friedrichs besaß für ihn keinerlei Gültigkeit. Weder die Nachfolge Konrads IV. noch die Regentschaft Manfreds fand Anerkennung. Als Konrad nach Süden aufbrach, war seine Stellung in Deutschland alles andere als gesichert. Ganz im Gegenteil. Wilhelm von Holland begann sich langsam als König zu etablieren. Dennoch zog im Oktober 1251 Konrad nach Italien, um sein südliches Erbe zu sichern. Ihm gelang zwar die Unterwer-

502

fung von einigen süditalienischen Städten, die sich aufgelehnt hatten, doch völlig unerwartet starb er im Alter von nur sechsundzwanzig Jahren am 21. Mai 1254 in Lavello nordöstlich von Melfi. Kein Wunder, dass man etwas von Gift tuschelte und jenen am meisten verdächtigte, der den größten Vorteil davon hatte: Manfred. Man muss nicht bei jedem frühen und unerwarteten Tod gleich an Gift denken, man muss aber auch nicht alle Frühverstorbenen immer am gleichen Durchfall dahinsiechen lassen. Im Falle Manfreds unterstreicht ein Brief des Papstes, in dem der Pontifex Karl von Anjou vor zwei Giftmördern warnt, dass man eine Vergiftung immerhin für möglich hielt. Und von Manfreds vermeintlichen Kontakten zu Assassinen haben wir bereits gehört.[20]

Obwohl König Konrad IV. in seinem Testament für seinen gleichnamigen zweijährigen Sohn, den man in Italien Corradino, Konradin, nannte, einen Regenten bestimmt hatte, gelang es Manfred, die Macht an sich zu bringen. Um seinen kleinen Neffen Konradin zu verdrängen, soll Manfred das Gerücht verbreitet haben, der Knabe sei verstorben. 1258 ließ er sich in Palermo zum König von Sizilien krönen. Kurzzeitig konnte er sich sogar mit dem Papst arrangieren. Doch die schöne Eintracht hielt nicht lange, und der neue Papst Alexander IV. Conti (1254–1261) exkommunizierte den Sohn Kaiser Friedrichs. Während in Deutschland Richard von Cornwall und Alfons von Kastilien um die Macht stritten, gelang es König Manfred nicht, sich mit den beiden neuen, aus Frankreich gebürtigen Päpsten Urban IV. Pantaléon (1261–1264) und seinem Nachfolger Clemens IV. Foucois (1265–1268) zu einigen. Die Heiligen Väter suchten lange ganz Europa nach Kandidaten ab, die mächtig genug waren, Manfred sein Königreich zu entreißen. Nach einem gescheiterten Versuch mit einem Bruder König Heinrichs III. von England war der Richtige gefunden: Karl, Graf von Anjou (1266–1285), der jüngste Bruder Ludwigs IX., des Königs von Frankreich. Er war, wie Jacques Le Goff einmal schrieb, «das enfant terrible der Familie». König Ludwig versuchte lange, mäßigend auf die ehrgeizigen Ambitionen seines zwölf oder dreizehn Jahre jüngeren Bruders einzuwirken, dem es, einmal der ursprünglich geplanten geistlichen Laufbahn entkommen und mit dem traditionsreichen Namen Karls des Großen versehen, nach mehr an Stand und Besitz gelüstete. So mischte er in der flandrischen Erbfolge mit oder versuchte später, etwas vom oströmischen Kaiserkuchen abzuschneiden. König Ludwig willigte schließlich in den Plan des Papstes ein, für seinen Bruder die italienischen Besitzungen der Staufer zu erobern.[21]

Nun begann ein gewaltiges Ringen, angefüllt mit hochdramatischen Szenen und dem gewaltsamen Tod zweier Könige, denen man noch im Grabe ihre Ehre absprach. Von seinem Bruder Ludwig mit Geld unterstützt, brach Karl von Anjou 1265 zur Eroberung nach Italien auf. Im August des Jahres wurde er von Papst Clemens IV. in Rom mit dem Königreich Sizilien belehnt. Am 6. Januar 1266 folgte die Krönung zum König von Sizilien durch den Pontifex. Zwei Könige von Sizilien, das war einer zu viel, und so mussten die Waffen entscheiden. König Karl zog mit seinem Heer gegen König Manfred, der bei Benevent am 26. Februar 1266 Schlacht und Leben verlor. Da er exkommuniziert war, versagte man ihm sogar ein christliches Begräbnis. Saba Malaspina, ein zeitgenössischer Schreiber an der Kurie, überliefert, dass der schöne Körper des Königs auf dem Kampfplatz in der Nähe einer verfallenen Kirche unter zusammengesammelten Steinen ohne Grabmal bestattet worden sei. Später ließ man die Überreste auf Befehl von Papst Clemens IV. wieder ausgraben und an der Grenze des Königreiches in einem Bachtal zerstreuen. So zumindest dichtete Dante Alighieri über den Verbleib der Leiche, der Manfred damit wenigstens ein literarisches Denkmal setzte.

Der überraschende Sieg verhalf Karl von Anjou in den folgenden Wochen nahezu kampflos zur Errichtung seiner Herrschaft über das Königreich Sizilien. In Neapel zog er am 7. März ein. Hier ließ Karl die Familie Manfreds zunächst in die Küstenfestung Castell dell'Ovo einkerkern, in der schon Friedrichs Mutter Konstanze einst gefangen gehalten worden war. Mit der Inbesitznahme des Königreichs Sizilien durch Karl von Anjou etablierte sich die Dynastie der Kapetinger im italienischen Mezzogiorno. Karls sizilianisches Königtum sollte jedoch noch einmal ins Wanken geraten, als sich der mittlerweile mündig gewordene Konradin, Kaiser

504

Friedrichs Enkel, der den Titel König von Jerusalem führte, 1268 mit einem Heer gegen ihn wandte. Auf Sizilien regten sich erste Revolten gegen den Usurpator, die durch pisanische Flottengeschwader unterstützt wurden. Obwohl aus Rom durch eine Revolte der Bevölkerung vertrieben, übertrug der Papst im April 1268 in Viterbo Karl von Anjou das Reichsvikariat für Italien und exkommunizierte Konradin, der gerade erst sein sechzehntes Lebensjahr vollendet hatte. Am 25. Juni schlugen Konradins Waffengefährten ein Truppenkontingent Karls bei Ponte di Valle über den Arno. Im Juli umjubelte man Konradin in Rom. Zusammen mit Heinrich von Kastilien, dem Bruder König Alfons von Kastilien, zog er weiter in das Territorium Karls, um seine Truppen mit den mittlerweile aufständischen Sarazenen aus dem Gebiet um Lucera vereinen zu können. Das jedoch misslang. Erneut sprachen die Waffen. Am 23. August 1268 kam es zur Schlacht bei Tagliacozzo, die Konradin trotz anfänglicher Erfolge verlor.

Der junge König entkam zwar zunächst der Gefangennahme, stach sogar schon auf einer Sagitta in See, wurde aber bei Astura von Giovanni Frangipani verraten und an Karl von Anjou ausgeliefert. Um die fortwährende Bedrohung durch die den Staufern zugeneigten Mächte endgültig zu beseitigen, ließ Karl einen Prozess gegen Konradin inszenieren. Da Konradin gegen den Reichsvikar von Italien gekämpft und sich damit gegen die Autorität des Reiches gestellt habe, sei er ein Hochverräter, so die Anklage. Das Urteil lautete auf Tod durch das Schwert. Konradin wurde mit mehreren Begleitern, darunter seinem nur wenige Jahre älteren Gefährten Friedrich Markgraf von Baden sowie dem Bruder der schönen Bianca, der einstigen Frau seines Großvaters Kaiser Friedrich, am 29. Oktober 1268 auf der Piazza del Mercato in Neapel öffentlich enthauptet. Die Leiche verscharrte man wie schon die von Manfred in ungeweihter Erde in der Nähe des Richtplatzes. Später nahmen sich die Karmeliter von Santa Maria del Carmine seiner sterblichen Reste an. Erst im 19. Jahrhundert entwarf der dänische Bildhauer Bertel Thorvaldsen im Auftrag Maximilans II. von Bayern (1848–1864) ein Grabdenkmal für Konradin, in welches 1847 auch die Überreste eingelagert wurden. Doch an Karls

Schwert klebte noch nicht genug Blut. Der junge König Konradin hatte einen fast gleichaltrigen Halbbruder, den sein Vater mit einer Geliebten in Italien gezeugt hatte. Auch diesen illegitimen Spross ließ Karl gemeinsam mit seiner Mutter aufhängen. Kaiser Friedrichs Sippe sollte völlig ausgelöscht werden.

Konrad, Manfred, Heinrich, die Söhne Kaiser Friedrichs II. und auch seine Enkel Konradin, Friedrich, Heinrich, sie alle waren tot. Der einstige Segen an männlichen Nachkommen des Imperators war nun dahingemäht von der Sense des Todes. Auch wenn noch weitere männliche Nachkommen des Kaisers am Leben waren, mit der Enthauptung Konradins 1268 fand die politische Bedeutung von Friedrichs Nachkommen im Mannesstamm ein Ende. Manfreds Söhne lagen noch ewig weiter in Ketten. Seinem ältesten Sohn Friedrich gelang zwar nach Jahrzehnten die Flucht aus dem Kerker, doch nach langem Umherirren an europäischen Höfen verlieren sich seine Spuren. Sein Bruder Heinrich starb 1318 erblindet nach zweiundfünfzig Jahren Haft als letzter männlicher Spross seiner Familie. Erst mit ihm endete tatsächlich die Reihe der legitimen männlichen Nachkommen Kaiser Friederichs II.[22]

In Bologna schmachtete noch Friedrichs illegitimer Sohn Enzio im Kerker, ohne jemals die Freiheit wiederzuerlangen. Über den ebenfalls illegitimen Sohn Friedrich von Antiochia sind weitere männliche Nachkommen nachweisbar. Die Tochterstämme aber blühten weiter und stifteten, was dem Mannesstamm verwehrt blieb: Legitimation. Manfreds älteste Tochter Konstanze war nicht in die Hände Karls gefallen. Sie wurde schon 1262, also noch vor den Gemetzeln von Benevent und Tagliacozzo, mit dem späteren König von Aragón, Peter III. (1276–1285), vermählt. Diese Verbindung stiftete jenen Legitimitätsgrund, der nach der Sizilia-

506

nischen Vesper von 1282 ihren Nachkommen mit König Peter III.
die Herrschaft über die Insel Sizilien stabilisieren half. Von Kaiser
Friedrichs Tochter Margarete, die als Siebzehnjährige den wettinischen Landgrafen von Thüringen, Pfalzgrafen von Sachsen und
Markgrafen von Meißen, Albrecht (1240–1314/15), heiratete, haben wir schon gehört. Auch an ihre Nachkommen knüpften Anhänger der Staufer politische Hoffnungen. Diese Verwandtschafts-
linie machte einige der wettinischen Nachfolger zu königswürdigen
Kandidaten. Konstanze und Margarete sind der Ursprung jener
beiden legitimen Tochterstämme, die staufisches Blut in Aragón
und Sachsen in die Zukunft trugen.

Und Kaiser Friedrichs Reich? Es war, wie sein Herrscher, eine
entseelte Hülle geworden. Bedenkt man die Schärfe der scheinbar
ununterbrochenen Kämpfe zwischen Kaiser und Papst, die ungeheuren Aufwendungen, die das Königreich Sizilien in anderthalb
Jahrzehnten Dauerkrieg ökonomisch völlig aussaugten, dann hat

507

Kaiser Friedrich geradezu verbrannte Erde hinterlassen, zumindest verdorrtes Land. Vielleicht war es dieses Röcheln Siziliens, von dem Lampedusa spricht, wenn er schreibt: «Ringsum wellte sich das Land, begräbnistraurig, gelb von Stoppeln, schwarz von verbrannten Getreidegrannen; die Klage der Zikaden erfüllte den Himmel; in ihr war etwas wie das Röcheln Siziliens.»[23] Begräbnistraurig war auch die Dynastie verwelkt. Das Reich Kaiser Friedrichs II., gestützt von den vier Säulen der Krönungsorte Palermo, Aachen, Rom und Jerusalem, es war zerfallen.

Epilog

Der Wiedergänger

«Er lebt und er lebt nicht»: Der Enkel verwandelt sich in den Großvater

n einem Julitag des Jahres 1285 qualmte es auf einem Feld vor den Toren der Stadt Wetzlar in der Wetterau gewaltig. Der Rauch rührte von einem Scheiterhaufen her, den man errichtet hatte, um einen Kaiser zu verbrennen. Jedenfalls behauptete der zum Feuertod verurteilte Mann, einer zu sein. Kein geringerer sei er als Kaiser Friedrich II., der Hammer der Welt. Doch er starb als Ketzer und Zauberer zum Tode verurteilt in den Flammen. In seinen letzten Worten soll sich der vermeintliche Kaiser an seine Anhänger gewandt und sie aufgefordert haben, nach Frankfurt zu kommen, denn dort werde man sich schon bald wiedersehen. So berichtet die 1320 entstandene *Österreichische Reimchronik*: «dô man in fuorte zuo dem rôst, / dô gap er guoten trôst / sînen dinæren / daz si trûren verbæren: / swer gerne von ime vernæme, / daz der des andern tags kæme / gegen Frankenfurte.» Und tatsächlich: Kurze Zeit später tauchte in Frankfurt am Main ein neuer Kaiser Friedrich auf, der von sich behauptete, aus der Asche des in Wetzlar Verbrannten wie Christus am dritten Tage wieder auferstanden zu sein. Mit seiner Geschichte, er sei Kaiser Friedrich II., durchzog der Mann verschiedene Städte und Dörfer. In Gent nahm man ihn gefangen. Doch nach seiner Freilassung behauptete er weiterhin, Friedrich zu sein, und reiste nach Utrecht, wo man ihn ergriff und an den Galgen brachte. Im Jahr 1286 trat in Lübeck erneut ein alter Mann auf, der glauben machen wollte, er sei Kaiser Friedrich II. Doch wurde er schnell als Betrüger entlarvt, denn einige der alten Ratsherren kannten den

Imperator noch persönlich. Nach einem zeitgenössischen Bericht machte man nicht viel Aufhebens um diesen falschen Friedrich, steckte ihn in einen Sack und versenkte ihn im Fluss. Noch einmal im Jahr 1295 – immerhin über ein halbes Jahrhundert nach dem letzten Deutschlandaufenthalt des echten Kaisers, der nun schon über hundert Jahre alt gewesen wäre – zog ein Mann als Kaiser Friedrich durch Deutschland. Er wurde schließlich in Esslingen gefangengenommen und endete ebenfalls auf dem Scheiterhaufen.[1]

Die falschen Friedriche sind eines der interessanten Nachahmungsphänomene großer Vorgänger, die wie Geister durch die Jahrhunderte irren. Vom falschen Smerdis bei den antiken Persern reicht der Bogen über die drei Neros, über wiedererstandene Kaiser, Zaren und Könige, über falsche Prinzen zu den Dimitris oder Woldemars hin bis in die Nähe der Betrüger wie dem Hauptmann von Köpenick oder der literarischen Figur eines Felix Krull. Wie man am Beispiel des aus der Asche wieder auferstandenen Friedrichs sehen kann, hatten Wiedergänger eine politische Bedeutung, wenn die vom irdischen Jammertal Bedrückten ihre Hoffnungen an sie hefteten. Erst eine ausgeprägte Sehnsucht nach einer Ordnung, die man der Herrschaftszeit Friedrichs zuschrieb, ermöglichte dies. Hinzu kam, dass sich die vielen Friedrich-Imitatoren offenbar so gut in ihre Rolle hineinversetzten, dass sie schließlich zuweilen selbst daran glaubten, zumindest aber andere Menschen davon überzeugen konnten.

Immerhin fast ein Jahr lang trat Dietrich Holzschuh – niederdeutsch Tile Kolup – mit großem Anklang als echter Kaiser Friedrich II. auf. Zuerst erhob er 1284 in Köln den Anspruch, er sei in Wirklichkeit Friedrich. In Neuss am Rhein hielt er regelrecht Hof und gab von dort sogar Urkunden mit gefälschten Kaisersiegeln aus. Finanzielle Zuwendungen flossen ihm so reichlich zu, dass er sich in der folgenden Zeit mit einem beeindruckenden Hofstaat, darunter ein Kanzler und ein Hofmarschall, Kämmerer und Diener, sowie einer Leibwache umgeben konnte. Mit Hilfe seiner Kanzlei korrespondierte er mit verschiedenen deutschen Fürsten. In Oberitalien berieten sich Stadtkommunen, ob und wie man mit dem

Epilog: Der Wiedergänger

Kaiser Kontakt aufnehmen solle, einige schickten sogar Gesandtschaften. Die Formalien und Formulierungen in seinen Briefen müssen sehr überzeugend gewirkt haben, denn etliche Fürsten im Reich erkannten ihn als den rechtmäßigen Kaiser an. Auch das höfische Gebaren muss authentisch gewesen sein, was den Schluss nahelegt, dass Tile Kolup kein einfacher Bauer gewesen sein kann, sondern eine Zeit lang am Hof des Kaisers oder bei einem seiner Söhne geweilt haben muss. Seine Korrespondenzen gipfelten in einem Brief an Rudolf von Habsburg, den seit 1273 als rechtmäßiger deutscher König amtierenden Herrscher, in dem er diesen aufforderte, sich von seiner kaiserlichen Majestät gefälligst die Krone und Königswürde bestätigen zu lassen oder aber diese niederzulegen. König Rudolf, an dessen Gegner sich Kolup geschickt anschloss, wurde die Sache zur ernsten Gefahr. Es bedurfte schließlich eines Heeres des rechtmäßigen Königs, um Kolup zu überwältigen. Unter der Folter gestand er kurz vor seiner Verbrennung, dass er in Wirklichkeit ein einfacher Mann namens Tile Kolup sei. Aber was beweisen schon Foltergeständnisse?[2]

Die Sehnsucht nach Kaiser Friedrich II. und seiner verklärten Herrschaft begann, wie man an den falschen Friedrichen sehen kann, unmittelbar nach seinem Tode. Es häuften sich zudem Legenden, Kaiser Friedrich befinde sich auf einem Büßergang, einem Kreuzzug oder habe sich in einem fernen Land vor der Verfolgung des Papstes in Sicherheit gebracht. In vielen Kreisen lief auch die Weissagung der Erythräischen Sibylle um: «*Sonabit et in populis ‹Vivit et non vivit›* – tönen wird es unter den Völkern: Er lebt und er lebt nicht.» 1257 schloss man in der Nähe von Florenz sogar notariell beglaubigte Wetten darauf ab, dass der Kaiser noch lebe. Andere wiederum glaubten, der Kaiser sei zwar verstorben, werde aber bald auferstehen, seine Widersacher auf die Knie zwingen und für seine Reiche eine neue Epoche des Wohlstands und des Friedens bringen. Man sehnte sich danach, Kaiser Friedrich II. möge wiederkehren und die alte Ordnung erneuern.[3]

Die Sage vom entrückten Kaiser Friedrich hat zuerst in Italien ihre Spuren hinterlassen, um dann nördlich der Alpen liebevoll ausgebaut zu werden. Jans Enikel, der Wiener Bürgersohn und

Dichter des 13. Jahrhunderts, den wir schon kennen, schloss seine Chronik mit der Frage nach dem wirklichen Tod des Kaisers: «ob er wær tôt an der zît, / dâ von ist wærlîch noch ein strît / in welhischen landen über al.» Der englische Franziskaner und Chronist Thomas von Eccleston berichtet von einem Mönch, der den Kaiser im Ätna verschwinden sah. Daran knüpfte offensichtlich der erste der falschen Friedriche an. Ein Jahrzehnt nach dem Tod des Kaisers behauptete ein Bettler namens Johannes Cocleria, der Kaiser zu sein, und suchte mit einer Schar von Anhängern Zuflucht in den Bergen des Ätnamassivs. Durch die Poesie der Troubadours war der Boden für bergentrückte Herrscher, wie den legendären englischen König Artus, ohnehin schon bereitet. Die Kaisersage in der Prophetie wandelte sich durch die Zeitverhältnisse zum Kaisertraum. Nun kam es zu einer Verbindung der Friedrichlegende mit der separat entstandenen Kyffhäusersage.[4]

In der *Düringischen Weltchronik* des Johannes Rothe aus dem 15. Jahrhundert ist in der Erzählung vom «falschen Friedrich» des Jahres 1261 davon die Rede, dass Kaiser Friedrich II. neben anderen «wüsten Orten» im Reich vor allem in der verfallenen Kyffhäuserburg gesichtet werde: «Vonn dissem keisser Frederiche dem ketzer erhub sich eyne nuwe ketzerey die noch heymelichen under den cristen ist, unde die glouben des gentzlichen, das keisser Frederich noch lebe unde lebinde bleiben sulle bis an den jungisten tagk unde das keyn rechtir keysser noch om worden sey adir werden sulle unde das her wander zu Kuffhussen yn Doringen uf dem wusten slosse. [...] Man meynet wol, das vor dem jungisten tage eyn mechtiger keiser der cristenheit werden sulle, der frede machen sulle under den fursten, unde denn sso sulle von om eyne meerfart werden unde her sulle das heilige grab gewynnen unde den nenne man Frederich umb fredis willen den her machit, ap her nicht alsso getouffet ist.» Bald darauf wechselte der Kaiser seinen Aufenthaltsort. Bislang war er vor allem auf dem Berg zu finden. In einer Flugschrift von 1537 wurde er in ihn hineinversetzt. Wie schnell die Sage fest lokalisiert wurde, zeigte sich schon 1546, als in den Ruinen des Kyffhäusers ein «wahnsinniger Schneider» vom Volk für den Kaiser gehalten wurde.[5]

Epilog: Der Wiedergänger

Im 16. Jahrhundert wurde die Erzählung vom Kaiser im Berge zu einer typisierten Sagenform. Schließlich begann im 17. Jahrhundert die Grenze zwischen Großvater und Enkel zu zerfließen. Man wusste nun nicht mehr so genau, welcher Friedrich denn eigentlich gemeint war, auf den als historische Figur bislang in der Sage Bezug genommen wurde. In der *Alectryomantia* des Schriftstellers und Sagensammlers Johannes Praetorius von 1681 heißt es über die Kyffhäusersage: «Es ist unter den Leuten, die am Hartze wohnen, eine gemeine Sage, dass Kayser Friederich (niemand aber kann gewiss anzeigen, welcher?) sich selbst in dem Kiffhäuser-Berge ... solle verflucht haben, darinnen auf der Banck am Tisch sitzen, mit einem langen Bart biß auff die Erde, und schlaffen, aber vor dem jüngsten Tage wieder aufwachen.» Wenig später musste der Ketzerkaiser Friedrich II. gänzlich zugunsten von Friedrich I. Barbarossa weichen. Georg Henning Behrens *Hercynia curiosa* von 1703 überlieferte: «Von diesem Berge und Schlosse redet der allhier am Hartz und in der Nachbarschafft wohnende gemeine Mann viel Fabelhaftes, die gemeineste Sage aber ist: gleichwie Kayser Carolus Magnus zu Nürnberg auf der Kayserlichen Burg sich in einen daselbst vorhandenen sehr tiefen Brunnen, also auch Kayser Friedrich der Erste, Aenobarbus oder Barbarossa, das ist Roth-Bahrt, zubenahmet, sich selbst mit etlichen der Seinigen an diesen Ort verfluchet habe.»[6]

Einige Umstände haben in der Folge die weitere Ausschmückung der Sage sowie die Verklärung ihrer zentralen Figur begünstigt. Zunächst wurde der Name «Friedrich» bzw. «Friedreich» als Programms oder gar Utopie verstanden. Der Wechsel des Schauplatzes vom fernen Sizilien an einen Ort in der Nähe steigerte zudem den Bekanntheitsgrad. Die Volksphantasie wurde durch die Sagen des Harzes und die außergewöhnliche Größe der Kyffhäuserburg stark beflügelt. Schließlich machte das auffällige äußere Merkmal des langen roten Bartes die Sagengestalt besonders einprägsam, zumindest mehr als die des bartlosen Enkels. Kaiser Friedrich II. trat nun ein in den Schatten des Kyffhäusers, den sein Großvater fortan fest besetzt halten sollte.[7] Im ersten Drittel des 19. Jahrhunderts entwickelte sich die Barbarossalegende von einer

513

thüringischen Regionalsage zu einer deutschen Volkssage und zugleich zu einem nationalen Mythos. Die Verbreitung des Sagenstoffes erhielt 1816 mit dem Erscheinen der Sammlung deutscher Sagen der Brüder Jacob und Wilhelm Grimm einen kräftigen Impuls, in deren Sagenfassung *Friedrich Rothbart auf dem Kyfhäuser* auch die Überlieferungen von Praetorius und Behrens eingeflossen sind. 1817 veröffentlichte Friedrich Rückert (1788–1866) ein Gedicht mit dem Titel *Barbarossa*, in welchem er Friedrich I. mit der politischen Situation in Verbindung brachte, indem er den Wunsch nach Einheit des Reiches zum erlösenden Moment des verzauberten Kaisers deutete. Da das Gedicht schnell und dauerhaft Eingang in deutsche Schulbücher fand, sind die mit Rückerts Versen verbundenen Vorstellungen vom Kyffhäuser und dem darin herumgeisternden Kaiser zum Allgemeingut aller Schulabsolventen jener Epoche geworden. Von Barbarossas Enkel, Kaiser Friedrich II., war nun nicht mehr allzu oft die Rede. Selbst in Achim von Arnims (1781–1831) die Erneuerung des Reichs thematisierenden Roman *Die Kronenwächter* kommt Kaiser Friedrich II. nicht mehr vor. Für eine geraume Zeit trat er in den literarischen Erinnerungen völlig zurück.

Das änderte sich erst wieder mit der Geschichtsschreibung im späten 19. Jahrhundert. Mit dem wachsenden Interesse am Nationalstaat und den verschiedenen Vorstellungen von einem neu zu gründenden Reich entstanden die großen mehrbändigen Kaisergeschichten, die eine edle imperiale Größe in der Vorzeit ausmalten. Seit der Romantik herrschte ein Geschichtsbild vor, das zunehmend von einem Mittelalter als einem verklärten Wunschtraum erfüllt war und in dem des Sizilianers Großvater, Friedrich I. Barbarossa, als märchenhafte Erlöserfigur erschien. Die sechsbändige *Geschichte der Hohenstaufen und ihrer Zeit* des Berliner Historikers Friedrich von Raumer (1781–1873), die in den Jahren 1823 bis 1825 veröffentlicht wurde, aber auch Wilhelm von Giesebrechts (1814–1889) ebenfalls mehrbändige *Geschichte der deutschen Kaiserzeit* aus den Jahren 1855 bis 1888 wurden in rascher Folge mehrfach aufgelegt und erzielten eine enorme Breitenwirkung. Beide präsentierten ihren Lesern den Barbarossa-Enkel Friedrich II.

Epilog: Der Wiedergänger

aus protestantisch-preußischer Perspektive als einen mustergültigen reformorientierten Herrscher. Irgendwie sei Friedrich schon, so Raumer, «Protestant geworden». So sah das auch Ferdinand Gregorovius, der, als er auf der Suche nach den deutschen Ahnen Italien bereiste, in Friedrich einen Vorläufer der Reformation entdeckte. Im Grunde wurde Friedrich II. in jener Zeit immer dann besonders bemüht, wenn es um einen antiklerikalen oder antirömischen Reflex ging.

Doch Kaiser Friedrich II. besaß einen Makel. Sein vermeintliches Versagen bei einer kraftvollen nationalen Königspolitik nördlich der Alpen und die ihm zugeschriebene Verantwortung für die territoriale Zersplitterung machten den Sizilianer auf dem deutschen Thron zum Exponenten einer verfehlten Süd-Orientierung. Deutsche Historiker bekamen sich sogar im Vorfeld der deutschen Reichseinigung von 1871 über Fragen der Südpolitik und Ostkolonisation in die Haare. Dieser Disput, hinter dem sich Auseinandersetzungen um die Ausdehnung des zukünftigen Deutschen Reiches verbargen und der von den beiden kontroversen Meinungsbildnern Heinrich von Sybel (1817–1895) und Julius Ficker (1826–1902) angeführt wurde, ist als der Sybel-Ficker-Kaiserstreit in die Geschichte der Historiographie eingegangen.

Neben den Historikern griffen auch die Dichter des späten 19. Jahrhunderts in zahlreichen Gedichten und Dramen auf Barbarossa und seinen Enkel Friedrich II. zurück. Sie bezogen ihr historisches Wissen zu großen Teilen aus Raumers mehrbändiger Staufergeschichte. Der Schriftsteller Willibald Alexis (1798–1871) kommentierte diesen Dichterdrang in seinen Lebenserinnerungen: «Es gab eine Zeit, wo unter zehn aspirierenden Dichtern wenigstens sieben den Untergang des letzten Hohenstaufen dramatisierten [...]. Auch ich habe natürlich meinen Konradin geschrieben. Es geht oder ging wunderbar darin zu. Jeder Aktschluss voller Ahnungen und Vorbedeutungen. Die ganze Geschichte der Hohenstaufen war mir gelungen, auf gewisse Schicksalstage zu reduzieren. Alles, was die großen Kaiser getan und gelitten, hing an einem fatalistischen Schnürchen.»[8] Doch Barbarossa blieb der Stärkere im Kampf um die Popularität bei den Deutschen. Die vielen

515

«Kyffhäuserdeutschen», wie der selbst hypernational denkende Heinrich von Treitschke die Anhänger der nationalen Mythen nannte, bezogen sich auf Friedrich I. Seinen Enkel Friedrich II. hingegen hielt Treitschke für einen «wälschen Kaiser inmitten sarazenischer Leibwächter und leichtfertiger südländischer Sänger».[9]

Prägende Urteile:
Jacob Burckhardt und Friedrich Nietzsche

Doch für die Deutungen Kaiser Friedrichs II., die bis in unsere Gegenwart reichen, waren Urteile von zwei anderen Autoren von größerem Gewicht, deren Auffassungen über Kaiser Friedrich II. geradezu den Charakter von Leitmotiven bekommen haben.

Jacob Burckhardt (1818–1897), der in seinen kulturgeschichtlichen Werken einen weiten Kulturbegriff anlegte, gab in seinem Werk *Die Kultur der Renaissance in Italien* von 1860 dem Epochenbegriff «Renaissance» einen zählebigen Deutungskern. Zentrale Funktion hatte in Burckhardts Vorstellung von den drei Potenzen «Staat», «Religion» und «Kultur» eine spezielle Sicht auf den «Staat als Kunstwerk», worunter er ein Zurückdrängen jeglicher religiöser Legitimation von Macht durch neue, rein rationale Herrschaftstechniken verstand. Traditionelles christliches Amtsverständnis, überhaupt jegliches überkommene Reglement, musste der kalten Berechnung der Mittel weichen, die zur Herrschaftserlangung und -erhaltung nötig sind. Betrieben wurde dieser Prozess von der Tyrannis machtvoller Individuen, den Machtmenschen. Im ersten Kapitel der *Kultur der Renaissance in Italien* erläuterte Burckhardt die Vorreiterrolle des von Kaiser Friedrich II. geformten Reiches für die Staaten der Renaissance und fällte dabei sein berühmt gewordenes Diktum, der Kaiser sei der «erste moderne Mensch auf dem Throne». Dieses Motiv erstarrte später zu einem regelrechten Modernitätstopos.[10]

Hören wir das Wortspiel Jacob Burckhardts einmal im Zusammenhang, da es allzu oft auf die Moderner-Mensch-Metapher reduziert und positiv gedeutet wird, was es im Sinne des Autors aber

516

gar nicht sein sollte: «Der innere Zustand der von Gewaltherr-schern regierten Territorien hatte ein berühmtes Vorbild an dem Normannenreiche von Unteritalien und Sizilien, wie Kaiser Friedrich II. es umgestaltet hatte. Aufgewachsen unter Verrat und Gefahr in der Nähe von Sarazenen, hatte er sich frühe gewöhnt an eine völlig objektive Beurteilung und Behandlung der Dinge, der erste moderne Mensch auf dem Throne. Dazu kam eine nahe, vertraute Kenntnis von dem Innern der sarazenischen Staaten und ihrer Verwaltung, und jener Existenzkrieg mit den Päpsten, welcher beide Parteien nötigte, alle erdenkbaren Kräfte und Mittel auf den Kampfplatz zu führen. Friedrichs Verordnungen (besonders seit 1231) laufen auf die völlige Zernichtung des Lehnsstaates, auf die Verwandlung des Volkes in eine willenlose, unbewaffnete, im höchsten Grade steuerfähige Masse hinaus. […] Hier ist kein Volk mehr, sondern ein kontrollierbarer Haufe von Untertanen.»[11]

Friedrich II. ist bei Burckhardt – im Gegensatz zur landläufigen Meinung – also gar nicht positiv gedeutet worden, denn er sah den Kaiser am Beginn einer jegliche traditionelle Legitimation auflösenden Moderne stehen, der der Autor später so skeptisch gegenüberstehen sollte. Der Staat als Kunstwerk ist der Hexenkessel, aus dem der neue Machtmensch dampfend emporsteigen wird und unter dem der Kaiser so richtig eingeheizt haben soll.[12]

Eine für die Deutung Kaiser Friedrichs ebenso wichtige Stimme besaß Friedrich Nietzsche (1844–1900), zeitweilig Vorlesungshörer und Kollege von Jacob Burckhardt in Basel. Die Spannung von Nietzsches Experimentalphilososphie lag zu großen Teilen darin begründet, dass Nietzsche «ein Spätling und zugleich eine Frühgeburt des kommenden Jahrhunderts» gewesen ist, und man «im blendenden Licht von Nietzsches Radikalismus» Schatten besonders scharf konturiert wahrnehmen konnte. Obwohl Nietzsche sich nie mit ausführlichen Einschätzungen über Friedrich II. zu Wort meldete, war seine Meinung über den Kaiser unter anderem deshalb von so herausragendem Belang, weil er auf die Geschichtsauffassungen der um Stefan George versammelten Künstler, darunter Ernst Kantorowicz, so nachhaltig wirkte. Nietzsche hielt Friedrich II. für einen einsamen Helden, und im Vergleich zum

517

Hohenzollern-König gleichen Namens galt ihm der Kaiser als der Größere. Kaiser Friedrich II. war für ihn eine der monumentalen Persönlichkeiten der Geschichte.[13]

In seiner philosophischen Autobiographie *Ecce homo* von 1888 notierte Nietzsche eher beiläufig einen Anwurf gegen Rom und zog eine Parallele: « – ich wollte nach Aquila, dem Gegenbegriff von Rom, aus Feindschaft gegen Rom gegründet, wie ich einen Ort dereinst gründen werde, die Erinnerung an einen Atheisten und Kirchenfeind comme il faut, an meinen Nächstverwandten, den grossen Hohenstaufen-Kaiser Friedrich den Zweiten.» Diese Einschätzung Nietzsches, Kaiser Friedrich sei ein Atheist gewesen, die schon im Gefolge der päpstlichen Verleumdungen durch die Drei-Betrüger-Geschichte aufkam, hallte lange nach.[14]

Deutlicher als die Bemerkung über «meinen Nächstverwandten» in *Ecce homo* führte Nietzsche in *Jenseits von Gut und Böse* aus: «so entstehen jene zauberhaften Unfassbaren und Unausdenklichen, jene zum Siege und zur Verführung vorherbestimmten Räthselmenschen, deren schönster Ausdruck Alcibiades und Caesar (– denen ich gern jenen ersten Europäer nach meinem Geschmack, den Hohenstaufen Friedrich den Zweiten, zugesellen möchte), unter den Künstlern vielleicht Lionardo da Vinci ist. Sie erscheinen genau in denselben Zeiten, wo jener schwächere Typus, mit seinem Verlangen nach Ruhe, in den Vordergrund tritt: beide Typen gehören zu einander und entspringen den gleichen Ursachen.» Und in seiner 1888 verfassten polemischen Abrechnung mit dem Christentum *Der Antichrist* kommentierte er: «‹Krieg mit Rom aufs Messer! Friede, Freundschaft mit dem Islam›: so empfand, so that jener grosse Freigeist, das Genie unter den deutschen Kaisern, Friedrich der Zweite. Wie? muss ein Deutscher erst Genie, erst Freigeist sein, um anständig zu empfinden? Ich begreife nicht, wie ein Deutscher je christlich empfinden konnte ...»[15]

Durch die von Nietzsche eher beiläufig getroffenen Aussagen schien durch philosophische Autorität abgesichert zu sein, dass es sich bei Friedrich um einen Herrscher völlig neuen Zuschnitts gehandelt haben muss: Erster moderner Mensch auf dem Thron, erster Europäer und doch Deutscher, Atheist und Genie, das waren

518

die leckeren Köder, nach denen deutsche Intellektuelle ein Jahrhundert lang schnappten. Der Kulturhistoriker Egon Friedell (1878–1938) zählte Kaiser Friedrich II. in seiner weit verbreiteten *Kulturgeschichte der Neuzeit* in Anlehnung an Burckhardt und Nietzsche neben den drei Kriegsherren Alexander, Caesar und Friedrich II. von Preußen zu den vier Großen der Weltgeschichte: «Eine Figur von anderem Guss ist Friedrich der Zweite: einer der genialsten Menschen, die jemals eine Krone getragen haben. Er erinnert in seiner humanen Universalität und weitblickenden Staatsklugheit an Julius Caesar, in seiner Freiheit und Geistigkeit an Friedrich den Großen und durch sein Feuer, seinen Unternehmungsgeist und eine gewisse künstlerische Lausbubenhaftigkeit an Alexander den Großen. Alle diese Eigenschaften haben aber bei ihm eine ausgesprochen nihilistische Färbung: sein universelles Verständnis für alles Menschliche wurzelt weniger in der Erkenntnis, dass alles Lebende gleichberechtigt ist, als in der Überzeugung, dass niemand Recht hat; seine Denkfreiheit ist eine Form des Atheismus, seine feine und überlegene Geistigkeit Skeptizismus, sein Temperament und seine Energie eine Art schöpferisches Auflösen aller politischen und religiösen Bindungen: er war nur ein Zertrümmerer, freilich ein grandioser und dämonischer.»[16]

Deutungsgeschichte als Selbstvergewisserung: Ernst Kantorowicz

Die wirkmächtigsten Deutungen Kaiser Friedrichs II. in der Moderne gab Ernst Kantorowicz in seinem Buch *Kaiser Friedrich der Zweite*. Hier lässt sich gut erkennen, wie die Beschäftigung mit einer historischen Figur vornehmlich der eigenen Standortbestimmung dient. Zudem wird klar, wie im Rahmen von Burckhardts und Nietzsches Modernitätstopos Kaiser Friedrich II. vom «ersten modernen Menschen auf dem Thron» zu «jenem feurigen Herrn des Anfangs» werden konnte, einem nun geradezu faustischen Wegbereiter der Neuzeit, der sich deutlich von dem «müde[n] Herr[n] des Endes», den Ernst Kantorowicz in Barbarossa sah, unterschied.[17]

519

Ernst Kantorowicz, der 1895 in Posen geborene und im groß-
bürgerlichen deutsch-jüdischen Milieu aufgewachsene Schöngeist,
kam durch seinen Studienaufenthalt in Heidelberg mit dem Dichter Stefan George (1868–1933) in Berührung, dessen Jüngerkreis
er angehörte. Noch vor Ausbruch des Ersten Weltkriegs begann in
der Künstlergruppe eine deutliche Hinwendung zu Friedrich Nietzsche und seinem auf der Umwertungsphilosophie aufbauenden
Denken. Ideale Gestalten der Vergangenheit suchten nach ihren
Darstellern. Kantorowicz wandte sich Kaiser Friedrich II. zu und
wollte in ihm die höchsten Tugenden der Deutschen nachzeichnen,
die in einem Menschen – in dem All-Einen – vereint seien. Auch
Stefan George sah in Friedrich II. einen «Weltkaiser», der die «alte
Gleichung von ‹sehr deutsch› gleich südlich-überdeutsch» zu erfüllen schien. Mit dem Buch über Kaiser Friedrich widmete sich Kantorowicz der Darstellung des – wie Friedrich Gundolf formulierte – «reichsten, geschmeidigsten und kühnsten Herrschergenies,
das die Welt seit Caesar gesehen». Kantorowicz selbst stilisierte
Friedrich zu einem «Verführer, Berücker, dem Strahlenden, Hei-
teren, dem Ewig-jungen, dem strengen kraftvollen Richter, dem
Gelehrten und Weisen, dem im Helm den Musenreigen führenden
Krieger, der nicht schläft, sondern sinnt, wie er ‹das Reich› er-
neue.»[18]

Doch der Autor des heute so oft zitierten, jedoch selten tatsächlich gelesenen Buches wollte sein Werk als Kunstwerk verstanden
wissen, das eine verborgene Vision durchwirkte. Seit 1910 war die
Idee eines «Geheimen Deutschland» im Sinne eines noch verborgenen und wahren Deutschland zu einem Zentralbegriff des George-
Kreises geworden. Die Künstler um George schufen sich die
«Traumfigur» eines Staates, einer ebenfalls als Kunstwerk verstandenen Hülle, in der der kleine Dichterkreis seinen Künstlerstaat
gestalten und sich so am Ende zu einer Dichterherrschaft transfor-
mieren wollte. Diese Vorstellung projizierte Kantorowicz auf den
Hof Kaiser Friedrichs II., wo ein Kaiser selbst zum Dichter und
damit Haupt eines Künstlerstaates geworden sei. Das schien doch
etwas ganz anderes zu sein als ein Führer braunhemdigen Pöbelge-
schreis.[19]

Epilog: Der Wiedergänger

Diese Projektionen auf einen Dichterfürsten hatten mit den politischen Sehnsüchten einer intellektuellen Elite für die Zukunft Deutschlands zu tun. Deshalb musste jenes Herrschergenie selbstverständlich ein Deutscher sein. Das Römische Reich des Mittelalters, dessen Krone Friedrich trug, fasste Kantorowicz als ein «corpus mysticum des Gesamtdeutschen» auf, das der «Römer schwäbischen Bluts» erst erschaffen hatte. In jener Zeit drohte eine, wie Kantorowicz mit ermüdendem Duktus wiederholte, «Verfälschung des wahren Deutschen», ein Verschleißen der «besten Kräfte», des «weltenfassenden Deutsche[n]». Doch zum Glück «hat Friedrich II. in einem höheren Sinne das deutsche Einreich vollendet und zu Ende geführt», hat die «Form des römischen Deutschen» «den vom Römerreiche nunmehr geprägten deutschen Wuchs auch im staatlichen Bilde so bleibend zu festen und zu härten» gesucht, und zwar «durch Einhämmern römisch-plastischen Staatsgeists». So kam es, dass «der römischste Kaiser notwendig auch der deutscheste war – ein beginnendes Schaffen der deutschen Eigenform auch im Staate [...], ein erstes Festhalten des Deutschen im Deutschen selbst». Für Kantorowicz geriet Friedrich II. zum «End- und Erfüllungskaiser der deutschen Träume», weil er wie kein anderer den Genius der Deutschen repräsentiere. Unter seiner Herrschaft habe sich in der ersten Hälfte des 13. Jahrhunderts ein neuer Typus herausgebildet, in dem sich die besten Eigenschaften des germanischen Nordens mit mediterraner Leichtigkeit verbunden hätten: das Bild des deutschen Jünglings antiker Prägung. In kaiserloser Zeit gelte es – so die verschlüsselte Botschaft am Ende des Friedrich-Buches –, den staufischen Traum eines europäischen Universalreiches noch einmal einzulösen.[20]

Diese einprägsamen Zuschreibungen entsprangen keiner zufälligen Laune. Als der gesellschaftliche Konsens in der Folge des Ersten Weltkrieges verloren gegangen war, suchte man in der Geschichte nach einem vorbildlichen Führer. Dieses «Führer»-Ideal schien sich in Friedrich zu verkörpern. Insofern bediente sich Kantorowicz – wie viele andere Autoren in dieser Zeit – einer gegenaufklärerischen Polemik, die aus der Furcht der Bildungselite vor der kulturellen und politischen Nivellierung der Massengesellschaft erwachsen war.[21]

Doch die ideologische Fracht des idealen Führertums, die das Schiff *Kaiser Friedrich der Zweite* 1927 von Kantorowicz auf seine Reise mitbekam, erzeugte in den Stürmen der Zeitgeschichte dann eine solche Schieflage, dass das Kentern als wissenschaftliches Referenzwerk unausweichlich war. Vielleicht war es aber auch als ästhetisches Kunstwerk so angelegt, dass es nie in die weite See des Wissenschaftsdiskurses hätte stechen sollen. Nicht von ungefähr setzte der durch die Erfahrungen gereifte Mediävist, der seit 1939 in den USA lebte, nach dem Zweiten Weltkrieg dem Drängen der deutschen Verleger nach einer Neuauflage des Buches anhaltenden Widerstand entgegen. Selbst Adolf Hitler soll das Buch zweimal gelesen, Heinrich Himmler es auf dem Nachttisch gehabt und Hermann Göring es an Benito Mussolini mit Widmung verschenkt haben. Andererseits hatte es auch Wilhelm Canaris als letzte Lektüre vor seinem Gang zum Henker gewünscht, die Brüder Berthold und Claus von Stauffenberg haben die Entstehung ohnehin von Anfang an mitverfolgt. Ist das legendäre Friedrich-Buch also eher ein ideologisches Wrack, das in seiner bealgten Schönheit seinen Reiz entfaltet? Geheimnisvoll, von morbidem Glanz, Gesprächsstoff an knisternden Kaminen?[22]

Friedrich II. als geteilter Erinnerungsort

«Wir mussten von Friederich dem Zweiten erzählen, und ihre Teilnahme an diesem großen Könige war so lebhaft, dass wir seinen Tod verhehlten, um nicht durch eine so unselige Nachricht unsern Wirten verhasst zu werden.» Diese Begebenheit notierte Johann Wolfgang Goethe in das Tagebuch seiner *Italienischen Reise*, als er und seine Begleiter im April 1787 von Agrigent aus kommend, das damals noch Girgenti hieß, im Inneren Siziliens den Marktplatz von Caltanisetta erreicht hatten, «wo die angesehensten Einwohner nach antiker Weise umhersaßen, sich unterhielten und von uns unterhalten sein wollten». Doch man redete herrlich aneinander vorbei. Selbst Goethe fiel gar nicht auf, dass die Sizilianer natürlich «lebhafte Teilnahme» an ihrem Friedrich dem Zweiten, an *Federico secondo*, König von Sizilien und Kaiser des mittelalterlichen Imperium Romanum, nahmen, während der spätere Hofrat Friedrich den Zweiten von Hohenzollern meinte, der im Jahr zuvor verstorben war und dessen Tod er unerwähnt lassen wollte. Goethe wusste vom normanno-staufischen Friedrich herzlich wenig, zumindest erwähnt er ihn, sein Grab oder seine Kastelle nirgends in seinen Reisebeschreibungen. Er interessierte sich ohnehin am meisten für die geologischen Verhältnisse und die Landeskunde, benannte Gesteine oder Pflanzen; selbst die Kathedrale von Palermo kommt in seinen Berichten über die Stadt nicht vor.[23]

Neben den volkstümlichen Vorstellungen vom Kaiser gibt es in Italien Urteile von Intellektuellen über den Kaiser, die zwar wie in Deutschland mit den politischen Vorstellungen und Sehnsüchten der Autoren zu tun haben, aber dennoch gänzlich anders sind. Im Verlauf des 18. Jahrhunderts kam es in Italien aus anderen Gründen als im Norden zu einer völligen Neubewertung der Figur Kaiser Friedrichs II. Geordnete Rechtsprechung, das war hier die Zauberformel, durch die sich Federico bei den Gelehrten des 18. und beginnenden 19. Jahrhunderts in einen bewunderten Staatsmann verwandelte. Die anstehenden grundlegenden Reformen des Königreiches beider Sizilien hatten in Friedrich eigentlich einen Vorläufer besessen. Mit der 1723 erschienenen *Istoria civile del Regno di Napoli* des Neapolitanischen Advokaten Pietro Giannone (1676–1748) trat die Tendenz auf, Friedrich II. als Vorkämpfer gegen die kirchliche Bevormundung aufzuwerten und seine Verdienste für die Entfaltung der Jurisdiktion sowie zentraler staatlicher Gewalt in seinem Reich hervorzuheben, was im Übrigen auch als Empfehlung für regierende Monarchen formuliert worden war.[24]

Erst die Einmischung des Papstes sei, so Giannone, letztlich für die Missstände des Südens verantwortlich, denen Friedrich als ein aufgeklärter Herrscher konsequent entgegengetreten sei. Giannones Werk wurde ins Englische, Französische und Deutsche übersetzt, von europäischen Intelektuellen wie Gibbon, Voltaire und Montesquieu zustimmend rezipiert und markierte den Eintritt Ita-

523

Vater des Vaterlandes: 1888 wurden in Neapel in Fassadennischen des Königspalastes Herrscherfiguren eingefügt. Die Reihe beginnt mit Roger dem Normannen, der das Königreich Sizilien gründete, und reicht bis zu König Viktor Emanuel II., der das sizilische Reich mit seinem eigenen zum Vaterland Italien vereinte. Zu den historisch bedeutenden Herrschern Süditaliens, den Vätern des Vaterlandes, wurde nun auch Friedrich II. gezählt. Der Auftraggeber des Skulpturenprogramms, der italienische König Umberto I., verklammerte so seine piemontesische Dynastie mit der Geschichte Süditaliens.

liens in das Zeitalter der Aufklärung. Der sizilianische Historiker Rosario Gregorio hat in seinen *Considerazioni sopra la storia di Sicilia dai tempi normanni sino ai presenti*, den «Überlegungen zur Geschichte Siziliens von den Normannen bis in die Gegenwart», die in den Jahren 1805–1813 erschienen und 1833 eine weitere Auflage erlebten, diesen normannischen und friderizianischen Gesetzen sogar einen Reformcharakter zugesprochen. In den kleinen Bändchen konnte der Leser etwas von funktionierender Verwaltung, Rechtssicherheit und Ordnung, ja von neuen Formen des zivilen Rechtslebens erfahren. Das waren die anderen faszinierenden Stichworte, die man nur allzu gern – und das bis heute – der Regierungszeit Friedrichs im Süden zuschrieb.[25]

Der Prozess einer Neubewertung von Friedrichs Herrschaft in Italien, der sich vom Ende des 18. Jahrhunderts bis in die erste Hälfte des 20. Jahrhunderts erstreckte, wurde hauptsächlich von den romantischen Intellektuellen getragen. Es ging dabei um nichts Geringeres als die Idee einer italienischen Nationalgemeinschaft. Ausgangspunkt war das Verhältnis zwischen Kaisertum und Papsttum, welches als namengebende Deutungsfolie die Kämpfe zwischen Guelfen und Ghibellinen durchzog. Seit der späthumanistischen Historiographie ging es um die Klärung des Verhältnisses zwischen Fürst und Staat. Anfangs sah man in Friedrich den aufgeklärten und den Staat ordnenden Gesetzgeber, dessen Schöpfungen in der Tradition der normannischen Rechtssetzungen fortschrittlicher gewesen seien als diejenigen der eigenen Zeit. Dieser Diskurs war noch relativ frei von einer gesamtnationalen Grundstimmung.

Ähnlich wie in Deutschland kam aber in der Folge der Französischen Revolution und der napoleonischen Kriege das Nationale ins Spiel. Im Verlauf des 19. Jahrhunderts wurden die

524

Epilog: Der Wiedergänger

Zusammenhänge zwischen einem gemeinsamen italienischen Idiom und einer politischen Einheit als immer enger angesehen. Da die sprachliche Gemeinschaft der Einheit der Nation vorauszugehen hatte, suchte man nach den Ursprüngen der italienischen Literatursprache. Dantes Urteil über die sizilische Dichterschule wurde von Ugo Foscolo (1778–1827) und Luigi Settembrini (1813–1876) aufgegriffen und politisch ausgedeutet. Friedrich nämlich habe angestrebt, so Foscolo, «Italien unter einem Fürsten, einer einzigen Regierungsform und mit einer einzigen Sprache zu vereinen; und es seinen Nachfolgern als die mächtigste unter den europäischen Monarchien zu übergeben». Das war ziemlich deutlich in Richtung eines frühen Nationalkönigtums gedacht. Settembrini formulierte noch deutlicher, dass «allein Friedrich II. die Einheit Italiens zu schaffen» vermochte, «weil er die Kraft, das Recht, die Seelenstärke hatte, weil er als Italiener geboren und erzogen worden war, weil er sein Reich hier haben wollte». Zudem habe Friedrich ganz Italien erobern wollen, «um Deutschland als Grenzprovinz zu halten, und hoffte, den Papst auf die Stellung eines Patriarchen von Konstantinopel herabstufen zu können». Sizilien sei «der erste Organismus des neuen Italien» gewesen, denn hier sei «die Monarchie geordnet» worden. Nicht nur Impulsgeber für die nationale Sprache und Literatur also sei Friedrich gewesen, sondern Verfechter eines starken, antiklerikal-laizistischen Staates, also jener Verfasstheit, die man sich für die Gegenwart so sehr wünschte. Diese Vorstellungen begleiteten die italienischen Intellektuellen in den folgenden Jahrzehnten, zumal nach 1870 die Einheit und Freiheit Italiens vollendet zu sein schienen.[26]

Jenseits der Intellektuellen präsentierte sich dieses positive Friedrichbild einer breiten Öffentlichkeit auf ganz verschiedenen Ebenen. 1888 wurde in Neapel auf der der Piazza del Plebiscito zugewandten Seite des Königspalasts in Fassadennischen eine Reihe von Herrscherfiguren eingefügt, die die verschiedenen historischen Wurzeln des Südens zu einem gemeinsamen Baum heldenhafter Vergangenheit emporragen lassen sollte. Dieses Ensemble beginnt mit Roger dem Normannen, der das Königreich gründete, und endet mit dem piemontesischen und dann italienischen Einheitskönig Viktor Emanuel II., der das sizilische Reich mit seinem eigenen Herrschaftsbereich zum Vaterland Italien vereinte. Zwischen Ursprung und Vollendung präsentiert sich dem Betrachter eine Abfolge von Königen, die den französischen Karl von Anjou, den spanischen Alfons von Aragon sowie weitere Habsburger und Bourbonen, ja sogar den napoleonischen Schattenkönig Gioacchino Murat umfasst. Zu den bedeutenden Herrschern Süditaliens gesellt man auch Friedrich II. Der Auftraggeber, der italienische König Umberto I., verklammerte so eine erfundene Kontinuität seiner Dynastie mit der Geschichte Süditaliens. Diese Kontinuität hatte es nie gegeben, denn das Königreich Sizilien war ja einfach erobert worden. Und was war den Denkmalsplanern an Kaiser Friedrich II. besonders wichtig? Die Statue, geschaffen vom Bildhauer Emanuele Caggiano, hält die Hand am Schwert und zertritt wie ein lästiges Insekt eine jener Bannbullen, die der Papst gegen den Imperator einst erlassen hatte; auch das ein zeitbezogener Reflex gegen die Päpste und ihre Stellung im neuen Italien.

Neben den Denkmälern sind es unter anderem die Schulbücher, die Mythen in das nationale Bewusstsein einsenken. In einem 1978 für höhere Schulen konzipierten italienischen Lehrbuch über das Mittelalter heißt es: «Friedrich II. [...] setzte sich dafür ein, dass aus den drei Italien – d.h. dem Königreich Sizilien, dem Kirchenstaat und den nördlichen Stadtkommunen – ein einziges, seiner absoluten Macht ganz anheim gegebenes Italien erwüchse.» Kaiser Friedrich II. konnte von Glück reden, dass er in Deutschland hinsichtlich der Nationalerwartung durch seinen Großvater Barbarossa ersetzt worden war, denn zwei Nationen getrennt voneinander zu einen, das ist selbst für einen Imperator ziemlich viel verlangt. Oder hätte er es doch gekonnt? Arnold Esch glaubte in den 1990er Jahren zu spüren, dass Friedrich II. der einzige deutsche Herrscher sei, «den die Italiener gern mit uns teilen würden».[27]

Das achthundertste Jubiläum des Geburtstages Friedrichs II. war Anlass zu vielfältigen Rückblicken. Für Italien könnte man geradezu von einem *Anno Federiciano* sprechen, weil man dem Herrscher, lebte er heute, die größte Kompetenz zur Lösung der Probleme des Südens zutraute. In Deutschland blieb es bei eher regionalem Gedenken hauptsächlich im Südwesten des Landes. Doch wird das Bild von Friedrich als erstem Europäer, modernem Menschen und rationalem Denker in Zukunft seine Bedeutung behalten? Für die Auseinandersetzung mit der islamischen Kultur glaubte man eine Zeitlang, mit einem Multi-Kulti-Toleranzkaiser gut aufgestellt zu sein. Ein abendländisch-christlicher Kaiser als eine Art «Sultan von Lucera» jenseits der nationalen Grenzen: ein faszinierender Gedanke für die Lösung heutiger Konflikte. Schon Stefan George ließ in seinem Gedicht *Die Gräber in Speier* diese Orientsehnsucht mitschwingen:

«Der Grösste Friedrich, wahren volkes sehnen
Zum Karlen- und Ottonen-plan im blick
Des Morgenlandes ungeheuren traum
Weisheit der Kabbala und Römerwürde
Feste von Agrigent und Selinunt.»[28]

Doch leider entspricht auch dieses Bild von einem west-östlichen Kaiser nur einer Zuschreibung. Und das Grab des Kaisers auf Sizilien? In seinem Buch *Wanderjahre in Italien* schwärmte Ferdinand Gregorovius von der Kathedrale in Palermo: «Das Merkwürdigste, was der Dom enthält, sind die Särge der Könige aus dem Geschlecht der Normannen und der Hohenstaufen, Denkmäler der Geschichte Siziliens und zugleich unsers deutschen Vaterlandes.» Gregorovius war sich sicher, dass Friedrich als «Lichtschimmer über unsere Nation und Italien aus[gebreitet ist], der nicht verlöschen wird.» Könnte also auch die Grabanlage Erinnerungsort für zwei Nationen sein, wie jener, dessen sterbliche Reste sie bergen? Die Porphyrsärge ein Denkmal der deutschen und gleichzeitig der italienischen Nation? Möglicherweise. Hätte man im Sommer 1943 in Palermo versucht, die Sarkophage abzutransportieren, vielleicht wären sie, wie so vieles, was in Kriegswirren verlorengeht, vernichtet worden. Ein weiterer Haltepunkt der Erinnerung wäre verschwunden, der Erinnerung an Friedrich II., den Sizilianer auf dem Kaiserthron. Doch zum Glück für uns Nachgeborene: Pattons Panzer waren schnell. Einfach zu schnell in Palermo.[29]

528

Dank

Das vorliegende Buch ist über Jahre an vielen Orten erdacht und geschrieben worden. Es entstand praktisch zwischen zwei Inseln: Sizilien und Rügen. Auf der Mittelmeerinsel suchte ich dem Herrscher aus seinen Ursprüngen heraus nahezukommen. Auf dem Baltischen Eiland hoffte ich zurückgezogen beim Schreiben dennoch auf seine Anwesenheit, gleichsam als eine Muse in eigener Sache. Dazwischen hingestreut lagen all die Orte, die ich besuchte, um mehr von der Person zu verstehen: die Heimat der Normannen oder der schwäbisch-elsässischen Vorfahren, die Orte seiner Jugend, seiner Triumphe und seines Scheiterns, seine ständig besuchten Stätten oder Jerusalem, die Hauptstadt seines entferntesten Königreichs. Große Passagen des Buches entstanden bei längeren Aufenthalten in den Bibliotheken der Monumenta Germaniae Historica in München, des Kunsthistorischen Instituts in Florenz, des Deutschen Historischen Instituts in Rom und der École française de Rome. Gerade die Bücherschätze der École, jener papier- und ledergewordenen Idee der idealen Bibliothek im Palazzo Farnese, vermochten immer wieder den Gedanken Flügel zu verleihen. Dort ganz in der Nähe, in der Biblioteca Angelica, erquickte das Bäderbuch des Petrus de Ebulo meine Seele. Und immer wieder besuchte ich die Biblioteca Apostolica Vaticana, wo mir ein extra beigesellter Bibliothekar mit weißen Schutzhandschuhen die Fassung des berühmten Falkenbuches umblätterte. Dort konnte ich auch die faszinierend illustrierte Chronik des Giovanni Villani aus der Sammlung Chigi sehen, von der es im vorliegenden Buch eine Reihe von Abbildungen gibt. Und in der Bayerische Staatsbibliothek in München, die die älteste illustrierte Abschrift des Werkes von Friedrichs Hofphilosophen Michael Scotus verwahrt, hob man das kostbare Buch erst auf meinen Einwand aus dem Tresor, dass einen Tag zuvor – das hatte ich zufällig in der Zeitung gelesen – ein Komet beinahe die Erde gerammt hätte. Somit würde ohnehin alles Irdische irgendwann vergehen, argumentierte ich, und man könne mir deshalb doch auch die Handschrift zeigen. «Da haben Sie irgendwie auch recht», gab die Bibliothekarin zu und ließ mir die Kostbarkeit aushändigen. Allen Bibliothekaren und Mitarbeitern dieser Institutionen sei deshalb für ihre Hilfe herzlich gedankt.

Viele Freunde und Kollegen haben mir bei diesem Buch geholfen, viele überhaupt erst bestimmte Gedankengänge angeregt. Auch ihnen möchte ich herzlich danken: Michael Thimann und Gerhard Wolf für meine Florentiner Zeit, Bernd Kluge vom Berliner Münzkabinett, der mir Exemplare Friedrizianischer Goldaugustalen in die Hand gab. Meinen Kollegen bei den Berliner Monumenta Ulrike Hohensee, Michael Lindner, Mathias Lawo danke ich für den Langmut und philologischen Beistand. Meinen Münchner Kollegen, besonders den Bearbeitern der Urkunden Friedrichs II. und Manfreds, allen voran Christian Friedl, verdanke ich viele Anregungen, ebenso Hans Martin Schaller und Karl Borchardt, die über die Briefsammlungen des Petrus de Vinea forschten und forschen. Etienne François, Wolfgang Stürner, Folker Reichert, Hubert Houben, Knut Görich, Roberto delle Donne, Marcus Thomsen, Antonella Ghignoli, Martina Papiro, Arnold Esch, Ulrich Raulff, Horst Bredekamp, Annett Klingner, Otto Gerhard Oexle, Johannes Fried, Frank Rexroth, Wolfgang Eric Wagner, Anton Orlt, Henrike Haug, Michael Matheus, Heinz-Hubert Menne, Peter Peter, Ines Garlisch, Herfried Münkler, Klaus van Eickels, Theo Broekmann, Stefan Weinfurter, Martina Giese, Mamoun Fansa, Volker Walter, meinem Lektor Ulrich Nolte, meinen Studenten an den Universitäten in Berlin und Magdeburg, die in Vorlesungen und Seminaren über viele Semester die behandelten Themen zu Federico secondo diskutierten, gebührt mein Dank. Monica di Benedetto in Rom danke ich besonders dafür, dass sie italienische Bücher besorgen konnte, die man eigentlich nicht besorgen kann.

530   Der besonders herzliche Dank kommt zum Schluss: Er gilt Arne

Karsten, dem «Konsul», mit dem eine Reihe von Debatten *vestibus purpureis dormiendum in dutis* oder im Kirschgarten stattfanden. Auch nach gemeinsamem Genuss von verflüssigtem Sizilien vermochte er immer noch überaus wertvolle Hinweise im Rahmen der «Gudderitzer Gespräche» zu geben. Ihm, Alma Gallo d'Oro und meinem Moppa sei Dank dafür. Ebenso fühle ich mich meiner großen Tochter Judith Maria verpflichtet, die mich als Drachenexpertin belehrte, dass es sich bei dem zweibeinigen Flugdrachen, der im *Liber Introductorius* von Friedrichs Hofastrologen Michael Scotus auftaucht, nur um eine «Wyvern» handeln könne und die Kassifikation gleich mitlieferte: *draco africanus*; darauf wäre ich nie gekommen! Sie war es auch, die mir mit guter Laune aus dem «Leseschiff» heraus in den Sklavenketten des Schreibenmüssens weiterhalf. Meine kleine Tochter Luise Friederike strampelte kräftig mit, wenn am Schreibtisch grimmig gebrummelt werden musste. Und Corinna Alexandra danke ich für geduldige Lektüre, die vielen Musenküsse und überhaupt für alles.

Romae, Dominica prima in adventu domini MMIX

ANHANG

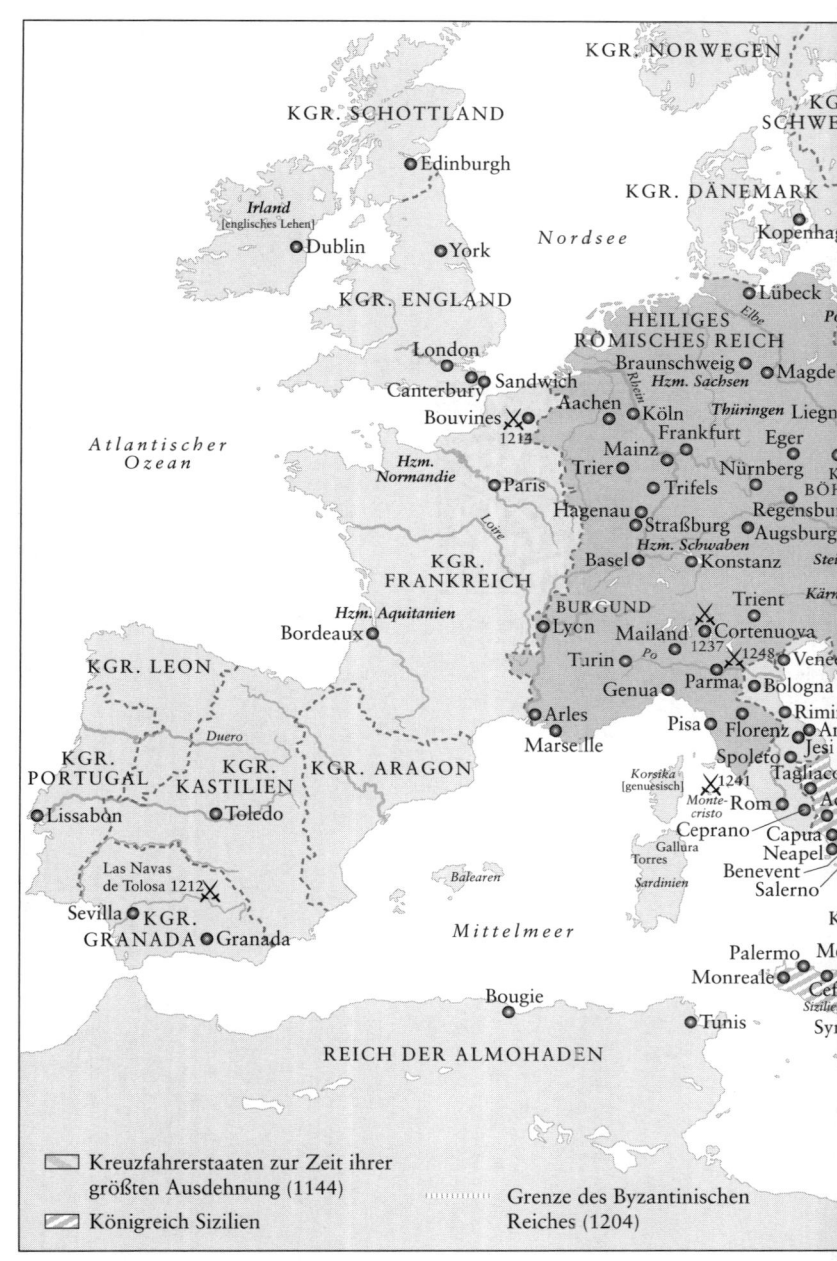

Europa zur Zeit Kaiser Friedrichs II.

ala

Schwertbrüder-
orden 1202
Deutscher Orden
1237

Riga

s e e

Fstm.
Litauen

Deutscher
Orden
1226/30

Kulmer-
land   Hzm.
nesen   Masowien

GR. POLEN

Krakau

n Pest

KGR. UNGARN

Burzen-
land

Belgrad

KGR.
SERBIEN

a

el del Monte
Brindisi

Ótranto

Korfu   Despotat
LIEN   Epirus

Fstm.
Achaia

Athen

○Nowgorod

○Moskau

Wolga

RUSSISCHE FÜRSTENTÜMER

Kiew○   Dnjepr

CHANAT DER
GOLDENEN HORDE

Don

Wolga

Schwarzes Meer

Donau

KAISERREICH ○Trapezunt
TRAPEZUNT

LAT. KAISER-
REICH

Konstantinopel   ○Nikaia

KAISERREICH
NIKAIA

SULTANAT
IKONION

Gft. Edessa

KGR.
BULGARIEN

Thessalonike

Rhodos

Kandia (Kreta)
[seit 1204 venezianisch]

Mittelmeer

Fstm. ○Antiochia
Antiochia

Famagusta ○Tripolis
Nikosia ○ ○   Gft. Tripolis
KGR. ZYPERN

Beirut○
Sidon○   ○Damaskus
Tyrus○○
Akkon○○Hattin
KGR. JERUSALEM
Jerusalem○

Damietta
○
Alexandria○   ○Mansura

○Kairo

REICH DER
AYYUBIDEN

Karte

Stammtafel

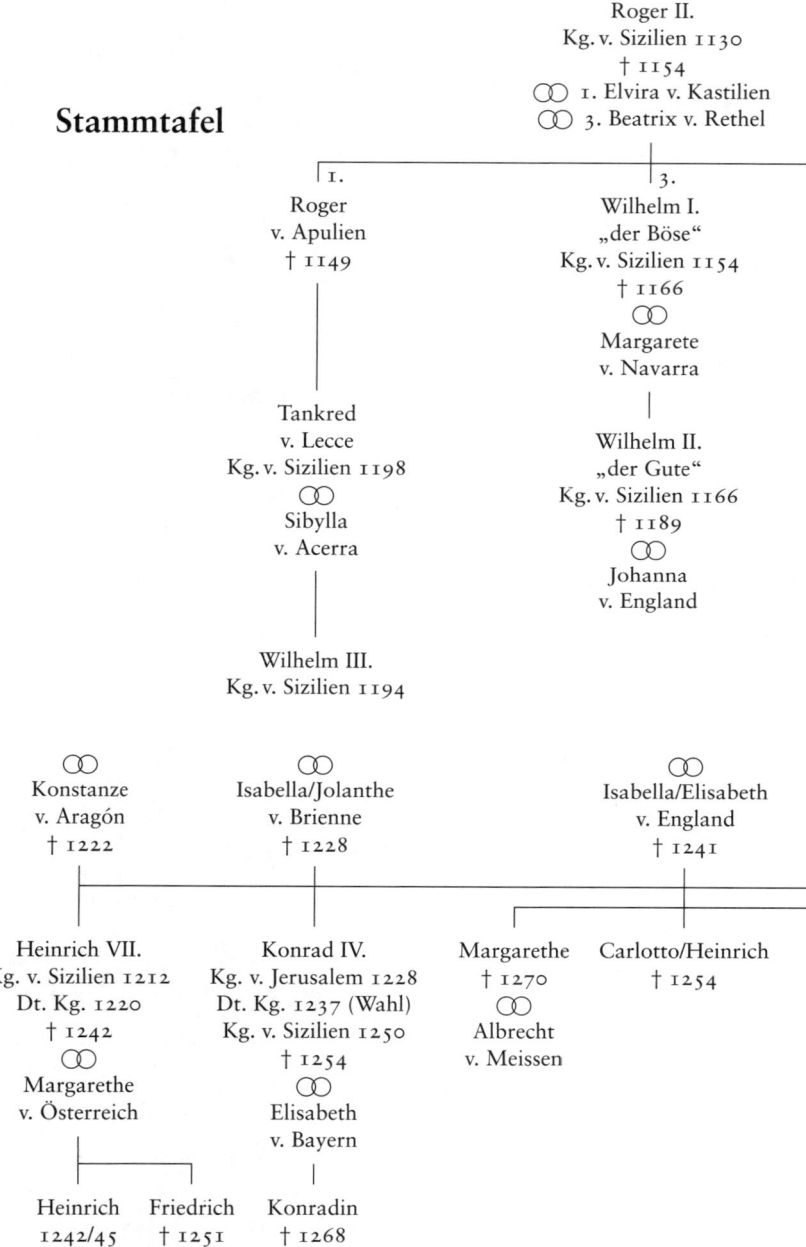

Roger II.
Kg. v. Sizilien 1130
† 1154
⚭ 1. Elvira v. Kastilien
⚭ 3. Beatrix v. Rethel

1.
Roger
v. Apulien
† 1149

3.
Wilhelm I.
„der Böse"
Kg. v. Sizilien 1154
† 1166
⚭
Margarete
v. Navarra

Tankred
v. Lecce
Kg. v. Sizilien 1198
⚭
Sibylla
v. Acerra

Wilhelm II.
„der Gute"
Kg. v. Sizilien 1166
† 1189
⚭
Johanna
v. England

Wilhelm III.
Kg. v. Sizilien 1194

⚭
Konstanze
v. Aragón
† 1222

⚭
Isabella/Jolanthe
v. Brienne
† 1228

⚭
Isabella/Elisabeth
v. England
† 1241

Heinrich VII.
Kg. v. Sizilien 1212
Dt. Kg. 1220
† 1242
⚭
Margarethe
v. Österreich

Konrad IV.
Kg. v. Jerusalem 1228
Dt. Kg. 1237 (Wahl)
Kg. v. Sizilien 1250
† 1254
⚭
Elisabeth
v. Bayern

Margarethe
† 1270
⚭
Albrecht
v. Meissen

Carlotto/Heinrich
† 1254

Heinrich
1242/45

Friedrich
† 1251

Konradin
† 1268

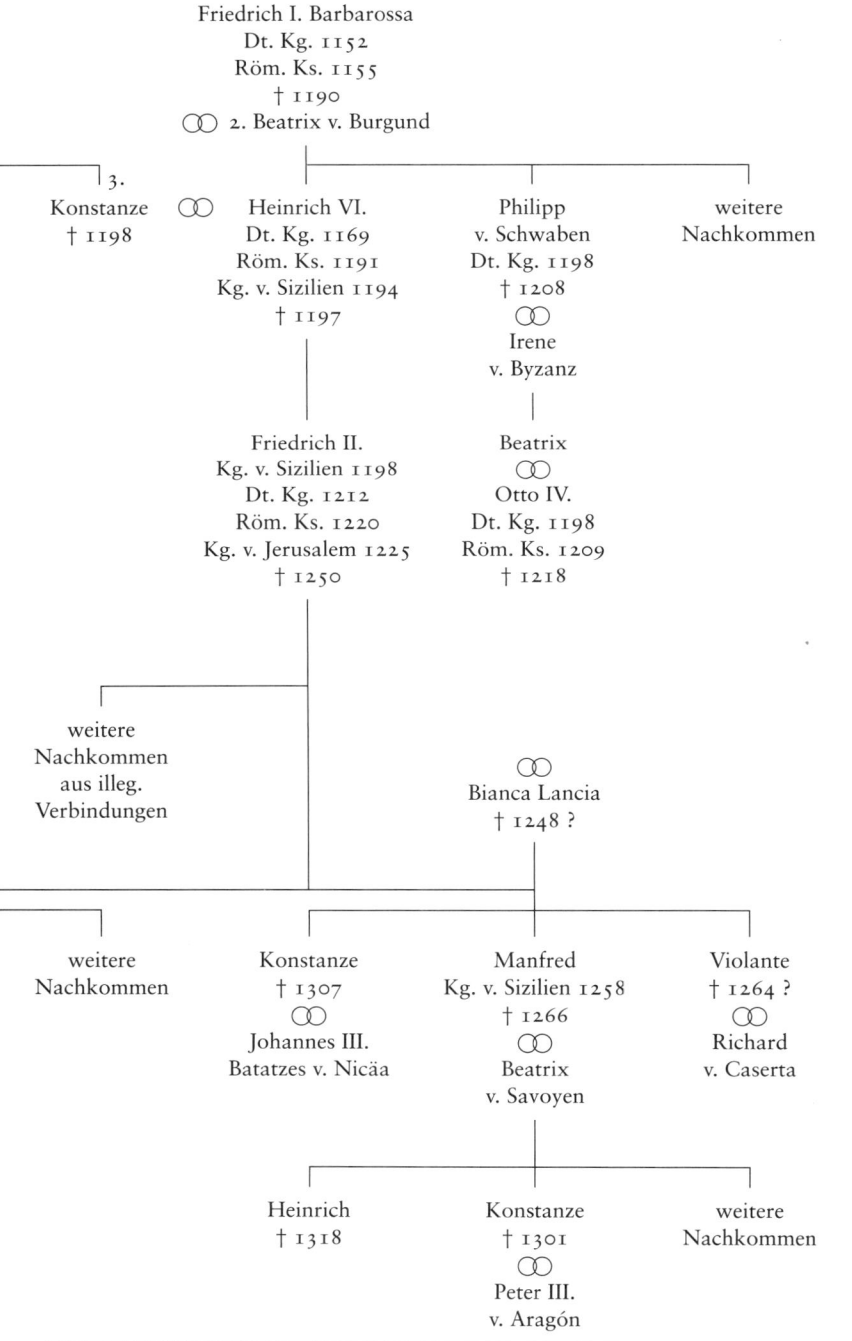

Friedrich I. Barbarossa
Dt. Kg. 1152
Röm. Ks. 1155
† 1190
∞ 2. Beatrix v. Burgund

3.
Konstanze
† 1198
∞
Heinrich VI.
Dt. Kg. 1169
Röm. Ks. 1191
Kg. v. Sizilien 1194
† 1197

Philipp
v. Schwaben
Dt. Kg. 1198
† 1208
∞
Irene
v. Byzanz

weitere
Nachkommen

Friedrich II.
Kg. v. Sizilien 1198
Dt. Kg. 1212
Röm. Ks. 1220
Kg. v. Jerusalem 1225
† 1250

Beatrix
∞
Otto IV.
Dt. Kg. 1198
Röm. Ks. 1209
† 1218

weitere
Nachkommen
aus illeg.
Verbindungen

∞
Bianca Lancia
† 1248 ?

weitere
Nachkommen

Konstanze
† 1307
∞
Johannes III.
Batatzes v. Nicäa

Manfred
Kg. v. Sizilien 1258
† 1266
∞
Beatrix
v. Savoyen

Violante
† 1264 ?
∞
Richard
v. Caserta

Heinrich
† 1318

Konstanze
† 1301
∞
Peter III.
v. Aragón

weitere
Nachkommen

Stammtafel

Zeittafel

Abkürzungen

AQG	Ausgewählte Quellen zur deutschen Geschichte des Mittelalters (der Neuzeit) – Freiherr-vom-Stein-Gedächtnisausgabe
AfD	Archiv für Diplomatik
ASV	Archivio Segreto Vaticano
BAV	Biblioteca Apostolica Vaticana
BBAW	Berlin-Brandenburgische Akademie der Wissenschaften
Bd., Bde.	Band, Bände
CC	Corpus Christianorum, Series Latina
CCCM	Corpus Christianorum. Continuatio mediaevalis
DA	Deutsches Archiv für Erforschung (bis 1944: Geschichte) des Mittelalters
DOP	Dumbarton Oaks Papers
EF	Federico II splendor mundi. Enciclopedia fridericiana, hg, von Maria Paola Arena, 2 Bde., 2005
EBKF	Eickels, Klaus van / Brüsch, Tania (Hg.): Kaiser Friedrich II. Leben und Persönlichkeit in den Quellen des Mittelalters, 2000
FmSt	Frühmittelalterliche Studien
GdV	Die Geschichtsschreiber der deutschen Vorzeit, 2. Gesamtausgabe, 1884 ff.
HDFS	Historia diplomatica Friderici secundi, ed. J. L. A. Huillard-Bréholles, 12 Bde., 1852–1861, ND 1963
HKF Berichte	Heinisch, Klaus Joachim (Hg.): Kaiser Friedrich II. Sein Leben in zeitgenössischen Berichten, 1969
HKF Briefe	Heinisch, Klaus J[oachim] (Hg.): Kaiser Friedrich II. in Briefen und Berichten seiner Zeit, 1968.
Hg., hg.	Herausgeber(in), herausgegeben
HZ	Historische Zeitschrift
LMA	Lexikon des Mittelalters
MGH	Monumenta Germaniae Historica
Const.	Constitutiones et acta publica regum et imperatorum
DD	Diplomata (jeweils ergänzt um die abgekürzten Herrschernamen)
Epp. saec. XIII	Epistolae saeculi XIII e regestis pontificum romanorum selectae

Font.	Fontes iuris Germanici antiqui in usum scholarum separatim editi
SS	Scriptores (in Folio)
SS rer. Germ.	Scriptores rerum Germanicarum in usum scholarum ex Monumentis Germaniae Historicis separatim editi
SS rer. Germ. N. S.	Scriptores rerum Germanicarum, Nova series
Migne PL	J.-P. Migne, Patrologia cursus completus seu bibliotheca universalis ... series Latina, 221 Bde., 1844 ff.
MIÖG	Mitteilungen des Instituts für Österreichische Geschichtsforschung
NA	Neues Archiv für ältere deutsche Geschichtskunde
ND	Nachdruck, Neudruck
QDVG	Quellen zur Deutschen Verfassungs-, Wirtschafts- und Sozialgeschichte bis 1250, ausgewählt und übersetzt von Lorenz Weinrich, 1977.
QGPK	Quellen zur Geschichte des Papsttums und des Römischen Katholizismus, hg. von Carl Mirbt, ⁴1924.
QFIAB	Quellen und Forschungen aus italienischen Archiven und Bibliotheken
RI BF	J[ohann] F[riedrich] Böhmer, Regesta Imperii V. Die Regesten des Kaiserreichs unter Philipp, Otto IV., Friedrich II., Heinrich (VII.), Conrad IV., Heinrich Raspe, Wilhelm und Richard. 1198–1272, nach der Neubearbeitung und dem Nachlasse Johann Friedrich Böhmers neu hg. und ergänzt von Julius Ficker, Bd. 1 und 2, 1881/82 (ND 1971) – Nachträge und Ergänzungen, bearbeitet von Paul Zinsmaier, 1983
RISS	Rerum Italicarum Scriptores
RBSS	Rerum Britannicarum medii aevi Scriptores
RPR	Regesta Pontificum Romanorum
VMPIG	Veröffentlichungen des Max-Planck-Instituts für Geschichte
VuF	Vorträge und Forschungen
ZfG	Zeitschrift für Geschichtswissenschaft

Anmerkungen

Anmerkungen

Prolog

1 Washington D.C., Naval Historical Center, Operational Archives Branch, Morrison Papers, The Evacuation of Sicily, Box 50, Folder 32, S. 45: «Some days before Palermo was lost, the German admiral received orders from Reichsmarschal Goering through SKL [Seekriegsleitung, O.R.] to evacuate the sarcophagi containing the remains of Frederick II and members of his family. This order was quietly ignored in the conviction that the dead should rest undisturbed, and that Frederick II, perhaps the greatest of all the emperors of the Middle Ages, should under no circumstances be seperated from Palermo, his famous capital and historic background.»

2 Hearnshaw, A Thirteenth-Century Hitler, S. 157–163; Ipser, Kaiser Friedrich, S. 7, S. 9 und S. 21; zur Rezeption Friedrichs in den Jahrhunderten nach seinem Tode siehe die grundlegende Arbeit von Thomsen, Feuriger Herr, zu Hearnshaw und Ipser bes. S. 9–12; eine Art Résumée des Buches: Ders., Friedrich II. in der Auffassung, S. 300–313 sowie Ders., Modernität als Topos, S. 21–39.

3 Adolf Hitler meinte nach den Erinnerungen Henry Pickers am 23. April 1942, als er über deutsche und englische Geschichte sprach: «Ebenso habe sich die katholische Kirche in ihm [Rudolf von Habsburg, O.R.] wie in dem Sizilianer Friedrich II. getäuscht, der sich als 21jähriger deutscher Kaiser das Reich eroberte.» Picker, Hitlers Tischgespräche, S. 424; Kaiser Wilhelm II. zitiert aus den Memoiren von Robert Graf von Zedlitz-Trützschler nach Röhl, Wilhelm II., S. 385 und S. 1393, Anmerkung 75.

4 Kantorowicz, Kaiser Friedrich, Vorbemerkung zum Textband; Grünewald, Ernst Kantorowicz und Stefan George, S. 74–80; Oexle, Geschichtswissenschaft, bes. das Kapitel «Das Mittelalter als Waffe», S. 163–215, Rader, Gemina persona, S. 347–364; Ders., Kantorowicz, S. 7–26; Raulff, Kreis ohne Meister, bes. S. 313–346; Kuhlgatz, Verehrung, ZfG 43 (1995), S. 732–746; Mali, «Mythenschau», S. 31–46.

5 Haseloff, Erinnerungen in Apulien; Albrecht, Maultier und Kamera; Sommerlechner, Stupor; Fonseca, Mito, EF I., S. 343–346, Houben, Kaiser Friedrich, S. 176–228; Esch, Friedrich II., S. 16–17; Ders., Federico II: storia, mito, ricerca, S. 33–53, Zitat S. 42; Ders., Mediävistik, S. 231–249;

6 RBSS 57,5, S. 190, auch (MGH SS 28), S. 319, deutsche Übersetzung nach HKF Berichte, S. 170–171, ebenso bei EBKF, S. 426.

7 Graefe, Publizistik, S. 68–82, hier S. 73; Salimbene, Cronica, HKF Berichte, S. 172, ebenso bei EBKF, S. 440; Villani (Porta) 7, Bd. 1; HKF Berichte, S. 232, ebenso bei EBKF, S. 443; Sommerlechner, Stupor, S. 9–34.

8 Fried, Schleier der Erinnerung; Oexle, Memoria als Kultur, bes. S. 9–78; Nora, Geschichte, S. 26; François / Schulze, Erinnerungsorte, bes. Bd. 1, S. 11–24.

9 Neumann, Meinardino; Scheffer-Boichorst, Mainardinus, S. 275–283; Baetgen, NA 38 (1913), S. 684–687; Sommerlechner, Stupor, S. 500, Nr. 21.

10 Kaiserchronik, S. 408, Z. 795–800.

11 Ryccardi de Sancto Germano (Garufi); teilweise (MGH SS 19), S. 321–386; D'Angelo, Stil und Quellen, S. 437–458 (mit der Edition des Prologs der zweiten Fassung); Loewe, Richard von San Germano; Schaller, Richard von San Germano, LMA 7, Sp. 825; Sommerlechner, Stupor, S. 532 Nr. 92.

12 Salimbene de Adam, Cronica (Scalia); dennoch weiter heranzuziehen und leichter zugänglich: Cronica (MGH SS 32); gekürzte deutsche Übersetzung: GdV 93/94; übersetzte Auszüge auch bei HKF Berichte, S. 174–204; Sommerlechner, Stupor, S. 500–501, Nr. 21 mit weiterer Literatur zur Chronik; die Aussage von Guido des Adam über die Franziskaner (MGH SS 32), S. 40.

13 Salimbene (MGH SS 32), S. 34; deutsche Übersetzung: GdV 93, S. 11–12.

14 Salimbene (MGH SS 32), S. 31 und 349; deutsche Übersetzung: GdV 93, S. 8 und 357.

15 Villani, Cronica (Porta); Auszüge in deutscher Übersetzung: HKF Berichte, S. 232–233; Sommerlechner, Stupor, S. 523 mit weiterer Literatur zur Chronik; zu den berühmten Illustrationen Frugoni, Villani illustrato; Gebhard, «Nuova Cronica».

16 Flores historiarum (Luard); die reichsgeschichtlichen Belange (MGH SS 28), S. 3–73; gekürzte deutsche Übersetzung: GdV 73, S. 3–35; ferner HKF Berichte, S. 34–53; Sommerlechner, Stupor, S. 553 mit weiterer Literatur zu den Werken.

17 Matthaei Parisiensis, Cronica majora (Luard); Matthaei Parisiensis, Historia Anglorum (Madden); «die reichsgeschichtlichen Belange (MGH SS 28), S. 107–455; gekürzte deutsche Übersetzung: GdV 73, S. 37–301; ferner HKF Berichte, S. 54–171; Sommerlechner, Stupor, S. 553f. mit weiterer Literatur zu den Werken; Weiler, Stupor mundi, S. 63–95; zu den Illustrationen Vaughan, Chronicles of Matthew Paris; Lewis, Art of Matthew Paris.

18 Manzoni, Verlobten, S. 5.

19 Burdach / Piur, Petrarcas Briefwechsel, Nr. 14, S. 252.

20 von Ranke, Zeitalter der Kreuzzüge, S. 195; Grundmann, Kaiser Friedrich II., S. 131; Barraclough, Origins, S. 199–225; Haller, Kaisertum, S. 262–273.

21 Demandt, Spätantike, S. 579; Weinfurter, Friedrich II., S. 72–88.

1 Der Erbe

1 Tomasi di Lampedusa, Leopard, S. 201f.; Biblioteca arabo-sicula (Amari) Bd. 1, S. 31–133, hier S. 55: *Diciam dunque che l'isola di Sicilia è la perla del secolo per abbondanza e bellezze; il primo paese [del mondo] per bontà [di natura, frequenza di] abitazioni e antichità [d'incivilimento].*; Amari, Storia 3, S. 460–471, Haskins, Studies, S. 155–190.

2 Ryccardus de Sancto Germano (Garufi), S. 186–187; deutsche Übersetzung: EBKF S. 27 und S. 33.

3 Text im Zusammenhang: Petrus de Ebulo, Liber ad honorem Augusti (Kölzer / Stähli), S. 209: *Particula XLIV. Frederici presagia*, Zeile 1407–1416: *Vive,*

puer, decus Ytalie, nova temporis etas, / Qui geminos gemina merce reducis avos. / Vive iubar solis, sol regnaturus in evum, / Qui potes a cunis luce iuvare diem. / Vive, Iovis proles, Romani nominis heres, / Immo reformator orbis et imperii. / Vive patris specimen, felicis gloria matris, / Nasceris in plenos fertilitate dies. / Vive, puer felix, felix genitura parentum, / Dulcis amor superis, inclite, vive, puer. Deutsche Übersetzung: ebenda und nach EBKF, S. 26. Mit dem Kunsthistoriker Ittai Weinryb, Baltimore, habe ich oft die Möglichkeiten einer späteren Entstehungzeit des *Liber ad honorem* diskutiert, wofür ich ihm herzlich danke.

4 Inschrift der Marmortafel: *vero genio in tutti i campi della scienza;* Inschrift des Bogens: *Natus est hic nobis Federicus II imperator semper Augustus et Aesinae patriae pater,* zitiert nach Hagemann, Jesi, S. 138–187, hier S. 155.

5 Text: *Si loca nativitatis ...* HDFS 5,1, S. 378 Nr. 5; ebenso MGH Const. 2, S. 304 Nr. 219; deutsche Übersetzung: nach Hagemann, Jesi, S. 138; Vehse, Propaganda, S. 78f.; Schaller, Brief Kaiser Friedrichs an Jesi, S. 417–422.

6 Text: (MGH SS 16), S. 357; deutsche Übersetzung: nach EBKF, S. 28–29.

7 Text: Salimbene (MGH SS 32), S. 42f; ebenso (CCCM 125), S. 61f.; deutsche Übersetzung: GdV 93, S. 24f. sowie EBKF, S. 29f.

8 Text: Villani (Porta), 6,16, Bd. 1, S. 245–247; deutsche Übersetzung: EBKF, S. 30f.

9 Text: Collenuccio, Compendio, S. 77f.; Scritti d'Italia 115, S. 112f.; deutsche Übersetzung: HKF Berichte, S. 234f.; EBKF, S. 32.

10 Dante, *Paradiso,* XX,21; deutsche Übersetzung: Streckfuß S. 394; zu den Anfängen der normannischen Herrschaft in Süditalien Becker, Graf Roger I. von Sizilien; Schlichte, Der «gute» König; Storia di Palermo 3.

11 Görich, Staufer; Görich, Ehre; Stürner, Dreizehntes Jahrhundert.

2 Der Jüngling

1 Zu dem Problem, ob Adelheid von Urslingen auch jene Adelheid gewesen war, mit der Friedrich das Verhältnis unterhielt, die Ausführungen im Kapitel «Der Liebhaber», ferner Decker-Hauff, Das staufische Haus, in: Stauferkatalog Bd. 3, S. 339–373, hier S. 359 und 367; zu einer anderen Sicht Stürner, Friedrich 2, S. 92.

2 Inschrift am Krönungsort: *Hic regi corona datur;* zu den Intitulationes siehe die Texte der Urkunden in MGH DD FII und HDFS; ferner Schwalm, Reise nach Italien, S. 18–22; Kantororicz, Laudes Regiae, S. 157–166; Elze, Tre ordines per l'incoronazione, S. 1–22; Gregorovius, Wanderjahre, S. 1016.

3 Text wörtlich: *sub boni preludio regnatoris;* Hampe, Kindheit, S. 575–599 mit dem Brief S. 592–595, hier S. 594; deutsche Übersetzung: HKF Briefe, S. 8–11; Titel Capparones zitiert nach Stürner, Friedrich 1, S. 100.

4 Brief bei Hampe, Kindheit, S. 597–598; deutsche Übersetzung: HKF Briefe, S. 16–18; ferner Keupp, Bann der ritterlich-höfischen Kultur, S. 97–119 mit weiterer Literatur, Zitat ebenda, S. 100f.

5 Brief bei Hampe, Kindheit, S. 597–598; deutsche Übersetzung: HKF Briefe, S. 16–18.

546   6 Vgl. Kantorowicz, Kaiser Friedrich, S. 30f.

7   Breve chronicon, S. 64f.
8   EBKF, S. 42
9   Hampe, Kindheit, S. 592ff.; deutsche Übersetzung: HKF Briefe, S. 17f.
10 RI BF 5,1, S. 130–131, Nr. 447c; RI BF 5,1, S. 170, Nr. 646b; Hucker, Kaiser
    Otto IV., S. 145–155; Grundman, Kaiser Friedrich II., S. 118–119.
11 Thomas Tuscus (MGH SS 22), 510–511; deutsche Übersetzung: HKF Briefe
    S. 27; EBKF, S. 61.
12 Annales Mediolanenses Minores (MGH SS 18), S. 392–399, hier S. 398; Notae
    S. Georgii Mediolanenses (MGH SS 18), S. 386–389, hier 388. Der Zaunkönig
    ist biologisch der fast kleinste Vogel Europas. Im Mittelalter hielt man ihn wohl
    für den kleinsten, und das war so herabsetzend gemeint, dass man *reatinus*
    vielleicht auch salopp als «Piepmatz» übersetzen könnte.
13 MGH DD F II. Nr. 171–173, S. 1–10, siehe besonders die Vorbemerkungen zu
    den einzelnen Stücken; lateinischer Text mit deutscher Übersetzung des Privi-
    legs für den König von Böhmen: QDVG (AQG 32), S. 354–359, Nr. 88; ferner
    dazu grundlegd Wihoda, Zlatá bula; Hruza, Die drei «Sizilischen Goldenen
    Bullen»; Friedl, Nord-Süd-Konflikt, S. 113–121.
14 MGH DD F II. Nr. 171, S. 5: *per manus H(en)rici de Parisius notarii et fidelis
    nostri.*
15 Zitat nach Hruza, S. 216, Anm. 6.
16 Winkelmann, Jahrbücher 2, S. 335, Anm. 1 mit den Belegen; Kaiserchronik
    eines Regensburger Geistlichen, S. 403, Z. 418, 431, 442, 483; Jansen Enikels
    Werke, S. 554, V. 27923f.; Weltchronik Heinrichs von München. Neue Ee,
    über Friedrich S. 555–562, Zitat S. 556.
17 Walther von der Vogelweide, König-Friedrichston X, (L.28,31), Text: Cormeau,
    S. 54, (L.26,23) Cormeau, S. 50, (L.12,6 = Kreuzzug) Cormeau, S. 18, (L.18,29
    =«den jungen süezen man») Cormeau, S. 36; (L.19,5=Magdeburger Weihnachs-
    feier) Cormeau, S. 37, (L.26,33=Ottos milte) Cormeau, S. 50, (L.28,1=von Pülle
    künic) Cormeau, S. 52; Neuhochdeutsch: Walther von der Vogelweide, Lieder
    und Sprüche. Auswahl, S. 24–29, S. 36–39, S. 48–51, S. 56–57.

3 Der «Staufer»

1   Protokoll über die Eröffnung der Kaisergräber im Dom zu Speyer 16. August
    bis 7. September, in: Kubach/Haas, Dom zu Speyer, Bd. 1, S. 1024–1050, hier
    S. 1024–1026 und Anthropologische Ergebnisse, ebenda, S. 1050–1089; ferner
    Baumann, Kaisergräber, S. 10–12.
2   Orderici Vitalis Historia ecclesiastica (Chibnall), 12,43, Bd. 6, S. 360; Weinfur-
    ter, Herrschaftslegitimation, S. 55–96; Engels, Grablege, S. 227–254; Ehlers,
    Metropolis Germaniae, bes. S. 161–178; ders., Unendliche Gegenwart, S. 11–
    37; Meyer, Königs- und Kaiserbegräbnisse.
3   Ottonis episcopi Frisingensis (Waitz / Simson), 2,2, S.103; Schmid, «De regia
    stirpe Waiblingensium», S. 63–73; Lauro, Grabstätten der Habsburger, bes.
    S. 29–38.
4   François / Schulze, Erinnerungsorte, bes. Bd. 1, S. 11–24; Dies., Fundament der
    Nationen S. 17–32; Kolmer, Tod des Mächtigen; Verdery, Dead Bodies; Rader,
    Prismen der Macht; Ders., Grab und Herrschaft; Ders., Der umgebette On-

kel; Ders., Grablegen der Staufer; Bredekamp / Reinhardt / Karsten / Zitzlsperger, Totenkult und Wille zur Macht.

 5 Reineri Annales (Pertz), S. 670; Burchardi praepositi Urspergensis Chronicon (Holder–Egger / Simson), S. 91; deutsche Übersetzung: EBKF, S. 81 und S. 83.
 6 MGH DD FII S. 95–97, Nr. 213; deutsche Übersetzung: HKF Briefe, S. 31f.; ebenso EBKF, S. 81f.
 7 HKF Briefe, S. 31; Schaller, Frömmigkeit, S. 493–515; Engels, Grablege, S. 247–249; Stürner, Friedrich 1, S. 162; EBKF, S. 78 und S. 81; van Eickels, Friedrich II., S. 299–300; Görich, Staufer, S. 92; Houben, Friedrich II., S. 35 und S. 154.
 8 Schaller, Der heilige Tag, S. 1–24; Müller-Christensen, Tunika König Philipps, S. 219–223.
 9 Görich, Staufer, S. 19 auch für das folgende.
10 RI BF 5, S. 205, Nr. 833. HDFS 1, S. 426f.; Deér, Porphyry Tombs, S. 16–20.
11 HDFS 1, S. 426; Deér, Porphyry Tombs, S. 18–19.
12 George, Gräber in Speier, S. 22–23.
13 Grundlegend dazu Duby, Sonntag von Bouvines; Delbrück, Kriegskunst 3, bes. S. 274–362 und S. 476–481; Hucker, Kaiser Otto IV., S. 303–319.
14 Text: MGH DD F. II. 2, Nr. 177, S. 17f.; auch MGH Const. 2, S. 55, Nr. 44.
15 Gamber, Bewaffnung der Stauferzeit, S. 113–118.
16 Duby, Bouvines, S. 51; auch Hucker, Otto IV., S. 557.
17 Annales S. Pantaleonis Coloniensis (MGH SS rer. Germ. 18), S. 235; deutsche Übersetzung: EBKF, S. 85.
18 Urkunde Friedrichs: HDFS 1, S. 399; deutsche Übersetzung: HKF Briefe, S. 30; Annales S. Pantaleonis Coloniensis (MGH SS rer. Germ. 18), S. 235; deutsche Übersetzung: EBKF, S. 85.
19 RI BF 4, 2, S. 243, Nr. 1530; Petersohn, Saint-Denis – Westminster – Aachen, S. 420–454; Ders., Päpstliche Kanonisationsdelegation, S. 163–206; Ders., Kaisertum und Kultakt, S. 101–146; Kerner, Karl, S. 111ff.; Folz, Le souvenir ; Ders., Culte liturgique de Charlemagne; Zender, Die Verehrung des Hl. Karl, S. 100–112, bes. S. 106–112; Brecher, Verehrung, S. 151–164; Engels, heiliger Gründer, S. 37–46.
20 RI BF 5 Nr. 811d, S. 201; Reineri Annales, S. 673; deutsche Übersetzung: EBKF, S. 86; Schaller, Kaiseridee Friedrichs II., S. 53–83, bes. S. 62; Stürner, Kreuzzugsgelübde und Herrschaftssicherung, S. 303–315; Petersohn, Kaisertum und Kultakt, bes S. 115f.; Althoff, Öffentliche Demut, S. 229–251, bes. S. 235–242.
21 MGH DD F II. 2, Nr. 204, S. 74–77; lateinischer Text mit deutscher Übersetzung: QDVG (AQG 32), S. 358365–359, Nr. 89; Stürner; Kaiser Friedrich 1, S. 159–161; MGH DD F II. 2; Nr. 369, S. 394–396: *ita quod ex tunc nec habebimus nec nominabimus nos regem Sicile* — Text auch MGH Const. 2; Nr. 58, S. 72; dazu Stürner, Friedrich 1, S. 189.
22 Text CPE = MGH Const. 2, S. 86–91, Nr. 73 unter dem Titel *Privilegium in favorem principum ecclesiasticorum*, deutsche Übersetzung mit Kommentar: EBKF, S. 97–101; lateinischer Text mit deutscher Übersetzung auch QDVG (AQG 32), S. 376–383, Nr. 95.

548

4 Der Kaiser

1 Winkelmann, Jahrbücher, S. 109–112, Stürner, Friedrich 1, S. 246–253, ferner Elze, Ordines, Felten, Gregor.

2 Zum Wegeverlauf Frapiselli, La via Francigena, bes. S. 25–27 und 81–87; Hack, Empfangszeremoniell, bes. S. 300–303, S. 381, S. 527–538, S. 546–548; Eichmann, Kaiserkrönung, Bd. 2, S. 3–40.

3 Elze, Ordines, bes. zu den Ordines Nr. 17 und Nr. 18 des 13. Jahrhunderts S. 61–87; Eichmann, Kaiserkrönungen, Bd. 1, S. 283–296; Elze, Kaiserkrönung um 1200, S. 365–373.

4 Zur Abfolge gemäß den Krönungsordnungen Elze, Ordines, S. 72–87; Zitat der Worte bei der Kronenvergabe: S. 55,12; S. 77,24; S. 95,16; Salusformel: S. 82,9.

5 Urkunde Kaiser Friedrichs: MGH Const. 2, Nr. 85, S. 106–109; Schaller, Krönungsgesetze Friedrichs II., LMA 5, Sp. 1550; Text der Urkunde Karls IV.: MGH Const. 11, Nr. 7, S. 9–10; Lindner, Textzeugnisse, mit weiteren wichtigen Literaturangaben.

6 Picot-Sellschopp, Stratordienst, Sp. 37–40; Eichmann, officium stratoris et strepae, S. 16–40; Ders., Kaiserkrönungen, Bd. 2, S. 282–300; Holtzmann, Strator- und Marschalldienst, S. 301–347.

7 Gregorovius, Rom 2,2, S. 772; Widder, Itinerar, S. 323ff.; Pirchan, Romfahrt 1, S. 303–307.

8 Zu den Reichsinsignien Pleticha, Des Reiches Glanz; Maleczek-Pferschy, Krönungsinsignien, S. 214–236; Rösch, Herrschaftszeichen, S. 30–57; Katalog Krönungen.

9 Villani (Porta) 7,1–2, Bd. 1, S. 275–279.

10 *Fredericus divina favente clementia Romanorum imperator semper Augustus et rex Sicilie – Fridericus secundus Dei gratia Romanorum imperator et semper Augustus et rex Sicilie – Imperator Fredericus Romanorum cesar, semper Augustus, Ytalicus, Syculus, Ierosolimitanus, Aralatensis* (auch *alemanus) Felix Pius Victor et Triumphator* – so zum Beispiel in der Confirmatio Iuramenti Hagenowensis 1221 Januar (= MGH Const. 2, S. 113); der Encyclica ad omnes fideles 1221 Februar 10 (= MGH Const. 2, S. 115); Beginn des Proömiums Stürner, Konstitutionen, S. 145, Anm. a–a mit zusätzlichen griechischen Lesarten; ferner MGH DD FII 1 und 2.

11 Dante, *Monarchia* I,2,2 – Text mit deutscher Übersetzung: Dante Alighieri, *Monarchia*. Studienausgabe (Imbach / Flüeler), S. 62–63; ebenso bei QGPK S. 213, Nr. 376; dazu Grasmück, Dante Alighieri: De monarchia, S. 64–78; Ubl, Engelbert von Admont.

12 Kytzler, Rom als Idee; Demandt, Spätantike, S. 264–267; Münkler, Imperien, bes. S. 127–150.

13 Isidori Hispalensis episcopi etymologiarum sive originum libri 20, lib. 9, 3 abs. 16; Wirth, Augustus I und Wolfram, Augustus II, Sp. 1231–1233.

14 Text und deutsche Übersetzung: Roma aeterna, S. 408–411; zu Georgios Stürner, Friedrich 2, S. 364; Kantorowicz, Kaiser Friedrich, S. 281.

15 Summa Parisiensis, causa 2, questio 6, cap. 3; Summa ‹Elegantius in iure divino› seu Coloniensis, pars 5, cap. 30, S. 65; Stickler, Imperator vicarius Papae, S. 165–

549

Anmerkungen

212, bes. S. 170; Walther, Imperiales Königtum, bes. S. 52–64; Fuhrmann, Kaiser ist der Papst, S. 99–121.

16 Fillitz, Corona, EF 1, S. 369–375; Deér, Kaiserornat Friedrichs II.

17 Angenendt, Heilige und Reliquien, bes. S. 183–186; Althoff, Öffentliche Demut, S. 229–251, bes. S. 242–247.

18 Walther von der Vogelweide, *Die ougenweide sehent die fürsten gerne* (L. 18,29) Text: Cormeau, S. 36; Neuhochdeutsch: Walther von der Vogelweide, Lieder und Sprüche. Auswahl, S. 26–27; viel Material und Literatur zur gesamten Krönungsproblematik und den einzelnen Insignien findet sich in Krönungen. Könige in Aachen; ferner Schramm, Herrschaftszeichen und Staatssymbolik; Petersohn, Insignien, S. 71–119; Mentzel-Reuters, Die goldene Krone, S. 135–182.

19 Zum gesamten Komplex der Münzen Grierson / Travaini, Medieval European Coinage, Nr. 515; Travaini, Monete di Federico II, S. 655–668; Travaini, Federico II mutator monetae, S. 339–362; Kamp, Moneta regis; Kluge, Numismatik des Mittelalters, S. 127 und S. 378, Nr. 829a (=Halbaugustale) und Nr. 829b (=Augustale); Berger, Münzprägung, S. 208–217 und S. 350–354; Matzke, Kaiser im Münzbild, S. 173–204; Stürner, Friedrich 2, S. 250–252; Kantorowicz, Kaiser Friedrich, S. 204–206 sowie Ergänzungsband, S. 255–263 mit Abbildungen auf Tafel 1.

20 Villani (Porta), 7,21, Bd. 1, S. 301–302; auch Villani illustrato, S. 130.

21 EF 2, S. 803–808; Rüegg, Geschichte der Universität, bes. S. 49–99; Gründungsdokumente mit Kommentar EBKF, S. 131–138.

22 HDFS 2,1, S. 450–453; Ryccardi de Sancto Germano (Garufi) 7,2 S. 113–116; deutsche Übersetzung: HKF Briefe, S. 69–72; EBKF, S. 132–134.

5 Der Gesetzgeber

1 MGH Const. 2. Suppl.: Stürner, Konstitutionen Friedrichs II., mit einer allgemeinen Einleitung S. 1–142; Conrad / von der Lieck-Buyken / Wagner, Konstitutionen Friedrichs II.; ferner zur ausführlichen Rezeptionsgeschichte Stürner, Friedrich 2, S. 189–210; zu den Amtsträgern Friedl, Studien.

2 Leppin, Gesetzgebung Iustinians, S. 457–466, hier S. 549; Dante, *Monarchia*, Studienausgabe, S. 21; Demandt, Idealstaat, S. 152–164 und S. 396, Ders., Spätantike, S. 236–237, S. 254–255; Willoweit, Römisches Recht, S. 241–257; Lindner, Goldene Bulle, S. 310–321.

3 MGH DF. I., 2 Nr. 238; Jordan, Ronkalische Reichstage, Sp. 1138–1140; Willoweit, Rezeption und Staatsbildung im Mittelalter, S. 19–44; Dilcher, Kaisergedanke als Rechtslegitimation, S. 153–170; Reinhard, Staatsgewalt, bes. S. 288f.

4 Gregor von Montesacro: «Siculi iuris conditor»; Raimund von Peñafort: *Imperatores, reges et omnes principes, hac sine distinctione, omnis homo pertinet ad iudicium ecclesiasticum ratione peccati*; Papst, Montesacro, S. 27.

5 Stürner, Konstitutionen, S. 148–151; deutsche Übersetzung: EBKF, S. 221; Vogeler, «Veröffentlichungen» von Urkunden, S. 343–361; Töpfer, Urzustand und Sündenfall, bes. S. 321–324.

6 Stürner, Konstitutionen, S. 153–154; deutsche Übersetzung: EBKF, S. 222.

7 Stürner, Konstitutionen, S. 159–161; deutsche Übersetzung: EBKF, S. 223.

8   Stürner, Konstitutionen, S. 172–174; deutsche Übersetzung: EBKF, S. 224.

9   Stürner, Konstitutionen, S. 416; Sloterdijk, Globen, S. 351–353.

10 Stürner, Konstitutionen, S. 452–453; deutsche Übersetzung: EBKF S. 232f.

11 HDFS; Höflinger / Spiegel, Ungedruckte Stauferurkunden, S. 75–11; Koch, Neugefundene Urkunden Friedrichs II., S. 465–477.

12 Edition: Registro della Cancellaria (Carbonetti Venditelli); Zitat Sthamer: BBAW Archiv «II–IV, 180 Personalakte Sthamer, Nr. 36», Antrag vom 29. Juli 1920; ein vor der Vernichtung angefertigter Film von dem Register ist einsehbar bei den MGH in München unter: http://www.MGH-bibliothek.de/friedrich_ii/index.htm.

13 *De mandato imperiali facto per iudicem T(addeum) de Suessa scripsit Iacobus de Bantra G(uillelmo) de Laurentio de Suessa provisori castrorum* – Registro, S. 608–610 Nr. 633–644; RI BF Nr. 2853; Sthamer / Houben 3, S. 72, Nr. 1413.

14 Zitat Gleixner, Sprachrohr; Vorbemerkungen zu MGH DD FII, Nr. 299, S. 258–261, Nr. 358, S. 370–373, Nr. 364, S. 383–385; Bresslau, Handbuch der Urkundenlehre; Schaller, Kanzlei Kaiser Friedrichs II.; Koch, Kanzlei- und Urkundenwesen Friedrichs II., S. 595–619; Stürner, Friedrich 2, S. 34–39.

15 ASV, AAArm I–XVIII, Nr. 38; Erben, Rombilder.

16 Kunde, Reichskatalog, S. 310–312; UB Naumburg 2, Nr. 89, 92, 93, 106, 108, 142, 143, 144, 145, 160, S. 185–186; Erben, Rombilder; Petersohn, Heinrich Raspe und die Apostelhäupter.

17 ASV, AAArm.I–XVIII 96, Transsumpt 1245 Juli 13.

18 Text CPE = MGH Const. 2, S. 86–91, Nr. 73 unter dem Titel *Privilegium in favorem principum ecclesiasticorum*, deutsche Übersetzung mit Kommentar: EBKF, S. 97–101; lateinischer Text mit deutscher Übersetzung: QDVG (AQG 32), S. 376–383, Nr. 95; Text SFP= MGH Const. 2, S. 211–213, Nr. 171 unter dem Titel *Constitutio in favorem principum*, deutsche Übersetzung mit Kommentar: EBKF, S. 258–263, lateinischer Text mit deutscher Übersetzung: QDVG (AQG 32), S. 434–439, Nr. 114; Klingelhöfer, Reichsgesetze; Zinsmaier, Diplomatik, S. 82–117; Stürner, Friedrich 1, S. 235–238.

19 Fried, Mittelalter, bes. S. 291–301, hier S. 292.

20 Text: MGH Const. 2, Nr. 197, S. 263–265; deutsche Übersetzung mit Kommentar: EBKF, S. 309–314; lateinischer Text mit deutscher Übersetzung: QDVG (AQG 32), S. 484–491, Nr. 120; Schlinker, Fürstenamt und Rezeption, S. 70–92; Schneidmüller, Welfen.

21 Lateinischer Text: MGH Const. 2, Nr. 196, S. 241–247; Mittelhochdeutsche Varianten ebenda S. 248–263; lateinischer Text mit deutscher Übersetzung: QDVG (AQG 32), S. 462–485, Nr. 119; Angermeier, Königtum und Landfriede, bes. S. 1–33; Görich, Katalog Reichsausstellung, S. 301–309.

22 Text der Urkunde Friedrichs I. Barbarossa: MGH DD FI. S. 284, Nr. 166; Text der Urkunde Friedrichs II.: MGH Const. 2, Nr. 204, S. 274–276; deutsche Übersetzung mit Kommentar: EBKF, S. 315–321; lateinischer Text mit deutscher Übersetzung: QDVG (AQG 32), S. 496–503, Nr. 123; Urkundenregesten Hofgericht, Bd. 2, bes. S. 349–351, Nr. 413; Yuval, Das Jahr 1240, S. 13–40; Diestelkamp, Vorwurf des Ritualmordes, S. 19–39; Rubin, Corpus Christi; Rubin, Gentile Tales; Rubin, Blut, S. 89–101; Stürner, Friedrich 2, S. 321–323.

23 MGH Const. S. 275; deutsche Übersetzung: nach EBKF, S. 319f., leicht verändert; Eickels, Legitimierung von Entscheidungen, bes. S. 391.

Anmerkungen

24 MGH Const. S. 275; deutsche Übersetzung: nach EBKF S. 319f., leicht verändert.
25 Richeri gesta Senonensis ecclesiae (MGH SS 25), cap. 38, S. 324; deutsche Übersetzung mit Kommentar: EBKF, S. 322f.; Sommerlechner, Stupor, S. 544 Nr. 121.
26 Texte: MGH Const. 2, Nr. 85, S. 106–109, Nr. 100, S. 126–127; Nr. 157 und 158, S. 194–197; Nr. 209–211, S. 280–285; Selge, Ketzerpolitik Friedrichs II., S. 309–343; Buschmann, Inquisition und Prozeß, S. 67–93; Fischer, Herrscherliches Selbstverständnis, S. 71–108; Tönsing, Contra hereticam pravitatem, S. 285–311.
27 MGH Const. 2, Nr. 100, S. 126; Mommsen, Römisches Strafrecht, S. 576, S. 643, S. 916, S. 923.
28 MGH Const. 8, Nr. 100, S. 142–163, hier S. 160.

6 Der Bauherr

1 Zitat: von Rohr, Ceremonial-Wissenschaft, S. 2; Wagner, Bauten des Stauferkaisers Friedrichs II., S. 11f.
2 Houben, Castel del Monte, EF1, S.237–242; Licinio, Castel del Monte; Schirmer, Castel del Monte; Sack, Castel del Monte, S. 144–145; Capaldo, Castel del Monte; Luchterhan, Architettura, Regno di Germania, EF1, S. 66–74; Pistilli, Architettura, Regno d'Italia, EF1, S. 74–80; Bozzoni, Architettura, Regno di Sicilia, EF1, S. 80–91.
3 Text des Mandates: Registro, S. 460; Wagner, Bauten, S. 63, Anm. 312.
4 Gregorovius, Wanderjahre, S. 885.
5 Ferdinand Seibt, Karl IV., S. 392.
6 De Vita, Castelli; Cristallo, Nei castelli di Puglia; Rescio, Archeologia; Gelao, Castelli; Houben, Beitrag, S. 33–49; Knaak, Augusta, S. 94–114; Liessem, Prato, S. 130–143; Pistilli, Castelli, Regno d'Italia, EF1, S. 263–270; Lazzari, Castelli, Regno d'Italia, sistema dei, EF1, S. 263–270; Calò Mariani, Castelli, Regno di Sicilia, Architettura, EF1, S. 270–277; Houben, Castelli, Regno di Sicilia, sistema dei, EF1, S. 277–281.
7 Cadei, Castelli federiciani, S. 183–201.
8 Albrecht, Maultier und Kamera, Zitat: S. 53; Houben, Hundert Jahre, S. 103–136; Sthamer, Verwaltung der Kastelle; Ders., Beiträge zur Verfassungsgeschichte; Ders., Geschichte der Kastellbauten, Bände 1–3.
9 Lampedusa, Leopard, S. 43; Eine Reihe von Gründen, nicht zuletzt die Weltkriege, führten immer wieder zu Verzögerungen in der Arbeit der Kastell–Dokumentationen. Nach Jahren kriegsbedingter Stagnation sind erst in den letzten Jahren die Forschungen zu den Kastellen durch die Direktoren des Deutschen Historischen Instituts in Rom, Arnold Esch und Michael Matheus, wieder in Schwung gekommen. Besondere Verdienste erwarb sich Hubert Houben aus Lecce, der die «Dokumente zur Geschichte der Kastellbauten Friedrichs II. und Karls I. von Anjou» abschließend bearbeitet hat. – Eduard Sthamers Anträge an das Preußische Wissenschaftsministerium: BBAW Archiv, «II–IV, 180 Personalakte Sthamer», Zitat aus Antrag vom 19. Juli 1924, Nr. 59; Tagebücher:

552

BBAW Archiv, «Nachlaß Sthamer, Tagebücher», Einträge vom 12. und 13. Mai
1931 in Neapel, S. 138–141 und vom 6. April 1932 in Brindisi, S. 332; die drei
Hefte von den lange als verschollen geltenden Tagebüchern Sthamers, aus denen hier erstmals zitiert wird, enthalten neben Berichten über die Recherchen
in süditalienischen Archiven auch viele Beobachtungen des Alltags der dort lebenden Bevölkerung. Eine Edition ist geplant.

10 Ryccardus de Sancto Germano (Garufi), S. 116f.; Stürner, Friedrich 2, S. 26f.
11 Friedl, Beamtenschaft.
12 RI BF 5, 3 Verzeichnis der Aufenthaltsorte Friedrich II. S. CXXVI–CXXX; zum
Problem des Itinerars als historische Quelle Müller-Mertens, Reichsstruktur.
13 Zitat Gregorovius, Wanderjahre, S. 791; Pacichelli, Regno di Napoli, hier
Bd. 3, S. 113–155 mit der Abbildung vor S. 113, unter der Nummer 2: Casa di
Fed(eric)o Imp(erador)e, sowie der Beschreibung S. 114; Jarussi, Foggia, mit
den historischen Stadtplänen S. 27 bis S. 37 und S. 78; Martin, Foggia, EF1,
S. 656–658; Troia, Foggia e la Capitanata; Leistikow, Residenzpalast, S. 66–80
mit den Belegen und weiterführender Literatur.
14 Andreas Ungarus, Descriptio victoriae, S. 559–580, hier S. 571; deutsche Übersetzung in Anlehnung an Willemsen, Triumphtor, S. 5, der lateinische Text ebenfalls
dort S. 77, Anm. 3; Michalsky, Memoria und Repräsentation, S. 190–196, bes.
auch S. 191, Anm. 108 zu den unterschiedlich überlieferten Varianten der ersten
Zeile *concordia – custodia*; D'Onofrio, Capua, porta di, EF1, S. 229–236; Esch,
Antico, reimpiego e imitazione dell', EF1, S. 44–49; Ders., Friedrich II. und die
Antike, S. 201–234; Ders., Landschaften der Frührenaissance, bes. S. 74.
15 Kantorowicz, Kaiser Friedrich, S. 483; Esch, Antike, S. 208.
16 Michalsky, Memoria, S. 196; Michalsky, ponte Capuano, S. 137–151; Claussen,
Capuaner Brückentor, S. 116–121; Broekmann, ‹Rigor iustitiae›, bes. S. 1–4.
17 Gregorovius, Wanderjahre, S. 996.

7 Der Liebhaber

1 Salimbene (MGH SS 32), S. 349: «*pulcher homo et bene formatus, sed medie
stature fuit*»
2 Boccaccio, *Decameron*, Bd. 1, S. 600f.; Russo, Federico II e le donne; Oster,
Frauen Kaiser Friedrichs II.; Simonsfeld, Heiratsprojekte, S. 543–548; Decker-
Hauf, Staufische Haus, S. 358–368; Frauen der Staufer, Göppingen 2006; Hechelhammer, Friedrich II. und seine Ehefrauen, S. 123–131.
3 Camilleri, Friedrich II. – ein unmögliches Interview, S. 47–60, hier S. 50–51.
4 Text: Hewlett, Rogeri de Wendover, hier Bd. 3, S. 108–112; ebenso Roger, Flores (MGH SS 28), S. 70–73; deutsche Übersetzung auch für die folgenden Zitate: HKF Berichte, S. 47–52; EBKF, S. 288–291.
5 Text der Urkunde: MGH Const. 2, Nr. 188, S. 230–231.
6 MGH Const 2, Nr. 190 S. 232; Kluge, Numismatik, S. 151–157.
7 Roger (MGH SS 28), S. 70–73; deutsche Übersetzung: EBKF, S. 290–291.
8 Matthaeus Paris (MGH SS 28), S. 131; deutsche Übersetzung: EBKF, S. 292.
9 Haseloff, Kaiserinnengräber in Andria.

553

8 Der Dichter

1 Dante, *De vulgari eloquentia* I/12; Panvini, Poeti italiani, S. 228–231, hier S. 228; deutsche Übersetzung: Willemsen, Dichterkreis, S. 28–31, hier S. 29; Baer, Dichterschule, S. 93–107; Münkler / Grünberger / Mayer, Nationenbildung, bes. S. 103–110 und 135–144.

2 Pabst, Gregor von Montesacro; Stürner, Rezension, HZ 278 (2004) S. 168f; Raulff, Künstlerstaat; Elias, Zivilisation.

3 Texte in Volgare mit deutscher Übersetzung: Willemsen, Dichterkreis; einige Texte auch bei Panvini, Poeti italiani, S. 228–231, die hier zitierten deutschen Übersetzungen folgen Willemsen, Dichterkreis, S. 29, S. 32–35, S. 37, S. 43, S. 45, S. 59, S. 105.

4 Rädle, Selbstkonstituierung, S. 332–354, Zitat und Übersetzung: S. 332–333; Quilichinus von Spoleto, Kirsch, Historia Alexandri Magni (Rezension J³); Reichert, Geographisches Wissen, S. 131–143, bes. S. 138 zu Quilichinus von Spoleto; Ross, Alexander historiatus; Mütherich, Handschriften, S. 9–21, bes. S. 17–18; Kloos, Alexander der Große, S. 395–417, bes. S. 405–407; Demandt, Alexander der Große, S. 429.

5 von den Steinen, Staatsbriefe, S. 31–33; ebenso HKF Briefe, S. 215; Salimbene (MGH SS 32), S. 94; deutsche Übersetzung: GdV 93, S. 77; Kloos, Petrus de Prece, S. 170; Kantorowicz, Kaiser Friedrich, S. 450.

6 Maddalo, Petrus de Ebulo; ältere Ausgabe: Daneu Lattanzi, Petrus de Ebulo; Maddalo, De Balneis; Kauffmann, Baths of Pozzuoli; Calatura zitiert nach Rösch/Rösch, Friedrich, S. 86.

7 Am Schluss des Werkes *De Balneis* die Verba Auctoris: *Suscipe, Sol Mundi, tibi quem presento libellum. / De tribus ad Dominum tercius iste venit. / Primus habet patrios civili marte triumphos. / Mira Friderici gesta secundus habet; / Tam loca, quam vires, quam nomina pene sepulta, / Tercius Eboicis iste reformat aquis. / Cesaris ad laudem tres scripsimus ecce libellos*; Ryccardus de Sancto Germano (Garufi), S. 147–148; Hageneder, Sonne-Mond-Gleichnis, S. 340–368.

8 Mütherich, Handschriften, S. 9–21, Zitat S. 13; Grebner, Interkulturalität, S. 7–11, hier S. 7; Grebner, Liber Introductorius, S. 250–257; Grabmann, Philosophie, S. 103–137.

9 Haskins, Medieval Science; Akasoy, Philosophie und Mystik, mit dem arabisch-deutschen Text; Akasoy, Sicilian Questions, S. 15–24; Stürner, Friedrich 2, S. 390–397; Kantorowicz, Kaiser Friedrich, S. 270f.

10 Walther von der Vogelweide, *Von Rôme keiser hêre, ir hânt alsô getân* (L. 84,30) Text: Cormeau, S. 186; Neuhochdeutsch: Walther von der Vogelweide, Lieder und Sprüche. Auswahl, S. 56–59.

11 Dante, *Inferno*, XX,115–123, deutsche Übersetzung: Streckfuß, S. 87; Löwe, Dante und die Staufer, S. 277–297.

12 Haskins, Medieval Science; Thorndike, Michael Scot; Cardini, Europa und der Islam, S. 117–140.

13 Ackermann, Habent, S. 275f.

14 Bayerische Staatsbibliothek München, Clm 10268; zur Handschrift Bauer, Liber Introductorius.

554

15 *caret enim stellis parissibilibus, sed quaedam sunt in vexilio* – Bauer S. 77f. und S. 144. Anm. 512.

16 Francesco Pipino, Chronicon 2, 39; deutsche Übersetzung: HKF Berichte, S. 231.

17 Bussotti, Fibonacci, S. 235–249; Stürner, Friedrich 2, S. 385–397.

18 Willemsen, Dichterkreis, S. 30f.

9 Der Falkner

1 Nibelungenlied (de Boor), Strophe 2, S. 3, Strophe 13–19, S. 6–7; Nibelungenlied (Simrock) S. 6–11; Hartman von Aue, Erec, (Leitzmann); v. 1941–2064, S. 57–61; Bumke, Hofkultur, Nagel, Staufische Klassik; Weil, Falkenlied; Peters, Falke, Falkenjagd, Falkner und Falkenbuch, Sp. 1251–1366; Menzel, Falkenbuch, S. 342–359; Ders., Naturkunst, S. 51–61.

2 Boccaccio, *Dekameron*, Bd. 1, S. 628–637.

3 Collenuccio, Compendio; Albert von Stade, Annalen zu 1220 (MGH SS 16), S. 357; RI BF Nr. 2668; HDFS 5,1 S. 527 und S. 635; Mandat vom 26. Dezember 1239 ebenso im Registerfragment von 1239/40, Bd. 1 Nr. 366, S. 371; Villani (Porta), 7,1, Bd. 1, S. 277; deutsche Übersetzungen: HKF Briefe, S. 264 und S. 269–272; weitere Belege Fried, Friedrich als Jäger, S. 120 A 30 und S. 123–124, Stürner, Friedrich 1, S. 43–46; Giese, Tierhaltung, S. 121–154.

4 Für viele Auskünfte und praktische Vorführungen sowie die über Jahre geführten fruchtbaren Diskussionen zum Problem der Falknerei danke ich herzlich dem Falkner Volker Walter (Ralswiek/Rügen). Erst durch ihn glaube ich verstanden zu haben, worin der besondere Reiz der Beizjagd mit Falken lag.

5 Lübeckisches UB Bd. 3, S. 191, Nr. 191 (1354), S. 459 Nr. 451 (1364) und Bd. 4, S. 307, Nr. 287; RI BF Nr. 2808; HDFS 5,2, S. 748–749; Mandat vom 11. Februar 1240 ebenso, Registrum Bd. 2, Nr. 579, S. 548–549; Spies, Falkensteuer, S. 325–336; Kantorowicz, Kaiser Friedrich, Ergänzungsband, S. 137–141 sowie Exkurs 5 S. 273–283 mit einer Liste von Namen kaiserlicher *valetti*; Keupp, Bann der ritterlich-höfischen Kultur, S. 97–119 mit weiterer Literatur, Zitat S. 111.

6 FAZ 17.10. 2000 S. 47.

7 *De arte venandi cum avibus*, BAV Ms.Pal.Lat.1071, Text: Willemsen 1942; deutsche Übersetzung und Kommentar: Willemsen 1964/1970; Faksimile: Willemsen 1969 und Willemsen 2000; Kinzelbach, Modus auium, S. 62–135; zum *Moamin* Georges, Das zweite Falkenbuch; Georges, *Moamin*-Tradition, S. 197–217; Fried, Friedrich als Jäger; Fried, zweites Falkenbuch.

8 Willemsen, Kommentar 1964/1970, S. 230f., Abbildung des Originals Tafel VIII, S. 93ff.; Walz / Willemsen, S. 5.

9 Fried, Friedrich als Jäger, S. 115; Fried, Handschrift des Guilielmus Bottatius, S. 179–196.

10 Akasoy / Georges, Falken- und Hundebuch, bes. S. 66–68; Akasoy, Vorlagen des *Moamin*, S. 147–156; Georges, *Moamin*-Tradition, S. 197–217.

11 Willemsen, Edition, Bd. 1, S. 2; Willemsen, deutsche Übersetzung: Bd. 1, S. 6. Willemsen, Falkenbuch 1973 S. 15.

555

12 Willemsen, Edition, Bd. 1, S. 3–5; Willemsen, deutsche Übersetzung: Bd. 1, S. 7– 9.
13 Willemsen, Falkenbuch 1973, S. 16.
14 Fried, Friedrich als Jäger, S. 122; sowie Willemsen, Falkenbuch 2, S. 44ff.
15 Ciento Novelle antiche, Nov. 90; deutsche Übersetzung: Ulrich, Erzählungen, S. 93.

10 Der Kriegsherr

1 Beide Exemplare heute Geheimes Staatsarchiv Preußischer Kulturbesitz, Königsberger Exemplar: «XX HA Urkunden Schieblade 20 A»; Warschauer Exemplar: «Schieblade 109» (nur eingeschränkt benutzbar); Text: Preußisches Urkundenbuch 1,56; lateinischer Text mit deutscher Übersetzung: QDVG (AQG 32), S. 404–411, Nr. 104; Text des Königsberger Exemplars nur in deutsche Übersetzung mit Kommentar: EBKF, S. 139–143; Militzer, Geschichte, bes. S. 12–27; Boockmann, Orden, bes. S. 17–65; Arnold, Hausorden, S. 10–28; Labuda, Anfänge, S. 153–172; Kluger, Hermann von Salza, bes. S. 54–65; Wojtecki, Orden, S. 187–224; Jasiński, Kruschwitz, bes. S. 71–153, Zitat S. 71; Morton, Teutonic Knights, bes. S. 9–42.
2 Deutsche Übersetzung: QDVG (AQG 32), Nr. 104, S. 404–410; ebenso EBKF, S. 139–143 mit Kommentar.
3 Hampe, Kindheit, S. 597–598; deutsche Übersetzung: HKF Briefe, S. 16–18; Mitteis, Staat, S. 367; Keupp, Bann der ritterlich-höfischen Kultur, S. 97–119.
4 Göbbels, Militärorganisation, S. 468–500; Thorau, Krieg, S. 599–634; Cardini, Ordinamenti militari, S. 87–101; Meier-Welker, Militärwesen, S. 9–48; Delbrück, Kriegskunst, Bd. 3, S. 213f., S. 367–369 und S. 403–414.
5 Kantorowicz, Kaiser Friedrich, S. 391; Thorau, Krieg, S. 617–625.
6 Goebbels, Militärorganisation, S. 488; Thorau, Krieg, S. 617–625
7 Villani (Porta), 6,38, S. 269; Herde, Guelfen und Neoguelfen, S. 259–398.
8 Machiavelli, Geschichte von Florenz, S. 47.
9 Delbrück, Kriegskunst, Bd. 3, S. 405–415; Hadank, Cortenuova, der ausführlich die verschiedenen Quellen dazu diskutiert; übersetzte Quellenauszüge: HKF Briefe, S. 385–404; Stürner, Friedrich 2, S. 334–341; Caproni, Cortenova; Fornari, Federico II, Bari 2000.
10 Matthaeus Paris (MGH SS 28), S. 146; deutsche Übersetzung: EBKF, S. 329; ferner Prietzel, Kriegführung im Mittelalter, S. 198–20 .
11 EBKF, S. 333–336.
12 Voltmer, Fahnenwagen, Sp. 229–230; Ders., Carroccio; Zug Tucci, Carroccio, S. 1–104; Salimbene (MGH SS 32), S. 213; deutsche Übersetzung: GdV 93, S. 188.
13 HDFS 5, S. 161–163, deutsche Übersetzung: HKF Briefe, S. 401–403; EBKF, S. 343f.; Thumser, Rom, S. 290f.; Vehse, Propaganda, S. 63f.; Kantorowicz, Kaiser Friedrich, S. 408–416.
14 HDFS 5, S. 163, Anm. 1; deutsche Übersetzung mit leichter Änderung: HKF Briefe, S. 402f.
15 Muratori, Antiquitates, Bd. 5, bes. S. 203–214 mit den Inschriften S. 210; ebenso

die italienische Übersetzung des Werkes durch seinen Neffen Gian-Francesco Soli Muratori, Dissertazioni, Bd. 1, S. 441–445; Forcella, Iscrizioni, Bd. 1, Nr. 1, S. 25; Gregorovius, Geschichte der Stadt Rom, Bd. 5, S. 184–189; Guarducci, Federico II e il monumento del Carroccio, S. 83–94; Dies., L'iscrizione sul monumento, S. 75–84; wiederabgedruckt in: Studi normanni e federiciani, S. 87–98 und 99–108 mit Abbildungen der Inschrift und der Säulen.

16 Matthaeus Paris (MGH SS 28), S. 146; deutsche Übersetzung: EBFK, S. 332.
17 Salimbene (MGH SS 32), S. 203f.; deutsche Übersetzung: GdV 93, S. 33 und. S. 174.
18 Salimbene (MGH SS 32), S. 203f.; deutsche Übersetzung: GdV 93, S. 33 und. S. 174f.
19 Salimbene (MGH SS 32), S. 203f.; deutsche Übersetzung: GdV 93, S. 174f.
20 Stürner, Konstitutionen, S. 159–161; deutsche Übersetzung: EBKF, S. 223.

11 Der Seefahrer

1 RI BF Nr. 1730a–1732, S. 348; Pryor, Crusade, S. 113–132. Die meisten Quellen berichten von vierzig Galeeren, Philipp von Novara hingegen überliefert siebzig Schiffe aller Art, die in Limassol auf Zypern angekommen seien. Da Friedrich allerdings auch ein Heer mit Pferden und Ausrüstung dabei hatte, müssen bedeutend mehr Schiffe dabei gewesen sein, als nur die in den Quellen überlieferten vierzig Galeeren. In einem Brief, den der Kaiser nach seiner Abfahrt 1228 von Brindisi ausgab (Druck: Winkelmann, Acta imperii inedita 1, Nr. 301, S. 271–272), berichtete Friedrich, dass er mit sechzig Galeeren in Richtung Zypern aufgebrochen sei. Die Geschwindigkeit von Friedrichs Flotte lässt sich deshalb ungefähr abschätzen, weil im *Breve chronicon de rebus Siculis* sowohl einige Abfahrts- als auch Ankunftstermine sowie die angelaufenen Stationen des «Inselhoppings» benannt werden. An drei Distanzbeispielen habe ich eine grobe Durchschnittsgeschwindigkeit errechnet, wobei ein weiterer großer Unsicherheitsfaktor zu berücksichtigen ist: Die genaue Distanz des gefahrenen Seeweges ist deshalb viel länger, als es Zirkelabgriffe von Seekarten ergeben, weil zum einen ein Kreuzen den Weg verlängert, zum anderen, weil die Geschwindigkeit durchs Wasser und die über Grund wegen Strömungen und Abtrift zwei verschiedene Werte ergeben. Die Beispiele: Distanz Otranto – Korfu ca. 90 SM in ca. 36 Stunden ergibt ungefähr 2,5 Kn; Kreta – Rhodos ca. 140 SM in ebenfalls 36 Stunden ungefähr 3,8 Kn, Finike – Limassol ca. 220 SM in ca. 60 Stunden ergibt 3,7 Kn, also 5 bis 7 Kilometer pro Stunde; schneller bewegte sich die Flottille sicher auch auf den anderen Distanzen nicht vorwärts.

2 Mollat du Jourdin, Europa und das Meer, bes. S. 41–59.
3 Matthaeus Paris (MGH SS 28), S. 130.
4 Brief an den König von England vom 18. Mai 1241; Text: HDFS 5,2, S. 1123–1125, hier S. 1124; deutsche Übersetzung: HKF Briefe, S. 501–504; Houben, Enrico, Conte di Malta, S. 522–524.
5 Text: MGH Const. 2, Nr. 85, S. 106–109; Schaller, Krönungsgesetze Friedrichs II., Sp. 1550; Lieberich, Grundruhr, Sp. 1753–1754.
6 RI BF Nr. 2617.

557

7 Cohn, S. 132 und S. 135; Böhland, Achsen der Weisheit, S. 219–233 und
S. 425–266; Frugoni, Brille, zu Kompass und Heckruder S. 156–157.
8 Pryor, Crusade, S. 113–132; Ders., Transportation of Horses 1, S. 9–27, 2,
S. 103–126; Dotson, Ship types, S. 63–76; Gertwagen, Harbours and facilities,
S. 237–241.
9 MGH Const. 2, Nr. 102, S. 129–130; Pryor, Crusade, S. 124; Cohn, Flotte,
S. 27; Hechelhammer, Kreuzzug, S. 164–167
10 Pryor, Crusade, S. 116: his forces were abysmally ill-equipped for a campaign
in the Nile delta.
11 RI BF Nr. 7259, 13293, 13298a, 13346a, 13348.
12 Stürner, Friedrich 2, S. 242; Bündnis: Annales Ianuenses ad 1238 (MGH SS
18), S. 188f.; HDFS 5, S. 205–207; HDFS 5, S. 237–239; Vertrag: Acta imperii
2, S. 689f. Nr. 1028; Piraten: HDFS 5, S. 687; Gegenschlag der Venezianer:
Ryccardus de Sancto Germano ad 1240 (Garufi), S. 207; Cohn, Flotte S. 49–
53.
13 Text: Annali Genovesi di Caffaro (Belgrano); Annales Ianuenses (MGH SS 18),
S. 226–248; deutsche Übersetzung: GdV 76–77; ferner Sommerlechner, stupor,
S. 507–508.
14 HDFS 5, S. 1123–1125: Brief an den König von England vom 18. Mai 1241,
deutsche Übersetzung: HKF Briefe, S. 501–504; Dichtung eines unbekannten
Ghibellinen, Text bei: Holder-Egger, Italienische Prophetien, S. 321–386, hier
S. 351f. und S. 364f.; ferner Graefe, Publizistik, S. 87.
15 Matthaeus Paris (MGH SS 28), S. 217; deutsche Übersetzung zitiert nach
Cohn, Flotte, S. 53, auch HKF Briefe, S. 504–505
16 Annales Ianuenses 1242 (MGH SS 18), S. 203; Brief Friedrichs: HDFS 6,
S. 16.

12 Der Kreuzpilger

1 Maximi episcopi Taurinensis sermones 38,4, S. 150; als Pseudo-Augustin, *De
sepultura Domini*, Migne PL 39, Sp. 2204; Petrus Venerabilis, Sermones 2,
Migne PL 189, Sp. 987C; Papst Alexander III. in der Bulle *Cor nostrum* vom
16. Januar 1181, RPR, Nr. 14360, S. 413, Text: Migne PL 200, Sp. 1296B;
ferner Angenendt, Religiosität im Mittelalter, bes. S. 208–212 und S. 436–
438; von den Brincken, Finis Terrae, bes. S. 81 und S. 180–183; Lobrichon,
Eroberung Jerusalems.
2 Otto von Botenlauben, Lied XII; zitiert nach Hucker, deutsche Kreuzzugsbewegung S. 42–43; Walther von der Vogelweide, *Nû alrêst lebe ich mir werde*
(L.14,38 und L.16,29) Cormeau S. 24–29; Neuhochdeutsch nach Witt, S. 299–
303 und Maurer, S. 157–161.
3 Kotzur, Kreuzzüge; Riley-Smith, Kreuzzüge; Jaspert, Kreuzzüge; Mayer, Bibliographie Kreuzzüge; Edbury, John of Ibelin; Jacoby, Hohenstaufen Power in the
Levant, S. 83–101; Mayer, Kanzlei; Runciman, Kreuzzüge, bes. Bd. 3, S. 176–
211; Setton, Crusades, bes. Bd. 3, S. 429–462.
4 Leben in Outremer: Runciman, Kreuzzüge, S. 595–629; Phillips, Orient,
S. 134–166.
5 Röhricht, Regesta Hierosolymitani, Nr. 658–670, S. 175–179 und Additamen-

tum, Nr. 664a, S. 45f.; Runciman, Kreuzzüge, Bd. 2, S. 423–458; Setton, Crusades, Bd. 1, S. 590–621; Möhring, Saladin; Kedar, Horns of Hattin.

6 Kestner, Kreuzzug Friedrichs II.; Röhricht, Kreuzfahrt, S. 112–208; Regesta regni Hierosolymitani, Nr. 992–1014, S. 261–266; Additamentum, Nr. 997, S. 62; Hiestand, Friedrich II. und der Kreuzzug, S. 128–149, zur Anzahl der Schiffe S. 142, Anm. 42; zu geographischen Vorstellungen Reichert, Geographie, S. 433–491, bes. S. 467; zu militärischen Aspekten Neumann, Heer Kaiser Friedrichs II., S. 1–30; Jacoby, La dimensione imperiale, S. 31–35; Musca, Crociata, EF 1, S. 401–416; Hechelhammer, Kreuzzug und Herrschaft; Morton, Teutonic Knights, bes. S. 43–84; Rader, Friedrich II. und Jerusalem, S. 104–111; EBKF, S. 84–88.

7 *Narratio de morte Ottonis IV. Imperatoris*; zitiert nach Hechelhammer, Kreuzzug und Herrschaft, S. 36.

8 Weinfurter, Reich im Mittelalter, bes. S. 164–180, hier S. 167.

9 Breve chronicon, S. 86–87; Mayer, Kreuzzüge, S. 210; Hiestand, Kreuzzug, S. 140; Hechelhammer, Kreuzzug und Herrschaft, S. 270–272; Philipps, Orient, S. 151–156.

10 Annales S. Iustinae Patavini (MGH SS 19), S. 153.

11 Neumann, Untersuchungen, S. 14; Kaiserchronik, S. 405, Z. 554–555; Weltchronik Heinrichs von München. Neue Ee, über Friedrich S. 555–562, hier S. 560; Ryccardus de Sancto Germano (Garufi) S. 158–160; Cohn, Flotte, S. 30–32; Pryor, Crusade, S. 127–128; Hechelhammer, Kreuzzug und Herrschaft, S. 258–265, sowie besonders das prosopographische Verzeichnis der Kreuzfahrer S. 327–386; zu den Herren von Runkel Hegen, Neurübenstein.

12 Vertrag von San Germano 1225: MGH Const. 2, S. 129; Pryor, Crusade, S. 114–115; Cohn, Flotte, S. 27–28.

13 Röhricht, Regesta Hierosolymitani, Nr. 997, S. 262; zu den Bestimmungen des Vertrages MGH Const. 2, Nr. 120–121, S. 160–162; Kluger, Hermann, S. 74–78.

14 Cassirer, Begriff der symbolischen Form; Bourdieu, Soziologie; Edelman, Politik als Ritual; Meyer, Inszenierung des Scheins; Althoff, Spielregeln; Althoff, Kommunikation.

15 RI V, Nr. 1738a, S. 352; Friedrichs Brief: HKF Briefe, S. 171; Freidanks Bescheidenheit, S. 201, Vers 160, 16f.; Röhricht, Kreuzfahrt, S. 43f.; Mayer, Pontifikale, S. 141–232; Schaller, Endzeiterwartung, S. 33–34; Möhring, Weltkaiser; Wenzel, Thomasin; Willms, Thomasin.

16 Register Papst Gregors IX.: ASV Reg. Vat. 14 fol. 116v–117v und fol. 118r–119v; Text: MGH Const. 2, Nr. 122 und Nr. 123, S. 162–167 und 167–168, hier S. 166; dazu Kluger, Hermann, S. 86–95.

17 Tabulae Ordinis Theutonici, Nr. 52–53, S. 42–44, Nr. 59–60, S. 48–50 und Nr. 65–70, S. 53–56; HDFS 3, S. 117–128; Labuda, Anfänge des Deutschen Ordens, S. 153–172, hier S. 167; Kluger, Hermann, bes. S. 123–140; Hechelhammer, Kreuzzug und Herrschaft, S. 317–31; Morton, Teutonic Knights, S. 43–84.

18 Kantorowicz, Kaiser Friedrich, S. 183; Kluger, Hermann, S. 95–113.

19 Breve chronicon S. 76f.; Wolfgang Stürner bezweifelt den ganzen Akt wegen der rechtlichen Unstimmigkeiten; ebenda S. 14; Rösch, Krone aus Venedig, S. 336–342; Schramm, Herrschaftszeichen; Brühl, «Festkrönungen», S. 265–326; Ders., Kronen- und Krönungsbrauch, S. 1–31; Jäschke, Frühmittelalter-

liche Festkrönungen?, S. 556–588; Petersohn, «Echte» und «falsche» Insignien; Ders., Über mittelalterliche Insignien, S. 47–96; Ott, Krone und Krönung; Kamp, Krönungen.

20 Leder, Freund der Muslime, S. 83–91; Ders., Feinde-Fremde-Freunde, Zitat Ibn-Wasil, S. 98; Zitat al-Gauzi, S. 89; Gabrieli, Kreuzzüge, Ibn Wasil: S. 326–332, Ibn al-Gauzi: S. 332–334.

21 Walther von der Vogelweide, *Vil süeze waere minne* (L.76,22), Text: Cormeau, S. 171; Neuhochdeutsch nach Witt, S. 295 und Maurer, S. 267.

13 Der Tyrann

1 RI BF Nr. 3835b–4383n, S. 693–769; Gotifredi Viterbiensis opera (MGH SS 22), S. 342–349, hier S. 348; teilweise deutsche Übersetzung: EBKF, S. 275.

2 Althoff, Privileg der ‹Deditio›, S. 27–52; Garnier, Zeichen und Schrift, S. 263–287; Broekmann, ‹Rigor iustitiae›; Görich, Ehre Friedrich Barbarossas, bes. S. 17–57; Stürner, Friedrich 2, S. 296–309.

3 Ryccardus de Sancto Germano (Garufi), S. 163; Stürner, Friedrich 2, S. 179f.

4 Franzel, König Heinrich VII.; Hillen, Curia Regis; Thorau, König Heinrich (VII.); Thurnherr, König Heinrich (VII.), S. 522–542; Stürner, König Heinrich (VII.), S. 12–42; Ders., Der Staufer Heinrich (VII.), S. 13–33; Huth, Reichsinsignien und Herrschaftsentzug, S. 287–330; Schwarzmaier, Der vergessene König, S. 287–304.

5 Zu den Ketzerexzessen Patschovsky, Ketzerverfolgung, S. 641–693.

6 Brief: HDFS 4,1, S. 524–526, deutsche Übersetzung: EBKF, S. 272–274, Beschreibung des Zuges: Gotifredi Viterbiensis opera (MGH SS 22), S. 348, deutsche Übersetzung: EBKF, S. 275; Giese, Tierhaltung, S. 121–154.

7 Salimbene (MGH SS 32), S. 87; deutsche Übersetzung: GdV 93, S. 74; RI BF Nr. 4383n, S. 795f.

8 Arnone, Tombe, S. 380–408, bes. S. 380–388; Capelli, Tomba di Enrico, S. 267–271; Houben, Friedrich, S. 122 und S. 160; Broekmann, Rigor, S. 262–263; Ergebnisse der Untersuchung der vermeintlichen Heinrichsgebeine: Fornaciari, Paleopatologia dei resti scheletrici di Enrico VII, S. 11–16; Berg / Rolle / Seemann, Archäologie und Gerichtsmedizin.

9 Briefe HDFS 6, S. 28–30, deutsche Übersetzung: HKF Briefe, S. 309 und 312.

10 Burdach / Piur, Petrarcas Briefwechsel, Nr. 14, S. 252–253; Stierle, Francesco Petrarca, bes. S. 9–21.

11 Giftanschlag: Matthaeus Paris (MGH SS 28), S. 130f, deutsche Übersetzung: EBKF, S. 272; Winkelmann, Heinrich (VII.) (ADB), S. 438.

12 Fried, Mittelalter, S. 295.

13 Matthaeus Paris (MGH SS 28), S. 146 und S. 295; deutsche Übersetzung: EBFK, S. 332; Salimbene (MGH SS 32), S. 195 und GdV 93, S. 167; Kantorowicz, Kaiser Friedrich, S. 195; Miethke, Tyrann, Tyrannenmord, Sp. 1135–1138; Mandt, Tyrannis, Despotie, S. 651–706.

14 Dante, *Inferno* XXIII,65–66; deutsche Übersetzung: Vormbaum, S. 102, s. auch den Kommentar S. 150.

15 Hampe, Aktenstücke IV, 10 (109f.); deutsche Übersetzung: HKF Briefe, S. 222;

Kaiser Wilhelm II. zitiert aus den Memoiren von Robert Graf von Zedlitz-Trützschler nach Röhl, Wilhelm II., S. 385 und S. 1393, Anmerkung 75; Kantorowicz, Kaiser Friedrich, S. 252; Thomsen, Feuriger Herr, S. 301–313; Ders., Kommentar zum Exponat X.6 Ernst Freiherr von Mirbach, Das deutsche Kaiserpaar im Heiligen Lande im Herbst 1898, S. 490–492.

16 Amari, Musulmani di Sicilia, bes. Bd. 3, S. 606–619; EBKF, S. 125–130.

17 Gregorovius, Wanderungen, S. 794, S. 796; Horst, Sultan von Lucera.

18 Nach 2000 konnte unter der Federführung des DHI in Rom ein interdisziplinäres Großprojekt angestoßen werden: Historiker, Baugeschichtler, Archäologen und Geophysiker mehrerer deutscher und italienischer Universitäten und Forschungsinstitute beteiligen sich, um die Bedingungen und Formen muslimischer Siedlungen in der christlichen Umgebung Süditaliens zu erforschen. Wichtiger Grabungsort war und ist Lucera, wo in den Jahren nach 2006 archäologische Untersuchungen mit Georadar und Suchschnitten in dem fast fünf Hektar großen Festungsareal unternommen worden sind, die immer noch andauern. Zu großem Dank verpflichtet bin ich Michael Matheus, Direktor des DHI, für die vielen Diskussionen und Auskünfte zu aktuellen und noch unpublizierten Ergebnissen der Grabungen; siehe auch Klemens / Matheus, Christen und Muslime, S. 82–110.

19 MGH Epp. Saec. XIII 1, S. 398f, HDFS 4, S. 405f.; deutsche Übersetzung: HKF Briefe, S. 66f.; EBKF, S. 127f.

20 Kantorowicz, Kaiser Friedrich, S. 120f., auf diese Stelle bezieht sich auch die Übersetzung aus HKF Briefe S. 65; ferner Amari, Estratti del Tarih Mansuri, S. 98–124.

21 Gregorovius, Wanderungen, S. 769.

22 Nicolai de Jamsilla (RISS 8), Sp. 489–616, hier Sp. 494; deutsche Übersetzung: HKF Berichte S. 30f. und EBKF, S. 126.

23 Kantorowicz, Kaiser Friedrich, S. 104, S. 195 und S. 268; von Treitschke, Ordensland Preußen, S. 1–76, hier S. 8; Burckhardt, Renaissance, S. 47; Kölzer, Zentralverwaltung, S. 287–311, Zitat: S. 292; Ders., Verwaltungsreformen, S. 299–315, hier S. 315; Ders., «Magna imperialis curia», S. 46–64; Hand-Fuß-Metapher: MGH Epp. Saec. XIII 1, S. 602 Nr. 703, Z. 20ff (1236/10/23) und S. 648, Nr. 750, Z. 42f. (1239/7/1); Reichert, Staat Friedrichs II., S. 21–50; Houben, Friedrich, S. 77–79.

24 Kosellek / Conze u.a., Staat und Souveränität, S. 1–154, bes. S. 7–25; Kamp, Beamtenwesen, Sp. 1728–1731; Ders., Wirtschaftsreformen und Finanzverwaltung, S. 43–92; Heupel, Grosshof; Friedl, Beamtschaft; Stürner, Friedrich 2, S. 39–47.

25 MGH Const. 2, Nr. 159/166, S. 198; Nr. 216, S. 301; Nr. 223, S. 307; Nr. 252, S. 349; Nr. 272, S. 380; Nr. 273, S. 381; Nr. 343, S. 450; Nr. 344, S. 452; Nr. 422, S. 554; Heckmann, Stellvertreter, bes. S. 335–352; Houben, Friedrich, S. 77–79.

26 Schaller, Briefsammlung, S. 463–478; Ders., Einführung, S. V–XXIII; Casertano, Pietro dell Vigna; Willemsen, Dichterkreis, S. 22f.

27 Matthaeus Paris (MGH SS 28), S. 282–285 und S. 307; deutsche Übersetzung: EBKF, S. 424 mit Kommentar S. 417–419.

28 Salimbene (MGH SS 32), S. 200; deutsche Übersetzung: GdV 93, S. 172.

29 Dante, Inferno XIII,57–78, deutsche Übersetzung: Vormbaum, S. 62.

30 Annales Marbacenses (MGH SS rer. Germ. 9), S. 94 zu 1231; deutsche Übersetzung: GdV 74, S. 47; ebenso (AQG 18a), S. 159.

31 Chronica regia Coloniensis (MGH SS rer. Germ. 18), S. 263 zu 1231, deutsche Übersetzung: GdV 69, S. 315; HKF Briefe, S. 248–249.
32 MGH Const. 2, S. 512, hier s. 512; deutsche Übersetzung: HKF Briefe, S. 599f.
33 Jansen Enikels Werke (MGH Deutsche Chroniken 3), S. 557, V. 28040–28042.
34 Lyons, Assassinen, Sp. 1118–1119; Lewis, Assassinen; Hellmuth, Assassinenlegende; Amari, Estratti – Avertanza, S. 106–107.
35 Ciento Novelle antiche, Nov. 100; deutsche Übersetzung: Ulrich, Erzählungen, S. 102; siehe auch HKF Briefe, S. 249.
36 Schaller, König Manfred und die Assassinen, S. 535–556; Schmid, Kehlheim, S. 119–133·

14 Der Drache

1 Text: Matthaeus Paris (MGH SS 28), S. 169–177; HDFS 5,1, S. 327–340; MGH Epp. Saec. XIII 1, Nr. 750, S. 645–654; deutsche Übersetzung: EBKF, S. 358f.; zur Sache Graefe, 1909, S. 29–40; Kantorowicz, Ergänzungsband, S. 199; Stürner, Friedrich 2, S. 473; Herde, Friedrich II. und das Papsttum, S. 52–65; Sommerlechner, Stupor, S. 219–230; Thomsen, Feuriger Herr, S. 36–43.
2 Matthaeus Paris (MGH SS 28), S. 148; deutsche Übersetzung: EBKF, S. 346f.
3 Text: HDFS 5,1 S. 282–284; deutsche Übersetzung: EBKF, S. 348f; teilweise auch bei Graefe, Publizistik, S. 12–13.
4 Text: HDFS 5,1 S. 286–289; deutsche Übersetzung: EBKF, S. 350–352.
5 Text: MGH Const. 2, Nr. 215, S. 290–299; HDFS 5,1, S. 295–308; deutsche Übersetzung: EBKF, S. 352–358; dazu Graefe, Publizistik, S. 17–26; Thomsen, Feuriger Herr, S. 37.
6 HDFS 5,1, S. 335; Graefe, Publizistik, S. 32.
7 Text: HDFS 5,1, S. 327–340; deutsche Übersetzung: EBKF, S. 358–360.
8 Text: HDFS 5,1, S. 348–351; Winkelmann, Acta Nr. 355; deutsche Übersetzung: HKF Briefe, S. 424–427; ferner Graefe, Publizistik, S. 41–46; Thomsen, Feuriger Herr, S. 37f.; von den Steinen, Staatsbriefe, S. 62–65.
9 Schaller / Vogel, Handschriftenverzeichnis.
10 Bayerische Staatsbibliothek München Clm 14439, beschrieben bei Schaller, Handschriftenverzeichnis, S. 193–195, Nr. 130; Bibliothek der MGH München HS. A1 (ehemals Phillipps 8390), beschrieben bei Schaller, Vinea-Handschrift Phillipps 8390, S. 271–282; Schaller, Handschriftenverzeichnis, S. 204–206, Nr. 137.
11 PdV I,1 Text: HDFS 5,1 S. 308–312; deutsche Übersetzungen, mitunter nur in Ausschnitten: HKF Briefe, S. 442; Raumer, Hohenstaufen 4, S. 29–32; Graefe, Publizistik, S. 51–58. Mein besonderer Dank gilt Karl Borchardt, durch den ich auch die noch im Stadium der Vorbereitung befindlichen Texte von PdV 1,1 in München einsehen konnte.
12 Schaller, Antwort Gregors IX., S. 197–223 mit der Edition des Textes 218–223; Schaller, Rundschreiben S. 381–385; Teilübersetzung ebenda S. 377f.
13 Matthaeus Paris (MGH SS 28), S. 147; deutsche Übersetzung: EBKF, S. 360f.
14 Deutsche Übersetzung: EBKF, S. 364; dazu Sommerlechner, Stupor, S. 530–531.
15 Annales Placentini Gibellini (MGH SS 18), S. 483; Annales de Dunstaplia (RBS

ANHANG

36,3), ed. Luard, S. 3–420, hier S. 153; Felten, Papst Gregor IX., S. 335 Nr. 3, HKF Briefe S. 472; Thumser, Rom und der römische Adel, S. 302–305.

16 Abraham Bzowski, zitiert nach HDFS 1,1 S. CXCI, Anm. 3; deutsche Übersetzung: EBKF, S. 364; Salimbene (MGH SS 32), S. 350; deutsche Übersetzung: GdV 93, S. 359.

15 Der Antichrist

1 Offenbarung des Johannes 20/7–9; Schmieder, Johannes von Plano Carpini, bes. S. 7–31.

2 1 Könige 12; Petrus Comestor, in: Migne PL 198, S. 1498; Möhring, Weltkaiser der Endzeit; Ders., Friedrich II. und das Schwert des Messias, S. 213–217; Demandt, Alexander, S. 292–294; Brall-Tuchel, Heerscharen, S. 197–228.

3 Löwith, Weltgeschichte und Heilsgeschehen, bes. S. 158–172 und S. 222–228; Schaller, Endzeiterwartungen und Antichrist-Vorstellungen, S. 25–52; Töpfer, Reich des Friedens, bes. S. 48–153; Möhring, Weltkaiser der Endzeit, S. 203–208; Cohn, Paradies, S. 117–138; Stürner, Peccatum und potestas; Houben, Friedrich, S. 179–186.

4 Yuval, Ende eines jüdischen Milleniums, S. 13–40, bes. 33–36; Schmieder, Europa und die Fremden; Annales Marbacenses (MGH SS rer. Germ. 9), S. 89f. zu 1222; deutsche Übersetzung: GdV 74, S. 42; Matthaeus Paris (Luard) Bd. 4, S. 131–133.

5 Iohannes Abbatis Victoriensis (MGH SS rer. Germ. 36), S. 186; deutsche Übersetzung: GdV 86, S. 12.

6 Zu den Tatarenmanifesten Kaiser Friedrichs RI BF Nrr. 4436a–4438a; 11309, 11310, 11314, 11315, 11318, 11324–11329, 11334–11341, 11344, 11349–11357; Texte: MGH Const. 2, Nr. 235, S. 322–325; deutsche Übersetzungen: von den Steinen, Staatsbriefe, S. 75–79; HKF Briefe, S. 506–521, ferner Stürner, Friedrich 2, S. 502–506; Reichert, Geographie, S. 475–479.

7 Text: Matthaeus Paris (MGH SS 28), 210–212, hier S. 211; deutsche Übersetzung: HKF Briefe, S. 515f.

8 Fried, Essays, S. 9 und S. 174–207, Ders., Mittelalter, S. 301–303.

9 Zitiert nach Le Goff, Ludwig der Heilige, S. 548; Matthaeus Paris (MGH SS 28), S. 148; deutsche Übersetzung: EBKF, S. 346f.

10 Text der Absetzungsbulle: MGH Const. 2, Nr. 400, S. 508–512; Wortlaut des Textes auch bei Matthaeus Paris (MGH SS 28), S. 148–150; siehe auch QGPK Nr. 357, S. 196–197; Bühler / Miethke, Kaiser und Papst; Stürner, Friedrich 2, S. 533–539; EBKF, S. 400–410 mit Kommentar.

11 Matthaeus Paris (MGH SS 28), S. 267f; deutsche Übersetzung: EBKF, S. 408.

12 Eger cui lenia – Text: Memorialbuch des Albert Behaim, Nr. 32, S. 102–110; Herde, Pamphlet, S. 468–538; Töpfer, Urzustand und Sündenfall, bes. S. 353–354; Stürner, Peccatum et potestas, S. 184–185.

13 HKF Briefe, S. 525; wohl aus dem Konzeptbuch des Albert Behaim; Bauerreiss, Kirchengeschichte Bayerns 4, S. 109f.; ferner Engelberger, Albert Behaim, bes. S. 379–387.

14 Frenz / Herde, Brief- und Memorialbuch; ferner Herde, Papsttum Rhetorik S. 59–61.

563

15 Werner, Heinrich Raspe; Reuling, Wahl Heinrich Raspes, S. 273–306; Urkunden Heinrich Raspes und Wilhelms von Holland (MGH DD 18), bes. S. XV–XX.

16 Petersohn, Apostelhäupter; MGH DD HR, Nr. 3, S. 6–7.

17 Kaufhold, Deutsches Interregnum; Ders., Interregnum; Hucker, Grafenpaar, S. 23–47, hier S. 45; Schiller, Der Graf von Habsburg, S. 215–218, hier 216.

16 Der Entseelte

1 Text: Salimbene (MGH SS 32), S. 211 und 346; deutsche Übersetzung: GdV 93, S. 355; auch HKF Berichte, S. 194f.; EBKF, S. 426f. Bei den Bibelstellen handelt es sich um Jes. 14,19f. und 2 Makk. 9,9.; Sommerlechner, Stupor, S. 461–468.

2 Text: Salimbene (MGH SS 32), S. 347; deutsche Übersetzung: GdV 93, S. 356; auch HKF Berichte, S. 194f.; EBKF, S. 426f.; Jostmann, Sibilla, S. 2.

3 Vita Innocentii IV, Archivio storico della R. Società Romana 21, S. 76–120, hier S. 102; deutsche Übersetzung: EBKF, S. 427–428; Villani (Porta), 7,41, Bd. 1, S. 331f.

4 Mattaeus Paris (MGH SS 28), S. 319; deutsche Übersetzung: HKF Berichte, S. 170–171, ebenso bei EBKF, S. 426.

5 Text: Johann von Winterthur (MGH SS rer. Germ. N.S. 3), S. 12; deutsche Übersetzung: EBKF, S. 432; Lewin, Gifte, bes. S. 223–236 zu Friedrich II. und seinen Nachkommen.

6 Pandolfo Collenuccio, Compendio, S. 101r.–101v.; deutsche Übersetzung mit der lateinischen Inschrift: HKF Berichte, S. 261–263; ebenso EBKF, S. 431.

7 Kloos, Nikolaus von Bari, S. 166–190; Ders., Petrus de Prece, S. 151–170; Manfred: HKF Briefe, S. 637.

8 Hoftag Barletta 1. Mai 1228: Ryccardi de Sancto Germano (MGH SS 19), S. 349; Winkelmann, Jahrbücher Friedrich 2, Band 2, S. 14; Zweites Testament: MGH Const. 2 Nr. 274, S. 382–389; lateinischer Text ohne kritischen Apparat mit deutscher Übersetzung: QDVG (AQG 32), S. 532–541, Nr. 132; deutsche Übersetzung ebenso: EBKF, S. 433–436; Wolf, Testamente, S. 314–352.

9 Text: MGH Const. 2 Nr. 274, S. 387.

10 Meyer, «Kaiser Friedrich der Zweite», S. 173f; s. auch das Gedicht «Das kaiserliche Schreiben», S. 171ff.

11 Villani (Porta), 7,41, Bd. 1, S. 331–332; zu Ricordano Malispini storia fiorentina, Riccobaldo da Ferrara und Giovanni Villani siehe Sommerlechner, Stupor, S. 491–493 und S. 523f.; ferner Rader, Kraft des Porphyrs, S. 33–46; Vasari, le vite, S. 283; Zitat Deér, Grab, S. 372; Deér, Tombs, S. 20f.

12 Le Goff, Ludwig, S. 240–243; Rader, Grab und Herrschaft.

13 Delli Santi, Tombe, EF 2, S. 834–837 mit Literatur; Deér, Porphyry tombs; Ders., Grab Friedrichs II., S. 361–383; Bassan, Sarcofagi di Porfido.

14 Delbrück, Antike Porphyrwerke, bes. S. 13–33; Esch, Wiederverwendung bes. S 47 und S. 55f.; Raff, Sprache der Materialien, bes. S. 88–90; Herklotz, Sepulcra; Butters, Triumph of Vulcan; Borgolte, Petrusnachfolge, bes. S. 163f. und S. 170; Deér, Tombs, S. 149–154.

15 Delbrück, Porphyrwerke, S. 214; Deér, Tombs, S. 117–125; Pinelli, Basilica di San Pietro 1, S. 369–374, Nr. 412–419 und 4, S. 524.

16 Zu den Grabinschriften siehe Daniele S. 103 Anm. A; Il Sarcofago, S. 168–169;

MGH Const 2, S. 384; und RI 5,1 S. 692; Holder–Egger, Italienische Prophetien, S. 321–386, hier S. 354–355; Vergil, Aeneis 1,236; Pipino Sp. 662.

17 Daniele, I regali sepolcri; Il sarcofago dell'Imperatore; Esch, Friedrich II.; Houben, Friedrich, S. 160–162;

18 Zweig, Spiegel, S. 34–35.

19 Salimbene (MGH SS 32), S. 174; deutsche Übersetzung: GdV 93, S. 139.

20 Lewin, Gifte, S. 231–235.

21 Le Goff, Ludwig der Heilige, S. 239.

22 Decker-Hauff, Staufisches Haus, S. 339–374; Wolf, Frauen Kaiser Friedrichs II.,
S. 113–150.

23 Tomasi di Lampedusa, Leopard, S. 58.

Epilog: Der Wiedergänger

1 Ottokars Österreichische Reimchronik, S. 426, Verse 32580–86; Schwinges,
Verfassung und kollektives Verhalten, S. 177–202; Struve, falsche Friedriche,
S. 317–337 mit weiteren Quellenbelegen; Schultheiss, Volkssage, S. 26–42;
Cohn, Paradies, S. 117–138.

2 Struve, Falsche Friedriche, S. 319f.; Schultheiss, Fortleben, S. 28 jeweils mit den
Quellenbelegen; Gloger, Kaiser, bes. S. 163–205; ferner Houben, Friedrich II.,
S. 195–199; Rader, Gespenster, S. 181–197.

3 Kampers, Kaisersage; Gloger, Kaiser, S. 181–205; Hampe, Weissagung vom
Endkaiser; Ders., Auffassung der Nachwelt; Graus, Lebendige Vergangenheit,
bes. S. 338–354; Sommerlechner, Stupor, S. 219–230; Thomsen, Feuriger Herr,
S. 44–92; Möhring, Weltkaiser der Endzeit, S. 217–268; Jostmann, Sibilla Erithea Babilonica, bes. S. 274–325.

4 Jansen Enikels Werke, S. 574, V. 28945ff.; Kampers, Kaiseridee, S. 84–109;
Thomsen, Feuriger Herr, S. 45 und S. 57–61; Schreiner, Staufer in Sage, S. 249–
262.

5 Johann Rothe, Chronik, S. 426; Kampers, Kaiseridee, S. 108f.; Gloger, Kaiser,
S. 197f.

6 Praetorius, Alectryomantia und Behrens, Hercynia zitiert nach Schultheiss,
Fortleben, S. 125 und S. 129.

7 Kampers, Kaiseridee, S. 154–171; Gloger, Kaiser, S. 201–205; Thomsen, Feuriger Herr, S. 98–101.

8 Willibald Alexis zitiert nach Weigend / Baumuk / Brune, Keine Ruhe, S. 47f.

9 Treitschke, Ordensland Preußen, S. 8; ferner Graus, Vergangenheit, S. 348;
Blumenberg, Arbeit am Mythos, bes. S. 597.

10 Hardtwig, Jacob Burckhardt, S. 106–122; Löwith, Jacob Burckhardt, S. 197–
205 und S. 363–366.

11 Burckhardt, Kultur der Renaissance, S. 2–3.

12 Burckhardt, Renaissance, S. 47; Löwith, Jacob Burckhardt, S. 39–361.

13 Löwith, Jacob Burckhardt, S. 390.

14 Nietzsche, Werke 6,3, S. 338; ferner Thomsen, Feuriger Herr, S. 160–162;
Colli, Distanz und Pathos, bes. S. 97–108 und S. 157–161.

15 Nietzsche, Werke 6,2, S. 123 und 6,3, S. 248.

16 Friedell, Kulturgeschichte der Neuzeit, S. 150.

17 Kantorowicz, Kaiser Friedrich, S. 632; ferner Thomsen, Feuriger Herr, S. 156–158; Ders., Modernität, S. 23–24 und S. 31.

18 Kantorowicz, Kaiser Friedrich, S. 632; Gundolf, Caesar, S. 90; George, Der Stern des Bundes; Fuhrmann, Überall ist Mittelalter, S. 252–270; Baethgen, Ernst Kantorowicz, S. 1–14; Ernst/Vismann, Geschichtskörper; Benson/Fried, Ernst Kantorowicz. Erträge; Grünewald, Sanctus amor patriae, S. 89–125.

19 Raulff, Dichter als Führer, S. 127–143, hier S. 139; Kantorowicz, Kaiser Friedrich, S. 197; ferner Thomsen, Feuriger Herr, S. 229–237.

20 Zitate: Kantorowicz, Kaiser Friedrich, S. 104, S. 268, S. 353–355, S. 375, S. 377.

21 Kantorowicz, Vortrag Historikertag, S. 122.

22 Raulff, Bildungshistoriker, S. 115–154, hier S. 136; Thomsen, Feuriger Herr.

23 Goethe, Italienische Reise, S. 459.

24 Pietro Giannone, Dell'istoria civile, hier Bd. 2, bes. S. 279–372; ferner Delle Donne, Vater, S. 42; Houben, Friedrich II., S. 208–209.

25 Gregorio, Considerazioni sopra la storia di Sicilia, hier Bd. 2, S. 5–19.

26 Foscolo und Settembrini zitiert nach Delle Donne, Vater, S. 46 und S. 50f; ferner Houben, Friedrich, S. 212–213.

27 Giorgio Cracco, Il medioevo (Corso di storia. Per i Licei e gli Istituti Magistrali 1), Torino 1978, zitiert nach Delle Donne, Vater, S. 54, Anm. 44; Esch, Italienische und deutsche Mediävistik, S. 239, Anm. 25.

28 George, Der siebente Ring, S. 22f.; Ehlers, Unendliche Gegenwart 29f.; Esch, Mediävistik, S. 239; Kölzer, Gedenkjahr Friedrichs II., S. 141–161; Buchinger / Gantet / Vogel, Europäische Erinnerungsräume S. 9–19.

29 Gregorovius, Wanderjahre in Italien, S. 1017.

Bildnachweis

Vorsatz: Portolankarte des Vesconte Maggiolo (1475–1550) aus dem Jahr 1541. Maggiolo war ein berühmter Kartenzeichner aus Genua, dessen Familie über anderthalb Jahrhunderte das Monopol der Kartenherstellung in der Seerepublik Genua besaß. Erstmals ist die Verwendung solcher Karten, die Segelanweisungen zur Navigation und Ansteuerung von Häfen enthielten und die im Grunde über Jahrhunderte gleich blieben, für das Jahr 1285 belegt. Das sichtbare Liniennetz diente der Kursbestimmung mit dem Kompass, die Kompassrosen gaben mit ihren Farben die vorherrschenden Windrichtungen an. Die Karten wurden auf Tierhäute gezeichnet, deren Form auch am Hals oft beibehalten wurde. Obwohl es zur Zeit Friedrichs II. solche Portolankarten wahrscheinlich noch nicht gab, umreißen sie doch sehr genau den geographischen Horizont der Anrainer des Mittelmeeres. Jenseits der Alpen begann schon der Rand der Welt, Genua selbst ist sogar in seiner Hafenform abgebildet, und das Rote Meer war auch leicht zu finden. © bpk/Staatsbibliohek zu Berlin, Kartenabteilung

Seite 2: Ikonographischer Mittelpunkt des einstigen Brückentores von Capua war die Statue Kaiser Friedrichs II. Zeichnung der Kaiserplastik vor der vollständigen Zerstörung aus der Sammlung des Gelehrten Jean Baptiste Louis Georges Séroux d'Agincourt (1730–1814), der für eine geplante Kunstgeschichte der Monumente Vorlagen für Stiche sammelte. BAV, *Album di Séroux d'Agincourt*, aus: Federico II e l'Italia, S. 95.

Seite 10: Washington D. C., Naval Historical Center, Operational Archives Branch, Morrison Papers, The Evacuation of Sicily, Box 50, Folder 32, S. 45.

Seite 13, 37, 43, 67, 115, 197, 199, 206, 207, 220, 223, 235, 260, 338, 339, 341, 374, 388, 393, 438, 473, 525: Foto: Olaf B. Rader.

Seite 45, 145, 334, 345, 489, 507: Giovanni Villani *Nuova Cronica*, BAV ms. Chigi L VIII 296, fol. 65v, fol. 76v, fol. 77r, fol. 81r, fol. 82v, fol. 84r, aus: Frugoni, Villani illustrato, S. 120, 130, 135, 136.

Seite 55, 61, 101, 351: Petrus de Ebulo *Liber ad honorem Augusti*, Bern, Codex 120 II der Burgerbibliothek, fol. 119r, fol. 133r., 138r; aus: Kölzer/Stähli, Petrus de Ebulo, S. 131, 159, 187, 207.

Seite 81: Prag, Národní Archiv, AČK inv. Č.2; aus: Poklady Státního ústředního archivu v Praze, Prag 2001, S. 17.

Seite 89: Speyer, Historisches Museum der Pfalz, aus: Raulff, Kreis ohne Meister, S. 117.

567

Seite 109, 110, 136, 137, 407, 482: Prometheus-Bildarchiv.

Seite 143: Berlin, Münzkabinett der Staatlichen Museen zu Berlin, Foto: Lübke & Wiedemann, Stuttgart.

Seite 162: Stade, Niedersächsisches Landesarchiv, Rep. 2 Domstift Verden, Nr. 31; aus: Fansa, Katalog, S. 346.

Seite 167, 171: Foto: MGH München.

Seite 201: Foto: Florenz, Kunsthistorisches Institut, Photothek, Arch. XI–XIII, Nr. 4255.

Seite 209: Haseloff/Wackernagel, Maultier und Kamera, S. 40.

Seite 219: Capua, Museo Provinciale Campano, aus: Federico II e l'Italia, S. 230.

Seite 243: London, British Library MS Royal 14 C. VII, fol. 123v; aus: Fansa, Katalog, S. 130.

Seite 271: Petrus de Ebulo *De Balneis Puteolanis*, Rom, Biblioteca Angelica MS 1474, fol. 17r., aus: Maddalo, Petrus de Ebulo, Faksimileteil.

Seite 279: Palermo, Palazzo dei Normanni, Sala di Archimede, aus: Federico II e l'Italia, S. 345.

Seite 287: Heidelberg, UB, Cod. Pal. Germ. 848, fol. 7r, Foto: UB Heidelberg.

Seite 299, 303: BAV Cod. Pal. Lat. 1071, fol. 1v., fol. 15r, aus: Walz/Willemsen, Falkenbuch Friedrichs II. Cod.Pal.Lat.1071, 2000, Faksimileteil.

Seite 325, 367, 475: Matthaeus Paris *Chronica Maiora*, Cambridge, Corpus Christi College 16, fol. 151v., fol. 146r., fol. 186v., aus: Fansa, Katalog S. 87, Sommerlechner, Stupor, Abb. XIV, und Lewis, Art of Matthew Paris, S. 264.

Seite 359: London, British Library; aus: Kotzur, Kreuzzüge, S. 193.

Seite 455: Liber de oneribus prophetarum, BAV Vat. Lat. 3822, fol. 5r; aus: Sommerlechner, Stupor, Abb. XIII.

Seite 497: aus: Il Sarcofago dell'Imperatore 1, S. 50.

Karten: © Peter Palm

Quellen und Literatur

Das Verzeichnis beschränkt sich auf die wichtigsten Quellen und die einschlägige Literatur. Die in Sammelbänden publizierten Aufsätze sind mit wenigen Ausnahmen nicht einzeln aufgelistet.

Abulafia, David: Herrscher zwischen den Kulturen. Friedrich II. von Hohenstaufen, 1991.
Akasoy, Anna / Georges, Stefan (Hg.): Muhammad ibn 'Abdallāh al-Bāzyār, Das Falken- und Hundebuch des Kalifen al-Mutawakkil. Ein arabischer Traktat aus dem 9. Jahrhundert, 2005.
Akasoy, Anna: Philosophie und Mystik in der späten Almohadenzeit. Die Sizilianischen Fragen des Ibn Sabīn, 2006.
–: Reading the Prologue of Ibn Sab'in' Sicilian Questions, in: Schede medievali 45 (2007), S. 15–24.
Albrecht, Uwe (Hg.): Arthur Haseloff und Martin Wackernagel – Mit Maultier und Kamera durch Unteritalien. Forschungen zur Kunst im Südreich der Hohenstaufen (1905–1915), 2005.
Althoff, Gerd: Spielregeln der Politik im Mittelalter. Kommunikation in Frieden und Fehde, 1997.
–: Zur Bedeutung symbolischer Kommunikation für das Verständnis des Mittelalters, in: FmSt 31 (1997), S. 370–389.
Amari, Michele: Storia dei musulmani di Sicilia. Seconda edizione modificata e accresciuta dall'autore, a cura di Carlo Alfonso Nallino, 3 Bde., 1933–1939.
Andreas Ungarus, Descriptio victoriae a Karolo provinciae comite reportatae (MGH SS 26), 1882, S. 559–580.
Angenendt, Arnold: Geschichte der Religiosität im Mittelalter, 1997.
–: Heilige und Reliquien. Die Geschichte ihres Kultes vom frühen Christentum bis zur Gegenwart, 1994.
Annales Ianuenses annorum (MGH SS 18), 1863, S. 226–248; deutsche Übersetzung: Die Jahrbücher von Genua, 2 Bde. (GdV 76–77), 1897/1898.
Annales Marbacenses qui dicuntur. Cronica Hohenburgensis cum continuatione et additamentis Neoburgensibus (MGH SS rer. Germ. 9), 1907; deutsche Übersetzung: Ottonis de Sancto Blasio Chronica et annales Marbacenses, hg. und übersetzt von Franz-Josef Schmale (AQG 18a), 1998.
Annales Mediolanenses Minores, hg. von Georg Heinrich Pertz (MGH SS 18), 1863, S. 392–399.

Annali Genovesi di Caffaro e de' suoi continuatori dal 1099 al 1293. Nuova edizione a cura di Luigi Tommasso Belgrano, 4 Bde., 1890–1929.

Arabi e Normanni in Sicilia e nel sud dell'Italia, Introducione di Glauco Maria Cantarella, testi di Adele Cilento, Alessandro Vanoli, 2008 (mit reichem Bildmaterial über die arabischen Spuren in Süditalien).

Arnone, Nicola: Le regie tombe del duomo di Cosenza, in: Archivio storico per le province Napoletane 18 (1893), S. 380–408.

Barraclough, Geoffrey: The Origins of modern Germany, Oxford ²1947 (eine deutsche Ausgabe erschien in zwei getrennten Bänden: Barraclough, Geoffrey: Die mittelalterlichen Grundlagen des modernen Deutschland, 1953; Ders.: Tatsachen der deutschen Geschichte, 1947).

Bauer, Ulrike: Der Liber Introductorius des Michael Scotus in der Abschrift Clm 10268 der Bayerischen Staatsbibliothek München. Ein illustrierter astronomisch-astrologischer Codex aus Padua, 14. Jahrhundert, 1983.

Bauerreiss, Romuald: Kirchengeschichte Bayerns, Bd. 4, 1953.

Becker, Julia: Graf Roger I. von Sizilien. Wegbereiter des normannischen Königreichs, 2008.

Benson, Robert L. / Fried, Johannes (Hg.): Ernst Kantorowicz. Erträge der Doppeltagung Institut for Advanced Study, Princeton, Johann Wolfgang Goethe-Universität Frankfurt, 1997.

Böhmer, J[ohann] F[riedrich]: Regesta Imperii V. Die Regesten des Kaiserreichs unter Philipp, Otto IV., Friedrich II., Heinrich (VII.), Conrad IV., Heinrich Raspe, Wilhelm und Richard. 1198–1272, nach der Neubearbeitung und dem Nachlasse Johann Friedrich Böhmers neu hg. und ergänzt von Julius Ficker, Bd. 1 und 2, 1881/82 (ND 1971) – Nachträge und Ergänzungen, bearbeitet von Paul Zinsmaier, 1983.

Boockmann, Hartmut: Der Deutsche Orden. Zwölf Kapitel aus seiner Geschichte, ⁴1994.

Bourdieu, Pierre: Zur Soziologie der symbolischen Formen, ⁴1991.

Brall-Tuchel, Helmut J. F.: Die Heerscharen des Antichrist. Gog und Magog in der deutschen Literatur des Mittelalters, in: Barbara Haupt (Hg.), Endzeitvorstellungen, 2000, S. 197–228.

Breve chronicon de rebus Siculis, hg. und übersetzt von Wolfgang Stürner (MGH SS rer. Germ. 77), 2004.

Brocchieri, Beonio / Fumagalli, Mariteresa: Federico II. Ragione e fortuna, 2004.

Broekmann, Theo: ‹Rigor iustitiae›. Herrschaft, Recht und Terror im normannisch-staufischen Süden (1050–1250), 2005.

Brühl, Carlrichard: Kronen- und Krönungsbrauch im frühen und hohen Mittelalter, in: HZ 234 (1982), S. 1–31.

Buchinger, Kirstin / Gantet, Claire / Vogel, Jakob (Hg.): Europäische Erinnerungsräume, 2009.

Burchardi praepositi Urspergensis Chronicon (MGH SS rer. Germ. 16), ²1916.

Burckhardt, Jacob: Die Kultur der Renaissance in Italien. Ein Versuch (Gesammelte Werke 3), o.J. [1955].

Camilleri, Andrea: Friedrich II. – ein unmögliches Interview, in: Ders., Italienische Verhältnisse, 2005, S. 47–60.

Capelli, Biagio: La tomba di Enrico Hohenstaufen, in: Archivio storico per la Calabria e la Lucania 10 (1940), S. 267–271.

Caproni, Riccardo: La battaglia di Cortenova, 1987.

Cardini, Franco: Europa und der Islam. Geschichte eines Mißverständnisses, 2000.
Carnabucci, Brigit, Sizilien, 2009.
Cassirer, Ernst: Wesen und Wirkung des Symbolbegriffs, [8]1994.
Castelli e cattedrali di Puglia. A cent'anni dall'Esposizione Nazionale di Torino, a cura di Clara Gelao, Bari 1999.
Chronica regia Coloniensis (MGH SS rer. Germ. 18), 1880.
Ciento Novelle antiche: Il Novellino, 1975; deutsche Übersetzung: Ulrich, Jakob: Die hundert alten Erzählungen, 1905.
Cohn, Norman: Das neue irdische Paradies. Revolutionärer Millenarismus und mystischer Anarchismus im mittelalterlichen Europa, 1988.
Cohn, Willy: Die Geschichte der Sizilischen Flotte, 1910–1926 (ND 1978).
Collenuccio, Pandolfo: Compendio dell'historia del Regno di Napoli di M. Pandolfo Collenuccio da Pesaro, 1563.
Colli, Giorgio: Distanz und Pathos. Einleitungen zu Nietzsches Werken, 1993.
Constitutiones et acta publica imperatorum et regum 2 (MGH Legum IV), 1896.
Constitutum Constantini (Konstantinische Schenkung), hg. von Horst Fuhrmann, (MGH Font. 10), 1968.
Cristallo, Michele: Nei castelli di Puglia, storie, leggende, amori, 1995.
Cronica Fratris Salimbene de Adam ordinis Minorum (MGH SS 31), 1905–1913; gekürzte deutsche Übersetzung: GdV 93/94, 1914.
Dal Monte, Carlo: Federico II di Svevia. Una vita per il Sacro Romano Impero, 2002.
Daniele, Francesco: I regali sepolcri del Duomo di Palermo riconosciuti e illustrati, 1784.
Dante Alighieri, Divina Commedia; deutsche Übersetzung: Die Göttliche Komödie, übersetzt von Karl Streckfuß, [1926]; Die göttliche Komödie. Erster Teil: Die Hölle, Italienisch und Deutsch, übersetzt von Thomas Vormbaum, 2003.
–: Monarchia. Studienausgabe Lateinisch/Deutsch. Einleitung, Übersetzung und Kommentar von Ruedi Imbach und Christoph Flüeler, 1989.
Das Brief- und Memorialbuch des Albert Behaim, hg. von Thomas Frenz und Peter Herde (MGH Briefe des späteren Mittelalters 1), 2000.
Das Decameron des Giovanni Boccaccio, 2 Bde., 1984.
Das Staunen der Welt. Kaiser Friedrich von Hohenstaufen 1194–1250, hg. von der Gesellschaft für staufische Geschichte, 1996.
De arte venandi cum avibus: Text: Friderici Romanorum imperatoris secundi, De arte venandi cum avibus. Nunc primum integrum edidit Carolus Arnoldus Willemsen, 2 Bde., 1942; deutsche Übersetzung: Kaiser Friedrich der Zweite, Über die Kunst mit Vögeln zu jagen, unter Mitarbeit von Dagmar Odenthal übertragen und herausgegeben von Carl Arnold Willemsen, 2 Bde., 1964; Ergänzungsband 1970; vollständiges Faksimile der in der BAV aufbewahrten, der sogenannten Manfred-Fassung: Fredericus II De arte venandi cum avibus Ms. Pal. Lat.1071, BAV (Codices e Vaticanes selecti 31), Kommentar von Carl Arnold Willemsen, 1969; leichter zugänglich: Das Falkenbuch Kaiser Friedrichs des Zweiten. De arte venandi cum avibus. Zwölf Faksimile-Drucke aus dem Codex Ms. Palatinus Latinus 1071 der BAV. Einführung und erläuternde Beschreibung von Carl Arnold Willemsen, 1973; Dorothea Walz, Das Falkenbuch Friedrichs II. (Ausstellung der Württembergischen Landesbibliothek zum 800. Geburtstag des Stauferkaisers am 26. Dezember 1194), 1994; ferner das

verkleinerte Faksimile: Das Falkenbuch Friedrichs II. Cod.Pal.Lat.1071 der BAV, Kommentar von Dorothea Walz und Carl Willem Willemsen, 2000; ferner die lateinisch-italienische Ausgabe der Handschriften aus Rom und Bologna: Federico II di Svevia, De arte venandi cum avibus – L'Arte di Cacciare con gli Uccelli, Edizione e traduzione italiana des ms.lat.717 della Biblioteca Universitaria di Bologna collazionato con il ms.pal.lat. 1071 della BAV a cura di Anna Laura Trombetti Budriesi, 2002.

Deér, Josef: Der Kaiserornat Friedrichs II., 1952.

–: The Dynastic Porphyry Tombs of the Norman Period in Sicily, 1959.

Delbrück, Hans: Geschichte der Kriegskunst im Rahmen der politischen Geschichte, Bd. 3, Das Mittelalter, 1923 (ND 2000).

Delbrück, Richard: Antike Porphyrwerke, 1932.

Delle Donne, Fulvio: Il potere e la sua legittimazione. Letteratura encomiastica in onore di Federico II di Svevia, 2005.

Demandt, Alexander: Alexander der Große. Leben und Legende, 2009.

–: Der Idealstaat. Die politischen Theorien der Antike, 1993.

–: Die Spätantike. Römische Geschichte von Diocletian bis Justinian 284–565 n.Chr., ²2007.

Der Deutsche Orden in Europa, hg. von der Gesellschaft für staufische Geschichte, 2004.

Der Staufer Heinrich (VII.), hg. von der Gesellschaft für staufische Geschichte, 2001.

Die Chronik Johanns von Winterthur, hg. von Friedrich Baetgen (MGH SS rer. Germ. N. S. 3), 1924.

Die Kaiserchronik eines Regensburger Geistlichen (MGH Deutsche Chroniken 1), 1892.

Die Konstitutionen Friedrichs II. für das Königreich Sizilien, hg. von Wolfgang Stürner (MGH Const. 2. Suppl.), 1996.

Die Konstitutionen Friedrichs II. von Hohenstaufen für sein Königreich Sizilien. Nach einer lateinischen Handschrift des 13. Jahrhunderts, hg. und übersetzt von Hermann Conrad, Thea von der Lieck-Buyken und Wolfgang Wagner, 1973.

Die Urkunden der lateinischen Könige von Jerusalem, hg. von Hans Eberhard Mayer, 4 Bde. (MGH DD regum Latinorum Hierosolymitanorum), 2010.

Die Urkunden Friedrichs II. Teil 1: Die Urkunden Friedrichs II. 1198–1212, hg. von Walter Koch unter Mitwirkung von Klaus Höflinger und Joachim Spiegel, 2002; Teil 2: Die Urkunden Friedrichs II. 1212–1217, 2008; Teil 3: Die Urkunden Friedrichs II. 1218–1220 (MGH DD 14,1–3), 2010.

Die Urkunden Heinrich Raspes und Wilhelm von Hollands, bearbeitet von Dieter Hägermann und Jaap G. Kruisheer unter Mitwirkung von Alfred Gawlik (MGH DD 18), 1989–2006.

Die Weltchronik Heinrichs von München. Neue Ee, hg. von Frank Shaw, Johannes Fournier, Kurt Gärtner (Deutsche Texte des Mittelalters 88), 2008.

Die Zeit der Staufer. Geschichte – Kunst – Kultur. Katalog der Ausstellung Stuttgart 1977, 5 Bde., 1977.

Duby, Georges: Der Sonntag von Bouvines 27. Juli 1214, 1988.

Edbury, Peter W.: John of Ibelin and the Kingdom of Jerusalem, 1997.

Ehlers, Caspar: Metropolis Germaniae. Studien zur Bedeutung Speyers für das Königtum (751–1250) (VMPIG 125), 1996.

Eichmann, Eduard: Die Kaiserkrönung im Abendland. Ein Beitrag zur Geistesgeschichte des Mittelalters mit besonderer Berücksichtigung des kirchlichen
Rechts, der Liturgie und der Kirchenpolitik, 2 Bde., 1942.

Elias, Norbert: Über den Prozeß der Zivilisation, 2 Bde., 1976 (zuerst erschienen
1939).

Elze, Reinhard: Die Ordines für die Weihe und Krönung des Kaisers und der Kaiserin
(MGH Font. 9), 1960.

–: Tre ordines per l'incoronazione di un re e di una regina del regno normanno di
Sicilia, in: Atti del Congresso internazionale di studi sulla Sicilia normanna
(Palermo 4–8 dicembre 1972), 1973, S. 1–22.

Engels, Odilo: Des Reiches heiliger Gründer. Die Kanonisation Karls des Großen
und ihre Beweggründe, in: Hans Müllejans (Hg.), Karl der Grosse und sein
Schrein in Aachen, 1988, S. 37–46.

Erben, Wilhelm: Rombilder auf kaiserlichen und päpstlichen Siegeln des Mittelalters, 1931.

Ernst, Wolfgang / Vismann, Cornelia (Hg.): Geschichtskörper. Zur Aktualität von
Ernst H. Kantorowicz, 1998.

Esch, Arnold / Kamp, Norbert (Hg.): Friedrich II. Tagung des Deutschen Historischen Instituts in Rom im Gedenkjahr 1994, 1996.

Esch, Arnold: Friedrich II. – Wandler der Welt? Vortrag der Gedenkveranstaltung
zum 750. Todestag Kaiser Friedrichs II. von Hohenstaufen (1194–1250) in der
Stadthalle Göppingen (Schriften zur staufischen Geschichte und Kunst 21),
2001, S. 16–17.

–: Wiederverwendung von Antike im Mittelalter. Die Sicht des Archäologen und die
Sicht des Historikers, 2005.

Fansa, Mamoun / Ermete, Karen (Hg.): Kaiser Friedrich II. (1194–1250), Welt und
Kultur des Mittelmeerraums. Begleitband zur Sonderaustellung «Kaiser Friedrich II. (1194–1250). Welt und Kultur des Mittelmeerraums» im Landesmuseum für Natur und Mensch, 2008.

Fansa, Mamoun / Ritzau, Carsten (Hg.): «Von der Kunst mit Vögeln zu jagen».
Das Falkenbuch Friedrichs II. – Kulturgeschichte und Ornithologie, Begleitband zur Sonderaustellung «Kaiser Friedrich II. (1194–1250) – Welt und Kultur des Mittelmeerraumes» im Landesmuseum für Natur und Mensch Olden-
burg, 2008.

Federico e la Sicilia dalla terra alla corona, 2 Bde., Bd. 1: arti figurative e arti sun-
tuarie, a cura di Maria Andaloro, Bd. 2: archeologia e architettura, a cura di
Carmela Angela Di Stefano / Antonio Cadei, 1995.

Federico II splendor mundi. Enciclopedia Fridericiana, hg. von Maria Paola Arena,
2 Bde., 2005 (=zentrales italienisches Nachschlagewerk mit vielen Lemata, die
neue Forschungsansätze berücksichtigen).

Federico II di Svevia stupor mundi, a cura di Franco Cardini, 1994.

Federico II e l'Italia. Percorsi, Luoghi, Segni e Strumenti, 1995.

Federico II e la Sicilia, a cura di Pierre Toubert e Agostino Paravicini Bagliani,
1998.

Felten, Joseph: Papst Gregor IX., 1886.

Fischer, Andreas: Herrscherliches Selbstverständnis und die Verwendung des Häre-
sievorwurfs als politisches Instrument. Friedrich II. und sein Ketzeredikt von
1224, in: QFIAB 87 (2007), S. 71–108.

Flores historiarum, ed. by Henry Richards Luard, 3 Bde., 1890; die reichsgeschicht-

lichen Belange sind ausgezogen bei Ex Rogeri de Wendover Floribus historiarum (MGH SS 28), 1888, S. 3–73; gekürzte deutsche Übersetzung: GdV 73,
S. 3–35; ferner: HKF Berichte, S. 34–53.

Fonseca, Cosimo Damiano (Hg.): Federico II e la Marche, 2000.

– (Hg.): Mezzogiorno-Federico II-Mezzogiorno, 1999.

– / Crotti, Renata (Hg.): Federico II e la civiltà communale nell'Italia del Nord,
1999.

Fornaciari, Gino: Paleopatologia dei resti scheletrici di Enrico VII, in: L'impronta
indebile, S. 11–16.

Fornari, Carlo: Federico II un sogno imperiale svanito a Vittoria, Antefatti, cronaca e conseguenze di una sconfitta annunciata, 1998.

Frapiselli, Luciana: La via Francigena nel medioevo da monte Mario a San Pietro,
2003.

Frauen der Staufer, hg. von der Gesellschaft für staufische Geschichte, 2006.

Freidanks Bescheidenheit, mittelhochdeutsch – neuhochdeutsch, übertragen und
hg. von Wolfgang Spiewok, 1985.

Fried, Johannes / Grebner, Gundula (Hg.): Kulturtransfer und Hofgesellschaft im
Mittelalter, 2008.

Fried, Johannes: …correptus est per ipsum imperatorem. Das zweite Falkenbuch
Friedrichs II., in: Rudolf Schieffer (Hg.): Mittelalterliche Texte (MGH Schriften
42), 1996, S. 93–124.

–: Auf der Suche nach der Wirklichkeit, in: HZ 243 (1986), S. 287–332.

–: Das Mittelalter, Geschichte und Kultur, 2008.

–: Der Schleier der Erinnerung. Grundzüge einer historischen Memorik, 2004.

–: Donation of Constantine and Constitutum Constantini. The Misinterpretation
of a Fiction and its Original Meaning. With a Contribution by Wolfram
Brandes: «The Satraps of Constantine», 2007.

–: Kaiser Friedrich als Jäger oder Ein zweites Falkenbuch Kaiser Friedrichs II.?,
1996.

Friedell, Egon: Kulturgeschichte der Neuzeit. Die Krisis der europäischen Seele von
der schwarzen Pest bis zum Ersten Weltkrieg, 3 Bde. in einem Bd., [ca. 1950]
(Erstausgabe Bd. 1, 1927).

Friedl, Christian: Studien zur Beamtenschaft Kaiser Friedrichs II. im Königreich
Sizilien (1220–1250), 2005.

Fuhrmann, Horst: Überall ist Mittelalter. Von der Gegenwart einer vergangenen
Zeit, 1996.

Gabrieli, Francesco (Hg.): Die Kreuzzüge aus arabischer Sicht, 1973.

George, Stefan: Der siebente Ring (Stefan George Gesamtausgabe 6/7), 1928.

Georges, Stefan: Das zweite Falkenbuch Kaiser Friedrichs II. Quellen, Entstehung,
Überlieferung und Rezeption des Moamin, 2008.

Giannone, Pietro: Dell'istoria civile del regno di Napoli libri 40, 4 Bde., 1723 (ND:
Istoria Civile del Regno Napoli, 1766).

Giovanni Villani, Nuova Cronica, edizione critica a cura di Giuseppe Porta, 3 Bde.,
1990/1991; zu den Illustrationen: Il Villani illustrato: Firenze e l'Italia medievale nelle 253 immagini del ms. Chigiano L VIII 296 della Biblioteca Vaticana,
a cura di Chiara Frugoni, 2005; Verena Gebhard, Die «Nuova Cronica» des
Giovanni Villani (BAV, ms. Chigi L. VIII.296), Verbildlichung von Geschichte
im spätmittelalterlichen Florenz, Dissertation an der LMU München: Fakultät
für Geschichts- und Kunstwissenschaften, 2007.

574

Gleixner, Sebastian: Sprachrohr kaiserlichen Willens. Die Kanzlei Kaiser Friedrichs II. (1226–1236), 2006.

Gloger, Bruno: Kaiser, Gott und Teufel. Friedrich II. von Hohenstaufen in Geschichte und Sage, ⁸1982.

Goethe, Johann Wolfgang von: Tagebuch der Italienischen Reise für Frau von Stein, Goethe, Poetische Werke, 1961.

Görich, Knut / Keupp, Jan / Broekmann, Theo (Hg.): Herrschaftsräume, Herrschaftspraxis und Kommunikation zur Zeit Kaiser Friedrichs II., 2008.

Görich, Knut: Die Ehre Friedrich Barbarossas. Komunikation, Konflikt und politisches Handeln im 12. Jahrhundert, 2001.

–: Die Reichslegaten Kaiser Friedrichs II., in: Claudia Zey / Claudia Märtl (Hg.): Aus der Frühzeit europäischer Diplomatie. Zum geistlichen und weltlichen Gesandtschaftswesen vom 12. bis zum 15. Jahrhundert, 2008, S. 119–149.

–: Die Staufer. Herrscher und Reich, 2006.

–: Ehre als Ordnungsfaktor. Anerkennung und Stabilisierung von Herrschaft unter Friedrich Barbarossa und Friedrich II., in: Bernd Schneidmüller / Stefan Weinfurter (Hg.): Ordnungskonfigurationen im hohen Mittelalter (VuF 64), 2006, S. 59–92.

–: Unausweichliche Konflikte? Friedrich Barbarossa, Friedrich II. und der lombardische Städtebund, in: Oliver Auge u.a. (Hg.) Bereit zum Konflikt. Strategien und Medien der Konflikterzeugung und Konfliktbewältigung im europäischen Mittelalter, 2008, S. 195–213.

Gotifredi Viterbiensis opera. Continuatio Funiacensis et Eberbacensis (MGH SS 22), S. 342–349.

Graus, František (Hg.): Mentalitäten im Mittelalter, 1987.

–: Lebendige Vergangenheit. Überlieferungen im Mittelalter und in den Vorstellungen vom Mittelalter, 1975.

Gregorio, Rosario: Considerazioni sopra la storia di Sicilia dai tempi normanni sino ai presenti, 3 Bde., ²1833.

Gregorovius, Ferdinand: Geschichte der Stadt Rom im Mittelalter, Bd. 5, ⁶1922.

–: Wanderjahre in Italien, 1928.

Grierson, Philip / Travaini, Lucia: Medieval European Coinage, Bd. 14: Italy III, South Italy, Sicily, Sardinia, 1998.

Grundmann, Herbert: Kaiser Friedrich II. 1194–1250, in: Die Großen Deutschen. Neue Deutsche Biographie, hg. von Willy Andreas und Wilhelm Scholz, Bd. 1, 1935, S. 124–142.

Grünewald, Eckhart: Ernst Kantorowicz und Stefan George. Beiträge zur Biographie des Historikers bis zum Jahre 1938 und zu seinem Jugendwerk «Kaiser Friedrich der Zweite», 1982.

–: Sanctus amor patriae dat animum – ein Wahlspruch des George-Kreises? Ernst Kantorowicz auf dem Historikertag zu Halle a.d. Saale im Jahr 1930. Mit einer Edition des Vortragtextes, in: DA 50 (1994), S. 89–125.

Guarducci, Margherita: Federico II e il monumento del Carroccio in Campodoglio, Xenia. Semestrale di antichità 8 (1984), S. 83–94.

Hagemann, Wolfgang: Jesi im Zeitalter Friedrichs II., in: QFIAB 36 (1956), S. 138–187.

Haller, Johannes: Das altdeutsche Kaisertum, 1926.

Hampe, Karl: Aus der Kindheit Kaiser Friedrichs II., in: MIÖG 22 (1901), S. 575–599.

–: Kaiser Friedrich in der Auffassung der Nachwelt, 1925.

Handschriftenverzeichnis zur Briefsammlung des Petrus de Vinea, bearbeitet von Hans Martin Schaller unter Mitarbeit von Bernhard Vogel (MGH Hilfsmittel 18), 2002.

Haseloff, Arthur: Hohenstaufische Erinnerungen in Apulien – Memorie Sveve in Puglia (Schriften zur staufischen Geschichte und Kunst 12), 1991 (=ND eines Aufsatzes von 1906).

Haskins, Charles Homer: Studies in the history of mediaeval science, 1924.

Hearnshaw, F[ossey] J[ohn] C[obb]: A Thirteenth-Century Hitler, in: The National Review 119 (1942), S. 157–163.

Hechelhammer, Bodo: Kreuzzug und Herrschaft unter Friedrich II. Handlungsspielräume von Kreuzzugspolitik (1215 – 1230), 2004.

Heckmann, Marie-Luise: Stellvertreter, Mit- und Ersatzherrscher. Regenten, Generalstatthalter, Kurfürsten und Reichsvikare in Regnum und Imperium vom 13. bis zum frühen 15. Jahrhundert, 2 Bde., 2002.

Hegen, Hannes: Die letzten Tage von Neurübenstein (Mosaik 128), 1967.

Hellmuth, Leopold: Die Assassinenlegende in der österreichischen Geschichtsdichtung des Mittelalters, 1988.

Herde, Peter: Ein Pamphlet der päpstlichen Kurie gegen Kaiser Friedrich II. von 1245/46 («Eger cui lenia»), in: DA 23 (1967), S. 468–538.

–: Von Dante zum Risorgimento. Studien zur Geistes- und Sozialgeschichte Italiens 1997.

Herklotz, Ingo: «Sepulcra» e «monumenta» del medioevo. Studi sull' arte sepolcrale in Italia, ²2001.

Heupel, Wilhelm E.: Der sizilische Grosshof unter Kaiser Friedrich II. Eine verwaltungsgeschichtliche Studie (MGH Schriften 4), 1940.

Historia diplomatica Friderici secundi sive constitutiones, privilegia, mandata, instrumenta quae supersunt istius imperatoris et filiorum eius. Accedunt epistolae paparum et documenta varia. Collegit, ad fidem chartarum et codicum recensuit, iuxta seriem annorum disposuit et notis illustravit J.-L.-A. Huillard-Bréholles, 6 Teile in 11 Bänden sowie einem Band Préface et Introduction, 1852–1861 (ND 1963).

Höflinger, Joachim / Spiegel, Klaus: Ungedruckte Stauferurkunden für S. Giovanni in Fiore, in: DA 49 (1993), S. 75–111.

Hohensee, Ulrike u.a. (Hg.), Die Goldene Bulle. Politik – Wahrnehmung – Rezeption, 2 Bde., 2009.

Houben, Hubert: Hundert Jahre deutsche Kastellforschung in Süditalien, in: QFIAB 84 (2004), S. 103–136.

–: Kaiser Friedrich II. (1194–1250). Herrscher, Mensch, Mythos, 2008 (mit wertvollen, thematisch geordneten Literaturhinweisen).

Hucker, Ulrich: Kaiser Otto IV. (MGH Schriften 34), 1990.

Il Registro della Cancellaria di Federico II del 1239–1240, a cura di Cristina Carbonetti Venditelli, 2 Bde., 2002.

Il sarcofago dell'Imperatore. Studi, ricerche e indagini sulle tombe di Federico II nella Cattedrale di Palermo 1994–1999, hg. vom Assessorato dei Beni Culturali e Ambientali e della Pubblica Istruzione Regione Siciliana, 2 Bde. mit einer Kartenmappe, 2002 (1. Band: Dokumentation der Öffnung von 1998/99, 2. Band: Nachdruck der 2. Auflage von Francesco Daniele, I regali sepolcri del Duomo di Palermo, 1859).

Iohannis abbatis Victoriensis Liber certarum historiarum, hg. von Fedor Schneider, 2 Bde (MGH SS rer. Germ. 36), 1909/1910; deutsche Übersetzung: Das Buch gewisser Geschichten von Abt Johann von Victring (GdV 86), 1888.

Iscrizioni delle chiese e d' altri edifici di Roma dal secolo XI fino ai giorne nostri racollte e publicate da Vincenzo Forcella, Bd. 1, 1869.

Isidori Hispalensis episcopi etymologiarum sive originum libri 20, hg. von W[allace] M[artin] Lindsay, 2 Bde., 1911.

Jacoby, David: The Kingdom of Jerusalem and the Collapse of Hohenstaufen Power in the Levant, in: DOP 40 (1986), S. 83–101.

Jansen Enikels Werke, hg. von Philipp Strauch (MGH Deutsche Chroniken 3), 1900.

Jasiński, Tomasz: Kruschwitz, Rimini und die Grundlagen des preussischen Ordenslandes. Urkundenstudien zur Frühzeit des Deutschen Ordens, 2008.

Jaspert, Nikolas: Die Kreuzzüge, 2003.

Johannes von Plano Carpini, Kunde von den Mongolen 1245–1247, übersetzt, eingeleitet und erläutert von Felicitas Schmieder, 1997.

Jostmann, Christian: Sibilla Erithea Babilonica. Papsttum und Prophetie im 13. Jahrhundert (MGH Schriften 54), 2006.

Kaiser Friedrich II. in Briefen und Berichten seiner Zeit, hg. von Klaus J. Heinisch, 1968.

Kaiser Friedrich II. Leben und Persönlichkeit in den Quellen des Mittelalters, hg. von Klaus van Eickels und Tania Brüsch, 2000.

Kaiser Friedrich II. Sein Leben in zeitgenössischen Berichten, hg. von Klaus J. Heinisch, 1969.

Kamp, Norbert: Moneta regis. Königliche Münzstätten und königliche Münzpolitik in der Stauferzeit (MGH Schriften 55), 2006.

Kampers, Franz: Die deutsche Kaisersage in Prophetie und Sage, ²1886.

Kantororicz, Ernst: Laudes Regiae. A Study in Liturgical Acclamations and Medieval Ruler Worship, 1946.

–: Selected Studies, ed. by Michael Cherniavsky and Ralph E. Giesey, 1965; teilweise deutsche Ausgabe: Götter in Uniform. Studien zur Entwicklung des abendländischen Königtums, hg. von Eckhart Grünewald und Ulrich Raulff, 1998.

–: The King's Two Bodies. A Study in Medieval Political Theology, 1957; deutsche Ausgabe: Die Zwei Körper des Königs, 1990.

–: Kaiser Friedrich der Zweite, 1927, Ergänzungsband, 1931.

Karlauf, Thomas: Stefan George. Die Entdeckung des Charismas, 2007.

Kauffmann, Claus Michael: The Baths of Pozzuoli, 1959.

Kaufhold, Martin: Deutsches Interregnum und europäische Politik. Konfliktlösungen und Entscheidungsstrukturen 1230–1280 (MGH Schriften 49), 2000.

–: Interregnum, 2003.

Klemens, Lukas / Matheus, Michael: Christen und Muslime in der Capitanata im 13. Jahrhundert, in: QFIAB 88 (2008), S. 82–110.

Kloos, Rudolf M.: Alexander der Große und Kaiser Friedrich II., in: Wolf, Stupor mundi, 2. Auflage, S. 395–417.

–: Ein Brief des Petrus de Prece zum Tode Friedrichs II., in: DA 13 (1957), S. 151–170.

–: Nikolaus von Bari. Eine neue Quelle zur Entwicklung der Kaiseridee unter Friedrich II., in: DA 11 (1954), S. 166–190.

577

Kluge, Bernd: Numismatik des Mittelalters. Handbuch und Thesaurus Nummorum Medii Aevi, 2007.

Kluger, Hellmuth: Hochmeister Hermann von Salza und Kaiser Friedrich II. Ein Beitrag zur Frühgeschichte des Deutschen Ordens, 1987.

Knaak, Alexander u.a. (Hg.): Kunst im Reich Kaiser Friedrichs II. von Hohenstaufen, 2 Bde., 1997.

Kölzer, Theo u.a. (Hg.): De litteris, manuscriptis, inscriptionibus …, Festschrift zum 65. Geburtstag von Walter Koch, 2007.

–: Das Gedenkjahr Friedrichs II. Eine Nachlese, in: DA 54 (1998), S. 141–161.

–: Magna imperialis curia. Die Zentralverwaltung im Königreich Sizilien unter Friedrich II., in: Historisches Jahrbuch 114 (1994), S. 287–311.

Kotzur, Hans-Jürgen (Hg.): Kein Krieg ist heilig. Die Kreuzzüge, 2004.

Krönungen. Könige in Aachen – Geschichte und Mythos, Kataloghandbuch, hg. von Mario Kramp, 2 Bde., 2000 (mit viel Material und Literatur zur gesamten Krönungsproblematik und den einzelnen Insignien).

Labuda, Gerard: Die Anfänge des Deutschen Ordens: In Jerusalem oder in Akkon?, in: Jahrbuch für die Geschichte Mittel- und Ostdeutschlands 52 (2006), S. 153–172.

Leder, Stefan (Hg.): Feinde–Fremde–Freunde. Die Kreuzfahrer aus orientalischer Sicht, 2005.

Leppin, Hartmut: Die Gesetzgebung Iustinians – der Kaiser und sein Recht, in: Elke Stein-Hölkeskamp / Karl-Joachim Hölkeskamp (Hg.), Erinnerungsorte der Antike. Die römische Welt, 2006, S. 457–466.

Lewis, Bernhard: Die Assassinen, 2001.

Licinio, Raffaele: Castel del Monte: un castello medievale, 2002.

Lindner, Michael: Weitere Textzeugnisse zur Constitucio Karolina super libertate eclesiastica, in: DA 51 (1995), S. 515–538.

Losito, Maria: Castel del Monte e la cultura arabo-normanna in Frederico II, Bari 2003 (mit den Quellen, Berichten, literarischen Zeugnissen, Reparaturrechnungen) zum Castel del Monte), S. 141–199.

Löwith, Karl: Jacob Burckhardt. Der Mensch inmitten der Geschichte, in : Ders., Jacob Burckhardt, 1984, S. 39–361.

–: Weltgeschichte und Heilsgeschehen. Zur Kritik der Geschichtsphilosophie, 1983.

Machiavelli, Niccolo: Geschichte von Florenz, 1986.

Macho, Thomas: Todesmetaphern. Zur Logik der Grenzerfahrung, 1987.

Maddalo, Silvia: Il De Balneis Puteolanis di Pietro da Eboli. Realtà e simbolo nella tradizione figurata, 2003.

Maleczek-Pferschy, Bettina: Zu den Krönungsinsignien Kaiser Friedrichs II. Herkunft und Bedeutung nimbierter Adler auf den Krönungshandschuhen und der Metzer «Chape de Charlemagne», in: MIÖG 100 (1992), S. 214–236.

Matthaei Parisiensis, Cronica majora, ed. by Henry Richards Luard, 7 Bde., 1872–1884; Matthaei Parisiensis, Historia Anglorum, ed. by Sir Frederic Madden, 3 Bde., 1866–1869; die reichsgeschichtlichen Belange sind ausgezogen bei Ex Mathei Parisiensis operibus (MGH SS 28), 1888, S. 107–455; gekürzte deutsche Übersetzung: GdV 73, S. 37–301; ferner: HKF Berichte, S. 54–171; zu den Illustrationen Suzanne Lewis, The Art of Matthew Paris in the Cronica Majora, 1987.

Maximi episcopi Taurinensis sermones, hg. von Almut Mutzenbecher (CC 23), 1962.

578

Mayer, Hans Eberhard: Das Pontifikale von Tyrus und die Krönung der lateinischen Könige von Jerusalem, in: DOP 21 (1967), S. 141–232.

–: Geschichte der Kreuzzüge, [8]1995.

Meier-Welker, Hans: Das Militärwesen Kaiser Friedrichs II., in: Militärgeschichtliche Mitteilungen 17 (1975), S. 9–48.

Mentzel-Reuters, Arno: Die goldene Krone. Entwicklungslinien mittelalterlicher Herrschaftssymbolik, in: DA 60 (2004), S. 135–182.

Meri, Josef W.: Medieval Islamic Civilization. An Encyclopedia, 2 Bde., 2006.

MGH Eppistolae saeculi XIII e regestis pontificum Romanorum selectae (MGH Epp. saec. XIII 1), hg. von Karl Rodenberg, 1883 (ND 2001).

Militzer, Klaus: Die Geschichte des Deutschen Ordens, 2005.

Möhring, Hannes: Der Weltkaiser der Endzeit. Entstehung, Wandel und Wirkung einer tausendjährigen Weissagung, 2000.

–: Friedrich II. und das Schwert des Messias in der Continuatio Lambacensis, in: DA 58 (2002), S. 213–217.

Mollat du Jourdin, Michel: Europa und das Meer, 1993.

Mommsen, Theodor: Römisches Strafrecht, 1899.

Morton, Nicholas Edward: The Teutonic Knights in the Holy Land 1190–1291, 2009.

Münkler, Herfried / Grünberger, Hans / Mayer, Kathrin: Nationenbildung. Die Nationalisierung Europas im Diskurs humanistischer Intellektueller, Italien und Deutschland, 1998.

–: Imperien. Die Logik der Weltherrschaft vom Alten Rom bis zu den Vereinigten Staaten, 2005.

Muratori, Gian-Francesco Soli: Dissertazioni sopra le antichità italiane già composte e publicate in Latino dal prostosto Lodovico Antonio Muratori, Bd. 1, 1751.

Muratori, Ludovico Antonio: Antiquitates Italicae Medii Aevi sive Dissertationes, Bd. 5, 1774.

Mütherich, Florentine: Handschriften im Umkreis Friedrichs II., in: Fleckenstein, Probleme (VuF 16),1974, S. 9–21.

Nariani, Ornella: Federico II di Hohenstaufen, 2003.

Neumann, Ronald: Parteibildungen im Königreich Sizilien während der Unmündigkeit Friedrichs II. (1198–1208), 1986.

–: Untersuchungen zu dem Heer Kaiser Friedrichs II. beim Kreuzzug von 1228/29, in: Militärgeschichtliche Mitteilungen 54 (1995), S. 1–30.

Nicolai de Jamsilla, Historia de rebus gestis Friderici II Imp[eratoris] ejusque filiorum Conradi et Manfredi Apuliae et Siciliae regum. Ab anno MCCX usque ad MCCLVIII, in: Ludovico Antonio Muratori, RISS 8, 1725.

Nietzsche, Werke, Kritische Gesamtausgabe, hg. von Georgio Colli und Mazzino Montinari, Bd. 6,2, 1968 und Bd. 6,3, 1969.

Notae S. Georgii Mediolanenses, hg. von Georg Heinrich Pertz (MGH SS 18), 1863, S. 386–389.

Oexle, Otto Gerhard: Geschichtswissenschaft im Zeichen des Historismus, 1996.

– (Hg.): Memoria als Kultur (VMPIG 121), 1995.

Oster, Uwe A.: Die Frauen Kaiser Friedrichs II., 2008.

Ottokars Österreichische Reimchronik, hg. von Joseph Seemüller (MGH Deutsche Chroniken 5,1), 1890.

Pabst, Bernhard: Gregor von Montesacro und die geistige Kultur Süditaliens unter

579

Friedrich II. Mit text- und quellenkritischer Erstedition der Vers-Enzyklopädie Peri ton anthropon theopiisis (De hominum deificatione), 2002.

Panvini, Bruno: Poeti italiani della corte di Federico II. Edizione riveduta e corretta, 1994 (=Textausgabe mit modernen italienischen Linearübersetzungen).

Patschovsky, Alexander: Zur Ketzerverfolgung Konrads von Marburg, in: DA 37 (1981), S. 641–693.

Petersohn, Jürgen: Heinrich Raspe und die Apostelhäupter oder: die Kosten der Rompolitik Kaiser Friedrichs II., 2002.

–: Über mittelalterliche Insignien und ihre Funktion im mittelalterlichen Reich, in: HZ 266 (1998), S. 47–96.

Petrarcas Briefwechsel mit deutschen Zeitgenossen, unter Mitwirkung von Konrad Burdach hg. von Paul Piur, mit einem Anhang: Petrarcas sonstige Berichte und Urteile über Deutschland, 1933.

Petrus de Ebulo: Liber ad honorem Augusti sive de rebus Siculis, hg. von Theo Kölzer und Marlis Stähli, 1994.

–: Nomina et virtutis balneorum seu de balneis Puteolorum at Baiarum. Codice Angelico 1474, Introduzione di Silvia Maddalo, 1998 (=kunstvoll gestaltetes Faksimile mit einer Einführung in italienischer, englischer und deutscher Sprache); ältere Ausgabe: Petrus de Ebulo, Nomina et virtutes balneorum ..., Introduzione di Angela Daneu Lattanzi, 1962.

Pinelli, Antonio: La Basilica di San Pietro in Vaticano, 4 Bde., 2000.

Probleme um Friedrich II., hg. von Josef Fleckenstein, 1974.

Pryor, John H.: The Crusade of Emperor Frederic II, 1220–29: The Implications of the Maritime Evidence, in: The American Neptune 52 (1992), S. 113–132.

–: Transportation of Horses by Sea during the era of the crusades: eight century to 1285 A. D., part I: to c 1225, in: The Mariner's Mirror. The Journal of the Society for Nautical Resarch 68 (1982), S. 9–27, part II: ebenda, S. 103–126.

Puhle, Matthias / Hasse, Claus-Peter: Heiliges Römisches Reich Deutscher Nation 962 bis 1806. Von Otto dem Großen bis zum Ausgang des Mittelalters, 2 Bde. (Ausstellungskatalog und Essayband), 2006.

Rader, Olaf B.: Der umgebettete Onkel. Der Leichnam Philipps von Schwaben und Speyer, in: Andrea Rzihacek / Renate Spreitzer (Hg.): Philipp von Schwaben. Beiträge der internationalen Tagung anlässlich seines 800. Todestages, Wien, 29. bis 30. Mai 2008, 2010, S. 59–68.

–: Die Kraft des Porphyrs. Das Grabmal Kaiser Friedrichs II. in Palermo als Fokus europäischer Erinnerungen, in: Kirstin Buchinger / Claire Gantet / Jakob Vogel (Hg.), Europäische Erinnerungsräume, 2009, S. 33–46.

–: Ernst Hartwig Kantorowicz (1895–1963), in: Lutz Raphael (Hg.), Klassiker der Geschichtswissenschaft, 2 Bde., 2006, Bd. 2, S. 7–26.

–: Gemina persona. Über die politischen, ästhetischen und rezeptionsgeschichtlichen Körper des Ernst H. Kantorowicz, in: Barbara Schlieben u.a. (Hg.): Geschichtsbilder im George-Kreis. Wege zur Wissenschaft, 2004, S. 347–364.

–: Grab und Herrschaft. Politischer Totenkult von Alexander dem Großen bis Lenin, 2003.

–: Kaiser Friedrich II. und das Grab des Erlösers, in: Castrum Peregrini 244/245 (2000), S. 5–27.

–: Prismen der Macht. Herrschaftsbrechungen und ihre Neutralisierung am Beispiel von Totensorge und Grabkulten, in: HZ 271 (2000), S. 311–346.

Rädle, Fidel: Literarische Selbstkonstituierung oder Kulturautomatik. Das Alexanderepos des Quilichinus von Spoleto, in: Jan Cölln / Susanne Friede / Hartmut Wulfram (Hg.): Alexanderdichtungen im Mittelalter. Kulturelle Selbstbestimmung im Kontext literarischer Beziehungen, 2000, S. 332–354.

Raff, Thomas: Die Sprache der Materialien. Anleitung zu einer Ikonologie der Werkstoffe, 1994.

Ranke, Leopold von: Das Zeitalter der Kreuzzüge und das späte Mittelalter, 1935.

Raulff, Ulrich: Kreis ohne Meister. Stefan Georges Nachleben, 2009.

– (Hg.): Vom Künstlerstaat. Ästhetische und politische Utopien, 2006.

Raumer, Friedrich von: Geschichte der Hohenstaufen und ihrer Zeit, 6 Bde., 1823–1825.

Reichert, Folker: Der sizilische Staat Friedrichs II. in Wahrnehmung und Urteil der Zeitgenossen, in: HZ 253 (1991), S. 21–50.

–: Geographie und Weltbild am Hofe Friedrichs II., in: DA 51 (1995), S. 433–491.

Reineri Annales (MGH SS 16), 1859, S. 651–680.

Rescio, Pierfrancesco: Archeologia e storia dei castelli di Basilicata e Puglia, 1999.

Röhl, John C. G.: Wilhelm II. Der Weg in den Abgrund 1900–1941, 2008.

Röhricht, Reinhold: Regesta regni Hierosolymitani (MXCVII–MCCXCI), 1893/1904.

Roma aeterna. Lateinische und griechische Romdichtung von der Antike bis in die Gegenwart, ausgewählt, übersetzt und erläutert von Bernhard Kytzler, 1972.

Rösch, Gerhard: Die Herrschaftszeichen Kaiser Friedrichs II. in: Die Reichskleinodien. Herrschaftszeichen des Heiligen Römischen Reiches (Schriften zur staufischen Geschichte und Kunst 16), 1977, S. 30–57.

Rösch, Sybille / Rösch, Gerhard: Kaiser Friedrich II. und sein Königreich Sizilien, ²1996.

Rotter, Eckehart: Apulien, 2000.

–: Friedrich II. von Hohenstaufen, 2000.

–: Kalabrien – Basilikata, 2002.

Rubin, Miri: Corpus Christi. The Eucharist in Late Medieval Culture, 1991.

–: Gentile Tales. The Narrative Assault on Late Medieval Jews, 1999.

Ruehl, Martin A.: ‹In this Time without Emperors›: The Politics of Ernst Kantorowicz's Kaiser Friedrich der Zweite reconsidered, in: Journal of the Warburg and Courtauld Institutes 63 (2000), S. 187–242.

Runciman, Steven: Geschichte der Kreuzzüge, 3 Bde, 1957/1958/1960.

Ruppel, Aloys: Zur Reichslegation des Erzbischofs Albert von Magdeburg (1222–24), in: QFIAB 13 (1910), S. 103–134.

Russo, Renato: Federico II e le donne, 1997.

–: Federico II Cronologia della vita, 2000.

–: Federico II e la Puglia, 1999.

Ryccardi de Sancto Germano notarii Chronica, a cura C. A. Garufi, 1936–1938; teilweise MGH SS 19, S. 321–386; dazu D'Angelo, Edoardo: Stil und Quellen in den Chroniken des Richard von San Germano und des Bartholomaeus von Neocastro, in: QFIAB 77 (1997), S. 437–458 (mit der Edition des Prologs der zweiten Fassung).

Salimbene de Adam, Cronica. Nuova edizione critica a cura di Giuseppe Scalia. 2 Bde. (Scrittori d'Italia 232/ 233), 1966; diese Edition wird auch durch eine leicht verbesserte Ausgabe geboten: Salimbene de Adam, Cronica, edidit Giuseppe Scalia (CCCM 125), 2 Bde., 1998; dennoch weiter heranzuziehen und leichter zugänglich: Cronica fratris Salimbene de Adam Ordinis Minorum

581

(MGH SS 32), 1905–13; gekürzte deutsche Übersetzung: Salimbene von Parma, Chronik, 2 Bde. (GdV 93/94), 1914; vollständige italienische Übersetzung: Cronaca. Salimbene de Adam da Parma, traduzione di Berardo Rossi, 1987.

Schaller, Hans Martin: Der heilige Tag als Termin mittelalterlicher Staatsakte, in: DA 30 (1974), S. 1–24.

–: Die Frömmigkeit Kaiser Friedrichs II., in: DA 51 (1995), S. 593–513.

–: Die Kanzlei Kaiser Friedrichs II. Ihr Personal und ihr Sprachstil, Teil 1, in: AfD 3 (1957), S. 207–286, Teil 2, in: AfD 4 (1958), S. 264–327.

–: Einführung im ND der Ausgabe Petrus de Vinea Friderici II. imperatoris epistulae novam editionem curavit Johannes Rudolphus Iselius, 2 Bde., 1991, S. V–XXIII.

–: Kaiser Friedrich II. Verwandler der Welt, 1964.

–: Stauferzeit. Ausgewählte Aufsätze (Schriften der MGH 38), 1993.

Schirmer, Wulf: Castel del Monte, Forschungsergebnisse der Jahre 1990 bis 1996, 2000.

Schmid, Peter: Kelheim. Der Mordanschlag auf Herzog Ludwig I. 1231, in: Alios Schmid / Katharina Weigand (Hg.): Schauplätze der Geschichte in Bayern, 2003, S. 119–133.

Schmieder, Felicitas: Europa und die Fremden: Die Mongolen im Urteil des Abendlandes vom 13. bis in das 15. Jahrhundert, 1994.

Schneidmüller, Bernd / Weinfurter, Stefan (Hg.): Die deutschen Herrscher des Mittelalters. Historische Portraits von Heinrich I. bis Maximilian I., 2003.

Schneidmüller, Bernd / Weinfurter, Stefan / Wieczorek, Alfried (Hg.): Die Staufer und Italien. Drei Innovationsregionen im mittelalterlichen Europa (Tagungsband, Ausstellungskatalog und Essayband), 2010.

Schramm, Percy Ernst (mit Beiträgen verschiedener Verfasser): Herrschaftszeichen und Staatssymbolik. Beiträge zu ihrer Geschichte vom dritten bis zum sechzehnten Jahrhundert, 3 Bde. (MGH Schriften 13/1–3), 1954–1956.

Schultheiss, Guntram: Die deutsche Volkssage vom Fortleben und der Wiederkehr Kaiser Friedrichs II., 1911.

Schwarzmaier, Hansmartin: Der vergessene König. Kaiser Friedrich II. und sein Sohn, in: Adel und Königtum im mittelalterlichen Schwaben. Festschrift für Thomas Zotz zum 65. Geburtstag, hg. von Andreas Bihrer u.a., 2009, S. 287–304.

Sommerlechner, Andrea: Stupor mundi? Kaiser Friedrich II. und die mittelalterliche Geschichtsschreibung, 1999.

Spies, Hans-Bernd: Die Falkensteuer der Reichsstadt Lübeck, in: Zeitschrift des Vereins für Lübeckische Geschichte und Altertumskunde 79 (1999), S. 325–336.

Steinen, Wolfram von den: Staatsbriefe Kaiser Friedrichs des Zweiten, 1923.

Sthamer, Eduard: Die Verwaltung der Kastelle im Königreich Sizilien unter Kaiser Friedrich II. und Karl I. von Anjou (ND der Ausgabe von 1914), ²1997.

–: Beiträge zur Verfassungsgeschichte des Königreichs Sizilien im Mittelalter, herausgegeben und eingeleitet von Hubert Houben, 1994.

–: Dokumente zur Geschichte der Kastellbauten Kaiser Friedrichs II. und Karls I. von Anjou, bearbeitet von Eduard Sthamer, Band 1: Capitinata (Capitanata), Band 2: Apulien und Basilikata (ND der 1912 und 1926 erschienenen Bände), ²1997.

–: Dokumente zur Geschichte der Kastellbauten Kaiser Friedrichs II. und Karls I. von Anjou, auf der Grundlage des von Eduard Sthamer gesammelten Materials bearbeitet von Hubert Houben, Band 3: Abruzzen, Kampanien, Kalabrien und Sizilien, bearbeitet von Hubert Houben, 2006.

ANHANG

Storia di Palermo, diretta Rosario La Duca, Bd. 3: Dei Normanni al vespro, 2003 (besonders wertvoll durch die wichtige Personen und Bauwerke erklärenden Marginalien).

Studi Normanni e Federiciani, a cura di Antonio Giuliano (Miliarum 1), 2003.

Stürner, Wolfgang: Friedrich II., Teil 1: Die Königsherrschaft in Sizilien und Deutschland 1194–1220, 1992, Teil 2: Der Kaiser 1220–1250, 2000 (grundlegend und mit detaillierter Bibliographie, um die neue Literatur ergänzte Ausgabe in einem Band 2009).

–: Dreizehntes Jahrhundert 1198–1273, Handbuch der deutschen Geschichte 6, [10]2007.

–: Peccatum und potestas. Der Sündenfall und die Entstehung der herrscherlichen Gewalt im mittelalterlichen Staatsdenken, 1987.

Tabulae Ordinis Theutonici ex Tabularii Regii Berolinensis codice potissimum, 1869 (ND 1975).

Thomsen, Marcus: «Ein feuriger Herr des Anfangs...». Kaiser Friedrich II. in der Auffassung der Nachwelt, 2005.

–: Modernität als Topos – Friedrich II. in der deutschen Historiographie, in: Keupp / Broekmann / Görich, Herrschaftsräume, S. 21–39.

Thorau, Peter: Der Krieg und das Geld. Ritter und Söldner in den Heeren Kaiser Friedrichs II., in: HZ 268 (1999), S. 599–634.

–: König Heinrich (VII.), das Reich und die Territorien, Bd. 1, 1993.

Thumser, Matthias: Rom und der römische Adel in der späten Stauferzeit, 1995.

Töpfer, Bernhard: Das kommende Reich des Friedens. Zur Entwicklung chiliastischer Zukunftshoffnungen im Hochmittelalter, 1964.

–: Urzustand und Sündenfall in der mittelalterlichen Gesellschafts- und Staatstheorie, 1999.

Toubert, Pierre / Paravicini Bagliani, Agostino (Hg.): Federico II, 3 Bde. 1: Federico II e il mondo mediterraneo, 2: Federico e le scienze, 3: Federico e le città italiane, 1994.

Treitschke, Heinrich von: Das deutsche Ordensland Preußen, in: Ders., Historische und politische Aufsätze, Bd. 2, [7]1913, S. 1–76.

Tronzo, William (Hg.): Intellectual Life at the Court of Frederick II Hohenstaufen, 1994.

Van Cleve, Thomas Curtis: Frederick II of Hohenstaufen. Immutator Mundi, 1972.

Vehse, Otto: Die amtliche Propaganda in der Staatskunst Kaiser Friedrichs II., 1929.

Vita Innocentii IV scripta a Fr. Nicolao de Carbio – Text in: Archivio storico della R. Società Romana di Storia Patria 21 (1898), S. 76–120; deutsche Übersetzung: EBKF, S. 427–428.

Wagner, Birgit: Die Bauten des Stauferkaisers Friedrichs II. Monumente des Heiligen Römischen Reiches, 2005.

Walther von der Vogelweide: Die Lieder. Mittelhochdeutsch und in neuhochdeutscher Prosa, mit einer Einführung in die Liedkunst Walthers herausgegeben und übertragen von Friedrich Maurer, 1972.

–: Leich, Lieder und Sangsprüche, 14., völlig neubearbeitete Auflage der Ausgabe Karl Lachmanns mit Beiträgen von Thomas Bein und Horst Brunner, hg. von Christoph Cormeau, 1996.

–: Lieder und Sprüche. Auswahl mittelhochdeutsch und neuhochdeutsch, 1970.

Weigend, Friedrich / Baumuk, Bodo M. / Brune, Thomas: Keine Ruhe im Kyff-

583

häuser. Das Nachleben der Staufer. Ein Lesebuch zur deutschen Geschichte, 1978.

Weinfurter, Stefan: Das Reich im Mittelalter. Kleine deutsche Geschichte von 500 bis 1500, 2008.

–: Friedrich II. staufischer Weltkaiser, in: Wilfried Nippel (Hg.): Virtuosen der Macht. Herrschaft und Charisma von Perikles bis Mao, 2000, S. 72–88.

Werner, Mathias (Hg.): Heinrich Raspe – Landgraf von Thüringen und römischer König. Fürsten, König und Reich in spätstaufischer Zeit, 2003.

Wihoda, Martin: Zlatá bula sicilská, 2005.

Willemsen, Carl A[rnold]: Kaiser Friedrich und sein Dichterkreis. Staufisch-Sizilische Lyrik in freier Nachdichtung, 1977.

– (Hg.): Bibliographie zur Geschichte Kaiser Friedrichs II. und der letzten Staufer (MGH Hilfsmittel 8), 1986. (detaillierte Zusammenstellung älterer Quellen und Literatur).

–: Die Bauten der Hohenstaufen in Süditalien, 1968.

–: Kaiser Friedrichs Triumphtor zu Capua. Ein Denkmal hohenstaufischer Kunst in Süditalien, 1953.

Willms, Eva: Thomasin von Zerklaere. Der welsche Gast. Text(auswahl) – Übersetzung – Stellenkommentar, 2004.

Willoweit, Dietmar: Die Begründung das Rechts als historisches Problem, 2000.

Wolf, Armin: Die Frauen Kaiser Friedrichs II. und ihre Nachkommenschaft, in: Frauen der Staufer, hg. von der Gesellschaft für staufische Geschichte, 2006, S. 113–150.

Wolf, Gunther (Hg.): Stupor mundi. Zur Geschichte Friedrichs II. von Hohenstaufen, 1966 und ²1982 (da die Auflagen in Inhalt und Umfang sehr stark differieren, sind stets beide Ausgaben heranzuziehen).

Zug Tucci, Hannelore: Il carroccio nella vita comunale italiana, in: QFIAB 65 (1985), S. 1–104.

ANHANG

Personenregister

Adelasia von Torres und Gallura 448
Adelheid von Urslingen 62, 112, 231, 236 f., 448
Adelheid, Kaiserin 231
Adolf von Holstein, Graf 399
Agnes von Österreich 253
Agnes, Tochter Kaiser Heinrichs IV. 54, 95
Akasoy, Anna 275
Alberich von Troisfontain 461
Albert Behaim 477–479
Albert von Stade 46 f., 50, 289
Albertus Magnus 277, 280, 303
Albrecht von Everstein, Graf 111
Albrecht von Käfernburg, Erzbischof von Magdeburg 114, 165, 191, 433
Albrecht von Meißen, der Entartete, Markgraf 249 f., 507
Albrecht I. von Habsburg, König 59
Albrecht I. von Sachsen, Herzog 253
Alexander der Große, König 86, 266–268, 295, 336, 467 f., 491, 519
Alexander IV. Conti, Papst 503
Alexander VII. Chigi, Papst 91
Alexis, Willibald 515
al-Fadayl, Abu al-Fadayl 268, 427
Alfons I. von Aragón 202
Alfons II. von Aragón 233
Alfons X. von Kastilien, der Weise, König 31, 249, 274, 283, 295, 483 f., 503, 505
Alfons, Graf der Provence 234
Allacci, Leone 307

Amalrich von Lusignan 383
Anais von Brienne 238 f., 255, 264
Anaklet II. Pierleone, Papst 53
Anastasius IV. Papst 498
Andrea d'Acquaviva, Erzbischof 414
Andreas II., König von Ungarn 317
Andreas von Ungarn, Kaplan 218
Andreolus von Mari 353, 369
Ansald von Mari 353, 360, 364, 369, 476
Anselm von Justingen 74, 361, 412
Aristoteles 273 f., 277–279, 283, 302 f.
Arnim, Achim von 514
Arnold von Brescia 192
Arnold von Matsch, Bischof 79
Arnold von Trier, Erzbischof 484
Arrigo Testa 263
August II., der Starke, König 230
Augustinus 371, 373, 467
Augustus 18, 41, 46, 127 f., 142 f., 220
al-Azīz, Abd al-Azīz 425, 428
Bacon, Francis 308
Baibars al-Bunduqdari, Sultan 389
Balduin I., König 386, 391
Balduin II., König 395
Balian Garnier, Herr von Sidon 22, 384, 396
Barents, Willem 304
Barraclough, Geoffrey 29
Bartolomeo da Foggia 215, 217
Bauerreiss, Romuald 478
Beatrix von Schwaben (Elisabeth) 249, 483
Behrens, Georg Henning 513 f.

585

Friedrich von Antiochia 205, 237,
263, 433, 506
Friedrich von Pettorano 236
Friedrich I. von Meißen, der Gebissene,
Markgraf 250
al-Furat, Ibn al-Furat 403
Galen (Galenus) 270
Galvano Lancia, Markgraf 255, 505
Garampi, Giuseppe 175
Garibaldi, Giuseppe 53
al-Gauzi, Sibt Ibn al-Gauzi 14, 402
Gebhard von Arnstein 330
Gebhard, Erzbischof 178
Georg von Antiochia 352
George, Stefan 97, 261, 517, 520, 528
Georges, Stefan 294
Georgios Chartophylax 130
Gerhoch von Reichersberg 371
Gerold von Lausanne, Patriarch 385,
399, 402
Gertrud von Österreich 251–253
Giacomo da Lentini 263
Giannone, Pietro 523
Gibbon, Edward 523
Giesebrecht, Wilhelm von 514
Giordanio Lancia (Jordanus), Markgraf
255
Giotto 280
Goethe, Johann Wolfgang 522 f.
Görich, Knut 57, 94 f., 182
Göring, Hermann 9–11, 293, 522
Gottfried von Bouillon 391
Gottfried von Cosenza 428
Gottfried von Straßburg 67 f., 260
Gottfried von Viterbo 406, 413
Gregor von Montelongo 346 f.
Gregor von Montesacro 155, 261
Gregor IX. Conti, Papst 14, 119, 132,
147, 156, 173, 186, 241, 279,
319, 342, 346 f., 362, 365, 367 f.,
382, 385, 389, 391, 394, 411,
429, 445, 447 f., 451, 454, 460,
462 f., 474, 476, 478 f.
Gregor X. Visconti, Papst 250
Gregor XV. Ludovisi, Papst 307
Gregorovius, Ferdinand 196, 200,
217, 223, 424, 428, 515, 528
Grimm, Jacob 514
Grimm, Wilhelm 514

Grundmann, Herbert 29
Guido de Adam 21
Guido delle Colonne 263
Guilhem (Guillem) Figueira 261
Guilielmus Bottatius 293
Gundolf, Friedrich 520
Gustav II. Adolf, König 135
Guy de Lusignan, König 316
Güyü Khan 472
Hadrian, Kaiser 142, 498
Haller, Johannes 29
Harold Godwinson (Harald II.), König
288
Hartmann von Aue 260, 267, 288,
372
Haseloff, Arthur 12, 206, 209
Hearnshaw, Fossey John Cobb 9 f.
Heidenreich, Notar 165
Heine, Heinrich 188
Heinrich II., Kaiser 231
Heinrich III., Kaiser 90
Heinrich IV., Kaiser 54, 90
Heinrich V., Kaiser 90
Heinrich VI., Kaiser 28, 39, 44–49,
54, 57 f., 60 f., 64–66, 93–97,
123, 141, 269, 275, 327, 381,
383, 422, 433, 493, 495 f., 499
Heinrich VII., Kaiser 118, 122, 133
Heinrich VII., König 26, 74, 75,
111–113, 173, 176, 179, 181 f.,
230 f., 235, 241, 251, 255, 268,
397, 400, 406–418, 429, 435,
444, 479, 492, 501
Heinrich III., König von England 232,
240, 245, 470 f., 483, 503
Heinrich Raspe, König 135, 173,
479–482
Heinrich I., König von Zypern 383 f.,
Heinrich (Carlotto) 231, 250 f., 506
Heinrich der Löwe, Herzog 56, 178 f.,
241, 251, 415
Heinrich von Braunschweig 137
Heinrich von Schlesien, Herzog, 469
Heinrich von Thüringen, Landgraf 74
Heinrich von Isernia 458
Heinrich von Kastilien 505
Heinrich von Mähren, Markgraf 82,
161
Heinrich von Malta / Piscator 238,

589

ANHANG

Rainer von Viterbo 454, 477
Ranke, Leopold von 29
Raschid ad-Din (Alte vom Berge)
    441–443
Raumer, Friedrich von 221, 514 f.
Riccardo de Montefuscolo 196
Riccobaldo da Ferrara 229, 495
Richard I. Löwenherz, König von
    England 14, 58 f., 98, 378, 404
Richard von Cornwall, König 31,
    216, 232, 240, 249, 333, 483 f.,
    503
Richard Filangieri 386
Richard von Chieti, Graf 237, 433
Richard von Montenigro 164, 431,
    485
Richard von Pofi 458
Richard von San Bonifacio, Graf 330
Richard von San Germano 19 f., 41,
    144, 272, 408, 427 f., 486, 492
Richenza von Wolfsöden 239
Richer von Melfi, Bischof 398
Richer von Senones 189
Ricordano Malispini 495
Robert Guiscard 52
Robert von Artois, Graf 479
Roffred von Benevent 150, 211, 432
Roger Bacon 280
Roger de Amicis 435
Roger von Aquila, Graf 422
Roger von Wendower 25 f., 241 f.,
    244–247
Roger I., Graf 52
Roger II., König von Sizilien 35 f.,
    44, 47, 50–53, 66, 96, 123, 152,
    158 f., 192, 296, 496, 498 f., 524,
    526
Röhm, Ernst 10
Rückert, Friedrich 514
Rudolf von Ems 268
Rudolf von Habsburg, Graf 80
Rudolf von Habsburg, König 80, 443,
    484, 511
Ruge, Friedrich 9 f.
Saba Malaspina 504
Sacchi, Bartholomeo (Platina) 174
Salah ad-Din (Saladin), Sultan 96,
    315, 378 f., 390, 392, 403 f., 442,
    454

Salimbene de Adam 14 f., 20–22, 47,
    58, 118, 138, 227, 265, 268, 335,
    345–347, 414 f., 419, 438, 464,
    486 f., 502
Sancha von Aragón 233
Sancha von Leon-Kastilien 233
Schard, Simon 458
Schiller, Friedrich 415, 483
Sciarra Colonna 446
Seibt, Ferdinand 201
Selvaggia 230, 237
Seneca 438
Settembrini, Luigi 526
Setzer, Johann 458
Siccard von Cremona 78
Siegfried II. von Eppstein, Erzbischof
    83, 107, 379 f.
Siegfried III. von Eppstein, Erzbischof
    418, 480, 482
Siegfried, Bischof von Regensburg
    178
Silvester, Papst 472
Simon von Maugastel, Erzbischof von
    Tyrus 398
Sloterdijk, Peter 160
Sokrates 350
Solari, Tommaso 221
Stauffenberg, Berthold Schenk Graf
    von 522
Stauffenberg, Claus Schenk Graf
    von 522
Stephan von Longchamp 105
Sthamer, Eduard 163 f., 209 f.
Stürner, Wolfgang 153
Sueton 68
Sybel, Heinrich von 515
Tankred von Hauteville 52
Tankred von Lecce, König 54, 239
Tannhäuser 386
Tebaldus Franciscus 435
Thaddaeus de Suessa 165, 167,
    219, 345, 432 f., 474–477
Theodor von Antiochia 282, 295 f.,
    357
Theodosius II., Kaiser 153 f.
Theophanu 231
Thomas Becket 246
Thomas von Aquino, Graf von Acerra
    (1) 384, 386, 396

591

592